运动处方

健康水平评估与运动方案设计方法

—— 第8版 ——

安·L. 吉布森 (Ann L. Gibson)

[英] 戴尔·R. 瓦格纳 (Dale R. Wagner)　　著

维维安·H. 海沃德 (Vivian H. Heyward)

张冰　王晓斐　译

人民邮电出版社

北京

图书在版编目（CIP）数据

运动处方：健康水平评估与运动方案设计方法：第8版 / （英）安·L. 吉布森（Ann L. Gibson），（英）戴尔·R. 瓦格纳（Dale R. Wagner），（英）维维安·H. 海沃德（Vivian H. Heyward）著；张冰，王晓斐译. -- 北京：人民邮电出版社，2023.7
ISBN 978-7-115-56245-6

Ⅰ. ①运… Ⅱ. ①安… ②戴… ③维… ④张… ⑤王… Ⅲ. ①健身运动-基本知识 Ⅳ. ①G883

中国版本图书馆CIP数据核字(2021)第055053号

版权声明

免责声明

本书内容旨在为大众提供有用的信息。所有材料（包括文本、图形和图像）仅供参考，不能替代医疗诊断、建议、治疗或来自专业人士的意见。所有读者在需要医疗或其他专业协助时，均应向专业的医疗保健机构或医生进行咨询。作者和出版商都已尽可能确保本书技术上的准确性以及合理性，并特别声明，不会承担由于使用本出版物中的材料而遭受的任何损伤所直接或间接产生的与个人或团体相关的一切责任、损失或风险。

内 容 提 要

本书基于人体运动科学及运动生理学、测量学、心理学和营养学的概念和理论，结合美国运动医学会（ACSM）运动评估和处方指南及美国心脏协会等专业机构的体力活动建议，提供了关于健康水平评估和个性化运动处方的综合指南。书中系统、详细地分析了体力活动与健康的关系，介绍了运动前的健康检查和运动处方制定原则，讲解了针对心肺适能、肌肉适能、身体成分、柔韧性和平衡性等与人体健康息息相关的重要因素的评估方案和运动处方设计方法。本书非常适合健康、健身和运动专业人员以及相关专业的教师和学生阅读和学习。

- ♦ 著　　　　[英] 安·L. 吉布森（Ann L. Gibson）
　　　　　　　　戴尔·R. 瓦格纳（Dale R. Wagner）
　　　　　　　　维维安·H. 海沃德（Vivian H. Heyward）
　　译　　　　张　冰　王晓斐
　　责任编辑　王若璇
　　责任印制　周昇亮
- ♦ 人民邮电出版社出版发行　　北京市丰台区成寿寺路 11 号
　　邮编　100164　电子邮件　315@ptpress.com.cn
　　网址　https://www.ptpress.com.cn
　　北京市艺辉印刷有限公司印刷
- ♦ 开本：700×1000　1/16
　　印张：34　　　　　　　　　　2023 年 7 月第 1 版
　　字数：825 千字　　　　　　　2023 年 7 月北京第 1 次印刷
　　著作权合同登记号　图字：01-2018-8499 号

定价：298.00 元

读者服务热线：(010)81055296　印装质量热线：(010)81055316
反盗版热线：(010)81055315
广告经营许可证：京东市监广登字 20170147 号

目录

扫描右方二维码添加企业微信。

1. 回复"56245 运动处方"后，可根据提示领取本书配套电子资源。

2. 加入体育爱好者交流群。

3. 不定期获取更多图书、课程、讲座等知识服务产品信息，以及参与直播互动、在线答疑和与专业导师直接对话的机会。

本书具有可配合图书一起使用的同主题视频课程，详情请见"人邮体育"平台。

视频课程与图书中标有如右下图所示标识的内容配合使用。

视频课程为独立知识产品，本书定价中不含视频课程。

例：

视频
2.1

前言

为了保证运动的安全性和高效率，运动专业人员应具有广博的知识和专业的技能。以往，在运动场所（如健身俱乐部）运动的人群，并不需要接受专业的运动科学教育和训练。然而，相关的调查研究表明，私人教练拥有运动科学学士学位和美国运动医学会（ACSM）或美国国家体能协会（NSCA）认证的证书，可以表明其拥有过硬的专业知识（Malek et al., 2002）。大学学士学位是取得美国劳工统计局"运动生理学家"职称的最低门槛（Simpson, 2015）。在医疗保健机构，要求运动生理学家具有硕士学历的现象也越来越普遍（Collora, 2017），这也证实了瓦格纳（Wagner, 2014）的调查结果：在临床环境下工作的运动生理学家普遍具有硕士学位。

2018年的全球健身趋势调查显示，"拥有一定学历和资格认证且经验丰富的健身专业人员"的重要性排名已升至第6位，这也是自10多年前开始年度调查以来，最受关注的十大问题之一（Thompson, 2017）。这些发现表明，私人健身教练和运动科学专业人员应接受专业机构的正规教育并通过资格认证。专业的知识和技能有助于他们实施运动前检查、心肺适能测试、肌肉适能测试、柔韧性评估，进行结果分析及制定科学合理的运动处方。为促进运动科学专业化，需要了解并解决有关鉴定、认证、美国国家委员会、许可证发放和法定认证等方面的问题。

鉴定

当达到或超过独立的第三方认证机构制定的标准时，机构和认证项目则被鉴定为合格。尽管没有单独的健康和健身及临床运动科学方案的认证机构，但运动科学专业人员似乎一致同意行业需要某种形式的监管。

独立的第三方认证机构，如健康教育计划联盟委员会（CAAHEP）和美国国家认证机构委员会（NCCA），或许可以满足这个需求。健康教育计划联盟委员会鉴定学术项目，如研究生运动生理学项目、运动科学学士学位项目及私人健身教练的联合学位项目等。此外，美国运动生理学会（ASEP）为运动生理学专业制定了鉴定标准，并为提供运动科学学术学位的大学和学院提供鉴定标准。美国国家认证机构委员会鉴定资格认证项目。在健康专业领域中，许多提供相关资格认证或许可考试的机构都由美国国家认证机构委员会鉴定（ACSM, 2004）。

认证

健身和运动科学专业人员通过专业机构组织实施的考试后，取得资格证书。这些机构通常提供教育和培训项目，监管自己的考试（书面和操作形式），并向通过考试的个人颁发资格证书。这些证书的有效期通常为2至3年，参与继续教育课程并获得继续教育学分，则可维持认证资格。一些认证项目由第三方机构（如美国国家认证机构委员会）进行审核。

超过75个组织为运动科学和健身专业人员提供超过250种资格认证（Cohen, 2004；Pierce & Herman, 2004）。鉴于没有监管实体来监督认证考试和资格要求的设定，可供运动科学专业人员进行的资格认证之间存在差异。相比之下，一些认证项目比其他项目更为严格，资格要求也相应更高；而另外一些或多或少地不符合第三方认证机构（如美国国家认证机构委员会）的要求。为了解决这些认证项目存在差异的问题，美国国家认证机构委员会正式回顾了这些认证项目的鉴定申请。2004年，国际健康、球拍和运动俱乐部协会（IHRSA）建议，所有健身俱乐部应只雇用通过美国国家认证机构委员会鉴定合格的组织或机构认证的私人健身教练。瓦格纳（Wagner，2014）报告了一项针对589位运动生理学家的调查结果：69%的调查对象持有一种资格证书，28%持有两种或以上的证书。尽管如此，并不是所有的运动科学和健身专业证书都具有同等效力。这使得客户难以识别出训练有素、合格的运动专业人员，且难以为自己选择具备恰当资格的理想教练。一些代理机构会赞助认证项目，这主要基于经济利益；而另外一些机构对专业人员进行认证，目的是促进运动科学领域的专业化。

表1列出了一些经美国国家认证机构委员会鉴定合格的提供资格认证的机构。此外，一个由提供经美国国家认证机构委员会鉴定合格的项目的机构组成的非营利性组织——运动专业人员注册联盟（CREP），在美国成立了通过6个组织的任一认证项目的专业人员的注册处。客户通过其官网，可以根据位置、证书、姓名快速找到相关的专业人员。该联盟还在新西兰、欧洲等国家或地区成立了专业人员的注册处。

美国国家委员会

一些健身行业的专业机构认为还应存在由美国国家认证机构委员会等第三方机构鉴定合格的可替代认证项目。在美国，参加美国国家委员会健身职业资格考试就是替代方法之一。不同于私人组织或机构琳琅满目的认证考试，美国国家委员会组织实施的标准化考试能有效考察专业人员的知识、技能和能力。许多医学和相关的健康专业人员都选择参加这项考试。

2003年，美国国家健身考试委员会（NBFE）成立。作为一个非营利性组织，该委员会的宗旨有二：一是为所有健身专业人员划定实践操作的范围；二是为各方向的健身专业人员制定实践操作的标准，包括团体运动教练、私人健身教练、青少年和老年健身专业人员及医学运动专业人员。美国国家健身考试委员会确立了

表1 部分可选的美国国家认证机构委员会和美国国家健身考试委员会附属机构

美国国家认证机构委员会附属机构	美国国家健身考试委员会附属机构
美国运动协会（ACE）	美国有氧体适能协会（AFAA）
美国运动医学会（ACSM）	美国国际有氧运动协会/国际运动医学协会（AAAI/ISMA）
库珀有氧运动研究中心	国际运动科学协会（ISSA）
美国国家训练与运动教练协会（NESTA）	美国国家健身认证协会（NAFC）
美国国家运动教练协会（NETA）	美国国家私人教练认证委员会（NCCPT）
美国专业教练联合会（NFPT）	美国国家训练与运动教练协会（NESTA）
美国国家体能协会（NSCA）	美国国家体育协会（NGA）
国际健身专业协会（IFPA）	美国国家私人教练学院（NPTI）
美国国家体能和健身协会（NCSF）	美国国家力量专业协会（NSPA）
美国国家运动医学学会（NASM）	

国家标准，并确保相关机构、学院、大学等广泛采纳该标准。美国国家健身考试委员会现负责提供美国私人健身教练资格认证的笔试内容（更多信息请访问美国国家健身考试委员会网站）。认证考试的实践操作内容仍在美国国家医学考试委员会的监督下等待完善与验证。美国国家医学考试委员会和美国国家健身考试委员会正在对是否允许认证机构辅助实施私人教练的实践技能考察部分进行初步的探讨与规划。

私人健身教练必须成功地通过由美国国家健身考试委员会附属机构提供的私人训练认证项目。合格的医学专业机构、专业认证机构、健身机构、医疗保健机构和高等教育机构等可成为附属机构。将来，认证机构、学院、大学及美国各州的许可项目，可使用美国国家健身考试委员会的考试，来评估健身专业人员的知识、技能和能力。表1列出了一些附属于美国国家健身考试委员会且提供私人训练认证的机构。

许可证发放

尽管许多健身和运动科学领域的从业人员同意证书代表专业能力，但另一些专业人员认为，证书更适用于保护消费者权益，提高运动科学和健身专业人员的可信度和职业水准（Eickhoff-Shemek & Herbert, 2007）。有一项长达12年的全球健身趋势调查显示，健身专业人员许可证发放的重要性排名首次突破前二十（Thompson, 2017）（2018年为第16名）。在美国，州级政府有许可证发放权，但这一要求可能在各州不同。路易斯安那州是首个通过法律要求临床运动生理学家获得许可证的州（Herbert, 1995）。马里兰州、马萨诸塞州、密歇根州、北卡罗来纳州、得克萨斯州和犹他州也在考虑是否发放临床运动生理学家

许可证。佐治亚州、马里兰州、马萨诸塞州、新泽西州、内华达州、俄勒冈州和华盛顿哥伦比亚特区等地区已在考虑发放私人教练许可证（Eickhoff-Shemek & Herbert, 2008b；Herbert, 2004；Thompson, 2017）。

为促进运动科学和运动生理学的专业化，美国运动生理学会（ASEP）正在与美国各地的运动专业人员合作，为运动生理学家制定统一的州级许可证发放标准。许可证的发放将运动生理学家和私人教练的地位上升到与其他持有执业许可证的相关健康专业人员（如护士、营养学家、物理治疗师和职业治疗师）相同的水平。获得许可证的健身专业人员更有可能获得保健医师的转介，并获得第三方（如保险公司）的服务补偿。

除了优势，州级许可证也带来许多额外的责任，并有许多不足。证书可能限制了健身专业人员目前向公众提供的实践和服务的范围。例如，路易斯安那州的法律要求临床运动生理学家在执业医师的指导下工作。此外，与认证的成本相比，获得许可证的费用、为获得许可证而接受继续教育的费用和专业责任保险的费用可能更高。专业人员到美国其他州执业时，可能需要另外获得这个州的许可证，因为在每个州获得许可证的标准不尽相同（Eickhoff-Shemek & Herbert, 2008a, 2008b）。

法定认证

美国一些州对相关健康专业人员进行法定认证。法定认证规定了专业人员可以使用的职称和获得这些职称所需的资质。只有达到所要求的资质，经过认证的专业人员才能使用特定的职称（如认证营养师）。其他没有达到所要求的资质的专业人员仍可在州内执业，但必须使用不同的职称。这一方法也可以被应用到健身和运动专业领域，以防止没

有接受过正式教育或获得专业资格认证的私人教练或运动生理学家使用职称。

所有这些方法都表明，迫切需要着手解决专业人员的资格认证，以便我们能够控制在此领域执业的人员的整体素质。这将确保运动项目参与者的安全，并使健身领域工作的个人被认可为运动科学专业人员。在解决这些问题，以及确定鉴定合格的认证机构和组织列表之前，你应该选择适合自己教育水平和职业目标的专业认证项目。有关认证项目的更多信息，请访问相关专业认证机构的网站。

获得州政府发放的许可证或专业机构的认证证书，都可以为个人带来许多优势。你将有更多在健康和健身领域工作的机会，因为目前许多雇主只雇用有资格认证的健康和健身教练。由知名专业组织颁发认证证书，可提升该领域从业人员的整体素质，确保从业人员已掌握运动科学专业人员所需的知识和技能。因此，因从业人员疏忽或能力不足而产生诉讼案件的可能性会降低。此外，资格认证和许可证还有助于将运动专业人员认证为健康专业人员，这些专业人员应受到与其他相关健康卫生人员一样的尊重。目前，持有注册临床运动生理学家（RCEP）或认证临床运动物理学家（CEP）证书的个人，还拥有国家提供的识别码，可用于获取保险公司的服务补偿。更多相关信息，请访问美国临床运动生理学协会的网站。

致谢

本书第1版书名为 *Designs for Fitness*，于1984年出版。第1版的照片由斯韦德·舍勒（Swede Schoeller）博士拍摄。我们部门的秘书艾琳·弗莱彻（Eileen Fletcher）用当年的史密斯–科罗纳（Smith-Corona）牌打字机打出了这版的底稿。

第2版于1991年由人体运动出版社出版。书中的照片由琳达·K.吉尔基（Linda K. Gilkey）拍摄。部门秘书桑迪·特拉维斯（Sandi Travis）第一次用DOS文字处理系统打出这本书的底稿。

1998年，人体运动出版社出版了本书的第3版。书中的照片仍由琳达·K.吉尔基拍摄，计算机绘图由罗伯特·罗伯格斯（Robert Robergs）博士、布伦特·鲁比（Brent Ruby）博士、彼得·伊根（Peter Egan）医生等完成。

第4版于2002年由人体运动出版社出版。克里斯蒂娜·梅尔米耶（Christine Mermier）博士、弗吉尼亚·威尔默丁（Virginia Wilmerding）博士、莱恩·克拉维茨（Len Kravitz）博士、唐娜·洛克纳（Donna Lockner）博士等分享了自己的绝妙想法和专业知识。责任编辑伊莱恩·穆斯泰因（Elaine Mustain）和玛吉·施瓦茨克鲁布（Maggie Schwarzentraub）对这一版进行了精细的校订。

2006年，本书第5版发行。这一版更新了所有图片。萨拉·里茨（Sarah Ritz）进行了完美的组织工作，并拍摄了所有照片。

第6版和第7版分别于2010年和2014年由人体运动出版社出版。安·L.吉布森博士作为第7版的合著者，参与了第7版的编写工作。

第8版由安·L.吉布森博士、戴尔·R.瓦格纳博士和维维安·H.海沃德博士合著。本版的更新和修订，体现了戴尔·R.瓦格纳博士作为运动科学研究者和专家的深厚背景。在此，需要感谢人体运动出版社的责任编辑辛西娅·麦肯泰尔（Cynthia McEntire），为这一版争取到出版许可的玛莎·古洛（Martha Gullo）和负责本版出版工作的高级执行编辑埃米·斯塔尔（Amy Stahl）。

此外，还有许多人为本书的陆续出版做出了不懈的努力。我们对所有参与本书相关出版工作的同人，致以衷心的感谢！

第1章

体力活动、健康与慢性疾病

关键问题

▶ 世界各国的成年人都进行了充分的体力活动吗？

▶ 缺乏体力活动和久坐不动有哪些区别？

▶ 哪些疾病与久坐不动的生活方式有关？这些疾病的主要成因又有哪些？

▶ 进行体力活动对预防疾病和促进健康有哪些益处？

▶ 体力活动如何改善健康状况？

▶ 多少活动量有益于改善健康状况？

▶ 哪些体力活动适用于普通人群？应该如何设定运动的频率？

尽管体力活动对预防慢性疾病及缓解长期久坐带来的负面影响有重大作用，但有报道称，在美国，相当一部分成年人在业余时间不进行任何体力活动。美国国民健康的目标之一是到2020年，将18岁以上人群定期（最好每天至少半小时）进行适度体力活动的人口占比提高到47.9%（U.S. Department of Health and Human Services, 2010）。一项美国国民调查结果显示，在2014年，只有很小比例（21.5%）的成年人在有氧运动和肌肉强化方面，达到2008年联邦成年人体力活动指南的要求。就单项来看，达到有氧运动或肌肉强化指南标准的人数刚刚超过半数（53.2%），而两项同时达到标准的人寥寥无几（Centers for Disease Control and Prevention, 2015a）。总体而言，在未达到有氧运动和肌肉强化两项推荐标准的人群中，女性（50%）要多于男性（43.4%），老年（65岁以上）群体（58.7%）要多于青年（18~24岁）群体（40.8%）（Centers for Disease Control and Prevention, 2015a）。

缺乏体力活动，即活动量低于推荐标准，不仅困扰着美国，也困扰着全世界。这是一个全球性问题，也是导致全球死亡率上升的第四大因素（World Health Organization, 2010）。目前，心血管疾病、糖尿病、肥胖、慢性呼吸系统疾病和癌症等非传染性疾病是导致全球死亡率上升的最主要原因。缺乏体力活动、饮食不健康等不良生活方式对这些慢性疾病有非常显著的影响（World Medical Association, 2017）。2012年，由非传染性疾病造成的死亡人数大约占70岁以下死亡人数的52%（World Health Organization, 2016d）。解决缺乏体力活动问题已成为2013年至2020年世界卫生组织全球行动计划的首要目标（World Health Organization, 2013）；而全球性的目标是争取到2025年，将全球范围内未达到体力活动指南标准的人数比重减少10%（Sallis et al., 2016）。

针对146个国家/地区不同收入阶层的调查结果显示，2016年全球约有23%的15岁及以上个体缺乏体力活动。尽管在2012年至2016

科技——让体力活动为工作添彩

目前，活动工作台（跑步机式办公桌、踏板式办公桌）等可调节高度的坐立两用式办公桌越来越流行，它们可以让员工站立工作，减少久坐时长。有的公司为员工配备个人活动工作台，有的公司则为员工提供置于公共场所的共享活动工作台。最近，一项有关活动工作台的研究（Cao et al., 2016）表明，对于那些由坐式工作台（能量消耗为70~90千卡/时。1千卡≈4186焦）转为活动工作台的员工来说，能量消耗量可能会增加2~4倍。此外，工作日使用活动工作台工作的人，每天步数和体力活动量（分/天）显著增加。克兰德尔等人（Crandall et al., 2016）发现，使用坐立两用式办公桌工作，每天久坐时长可减少约85分钟，使用共享跑步机式办公桌的人每天累计步数将达9 000步。该领域正在进行纵向研究，这些研究结果将会反映活动工作台对员工健康的长期影响。但是目前，这些影响尚未得到验证。

年，缺乏体力活动人群的比重降低了8%，但这并不能反映人们运动水平的变化，因为体力活动的建议标准（每周150分钟中等强度运动或75分钟高强度运动，或两者组合）发生了变化。当前的推荐标准变更了运动频率，将每周5天中等强度运动或每周3天高强度运动改为每周总运动时间。在全球范围内，缺乏体力活动的情况非常普遍。东地中海区域国家的体力活动参与率最高，约为38%；东南亚国家的体力活动参与率最低，约为14.8%。按照世界银行的收入分类标准，中低收入国家人群的体力活动情况好于中高收入国家（Sallis et al., 2016）。在英格兰和苏格兰，2012年至少有65%的男性和50%的女性达到了政府体力活动指南的要求（British Heart Foundation, 2015a）。然而，只有18%参与2014年至2015年加拿大健康测评调查的加拿大成年人，达到了官方推荐标准——每周150分钟中高强度运动，每次至少持续10分钟（Statistics Canada, 2017）。因此，作为一名运动专业人员，你面临的挑战是教育和鼓励你的客户，将体力活动作为他们日常生活方式的一部分，并减少久坐时间（Benatti & Ried-Larsen, 2015; Bergouignan et al., 2016; Levine, 2015; Same et al., 2016）。

本章论述了体力活动的发展趋势、与慢性非传染性疾病相关的危险因素、定期锻炼和体力活动对预防疾病和维持健康的作用、体力活动指南和改善健康状况的建议及每年拜访医生时将锻炼和体力活动视为监控的重要标志（如心率、血压等）的重要性。有关本章所用术语的定义，见术语表。

概述

科技的进步影响了人们生活的方方面面，在很大程度上减少了人们从事日常活动所需的体力活动和能量消耗，如清洁房屋、洗衣服、洗盘子、割草和步行去工作等。过去需要一个小时才能完成的体力活动，如今只需按下按键或设定数字就可以在几秒内轻松完成。来自23个低收入国家和25个中高收入国家的调查结果表明，现代技术的便利将使教育水平、金融资产与体力活动的普遍性之间形成反比关系（Allen et al., 2017）。然而，令人遗憾的是，许多人在闲暇时间根本不进行体力活动，上班时和下班后都久坐不动。

虽然人体适合移动或进行高强度的体力活动，但体力活动却未能成为人们生活方式的一部分。工业化和城市化催生了人们的惰性和久坐行为（坐姿或卧姿时完成的活动小于1.5代谢当量）（Benatti & Ried-Larsen, 2015; Sedentary Behaviour Research Network, 2012）。

如果过度运动或过度休息，人体就无法像期望的那样优化功能，并长期保持健康状态。

在全球范围内，缺乏体力活动是导致疾病带来生理和经济负担的主要因素。缺乏体力活动被认为是导致人类死亡的第四大危险因素，这支持了专家们之前提出的观点——缺乏体力活动很可能会成为21世纪最严重的公共健康问题（Blair, 2009）。为此，一项全球行动计划被提出，旨在将每周达到推荐活动量的人数比例提高10%（World Health Organization, 2013）。世界卫生组织（World Health Organization, 2014）报告称，缺乏体力活动每年导致大约320万人死亡。对世界各地开展的大量研究的数据进行汇总和分析，结果表明，6%~10%的冠心病、2型糖尿病、乳腺癌和结肠癌均由缺乏体力活动所致（Lee et al., 2012）。缺乏体力活动作为一种风险因素，危害大致相当于吸烟和肥胖二者的总和。久坐已多

次被确认为与死亡、代谢及心脏疾病增加有关的独立风险因素（Benatti & Ried-Larsen, 2015）。不经常进行体力活动和久坐不动的人患慢性非传染性疾病的风险更高，如图1.1所示。

多年来，体育科研工作者及健康和健身专业人员始终认为，规律的体力活动是预防许多疾病和功能失调的最佳方法。作为一个全民健康目标，规律的体力活动对维持高品质生活、预防疾病和早逝有积极作用，这在第一任美国医务总监关于体力活动与健康的一份报告中就得到了认可（U.S. Department of Health and Human Services, 1996）。这份报告表明，缺乏体力活动已经成为严重的国民健康问题，还提供了明确的科学依据，证明了体力活动对健康的诸多益处；报告提供了描述美国人体力活动模式和趋势的人口统计数据，制定了改善健康状况的体力活动标准。1995年，美国疾病控制与预防中心（CDC）和美国运动医学会建议，

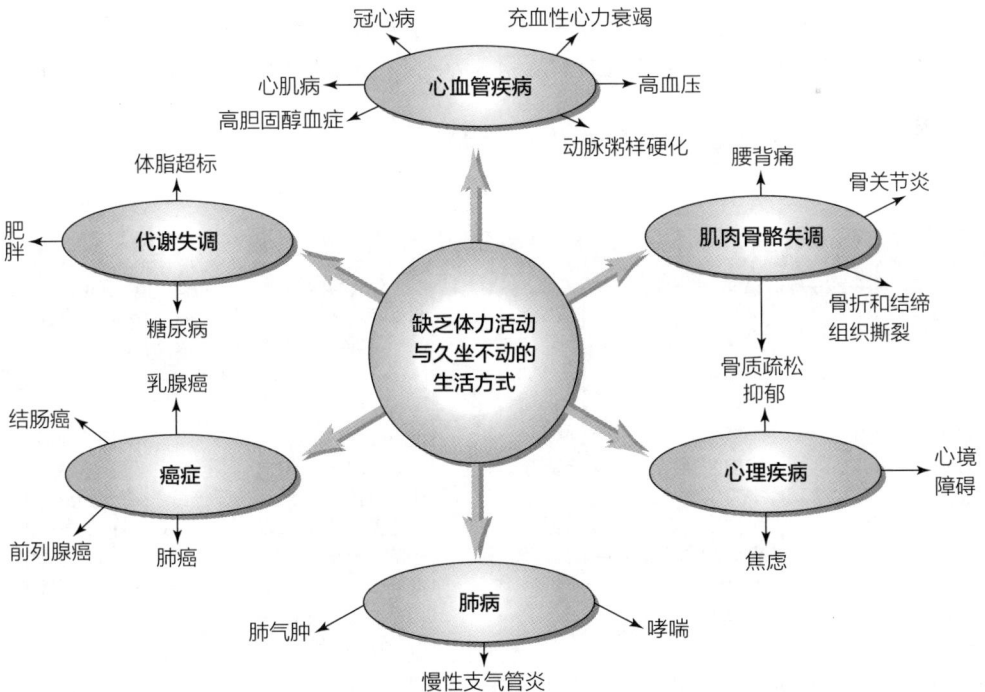

图1.1 体力活动与锻炼在预防慢性非传染性疾病方面的作用

每位美国成年人应在一周的大多数天里（最好每天），最少投入30分钟或更多的时间进行中等强度的运动（Pate et al., 1995）。这一建议已被许多国际组织采纳。

自1995年起，新的科学证据刷新了我们对体力活动的认知——体力活动对提高健康和生活质量的确大有裨益。据此，美国心脏协会（AHA）和美国运动医学会修改了针对健康的成年人和老年人的体力活动建议（Haskell et al., 2007；Nelson et al., 2007），为成年人提供了促进健康、降低慢性疾病风险所需的体力活动的活动量和类型。表1.1简要说明了这些建议。

推荐的体力活动类型不包括日常活动，如做家务、购物、在家附近步行或从停车场步行回家等。推荐的运动强度用代谢当量（MET）表示。代谢当量是指一个人的工作（运动）代谢率与静息代谢率之比，1代谢当量被定义为久坐时的能量消耗。中等强度有氧运动（3.0~6.0代谢当量或10分制的自感用力度量表中的5分或6分）为显著提高心率并持续10分钟以上的活动［如3.0~4.0英里/时（1英里≈1.6千米，余同）的快步走］。高强度运动（>6.0代谢当量或10分制的自感用力度量表中的7分或8分）为使呼吸加速、心率显著提高的活动（如以4.5英里/时或更快的速度慢跑或快跑）。对于成年人（18~65岁）和老年人（>65岁），美国运动医学会建议每周至少进行150分钟中等强度有氧运动，或75分钟高强度有氧运动，并将这些时间在一周内平均分配，以避免运动损伤。其还建议成年人每周至少进行2次不连续的中高强度抗阻训练（成年人的最大重复次数为8~12次，老年人的最大重复次数为10~15次），同时建议老年人进行平衡性和柔韧性训练。

表1.2汇总了针对儿童和青少年（6~17岁）、成年人（18~65岁）和老年人（>65岁）的美国体力活动指南。这些指南中的关键信息是，为了保持健康效益，成年人应每周至少进行150分钟中等强度有氧运动，或75分钟高强度有氧运动（或两者的等效组合）。此外，所有年龄段的成年人应每周至少2天进行

表1.1　美国运动医学会和美国心脏协会推荐的体力活动量

年龄组	有氧运动[a]			肌肉强化运动			柔韧性和平衡性训练
	持续时长[b]/（分/天）	运动强度	运动频率	运动组数	运动及其强度	运动频率	
健康成年人（18~65岁）	30 20	中等强度（3.0~6.0代谢当量） 高强度（>6.0代谢当量）	最少5天/周 最少3天/周	1	8RM或12RM；主要肌群训练8~10次	2天/周以上（不连续）	无具体推荐信息
老年人（>65岁）	30 20	中等强度（10分制的自感用力度量表中的5分或6分） 高强度（10分制的自感用力度量表中的7分或8分）	最少5天/周 最少3天/周	1	10RM或15RM；主要肌群训练8~10次中等强度（10分制的自感用力度量表中的5分或6分）高强度（10分制的自感用力度量表中的7分或8分）	2天/周以上（不连续）	柔韧性训练每周至少两天，每天至少10分钟；身体不协调、易摔倒的人群还应进行平衡性训练

[a] 中等和高强度运动可以结合进行，以达到推荐标准（如2天慢跑，另外2天快步走）。

[b] 多次中等强度运动，每次至少持续10分钟，最低累计达到30分钟。

表1.2　2008年美国体力活动指南

年龄组	持续时长	有氧运动		肌肉强化运动*			骨骼强化运动	柔韧性和平衡性训练
		运动强度*	运动频率	动作组数	运动强度	运动频率		
6~17岁的儿童和青少年	≥60分钟	中等强度 高强度	每天 3天/周		中等强度到高强度	3天/周	3天/周	
18~65岁的成年人								所有成年人都应该坚持定期进行体力活动和日常生活活动，以保持柔韧性
缺乏运动	60~150分/周	低强度（1.1~2.9MET）到中等强度（3.0~5.9MET）		1	低强度到中等强度	1天/周		
参加运动	150~300分/周 **或**	中等强度（3.0~5.9MET）		≥1	中等强度到高强度 8~12RM	≥2天/周		
经常运动	75~150分/周 >300分/周 >150分/周	高强度（≥6.0MET） 中等强度（3.0~5.9MET） 高强度（≥6.0MET）		2或3	中等强度到高强度	≥2天/周		
>65岁的老年人								老年人也应该坚持定期进行体力活动和日常生活活动，以保持柔韧性 ≥3天/周的平衡性训练
缺乏运动	150分/周	低强度（RPE=3分或4分）到中等强度（RPE=5分或6分）	5天/周	1	低强度（RPE=3分或4分）到中等强度（RPE=5分或6分）	2或3天/周		
参加运动	150~300分/周 **或**	中等强度（RPE=5分或6分）	≥3天/周	≥1	中等强度（RPE=5分或6分）到高强度（RPE=7分或8分） 8~12RM	≥2天/周（时间可不连续）		
经常运动	75~150分/周	高强度（RPE=7分或8分）						

* 成年人运动强度用MET和RM（多次重复最大力量）来表示；老年人运动强度用自感用力度（RPE，0~10分）和RM来表示。

肌肉强化运动。除了拉伸等支持性体力活动或日常活动，身体平衡性差、有跌倒风险的人还应进行平衡性训练。儿童应每天至少进行60分钟的体力活动，每次运动的大部分时间用于中等或高强度的有氧运动，而且每周至少3天进行高强度有氧运动。其余时间进行肌肉强化运动（至少每周3天）和骨骼强化运动（至少每周3天）。

运动缺乏症（EDD）是指儿童每天不能持续进行至少60分钟中等至高强度的体力活动（Faigenbaum & Myer, 2011）。由于缺乏体力活动，患有运动缺乏症的儿童，会在青少年和成年时期增加不利健康的风险（Stracciolini, Myer & Faigenbaum, 2013）。例如，一项监测14岁儿童的研究结果显示，那些从儿童到青少年时期保持中高强度运动水平的人，在成年时出现肥胖的概率更低（Kwon et al., 2015）。

每周运动150分钟约等于消耗1 000千卡的能量。一项研究（Sattelmair et al., 2011）的元分析结果证明，与那些无休闲体力活动（LTPA）的人群相比，符合2008年美国体力活动指南的人群患冠心病的概率低14%。经常进行体力活动并坚持每天运动，有益于预防至少25种慢性疾病（Warburton & Breden, 2016），如心血管疾病（CVD）、高血压、糖尿病、卒中、

痴呆和多种癌症。当每周（150~180分钟）进行多次中等强度的体力活动（比如每天30分钟，每周5天），每次不少于10分钟时，患病风险将进一步降低（Kesäniemi et al., 2010）。

萨特梅尔等人（Sattelmair et al., 2011）认为，每周进行300分钟中等强度的运动可以使冠心病（CHD）的患病风险降低20%。此外，一项针对健康成年人（19~65岁）的研究表明，每周进行时间增量不少于10分钟，累计90分钟高强度运动，能够使全因死亡率的风险，以及患心血管疾病、高血压、卒中、2型糖尿病、乳腺癌和结肠癌的风险降低30%（Kesäniemi et al., 2010）。

2009年召开的国际协商会议，回顾了加拿大制定的健康生活体力活动指南（Health Canada, 2003）。协商小组建议，健康的加拿大成年人（19~65岁）每周累计进行150分钟中等强度运动或90分钟高强度运动，可以作为心血管疾病、卒中、高血压、结肠癌、乳腺癌、2型糖尿病和骨质疏松的主要预防手段。他们还建议每周进行多种类型的体力活动，每种至少持续10分钟（Kesäniemi et al., 2010）。除了有氧运动，还应进行力量训练（每周2~4天）和柔韧性训练（每周4~7天），根据运动的强度和力度来调整运动的持续时间。例如

体力活动的健康效益

降低以下风险。

- 早逝。
- 冠心病。
- 卒中。
- 2型糖尿病和代谢综合征。
- 高血压。
- 血脂异常。
- 结肠癌、乳腺癌、肺癌和子宫内膜癌。
- 髋部骨折。

减少以下症状。

- 腹部肥胖。
- 抑郁、焦虑等不良情绪。

有以下作用。

- 减重、维持体重和预防肥胖。
- 预防老年人跌倒，改善老年人的健康功能。
- 提高认知能力。
- 提高骨骼密度。
- 提高睡眠质量。

（源自：U. S. Department of Health and Human Services, 2008.）

运动强度较低的活动（如费力较少的步行、玩电子游戏、园艺、带小孩或做发型等）可以持续60分钟；中等强度的活动（如快走、游泳、打扫卫生、搬运家具或劈柴等）可以持续30~60分钟；高强度活动（如慢跑、曲棍球、轮椅篮球、伐木或轮滑等）可以持续20~30分钟。

健康效益的改善效果取决于运动量（包括频率、强度、持续时间等多种因素），两者之间为剂量-反应关系（Loprinzi, 2015）。由于体力活动和健康之间存在剂量-反应关系，即使每周进行少量的中高强度运动，结果也好于没有运动；即使运动量略低于体力活动指南推荐量的一半，也能为那些患有慢性疾病和早逝风险较高的人群带来显著的健康效益（Warburton & Breden, 2016）。中高强度运动量超过最低推荐量的5倍（即每周进行750分钟中高强度运动或每月中高强度运动量不少于10 000代谢当量），能最大限度地降低全因死亡率；当运动量超过最低推荐量的10倍时，对降低全因死亡率无额外益处（Arem et al., 2015；Loprinzi, 2015）。中高强度运动的代谢当量（MET，分/月）很容易计算，即特定活动的代谢当量水平（见附录E.3）乘以一个月内进行这些中高强度运动的时间（分钟）。

图1.2说明了体力活动量和指定健康效益之间的剂量-反应关系，这些益处无须通过提高运动的最低临界强度来获得。为达到相同的相对提高程度（%），所需的体力活动量因健康效益指标而异。例如，为了将与甘油三酯（TG）相关的健康效益从0提高至40%，每周需要进行消耗250千卡能量的体力活动；而为了使与高密度脂蛋白（HDL）相关的健康效益达到相同的相对提高程度，则每周需消耗1 800千卡能量（见图1.2）。可持续较长时间的有氧运动（如骑自行车、跳舞、慢跑）似乎与高密度脂蛋白的积极变化成正相关（Loprinzi, 2015）。以不超过3天/周的频率进行慢跑或中速跑，当总运动时长在60~150分钟时，心脏功能可以得到明显的改善，死亡率也有类似程度的降低。而为准备极限耐力比赛进行了长达数十年的高强度耐力训练（≥12代谢当量）后，实际上可能会对人体心血管系统造成损害（Schnohr et al., 2015）。因此，运动过度，即每周进行5小时以上的结构化高强度运动，反而会对健康造成负面影响，或对人体造成过度运动性损伤。

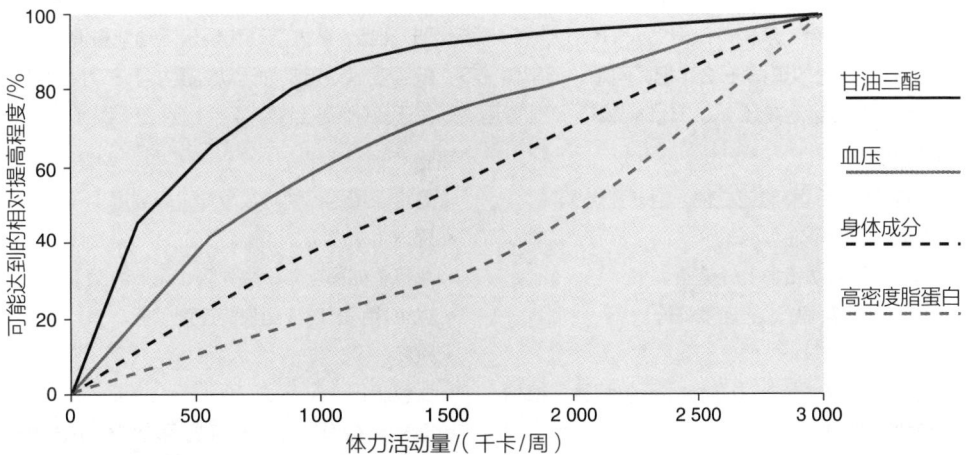

图**1.2**　体力活动量与指定健康效益之间的剂量-反应关系
[由约克大学运动与健康科学学院的N.格莱德希尔（N. Gledhill）和V.亚姆尼克（V. Jamnik）提供。]

虽然目前没有确定久坐的具体时间为多少时会对人体产生负面影响，但有研究认为每天久坐总时长与代谢综合征相关的诊断指标（高甘油三酯、高空腹血糖和低高密度脂蛋白胆固醇）之间存在直接的线性关系（Gennuso et al., 2015）；每天久坐时间增加一个小时，符合代谢综合征标准的发生概率便相应提高9%（Gennuso et al., 2015）。

尽管体力活动指南认为在日常基础上每周至少进行150分钟中高强度的有氧运动可以有效减少患病风险，但如果要有效降低体重，仍需要进行额外的体力活动（Moholdt et al., 2014）。莱文（Levine, 2015）描述了与久坐相比，站立与行走加倍消耗能量的方式。此外，他还介绍了办公室工作人员如何能够在平常的工作日里每天消耗约1 000千卡的能量，并通过步行参加会议和短时间活动来增加活动时间。2002年，美国医学研究所（IOM）建议每天进行60分钟中等强度的体力活动。该研究所专家小组在报告中指出，每天30分钟的体力活动不足以维持健康体重，也无法获得相应的健康效益。该医学研究所提出了针对保持健康体重和预防体重恶性增加所需的体力活动量（Brooks et al., 2004）。在预防肥胖方面，该医学研究所提出每天运动60分钟的建议，与加拿大卫生部、国际肥胖研究协会和世界卫生组织等健康组织的运动建议不谋而合（Brooks et al., 2004）。

最低标准为每周进行150分钟中等强度运动，这会让人们获得显著的健康效益，但对大部分人来说，这可能并不足以预防体重增加。从久坐不动到低强度运动的转变，不仅需要足够的体力活动量，也需要一个合适的初始目标（Brooks et al., 2004）。如果人们希望定期进行体力活动，以改善生活方式和健康状况，就应该将每天的运动持续时间提高到一个特定水平（60分钟），来预防短期体重增加并产生更多的健康效益。从长期来看，成功减重之后，每天坚持60~90分钟的体力活动，包括抗阻训练，对维持体重十分重要（Bray et al., 2016；Ryan & Heaner, 2014）。虽然总体上运动类型（有氧运动或抗阻训练）或强度（高与

中高强度有氧运动示例

以下提供了几个中高强度有氧运动的示例，有些运动可以按不同强度进行。这里并未详细列出所有运动项目，示例可以帮助人们做出选择。关于调节训练、体力活动和娱乐活动能量消耗的详细信息，可参见附录E.3和相关网站。通常情况下，低强度运动定义为运动强度小于3.0代谢当量，中等强度运动在3.0~6.0代谢当量，高强度运动则大于6.0代谢当量。

中等强度

- 快走（3.0英里/时或更快，但非竞走）。
- 滑板（非竞争性）。
- 水中有氧运动和水上健美操。
- 以低于10英里/时的速度骑行。
- 网球（双人）。
- 民族传统舞蹈（如中东舞、萨尔萨舞、梅伦格舞和摇摆舞）。
- 普通园艺。
- 瑜伽（如哈达瑜伽、力量瑜伽）。

高强度

- 竞走、慢跑、快跑或游泳（高强度）。
- 网球（单人）。
- 跳舞（如民族舞、队列舞、竞技舞蹈）。
- 以10英里/时或更快的速度骑行。
- 跳绳。
- 背包旅行。
- 循环训练（基于一些有氧运动和最小休息时间间隔的抗阻训练）。

低）对减重基本没有长期的整体影响，但与低强度运动相比，进行等效能量消耗的高强度运动所需的时间较少，这或许会促进对运动的坚持，从而维持体重（Bray et al., 2016）。

体力活动与训练金字塔构成了一个均衡的体力活动计划，以促进健康和改善体适能（见图1.3）。鼓励你的客户每天在家和工作场所附近坚持体力活动，为积极的生活方式奠定基础（为建造这座"金字塔"打好地基）。在工作场所增加能量消耗的办法是鼓励大家主动站起来，并开始走动（如原地踏步、绕办公室走动、做低强度健美操、穿过走廊到同事的办公室传递信息，而非打电话或发电子邮件，走一段楼梯去喝水或使用洗手间）。

你的客户应每周至少3天进行有氧运动，至少2天进行负重抗阻训练、柔韧性或平衡性训练。我们建议进行娱乐性体力活动，以使运动计划更加丰富多样。高强度训练和竞技运动需要稳定的体适能基础和适当的准备，以防止运动损伤；绝大多数成年人进行这些活动时都应小心谨慎。

心血管疾病

预计到2030年，由心血管疾病（CVD）导致的死亡人数将达2 600万以上（World Health Organization, 2011b）。在2015年，全球共有1 790万人因心血管疾病死亡（46%的死亡归因

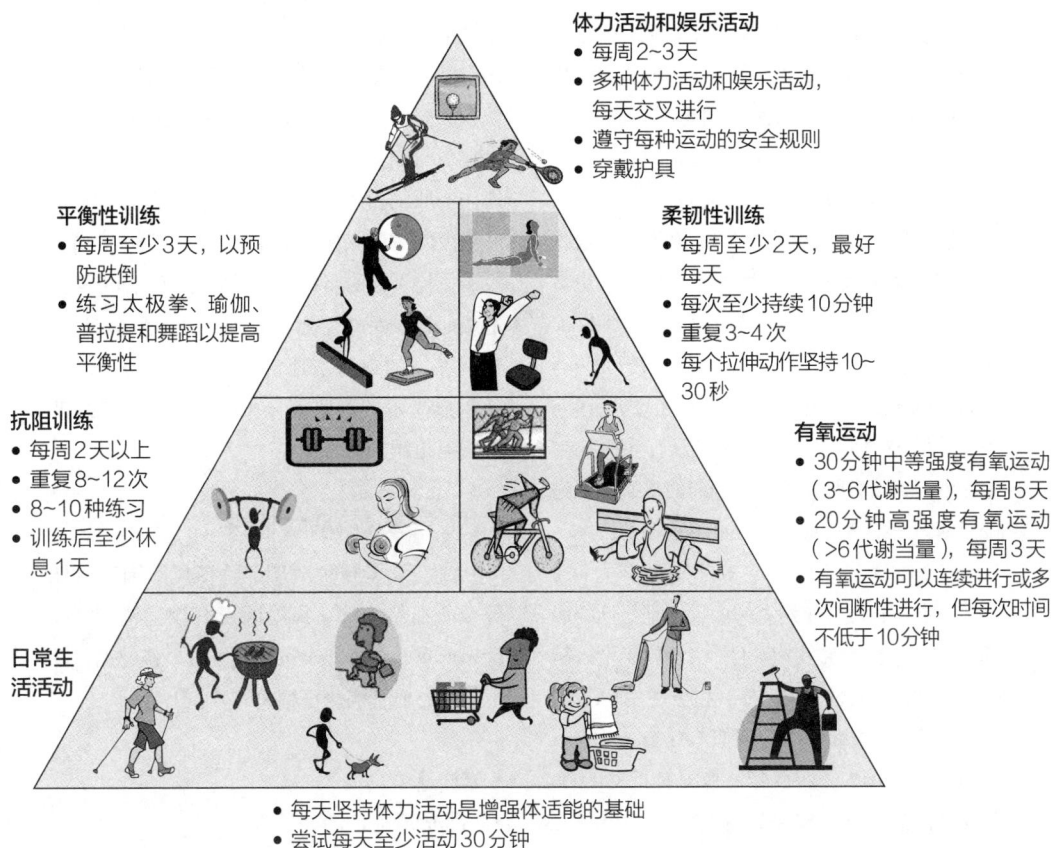

体力活动和娱乐活动
- 每周2~3天
- 多种体力活动和娱乐活动，每天交叉进行
- 遵守每种运动的安全规则
- 穿戴护具

平衡性训练
- 每周至少3天，以预防跌倒
- 练习太极拳、瑜伽、普拉提和舞蹈以提高平衡性

柔韧性训练
- 每周至少2天，最好每天
- 每次至少持续10分钟
- 重复3~4次
- 每个拉伸动作坚持10~30秒

抗阻训练
- 每周2天以上
- 重复8~12次
- 8~10种练习
- 训练后至少休息1天

有氧运动
- 30分钟中等强度有氧运动（3~6代谢当量），每周5天
- 20分钟高强度有氧运动（>6代谢当量），每周3天
- 有氧运动可以连续进行或多次间断性进行，但每次时间不低于10分钟

日常生活活动

- 每天坚持体力活动是增强体适能的基础
- 尝试每天至少活动30分钟

图1.3　体力活动与训练金字塔
（源自："Exercise and Activity Pyramid," Metropolitan Life Insurance Company, 1995.）

于各种非传染性疾病）。其中，由卒中和缺血性心脏病（IHD）导致的死亡占绝大多数（85%）（GBD, 2015）。因心血管疾病而死亡的案例，75%以上发生在中低收入国家（World Health Organization, 2016a）。在欧洲，心血管疾病是早逝的主要诱因，75岁以下女性（36%）和男性（35%）因心血管疾病死亡的比率近乎相等。然而，值得注意的是，在某些西欧国家，癌症超越了心血管疾病，成为主要的致死因素（Townsend et al., 2016）。同时，心血管疾病也是中低收入发展中国家最大的疾病负担。由心血管疾病造成的死亡率在各个地区之间也存在差异：在撒哈拉沙漠以南的非洲地区最低，低至10%；在东欧则高达58%（Wagner & Brath, 2012）。

一份2015年美国疾病控制与预防中心的报告显示，从1999年至2003年，美国人口大规模死亡（约61万人）的根本原因确认为心血管疾病（CDC, 2015a）。在美国，由心血管疾病导致的死亡人数占所有死亡人数的25%（每4人中就有1人）。美国疾病控制与预防中心根据2014年的情况推断，超过9 200万美国人患有某种形式的心血管疾病，如高血压（约8 600万人）、冠心病（2 760万人）或卒中（720万人）（American Heart Association, 2017）。在20岁以上的美国成年人中，尽管冠心病患病率在各个年龄段有所差异，但非裔的患病率始终高于西班牙裔和白人（American Heart Association, 2017）。

一个与心血管疾病有关的误解是男性的患病率往往高于女性。事实上，在2011年至2014年，美国成年女性（35.9%）和男性（37.7%）的心血管疾病患病率十分相似（American Heart Association, 2017）。2014年，美国有近399 000名女性因患心血管疾病而死亡。另一个与心血管疾病有关的误解是心血管疾病只会影响老年人。事实上，尽管老年人患此病的风险确

实更大，但美国有50%以上的心血管疾病患者低于60岁（American Heart Association, 2017）。除此之外，心血管疾病已经成为15岁以下儿童的第二大致死因素（American Heart Association, 2012）。

2014年，美国成年人的冠心病患病率为45.1%（American Heart Association, 2017）。在欧洲，冠心病造成170多万人死亡，其中近19%为65岁以下的成年人（Townsend et al., 2016）。冠心病（CHD）是由于动脉粥样硬化引起血管功能的逐步退化，以致心肌供血不足（心肌缺血）而导致的心脏病。动脉粥样硬化是一种炎症，发作的过程中，低密度脂蛋白（LDL）胆固醇、巨噬细胞（单核细胞）、坏死碎片、平滑肌细胞和纤维组织不断聚集，整个心血管系统的中动脉及大动脉内膜或内壁由此形成斑块。随着更多的脂肪和细胞聚集在斑块中，斑块在动脉腔内膨胀，堵塞血管（Barquera et al., 2015）。在心脏部位，这些膨胀的斑块减少了流向心肌的血液量，诱发心绞痛，胸部和肩部产生瞬间的紧张感和重压感。如果斑块或血凝块（血栓）破裂阻碍冠状动脉血流，则可能会造成心肌梗死或心脏病发作。在这种情况下，冠状动脉的血流量通常将减少80%以上。动脉供血受阻的心肌部分可能会坏死，最终变成瘢痕组织。

心血管疾病风险因素

流行病学研究表明，许多风险因素可能导致心血管疾病。风险因素的数量越多、程度越严重，心血管疾病的发生概率就越大。以下是与心血管疾病正相关的风险因素。

- 年龄。
- 家族遗传。
- 高胆固醇血症。
- 高血压。
- 吸烟。

- 糖尿病及糖尿病前期。
- 超重和肥胖。
- 缺乏体力活动。

血液中高密度脂蛋白胆固醇（HDL-C）水平升高（≥60毫克/分升），心血管疾病的患病风险便会降低。当高密度脂蛋白胆固醇的浓度较高时，在评估客户患心血管疾病的风险时，应从正相关的风险因素中减少一项。

体力活动和冠心病

在美国，约12%的人死于冠心病是因为缺乏体力活动。正如美国心脏协会（American Heart Association, 2017）所引证的观点，2012年全世界缺乏体力活动人群的比率（35%）超过了吸烟人群（26%）；但后来，萨利斯等人（Sallis et al., 2016）的报告指出，全球缺乏体力活动的成年人占比接近23%。体育科研工作者需要向客户介绍体力活动的益处，以及规律的体力活动对预防冠心病的益处。相对于那些久坐不动和缺乏体力活动的人，经常进行体力活动的人发生心肌梗死的概率更低，患冠心病后死亡的概率也较低，冠心病的发病时间也向后延迟（American Heart Association, 2017）。以积极运动为主要生活方式，每天久坐时间不超过4小时，可以将心血管疾病的死亡率降低23%~74%（Ekelund et al., 2016）。另外，在分析几项有关久坐行为和心血管疾病患病率的研究时，比斯瓦斯等人（Biswas et al., 2015）认为，发病概率的增加范围为6%~200%。

与久坐行为和心肺适能（CRF）水平相同，体力活动也能发挥作用，而不受与冠心病及其他各种原因导致早逝的相关风险因素的影响（Bouchard, Blair & Katzmarzyk, 2015）。关于久坐行为独立效应的另一个结论（Carter et al., 2017）是，有越来越多的证据表明，久坐行为会提高患传统的、可预防的心血管疾病的风险（Benatti & Ried-Larsen, 2015; Bergouignan

et al., 2016; Same et al., 2016）。此外，在一项关于体力活动和心肺适能对心血管疾病和冠心病风险因素之间剂量-反应关系的元分析研究中，威廉斯（Williams, 2001）认为，心肺适能和训练与心血管疾病、冠心病风险因素之间的剂量-反应关系与体力活动截然不同。虽然心肺适能训练和体力活动能显著降低心血管疾病和冠心病的患病风险，但心肺适能训练对降低风险的作用几乎是体力活动的两倍。这些结果表明，除了缺乏体力活动之外，低心肺适能水平也是导致冠心病的一个潜在风险因素（U.S. Department of Health and Human Services, 2008）。

高血压

高血压是症状为血压持续升高的慢性疾病。高血压患者通常需要服用降血压药物。即使一个人的舒张压（DBP）低于80毫米汞柱，收缩压（SBP）处于120~129毫米汞柱也可被诊断为血压偏高。1级高血压的收缩压处于130~139毫米汞柱或舒张压处于80~89毫米汞柱；2级高血压的收缩压高于139毫米汞柱或舒张压高于90毫米汞柱（Whelton et al., 2017）。高血压和其他几种心血管疾病之间存在广泛的联系（Rapsomaniki et al., 2014）。世界卫生组织（World Health Organization, 2011b）将高血压认定为导致心血管疾病的最大风险因素，全球有13%的死亡归因于高血压。如果不加以预防，高血压将成为导致卒中、心脏病、心肾衰竭、痴呆和失明的第一大风险因素（World Health Organization, 2014）。在美国，高血压使成年人因心血管疾病死亡的比率达到40%（Yang et al., 2012）。

2014年，全球成年高血压患者约占总人口的22%（World Health Organization, 2014）。截至2015年，在南亚和撒哈拉以南的非洲地区，低收入国家的高血压患病率远远高于高收入国家；然而，在东欧和中欧地区，血压偏高仍然是一个棘手的问题（NCD-RisC, 2017）。据估计，全球有14亿成年高血压患者，高血压由此被认定为使人类在70岁以前死亡的最主要可预测因素。和中低收入国家（31.5%）相比，高收入国家（28.5%）的高血压患病率更低，这反映了各国在高血压疾病预防、治疗和控制方面的差距（Mills et al., 2016）。近1/3的成年人在愤怒时血压会上升到高血压水平（Centers for Disease Control and Prevention, 2016）。英国大约有14%的成年人患有高血压，北爱尔兰的高血压患病率低于英格兰和苏格兰（British Heart Foundation, 2015b）。相比之下，据估计，拉丁美洲和加勒比地区的成年人高血压患病率（约39%）高于太平洋地区和东亚（约36%）、欧洲和中亚（约32%）、南亚（约29%）和非洲地区（约27%）（Sarki et al., 2015）。

在美国，小于65岁的高血压患者男性多于女性；大于65岁的高血压患者女性的比例超过男性（American Heart Association, 2017）。到45岁时，美国男性高血压患者的比例（11%~23%）略高于女性（8%~23%）；45~54岁，男性（36.1%）和女性（33.2%）的高血压患病率基本相同；同样，对于55~64岁的人群，男性（57.6%）的高血压患病率也略高于女性（约55.5%）；而大于65岁的人群，女性（65.8%）高血压的患病率略高于男性（63.6%）。女性高血压患者患冠心病的风险比血压正常的女性高3.5倍。此外，非裔美国人的高血压患病率（45.5%）居世界之首，远远高于美国印第安人或阿拉斯加原住民、亚裔或太平洋岛民、西班牙裔和白人（American Heart Association, 2017）。表1.3总结了一些疾病的相关风险因素。

对血压偏高者来说，改变不良生活方式和定期测量血压通常是治疗计划的一部分。对于1级高血压患者，可应用动脉粥样硬化心血管疾病风险计算法来评估他们在未来10年内

患卒中和脑血管病的风险（Whelton et al., 2017）。沙曼等人（Sharman et al., 2015）分析了运动影响高血压患者血压值相关研究的综合性数据，发现有氧运动和抗阻训练都能降低血压，但有氧训练的效果最好。他们还报告了运动和降压药物的联合效用，并强调了监测运动后血压变化的重要意义。规律的体力活动可预防高血压，并降低血压正常或偏高、患1级或2级高血压的青少年和中老年人的血压值。与血压正常的人群相比，参加耐力训练的高血压患者，训练引发其静息收缩压和舒张压的变化更大（5~7毫米汞柱）。然而，通过耐力或抗阻训练，即使血压值降低得很轻微（2~3毫米汞柱），也能将普通人群患冠心病的风险降低5%~9%，将患卒中的风险降低8%~14%，将全因死亡率降低4%（Pescatello et al., 2004）。有关美国运动医学会为高血压患者降低血压制定的运动方案，见第14页的"高血压患者的运动处方"。

高胆固醇血症与血脂异常

高胆固醇血症是指血液中总胆固醇（TC）上升，可导致心血管疾病患病风险增加。高脂血症指血液中脂质水平过高的病理状态，可表现为高胆固醇血症等。约18%的卒中和56%的心脏病由胆固醇过高引起（World Health Organization, 2002a）。2011年至2014年，越来越多的成年人（≥20岁）的总胆固醇值降到240毫克/分升及以下。然而，这一下降更有可能是药物处方的增加引起的，而不是因为运动或饮食（American Heart Association, 2017）。双种族中青年人冠状动脉危险因素（ARDIA）纵向研究的结果（Schneider et al., 2016）表明，虽然总胆固醇最初有所下降，但之后数值趋于稳定，在25年观察期结束时出现逆转。

超过9 460万的美国成年人（≥20岁），

表1.3 疾病相关风险因素总结

因素	冠心病	2型糖尿病	高血压	高胆固醇血症	腰背痛	肥胖	骨质疏松	癌症
年龄								↑
性别	M>F[a]	F>M	F>M[b]	F>M[b]	F=M	F>M	F>M[b]	
种族	AF>W, AN>H	NA, AN, AF, H>A, W	AF>A, NA, H, W	AF, H, W>A, NA		NA, AF, H, W>A		A, W>NA, AF, H
家族病史	↑	↑	↑	↑		↑	↑	↑
社会经济地位	↑	↑	→	→		→	↑	↑
酗酒	↑		↑	↑			↑	↑
吸烟		↑						↑
营养								
Na^+摄入量			↑					
Ca^{2+}/维生素D摄入量							↓	
脂肪/胆固醇摄入量	↑			↑		↑		↑
碳水化合物摄入量		↑						
能量摄入>能量消耗	↑	↑	↑	↑	→	↑		
体力活动	↓	↓	↓	↓	→	↓	↓	↓
运动性闭经							↑	
柔韧性					→			
肌肉力量					→		↓	
骨架大小							↓	
其他疾病								
神经性厌食症							↑	
糖尿病	↑		↑					
高血压	↑							
高胆固醇血症	↑							
肥胖与超重	↑	↑	↑	↑	↑			↑

↑代表因素加剧，风险上升。

↓代表因素加剧，风险下降。

其中：A代表亚裔；NA代表美国印第安人；AN代表美国阿拉斯加州原住民；AF代表非裔；H代表西班牙裔；W代表白人；Na代表钠原子；Ca代表钙原子。

[a] 55岁之前。男性（M）风险高于女性（F）。

[b] 更年期后，女性风险高于男性。

高血压患者的运动处方

运动方式: 耐力训练为主,辅以抗阻训练。

运动强度: 中等强度的耐力训练(40%~60%VO₂R*),其自感用力度得分为12~13分,抗阻训练(60%~80%1RM)。

持续时间: 每天持续或总计进行30分钟以上的有氧运动,针对各大肌群至少进行两组(每组重复8~12次)抗阻训练。

运动频率: 最好每天都进行有氧运动,每周两到三天进行抗阻训练。

*VO$_2$R是指最大摄氧率与静息摄氧率的差值。更多信息见第5章。

(源自: ACSM, 2018.)

总胆固醇高于200毫克/分升。据2011年至2014年收集的数据:有2 850万美国成年人(≥20岁)的总胆固醇达到高危水平(>240毫克/分升);总胆固醇高于240毫克/分升的人群中,女性(1 640万人)多于男性(1 060万人)(American Heart Association, 2017)。值得注意的是,总胆固醇受年龄因素影响,与2011年至2012年相比,2013年至2014年,在4个族群中,男女的患病率都有所下降;有一个例外是非西班牙裔、亚裔男性的患病率上升了2.6%。与西方国家相比,中国、日本和印度尼西亚成年人的总胆固醇平均较低(190~207毫克/分升)(American Heart Association, 2001)。

表1.3列出了高胆固醇血症的相关风险因素。

低密度脂蛋白、高密度脂蛋白与总胆固醇

胆固醇是一种蜡质的类脂物质,是在动物产品(肉类、乳制品和鸡蛋)中发现的。人们可以在肝脏中合成胆固醇,也可以从饮食中吸收胆固醇。胆固醇对身体具有必不可少的作用,通常被用于构建细胞膜,产生性激素,形成消化脂肪所必需的胆汁酸。脂蛋白是参与肝脏、肠道和周围组织之间复杂的脂质交换过程的一种重要成分。脂蛋白按包裹胆固醇的蛋白质外壳的厚度来进行分类。人体4种主要的脂蛋白是:乳糜微粒(CM),来源于肠道吸收的甘油三酯;极低密度脂蛋白(VLDL),在肝脏中合成,用于运输甘油三酯;低密度脂蛋白(LDL)为运输胆固醇的主要载体,是极低密度脂蛋白的代谢产物;高密度脂蛋白(HDL),参与胆固醇向肝脏的逆向转运。低密度脂蛋白分子大于高密度脂蛋白分子,因此低密度脂蛋白分子在血浆中沉淀,并被主动运输到血管壁中。过量的低密度脂蛋白胆固醇(LDL-C)刺激冠状动脉内膜形成斑块,造成血管横截面积减少,动脉血流受阻,最终导致心肌梗死。因此,低密度脂蛋白胆固醇低于100毫克/分升时,最有利于降低心血管疾病和冠心病的患病风险(National Cholesterol Education Program, 2001)。在美国,成年女性(31%)和成年男性(32.5%)的低密度脂蛋白胆固醇达到临界高水平(大于等于130毫克/分升并小于160毫克/分升)的概率几乎完全相同(Roger et al., 2012)。

较小的高密度脂蛋白分子悬浮在血浆中,通过从动脉血管壁上摄取过量的胆固醇并将其输送到肝脏进行代谢来保护身体。高密度脂蛋白胆固醇低于40毫克/分升时,冠心病患病概率增加。2011年至2014年的数据显示,在美国,20岁以上男性和女性中有19%的人,体内高密度脂蛋白胆固醇含量偏低(<40毫克/分升)(Zwald et al., 2017)。

高密度脂蛋白胆固醇偏低或总胆固醇偏高(血脂异常)人群,患心脏病的风险更高。无论总胆固醇的水平如何,高密度脂蛋白胆固醇较低的人,患病风险更大。这强调了成年人进行总胆固醇和高密度脂蛋白胆固醇检查的重要性。

体力活动和血脂

规律的体力活动，尤其是习惯性的中高强度有氧运动，有助于促进脂类代谢并改善血脂情况（Lin et al., 2015）。对经常进行体力活动和久坐不动人群的脂类分布情况进行研究，可以发现体适能与总胆固醇，以及总胆固醇与高密度脂蛋白胆固醇的比值呈负相关（Despres & Lamarche, 1994；Shoenala & Well, 1995）。

为研究有氧运动对成年人心血管生物标记物（如脂肪、脂蛋白等）的影响，我们收集了160项随机对照实验的数据，结果表明：与对照组相比，对实验组中的成年人分别进行中等强度和高强度有氧运动的干预，降低了总胆固醇（分别为4.3和3.87毫克/分升）、低密度脂蛋白胆固醇（分别为3.09和4.64毫克/分升）、极低密度脂蛋白胆固醇（分别为1.93和7.35毫克/分升）和甘油三酯（分别为5.31和5.31毫克/分升），而升高了高密度脂蛋白胆固醇（分别为1.16和2.71毫克/分升）升高（Lin et al., 2015）。然而，林等人（Lin et al., 2015）发现，不同运动强度组别之间并无显著差异，证实了以下观点：中等强度和高强度运动对改善心血管代谢健康具有类似的效果。总胆固醇降低1%，冠心病患病率将降低2%；与此类似，高密度脂蛋白胆固醇降低1%，冠心病患病率将增加2%~3%（Gordon et al., 1989）。然而，对于高脂血症患者而言，除了有氧运动之外，生活方式的改变（如健康饮食）或药物干预（如他汀类药物）对于降低血脂和脂蛋白也很有必要（Kelley & Kelley, 2006）。

高密度脂蛋白胆固醇增量的多少，似乎与有氧运动量（运动的强度、频率、持续时间以及训练周期的长短）有关，而且女性在有氧运动后，高密度脂蛋白胆固醇增加的程度不如男性明显。在成年人各年龄范围中，达到体力活动指南要求（每周不少于150分钟中高强度运动）的人群（17.7%），其高密度脂蛋白胆固醇要高于未达到体力活动指南要求的人群（21.0%）。有趣的是，达到要求的成年人，其高密度脂蛋白胆固醇降低程度随着年龄的增长而降低。对于60岁以上的群体，经常进行体力活动的老年人中只有12.6%具有低水平的高密度脂蛋白胆固醇，而对应的年轻人则占19%（Zwald et al., 2017）。根据一项对双种族成年人的纵向研究结果，年轻时采用高强度有氧运动结合长期进行体力活动的生活方式，有利于人们在中年阶段保持良好的血脂水平（Sarzynski et al., 2015）。

关于抗阻训练对胆固醇的影响，目前的研究尚无定论。里贝罗等人（Ribeiro et al., 2016）认为，那些年龄较大、能生活自理的女性（67.6±5.1岁），在随机安排8周传统（3组8~12RM）或8周金字塔式（12RM、10RM、8RM）抗阻训练后，高密度脂蛋白胆固醇得到了提升。12周的平衡期过后，这些女性改变了训练方式。每8周结束时，她们会发生许多积极的变化，包括高密度脂蛋白胆固醇升高，但不同训练方式之间没有显著差异。同样，与服用高效抗逆转录病毒药物的成年艾滋病患者（18~60岁）的普通对照组相比，旨在显著增强力量的非线性抗阻训练能显著提高其高密度脂蛋白胆固醇及其他变量的水平（Zanetti et al., 2016）。相反，与有氧训练（52分钟）组相比，为期16周的有氧（30分钟）和抗阻（27分钟）综合训练不能显著提升绝经女性的高密度脂蛋白胆固醇（Rossi et al., 2016）。有可能综合训练组（3组或4组12~15RM）的抗阻训练部分没有达到所需的强度，不足以提升绝经女性的高密度脂蛋白胆固醇。

吸烟

尽管美国等国家的烟草消耗量（如香烟和雪茄）正在下降，但全世界的烟草消耗量仍在急剧增加（American Heart Association, 2017年）。额等人（Ng et al., 2014）将吸烟人数的增加归因于世界人口的增长。世界卫生组织（World Health Organization, 2011）预测，全球吸烟人数约为10亿。吸烟率的年龄标准化结果显示（Ng et al., 2014），美国、加拿大、巴西和澳大利亚的男性吸烟率为16.5%~19.7%，而俄罗斯、中国、东欧、埃及和土耳其的男性吸烟率为34.7%~61.1%。在非洲、中国和波斯湾地区，女性吸烟率最低（0.5%~2.6%），而在奥地利、智利、法国和匈牙利则最高，超过25%。在该研究包括的187个国家和地区中，除瑞典之外，在不同年龄段，每天吸烟的男性比率均高于女性。虽然在美国的大多数族群，女性吸烟率均低于男性，但美国印第安人女性和阿拉斯加原住民女性的吸烟率却略高于男性，非西班牙裔白人女性的吸烟率与男性几乎相等（American Heart Association, 2017）。

目前，美国约有13.7%的女性和16.7%的男性吸烟（American Heart Association, 2017）。自1980年以来，加拿大、冰岛、墨西哥和挪威的戒烟政策已成功将吸烟率降低一半（Ng et al., 2014）。他们的方法可为其他国家提供宝贵的戒烟经验。在一项涵盖了来自欧洲6个城市具有代表性的50所学校的研究中，11 000名学龄青少年（平均年龄为15岁）（Lorant et al., 2015）中有17.4%的人承认自己吸烟。事实上，即使人们不吸烟，如果在家庭或工作场所长期暴露在吸烟环境中，由冠心病引起的死亡风险也将增加30%（American Heart Association, 2004）。

吸烟是导致早逝以及多种疾病的主要因素之一。将近33%的冠心病死亡率由吸烟或二手烟导致（American Heart Association, 2017）。吸烟可导致冠心病、卒中和慢性阻塞性肺疾病，以及肺癌、喉癌、食管癌、口腔癌和膀胱癌等至少11种癌症（Carter et al., 2015）。与不吸烟者相比，吸烟者患心脏病及死亡的风险是不吸烟者的两倍以上，平均寿命比不吸烟者至少少10年（American Heart Association, 2017）。如前所述，吸烟也是引起卒中的主要原因之一。它扩大了与冠心病相关的风险因素的影响，如高血脂、糖尿病和未接受治疗的高血压。一些研究人员针对55岁以上的成年人进行了研究，目前这些研究人员也鼓励进一步研究由传染病、呼吸道疾病、前列腺癌、乳腺癌、肠缺血、肾衰竭和高血压心脏病导致的死亡与吸烟之间可能存在的联系。这些疾病导致的相对死亡风险每年都会由于戒烟而下降（Carter et al., 2015）。此外，虽然目前没有完善的研究，但人体吸入的电子烟烟雾是含有尼古丁和其他健康风险未知的物质的。

无论吸烟时间的长短和吸烟频率的高低如何，戒烟后，患冠心病的风险都会迅速下降。虽然与戒烟有关的健康效益可能在数周或数月内才会有所表现，但戒烟者死于冠心病的相对风险，在戒烟10年后与不吸烟者已相差无几（American Heart Association, 2017）。

糖尿病

糖尿病作为一种全球流行病，患病率不断上升。针对这一情况，世界各国领导人承诺，到2030年，将糖尿病和其他重大非传染性疾病造成的死亡率降低1/3（World Health Organization, 2016b）。截至2014年，全世界糖尿病患者的数量约为4.22亿（World Health Organization, 2016b）。城市化、老龄化、缺乏体力活动、不健康的饮食和肥胖等相关因素加剧了糖尿病患病率的提高（Wagner

& Brath，2012）。70岁以下的人群中，至少有43%的死亡可归因于高血糖（World Health Organization，2016b）。糖尿病是导致冠心病、卒中、某些特定癌症、肾衰竭和认知功能障碍的主要因素之一（World Health Organization，2016b）。糖尿病女性患者患冠心病和卒中的风险高于男性患者，原因有多种：被诊断时具有心血管疾病高风险因素和肥胖症；长期处于糖尿病前期的高风险状态；诊断后治疗相对不足（Peters，Huxley & Woodward，2014）。在美国，糖尿病已成为2010年人口死亡的第七大因素（American Diabetes Association，2017）。

2012年，美国有2 900万成年人患有2型糖尿病，8 600万人（≥20岁）被确诊处于糖尿病前期（American Diabetes Association，2017）。在中国和印度，糖尿病患者人数达1.38亿（Danaei et al.，2011）。达纳维等人（Danaei et al.，2011）还推测，巴西、印度尼西亚、日本、墨西哥和巴基斯坦大约有4 200万名糖尿病患者。此外，2008年，他们发现大洋洲、北非、中东和加勒比地区的糖尿病患病率最高。糖尿病患病率最低的是东南亚、东非和拉丁美洲安第斯山脉地区（Danaei et al.，2011）。

美国成年人（≥20岁）的糖尿病患病率为12.3%；2012年，他们之中有170万人首次被诊断出患有糖尿病（Centers for Disease Control and Prevention，2014）。在美国的成年人群体中，与非裔（13.2%）、西班牙裔（12.8%）和美国印第安人/阿拉斯加原住民（15.9%）相比，白人患糖尿病和血糖水平异常的概率更低（Centers for Disease Control and Prevention，2014）。在成年人的各年龄段，美国印第安人和阿拉斯加原住民的糖尿病患病率因地域不同而有所差异，亚利桑那州南部的美国印第安人的糖尿病患病率（24.1%）是阿拉斯加原住民的4倍（Centers for Disease Control and Prevention，2014）。

糖尿病前期不仅是导致心血管疾病的风险因素，也是一种空腹血糖或糖化血红蛋白（HbAlc）水平高于正常值，但低于糖尿病诊断标准的状况。糖化血红蛋白是衡量过去两三个月平均血糖的指标（Centers for Disease Control and Prevention，2014）。幸运的是，在美国和世界其他地区，有8 600万成年人在糖尿病前期似乎对体重减轻、饮食变化等症状做出了正面回应，并增加了体力活动量。2009年至2012年，非西班牙裔白人、非裔美国人和西班牙裔美国人，在不同年龄段的糖尿病前期患病率几乎相同（分别为35%、39%和38%）（Centers for Disease Control and Prevention，2014）。

1型糖尿病，原名胰岛素依赖型糖尿病（IDDM），可在任何年龄段发生，常见于儿童和青少年。2型糖尿病，原名非胰岛素依赖型糖尿病（NIDDM），这一疾病更为常见，并非主要发生于中年人和老年人之中。90%~95%的糖尿病患者患的是2型糖尿病（Centers for Disease Control and Prevention，2014）。这两种糖尿病的风险因素见表1.3。1型糖尿病可能是由自身免疫、遗传或环境因素引起的，其具体原因尚不明确。遗憾的是，尽管正在进行相关的临床试验，但目前尚无明确方法来预防1型糖尿病（World Health Organization，2016b）。然而，在高危人群中，充分的营养和体力活动可将2型糖尿病患病率最多降低67%（Sanz，Geterer & Hanaire，2010）。同时，将规律的体力活动作为适度减重的有效干预措施，可将高危人群患2型糖尿病的风险至少降低58%（Colberg et al.，2010）。体脂超标是导致2型糖尿病的最大风险因素。腰围和体重指数（BMI）的升高也增加了患病风险，但风险因素因地域而异（World Health Organization，2016b）。

除了改善血糖状况外，进行体力活动对2型糖尿病的独立干预效果尚未可知（Handelman et al.，2015）。然而，仍然推荐每周至少进行150

分钟的中高强度运动，包括柔韧性训练和力量训练（Handelsman et al., 2015）。需要注意的是，这些运动方案需要定期实施，包括力量和有氧训练，以帮助患者维持最佳健康状况。除此之外，减少每天的久坐时间，增加体力活动，也是降低2型糖尿病患病风险的可行手段。如同之前提及的5项综述性研究，久坐不动的人患2型糖尿病的综合风险几乎是普通人的两倍（Biswas et al., 2015）。尽管很少有进行体力活动后产生不良反应或糖尿病并发症的相关报道，但进行体力活动后仍然有必要注意急性低血糖和短暂性高血糖的症状（Colberg et al., 2010）。

体力活动与减重、降脂、控血糖之间的相关性研究表明，根据推荐的体力活动指南进行规律的体力活动，能有效降低2型糖尿病的患病率（Colberg et al., 2010）。在针对超重和肥胖者的小样本研究中，6个月的非随机生活方式的强化和干预，包括运动和行为减重干预，有效降低了受试者糖化血红蛋白的基线值（6.2%±0.3%至6.8%±0.3%），并减少了通过药物降低血糖的需求。在这一过程中，人体的许多其他方面（如胰岛素水平、胰岛素抵抗、血压、体重、身体成分等）也会受到积极影响（Ades et al., 2015）。运动频率对糖尿病患者至关重要。如果无法每天进行体力活动，就尽量每两天进行一次体力活动。为1型和2型糖尿病患者制定的具体体力活动计划指南已经得到普及（ACSM, 2018）。

肥胖与超重

成年人是否超重或肥胖，应用体重指数[体重指数=体重（千克）/身高^2（米^2）]进行评估。根据传统的体重指数计算方法：20岁以上的成年人体重指数在25~29.9千克/米^{2}时，属于超重；体重指数超过30千克/米^{2}时，

属于肥胖（Smith & Smith, 2016）。通过对不同族群的研究，确定了亚裔超重（23~24.9千克/米^2）和肥胖（≥25千克/米^2）体重指数的临界点，这一临界点的确定较为保守（Seidell & Halberstadt, 2015）。正如赛德尔和哈尔贝施塔特（Seidell & Halberstadt, 2015）的观点，按传统的体重指数计算，全球范围内的肥胖率可能被低估了，因为之前根据传统的体重指数对许多亚裔进行了错误的归类。作为用于评估体重的粗略指标，传统的体重指数无法识别隐性肥胖，推荐使用用于评判实际健康风险的指标，包括腹部脂肪分布等附加确定值或估计值（Seidell & Halberstadt, 2015）。世界卫生组织（2012b）将超重和肥胖界定为有损人体健康的脂肪积累异常或过量。超重和肥胖是全球第五大死亡风险因素。

全世界有21亿多人超重或肥胖（Smith & Smith, 2016）。在全球范围内，超过1/3的成年人（≥18岁）超重，而肥胖者超过1/10。在世界卫生组织划分的各地区，美洲地区国家的肥胖率最高，东南亚地区国家最低（World Health Organization, 2016b）。2014年，根据体重指数标准来划分，英国男性（24%）和女性（27%）的肥胖率非常接近（NHS Digital, 2014）。2012年，加拿大社区健康调查组织通过48 000名加拿大成年人报告的身高和体重，来计算较年轻群体（30~59岁）和老年群体（60~80岁以上）的体重指数，结果发现近55%的年轻人和60%的老年人超重或肥胖（Cohen, Baker & Ardern, 2016）。2014年，中国成年人肥胖率居世界之首，其肥胖男性与女性的人数分别占世界肥胖男性与女性人数的16.3%和12.4%；美国排名第二，男性占15.7%，女性占12.3%（NCD-RisC, 2017）。1975年至2014年，有关全球99%人口的体重指数水平变化的详细信息，见非传染性疾病风险因素协会（NCD-RisC, 2017）的工作报告。

在美国，成年人肥胖率约为35%，1/3的儿童和青少年超重或肥胖（Smith & Smith, 2016）。在各年龄段，美国白人男性的肥胖率约为35%，亚裔约为12.6%，非裔美国人和西班牙裔男性的肥胖率为38%；根据不同年龄、族群的体重指数，美国白人女性的肥胖率约为40.4%，西班牙裔女性为46.9%，非裔女性为57.2%，亚裔女性约为12.4%。按体重指数划分，全球4个人种中达到3级肥胖标准（≥40千克/米²）的人口比例在5.5%~9.9%（Flegal et al., 2016），非裔女性为16.8%。美国成年人中亚裔的肥胖率仍然远低于白人、非裔和西班牙裔（Flegalet et al, 2016）。

儿童肥胖（各性别和年龄段第95百分位数及以上者）也成了全球性问题（见第9章）。超重的青少年在成年时仍有70%的可能性超重；如果父母一方或双方都超重或肥胖，这一可能性会上升到80%（American Heart Association, 2012）。在英国，2~15岁的儿童、青少年群体中，33%的男孩和35%的女孩超重或肥胖（British Heart Foundation, 2006）。美国的情况与之相同，2014年，2~19岁的儿童和青少年中，超重和肥胖的比例约为33%，肥胖率为17.2%。这一年的调查结果显示，儿童肥胖率随年龄增加而增加，从学龄前儿童（2~5岁）的9.4%增加到青少年（12~19岁）时期的20.6%；学龄儿童的肥胖率为17.4%（American Heart Association, 2017）。世界卫生组织（World Health Organization, 2018b）发布了一份报告，认为全球0~5岁超重或肥胖的儿童约为4 100万，5~19岁超重或肥胖的儿童近3.4亿。表1.3总结了与肥胖相关的风险因素。

超重和肥胖对人们的生活品质和寿命构成严重威胁。有研究者针对900多名男性进行了一项长达40年的罕见的纵向研究，通过跟踪调查以记录他们的体重指数和心血管代谢产物的变化（Xian et al., 2017），并根据20岁、40岁、56岁和62岁时的评估结果，对体重指数变化的趋势进行建模。研究结果表明，与20岁时体重指数正常，但62岁时体重指数超标的男性相比，在基线时体重正常但后期体重指数在肥胖范围内（正常–肥胖）的男性，患高血压、糖尿病、血脂异常和炎症的风险显著增加；体重指数基线值在超重范围内，在40岁时体重指数达到肥胖水平且在62岁时达到最高肥胖水平（≥40千克/米²）的男性也是如此（3级超重–肥胖）。不同的是，3级超重–肥胖组患高血压的概率是正常–肥胖组的3倍以上，患炎症的概率是正常–肥胖组的2倍以上，患糖尿病的风险比正常–肥胖组高60%，而3组的缺血性心脏病的患病率并无显著差异。

尽管肥胖与导致冠心病的风险因素密切相关，如高血压、葡萄糖不耐受症和高脂血症，但肥胖对冠心病及这些风险因素似乎没有影响。有趣的是，人们发现了一个肥胖悖论，这一因果关系是矛盾的、反常的。在高血压、心房颤动和心脏衰竭等心血管疾病的短期和长期预后表现的调查研究中，超重或轻度肥胖者的预后表现好于偏瘦者（Lavie et al., 2014）。关于肥胖对心脏功能、心脏重构、有氧适能水平和肥胖悖论的影响，其综述性研究的详细信息，见拉维等人（Lavie et al., 2014）的报告。

肥胖是全球第五大死亡风险因素，可由遗传、环境因素和肠道生物群引起。虽然相关研究表明，遗传因素导致了各族群肥胖率的差异，但自20世纪60年代以来，美国人群的基因型并未发生实质性的变化（Hill & Melanson, 1999）。尽管如此，各族群的肥胖率却各不相同。遗传规律表明，家族性肥胖群体大有人在。目前正在进行的全基因组关联分析（GWAS）已经确定了90多个可能与肥胖和体重指数相关的基因变异区域（Chen et al., 2017）。毫无疑问，环境和文化也是导致肥胖率上升的两个重要因素。我们不仅可以选择无数高能量食品，而且由技术进步导致体力活动和体力劳动减少，降低了能量消耗的同时，我们每天还接触了各式各样的化学制品（如杀虫剂、个人和家庭护理产品、食品添加剂、工业废物），这些化学制品通过干扰内分泌系统和代谢功能造成了肥胖（Regnier & Sargis, 2014）。

运动专业人员在人们与肥胖相关的疾病做斗争的过程中，发挥着重要的作用。应鼓励人们采取积极进行体力活动的生活方式，制定系统合理的体力活动计划，与客户共同商议，咨询经验丰富的专业营养师来制定合理的饮食减重计划。控制能量摄入并通过进行体力活动和训练增加能量消耗是减重降脂、维持正常血压和血脂的有效方法。

代谢综合征

代谢综合征（MetS）可导致人体出现高血压、血脂异常、胰岛素抵抗和腹部肥胖等一系列心血管疾病相关的风险因素。根据美国国家胆固醇教育计划（2001）采用的临床标准，有3个以上上文提到的心血管疾病风险因素的人即被诊断为患有代谢综合征（见表1.4）。尽管存在部分重合，不同组织机构的标准也各有差异，例如国际糖尿病联合会（IDF）、世界卫生组织（WHO）、欧洲胰岛素抵抗研究小组（EGIR）、美国临床内分泌医师协会（AACE）、美国心脏协会、美国国家心肺血液研究所（NHLBI）等。奥尼尔和奥德里斯科尔（O' Neill & O' Driscoll, 2015）在文章中同时比较了这些标准的异同。世界卫生组织采取体重指数作为可接受的标准；而其他组织则采用腰围作为评判腹部肥胖的参考指标。性别和种族因素也被界定为腰围的参考指标（O' Neill & O' Driscoll, 2015）。阿尔贝蒂等人（Alberti et al., 2009）提供了大量关于代谢综合征演变历史的资料，以及主要组织为在诊断标准上达成共识而做出的努力。同样，施泰因贝格尔（Steinberger et al., 2009）也强调了界定儿童和青少年代谢综合征的类似问题。

奥尼尔和奥德里斯科尔（O' Neill & O' Driscoll, 2015）的调查数据表明，按照美国国家胆固醇教育计划成年人治疗模式Ⅲ（NCEP-ATP Ⅲ）中的标准，在美国20岁以上的人群中，约34%的男性和35%的女性为代谢综合征患者；在印度的相同年龄人群中，17%的男性和19%的女性为代谢综合征患者。此外，他们还发表了澳大利亚、中国、丹麦、爱尔兰和韩国等许多针对成年人的研究结果。迄今为止，美国成年人的代谢综合征患病率较其他年龄段偏高，但各组间不同样本量和不同年龄段的差异可能会对比较的结果产生进一步的干扰。

表1.4 代谢综合征的风险因素

风险因素	风险标准
腰围	男性大于102厘米 女性大于88厘米
血压	收缩压大于等于130毫米汞柱，或舒张压大于等于85毫米汞柱，或二者兼有
空腹血糖	大于等于110毫克/分升或大于等于6.1毫摩尔/升
甘油三酯	大于等于150毫克/分升或大于等于1.6毫摩尔/升
高密度脂蛋白胆固醇	男性低于40毫克/分升或低于1.04毫摩尔/升 女性低于50毫克/分升或低于1.29毫摩尔/升

注：存在3个以上风险因素时患者即诊断为患有代谢综合征。
（源自：NCEP, 2001.）

有趣的是，根据美国国家胆固醇教育计划成年人治疗模式Ⅲ和国际糖尿病联合会的标准，确定了部分国家的代谢综合征患病率，而根据后者标准确定的两个性别的代谢综合征患病率均高于前者。因此，在标准未统一之前，全球代谢综合征患病率可能会被误判。

其他的常规研究结果包括，代谢综合征的患病率随着年龄的增长而增加，缺乏体力活动和饮食不健康是主要潜在因素。代谢综合征将卒中的概率增加了2~4倍，患心血管疾病的概率增加了3倍，心肌梗死的概率增加了3~4倍，患2型糖尿病的概率增加了5倍（Kaur，2014）。与相同年龄段未患代谢综合征的老年人相比，60岁以上的代谢综合征老年患者久坐时间更久，久坐频率更高（Bankoski et al.，2011）。针对代谢综合征的全基因组关联分析的出版物越来越多，结果表明基因组可能是独立因素（如内脏脂肪组织、胰岛素抵抗、高血压）与代谢综合征症状之间关联的基础（O'Neill & O'Driscoll，2015）。

年龄和体重指数与代谢综合征之间有直接的联系（NCEP，2001）。老年人（≥60岁）的代谢综合征患病率（≥40%）高于青年人（20~29岁）（7%）。同样，肥胖者（体重指数>30千克/米^2）的代谢综合征患病率（约50%）高于体重正常者（体重指数≤25千克/米^2）（6.2%）。为了治疗代谢综合征，调整生活方式，健康饮食并加强体力活动是提高高密度脂蛋白胆固醇，降低血压、体重、腰围、甘油三酯和血糖水平的有效途径。

癌症

癌症是全世界范围内导致人类死亡的最主要因素之一，也是导致美国人死亡的第二大因素，对于成年人来说，其排在心脏病之后，对于1~14岁儿童来说，其排在意外死亡之后

（Siegel，Miller & Jemal，2016）。对全球癌症患病率的系统分析结果表明，2015年癌症死亡人数为870万（Fitzmaurice et al.，2017）。在人的一生中，癌症患病率存在性别差异：男性约为33.3%，女性为25%（Fitzmaurice et al.，2017）。西格尔等人（Siegel et al.，2016）对美国的各种癌症死亡人数进行了估测，其中，预测死亡人数最多的4种癌症为肺癌、支气管癌、大肠癌和胰腺癌，男性和女性的死亡人数相当；死亡人数排在第2位的是男性前列腺癌和女性乳腺癌。幸运的是，过去20年里，随着"早检查、早治疗"等公共意识宣传的普及，肺癌、乳腺癌、前列腺癌和大肠癌的死亡率均有所下降（Siegel，Miller & Jemal，2016）。常见癌症类型随地域而有所不同（Fitzmaurice et al.，2017；Siegel，Miller & Jemal，2016）。癌症的主要风险因素有：吸烟、饮酒、不健康饮食、缺乏体力活动以及患上与风险因素相关的疾病，如肝炎和人乳头瘤病毒（World Health Organization，2018a）。

在全球范围内，加强体力活动是预防多种慢性疾病的主要策略之一。缺乏体力活动是一种可改变的风险因素，可增加乳腺癌、结肠癌和子宫内膜癌的患病风险（Leitzmann et al.，2015）。具体而言，在欧洲，10%的结肠癌和9%的乳腺癌是由缺乏体力活动导致的；另外，随着体力活动水平的提高，结肠癌患病风险降低（Leitzmann et al.，2015）。穆尔等人（Moore et al.，2016）对140多万人进行了调查，试图寻找休闲体力活动（LTPA）和多种癌症之间的联系，结果发现，休闲体力活动水平最高的人（超过90%的人），在研究范围内的26种癌症中，其13种癌症的患病风险均较低。其中，7种癌症的患病风险减少了至少20%（Moore et al.，2016）。有证据表明，经常进行体力活动的癌症患者存活率高于缺乏体力活动的癌症患者。

尽管目前通过进行体力活动降低部分癌症患病率的机制尚未完全明确，但人们已经开始关注类固醇激素、胰岛素抵抗、生长因子、免疫系统功能、脂肪因子以及身体成分等方面（Leitzmann et al., 2015）。美国癌症协会2017年发布了关于通过健康饮食和积极进行体力活动的生活方式，来降低患癌风险的指导方针，建议成年人每周进行150分钟中等强度运动、75分钟高强度体育运动，或者在日常生活的常规活动之中对这些体力活动进行等效组合。

应鼓励儿童和青少年每天至少进行60分钟中等或高强度运动（American Cancer Society, 2017）。此外，保持健康的体重对降低患癌风险也十分重要；2013年，全球有450万例因超重或肥胖致死的癌症患者（Lauby-Secretan et al., 2016）。尽管目前缺乏有意减重对降低患癌风险作用的研究，劳比–塞克雷坦等人（Lauby-Secretan et al., 2016）得出结论：较低的体脂水平能降低大多数癌症的患病风险。在研究体力活动水平与26种癌症之间的关系时，穆尔等人（Moore et al.）则认为，研究涉及的大多数癌症都与体重指数无关。

肌肉骨骼疾病与失调

肌肉骨骼系统的疾病与失调，如骨质疏松、关节炎、骨折、结缔组织撕裂和腰背部综合征，也与缺乏体力活动和久坐不动的生活方式有关。**骨质疏松**是由年老、闭经、营养不良、更年期和缺乏体力活动等诸多因素引起的骨矿物质含量和密度损失（骨质疏松的风险因素见表1.3）。据报告，全世界大约2亿人患有不同程度的骨质疏松（Pisaniet al., 2016），其中有5 400人生活在美国［美国国家骨质疏松基金会（2017）］。在发生骨折之前，这种疾病不会带来疼痛。但是，骨质疏松却成为困扰50岁以上男性和女性群体的最大健康问题，

并产生了极大的社会经济影响（Willson et al., 2015）——全球每3秒就会发生一例骨质疏松导致的骨折。

虽然任何骨骼都可能发生骨质疏松性骨折，但髋部骨折通常是衡量骨质疏松引起的医疗保健负担和支出的替代标准，尤其是在50岁以上的男性和女性群体中。目前，腕部骨折人数已超过最常见的骨质疏松性骨折——脊椎骨折。对女性而言，腕部骨折发生后，发生髋部骨折和四肢骨折的风险加大。与国际学界相比，美国在这方面的研究较少（Crandall et al., 2015）。髋部骨折对人体的破坏性最大（International Osteoporosis Foundation, 2015）。在一项针对全世界63个国家或地区的相关研究中，卡尼斯等人（Kanis et al., 2012）发现在每100 000名女性中，丹麦、挪威和瑞典女性的髋部骨折发生率最高，尼日利亚和南非女性最低。年龄标准化后的结果显示，丹麦男性髋部骨折的发生率最高，厄瓜多尔男性最低（Kanis et al., 2012）。

据估计，在欧洲、美国和日本，有7 500万人患有骨质疏松。美国50岁以上的成年人中，骨质疏松患者将近1 200万人（Pisani et al., 2016）。在美国，每年发生的骨质疏松性骨折的病例估计有150万，其中大多数为绝经女性（Black & Rosen, 2016）。美国50岁以上人群中，髋部（股骨）骨质疏松或脊椎骨质疏松的比例达9%，但其患病因年龄、性别和种族而略有不同：女性患病率始终高于男性；老年人的患病率也高于年轻人；与非西班牙裔白人相比，墨西哥裔美国人的骨质疏松或低骨量的患病风险更高，而非裔美国人的患病风险更低（Looker et al., 2012）。

骨质疏松患者的骨矿物质密度（BMD）值低于正常年轻人平均值。骨量减少，或骨矿物质质量偏低，是骨质疏松的前兆。在50岁以上的老年人中，每两人中至少有一人患有骨质

疏松或骨量减少（National Osteoporosis Foundation，2004）。骨质疏松的患病率在不同种族之间存在显著差异，非裔美国人的患病率最低，亚裔美国人的患病率最高。但无论如何，女性骨质疏松患病率始终高于男性，而且这种差异随着年龄的增长会变得尤为明显（Wright et al.，2017）。

卡尼斯等人（Kanis et al.，2005）开发了一种名为FRAX的免费在线工具，以评估一个人在10年内发生骨质疏松和髋部骨折的风险。可通过相关网站访问FRAX。在使用该工具进行评测之前，用户需要回答12个问题，包括年龄、身高、体重、既往骨折史、父母髋部骨折史、吸烟、类风湿性关节炎病史、酒精消耗量和糖皮质激素的长期使用情况等。如果可以，可以将股骨颈的骨密度包括在内，以增强评估结果的准确性，尤其对于女性而言。然而，世界卫生组织的股骨颈骨密度T评分标准参照年轻女性群体的数据而建立，因此该标准并不能直接应用于男性。在评估50岁以上男性患骨质疏松的风险时，将FRAX评分和骨折史进行综合量化，能使结果更精确（Wright et al.，2017）。FRAX工具被广泛应用于世界各地，现已成为制定干预指导方针的组成部分。美国设定了新的阈值标准，目的是指导并制定针对40岁以上成年人低骨量的治疗计划。

美国的一个公私合营性机构［美国国家骨健康联盟（NBHA）］设立了专门的工作小组，任务是扩大骨质疏松的临床诊断标准。首先，数据来自工作小组在2005年至2008年的研究，即美国健康与营养检查调查的研究项目。这些数据显示，在白人受试者中，50多岁人群的骨质疏松患病率低于80多岁人群（男性分别为16%和46.3%；女性分别为29.9%和88.1%）（Wright et al.，2017）。而美国国家骨健康联盟更为保守的定义基于针对50多岁男性或绝经女性的一项研究，这些男性或女性

需要满足以下3个标准之一：按照传统标准界定时，髋部或腰椎骨密度偏低；特定部位的创伤性骨折较少见；或FRAX评分不低于传统方法评定的低骨密度的最低值。与赖特等人（Wright et al.，2017）在研究中仅基于低骨密度或FRAX评分诊断的骨质疏松患病率相比，按美国国家骨健康联盟标准评定的骨质疏松患病率更高。

摄入适量的钙、维生素D，并经常进行体力活动（尤其是负重训练）有助于抵消与年龄相关的骨质丢失；然而，不同性别之间可能出现不同的量效反应，尤其是在膳食补充方面（Willson et al.，2015）。流行病学研究表明，体力活动水平较高的人群发生骨折的概率较低。一项新的研究结果（Daly，2017）表明，步行对预防肌肉萎缩或骨质丢失方面几乎不会产生任何影响。类似地，沃森等人（Watson et al.，2015）认为，中等强度的运动有益于治疗髋部和腰椎骨质疏松的说法显然证据不足。以中国的中年人群体为例，与对照组相比，进行了为期12周的中等强度运动（太极拳或步速自定的步行）后，实验组受试者的骨密度并无明显变化（Hui et al.，2015）。

另外，对七旬老人来讲，高强度体力活动可导致股骨颈发生变化，而轻度至中等强度的运动可强化胫骨（Johansson, Nordström & Nordström，2015）。一项针对低骨量到极低骨量的绝经女性的样本研究，其初步结果表明，与家庭运动组相比，在监督指导下针对肌肉骨骼系统实施8个月（每周2天，每天30分钟）循序渐进的高强度抗阻训练计划后，在身体姿势、骨密度、运动功能表现和避免受伤方面的改善具有更为显著的统计学意义（Watson et al.，2015）。同样，个性化的高速递进式抗阻训练在增强肌肉骨骼功能方面的效果似乎最好；为了达到最佳效果，还应纳入各种中等强度的负重训练，以及改善灵活性和平衡性的

挑战训练（Daly, 2017）。美国运动医学会强调：运动频率、运动强度、运动类型、运动组合、运动重复次数和有关运动进阶的建议应该符合个人的年龄、病史、抗阻训练史和个人目标（见第7章）。

峰值骨量是在儿童和青少年时期形成的。青少年时期的骨骼发育占比50%左右（Gordon et al., 2017）。因此，峰值骨量是与成年人骨质疏松风险相关的主要因素之一（Mitchell et al., 2016）。进行体力活动较多的儿童的骨量往往高于进行体力活动较少的儿童。鉴于儿童和青少年阶段由体力活动引发的骨量增加会一直维持到成年时期，美国运动医学会倡议将成年人抗阻训练的指导原则应用于儿童和青少年，并进行适当的指导和监督（2018），训练量应尽量不低于推荐的每天60分钟中等至高强度运动。

腰背痛每年困扰着数百万人，在许多国家成为一个重大的健康问题。腰背痛是导致人们失业、体力活动范围受限的主要原因之一（Patrick, Emanski & Kannb, 2014）。有60%~80%的成年人在一生中会出现某种程度的腰背痛（Gordon & Bloxham, 2016），甚至青少年运动员也会出现腰背痛（Schmidt et al., 2014）。如果缺乏体力活动，肌肉变得无力或者不协调，腰背部就会产生一些问题（见表1.3）。青少年运动员等经常进行体力活动的人，腰背部经常屈曲和扭动、较重的身体负荷、大重量和反复举重及长期保持不良姿势都可能会造成腰背痛（Schmidt et al., 2014）。

肌肉不够强壮，不能支撑脊柱保持适当的位置，就会造成姿势不良，并引发腰背痛。负重过大、柔韧性差和提举重的姿势不当也会造成腰背部问题。有氧运动、肌肉强化训练和柔韧性训练计划已被证明可以改善慢性非特异性腰背痛。然而，有关这3种运动方式组合的研究仍然较少（Gordon & Bloxham, 2016）。

由于腰背部问题的根源是功能性的，而不是结构性的，可以通过训练计划改善相关肌群的强度和柔韧性来加以矫正。而且，终生坚持进行体力活动的人，其骨骼、韧带、肌腱的强度更高，不易发生骨折及结缔组织撕裂（McGill, 2016）。同时，他们的腰椎间盘也较厚，这可以防止或延迟退行性椎间盘疾病的发生，此类疾病可能导致腰背痛（Teichtahl et al., 2015）。

衰老

久坐不动，缺乏充分的体力活动，使人们容易患上与衰老有关的疾病，并加速人体老化过程，从而缩短人们的寿命。随着年龄的增长，生理和代谢功能逐渐变弱；然而，遗传和环境因素的多变性影响了氧化应激和炎症反应，因此，生物性衰老在个体之间可能会有很大的差异。端粒是决定染色体结构和功能的重复DNA序列。衰老和使人体氧化应激增加相关的疾病（如冠心病、糖尿病、骨质疏松和心力衰竭）与端粒长度减少有关。人类进行体力活动与端粒长度之间关系的潜在机制尚未确定，目前正在开展针对啮齿动物模型的研究。

一项对正常、健康双胞胎的研究报告称，白细胞的端粒长度与休闲体力活动水平正相关。研究还发现进行体力活动较多的个体，其端粒长度较长——这无法通过年龄、性别、体重指数、吸烟、社会经济地位和工作中的体力活动等因素来进行解释（Cherkas et al., 2008）。同样，在绝经女性群体中，进行有氧和抗阻运动（≥60分/天，3天/周，>1年）的个体，其端粒长度比同年龄段的久坐个体更长（Kim et al., 2012）。在一项以美国成年人为样本的调查中，运动量与端粒长度之间存在直接的剂量-反应关系（Loprinzi, Loenneke & Blackburn, 2015）。每周进行300分钟以上的体力活动与端粒长度正相关，并可预防端粒缩短；而每周增加1小时的高强度休闲体力活动，似乎也可以增加端粒长度（Ogawa et al., 2017）。小川等人（Ogawa et al., 2017）的结果与理查兹等人（Richards et al., 2008）的早期研究结果相一致。理查兹等人（Richards et al., 2008）认为，白细胞的端粒长度与血浆同型半胱氨酸和C反应蛋白水平负相关，而这两者已被证实为炎症和心血管疾病风险的标志物。

尽管需要更多长期的前瞻性研究才能全面了解进行规律的体力活动的抗衰老作用，但以上结果至少表明运动科学专业人员应重视在闲暇时间进行体力活动对延缓衰老过程，降低与衰老相关的疾病风险的潜在益处。关于端粒长度与基于动作的行为数量之间的早期迹象表明，40~64岁人群是体力活动促进策略的重要目标，这个策略鼓励他们在从中年到老年的过渡时期，定期参加多种体力活动（Lopinzi, Loenneke & Blackburn, 2015）。

进行规律的体力活动可以通过细胞自噬来促进健康老龄化和长寿。细胞自噬发生在细胞质溶胶中，能将受损的蛋白质和细胞器降解成可利用的成分，被人体再次吸收（Zampieri et al., 2015）。因此，细胞成分得以保持良好的工作状态，细胞质溶胶相对游离于有害碎片（错误折叠的蛋白质、受损的线粒体等）。这一过程降低了衰老对骨骼肌（Barbieri et al., 2015）和大脑（Garatachea et al., 2015）的影响。正如加拉特西亚等人（Garatachea et al., 2015）在其综述性研究中提出的观点，在啮齿动物模型中，有氧运动可加速细胞自噬过程。尽管针对人类的类似研究较少，但已有证据表明，终生运动能够促进细胞自噬的相关进程，这反过来又能促进健康老龄化。

认知功能

随着年龄的增加，成年人的认知功能极有可能会显著退化。一些损伤会影响即时和短期记忆、视觉注意力、心理运动速度、问题解决和推理能力。大脑训练游戏和休闲体力活动越来越流行，相关产品也开始向老年人进行推广。但这些活动通常都是以坐姿进行的，因此形成了久坐模式。投入时间进行体力活动或训练，可以预防认知能力退化和痴呆。同样，高水平的有氧适能有助于保护和减缓大脑灰质体积的递减速率，这减缓了大脑关键区域因衰老导致的退化。

在控制了血管危险因素后，发现了休闲体力活动与认知功能之间的关系。认知功能随时间退化并恶化与缺乏休闲体力活动有关（Willey et al., 2016）。诺西等人（Northey et al., 2017）对50岁以上成年人运动的相关研究数据进行分析后得出结论：无论其初始认知状况如何，运动干预能够改善其认知功能。简而言之，他们建议老年人应在一周的大多数天内尽可能进行中等到高强度的运动，每天不少于45分钟（Northey et al., 2017）。测试发现，中高强度运动达到较高水平的老年人，其认知功能测试的得分较高（Steinberg et al., 2015）。除去坐在计算机前的时间，久坐时间的增加也会导致认知功能测试得分降低。由125名65~95岁成年人组成的样本中，斯坦伯格（Steinberg）小组发现他们每周的平均久坐时长和中高强度运动时长分别为48小时和5小时，其中每周中高强度运动时长符合美国运动医学会的推荐标准。运动量对认知功能方面的运动后效应，即执行功能（如问题解决、推理、工作记忆、任务灵活性）的相关研究结果也支持美国运动医学会推荐的运动量（Tsukamoto et al., 2017）。在以成年年轻男性为主的样本中，与相同运动量但强度低的骑行相比，中高强度的骑行运动后执行功能的效果可以持续更长时间。

运动会增加运动肌肉和大脑的血流量，并

且与运动强度相一致。脑血流量、心输出量和耗氧量方面也会出现类似现象。脑部特定区域的血流量被认为与监控和调节体力活动相应水平的神经网络有关。因此，运动和常规体力活动对心血管系统的保护机制可能与大脑的保护机制类似。更多的专业信息，请参考巴恩斯（Barnes, 2015）在 *Advances in Physiology Education* 中的评论。

在迈向老年的过程中，维持认知功能的最佳运动方式也许并不唯一。有氧运动和抗阻训练有益于促进心肺功能的改善，同时也会促进大脑发生直观的有益变化。正如诺西等人（Northey et al., 2017）的报告所述，太极拳、有氧运动、抗阻训练和多模式训练对改善50岁以上成年人的认知功能有相似的效果。多模式常规活动对强化各部位肌群、提高平衡性和协调性以及激发智力可能被证明是最有利的；然而，相关研究目前并不多见。

运动即良医

正如科学文献和其他相关文献记载的一样，积极进行体力活动的生活方式满足或超过2008年推荐的最低体力活动标准，可带来诸多健康益处（Eijsvogels & Thompson, 2015; Lundqvist et al., 2017）。即使初始活动量低于推荐标准（Wen et al., 2011），无论其有氧运动能力高低，减少久坐时长也能产生相似的效果（Benatti & Ried-Larsen, 2015; Bergouignan et al., 2016; Levine, 2015; Same et al., 2016）。虽然这样做可能无法完全预防所有已知的慢性非传染性疾病，但通过缩短久坐时间并进行规律的体力活动和训练，的确有可能改善病情。与高血压、糖尿病、高血脂和吸烟相比，缺乏体力活动是预测全因死亡率更直观的一个指标。提高心肺适能或体力活动能力，可促进会对血糖和血脂状况、胰岛素敏感性、身体成分、炎症反应和认知功能产生积极影响的生物机制（Coombes et al., 2015）。同样地，久坐行为的能量消耗小于等于1.5代谢当量，被认为是与体力活动水平无关的一种心血管疾病的风险因素（Same et al., 2016）。

最近一项具有前瞻性的观察研究（Lundqvist et al., 2017）围绕为至少具有一种代谢风险因素且缺乏体力活动的成年人患者（27~85岁）制定个性化体力活动治疗计划的瑞典初级保健医师展开，结果证明，规律化、个性化的体力活动和训练计划具有益处。在6个月随访时，与基线水平相比，这些患者的体力活动都提高到了推荐水平（每周2~5天，30~44分钟中等强度的步行）；6种代谢风险因素和与健康有关的生活质量因素，以及生命体征、心理健康状况和社交能力都得到了显著的改善（Lundqvist et al., 2017）。参与这一研究的健康护理专业人员，在研究前接受了关于体力活动效果的标准化培训，并对患者进行了个人随访（如办公室访问、电话访问等）。这些随访通常在6个月内进行一次或两次；随访频率较低，表明初级保健医师的日程安排受到外界的影响极小。遗憾的是，美国大多数医学院课程并未包括体力活动和训练的益处、合理的个性化运动方案和运动处方的基础知识，以及并未将运动作为许多非传染性疾病的主要预防措施（Cardinal et al., 2015）。

美国运动医学会倡议"运动即良医"，其重点是促使初级保健医师和相关的健康专业人员将体力活动纳入为患者制定的治疗计划。库姆斯等人（Coombes et al., 2015）介绍了一种"6面"法，一般包括以下6个方面：提高人们对积极进行体力活动的生活方式的重要性的认识；在每次拜访医生时咨询体力活动的水平；将患者推荐给有认证资格的体力活动和体适能训练专家；制定公共和个人政策以全面支持积极进行体力活动的生活方式；在办公室访问时提醒患者讲述自己的体力活动方式；并使积极进行体力活动的生活方式成为一种典范。

"运动即良医"的倡议首先在美国被提出，并形成了一种全球性的倡议。运动科学专业人员和学生有更多的机会参与全球各个国家和地区的类似倡议，来提高公众意识并影响当地的公共和个体政策。"运动即良医"大使计划就是机会之一。

本章回顾

关键知识点

▶ 在达到健康效益所需要的有氧运动或肌肉强化训练方面，活动量达到推荐标准的美国成年人不足半数（49.5%）。

▶ 大多数美国成年人未达到体力活动指南的健康要求。

▶ 运动缺陷障碍是指儿童未达到每天至少持续进行60分钟中高强度体力活动的标准。

▶ 与缺乏体力活动有关的主要的慢性非传染性疾病包括：心血管疾病、糖尿病、肥胖、肌肉骨骼失调和认知障碍等。

▶ 因心血管疾病死亡人数占美国总死亡人数的25%；欧洲75岁以下死亡人数中的女性（35%）和男性（36%）比例大致相同。

▶ 冠心病的正面风险因素有年龄、家族病史、血脂异常、高血压、吸烟、糖尿病前期、葡萄糖不耐受症、肥胖、缺乏体力活动等。

▶ 久坐行为与心肺适能是心血管及其代谢紊乱的独立风险因素。

▶ 肥胖率急剧上升，特别是在发达国家表现得尤为明显；在美国，35%的成年人和30%的青少年超重或肥胖。

▶ 体重指数是判断和区分个体超重或肥胖的标准，其临界值在不同种族之间略有差异。

▶ 当个人有3个以上心血管疾病风险因素时，即诊断为患有代谢综合征。

▶ 骨质疏松和腰背痛等肌肉骨骼失调问题，每年困扰着数百万人。

▶ FRAX是一个免费在线工具，用于评估个人在10年内发生骨质疏松和髋部骨折的风险。

▶ 中等强度的运动有益于提高有氧适能的水平，但无法预防髋部和腰椎骨折。

▶ 为了保持健康和预防疾病，每个成年人都应每周至少累计进行150分钟的中等强度体力活动，或每周进行75分钟的高强度体力活动。为了取得更佳的健康效果，可将中等强度体力活动或高强度体力活动的时长分别增加到300分钟和150分钟。

重要术语

请学习以下重要术语的定义，相关定义可在术语表中查找。

心绞痛（Angina Pectoris）

动脉粥样硬化（Atherosclerosis）

细胞自噬（Autophagy）

体重指数（Body Mass Index, BMI）

心血管疾病（Cardiovascular Disease, CVD）

胆固醇（Cholesterol）

乳糜微粒（Chylomicron）

冠心病（Coronary Heart Disease, CHD）

剂量−反应关系（Dose-Response Relationship）

血脂异常（Dyslipidemia）

血压偏高（Elevated Blood Pressure）

运动缺乏症（Exercise Deficit Disorder, EDD）

全基因组关联分析（Genome-Wide Association Studies, GWAS）

糖化血红蛋白（HbA1c）

高密度脂蛋白胆固醇（HDL-Cholesterol, HDL-C）

高密度脂蛋白（High-Density Lipoprotein, HDL）

高胆固醇血症（Hypercholesterolemia）

高血脂（Hyperlipidemia）

高血压（Hypertension）

低密度脂蛋白胆固醇（LDL-Cholesterol, LDL-C）

脂蛋白（Lipoprotein）

腰背痛（Low Back Pain）

低密度脂蛋白（Low-Density Lipoprotein, LDL）

代谢综合征（Metabolic Syndrome, MetS）

心肌梗死（Myocardial Infarction）

心肌缺血（Myocardial Ischemia）

非传染性病（Noncommunicable Diseases, NCDs）

血压正常（Normotensive）

肥胖（Obesity）

肥胖悖论（Obesity Paradox）

骨量减少（Osteopenia）

骨质疏松（Osteoporosis）

超重（Overweight）

糖尿病前期（Prediabetes）

久坐行为（Sedentarism）

1级高血压（Stage 1 Hypertension）

2级高血压（Stage 2 Hypertension）

端粒（Telomeres）

总胆固醇（Total Cholesterol, TC）

1型糖尿病（Type 1 Diabetes）

2型糖尿病（Type 2 Diabetes）

极低密度脂蛋白（Very Low-Density Lipoprotein, VLDL）

问题回顾

除了能够对上面列出的重要术语进行定义外，请回答以下问题来巩固并加深自己对本章内容的理解。

1. 美国有多少人口的体力活动量低于有益健康的推荐标准？

2. 每天进行有益健康的体力活动，推荐的最低运动量是多少？

3. 给出中等强度体力活动的示例。

4. 哪些非传染性疾病与缺乏体力活动有关？

5. 美国人患心血管疾病的比例是多少？

6. 在4种心血管疾病中，患病率最高的是哪种？

7. 说明冠心病的发病原因。

8. 了解冠心病的正负风险因素。

9. 如何通过舒张压和收缩压来区分血压偏高、1级高血压、2级高血压？

10. 说明进行规律的体力活动如何影响冠心病的每个风险因素，以及冠心病的整体患病风险。

11. 说明缺乏体力活动与久坐行为之间有什么区别。

12. 说明与体重指数有关的肥胖和超重的界定标准。

13. 解释肥胖悖论。

14. 代谢综合征的定义是什么？它和心血管疾病之间又有什么关系？

15. 进行规律的体力活动如何预防或延缓特定癌症和认知能力退化？

16. 哪种运动方式能够有效抵消由衰老导致的骨质疏松？

17. 说明长期坚持中高强度体力活动对衰老过程的影响。

18. 说明缺乏体力活动和腰背痛之间的关系。

第2章

初步健康检查与风险分类

关键问题

► 健康检查的主要项目有哪些？如何根据这些信息筛选出需要参与运动测试的客户？

► 当评估客户的病史以及生活方式时，有哪些需要注意的因素？

► 如何判断客户在运动或体力活动时出现心血管问题的风险？

► 是否应该将心血管疾病风险因素纳入运动前的检查过程？

► 所有客户在参加运动计划或提高运动强度之前都需要进行体检并要求体检合格吗？

► 血液中胆固醇的等级标准是什么？

► 如何测量和评估血压？自动血压计的测量结果准确吗？

► 如何测量心率？心率监测器的测量结果准确吗？

► 什么是心电图？每个客户在做运动测试前或测试过程中都需要测量心电图吗？

► 分级运动测试（GXT）对所有客户都安全吗？什么时候需要医生在场？

► 生活方式评估的主要内容有哪些？如何使用这些信息？

► 签署知情同意书的目的是什么？

在评估客户的体适能状况之前，对其健康状况及生活方式进行了解尤为重要。初步健康检查和生活方式评估的结果，可用于预测客户在进行体力活动和训练时出现心血管问题的可能性，同时筛查出客户存在的运动禁忌证、疾病症状和风险因素以及特殊需求。

本章介绍了全面健康检查的项目，包括冠心病风险因素分析、病历问卷、生活方式评估表和知情同意书。本章同时说明了血胆固醇、血压、疾病风险的分类标准，静息状态下12导联心电图及静息和运动时心率、血压的测量技巧与步骤。

初步健康检查

健康检查的目的是发现疾病的体征和症状，并评估客户在进行体力活动和训练时突发心血管问题的可能性。表2.1列出了全面健康检查的项目。你需分析问卷信息和临床检查数据，以评估客户的健康状况。在客户参与运动测试和参加运动计划之前进行健康检查时，你至少应该注意以下内容。

• 管理大众体力活动准备情况问卷。

• 评估客户过去3个月内进行规律的体力活动的情况。

表2.1 全面健康检查项目

项目	目的
问卷或检查表	
大众年体力活动准备情况问卷	确定客户进行体力活动前的准备情况
疾病体征与症状、医疗许可	筛选出需要进行医疗转诊的客户，获得参与运动测试的医疗许可证明
冠心病风险因素分析	确定客户存在的冠心病风险因素的数目
病历问卷	查看客户个人和家族病历，注意需要医疗转诊和医疗许可证明的情况
生活方式评估表	获取客户生活习惯的信息
知情同意书	说明体适能测试的目的、好处与风险，并获得客户参与测试的同意书
临床检查	
体检	发现疾病体征与症状
血液生化检查	确定客户血液各项指标是否正常；血胆固醇值用于分析冠心病风险因素
测血压	确认客户是否患有高血压；血压值用于分析冠心病风险因素
12导联心电图	评估客户的心脏功能，确认客户是否有心脏功能异常等运动禁忌证
分级运动测试	评估客户功能性有氧代谢能力，确认客户是否有运动应激引起的心脏异常
其他室内测试项目（如血管造影片、超声心动图、肺功能检查）	深入评估客户的健康状况，尤其是患有疾病的客户

- 识别疾病的体征与症状。
- 分析冠心病风险因素。
- 判断其是否需要体检合格证。

全面健康检查的步骤列于后文的"全面健康检查预查步骤"中。

问卷与检查表

附录A给出了一些问卷和表格模板，可用于对客户进行初步健康检查与评估。客户应该填写大众体力活动准备情况问卷、病历问卷、生活方式评估表和知情同意书。你需要询问客户是否有疾病的体征与症状，分析其冠心病风险因素，并确定客户在开始运动或提高现有运动强度之前，是否必须取得体检合格证（见表2.2）。

大众体力活动准备情况问卷

这份问卷（见附录A.1）包括7个常规健康问题，主要用于在参加运动计划之前、增加体力活动量或体适能评估的过程中，筛选出需要取得体检合格证的客户。如果客户对任意一个问题回答"是"，那么客户还需要回答后续有关自身医疗状况的问题；如果客户对后续一个或一个以上的问题回答"是"，则推荐他们在改变当前体力活动强度之前，寻求专家的意见。同时，客户还应该独立或在运动专业人员的帮助下自主完成电子版体力活动准备情况医疗检查表（ePARmed-X+）（见附录A.4）。最后，根据客户在ePARmed-X+中的回答，决定是为其开具体检合格证，还是建议其先参加安全的运动计划再来申请体检合格证。这些建议还包括，通过拜访私人医生或有丰富的大学运动训练经验的资深专业人员来获取更多信息。等待会面之前，客户可以做一些低强度体力活动。会面之后，在资深运动专业人员的直接监督指导下，客户可能会收到体检合格证，提高体力活动目标（PAR-Q+ Collaboration, 2017）。

表 2.2　美国运动医学会基于运动经验、症状学和疾病状况确立的审批体检合格证的指导原则

	没有进行规律的体力活动			进行规律的体力活动[a]		
已知疾病[b]	无	有	未知	无	有	有
症状[c]	无	无	有	无	无	有
体检合格证[d]	没有必要	推荐	推荐	没有必要	没有必要进行能量消耗在5.9代谢当量及以下的运动；推荐进行不会出现疾病体征和症状，能量消耗在6代谢当量以上的运动	推荐；在得到证明前，停止运动
运动强度[e]	2~5.9代谢当量	2~5.9代谢当量	2~5.9代谢当量	≥6代谢当量	3~5.9代谢当量	得到体检合格证后恢复运动
进阶运动[f]	持续进行能量消耗在6代谢当量以上的运动	在人体承受范围内持续进行	在人体承受范围内持续进行	持续进行能量消耗在6代谢当量以上的运动	得到体检合格证后，仍在人体承受范围内持续进行	在人体承受范围内持续进行

注：-一旦制定了合理的运动计划（将是否进行规律的体力活动、已知疾病、症状等因素考虑在内），一定要持之以恒。
[a]按计划完成中等强度的结构化体力活动，已经进行了3个月以上（每周3天及以上，每天30分钟及以上）。
[b]患有心血管疾病（心脏、外周血管或脑血管病）、代谢综合征（1型或2型糖尿病）或肾功能障碍。
[c]静息或运动时出现的体征或症状（如由局部缺血导致的面部、下巴、颈部、臂部、后背不适；在完成正常活动时呼吸困难；晕眩或昏厥；坐姿呼吸困难或夜间阵发性呼吸困难；踝部水肿；心悸或心动过速；间歇性跛行；心脏杂音；过度劳累）。
[d]获得医护专业人士的批准才能进行运动。
[e]2~2.9代谢当量（低强度：重复9~11次，达到心率储备或最大耗氧量的30%~39%，心率和呼吸速率略微加快）；3~5.9代谢当量（中等强度：重复12~13次，达到心率储备或最大耗氧量的40%~59%，心率和呼吸速率明显加快）；6代谢当量及以上（高强度：重复至少14次，心率储备或最大耗氧量达到60%及以上；心率和呼吸速率显著加快）。
[f]美国运动医学会的指导原则，基于 *Exercise Testing and Prescription, 10th Edition* 制定。
（源自：ACSM, 2018.）

病历问卷

你应该要求客户填写一份完整的病历问卷，包括回答一些个人和家族健康方面的病史（见附录A.2）。这份病历问卷可以用于以下方面。

- 查看客户病史、手术和住院记录（第1部分）。
- 评估以往的医学诊断，以及过去一年内和现有疾病的体征和症状（第2部分）。
- 分析客户的糖尿病、心脏病、卒中、高血压家族病史（第3部分）。

同时，在审查病历问卷时，你应该特别注意需要医疗转诊的情况（见第33页的"运动测试的绝对与相对禁忌证"）。如果存在这种情况，可以在客户参加运动计划或参与运动测试之前，将其交给医生进行身体检查，以取得体检合格证。一些客户的医疗状况非常差、风险因素较多，运动测试不能实现其效益。如果医生没有要求，便无须安排有绝对禁忌证的客户进行运动测试。如果运动测试的潜在效益大于测试的相对风险，有相对禁忌证的客户可以参与测试。一些情况下，静息时无症状的客户可以采用低强度的运动指标进行运动测试。客户服用的药物种类也至关重要，如洋地黄、β受体阻滞剂、支气管扩张药、血管扩张药、利尿剂和胰岛素等药物可能改变客户的心率、血压、心电图和运动能力。如果客户报告了你不熟悉的医疗状况或药物，在客户进行任何运动测试或允许其参加运动计划之前，一定要查阅

全面健康检查预查步骤

在进行全面健康检查预查时，你应遵循以下详细步骤。

- 拜访客户。
- 介绍健康检查与生活方式评估的目的。
- 请客户填写健康检查的知情同意书。
- 审查并评估客户的大众体力活动准备情况问卷；如果有需要，请客户出示体检合格证。
- 审查并评估客户的病历问卷，注意是否有体征、症状和疾病；必要时请客户出示体检合格证。

- 评估客户的生活方式。
- 根据相关测量数据对客户的胆固醇和脂蛋白水平进行评估并分类。
- 测量客户的静息血压和心率，并对其进行分类。
- 评估客户的冠心病风险因素和近期运动情况。
- 根据相关测试数据评估客户的血液生化指标。

如果客户的私人医生有相关要求，你应该采取如下做法。

- 解释12导联静息心电图和分级运动测试的目的，并回答客户提出的相关问题。
- 请客户填写这些运动测试的知情同意书。
- 指导客户做好准备，实施12导联静息心电图测量。
- 请医生解释12导联静息心电图的检测结果。

- 根据客户的疾病风险因素级别确定是否需要进行极量或亚极量分级运动测试，以及测试期间是否需要医护人员在场。
- 评估客户的静息血压和心率。
- 实施分级运动测试。
- 对客户的功能性有氧代谢能力进行评估和分级。

相关医学资料或咨询医生，以获得更多信息。

疾病体征、症状和体检合格证

你应该询问客户是否出现附录A.3（即疾病的风险因素、体征和症状表）中列出的任何一种疾病的症状，这也是健康检查预查的一部分。你可以复制并使用这些表格。

若客户表现出表中所列症状时，应将客户转诊给医生，在医生为其开具体检合格证后，方可对其进行运动测试或检查。比如，电子版的ePARmed-X+就适用于这一情况。ePARmed-X+是一份特定体力活动的检查表格，可据以评估和发放允许客户参加运动的体检合格证，或者当客户对大众体力活动准备情况问卷中的某个问题回答"是"的时候，推荐客户参与具备医学监护的运动计划。有关具体医学术语的定义，见术语表。ePARmed-X+的电子版可在相关网站上获取。

冠心病风险因素分析

虽然美国运动医学会已经将其从2018年

的健康检查过程中除去，冠心病风险因素分析对评估冠心病风险状况仍具有重要意义。表2.3中的每一项都应该进行细致的评估。如果客户无法提供你需要的信息，为了纳入或排除某个正相关风险因素，那么可以将其纳入总风险因素。成年人血压和血胆固醇分级标准分别见表2.4和表2.5。如果客户的高密度脂蛋白胆固醇等于或超过60毫克/分升，则从正相关风险因素的总数中减去一个。这一信息非常有助于区分与疾病预防和控制有关的因素（ACSM，2018）。

疾病风险分类

冠心病风险因素的分析已不再用于对个人的冠心病风险进行分类。相反，它被用于评估血液生化指标，以及与动脉粥样硬化等心血管疾病相关的因素。此外，除年龄和家族史外的风险因素都被认为是可以改变的，因为它们通常对运动、饮食等生活方式的变化有明显的反应。除了参与运动的习惯，心血管、肾

运动测试的绝对与相对禁忌证

绝对禁忌证

1. 急性心肌梗死（运动测试结束后2天之内）。

2. 持续的不稳定型心绞痛。

3. 无法控制的心律失常，引发疾病症状或血流动力学受损。

4. 活动性心内膜炎。

5. 主动脉瓣过度狭窄，症状严重。

6. 代偿性心力衰竭。

7. 急性肺栓塞、肺梗死或深层静脉栓塞。

8. 急性心肌炎或心包炎。

9. 急性主动脉夹层。

10. 身体残疾，因而无法进行安全适当的运动测试。

相对禁忌证

1. 左冠状动脉主干阻塞变窄。

2. 中度或重度的主动脉瓣狭窄，与症状的关系不明。

3. 心动过速，同时伴有无法控制的心室速率。

4. 获得性心脏病晚期或发作。

5. 梗阻性肥厚型心肌病，同时静息血压变化过于急促。

6. 近期卒中或短暂性脑缺血发作。

7. 精神障碍，调控能力有限。

8. 静息高血压（收缩压高于200毫米汞柱，舒张压高于110毫米汞柱）。

9. 严重的贫血、电解质紊乱、甲状腺功能亢进等难以治愈的医疗状况。

注：关于更多医学专业术语的定义，见术语表。

（源自：G. F. Fletcher, et al., "Exercise standards for testing and training: A scientific statement from the American Heart Association," *Circulation* 128(2013): 873-934.）

表2.3 冠心病风险因素

正相关风险因素[a]	标准
年龄	男性在45岁及以上，女性在55岁及以上
家族病史	父亲或直系血亲中的其他男性（兄弟或儿子）55岁之前，母亲或直系血亲中的其他女性（姐妹或女儿）65岁之前，出现过心肌梗死、猝死或做过冠状动脉血管重建术
吸烟	经常吸烟或处于二手烟环境中，或在近6个月内吸烟
高血压	在两种不同环境下测量时，收缩压均在130毫米汞柱及以上，舒张压均在80毫米汞柱及以上；客户正在服用降压药
血脂异常	高密度脂蛋白胆固醇低于40毫克/分升或低密度脂蛋白胆固醇高于130毫克/分升；客户正在服用降血脂药物；如果没有可用的胆固醇的相关数据，可参考总胆固醇，当其高于200毫克/分升时，可判定为血脂异常
糖尿病	空腹血糖浓度高于126毫克/分升；两次在不同环境测得的2小时口服葡萄糖耐量值均高于200毫克/分升；糖化血红蛋白高于6.5%
肥胖	体重指数大于30千克/米^2；男性腰围大于102厘米，女性腰围大于88厘米
缺乏体力活动	未达到3个月内每周至少3天，每天最少30分钟中等强度的体力活动量
负相关风险因素[b]	标准
高密度脂蛋白胆固醇	血液中的高密度脂蛋白胆固醇，浓度在60毫克/分升及以上

[a] 客户无法或不愿提供某一风险因素值，这种情况被视为一种正相关风险因素，糖尿病除外。当45岁及以上的客户患有糖尿病，且体重指数大于25千克/米^2，或45岁以下的客户体重指数大于25千克/米^2，且有糖尿病前期的其他风险因素时，只需将空腹血糖受损量、糖耐量异常值之一计算在内。

[b] 如果高密度脂蛋白胆固醇高于60毫克/分升，便从正相关风险因素中减去一个。

（源自：NCEP, 2001; Roger et al., 2012; Whelton et al., 2017.）

脏或代谢疾病的体征、症状或风险因素（见附录A.3），也会影响客户是否需要取得体检合格证。而且，美国运动医学会（ACSM, 2018）

提出的新检查方法在推荐合理运动强度方面发挥了重要作用。

表2.4　18岁及以上成年人血压分级标准

收缩压（毫米汞柱）	级别	舒张压（毫米汞柱）
<120	正常	<80
120~129	偏高	<80
130~139	1级高血压	80~89
≥140	2级高血压	≥90

注：此标准适用于未服用降血压药物、没有重大疾病的个体。血压值应该为在两次以上不同环境下测得的平均值。当同一客户的收缩压和舒张压值处于两个不同级别时，血压级别应归为较高的一个级别。
（源自：Whelton et al., 2017.）

表2.5　总胆固醇、低密度脂蛋白胆固醇、甘油三酯和高密度脂蛋白胆固醇（毫克/分升）分级标准

总胆固醇、低密度脂蛋白胆固醇和甘油三酯			
级别	总胆固醇	低密度脂蛋白胆固醇	甘油三酯
最佳状态	<200	<100	<150
接近最佳状态	—	100~129	—
偏高	200~239	130~159	150~199
高	≥240	160~189	200~499
很高	—	≥190	≥500
高密度脂蛋白胆固醇			
级别	高密度脂蛋白胆固醇		
低	<40	—	—
正常	40~59	—	—
高	≥60	—	—

（源自：NCEP, 2001.）

在评估10年内首次由动脉粥样硬化引发致命心血管疾病的风险时，还有一种工具——SCORE系统（Conroy et al., 2003）。SCORE低风险图曾用于预测近期因心血管疾病死亡风险大幅降低的欧洲各国成年人10年内心血管疾病的死亡风险；而高风险图则用于计算未发生此类状况的欧洲各国成年人10年内心血管疾病的死亡风险。使用SCORE高、低风险图时应当知道客户的总胆固醇（毫摩尔/升或毫克/分升）、收缩压（毫米汞柱）、年龄（岁）、吸烟状态和性别。

自SCORE系统首次发布以来，大多数欧洲国家都进行了调查，以确定原始SCORE系统或按照本国实际情况进行调整后的SCORE相关算法的预测精度。通过对最新的具体人口数据进行评估，各国重新调整或验证了SCORE的相关具体算法。这些算法参考了过去10年里为减少传统的可变风险因素（如吸烟、高血压、血脂异常等）而制定的公共卫生措施。在针对调整后算法的研究中，一些

研究预测了所研究群体10年内患非致命性心血管疾病（Jørstad et al., 2017；Panagiotakos et al., 2015）并需要住院治疗，以及患致命性心血管疾病（Jdanov et al., 2014；Rücker et al., 2016）的风险。其他研究（Graversen et al., 2016）评估了添加额外变量（如心电图异常、高敏C反应蛋白、腰臀比等）对修改后算法的影响效果。因此，你可以参考自己感兴趣的国家改良版SCORE算法。

泽野等人（Sawano et al., 2016）评估了2003年针对日本成年人开发的SCORE系统，以了解它在康罗伊（Conroy, 2003）研究未涉及的一个族群中的应用情况。尽管他们没有使用SCORE系统，但是爱德华兹、阿杜和洛普林兹（Edwards, Addoh & Loprinzi, 2016）研究了现有的方程式，以研究SCORE算法预测无心血管疾病的大样本美国成年人（40~79岁），在基线水平时10年内第一次发生动脉粥样硬化心血管疾病的风险的能力。其他工具还有相对风险图（Perk et al., 2012），可用于让年轻人了解，与同龄人相比，其生活方式（吸烟）和一些可变风险因素（高胆固醇血症、高血压）是如何影响他们患动脉粥样硬化的风险的。

生活方式评估

为客户确定一个全面体适能计划需要了解客户的生活习惯。生活方式评估提供了有关个人风险因素方面的实用信息。吸烟、缺乏体力活动、饮食中的饱和脂肪或胆固醇含量过高等都会增加患冠心病、动脉粥样硬化和高血压的风险。这些因素可以用来确定那些需要改变的模式和习惯，并评估客户坚持执行运动方案的可能性。你可以让客户填写生活方式评估表（见附录A.5）或奇特生活方式检查表（见附录A.6）来了解其生活方式。奇特生活方式检查表是一个自我管理的工具，用于评估客户当前的行为是否健康。

知情同意书

在实施任何体适能测试和运动计划之前，你应该确保每位客户都签署了知情同意书（见附录A.7）。这份文件说明了每项体适能测试的目的和性质，测试的固有风险以及这些测试的预期效益。知情同意书确保客户的测试结果被严格保密，且客户是在完全自愿的基础上参与测试。如果客户未满18岁，父母或监护人也必须签署知情同意书。所有知情同意书均应经机构审查委员会或法律顾问审批，方能生效。

临床检查

为了进行全面的健康检查，你需要对医生的体检结果和从临床检查中获得的信息和数据进行评估。临床检查提供了客户的血液生化指标、血压、心肺功能和有氧代谢能力等相关数据。

体检

存在以下情况时，参与运动计划的客户可能需要参加体检，并由医生签发体检合格证（见附录A.4）。

- 患有高血压或心脏病。
- 进行日常生活活动或体力活动时，感到明显的胸部不适。
- 在过去一年里曾失去知觉或因晕眩而失去平衡。
- 除高血压或心脏病之外，被诊断患有某种慢性疾病。
- 正在服用处方药来治疗某种慢性疾病。
- 现在或过去一年里出现骨骼、关节、肌肉、韧带或肌腱问题，并因体力活动或训练而恶化。
- 医生告诫他们只能在医疗监护下进行运动。

体检应重点关注冠心病的体征和症状，并应评估体重、骨科问题、水肿、急性疾病、脉率、心律、血压（仰卧、静坐和站立时的），以及心脏、肺和大动脉的听诊结果。体检和病史审查可以揭示冠心病的体征或症状，尤其是伴有呼吸短促、胸部不适、腿部痉挛或高血压时。因此，我们建议有这些症状的客户在进行运动测试或参加运动之前，先取得体检合格证（见附录A.4）。

血液生化指标

全面的血检分析结果可用于评估客户的总体健康状况和运动前的准备情况。表2.6提供了部分血液变量的正常值。如果其中任何一个变量超出正常范围，请将客户转诊给医生。其中，要特别注意客户的空腹血糖值和血脂值。

表2.6 部分血液变量的正常值

变量	正常值（理想值）
甘油三酯	<150毫克/分升
总胆固醇	<200毫克/分升
低密度脂蛋白胆固醇	<100毫克/分升
高密度脂蛋白胆固醇	≥40毫克/分升
总胆固醇/高密度脂蛋白胆固醇	<3.5
血糖	60~99毫克/分升
血红蛋白	13.5~17.5克/分升（男性） 11.5~15.5克/分升（女性）
糖化血红蛋白	≤6%
红细胞比容	40%~52%（男性） 36%~48%（女性）
钾	3.5~5.5毫摩尔/升
血尿素氮	4~24毫克/分升
肌酐	0.3~1.4毫克/分升
铁	40~190微克/分升（男性） 35~180微克/分升（女性）
钙	8.5~10.5毫克/分升

美国国家胆固醇教育计划（NCEP, 2001）制定了脂蛋白水平和主要风险因素分级的指导标准，以调整低密度脂蛋白胆固醇治疗目标。美国国家胆固醇教育计划建议20岁及以上的成年人每5年做一次空腹脂蛋白检查（包括总胆固醇、低密度脂蛋白胆固醇、高密度

脂蛋白胆固醇和甘油三酯）。对客户的脂蛋白水平进行分级时，应采用美国国家胆固醇教育计划制定的标准（见表2.5）。进行非空腹脂蛋白检查时，只对总胆固醇和高密度脂蛋白胆固醇值进行评估。如果客户的总胆固醇达到临界水平（200~239毫克/分升）或偏高（≥240毫克/分升），而高密度脂蛋白胆固醇低于40毫克/分升，则需要进行第2次空腹脂蛋白检查，以评估低密度脂蛋白胆固醇的水平。如果客户的低密度脂蛋白胆固醇值偏高（160~189毫克/分升）或极高（≥190毫克/分升），则需要将客户转诊给医生，进行全面的临床检查和食疗。

降低低密度脂蛋白胆固醇的治疗目标水平，取决于（低密度脂蛋白胆固醇之外）客户具有的主要风险因素的数量。为了确定客户的风险因素，请注意表2.3中的因素：吸烟、高血压、高密度脂蛋白胆固醇偏低、早发性冠心病家族病史和年龄（男性≥45岁，女性≥55岁）。表2.7列出了美国国家胆固醇教育计划在调整低密度脂蛋白胆固醇治疗目标水平后的3个风险级别。

表2.7 调整低密度脂蛋白胆固醇治疗目标水平后的3个风险级别

风险级别	低密度脂蛋白胆固醇治疗目标水平（毫克/分升）
冠心病和其对应的风险因素[a]	<100
多个（≥2）风险因素[b]	<130
0~1个风险因素	<160

[a] 冠心病风险因素包括糖尿病和动脉粥样硬化（如外周动脉疾病、腹主动脉瘤和颈动脉狭窄）。
[b] 风险因素包括吸烟、高血压、高密度脂蛋白胆固醇偏低、早发性冠心病家族病史以及年龄。
（源自：NCEP, 2001.）

除了总胆固醇和脂蛋白外，还可以评估客户的甘油三酯值，以及总胆固醇与高密度脂蛋白胆固醇之间的比值。甘油三酯值大于

150毫克/分升或总胆固醇与高密度脂蛋白胆固醇之间的比值高于5.0的客户，患冠心病的风险较高。

静息血压

血压（BP）是衡量血液对动脉所施加的力或压力的指标。血压达到最高值时称之为**收缩压（SBP）**。收缩压是指心脏收缩迫使大量血液进入动脉，反映了心脏收缩时动脉血管受到的压力的大小。收缩后动脉舒张、心脏充血，此时动脉受到的压力减小。**舒张压（DBP）**是指在心动周期内动脉的最低压力，反映了器官的充血状况。收缩压和舒张压之间的差值称为脉压。脉压产生一个脉搏波，在身体的各种部位触诊可以测得脉搏波，以测量脉率和血压。

表2.4呈现了用于分级的静息血压值。收缩压低于120毫米汞柱，舒张压低于80毫米汞柱时，血压正常；收缩压处于120~129毫米汞柱，舒张压低于80毫米汞柱时，血压偏高，这种情况也适用于评估客户高血压的患病风险。静息时收缩压处于130~139毫米汞柱，舒张压处于80~89毫米汞柱时，为1级高血压；收缩压/舒张压2次或2次以上等于或超过140/90毫米汞柱时为2级高血压（Whelton et al., 2017）。

血压值处于较高的范围内并不代表患有疾病，但意味着冠心病的患病风险显著增加（Huang et al., 2015）。血压偏高者可以积极改变自己的生活方式，以降低患高血压的风险。

- 超重则进行减重。
- 采用健康饮食计划，多吃蔬菜、水果和低脂乳制品，降低胆固醇、饱和脂肪、总脂肪含量。
- 将每日膳食中的钠摄入量控制在2.4克。
- 每周至少进行150分钟的有氧运动。
- 男性每天饮酒量不超过1盎司（约29.6毫升），女性每天不超过0.5盎司（约14.8毫升）。

当调整生活方式对降低血压无效时，应采取药物治疗方式。用于治疗高血压的药物有多种（James et al., 2014），例如：

- 利尿剂，用于清除体内多余的盐和液体；
- β受体阻滞剂，可降低心率和心输出量；
- 钙通道阻滞剂，可减少心脏收缩并扩张动脉；
- 直接肾素抑制药，用于阻断血管紧张素原转化为血管紧张素 I；
- 钾通道开放剂，可使血管平滑肌和内皮细胞超极化；
- 交感神经抑制剂，可防止小动脉收缩；
- 血管扩张药，可诱导动脉壁平滑肌松弛；
- 血管紧张素转换酶抑制剂，可抑制身体产生血管紧张素，以免小动脉收缩。

其他临床检查

已有或疑似患有冠心病的客户，可能需要进行额外的检查，包括12导联静息心电图、血管造影、超声心动图和在医生监督下进行的分级运动测试。胸部X线检查、全面血液生化检查和全血细胞计数也适用于进行临床检查。对于患有已知肺部疾病的客户，美国运动医学会（ACSM, 2018）建议对其进行胸部X线检查、肺功能检查和专门的肺测试（如血气分析和血氧饱和度）。

分级运动测试

缺血性心脏病通常无法通过静息心电图进行确诊，只有在进行相对剧烈的运动时，才会出现异常症状。大多数临床分级运动测试包括心电图监测，并在进行缺血性心脏病的诊断与评估时实施测试。临床分级运动测试通常在产生缺血性心脏病症状时终止。作为健康检查的一部分，分级运动测试的另一个作用是评估功能性有氧代谢能力。低水平功能性有氧代谢能力（低水平心肺适能）目前被认为是一个非常有效的指标，可用于预测心血管疾病、全因死亡率和某些癌症死亡率。低水平功能性有氧代谢能力的预测结果优于其他常见的可变风险因素，如2型糖尿病、高血压、吸烟和胆固醇异常（Ross et al., 2016）。有兴趣提高心肺适能水平的健康客户，可通过有认证运动科学项目的大学或学院，找到公众可获得的分级运动测试服务。这些分级运动测试通常不是由一名医生制定的。尽管如此，分级运动测试仍然只能由经过培训或有专业认证的人员，如体育科研工作者、医生和护士来执行。

你需要熟悉在医院外进行运动测试的绝对和相对禁忌证的相关医疗状况（见第33页的"运动测试的绝对与相对禁忌证"）。有绝对禁忌证的客户，除非病情稳定或进行了治疗，否则不应进行分级运动测试。如果测试的益处大于风险，则有相对禁忌证的客户可以进行运动测试。然而，进行这些测试时应使用低强度的运动指标，并谨慎实施（ACSM, 2018）。

正如美国心脏协会发出的一项声明（Myers et al., 2014）所说，由经过认证的运动专业人员，训练有素、经验丰富的健康专业人员在测试前进行客户筛查、监测运动测试和处理紧急情况，可以以安全的方式实施极量压力测试（ACSM, 2018）。请向你所在的机构和地区咨询相关政策，以确定自己是否需要医生的直接监督，或者在非医学的临床运动测试专业人员监督测试时，确定医生是否可以提供即时的就近服务。分级运动测试的结果为给健康的客户、患有冠心病以及心肺疾病的客户制定运动处方提供了依据。

血压、心率、心电图的测量步骤

作为一名体育科研工作者，你的主要责任之一就是熟练掌握静息和运动状态下血压、心率和心电图的测量和监测方法。在分级运动测试中，客户进行运动时，你应当能准确测量客户的血压和心率数据。由于这些步骤既重要又比较复杂，本节将专门对其进行深入讨论。

测量血压

血压可以直接或间接测量，标准方法是直接测量动脉内血压。这种方法是有创的，而且需要插入导管。因此，在临床或现场环境中，一般通过听诊法或示波法来间接测量血压。随着技术的进步，人们对严格遵循通过袖带和听诊器来测量血压的标准程序出现了不同程度的争议。在静息血压测量方面，自动血压评估在临床中的应用程度已超过听诊法。

不幸的是，目前还没有标准的自动示波装置。但是，手动评估血压仍然是一个有用的方法，它仍然是运动期间和运动后监测血压变化的首选方法（Sharman & LaGerche, 2015）。

听诊时，使用一个听诊器和血压计袖带（布套和气囊）、一个无液血压计（也称无液血压表）。听诊法的步骤说明见第40页的"静息血压测量——手动听诊法"。示波法即在袖带放气时，使用自动电子血压计测量压力（即波形）的示波幅度，再用仪器制造商提供的专用算法计算收缩压和舒张压。

血压测量技巧

在正式测量前先测量仰卧位和运动姿势（坐姿或站姿）下的静息血压。客户应穿短袖或无袖衣服，坐在安静的房间里。快速测量血压，在连续读数之间至少暂停30秒，将袖带完全放气。为了获得更准确的结果，每条手臂测量2~3次。

视频
2.1

可用于测量血压的智能手机应用软件

目前，可以下载的用于测量血压的智能手机应用软件有100多种（Kumar et al., 2015），其中大多数都支持将相关数据输入手机，让用户测量并记录血压、体重指数和体重。部分软件还会推送有关高血压、药物治疗和饮食的信息。有报告指出，这类具有测量、记录和指导功能的智能手机应用软件，均含有一定的设计特征，使其有利于监测血压及相关因素（如体重、压力水平）。

一些安卓手机应用软件可以通过摄像头和麦克风来估测血压和心率，它们还可以推送有关测量血压的基本知识。然而，重要的是要了解这些应用软件并没有传统血压计那样严格的测量标准，也并未通过美国食品与药物管理局的认证。因此，健康专业人员应该谨慎使用客户提供的此类信息。

熟练掌握血压测量方法需要大量的实践。你开始学习听诊法时，强烈建议你和训练有素的血压测量人员一起，使用双头或多头听诊器进行练习，这样你就可以同时听取并比较同一次测得的血压数据了。

当使用自动血压计测量血压时，你应该按照说明书操作。

▶ 视频 2.2

血压测量误差来源

血压测量的误差来源有很多（Kallioinen et al., 2017；Ogedegbe & Pickering, 2010；Tolonen et al., 2015），可能与测量仪器、医护人员或客户自身有关。你需要注意以下误差来源，并尽可能地对其进行控制。

- 血压计不准确。
- 袖带的宽度或长度不合适。
- 血压计袖带未居中、过宽、过松或在衣服上面。
- 背部、双脚或手臂没有支撑，或肘部没有放在和心脏齐高的位置。
- 测量人员的听觉敏锐度降低或反应较慢。
- 血压计袖带充气或放气速率不当。
- 听诊器的位置或压力不当。
- 测量人员的期望偏差和技术经验不足。

- 测量人员与客户讲话。
- 读血压计时的视差误差。
- 环境噪声。
- 客户握住了某物（如手杖、椅子扶手、跑步机扶手或功率自行车的扶手）。
- 客户膀胱充盈。
- 客户在测血压之前运动、吸烟、吃饭或饮酒。

在以下内容中讨论了血压测量过程中的问题，并就静息或运动状态下如何测得更为准确的血压数据提供了一些建议。

哪种血压计测量静息血压值的效度和信度更高

一个多世纪以来，汞柱血压计一直被认为是间接测量血压的金标准。与汞柱血压计相比，经校准的无液血压计比自动血压计产生的误差小。卡利奥伊宁等人（Kallioinen et al., 2017）系统回顾了静息血压评估误差来源的相关文献，报告了使用汞柱血压计和自动血压计不同的情况。他们将13种无液血压计与一个汞柱血压计进行比较，只有一种无液血压计测出的收缩压与其他血压计有显著的不同。在39项关于自动血压计与汞柱血压计的对比研究中，收缩压（$n=5$）、舒张压（$n=1$）及两者（$n=11$）同时出现了显著的差异。

静息血压测量——手动听诊法

使用手动操作的无液血压计或汞柱血压计测量静息血压（坐姿）时，请遵循以下步骤（Kalli-oinen et al., 2017；Ogedegbe & Pickering, 2010；Tolonen et al., 2015）。

1. 客户至少静坐5分钟，如果患有高血压，则需要更长时间。客户需伸出手臂（手掌向上）放在稳定的表面（餐桌或书桌）上，使得手肘与心脏在同一高度。客户的背部需要支撑，双脚平放在地板上或其他稳定的表面（如脚凳）上。

2. 通过估测客户的上臂围，或在肩峰与肘部鹰嘴之间的中点处测量上臂围（测量上臂围的说明见附录D.4），使用人体测量带进行测量，选择尺寸合适的袖带。袖带的气囊应环绕成年人手臂的80%，儿童手臂的100%。

3. 在手臂的前内侧，肱二头肌肌腹的下方，肘窝上方1英寸（1英寸≈2.5厘米，余同）处，通过触诊肱动脉脉搏，确定肱动脉的位置。

4. 将放气的袖带紧紧地缠绕在上臂上，使袖带或动脉标记的中线在肱动脉的上方。如果袖带松动，则测得的血压数据会偏低。袖带的下边缘置于肘窝上方1英寸处，避免将其放在衣服上。如果袖口卷起，请确保其不会阻碍血液循环。

5. 将血压计放置好，确保其与眼睛持平，袖带的管道不会折叠或堵塞。

6. 通过桡动脉脉搏的定位和触诊来估测血压（该部位的解剖学说明见下文的触诊部分）：将血压计的充气球阀完全关闭，并迅速将袖带充气至压力为70毫米汞柱；以10毫米汞柱的增量缓慢增加压力，同时触诊桡动脉脉搏，注意脉搏何时消失（估测收缩压）；然后略微打开阀门，以每秒2~3毫米汞柱的速率缓慢释放压力，注意桡动脉脉搏何时重新出现（估测舒张压）；最后完全打开阀门，使袖带完全放气。通过该方法估测收缩压可用于确定使用听诊法测量血压时袖带的充气程度。这样可以避免为低血压或高血压客户测血压时袖带充气过度或不足。

7. 将听诊器的耳塞放置于耳郭部位，与耳道对齐（即前倾）。

8. 将听诊器的整个头部放在肱动脉的皮肤上（肘前窝内侧上方2~3厘米处）。为避免外部噪声干扰，请勿将听诊器头部塞到袖带下方。

9. 关闭充气球阀，平稳快速地对袖带充气加压，使其内部压力高于之前通过触诊预测的收缩压20~30毫米汞柱。

10. 略微打开阀门，以每秒2~3毫米汞柱的速率缓慢释放压力。请注意：当动脉血液流通时，你会听到由血液突然流动而冲击动脉壁发出的声音。这被称为第1个柯氏音，与收缩压相对应（第1期）。

11. 继续缓慢释放压力（不超过每秒2毫米汞柱），注意柯氏音何时变弱（舒张压第4期）和消失（舒张压第5期）。通常，将第5期舒张压作为舒张压指数。然而，应注意第4期和第5期的舒张压。节律性运动期间，由于外周阻力降低，第5期血压也随之降低。在某些情况下，甚至可能降至0。

12. 注意到第5期的血压变化之后，继续将袖带放气，至少到10毫米汞柱，确保没有其他声音的干扰，然后迅速将袖带完全放气。

13. 记录与3个血压值（第1期、第4期和第5期）最接近的偶数值。30秒之后重复测量血压。3个血压值分别取两次测量的平均值。

尽管汞柱血压计和无液血压计都容易产生技术上的误差，但考虑到多种因素，汞柱血压计成为优先选择。汞柱血压计依靠重力发挥作用，这使得产生机械误差的空间大大缩小。相比之下，无液血压计的工作原理是基于一个弹簧装置，使用一段时间后，弹簧的弹性系数减小，使测量的准确度降低。如果技术人员没有注意到这一点，测量结果便可能变得不准确。在6项经认证的博士生物理治疗项目（Arena, Simon & Peterson, 2016）中，近23%的设备就出现了类似情况。因此，需要频繁地对无液血压计进行校准（至少每6个月1次）。通常情况下，当无液血压计校准测量失败时，应当返厂进行维修。有关推荐的无液血压计的完整列表，见相关网站。

与无液血压计和汞柱血压计不同，示波血压计几乎无须校准和维护，使用起来也更为简便，很少需要专业技术培训。示波血压计越来越多地应用于家庭环境、动态血压监测市场和血压筛查社区服务，在应用于门诊方面也获得了支持。尽管人们普遍认为示波血压计可能会误测心律不齐患者的血压值，但拉哈勒等人（Lakhal et al., 2015）报告了在3个重症监护室内，一组心律不齐患者（$n=135$）与一组心律正常患者（$n=136$），用示波血压计测量的血压值和动脉内测量的血压值相似。有关自动血压计各种示波算法优缺点的综合报告，见福罗赞法等人（Forouzanfar et al., 2015）发表的文章。

如何检查无液血压计的准确性

要检查无液血压计相比汞柱血压计的准确性，请参照阿里纳、西蒙和彼得森（Arena, Simon & Peterson, 2016）与伊曼纽尔（Emmanuel, 2013）采取的做法。

- 断开两种血压计袖带的球阀，并将无液血压计的球阀连接到汞柱血压计的袖带上。
- 使用T形或Y形三通管，将被测无液血压计连接到汞柱血压计上（注意：如果被测无液血压计是单管的，可跳过此步骤，因为其表头与充气球阀手柄是一体的）。
- 将被测袖带完全放气，并检查无液血压计的指针是否位于0毫米汞柱处。
- 将放完气的袖带套在一个直径约为10厘米的硬金属或塑料圆筒上。
- 将无液血压计的表头置于汞柱血压计的附近，并比较两个示值。
- 将袖带充气至250毫米汞柱，并比较示值，然后将袖带缓慢放气，在一定间隔（如200、150、100和50毫米汞柱）时比较示值。
- 如果在任意时刻，无液血压计和汞柱血压计的示值相差超过3毫米汞柱，则需要将无液血压计返厂校准。

血压计准确性的衡量标准是什么

美国先进医疗器械促进会（AAMI）、英国高血压学会（BHS）、欧洲高血压学会国际方案（ESH-IP）和德国高血压联盟（GHL）分别制定了单独的标准来判断血压计的准确性。大多数效度研究会采用这些标准中的一套或多套。对于每一套标准都要将血压计的测量值与汞柱血压计的测量值进行比较。按照美国先进医疗器械促进会的标准，平均血压值（收缩压和舒张压）和标准汞柱血压计的值相差不应超过5毫米汞柱，标准差不应超过8毫米汞柱；按照英国高血压学会的验证标准，收缩压和舒张压之间的差值大小可分为A级、B级、C级或D级，这取决于绝对个体差异分数的累计百分比，分属于3个类别：≤5毫米汞柱、≤10毫米汞柱和≤15毫米汞柱（见表2.8）。差值需要至少达到B级才会推荐使用血压计；A级和D级分别表示血压计与标准汞柱血压计的最小和最大差异。

表2.8 英国高血压学会制定的血压计的验证标准

等级[b]	类别[a]		
	≤5毫米汞柱	≤10毫米汞柱	≤15毫米汞柱
A	60%	85%	95%
B	50%	75%	90%
C	40%	65%	85%
D	低于C		

[a] 该值为标准汞柱血压计与待测血压计之间绝对误差的累计百分比。
[b] 在确定具体等级时，每组的3个百分比数据均须等于或大于给出的标准值。

欧洲高血压学会国际方案比英国高血压学会的标准更为复杂。它将血压的平均值差异分类如下：0~5毫米汞柱对应非常准确，6~10毫米汞柱对应不太准确，11~15毫米汞柱对应中度不准确，>15毫米汞柱对应非常不准确。计算在5毫米汞柱、10毫米汞柱和15毫米汞柱范围内的累计比较次数（即5毫米汞柱区域表示所有血压值在0~5毫米汞柱范围内；10毫米汞柱区域表示所有血压值在0~5毫米汞柱和6~10毫米汞柱范围内；15毫米汞柱区域表示所有血压值在0~5毫米汞柱、6~10毫米汞柱和11~15毫米汞柱范围内）；然后将这些值与验证过程中的每个阶段的标准值进行比较。临床使用的血压计必须通过验证过程的每个阶段。2010年的欧洲高血压学会国际方案标准（ESH-IP2）对2002年的相关内容（ESH-IP1）进行了修订和澄清，标准变得更加严格。在一项利用回顾调查法进行的验证研究中，斯特吉欧等人（Stergiou et al., 2011）发现，达到2002年欧洲高血压学会国际方案标准的血压计，约有33%未能达到2010年调整后的要求。有关2010年欧洲高血压学会国际方案标准的详细内容，见奥布赖恩等人（O' Brien et al., 2010）的研究文章。有关通过2002年标准但未通过2010年修订标准的血压测量装置的详细分析，见斯特吉欧等人（Stergiou et al., 2011）的研究。

德国高血压联盟制定了质量认证方案，以评估针对德国市场的血压测量装置。此临床验证方案需要不少于96名受试者，并要求特定的血压和年龄范围。每位受试者需按照预先设定的顺序用特定测量装置来得到6个标准血压值，每次测量的时间间隔为30~60秒。从第1次到第6次读数的配对评估，参考测量值的差值不能大于4毫米汞柱，平均值的差值不能大于16毫米汞柱，整个过程在40分钟内完成。在每位受试者的6次读数中，至少需要有3次合格（总共288个配对读数），以用于后续分析。与美国先进医疗器械促进会的标准类似，德国高血压联盟的质量认证方案要求收缩压和舒张压配对读数平均值之间的差值在5毫米汞柱及以下，标准差在8毫米汞柱及以下。

仪器的性能得分是根据收缩压和舒张压平均值的近似程度来评定的。要获得质量认证，至少需要达到总评分的55%。有关美国先进医疗器械促进会、英国高血压学会、欧洲高血压学会国际方案和德国高血压联盟的标准的深入比较，见贝默等人（Beime et al., 2016）的研究文章。

万等人（Wan et al., 2010）赞同确定自动血压计检测标准的必要性，并强调了在社区环境中重新评估血压计准确性的重要意义。因为在社区环境中，血压测量结果出现误差的可能性最高。除了确定未来需考虑的8个讨论要点以外，贝默等人（Beime et al., 2016）还强调了在升级版进入市场之前，血压计的使用寿命普遍只有2年，这正是血压计验证方案适用时间较短的原因。

dabl教育信托基金有一个网站，能够提供有关血压测量技术和血压计的最新信息。这个网站提供了各种表格，这些表格根据美国先进医疗器械促进会、英国高血压学会、欧洲高血压学会国际方案的标准对各种血压计的效度进行评估。你还可以在英国高血压学会的网站上找到适合家庭和临床环境使用的血压计列表，这些血压计的标准都经过批准和验证。

汞柱血压计未来会被淘汰吗？如果会被淘汰，哪种血压计能够取代它呢

随着人们越来越意识到汞的毒性对环境产生的负面作用，2013年10月，多个国家签署了《关于汞的水俣公约》（U.S. Environmental Protection Agency, 2017）。该公约规定，在淘汰时间（2020年）之后，不得生产、进口或出口含汞产品。因此，许多国家的诊所和医务室已经逐步停用汞柱血压计和温度计。越来越多的从业人员开始使用自动示波血压计和其他含有半导体压力传感器的装置来取代汞柱血压计（Asayama et al., 2016）。

欧盟新兴和新发现健康风险科学委员会（SCENIHR）认为应限制使用汞柱血压计，并用达到欧洲高血压学会国际方案标准的组合血压来代替临床环境中的汞柱血压计。此外，欧盟新兴和新发现健康风险科学委员会还支持将这种组合血压计作为验证新型血压计准确性的参考标准（Parati & Ochoa, 2012）。尽管美国国内并没有医疗保健机构禁止使用汞柱血压计，但美国已签署了《关于汞的水俣公约》。美国国家卫生研究院（NIH）于2001年发起了一项举措，即更换实验室和公共设施中的含汞设备，从而实现无汞化（National Institutes of Health, 2012）。通过美国先进医疗器械促进会、英国高血压学会、2002年欧洲高血压学会国际方案标准认证的无汞或无液手动血压计，均未能达到更为严格的2010年欧洲高血压学会国际方案的标准。然而，这一情况可能会随着网站的更新而改变。也许，该网页上展示的40多种自动血压计已达到2010年欧洲高血压学会国际方案标准。在评估高血压状况时，利用标准汞柱血压计验证无液血压计和电子血压计测量血压的准确性时，沙巴布等人（Shahbabu et al., 2016）报告了无液血压计（>89%）在标准的5±8毫米汞柱范围内的一致性高于电子血压计（<44%）。

当使用无液血压计代替汞柱血压计测量血压时，请确保使用严格的标准验证无液血压计的准确性。同时，建议你在做出替换决定之前，先了解所选择的替代血压计与汞柱血压计之间的读数差异。例如，沙巴布等人（Shahbabu et al., 2016）发现，汞柱血压计上的高血压临界点读数为140/90毫米汞柱，分别相当于无液血压计和电子血压计的143/79毫米汞柱和149.5/84.5毫米汞柱。

美国心脏协会针对仅使用无液或自动血压计的医疗保健机构提出了以下建议（Jones et al., 2001）。

- 仅选择符合美国先进医疗器械促进会、英国高血压学会或类似机构标准的血压计。
- 定期维护和校准。
- 使用汞柱血压计进行校准。
- 确保对血压测量的医护人员进行定期培训。

组合血压计不含汞，并结合了电子血压计和听诊血压计的特点。目前，几种组合血压计已成功通过汞柱血压计的临床验证（Stergiou et al., 2012a; Stergiou et al., 2012b）。在组合血压计中，汞柱被替换为电子压力传感器。医护人员使用听诊器听测柯氏音。对于一些旧版本的血压计，一旦听测到收缩压或舒张压，医护人员会按放气旋钮旁边的按钮，此时屏幕上会显示收缩压或舒张压的数值。在确定舒张压之后，组合血压计会显示收缩压和舒张压两个数值。血压值以数字方式显示，或模拟汞柱血压计和无液血压计的方式显示。组合血压计结合了汞柱血压计和电子血压计的部分最佳功能，可能会取代汞柱血压计，成为临床环境中的标准工具（Stergiou et al., 2012a）。

自动血压计的准确性如何

有多种自动血压计可供临床和家庭使用。这类自动血压计能够为放置在肱动脉（上臂）、桡动脉（腕部）或指动脉（手指）上的袖带进行充气和放气。当袖带逐渐放气时，自动电子血压计会评估压力波的状况。当动脉压达到平均水平时，相应的示波幅度最大；收缩压和舒张压则根据血压计制造商提供的算法进行计算。自动血压计的优势在于消除了终端数字偏差，即医护人员倾向于将血压值四舍五入到最接近的0或5毫米汞柱而引起的偏差。可能影响自动血压计准确性的因素包括血压器部件和传感器的使用年限、环境因素，以及供应商是否遵守制造商关于合理评估步骤的指导原则等情况（Forouzanfar et al., 2015）。

美国先进医疗器械促进会、英国高血压学会、2002年欧洲高血压学会国际方案标准、2010年欧洲高血压学会国际方案标准推荐的、不推荐的和质疑的上臂、腕部和手指自动血压计的完整列表，见相关网站。托尔等人（Tholl et al., 2016）提供了1999年至2014年使用德国高血压联盟质量认证方案标准对上臂和腕部

血压计（n=105）进行验证的结果。

诺伊豪泽尔等人（Neuhauser et al., 2015）研究了在65名女性和40名男性样本中，汞柱血压计和示波血压计血压测量结果的一致性。根据不同血压计臂围袖带尺寸确定的指导原则，两名观测者按照精确的血压测量步骤同时听诊，但互不干扰独立测量。用示波血压计测血压时，在所有血压类别（正常血压、血压偏高、高血压）的人群中测得的收缩压和舒张压数值均偏高。同样，在进行相关比较研究时，不同臂围（小于28厘米和28~35厘米）组别的收缩压和舒张压也存在显著差异。样本中所有受试者的臂围都未超过36厘米。有趣的是，与汞柱血压计相比，示波血压计的袖带尺寸更宽更长。诺伊豪泽尔等人（Neuhauser et al., 2015）针对这些使用示波血压计进行的研究，评估了其结果不同的可能原因，强调了袖带的选择规则和袖带尺寸随时间发生的变化，并对不同血压以及臂围进行分级，报告了其产生的影响。最后，他们提醒医护人员，随意更换示波血压计以及袖带可能导致的潜在意外后果，因为这可能导致血压值、治疗计划和并发症等方面发生大幅度或细微的变化。

通常情况下，在测量静息血压时，上臂自动血压计比腕部自动血压计的测量结果更准确。在测量过程中，手臂未与心脏持平，或腕部位置不同都会影响腕部自动血压计测量结果的准确性。托尔等人（Tholl et al., 2016）报告，其研究中有11种腕部自动血压计模型已经通过了德国高血压联盟质量认证方案的认证。同样，网站上提供了许多可用于家庭或临床环境的腕部自动血压计，它们至少通过了上文提到的四个验证标准之一。

测量血压时，通常不推荐使用手指自动血压计。尽管Finometer（一种手指自动血压计）符合美国先进医疗器械促进会和英国高

血压学会的标准，但在临床环境中测量非裔美国女性的静息血压时，对如何确定样本量的大小仍然存在疑问。因此，手指自动血压计不适用于血压的临床测量。

无液血压计和自动血压计在高海拔地区的血压测量结果是否准确

关于无液血压计在较高海拔地区的性能数据仍然有限。全球有超过1.7亿人生活在海拔2 500米以上的地区（Li et al., 2012），因此，一种有效可靠的血压测量方法对监测这些人群的健康状况非常重要。尽管受到样本量（n=10）较小的限制，初步的研究还是比较了汞柱血压计与无液血压计在海拔4 370米处的血压测量值（Kametas et al., 2006）。研究发现，在高海拔条件下，无液血压计达到了美国先进医疗器械促进会的推荐标准，因此，作者得出结论：在与秘鲁高原相近的海拔高度，无液血压计是汞柱血压计的替代工具。李等人（Li et al., 2012）报告，在中国西藏高海拔地区（4 300米）的居民样本中对比使用示波血压计（欧姆龙HEM-759P）和汞柱血压计同时测得的血压数据，收缩压存在巨大差异，而舒张压大致相同。在另一项关于中国西藏高海拔地区（3 650米）居民（≥25岁）的样本研究中，根据2010年欧洲高血压学会国际方案标准，上臂自动示波血压计（欧姆龙HEM-7201）袖带的准确性已经成功通过了标准汞柱血压计的验证（Cho et al., 2013）。因此，欧姆龙HEM-7201血压计适用于3 650米左右的海拔高度。然而，在对这两项关于中国西藏地区的研究进行回顾时，明吉等人（Mingji et al., 2016）指出，对于收缩压，两种上臂示波血压计与汞柱血压计的参考测量值的一致性程度高，而对于舒张压，一致性程度存在差异。

自动血压计可以用于测量运动血压吗

一项对dabl教育信托基金网站的审查显示，临床或家庭环境中使用的血压计测得运动血压值的有效性目前尚不明确。因此，格里芬、罗伯格斯和海沃德（Griffin, Robergs & Heyward, 1997）认为可用于测量运动血压的自动血压计的效度和信度仍然较低。迄今为止，尚无确定的相关标准可用于评估血压计在压力下（如运动）测量血压的信度。有研究者为了评估自动血压计测量运动血压的重复性误差，进行了一项小样本研究，针对一些青年男性进行了两次相同的极量跑步机测试：用结合示波法和听诊法的组合血压计每4分钟测一次血压（Instebo, Helgheim & Greve, 2012）。在两个测试日内共计约70对收缩压和舒张压的测量数据中，两天都相同的数据不足一半。

在受试者利用功率自行车进行增量运动时，用可实施无创连续动态血压监测的手指自动血压计（如Finapres和Portapres 2型）测量受试者的血压，并对其进行信度评估（Blum et al., 1997；Eckert & Horstkotte, 2002；Idema, van den Meiracker & Imholz, 1989）。在这些研究中，受试者进行低强度（功率约为100瓦）运动时，手指自动血压计测量（Finapres和Portapres 2型）和动脉内血压测量之间，收缩压的平均差异在12~22毫米汞柱，舒张压的平均差异在−9.8~−5毫米汞柱。Finapres用于肱动脉血压值校准的手臂袖带组件提高了其信度，甚至超过Portapres。受试者手掌平稳放置在中间位置，勿使手指上佩戴的血压计监测夹板在骑车时触碰自行车扶手，可以改善外周压力波，这对血压值的计算至关重要（Critoph et al., 2013）。在运动时，这些手指自动血压计往往会系统地低估和高估收缩压、舒张压，平均差异随运动强度增加而增加。因此，这些血压计不适用于测量运动血压。

在测量静息血压时，综合光体积描记法（PPG）、脉搏波传导速度和脉搏传导时间的进程，同时采用单一或多个方法，可提高这些无创血压评估方法在静息状态下的准确性。

然而，针对测量运动血压的相关研究有限。心电图和手指体积描记法的整合提供了一种方法，该方法同时考虑了脉搏波传导速度和脉搏传导时间，可用于测量利用固定式自行车运动时的血压。尽管在一组受试者中，听诊得到的无液袖带收缩压与计算得到的收缩压具有很高的相关性，但仍然存在10~20毫米汞柱的差异（Gesche et al., 2012；Wibner et al., 2014）。随着个体平均血压升高至140毫米汞柱以上，这种差异会更加显著（Gesche et al., 2012）。

身体与手臂姿势如何影响血压测量结果

体位会影响血压测量结果。通常，从卧位（仰卧位）到坐位，再到站立位，血压会逐渐上升。测量静息血压时一般采用坐位。除了体位，上臂需要与心脏（右心房）保持同一水平；手肘大约与右心房保持同一水平。手臂抬高超过心脏时，血压测量结果会偏低；手臂低于心脏时，血压测量结果会偏高。当袖带低于心脏时，肢体血管系统内的流体静力压会产生多种影响，影响收缩压的准确性（Casiglia et al., 2016）。通常情况下，受试者的手臂放置于检查台上，或由医护人员握住肘部进行支撑。即使采取仰卧位测量血压时，也应在上臂下方放置一个枕头进行支撑，使其与心脏保持同一水平。

相应地，如果腕部未与心脏保持在同一水平，则腕部自动血压计测得的数据的准确性会受到显著的影响。一项观察性研究对存在监督的情况下使用经过认证的腕部自动血压计测得的血压值，与经医生指导后，在家中无监督的情况下测量的血压值进行了比较。所有受试者均接受了血压评估及血压计的操作培训，研究人员随后向其演示了腕部自动血压计的正确使用方法和结构原理（Casiglia et al., 2016）。卡西利亚等人（Casiglia et al., 2016）将经过英国高血压学会认证的上臂自动血压计作为标准仪器，2010年欧洲高血压学会国际方案标准认证的腕部血压计的袖带中并未安装位置传感器。在办公室环境中，腕部收缩压显著降低；在家庭环境中，腕部收缩压和舒张压均显著升高。腕部血压偏高，与腕部低于心脏有关。在前臂较长的人群中，肢体特异性液压较高，尤其表现为收缩压偏高。这些差异的产生与年龄及受教育程度无关（Casiglia et al., 2016）；除了学习正确的血压测量步骤以外，这些差异也反映了对客户进行高水平培训的重要性。

什么是白大衣性高血压

白大衣性高血压，即在非临床环境下血压正常，未服用处方降压药的人群，由医护人员测量血压时，其血压高于正常值的现象（Franklin et al., 2016；Sivén et al., 2016）。为了确认这种情况，应在非临床环境下测量血压，如在家中自己测量血压，24小时动态监测血压，在社区药房进行自动血压评估，或单独在检查室内使用自动血压计测量血压。与听诊法相比，用示波法进行血压评估更为标准，且重测信度更高。因此，加拿大建议，将在一个检查室中客户使用自动血压计单独进行静息血压测量作为确诊高血压的新方法（Cloutier et al., 2015）。

将客户与医护人员之间的联系最小化，可降低白大衣效应。白大衣效应是指客户在诊室中由医生测得的血压急剧升高，高于客户在家中自测的血压值或服用处方降压药后的血压值（Franklin et al., 2016）。与客户单独在检查室里使用自动血压计测量静息血压相比，由医生使用传统手动方法测量血压，可使白大衣性高血压出现的概率提高5倍以上（Myers et al., 2009）。在一项研究中，调查了成年人高血压样本在3种不同环境（家庭、社区药房或医务室）中使用同一型号自动血压计时，白大衣性高血压的发生率。研究结果显示，在家庭和社区药房，收缩压和舒张压的数值相似，且均显著低于医务室环境下测得的血压值（Sendra-Lillo et al., 2011）。

研究表明，白大衣性高血压会带来不良影响（Franklin et al., 2016；Martin & McGrath, 2014；Sivén et al., 2016）。对420例1级或2级高血压客户（其中18%的客户受白大衣性高血压影响）进行了10年的跟踪调查，结果显示，与正常客户相比，白大衣性高血压客户患心血管疾病的风险更高（Gustavsen et al., 2003），患继发性高血压、糖尿病的概率也更高（Martin & McGrath, 2014）。然而，有报道称，与在医务室测得的血压相比，人体处于清醒状态下的动态血压更能准确地预测患心血管疾病的风险。45岁以后，无论性别，在医务室测得的舒张压往往高于清醒状态时的动态血压监测值；但在50岁之后，医务室环境下测得的收缩压往往偏高。恰好相反的是，年轻人的动态血压监测值高于医务室测得的血压值。医务室血压测量值高于家庭环境中测得的血压值，但是与年轻人相比，老年人在这两种环境下的血压测量值更为相近（Ishikawa et al., 2011）。这表明健康专业人员在评估心血管风险因素时，应考虑白大衣性高血压。

什么是隐性高血压

隐性高血压这个术语，在2002年首次被提出。隐性高血压客户在非医务室环境下测得的血压值高于正常血压值，但在医务室测得的血压值正常（Sivén et al., 2016）。白大衣性高血压常见于年长成人，而隐性高血压常见于年轻成人（Ohkubo et al., 2005）。然而，即便将传统的心血管风险因素考虑在内，与血压正常的客户相比，这两种高血压都可用于预测未来的心血管疾病和靶器官损伤风险（Tientcheu et al., 2015）。

奥格德贝等人（Ogedegbe et al., 2010）在对隐性高血压现象进行综述性研究时，强调了与生活方式和日常活动相关的基本因素，及其对日常血压值的影响。他们提到的一些因素包括工作压力、吸烟、饮酒、人际矛盾、体

力活动水平，以及不按时服用处方降压药物等。他们还特意指出，隐性高血压的患病风险可能会受到性别（男性高于女性）和体重指数（超重和肥胖个体高于血压正常或有白大衣性高血压的个体）的影响（Sivén et al., 2016；Ogedegbe, Agyemang & Ravenell, 2010）。如果未及时进行治疗，隐性高血压客户发生靶器官和心血管损伤的风险水平可能与继发性高血压客户相同。成年隐性高血压客户患上继发性高血压的风险比血压正常的客户高4倍（Sivén et al., 2016）。

血压计袖带使用不当和袖带高血压有哪些表现

血压计袖带使用不当（如袖带缠臂过紧或过松）是指使用尺寸不适合客户上臂围的气囊袖带，可导致严重的血压测量误差。无论使用手动还是自动血压计，这一情况都有可能发生。专家建议，用于测量血压的袖带，其气囊宽度应为上臂围的40%，长度应至少为上臂围的80%。然而，这一建议并不能有效减少血压计袖带使用不当的情况。当气囊尺寸相对上臂围过小时，袖带缠臂过紧，测得的血压值会偏高，这种情况被称为袖带高血压；反之，当气囊尺寸相对上臂围过大时，袖带缠臂过松会导致测得的血压值偏低（Ringrose et al., 2015）。为了避免这些问题，应当为每个客户选择尺寸合适的袖带和气囊。此外，在家中使用示波血压计自行测量血压的客户，应当意识到购买适合自己上臂围的袖带的重要性。许多制造商提供的家用和临床使用的血压计，在生产研发过程中并没有通过严格的验证（Campbell et al., 2016），在销售过程中也没有提供有关袖带尺寸选择及其重要性的建议（Ringrose et al., 2015）。

如何为客户选择尺寸合适的血压计袖带

为了确保血压测量结果的准确性，需要为客户选择尺寸适合其上臂围的血压计袖带。制造商生产的家用血压计的袖带并不适用于每位

家庭成员。目前，市面上销售的血压计袖带类型大致有4种，分别适用于儿童、体形标准的成年人、体形较大的成年人和肥胖者（如腿部肥胖）。选择尺寸合适的袖带前，应先测量客户的上臂围（有关测量上臂围的说明见附录D.4）。上臂近端（如三角肌下方）比上臂远端（如肘关节上方）粗大的成年人，在测量血压时更适于佩戴锥形袖带。上臂近端臂围超过32厘米的成年人，与使用锥形袖带相比，使用传统的矩形袖带会使血压测量值过高，且血压值偏高的程度随上臂围增加而增大（Palatini et al., 2012）。

同样，供儿童使用的血压计袖带并不一定适用于所有儿童。奥斯奇加等人（Ostchega et al., 2014）分析了2007年至2010年美国健康与营养检查调查的数据，结果显示儿童和青少年的平均上臂围有所增加。12~15岁的青少年中，平均上臂围增加的男孩将近53%，女孩将近48%，他们需要佩戴标准的成年人袖带。在16~19岁的青少年中，89%的男孩和57%的女孩已经无法佩戴尺寸小于标准成年

人的血压计袖带，约30%和24%的肥胖男孩和女孩需要佩戴体形较大的成年人袖带。如果不能直接测量上臂围，你还可以使用特定性别的预测方程来估算上臂围（Ostchega et al., 2004；Ostchega et al., 2004）。表2.9列出了测量或估计上臂围时推荐使用的气囊尺寸。

如何使运动血压的测量结果更精准

测量运动血压的难度远高于测量静息血压。在能够熟练测量静息血压，并对自己的测量技术有一定的信心之前，最好不要尝试测量运动血压。由于外部噪声和手臂运动的影响，在跑步机上跑步时，准确测量运动血压变得尤为困难。由于运动带来的噪声和晃动，有时几乎无法测定舒张压。新手应首先在利用功率自行车进行运动时练习测量血压，然后再尝试在进行跑步机运动时测量血压。运动时，血压会发生以下变化：收缩压往往随运动强度的增加而增加，舒张压则出现轻微波动或略微下降（Fletcher et al., 2013）。关于如何提高运动血压测量结果的准确性的信息，见第49页的"运动血压测量建议"。

表2.9 不同上臂围推荐使用的血压计气囊尺寸

客户或患者	上臂围/厘米	气囊宽度 × 气囊长度/厘米
大龄儿童	无相关报告	9 × 18
体形较小的成年人	22~26	12 × 22
正常成年人	27~34	16 × 30
体形较大的成年人	35~44	16 × 36
肥胖成年人或上半身肌肉较多的人群（腿部袖带）	45~52	16 × 42

（源自：Pickering et al., 2005.）

运动血压测量建议

视频 2.3

在测量运动血压时，需要采取额外的预防措施以确保数值准确，并记录与实际血压值最接近的偶数值（Sharman & LaGerche, 2015）。

- 告知客户，在血压测量过程中不要触碰运动器材的扶手或你的肩膀。
- 将袖带缠在客户的手臂上，使导管从气囊的上部伸出，而非下部，以便减少运动时导管和听诊器接触而引起的外部噪声。
- 告知客户站立时尽可能将手臂保持在矢状面位置。在运动中，和手臂外展与身体成90度相比，这种姿势会使客户的注意力更为集中。
- 在血压测量过程中限制客户的手臂运动。让袖带与心脏保持水平，并将其牢牢地夹在手臂和躯干中间，以固定客户的手臂。
- 在分级运动测试的前一阶段，将袖带充气至预期值或读数以上，同时注意收缩压会随运动强度增加而增加。
- 将血压计放置于距离身体3英尺（1英尺≈30.5厘米，余同）以内的位置，与双眼保持同一水平，便于看清上面的读数。当眼睛位置与汞柱的弧面不在一个水平面上，或不是垂直于无液血压计的刻度盘时，便会产生误差。对于汞柱血压计，为了在运动测试的增量阶段测量血压，应使用安装在轮子上的模板进行固定，以正确放置血压计。当客户进行分级跑步机测试时，随着跑步机的倾斜度不断增加，血压计的放置位置就显得十分重要。

测量心率

成年人的平均静息心率为每分钟60~80次，女性的平均静息心率一般每分钟比男性高7~10次。据报道，体能条件较好的耐力型运动员，其心率可低至每分钟28次，而缺乏体力活动、久坐不动的个体，其心率每分钟可能超过100次。

静息心率在不同人群中存在明显的差异，因此无法用作衡量心肺适能的指标。静息心率偏低并不一定意味着心肺适能水平较差。在某些情况下，静息心率偏低意味着患有心脏病或服用了降低心率的药物。静息心率分级的一般原则如下。

1. 静息心率<60次/分，则心动过缓（偏慢）。

2. 静息心率60~100次/分，则心率正常。

3. 静息心率>100次/分，则心动过速（偏快）。

在测量静息心率之前，客户应该以仰卧位或坐位休息5~10分钟。测量静息心率的过程中需要非常仔细，这非常重要，因为测得的心率值有时还用于计算亚极量运动测试和运动处方中的目标运动心率。你可以用听诊法、触诊法、心率监测器或心电图检测仪等测量心率。

听诊法

视频 2.4

用听诊法测量静息心率时，将听诊器胸件放在胸骨左侧第3肋间，测量30秒或60秒内心脏的跳动次数。将30秒内听到的次数乘以2，得到心脏每分钟跳动的次数。

触诊法

利用触诊法测量心率时，应选择在以下任一部位来测脉搏。

- 肱动脉——肱二头肌肌腹下方的手臂前内侧，肘前窝上方2~3厘米处。
- 颈动脉——在颈部的喉咙两侧。
- 桡动脉——在手腕前外侧，与大拇指指根成一条直线。

视频 2.5

- 颞动脉——在头部发际线太阳穴附近。

关于确保测量结果准确性所需的注意事项，见第50页的"触诊法测量心率"。

触诊法测量心率

用触诊法测量心率时，请遵循以下步骤。

- 使用中指和食指指尖进行触诊，切勿使用拇指。因为拇指有脉搏，可能会造成计数错误。
- 在颈动脉部位进行触诊时，切莫用力按压，否则颈动脉中的压力感受器感受到压力后，心率会减慢。
- 如果在脉搏跳动的同时启动秒表，则将第1次跳动计数为0；如果开始计数时秒表正在计时，则将第1次脉搏跳动计数为1。以固定的时间间隔（6秒、10秒、15秒、30秒或60秒）对脉搏跳动次数进行持续计数。当测量时间不足1分钟时，用乘法估算1分钟内的脉搏跳动次数：6秒内的次数×10，10秒内的次数×6，15秒内的次数×4，30秒内的次数×2。测量运动中和运动后的即时心率时，通常采用较短的时间间隔（如6秒或10秒）。因为当人体停止运动时，心率会立即迅速下降，所以采取6秒或10秒的时间间隔来计数，相比长时间间隔计数而言，能更准确地反映人体的实际运动心率。

心率监测器和心电图检测仪

视频
2.6

心率也可以用心率监测器或心电图检测仪来进行测量。一般情况下，心率监测器可以检测到脉搏或心电信号，并以数字形式显示心率。脉搏监测器通过将其红外传感器放置于客户指尖、耳垂或手腕（即心率腕表）等部位，来检测心动周期内血液流动时的脉搏。无线或有线胸带心电监测器往往比脉搏监测器更准确可靠，尤其是在剧烈运动时。然而，其准确性可能会受到某些设备（如跑步机、爬楼机、划船机和电子显示屏）产生的无线电或电磁波的干扰。一般情况下，心率监测器在人体休息和运动期间能够提供准确的心电图测量的心率数据（Vehrs et al., 2002）。

大多数心电监测器能够以数字形式显示心率的变化。通常情况下，这一数据被记为心电图曲线的峰值。如果你的设备上并未配备数字显示装置，你可以使用心率标尺，将两个心动周期的时间间隔转换为每分钟的心跳次数。

不管用何种方法来测量心率，都应该注意到心率容易因体温、焦虑、运动、压力、饮食、吸烟、饮用含咖啡因的饮料、一天中的不同时刻、体位，以及服用非处方药物而产生波动。采取仰卧位测得的静息心率，往往低于坐位或站立位的心率。

12导联心电图

动态心电图（ECG）是心动周期内心电信号的综合记录。当心脏在收缩过程中去极化和复极化时，电脉冲会向心脏周围的组织扩散。此时，放置在心脏相对两侧的电极会将电位传送给心电图检测仪。

除了提供基线数据外，静息心电图还用于确诊运动测试的禁忌证，从而确定客户是否有心肌梗死、缺血性ST段改变、传导缺陷和左心室肥大等病史。读准和解释心电图需要熟练的技巧和练习。作为一名运动专业人员，你可以实施12导联静息心电图检测，但是心电图的结果则需要一名经过认证的医生进行解读。本节只涵盖了关于心电图的基本知识和测量步骤。关于异常心电图的解读，更多详细信息请参考其他相关文献（Dubin, 2000；Garcia, 2015；Martindale & Brown, 2017；Thaler, 2015）。

心电图的基本知识

正常心电图（见图2.1）由代表心房去极化的P波组成。其中，PR间期指房室结脉冲延迟。心室去极化和收缩产生电流，继而产生QRS波群。T波和ST段对应心室复极化。

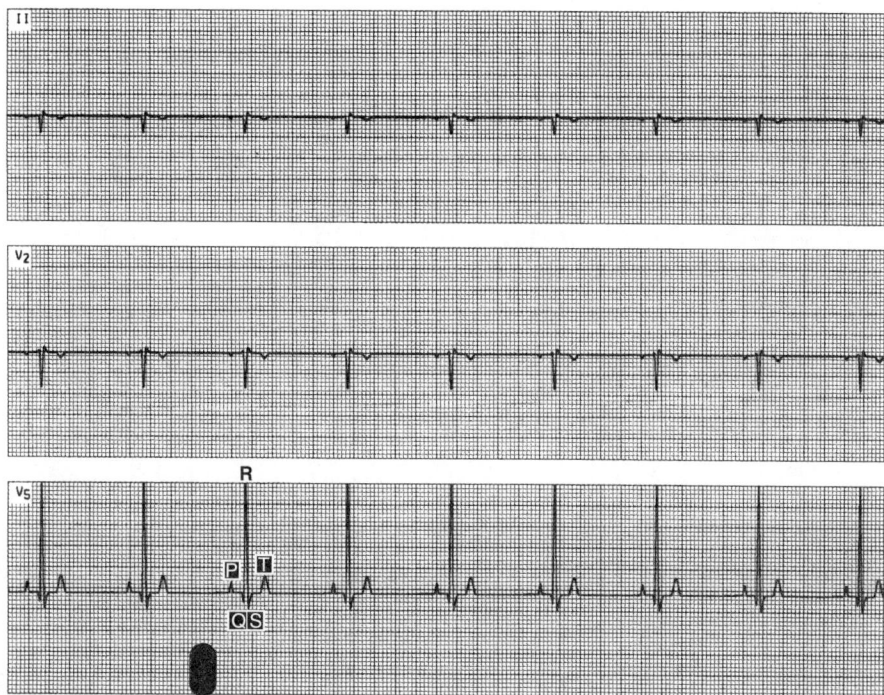

图2.1　正常心电图

导联是指将身体表面与心电图检测仪相连的一对电极。导联轴是指连接两个电极的一条想象的直线。标准的12导联心电图检测仪包含3个肢体导联、3个加压单极导联和6个胸部导联。它们分别从不同角度记录心电活动。因此，它们测得的心电活动轨迹也各不相同。

12导联静息心电图测量步骤

创建12导联共使用了10个电极。测量心电图时，3个肢体导联（Ⅰ、Ⅱ和Ⅲ）的电极分别放置在右臂、左臂和左腿上。在右腿上放置一个接地电极，这样测得的电位差与肩部和耻骨联合处之间的电位差相当。肢体导联Ⅰ测量左臂电极和右臂电极之间的电位差；肢体导联Ⅱ和肢体导联Ⅲ分别测量左腿与右臂，以及左腿与左臂之间的电位差。图2.2为3个肢体导联和3个加压单极导联的示意图。

3个加压单极导联分别为aVF（左脚）、aVL（左臂）和aVR（右臂）。加压单极导联将一个肢体电极的电压，与另外两个相对电极之间的平均电压进行比较。例如，导联aVL记录放置在左臂的电极电压，以及另外两个肢体电极的平均电压（见图2.2）。

6个胸部导联（V_1~V_6）分别测量胸部特定区域的电压，以及其他3个肢体导联的平均电压。图2.3说明了6个胸部导联的电极放置位置。

在测量静息心电图时，客户应该以仰卧位安静地平躺在检查台上。放置电极的皮肤部位如果毛发浓密，则应剃除毛发，并用酒精擦拭干净；用细粒砂纸或纱布擦除放置电极部位的皮肤表层的死皮。一次性电极带有电极胶和吸盘，使用电极后，对其用力敲击以测试导联线是否会发出噪声。在测量前，你应通过记录每厘米1毫伏的标准偏差来校准心电图检测仪。另外，为了统一心电图的时间基

视频 2.7

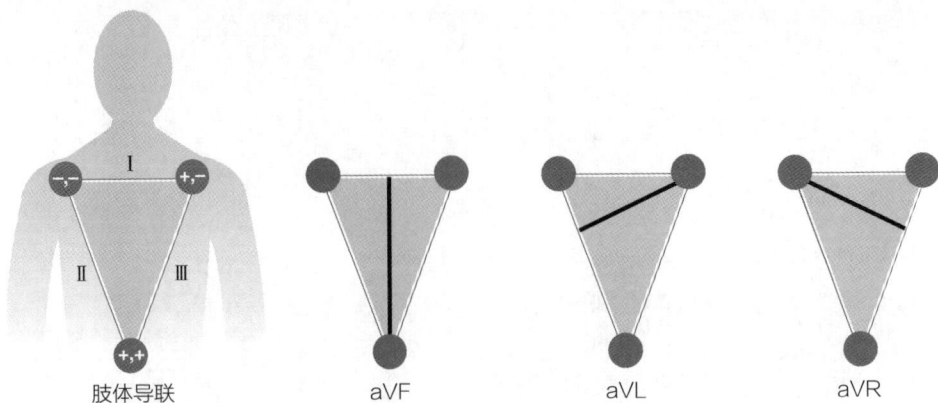

图2.2　3个肢体导联和3个加压单极导联

线，应将纸速设置为每秒25毫米。

胸部电极的解剖学位置

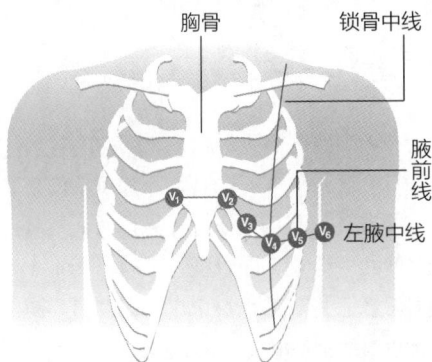

图2.3　胸部导联（V_1~V_6）的电极放置位置

V_1：第4肋间隙，沿胸骨右缘。

V_2：第4肋间隙，沿胸骨左缘。

V_3：V_2和V_4相连直线的中点。

V_4：第5肋间隙与锁骨中线相交处。

V_5：与V_4同高，处于左腋前线上。

V_6：与V_5同高，处于左腋中线上。

12导联动态心电图

　　为了避免运动时四肢移动导致心电波形轨迹偏移，需要对12导联心电图检测仪的电极排列位置略做调整（见图2.4）。将本应放置在右臂和左臂的电极分别置于右锁骨和左锁骨的下方；将本应放置在左腿和右腿的电极连接在躯干的左右两侧，腋前线上胸腔的下面。6个胸部导联的电极的位置保持不变。

视频
2.8

视频
2.9

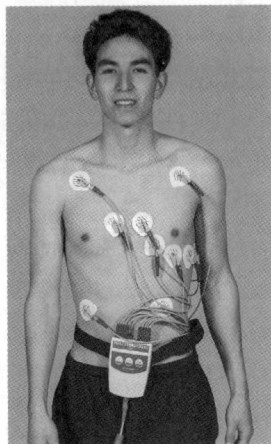

图2.4　12导联动态心电图检测仪的电极放置位置

本章回顾

关键知识点

- ► 健康评估的目的是检测疾病并评估疾病风险。
- ► 病历问卷、冠心病风险因素分析、体检、临床检查、体检合格证是健康评估的重要组成部分。
- ► 生活方式评估表包括个人饮食、吸烟、饮酒、体力活动和心理压力水平等信息。
- ► 在参加任何体适能测试或运动计划之前，所有客户都必须签署知情同意书。
- ► 静息状态下，心肺功能评估包括心率、血压和12导联心电图，测量结果应由经过认证的医生进行解释。
- ► 静息血压可以用听诊血压计或自动血压计进行测量。
- ► 血压计袖带尺寸应适合客户的上臂围，这对血压测量值的准确性非常重要。
- ► 心率可以通过听诊法、触诊法、心率监测器或心电图检测仪来测量。
- ► 12导联心电图检测仪包括3个肢体导联（I、II和III）、3个加压单极导联（aVF、aVR和aVL）和6个胸部导联（$V_1 \sim V_6$）。

重要术语

请学习以下重要术语的定义，相关定义可在术语表中查找。

加压单极导联（Augmented Unipolar Leads）	PR间期（PR Interval）
听诊法（Auscultation）	脉压（Pulse Pressure）
心动过缓（Bradycardia）	P波（P Wave）
胸部导联（Chest Leads）	QRS波群（QRS Complex）
袖带高血压（Cuff Hypertension）	血压计（Sphygmomanometer）
舒张压（Diastolic Blood Pressure，DBP）	1级高血压（Stage 1 Hypertension）
心电图（Electrocardiogram，ECG）	2级高血压（Stage 2 Hypertension）
血压偏高（Elevated Blood Pressure）	ST段（ST Segment）
肢体导联（Limb Leads）	收缩压（Systolic Blood Pressure，SBP）
隐性高血压（Masked Hypertension）	心动过速（Tachycardia）
血压计袖带使用不当（Miscuffing）	终端数字偏差（Terminal Digit Bias）
血压正常（Normotensive）	T波（T Wave）
示波法（Oscillometry）	袖带缠臂过紧（Undercuffing）
袖带缠臂过松（Overcuffing）	白大衣效应（White Coat Effect）
触诊法（Palpation）	白大衣性高血压（White Coat Hypertension）

问题回顾

除了能够对上面列出的重要术语进行定义，请回答以下问题来巩固并加深自己对本章内容的理解。

1. 全面健康评估各个环节的目的是什么？
2. 健康检查预查至少包括4项内容，分别是什么？
3. 限制运动表现水平的心血管、肺、代谢和肌肉骨骼等方面的疾病或失调有哪些（每种举出3个体征或症状）？
4. 冠心病的正、负风险因素有哪些？它们的评判标准是什么？
5. 用于静息血压分级的各个临界值是多少？
6. 请说明总胆固醇、低密度脂蛋白胆固醇、高密度脂蛋白胆固醇和甘油三酯水平分级的临界值。
7. 请阐述选择尺寸合适的血压计袖带的重要性。
8. 请列举3种测量血压的方法。哪一种被认为是最佳标准？每种方法在高海拔地区的测量结果都准确吗？
9. 用腕部自动血压计袖带测量静息血压时，指出袖带的正确放置位置。
10. 指出血压测量的3个误差来源。
11. 请说出适用于测量运动血压的两种血压计。
12. 为了确保运动血压测量结果的准确性，请说明运动中应该做的3件事情。
13. 血压计袖带使用不当对血压测量结果有什么影响？
14. 手臂姿势和体位对血压测量结果有什么影响？
15. 请列举3种心率测量方法。
16. 正常心电活动轨迹有哪几种波段？每一波段代表相应心动周期的哪一阶段？
17. 12导联心电图检测仪的10个电极，分别放置在人体的哪些位置？
18. 请分别列举运动测试的3个绝对和相对禁忌证。

第3章

评估、处方原则与运动方案依从性

关键问题

► 体适能概况的基本要素有哪些?

► 体适能测试的目的是什么? 如何有效利用测试结果?

► 如何在可选择的体适能测试中, 找到最适合客户的测试?

► 现场测试与实验室测试相比, 哪一种更适用于测量体适能?

► 如何向客户解释测试结果?

► 运动处方的基本要素有哪些?

► 就改善体适能要素而言, 是否有某类运动优于其他运动?

► 相较于低强度运动, 高强度运动是否能更快地提高体适能水平?

► 每天锻炼是否安全?

► 应该在何时提高运动处方中的运动频率、强度和持续时间? 可以同时提高这些要素(运动频率、强度和持续时间)吗?

► 老年人运动的受益程度是否和年轻人一样?

► 怎样才能提升客户对运动方案的依从性?

► 如何利用技术促进体力活动?

作为健康和健身专业人员,你需要掌握体适能评估和制定运动处方的基本原则,同时还需要了解如何有效利用体适能测试结果,来设计科学合理的个性化运动方案,满足客户的需求,提高他们的锻炼兴趣,从而改善其体适能。只有掌握了这些知识,你才能指引客户,以安全有效的方式改善身体健康,提高体适能水平,降低疾病风险。

作为运动专业人员,你将肩负多种责任,包括以下几种。

• 指导客户定期进行体力活动。

• 进行健康检查预查,以确定客户的运动参与程度(见第2章)。

• 选择、实施评估体适能要素的测试并解释结果。

• 设计个性化的运动方案。

• 带领客户参加训练课程。

• 分析客户的运动表现,并对错误的表现予以纠正。

• 指导客户运动时的注意事项。

• 激励客户坚持锻炼。

运动专业人员扮演着许多角色：教育者、领导者、技术专家和艺术家。而要发挥这些角色的作用，需要整合诸多学科的知识，包括解剖学、生理学、化学、营养学、教育学和心理学，同时需要完善运动测试、处方和领导技能。

本章介绍了进行体适能测试和制定运动处方的基本原则，以及如何提升客户对运动方案的依从性并利用技术促进体力活动。

体适能测试

在规划和实施体适能测试之前，你应当了解以下内容。

- 应测试的体适能要素。
- 体适能测试的目的。
- 测试顺序和测试环境。
- 测试的效度、信度和客观性。
- 预测公式评估。
- 测试的实施和解释。

体适能构成要素

体适能指在体力未透支的情况下，进行运动、娱乐和日常活动的能力。运动专业人员的主要职责之一，就是评估体适能的以下各个要素。

1. 心肺耐力。心肺耐力指心脏、肺和循环系统为运动肌肉有效提供氧气和营养成分的能力。运动生理学家通过测量**最大摄氧量**（VO_2max）或有氧运动期间肌肉的氧气利用率来评估心肺耐力和最高水平的功能性有氧代谢能力。体适能评估应包括静息和运动状态下的心肺功能测试，常采用分级运动测试实现这一目的。有氧运动方案最重要的一项益处就是提升心肺耐力。第4章和第5章将会介绍分

级运动测试和有氧运动方案的详细信息。

2. 肌肉骨骼适能。肌肉骨骼适能指骨骼和肌肉系统进行运动的能力。体力活动需要一定的肌肉力量、肌肉耐力、肌肉爆发力和骨骼强度。肌肉力量指肌肉或肌群能够产生的最大力或张力水平；肌肉耐力指肌肉长时间维持次最大力水平的能力；肌肉爆发力指肌肉发力速度；骨骼强度与骨折风险有关，是骨组织中矿物质含量和密度的函数。抗阻训练有助于提高肌肉力量和骨骼强度，以及增强肌肉耐力。而对于提高肌肉爆发力，快速伸缩复合训练和爆发性自由重量训练是有效方法。第6章和第7章将介绍评估肌肉适能和制定抗阻训练方案的详细信息。

3. 体重和身体成分。体重（BW）指身体的重量。身体成分指身体肌肉、骨骼和脂肪组织的绝对和相对含量。有氧运动和抗阻训练可以有效地调节体重和身体成分。第8章和第9章将讨论评估身体成分的技术和用于体重管理的运动方案。

4. 柔韧性。柔韧性指在全活动度内，流畅地移动单个关节或多个关节的能力。柔韧性受限于很多因素，如关节的骨结构及肌肉、韧带和其他结缔组织的长短和强度等。日常的拉伸活动可以显著提高柔韧性。第10章和第11章将介绍评估柔韧性和制定拉伸方案的更多信息。

5. 平衡性。平衡性指在保持静态姿势、进行自主运动或对外部干扰做出反应时，将身体重心维持在支撑底面的能力。功能平衡性指完成日常运动任务（如从地板上拾起物体、穿衣和转身观察身后等）时，保持平衡的能力。太极拳和瑜伽这两种运动可以改善身体的平衡性。第12章将讨论评估平衡性和制定改善平衡性的运动方案的内容。

体适能测试的目的

如第2章所述，在运动测试前，应当对客户进行仔细筛查，识别运动测试中可能出现的任何禁忌证，确定是否需要建议客户在开始运动方案之前进行体检。在进行任何一项体适能测试前，应获得客户的知情同意。你可以通过实验室测试和现场测试评估客户的体适能要素，并记录体适能概况。这些测试的结果可以帮助你确定客户在体适能方面的优势和劣势，从而为客户制定可实现的运动目标，而具体的测试数据（如分级运动测试的心率数据）能帮助你为每个客户量身定制精确的运动处方。此外，你还可以使用基线数据和后续数据来评估运动方案参与者的进度。

测试顺序和测试环境

在一次性实施一套完整的体适能测试时，请按以下测试顺序进行，以便将先前进行的测试对后续测试表现的影响降至最低。

- 静息血压和心率。
- 身体成分和平衡性。
- 心肺耐力。
- 肌肉适能。
- 柔韧性。

通常，客户会对体适能测试感到担忧，这种焦虑情绪可能会影响测试结果的效度和信度。因此，你应当通过与客户建立融洽的关系、保持轻松、自信及创建安静、私密、安全、舒适的测试环境来让客户放松。室内温度应保持在21~23摄氏度，相对湿度应尽可能保持在让人感觉舒适的范围内。对客户进行健康检查预查，并解释测试结果。房间内应配备舒适的桌椅，方便客户填写问卷，并配备检查台或检查床，以便测量心率、血压及12导联心电图。在客户进行测试之前，应准备并校准好所有体检设备，以便确保测试数据的效度，并充分利用时间。

测试的效度、信度和客观性

要准确评估客户的体适能状态，你应当选择有效、可靠和客观的测试，并需要全面理解相关的基本概念，以便评估特定体适能测试和预测公式的相对价值。

测试的效度

就体适能测试而言，**效度**指某项测试以最小误差准确测量特定体适能要素的能力。参考（或标准）方法常用于获得体适能要素的直接测量值。但有些体适能要素并不能被直接测量，需要通过间接测量来估计参考测量值。例如，运动专业人员会将高强度运动期间最大摄氧量的直接测量值（即呼气样本的收集和分析）作为心肺适能的参考测量标准。然而，直接测量最大摄氧量需要昂贵的设备和水平相当高的专业技能，还需要客户予以积极配合。因此，实验室测试通常会使用公式将分级运动测试期间的运动量输出转换为耗氧量，以此来估算最大摄氧量（见第4章）。在现场测试中，则根据生理、统计和表现预测变量的组合来估计最大摄氧量。

研究人员量化体适能测试效度的方法之一，是采用相关系数（$r_{y,y'}$）计算预测得分（y'）与标准得分（y）之间的关系。此相关系数的数值 $r_{y,y'}$ 即为**效度系数**。效度系数的大小不应超过1.0，越接近1.0，表示测试的效度越好。通常，有效的体适能现场测试和预测公式的效度系数一般会超过0.80。

由于现场测试为间接估算体适能要素，体适能要素的测量值（参考值）和预测值之间存在差值。这种差值（y−y'）即所谓的**残差**

分数。估计标准误差（*SEE*）指预测与测量之间的误差，用于量化预测公式的准确性和现场测试的效度。估计标准误差的大小取决于残差分数的大小，并体现了**最佳拟合直线（或回归直线）**周围各个数据点的平均偏差度。回归直线揭示了测量分数和预测分数之间的线性关系。各个数据点越接近回归直线，则表示估计标准误差越小（见图3.1）。有效的现场测试具有较高的效度系数和较小的预测误差值。

除了测试效度之外，通常还需要报告测试的灵敏度和特异性。**灵敏度**指一项测试能正确识别个体具有特定疾病或综合征风险因素的概率。例如，利用体重指数和腰围临界值正确识别个体具有心血管疾病风险因素的概率。**特异性**指一项测试能正确识别个体不具有风险因素的概率。鉴于测试的灵敏度和特异性通常小于1.00（即不是完全正确），某些个体可能会被视为具有风险因素，即使他们实际上并没有风险（即**假阳性**），而某些实际上具有风险因素的个体可能会被视为没有风

险（即**假阴性**）。

测试的信度

信度指在多次测试和不同时间内得到一致且稳定分数的能力。例如，受过训练的皮褶厚度测量技术人员在对同一个人进行重复测量时，会得到相似的皮褶厚度测量值，因此皮褶厚度法被认为是可信的。研究人员通过计算测试1和测试2的测试分数，或第1天和第2天的测试分数之间的关系，来量化信度。数值$r_{x1, x2}$即为**信度系数**。信度系数值不应超过1.0。一般情况下，体适能测试均具有较高的信度系数，通常均超过0.90。

我们需要注意测试的信度会影响效度。测试的信度较差，其效度也较差，因为不可靠的测试无法获得一致的测试分数。但是也有可能测试具有极好的信度（$r_{x1, x2} > 0.90$），但效度较差。即使多次测试或不同天的测试都得到了稳定和精确的数值，但测试仍可能无法有效地测量特定的体适能要素。例如，研究人员在报告中指出，屈体前伸测试具有较高的信度系数（$r_{x1, x2} = 0.99$），但需要注意，测量女性腰背部柔韧性时（Jackson & Langford, 1989），测试的效度较差（$r_{y, y'} = 0.12$）。

测试的客观性

客观性也被称为评分者间信度。当不同专业人员对指定个体进行相同的测试时，客观测试得出相似的测试分数。在两个不同专业人员对相同个体进行测试后，计算所得出的测试分数之间的相关系数来量化测试的客观性。数值$r_{1, 2}$即为**客观性系数**。与效度系数和信度系数一样，客观系数不应超过1.0。大多数体适能测试的客观性系数较高（$r_{1, 2} > 0.90$），当训练有素的专业人员细心遵循标准化测试流程进行测试时，这一点会尤为突出。

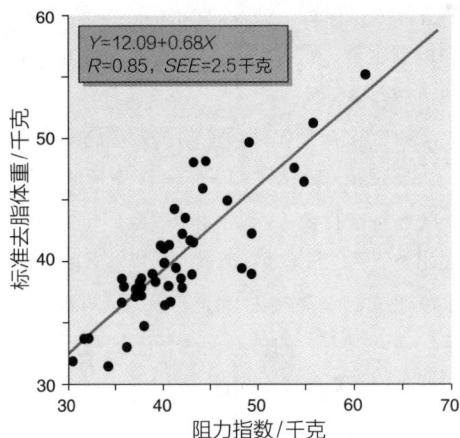

图3.1 回归直线和估计标准误差（预测误差）

预测公式评估

通过实验室测试获得的参考测量值，能够对各个体适能要素进行最有效的评估，但进行这些测试既昂贵又耗时，并需要具备相当的技术专业水平。在现场和临床测试中，则可以利用那些预测准确性良好的有效现场测试和预测公式，来获得此类参考测量的估计值。表3.1提供了在实验室和现场测试中，评估各个体适能要素所使用的测试类型概览。

为找到最适合客户的体适能测试，我们需要去评估体适能测试及其预测公式的相对价值，为此，应该考虑以下几个问题。

制定预测公式使用了哪些参考测量值

如前所述，特定体适能要素的参考或标准测量值是通过直接测量各要素获取的，而参考测量值被视为金标准，能够确认现场测试和制定预测公式，以精确估算参考测量值。例如，将估算的身体密度［通过皮褶厚度方程计算得出］与通常采用水下称重法（水下体重）获得的身体密度（参考测量值）相对比，从而制定并交叉验证皮褶厚度方程。同样，将屈体前伸测试分数与通过X射线或测角仪直接测量的关节活动度（参考测量值）进行比较，从而验证用于测量腰背部柔韧性的屈体前伸测试的效度。表3.1呈现了专业人员常用来评估各个体适能要素的参考测量值及测量方法。相较于以参考方法作为标准，使用间接方法的现场测试和预测公式的效度较低。

表3.1　体适能要素的参考测量值及直接（参考）和间接（现场）测量方法

体适能要素	参考测量值	直接（参考）测量方法	间接（现场）测量方法	团体预测误差（标准误差和总误差）	个体预测误差*	章
心肺耐力	最大摄氧量直接测量值［毫升/(千克·分)］	极量分级运动测试	亚极量分级运动测试、远距离跑步/步行测试、台阶测试	<5.0［毫升/(千克·分)］	±10［毫升/(千克·分)］	4
肌肉力量	最大力量（千克）或峰值扭矩（牛·米）	等速或1RM测试	亚极量测试（2~10RM）	<2.0千克	±4千克	6
身体成分	DB（克/厘米^3），FFM（千克）或%BF	水下称重法或双能X射线吸收法	生物电阻抗分析法、皮脂测量、人体测量	<0.008克/厘米^3 <3.5千克FFM（男性） <2.8千克FFM（女性） <3.5%BF	±6.0千克 ±5.0千克 ±7.0%	8
骨骼强度	骨矿物质含量和骨密度	双能X射线吸收法	骨宽测量	NR	NR	8
柔韧性	ROM（度）	X射线或测角仪	ROM线性测量	<6度	±12度	10
平衡性	无	计算机化平衡性评估	平衡性任务的时间表现、达到的距离	NR	NR	12

DB代表身体密度；FFM代表去脂体重；%BF代表体脂含量；ROM代表关节活动度；RM代表多次重复最大力量；NR代表未报告。

*一致性界限为95%。

制定预测公式需要多少样本数据

通常需要大量的随机选择样本（100~400个受试者），以确保数据能够代表总体，从而制定适用于总体的预测公式。此外，在基于大样本的公式中，每个预测变量倾向于具有更稳定的回归权重。

公式中的样本与预测变量的数量比是多少

在多元回归分析中，体适能要素的参考测量值与公式中的预测值之间的相关性，由复相关系数（R_{mc}）表示。复相关系数越大（最大值为1.00），二者之间的关系越紧密。如果相较于受试者总数，公式中的预测变量过多，复相关系数会被人为地夸大。统计学家建议每个预测变量应至少有20个受试者。例如，如果皮褶厚度方程具有3个预测变量（如肱三头肌皮褶厚度、小腿皮褶厚度和年龄），则最小样本规模至少为60个受试者。样本量小或受试者与预测变量的数量比不合理，可判定该预测公式较为不可信，从而不应予以使用。

复相关系数的大小和预测公式的估计标准误差为多少

通常，体适能要素预测公式的复相关系数应大于0.80，这意味着在参考测量值中，至少64%（$R^2=0.80^2 \times 100\%$）的方差能够通过公式中的预测变量予以解释。很明显，复相关系数越大，参考测量值和预测变量的共享方差就越大。在评估预测公式的相对价值时，需要关注的是预测误差（估计标准误差）的大小，而不是复相关系数，因为样本规模和数据的变化会对复相关系数产生明显的影响。需要谨记的是，估计标准误差反映了在整个样本数据点中最佳拟合直线周围各个数据点（受试者数据）的偏差程度。在多元回归分析中，最佳拟合直线即为揭示了参考测量值与公式中所有预测变量之间的线性关系的回归直线。表3.1提出了用于评估体适能预测公式中预测误差的参考值。

预测公式都适用于哪些人

要回答这一问题，我们需要密切关注推导公式所用样本的物理特性，需要仔细检查样本的年龄、性别、种族、健康水平和体脂等因素。预测公式分为特定团体公式或广义预测公式。特定团体公式仅适用于特定同质群体中的个体，如为6~17岁男孩和女孩单独制定的皮褶厚度方程（见表8.3）。如果将特定团体公式应用于不属于该团体的个体，那么该个体的体适能要素可能会被系统性地高估或低估。另外，广义预测公式可用于物理特性差异很大的个体。广义预测公式使用了不同的异质样本，将变量作为预测变量，从而解释了物理特性的差异。例如，洛克波特步行测试的预测公式（见第4章）将性别和年龄等变量作为预测变量，因此该公式为广义预测公式。

制定预测公式的研究人员是如何测量变量的

我们不仅需要了解预测公式中包含哪些变量，还要了解制定公式的研究人员测量这些预测变量的方式。尽管我们强烈建议所有体适能测试都遵循标准化程序，但总有特例情况。例如，使用杰克逊、波洛克和沃德（Jackson, Pollock & Ward, 1980）所制定的通用皮褶厚度方程，应在腋前线的髂嵴上方测量髂前上棘处皮褶的厚度，而 *Anthropometric Standardization Reference Manual*（Lohman, Roche & Martorell, 1988）则建议在腋中线的髂嵴上方测量髂前上棘处皮褶的厚度。但对于大多数人而言，这两个部位的皮褶厚度测量结果存在差异。因此，未根据制定公式的研究人员所提供的说明来测量体适能变量可能导致预测误差大于预期。

预测公式是否对团体中的其他样本进行了交叉验证

在确定公式的效度或预测准确性之前，应当对团体中的其他样本进行测试。例如，洛克波特1英里步行测试最初是为了评估20~69岁女性和男性的心肺适能（Kline et al., 1987），而其他研究人员对这个公式进行了交叉验证，以便确定这一公式应用于65岁以上的女性（Fenstermaker, Plowman & Looney, 1992）及美国空军男性军官和士兵（19~44岁）时的预测准确性（Weiglein et al., 2011）。总而言之，对于那些尚未对原始研究样本或其他研究的额外样本进行交叉验证的预测公式，我们不应予以采用。

在将预测公式应用于交叉验证样本时，效度系数（$r_{y,y''}$）的大小和预测误差为多少（即公式的团体预测准确度为多少）

预测准确度高的公式，亦具有适中的效度系数（$r_{y,y''} > 0.80$）及可接受的预测误差（见表3.1的团体预测误差列）。在交叉验证研究中，通过分析估计标准误差和总误差（TE）这两种预测误差来对估算团体参考值的公式的准确度进行评估。如前所述，估计标准误差体现了各个数据点围绕回归直线的平均偏差程度（见图3.1），而总误差则体现了各个数据点围绕恒等线的平均偏差程度（见图3.2）。恒等线的斜率为1.0，且y轴截距等于0。在公式更适用于预测交叉验证样本的参考值或预测值时，各个数据点也会更加接近恒等线（即总误差很小）。评估团体预测误差（估计标准误差和总误差）的可接受值见表3.1。

平均预测值是否与交叉验证样本的平均参考值相近

通过预测公式推导出的交叉验证样本的预测平均值应与实际（测量或参考）平均值相近。恒定误差（CE）指实际和预测平均值之间的差异。应使用配对t检验对平均值进行比较，且比较结果不应存在显著差异。若存在显著差异，则表明原始验证样本和交叉验证样本之间存在偏差或系统性差异（即高估或低估）。这种差异是由样本之间的技术性误差或生物学偏差引起的。

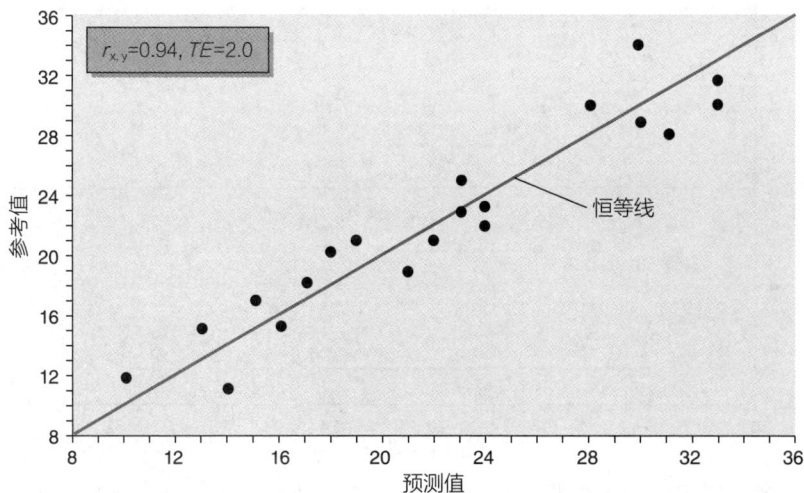

图3.2　恒等线和总误差（预测误差）

用于估算个体客户参考值的预测公式的准确度（即公式的个体预测准确度为多少）

尽管可使用预测公式准确地估算出特定团体的平均参考值，但并不一定能准确地估算出该团体中所有个体的参考值。为了评估预测公式应用于个体时的有效程度，研究人员使用了一致性检验法（Bland & Altman Method，1986），该方法设定了样本实际值和预测值之间平均差异（$\bar{d}$）的一致性界限。使用此方法计算出样本中每个个体的差异值（实际值－预测值）和平均值［（实际值+预测值)/2］，并将结果绘制成图表（见图3.3）。当差异值呈正态分布时，其中95%处于距离团体总体平均差异（$\bar{d}$）2个标准差的范围内。在这种情况下，差异值（S_d）的标准偏差将用于设定一致性界限的上限值（+$2S_d$）和下限值（－$2S_d$）。若95%的一致性界限较小，则表明该公式的个体预测准确度较高。一致性界限评估了用公式预测客户实际值的准确程度。图3.3的示例中，估算个体客户实际体脂含量（%BF；也

称体脂率、体脂百分比）公式的预测准确度为±6%BF（请注意图中y轴一致性界限的上限值和下限值）。

总之，若选择使用现场测试和预测公式间接评估客户的体适能，则应采用以下所有评估标准。

- 使用可接受的方法获得体适能要素的参考测量值。
- 使用大样本（n为100~400）或每个预测变量对应20~40个受试者的标准来制定公式。
- 复相关系数和效度系数应超过0.80。
- 团体预测误差（估计标准误差和总误差）是可接受的（见表3.1）。
- 说明了验证和交叉验证样本的人口统计特性（如年龄、性别、种族、健康状态等）。
- 在原始研究或其他研究中的独立样本中对预测公式进行了交叉验证。
- 恒定误差（偏差）或交叉验证样本的测量和预测平均值之间的差异在统计学上不显著。
- 95%的一致性界限是可接受的（见表3.1）。

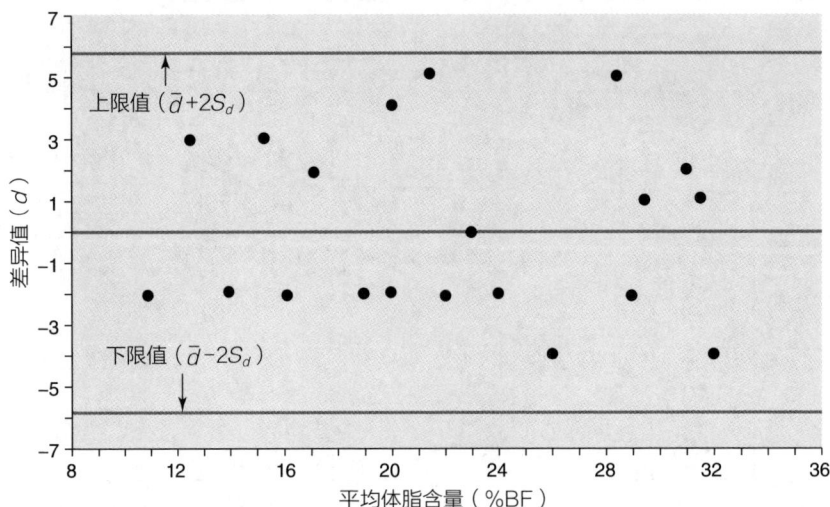

图3.3 具有95%一致性界限的一致性检验图

测试的实施和解释

为了获得良好的测试结果，应至少在进行运动测试的前1天，为客户提供适当的指导，以便他们做好体适能测试的准备。

测试前指导

如果测试场所需要通行证，则应向客户说明如何进入测试场所，并做出相应的安排。确保客户在准备测试时遵循以下指示。

- 穿着舒适的衣服、袜子和运动鞋（如有）。
- 在测试前24小时内饮用大量的水。
- 在测试前3小时避免进食、吸烟、饮酒或摄入咖啡因。
- 测试当天，请勿进行剧烈的体力活动。
- 在测试前一晚保证充足的睡眠（6~8小时）。

测试实施

后续几章将介绍针对每个体适能要素的实验室和现场测试的详细实施程序。对标准化测试流程的掌握程度和练习测试技术所花费的时间直接体现了你在实施这些测试时的技术能力和专业知识。例如，想要成为一名成熟的皮褶厚度测量技术人员，应至少对50个人进行实践操作（Jackson & Pollock, 1985）。当然，为了准确测量运动血压和心率，你还需要进行大量的练习，并在通过跑步机或功率自行车进行分级运动测试时，协调此类测试的时间。请谨记遵循标准化测试流程，否则将无法获得有效的测试结果。

测试解释

在收集和分析了测试数据之后，应当向每个客户解释测试结果。可使用计算机软件程序向客户展示测试结果，并将其数据与标准数据进行对比。通过一些图表展示客户的体适能概况，可轻松发现客户的体适能优势及需要改善的体适能要素。

应将测试分数与既定常模进行对比，以便对客户的体适能状况进行分类。为此，本书针对众多心肺适能、肌肉适能、身体成分、柔韧性和平衡性测试，提供了不同年龄与性别的适用常模数据。对于某些测试，可使用百分比排名对客户的表现进行分类。例如，向一位35岁男性客户解释百分比排名的含义：其屈体前伸测试分数排在第60百分位，这意味着他的分数优于参加此测试的60%的同龄男性。

在为客户解释结果时，应使用浅显易懂的非专业语言，而不要使用高度专业的术语来解释测试结果。对于不太好的结果，应尽可能以积极的方式进行解释。例如，某位女性客户的体脂水平被归类为肥胖，不应使她感到尴尬的语言或警告的方式告诉她："您的水下称重测试表明您属于肥胖人群，要至少减掉20磅（1磅≈0.45千克），才能达到健康的体脂水平，从而降低与肥胖有关的疾病风险。为了减少能量摄入，增加能量消耗，您需要节食和锻炼，最好尽快开始实施体重管理计划。"相反，应以更积极且不那么令人抵触的方式来解释结果，特别是对于**自我效能感低**或缺乏动力的客户而言，以下解释方式更有助于提升其对运动方案的依从性："女性体脂含量超过35%即有患病风险，如果您愿意，我可以评估您的每日能量摄入量，并向您推荐一些符合您喜好的低脂肪健康食品。另外，我们还可以讨论提高您体力活动水平的方法，找到一些您喜欢且有时间进行的活动，以便帮助您每天消耗更多的能量。按这些方法坚持一定的时间后，您应该就能将体脂含量降低到健康水平。"

制定运动方案的基本原则

有许多适用于各类运动方案的基本训练原则，包括改善心肺适能、肌肉骨骼适能、身体成分或柔韧性等各个方面的运动方案。

• 特异性原则。**特异性原则**指身体对运动训练的生理、代谢反应及适应性，与运动类型和所涉及的肌群有关。例如，需要连续、动态且有节奏地收缩大肌群的体力活动，有利于激发并改善心肺耐力；而拉伸训练可以改善关节活动度和柔韧性；抗阻训练则能够有效提高肌肉力量和肌肉耐力。此外，肌肉适能的改善还取决于所锻炼的特定肌群、收缩的类型和速度及训练强度。

• 超负荷原则。促进体适能要素的改善需要使身体的生理系统承受大于个人习惯的负荷（即**超负荷原则**）。可通过增加有氧运动的频率、强度和持续时间来实现超负荷；还可以在改善肌肉适能和柔韧性的运动方案中增加动作的重复次数或组数，以便对肌群进行有效的超负荷训练。

• 渐进性原则。在整个训练方案中，应当循序渐进地增加训练量或超负荷量，以进一步改善体适能（即**渐进性原则**）。这种进阶需要逐步实施，增加太多、增加太快的方式都可能会损伤肌肉骨骼，这也是许多人放弃运动方案的主要原因。

• 初始值原则。与体适能水平中等或较高的个体相比，在运动训练中，初始体适能水平较低的个体会表现出更出色的相对收益和更快的提高率（即**初始值原则**）。例如，有氧运动方案开始后的第1个月，心肺耐力较差的客户，其最大摄氧量可能会提高12%或更多，而训练有素的耐力运动员可能只会提高1%或更少。

• 个体差异原则。个体对训练刺激的反应明显不同，这取决于许多因素，如年龄、初始体适能水平和健康状况（即**个体差异原则**）。因此，设计运动方案时，应当考虑每个客户的具体需求、兴趣和能力，以便制定基于个体差异和偏好的个性化运动处方。

• 收益递减原则。每个人的遗传上限限制了其通过运动训练可能提高的水平。当个体接近其遗传上限时，体适能的提升速度将会减慢，并最终趋于平稳（即**收益递减原则**）。

• 可逆性原则。规律的体力活动和锻炼所带来的积极生理效应和健康益处是可逆的，即个体停止运动方案（停止训练）时，运动能力会迅速下降。仅需几个月的时间，运动带来的大多数改善都会消失（即**可逆性原则**）。

运动处方的艺术性和科学性

一些传统的运动专业人员，更加热衷于严格执行运动处方的科学原则，而很少或根本不在意运动处方的艺术性。要成为一名设计运动方案的艺术家，需要发挥自己的创造性和灵活性，根据客户的目标、行为和运动反应，对运动处方进行调整。将科学性与艺术性相结合有助于我们设计个性化的运动处方，从而促使客户长期坚持进行体力活动和锻炼，并将其作为生活中不可或缺的一部分。

运动处方的基本要素

虽然每个客户的运动处方都具有个性化色彩，但所有运动处方的基本要素是相同的，包括模式、强度、持续时间、频率和进度等。

模式

如前所述，我们已经了解了特异性原则，即在提升特定的体适能要素时，某类运动训练带来的效果可能会优于其他训练。表3.2列出了能够改善各个体适能要素的训练类型和运动模式。

许多专家建议采用多种运动训练类型，来促进身体成分和骨骼强度的改善。为改变身体成分，应制定减少体脂的有氧运动组合及提升肌肉力量和骨骼强度的抗阻训练。同样，高强度负重活动、快速伸缩复合训练和抗阻训练都能够有效提升骨骼质量，改善骨骼强度。

强度

运动强度会影响运动训练期间身体的特定生理和代谢反应的变化。如前所述，运动处方的初始运动强度取决于客户的计划目标、年龄、能力、偏好和健康水平。初始运动强度应能够对心肺和肌肉骨骼系统造成压力，但不能过度。后续将介绍关于如何选定发展各个体适能要素的运动强度及如何循序渐进地增大运动强度的详细信息。

持续时间

运动持续时间和强度应成反比，即强度越高，运动持续时间应越短。运动持续时间不仅取决于运动强度，还取决于客户的健康状况、初始体适能水平、功能性能力和运动目标。为改善大众健康，美国运动医学会和美国疾病控制与预防中心建议所有人每周应至少进行累计150分钟的中等强度有氧运动或累计75分钟的高强度有氧运动，也可进行中等强度和高强度的有氧组合运动。以在一天中持续运动的方式（如每周5天的30分钟中等强度运动），或在一天中多次进行持续时间较短的运动的方式（如每天多次进行10分钟或更长时间的运动）完成体力活动量。

表3.2 改善体适能要素的训练类型和运动模式

体适能要素	训练类型	运动模式
心肺耐力	有氧训练	散步、慢跑、骑自行车、划船、游泳、爬楼梯、模拟越野滑雪、有氧舞蹈、健美操、椭圆机运动
肌肉力量和肌肉耐力	抗阻训练	自由重量运动、恒定抗阻运动、负重运动、弹力带运动
骨骼强度	高强度负重有氧训练和抗阻训练	负重健美操、高强度有氧运动、快速伸缩复合训练、自由重量运动、负重运动、恒定抗阻运动、全身振动训练、股骨颈抗骨折步行训练
身体成分	有氧训练和抗阻训练	与心肺耐力和肌肉力量所列运动模式相同
柔韧性	拉伸训练	静态拉伸、本体感觉神经肌肉促进拉伸、瑜伽、太极拳、普拉提
平衡性	平衡性训练	太极拳、瑜伽、普拉提、平衡性练习

客户适应了运动训练之后，至少在第1个月内，可每隔1周或2周逐渐增加运动持续时间，如每次增加5~10分钟。对于年龄较大且身体还没有适应的客户，美国运动医学会在2018年提出建议：在此类人群运动方案的初始阶段，应增加运动持续时间，而不应增加运动强度；然而，就最大限度地增强运动方案的效果而言，重要的是逐渐使客户达到持续运动时间和强度的最低水平的要求。对于大多数客户来说，有氧训练、抗阻训练和柔韧性训练的持续时间不应超过60分钟，以便降低运动损伤和运动倦怠的概率。

频率

频率通常指每周运动的总次数。研究表明，每周锻炼3天，即隔天锻炼一次，足以改善所有体能要素。但是，需要根据运动的持续时间和强度决定运动频率，还需要考虑客户的运动目标和偏好、时间和功能性能力。久坐不动客户的初始体适能水平较低，可能每天需要进行多次运动；患有糖尿病的客户应每天运动，每周不应连续2天停止运动。美国运动医学会和美国疾病控制与预防中心建议，如果运动方案的主要目标为改善健康状况，则应每周进行3天的高强度运动，或每周进行5天的中等强度运动，也可以每周进行3~5天的中等强度和高强度组合运动。对于那些明显处于健康状态的客户，在制定每日体力活动计划时，需要改变训练类型（即有氧训练、抗阻训练、柔韧性和平衡性训练）或运动模式（如步行、骑自行车和举重），以降低过度使用骨骼、关节和肌肉而导致受伤的风险。

进度

在整个运动方案中，生理和代谢反应会发生变化，从而使个体能够完成更多的运动。为了持续改善体适能，应定期增加运动的频率、强度和持续时间，从而循序渐进地提高心肺和肌肉骨骼系统的负荷。

运动处方应采用渐进性原则，以每次改变一个要素的方式逐渐增加运动频率、强度和持续时间。若同时增加运动频率、强度和持续时间，或以任何要素组合的方式予以增加，可能会使个体的身体系统超负荷，从而导致运动损伤和运动倦怠。一般情况下，对于年龄较大且体适能水平较低的客户，最好的方式是增加运动持续时间，而不是增加运动强度，特别是在运动处方的初始阶段。相较于代谢当量水平，在逐渐增加老年人运动处方中的负荷时，采用自感用力度量表更为有益。在10分制的自感用力度量表中，5分或6分代表中等强度运动（心率和呼吸速率显著加快），而7分或8分代表高强度运动（心率和呼吸速率急剧加快）（ACSM, 2018）。

运动方案中的渐进性阶段

大多数个性化的运动方案均分为初始调节、改善和维持3个阶段。初始调节阶段通常持续1~6周，是客户熟悉运动训练的入门阶段。在这个阶段中，应该在运动方案中加入伸展运动、体操和低强度的有氧运动或抗阻训练。首先应增加运动持续时间，使客户逐渐适应，然后再循序渐进地增加运动强度。对于那些身体状态不错的客户，如果他们的初始体适能水平良好，并能够适应他们方案中的运动模式，则可以跳过运动方案的初始阶段。

运动方案的改善阶段通常持续4~8个月，且此时的进阶速度快于初始调节阶段。在此阶段，应对运动频率、强度和持续时间进行系统、缓慢的调整，每次只调整一项，直到达到客户的体适能目标。

运动方案的维持阶段能让客户保持在改

善阶段结束时所达到的体适能水平。在维持阶段，客户应该定期且长期地进行运动。维持客户体适能水平所需的运动量小于改善特定体适能要素所需的运动量。因此，在此阶段，可以降低任何改善体适能要素的特定运动的频率，甚至可以安排其他类型的体力活动来取代该运动。例如，在改善阶段结束时，客户每周慢跑5天，而进入维持阶段后，慢跑频率可以降至每周2天或3天，其余3天，可以安排其他有氧运动（如游泳、划船、骑自行车、爬楼梯）或其他类型的运动和体力活动（如举重、徒步旅行、打网球）。还应在此阶段安排各种令人愉悦的体力活动，保持客户的兴趣，以免他们感到无聊。

客户对运动方案的依从性

运动专业人员面临着诸多挑战，不但需要促使客户开始运动，还需要促使他们在开始后能够终生坚持积极运动的生活方式。每10名美国成年人中，约有8名（78.5%）尚未达到建议的体力活动量（Centers for Disease Control and Prevention, 2015b）。在向公众宣传进行规律的体力活动对身体健康的重要性及如何安全有效地运动方面，运动专业人员发挥着重要的作用。

已开始执行运动方案的人群中，几乎有50%的人会在1年内半途而废（Dishman, Sallis & Orenstein, 1985）。近期的一项调查显示，新参与者在1年后坚持运动的概率仅为3.7%（非常小），预计37%的参与者会在第3个月退出（Sperandei, Vieira & Reis, 2016）。运动专业人员应当帮助客户培养积极的运动态度，并促使他们坚定地执行运动方案。为了提升客户对运动方案的依从性，你需要了解影响运动消耗的相关因素。

有许多因素会影响客户进行规律体力活动的程度和对运动方案的依从性（见表3.3）。每个客户的运动方式都是独一无二的，因此，停止来健身中心的客户并不一定也停止了其他规律的体力活动。客户继续使用健身中心会员服务的预测因素与客户的初始体力活动水平、体重指数和年龄有关。推动健身的主要因素包括健康、美观、增肌和减重（Sperandei, Vieira & Reis, 2016）。了解这些能够让客户继续参加体力活动的因素，有助于你找到促使客户坚持执行自己运动方案的方法和措施。重点是那些潜在的可变因素，如健身器材、方案变量（如运动强度和自感用力度）、令人愉悦的风景，以及来自配偶、家人、朋友和同伴的支持。

作为运动专业人员，你还需要了解并使用能够成功改变行为的心理模型。为了帮助客户认可并保持积极运动的生活方式，需了解更多全面介绍行为改变理论与相关策略的信息，见纳波利塔诺等人（Napolitano et al., 2010）的著作。能够鼓励运动并提升依从性的模型和理论包括以下几种。

- 行为矫正模型。
- 健康信念模型。
- 社会认知模型。
- 健康行为改变的跨理论模型（改变的动机准备阶段模型）。
- 决策理论。
- 理性行为理论和计划行为理论。
- 自我决定理论。

利用行为矫正模型，制定切合实际的短期和长期目标，以及实现目标的方案，并与客户签署一份包含这些目标及实现方案的合同，从而促使他们积极参与运动。在实施运动方案的过程中，你可以根据客户的需要，向他们提供反馈并根据需要修改方案，还可以帮助客户将运动变为生活的一部分、建立

表3.3 与体力活动参与度和运动方案依从性有关的主要因素

分类	积极因素	消极因素
人口统计学和生物学因素	教育背景 社会经济状况	年龄 超重或肥胖
心理、认知、情感因素	享受运动 运动的预期益处 对健康和健身的认知 自我效能感 自我激励	运动障碍 情绪障碍
行为因素	成年期的活动史 健康饮食习惯	抽烟
社会文化	医生的影响 配偶、家人、朋友或同伴的支持	社会隔绝
环境因素	健身器材的便利度 对健身器材的满意度 家用健身器材 令人愉悦的风景 观察他人的运动方式 周围环境的安全性	气候或季节 城市位置
运动方案因素	运动专业人员的领导和监督 各类运动模式和活动	初始运动强度 自感用力度

（源自：Sallis and Owen, 1999; Trost et al., 2002.）

社会支持系统及实施行为辅导策略，如记录自己的运动日志。有时，在客户完成了特定目标时，如1个月内步行总距离达到50英里（约80.5千米），可以将T恤、证书、徽章和别针等作为奖励。当然，这就需要你帮助客户设定可实现的短期和长期目标。你可以通过定期重新评估客户的体适能状况，来评估他们所取得的进步；还可以设定表现水平提升目标或生理改善目标，例如，可将短期表现水平提升目标设定为33分钟内完成3英里（约4.8千米）跑，可将长期的生理改善目标设定为在4个月内将最大摄氧量提高15%。运动专业人员应当为每位客户设定切合实际的目标。

健康信念模型基于以下假设：个体定期参与运动的常见原因是他们意识到了疾病的威胁，他们认为这种威胁会带来严重后果，并且自己属于易患上此类疾病的高危人群。当运动的益处大于障碍时，个体将付诸行动，让运动成为一种生活方式。而自我效能感和行动的诱因正是健康信念模型的重要组成部分（ACSM, 2018）。

由班杜拉（Bandura, 1982）开发的社会认知模型，基于自我效能感和结果期望两个概念。这种模型认为，人们是否会让自己符合特定行为，如进行规律的体力活动，主要取决于他们的自我效能感或对其任务执行能力的认知，以及他们对成功改变行为的信心（Grembowski et al., 1993）。为了评估自我效能感，请让客户以百分数（0~100%）对自身改变特定行为的信心进行打分。那些自我效能感评分较高（≥70%）、相信自己具备成功完成运动的知识和技能的个体，更有可能成功地改变长期行为。因此，为了提高客户的自我效能感，应引导他们充分了解自己的信心，并帮助他们找到那些妨碍自己参与体力活动的特定障碍。用于提高运动自我效能感的技巧包括以下几项：表现掌控（如教授客户科学、合理和安全的运动原理和技术，并让他们练习技术）；模拟（如为客户提供机会观察那些成功完成运动的模范）；正强化（如在客户正确完成运动或改善了特定体适能要素时，给予他们赞赏）；情绪唤起（如告诉客户运动和体力活动能带来的健康益处）。阿什福德、埃德蒙兹和弗伦奇（Ashford, Edmunds & French, 2010）为大家提供了详细的综述性研究和分析，以帮助大家提升自我效能感，促进生活方式的改变。

健康行为改变的跨理论模型是指在改变健康行为（如运动）时，客户所经历的过程。此模型的基本概念如下。

- 客户会以不同的速率完成改变的5个阶段，取得进步。
- 在此过程中，客户会在改变过程的各个阶段来回调整。
- 客户在此过程中会使用不同的认知和行为策略。
- 客户会权衡健康行为变化的成本和收益。

为了有效地应用此模型，运动专业人员需要了解客户在参与运动前的准备阶段的情况。改变的动机准备阶段模型就是基于这样一个前提，即个体在养成和维持新习惯时会经历一系列的阶段（Prochaska & DiClemente, 1982）。此模型常用于戒烟（Gökbayrak et al., 2015）、体重管理（da Silva et al., 2015）、饮食调整（Knight et al., 2015）、压力管理（Jones et al., 2017）及体力活动（Dishman, Jackson & Bray, 2014）等长期健康行为的改变。客户是否能够长期坚持执行运动方案或进行日常体力活动，主要基于客户个人对改变所做的动机准备。以下为改变运动行为的5个动机改变阶段。

1. 思考前期阶段：客户没有参加运动，也没有开始运动的打算。

2. 思考阶段：客户没有参加运动，但有开始运动的打算。

3. 准备阶段：客户正在运动，但尚未达到建议的体力活动量。

4. 行动阶段：客户在6个月内，定期完成建议的体力活动量。

5. 维持阶段：客户在6个月或更长时间里，定期完成建议的体力活动量。

每个客户都处于不同的动机改变阶段，因此，你需要针对客户的所在阶段施以相匹配的干预策略，所采用的方法要符合客户的需求、兴趣和顾虑。目前，关于如何针对不同的阶段，规划和实现体力活动干预策略，已有诸多详细的描述（ACSM, 2018; de Vries et al., 2016; Hebden et al., 2013; Partridge et al., 2015; Pekmezi, Barbera & Marcus, 2010）。

决策理论认为，个体在决定是否参与特定行为之前，会先权衡行为的认知收益和成本。因此，当客户认为收益超过成本时，他们很可能会开始运动（如"我要从繁忙的日程中抽出时间来运动，因为我在运动时感觉更好"）。与处于动机改变后期阶段（即行动阶段）的客户相比，处于动机改变前期阶段（如思考前期阶段）的客户往往倾向于更多的不利认知因素（Pekmezi, Barbera & Marcus, 2010）。为了评估客户的动机改变阶段和制定运动的干预决策，你可以使用16项自我报告工具（Marcus, Rakowski & Rossi, 1992）。

理性行为理论模型提供了了解和预测个体行为的方法。根据这一理论模型，意图是最重要的行为决定因素，而个体态度和主观行为规范对意图有深刻的影响。例如，客户认为运动会带来积极的结果，从而促使个体对体力活动形成赞许的态度，并产生参与意图。同时，主观行为规范或他人对运动的看法或信念也会影响客户的意图（Downs, 2006）。计划行为理论考虑到客户对行为控制的感知（即感知权力和控制），因此扩展出理性行为理论。计划行为理论认为，如果个体对特定行为给予积极的评价（即态度），相信他人认为这种行为是重要的（即主观规范），并且认为他们能够掌控行为（如力量），则个体会有从事特定行为（如运动）的意图。尽管计划行为理论为我们认同运动行为的意图设想提供了有价值的信息，但仅凭意图，我们仍不足以预测客户是否会认同积极的生活方式（Napolitano et al., 2010）。客户对控制的感知，会影响他们开始积极运动的意图和行为。你可以通过一些策略，如减少障碍、增加参与运动和使用健身器材的机会，来增强客户对控制的信心（Motalebi et al., 2014）。

在帮助客户参与并坚持将运动作为一种生活方式时，你还需要了解他们改变或避免这种行为的动机或决心程度。动机是一种复杂的结构，我们可以将其认为是从无动机到内在动机的连续统一体。自我决定理论（Deci & Ryan, 2000）原理图（Teixeira et al., 2012）描述了影响特定心理需求的中介机制（即自主性、能力和相关性）。这些需求最终会引发动机的连续统一体，促使个体参与并维持运动行为。自我决定理论指出了4个动机阶段（Mears & Kilpatrick, 2008）。

1. 无动机：个体无意或不想参加运动。
2. 他人决定动机：个体参加运动受到了奖励、内疚、恐惧或压力等外部因素的驱动，这样长期坚持的可能性很低。参与运动的动机可能是"我要通过运动减重"或"我的伴侣认为我应该多运动"。
3. 自我决定的外在动机：个体受到外在因素驱动而重视运动，如为了改善健康状况或提升体适能水平等，并在没有外界压力的情况下自由选择（即自主）参与运动。参与运动的动机可能是

"我参与运动，因为它是我健康生活方式的一部分"。
4. 内在动机：个体因参与运动体验到了纯粹的愉悦和满足感，运动带来了真正的幸福感。因热爱运动而享受运动，能够促使客户长期坚持运动。参与运动的动机可能是"我是一个积极运动的人，参与运动是因为我热爱运动"。

这种方法的最终目标是让客户重视体力活动，并将自己视为一名运动者，而不是仅仅通过运动来达到减重等外部目标。有些人可能永远无法做到纯粹地享受运动，然而，重视运动这一意识的树立，已足以促使客户长期坚持运动（Rodgers & Loitz, 2009）。还需要进行更多的研究（包括纵向研究），才能更好地了解人们参与运动或拒绝将积极运动作为生活方式的原因。按性别进行分析的结果，可能会揭示男性和女性的综合数据中所遗漏的信息（Teixeira et al., 2012）。

目前已经开发出许多评估客户运动动机的调查问卷，运动行为规则问卷能够衡量客户的动机处于无动机到内在动机的哪个阶段（Markland & Tobin, 2004）。运动动机调查表（Markland & Ingledew, 1997）能够衡量参与运动的具体动机（即内疚、享受、健身），埃利等人（Egli et al., 2011）通过该调查表确定了不同年龄、种族和性别的人的运动动机差异。你可以利用问卷调查结果来帮助客户了解他们处于哪种动机阶段，以制定出激发运动动机的方案。你还可以利用罗杰斯和洛伊茨（Rodgers & Loitz, 2009）提供的建议和步骤，来了解和提高客户的运动动机，见第71页的"提高运动动机的小提示"。

作为一名运动专业人员，需要整合以上所有模型原理，并据此实施策略，以提升客户对运动方案的依从性。为促使大众长期坚持执行运动方案，美国运动医学会推荐了一些方案

提高运动动机的小提示

试着了解客户的参与动机

- 客户是否受到外在动机的驱动？试着让客户重视价值动机。
- 着重于让客户将运动与其自我意识相结合。

创造体验能力的机会

- 你需要处在一个能够与客户沟通的位置，以便他们能够收到你的信息，接受你的指导。
- 对有意义的成功给予赞扬，但不要过分强调不重要的成就。
- 沟通方式要合理适当，避免使用术语。
- 尊重客户的努力。

创造自主机会

- 提供选择和选项。

- 针对客户的目标制定运动方案。
- 避免强制性和控制性的鼓励。

创造交流的机会

- 向客户介绍其他参与运动的客户。
- 就期望的行为规范给予提示和说明，包括适当的礼仪。
- 交流沟通，表达自己对客户观点的理解。

基本要旨

- 重视那些能让客户感受到自身能力、参与感和自主性的机会。
- 激发客户以价值动机参与运动，并减少驱动参与运动的外在动机。

（源自：Rodgers and Loitz, 2009.）

提高运动方案依从性的策略

- 动员医生对运动方案给予支持。
- 制定中等强度的运动方案，最大限度地减少伤痛和并发症。
- 提倡与他人一起运动。
- 提供各种令人愉悦的运动和体力活动。
- 通过定期测试，提供积极的强化训练。

- 动员客户的家人和朋友对其给予支持。在调节的运动方案中可添加休闲游戏。
- 使用进度图表记录运动成果。
- 建立奖励系统，认可并鼓励客户所取得的成果。
- 聘用训练有素、富有创新精神和充满热情的合格的运动专业人员。

修改和激励策略，见本页的"提高运动方案依从性的策略"。提高运动方案依从性的关键在于运动专业人员自身的领导力，以及对客户的指导和激励能力。首先，你应当是一个积极的榜样；其次，还应当具备渊博的知识，能够指导并激励客户进行运动和健身，给予其社交方面的支持。能够帮助客户进行更加积极的体力活动的中间变量包括自我调节、自我效能感和自主动机（Teixeira et al., 2015）。

用技术促进体力活动

技术是一把双刃剑。一方面，技术让人减少体力活动，如计算机让人们久坐不动地玩游戏打发休闲时光；另一方面，技术也可以用于促进人们进行体力活动并改变运动行为。近年来，计步器、加速度计和心率监测器等可穿戴设备已成为一种激励工具，而将这些传统工具与新技术（如智能手机、应用程序）相结合，能扩大科技的潜力，如通过个人和社交网络进行即时监控和反馈，从而促进体力活动。临床医生、教练和健康专业人员都在使用结合了技术的体力活动干预措施，以鼓励和改变客户的运动行为。应将这些干预措施与行为改变理论，特别是计划行为理论相结合，纳入多种行为改变技术，并利用各种方法（手机短信息、社交媒体推文）与客户进行交流沟通，以提高这些干预措施的效度（Webb et al., 2010）。但不论以何种方式来传递行为改变信息，能够最大化地促进体力活动且最具协同性的行为改变综合技术和工具仍有待进一步开发（van Genugten et al., 2016）。本节内容将讨论如何使用各种技术来提高客户对运动方案的依从性。

如何使用计步器来促进体力活动

视频
3.1

计步器能够计算并记录每天步行的步数。大多数计步器能够相当准确地提供走路、慢跑和快跑时的步数，因此，客户可以利用计步器来记录和监控自己完成运动方案目标的进度。计步器结构相当简单且价格低廉，可作为主动参与与体力活动有关的健康博览会、社区计划或员工健康计划等活动的奖励。有报告指出，使用计步器完成步行计划，能够显著减少与体重指数、体重、腰围、收缩压等与心血管疾病相关的风险因素。还有报告指出，使用计步器完成步行计划，有助于改善生活质量和高密度脂蛋白胆固醇含量（Cayir, Meneks & Akturk, 2015；Guglani, Shenoy & Singh, 2014；Miyazaki et al., 2015）。

计步器是否必须佩戴在腰部才能确保准确性

对于功能简单的旧款计步器，需要将其以竖直方向固定于腰带或小腿上，才能准确地计算步数。但新型的压电传感器式计步器则可随意佩戴在身体的任何部位，没有位置限制（Lee et al., 2015；Liu et al., 2015）。研究表明，计步器步数的准确性与步行速度和计步器佩戴位置有关（Ehrler, Weber & Lovis, 2016；Femina et al., 2016；Lee et al., 2015）。对步行缓慢、步行困难或拖脚走路的人来说，腕式计步器比髋部计步器更为准确；而对于走路速度较快的人来说，佩戴于腰部的计步器比佩戴于身体其他地方的计步器更为准确（Ehrler, Weber & Lovis, 2016；Lee et al., 2015）。

每天应走多少步才能带来健康益处

在个体从不规律进行体力活动向持续进行体力活动转变的过程中，记录每日的与年龄相匹配的步数目标完成度是关键。建议成年人的每日累计步行目标为10 000步（见表3.4）。每天以100步/分或更高的速度累计步行达到8 000~9 000步，即相当于成年人进行了30分钟的中等强度体力活动，就能够带来健康益处。对于减重的成年人，建议每天累计步行11 000~13 000步。对于儿童，研究人员则建议其达到更高的目标：女孩每天应步行12 000步，男孩每天应步行15 000步（Katanista et al., 2015；Tudor-Locke et al., 2004）。

表3.4 成年人和儿童基于步数的活动度分类

分类*	成年人	女孩（6~12岁）	男孩（6~12岁）
久坐不动	<5 000	<7 000	<10 000
低活动度	5 000~7 499	7 000~9 499	10 000~12 499
少量活动度	7 500~9 999	9 500~11 999	12 500~14 999
中等活动度	10 000~12 499	12 000~14 499	15 000~17 499
高活动度	≥12 500	≥14 500	≥17 500

*以上分类适用于成年人；对于儿童，可使用以下描述来分类：铜、青铜、银、金和铂金（铜和铂金分别代表最低和最高的活动度）。

是否可以使用计步器记录其他信息

一些款式较新的计步器可以估算佩戴者的步行距离，也可以估算中等强度步行或慢跑的总时间，还能够估算进行了多少个10分钟中等强度运动回合。尽管有些计步器能够估算体力活动所消耗的能量，但结果通常低于实际值。有关计步器有效性和准确性的更多信息可参阅其他资料（Femina et al., 2016；Lee et al., 2015；Tudor-Locke et al., 2011）。

加速度计是否比计步器更适合用于监测活动度

加速度计能够时刻记录身体或身体某部分的加速度，与传统的计步器相比，其可以提供更详细的运动频率、持续时间、强度和模式等信息。有些加速度计可以识别身体姿势（如坐姿和站姿），并估算每日的能量消耗值。然而，与计步器一样，加速度计无法准确地估算能量消耗值，而且在慢走时，不应将其佩戴于髋部。使用加速度计能够客观地评估佩戴者是否遵守了有氧运动处方或推荐的可改善心肺适能的体力活动指南（见第1章）。加速度计的数据存储容量大于计步器，因此客户可以利用它来存储数周的运动数据。

一些较新款的计步器已结合了加速度计的相关技术，具有与加速度计相同的特性和功能。

是否只有将加速度计佩戴于特定的身体部位才能确保准确性

加速度计的内部采用了压电传感器，并配备了小型陀螺仪、倾角仪和磁力计等，因此没有佩戴位置的限制。尽管可以随意佩戴于身体的任何部位，但需要注意的是，加速度计只有在佩戴了加速度计的身体部位运动时才能记录活动。例如，在骑行期间，佩戴在手腕上的加速度计所测量的结果是不准确的，因为骑行时手腕并没有运动。

客户在运动期间，应该佩戴哪类设备来记录和监测心率

心率监测器可测量休息和运动期间的心率，并监测运动强度。通常用简单的数据带将监测器佩戴在胸肌下方，紧贴皮肤。数据带不断地将心率数据发送到附近与之相连的设备（如手表式接收器或智能手机）上，以显示以次/分为单位的心率。心率与摄氧量线性相关，因此，可将这些数据用来估算运动的能量消耗值。但需要注意的是，心率可能会受到温度、湿度、水合作用、情绪压力、药物和膳食补充剂等因素的影响，从而影响能量消耗估算值的准确性。

还有许多手表式心率监测器，无须胸带，其价格和功能各不相同，因此应告诉客户在购买之前需要进行相关的研究。例如，如果客户想要在游泳或玩水球时监测心率，那就应该购买能够防水的监测器。一些手表式监测器能够连续地记录心率，还有一些款式则需要触摸才能显示心率。但对于自行车或滑雪运动者而言，这类触摸式心率监测器就稍显烦琐。并非所有手表式心率监测器都通过了验证，购买前客户应确定该设备是否已通过了公正且信誉良好的独立机构的检测。

智能手机的摄像头能否准确测量心率

智能手机摄像头可通过发出穿透皮肤的光束，在血液有节奏地流过毛细血管时，监测光线的反射程度来测量心率。该技术即所谓的光体积描记法（PPG）。智能手机应用程序的专有算法需要花上几分钟时间来测量脉冲波动，然后才能将这些数据转换为心率。用户手指与摄像头之间的接触效果也会极大地影响测量结果，因此，实际运动心率会比显示的测量值高出几个节拍。不同制造商设计的设备和应用程序的算法不同，因此，不同设备会测得

不同的结果。未经美国食品与药物管理局认证的智能手机及应用程序，不能用于医学领域的心率监测。

我的客户喜欢在山里徒步和跑步，有哪些技术可以帮助他记录这些活动

全球定位系统（GPS）技术能够满足此类客户的需求。全球定位系统技术同时利用卫星和地面站来计算地理位置，但这意味着用户和卫星之间存在视线范围限制，一旦超出了视线范围（如在洞穴内探险或在室内时），用户就无法依靠全球定位系统计算出自己当时的位置（Cho, Rodriguez & Evenson, 2011）。市场上售卖的全球定位系统装置种类繁多，可佩戴于手腕、髋部或上臂，有些还能提供远足时的海拔高度、距离、行程时间和平均速度等信息。与加速度计结合使用时，全球定位系统装置还可以评估和监测体力活动的强度，并估算出能量消耗值（Rodriguez, Brown & Troped, 2005; Schutz & Herren, 2000; Troped et al., 2008）。全球定位系统的位置计算准确性取决于设备及其使用环境。预测的位置与实际位置之间，可能会存在个位数到两位数（以米为单位）的差距。因此，两地之间的距离计算值、完成该距离花费的时间及平均行进速度都可能会有误差（Jankowska, Schipperijn & Kerr, 2015）。

客户的智能手机配有全球定位系统和加速度计功能，这是否足以记录她的户外活动

这一研究领域正在取得进展。一项研究报告指出，智能手机与蓝牙、全球定位系统和加速度计相结合，是一种经济高效的监测室内和户外日常运动信息（时间和空间信息）的方法（Schenk et al., 2011）。随着技术的发展，全球定位系统将与全球通信网络相结合，可以更广泛地评估和促进人们的体力活动。但是，任何包含全球定位系统技术的未来研究项目，均应将确定装置内部和不同装置之间的

效度和信度作为研究的重要部分（Abraham et al., 2012）。

我是否应该鼓励孩子们玩活动类视频游戏

玩活动类视频游戏（AVG）是一种有趣的运动方式（Bailey & McInnis, 2011; Maddison et al., 2011; Zhu, 2008）。因此，这种运动方式不失为向孩子们展示运动乐趣的好方法。这类游戏可以单独进行也可以与他人共同进行，其也是天气恶劣无法进行户外运动时的替代方案。玩活动类视频游戏还可以作为参加运动和体力活动的过渡方案（Chamberlin & Gallagher, 2008）。

需要玩家积极移动的活动类视频游戏即为运动游戏，虽然只有少量研究涉及运动游戏，但运动游戏能够减缓超重儿童的腰围、血压和体重的增长趋势，已引起了人们的注意（Maddison et al., 2011; Murphy et al., 2009）。一项研究指出，运动游戏的代谢当量水平能够达到中等到高强度运动级别。例如，Wii拳击的代谢当量水平达到了中等强度运动级别，Sportwall和Xavix则达到了高强度运动级别（Bailey & McInnis, 2011）。

应该选择哪种类型的活动类视频游戏

具有多种技能并且能够提供进阶模式的活动类视频游戏是不错的选择。劲舞革命拥有多种游戏模式，能以有趣的方式促进肥胖儿童和成年人进行体力活动，从而达到减重效果（Epstein et al., 2007; Zhu, 2008）。除此之外，劲舞革命还可以搭载到Wii和Xbox游戏设备上，成为一种家庭娱乐方式。玩游戏所消耗的能量似乎与游戏经验直接相关，相较于缺乏经验的玩家，经验丰富的玩家消耗的能量更多（Sell, Lillie & Taylor, 2008）。劲舞革命总体上是一种中等强度的运动游戏（Bailey & McInnis, 2011）。布朗纳、品科赛尔和诺厄（Bronner, Pinkser & Noah, 2015）在其报告中指出，劲舞革命游戏的免费版本"狂舞无止

境"能够让玩家消耗一定程度的能量，相当于高强度运动（9.2 ± 2.0代谢当量）。

Wii体育是一款家庭视频游戏，玩家需以身体动作模拟进行网球、高尔夫、保龄球、棒球和拳击等运动。尽管与实际运动相比，Wii体育并未让玩家消耗较多的能量，但相较于打电子游戏而久坐的儿童，玩Wii体育的儿童能够多消耗2%的能量（Graves et al., 2007）。男孩比女孩更喜欢Wii拳击，这款游戏可以改变难度等级，且所有等级都具有相当于中等强度运动的代谢当量。宫地等人（Miyachi et al., 2010）对成年人进行Wii体育游戏的代谢当量进行了量化。他们在报告中指出，所有参加Wii体育游戏的成年人，其平均代谢当量值仅为3.0，因此这项运动游戏被归为中等强度运动的较低级别。

从活动类视频游戏中能获得哪些潜在的健康益处

活动类视频游戏具有诸多益处，包括改善儿童（Best, 2011）和老年人（Bleakley et al., 2015）的认知过程。还有报告指出活动类视频游戏能够增加玩家的能量消耗（Warburton et al., 2009），并改善其关节活动度（Barry et al., 2016; Parry et al., 2014; Staiano & Flynn, 2014）。对老年人实施为期3个月的视频舞蹈干预措施（频率为每次30分钟，每周2次）后，其平衡性、心理健康和定时在狭窄道路上步行的能力均得到了提升（Studenski et al., 2010）。玩活动类视频游戏能够让人维持功能独立性，改善平衡性，防止摔倒和过早失能；还能够提高成年人和老年人的体力活动水平，以维持其身体健康（deJong, 2010）。在另一项研究中，卒中至少6个月的成年人成功地以站立姿势完成了中等强度的Wii网球和Wii拳击游戏（Hurkmans et al., 2011）。因此，活动类视频游戏可以帮助所有年龄段的儿童和成年人从体力活动中获益，无论他们的站立和步行能力如何。

Wii健身是否能提供良好的训练模式

Wii健身扩展版包括60多种训练活动，主要分为4个类型：有氧运动（如呼啦圈和跑步）、力量训练（如弓步和腿伸展）、瑜伽和平衡性训练。每一类又分别包括多种运动和活动。这种运动游戏主要通过手持Wii远程遥控器和平衡板等辅助设备进行一些活动（如原地跑步和练习瑜伽姿势）。新手级别中，仅有抗阻和有氧训练运动的代谢当量水平达到了中等强度运动的级别。

虚拟现实技术如何用于促进体力活动

虚拟现实技术是人机交互领域的一个重大进步，此类技术必然会在交互式健康行为领域中占有一席之地并得到普及。虚拟现实包括沉浸式虚拟现实和非沉浸式虚拟现实两种类型。沉浸式虚拟现实使用了头戴式显示器、身体运动传感器、实时绘图及高科技外接设备（如专用头盔）等，能在模拟环境中提供个性化的体验（Rizzo et al., 2011）。非沉浸式虚拟现实使用了电视或计算机显示器等的平面屏幕，以及如键盘、游戏手柄和操纵杆等传统交互设备。尽管目前这项技术仍在不断发展，但Xbox体感游戏系统已经开始使用特殊的摄像头和反射型粘贴标记，以捕捉人体的全身运动。玩家的身体也成了交互设备，从而得以在游戏中更自然地移动。随着更多的跨学科研究和开发活动的实施，这种交互式运动游戏将成为一种全身交互式游戏，并能够进一步促进运动生活方式的形成（Rizzo et al., 2011）。

如何利用劝导技术来提升客户对运动方案的依从性

劝导技术被定义为一种计算机系统、设备或应用程序，用于有目的地改变一个人的态度或行为（Fogg, 2003）。这种技术使用了工具（如计步器或平衡板）、多媒体（如视频和音频）和社交互动（如与他人或网络共享），在个人没有意识到的情况下，劝导其执行某种行为。虽然劲舞革命游戏并不是专门为促进体力活动而开发的，但它结合了劝导技术，能改变儿童和青少年的运动态度和行为。劲舞革命游戏使用视频、音乐和跳舞吸引儿童的兴趣，并促使其参与其中，而儿童却完全没有意识到这种行为其实属于运动。在促进体力活动和健康行为方面，新兴的劝导技术具有巨大的潜力（Fogg & Eckles, 2007；Zhu, 2008）。

社交网络是否有助于提升客户对运动方案的依从性

社交网络的极速发展使得运动专业人员和健身用户有无数的机会可以即时共享并访问相关信息，而移动技术和互联网又为这种信息交换助以一臂之力。如今，直接访问社交网络以提供健康行为改变的干预措施，更是十分方便。虽然社交媒体和应用程序能够有效地渗透社交网络并传播信息，但其也存在一定的局限性，用户需要经过订阅和下载，才能收到这类网络信息。相反，在线网页和社群具有较低的社交网络屏障（Cobb & Graham, 2012）。网站和大众广播媒体是基于社交营销策略的两种传播机制（Peterson, Chandlee & Abraham, 2008）。如今，每个拥有智能手机的人都能访问这些媒体。为了有效地利用社交媒体技术来指导客户并与其互动，健身专业人员应当考虑图根和库西诺（Torgan & Cousineau, 2012）所探讨的POST（即人员、目标、策略、技术）方法。

本章回顾

关键知识点

▶ 体适能的基本要素包括心肺耐力、肌肉骨骼适能、体重和身体成分、柔韧性、平衡性。

▶ 目前已开发出有效、可靠、客观的实验室和现场测试来评估个体的各个体适能要素。

▶ 测试效度指在体适能测试中测定特定体适能要素得到的误差最小的能力。

▶ 测试信度指能够在多次测试和不同时间内得出一致且稳定分数的能力。

▶ 即使由不同的技术人员对同一客户进行测试，客观的测试亦能够得出相近的测试分数。

▶ 所有体适能预测公式都需要经过验证和交叉验证，以确定其在进行现场测试时的适用性和适宜性。

▶ 最佳拟合直线（或回归直线），描述了参考测量值与回归公式中所有预测变量之间的线性关系。

▶ 估计标准误差是一种预测误差，反映了最佳拟合直线（或回归直线）周围各数据点的平均偏差程度。

▶ 总误差是一种预测误差，反映了恒等线周围各数据点的平均偏差程度。

▶ 灵敏度和特异性属于测量值，能够用于识别个体是否具有患病风险因素。

▶ 应使用标准的评估准则来判断新开发的体适能测试和预测公式的相对价值。

▶ 一致性检验法评估了预测公式在估算团体内个体体适能要素时的适用程度。

▶ 为了获得有效和可靠的测试结果，临床医师应当遵循标准化的测试流程，并具备所需的技术技能。

▶ 大多数测试具有既定常模数据，可根据客户的测试分数，对客户的体适能状况进行分类。

▶ 在向客户解释测试结果时，临床医师应使用积极、简单的非专业语言。

▶ 为了设计有效的运动方案，需要了解和应用训练原则，包括特异性、超负荷、渐进性、初始值、个体差异、收益递减和可逆性等原则。

▶ 运动处方的基本要素包括模式、强度、持续时间、频率和进度等。

▶ 运动处方应具有个性化色彩，以满足客户的需求、兴趣和能力。

▶ 运动方案的3个阶段为初始调节阶段、改善阶段和维持阶段。

▶ 在运动方案的改善阶段，应逐一调整运动的频率、强度和持续时间。

▶ 体力活动参与度和运动方案依从性与人口统计学、生物学、心理、认知、情感、行为、

社会文化和环境、运动方案等因素有关。

▶ 在制定提高运动方案依从性的策略时，需要结合心理模型与行为改变理论的概念和原则。

▶ 可以使用计步器、加速度计、心率监测器、全球定位系统装置、活动类视频游戏、社交网络和智能手机应用程序来提高客户对体力活动的参与度和运动方案依从性。

▶ 劝导技术融合了工具、多媒体和社交互动等，可用于促进体力活动和健康行为。

重要术语

请学习以下重要术语的定义，相关定义可在术语表中查找。

加速度计（Accelerometer）

平衡性（Balance）

行为改变模型（Behavior Modification Model）

偏差（Bias）

一致性检验法（Bland and Altman Method）

身体成分（Body Composition）

体重（Body Weight, BW）

骨骼强度（Bone Strength）

心肺耐力（Cardiorespiratory Endurance）

恒定误差（Constant Error, CE）

标准方法（Criterion Method）

决策理论（Decision-making Theory）

收益递减原则（Diminishing Returns Principle）

运动游戏（Exergaming）

假阴性（False Negative）

假阳性（False Positive）

柔韧性（Flexibility）

功能平衡性（Functional Balance）

广义预测公式（Generalized Prediction Equations）

全球定位系统（Global Positioning System, GPS）

健康信念模型（Health Belief Model）

心率监测器（Heart Rate Monitor）

改善阶段（Improvement Stage）

初始调节阶段（Initial Conditioning Stage）

初始值原则（Initial Values Principle）

个体差异原则（Interindividual Variability Principle）

一致性界限（Limits of Agreement）

最佳拟合直线（Line of Best Fit）

恒等线（Line of Identity）

维持阶段（Maintenance Stage）

最大摄氧量（VO2max）

复相关系数（R_{mc}）

肌肉耐力（Muscular Endurance）

肌肉爆发力（Muscular Power）

肌肉力量（Muscular Strength）

肌肉骨骼适能（Musculoskeletal Fitness）

客观性（Objectivity）

客观性系数（Objectivity Coefficient）

超负荷原则（Overload Principle）

计步器（Pedometer）

劝导技术（Persuasive Technology）

光体积描记法（Photoplethysmography, PPG）

体适能（Physical Fitness）

特定团体公式（Population-Specific Equations）

渐进性原则（Progression Principle）

参考方法（Reference Method）

回归直线（Regression Line）

信度（Reliability）

信度系数（Reliability Coefficient）

残差分数（Residual Score）

可逆性原则（Reversibility Principle）

自我决定理论（Self-Determination Theory）

自我效能感（Self-Efficacy）

社会认知模型（Social Cognitive Model）

特异性（Specificity）

特异性原则（Specificity Principle）

改变的动机准备阶段模型（Stages of Motivational Readiness for Change Model）

估计标准误差（Standard Error of Estimate, *SEE*）

计划行为理论（Theory of Planned Behavior）

理性行为理论（Theory of Reasoned Action）

总误差（Total Error, *TE*）

跨理论模型（Transtheoretical Model）

效度（Validity）

效度系数（Validity Coefficient）

可穿戴设备（Wearable Technology）

问题回顾

除了能够对上面列出的重要术语进行定义，请回答以下问题来巩固并加深自己对本章内容的理解。

1. 解释体适能的定义，并列出体适能5项要素的名称并解释定义。

2. 实施一套完整的体适能测验时，建议的测试顺序是什么？

3. 识别体适能5项要素的所有参考（标准）方法。

4. 测试效度和测试信度哪个更重要？并对你的选择予以解释。

5. 选择一项体适能要素，并说明如何评估该体适能要素的现场测试的相对价值或预测准确性。

6. 选择一项体适能要素，并举例说明如何对其应用7种训练原则。

7. 说明适用于提升各个体适能要素的运动模式。

8. 列出运动处方的5个要素。对于年龄较大或身体不够强壮的客户而言，在运动方案初始阶段应首先强化哪个要素？

9. 列出运动方案的3个阶段。每个阶段平均持续时间应为多久？

10. 列出与体力活动参与度相关的3个积极因素和3个消极因素。

11. 选择一个与行为改变相关的心理模型，并举例说明如何将该模型应用于客户提升肌肉适能的抗阻训练方案中。

12. 为什么佩戴在髋部的计步器和加速度计测得的数值，有时会与佩戴于手腕的计步器和加速度计测得的数值不同？

13. 详细说明在步行、跑步和骑行过程中，与活动记录设备准确性相关的因素。

14. 全球定位系统如何帮助我们了解环境对体力活动和运动的影响？

15. 如何为客户选择与运动相关的应用程序？

16. 什么是劝导技术？如何使用此类技术来促进体力活动？

第 4 章

评估心肺适能

关键问题

▶ 如何评估心肺适能（最大摄氧量）？

▶ 什么是分级运动测试？

▶ 如何根据分级运动测试及现场测试数据估计最大摄氧量？

▶ 是否应该给所有客户实施极量分级运动测试？在决定是否给客户实施极量或亚极量运动测试时，应该考虑哪些因素？

▶ 用亚极量运动测试及现场测试评估得到的心肺适能的准确性如何？

▶ 什么运动模式适合进行分级运动测试？

▶ 分级运动测试中有哪些标准测试流程？

▶ 终止分级运动测试的标准有哪些？

▶ 让儿童及老年人进行分级运动测试安全吗？

心肺耐力是体适能组成部分中最重要的内容之一。它指的是在较长的时间里大肌群进行中等强度至高强度运动的能力（ACSM，2018）。静息及运动时的心肺功能均应纳入每次的健康评估。

本章介绍了分级运动测试的通用指南及流程，以及极量与亚极量运动测试的方案等内容。虽然本章所介绍的大多数分级运动测试（GXT）方案产生于多年以前，但这些典型方案仍广泛运用于研究和临床环境。它们也都符合美国运动医学会分级运动测试指南（ACSM，2018）的要求。此外，本章还讨论了针对儿童和老年人的分级运动测试，其中包括对心肺适能现场测试的探讨。附录B.1 "分级运动测试和心肺适能现场测试方案汇总" 概括了本章介绍的所有测试方案。

术语的定义

运动生理学家认为，直接测量最大摄氧量（VO_2max）是测量心肺系统功能性能力的最佳方法。**最大摄氧量**，即进行极量运动时的氧气摄入量，反映了大肌群在动态运动时，心脏、肺通过血液向运动肌肉输送氧气的能力。将最大摄氧量作为心肺适能的测量标准已被人们广泛认可。

过去，普遍认为在进行最大运动耐受性测试时，尽管运动负荷有所增加，但氧气消耗的高原期正是衡量最大摄氧量的最佳标准。然而，有证据显示，增量运动测试中最大摄氧量的变化很大，变化范围为16%~94%（Day et al., 2003；Edvardsen, Hem & Anderssen, 2014；Magnan et al., 2013；Mier, Alexander & Mageean, 2012；Yoon, Kravitz & Robergs,

视频 4.1

2007）。事实上，相关研究已经证实，对于大多数人来讲，高原期并非确定最大摄氧量的先决条件（Noakes, 2008; Poole & Jones, 2017）。目前，部分研究人员认为，恒定负荷的验证实验（比极量斜坡分级运动测试中所达到的最高负荷高出约10%）更适用于确定最大摄氧量（Poole & Jones, 2017）。马尼昂等人（Magnan et al., 2013）的研究表明，缺乏体力活动人群的高原现象的发生率与体重指数、腰臀比、自我效能感、性别及高原现象的确定方法有关。然而，如果当参与者采取4种不同极量跑步机方案时，未持续达到高原期，而仅获得相似的最大摄氧量数值时，则不能忽视方案的选择及日常生物变异的影响（Beltz et al., 2016）。

摄氧量峰值是指运动测试中所测量到的最高耗氧量，无论是否达到摄氧量高原期。摄氧量峰值可能高于、低于或等于最大摄氧量。对于许多没有达到实际摄氧量高原期的个人而言，在运动增量测试中达到耐力极限时的摄氧量峰值，是衡量最大摄氧量的有效指标（Day et al., 2003; Hawkins et al., 2007; Howley, 2007）。

最大摄氧量与次最大摄氧量可用绝对或相对的术语表示。**绝对摄氧量**的测量单位为升/分或毫升/分，是反映针对腿部或臂部的自行车测力运动等无负重活动过程中的能量消耗的指标。绝对摄氧量与体形有着直接的联系。男性的绝对最大摄氧量数值通常高于女性。

绝对摄氧量取决于体形，故摄氧量通常表示为体重的相对值，即单位为毫升/（千克·分）。**相对最大摄氧量**是个体心肺适能水平分级标准，或比较不同体形个体之间体适能水平的标准。相对摄氧量也可用于估测负重活动的能量消耗，如步行、跑步及爬梯。然而，虽然体重与相对最大摄氧量之间有着密切的联系（$r=0.86$），但是尚未达到完全相关（$r=1.00$）。因此，当将最大摄氧量简单表示为体重的线性函数时，体重较重（>75.4千克）和较轻（<67.7千克）个体的心肺适能水平可能分别被列入偏低或偏高的等级（Heil, 1997）。一些专家建议将运动能力（即摄氧量，测试距离为6分钟步行的距离）这一变量也纳入体重的指数函数（Buresh & Berg, 2002; Dourado & McBurnie, 2012; Heil, 1997）。目前，这种做法还存在局限性。例如，心肺适能的分级标准建立于相对最大摄氧量数值的基础之上，其单位只能用毫升/（分·千克）表示，而非毫升/（分·千克$^{0.67}$）或毫升/（分·千克$^{0.75}$），其中的指数表明与体重指数相对应的相对耗氧量。卡里克–兰森等人（Carrick-Ranson et al., 2012）提出，相对于去脂体重（最具代谢活性的组织的重量，见第8章）的测量显然比相对于体形变异的测量更合适。他们采用相对于去脂体重的测量，来证明最大心率降低才是男性和女性的摄氧量随年龄下降的潜在原因，而非最大每搏输出量和总血量降低。

与个体去脂体重相关摄氧量的表示［单位为毫升/（千克$_{FFM}$·分）］，为我们提供了与体重变化无关的心肺耐力估计值。例如，在为期16周的有氧运动方案里，客户相对最大摄氧量的改善程度，可能会同时反映出心肺系统能力的增强（绝对最大摄氧量的增加），以及体重的减轻（体重下降导致相对摄氧量的增加）。因此，与去脂体重而非体重相关的最大摄氧量反映了在训练及进行体力活动时人体最活跃组织的摄氧量。

耗氧速率也可以用总摄氧量或净摄氧量来表示。**总摄氧量**是耗氧的总速率，反映了静息及运动时的能量消耗（总摄氧量＝静息摄氧量＋运动摄氧量）。**净摄氧量**代表不包括静息摄氧量部分的耗氧速率，同时也用于描述相应运动的能量消耗。总摄氧量与净摄氧量两者都可用绝对摄氧量（升/分）或相对摄氧量［毫升/（千克·分）］表示。除非特别说明为净摄氧量，否则本书中所提到的摄氧量均指总摄氧量。

分级运动测试：指南与流程

运动专业人员和医生通常采用运动测试来客观评估功能性心肺能力（最大摄氧量）。

通过极量或亚极量分级运动测试得到的最大摄氧量，可对客户的心肺适能水平进行分级（见表4.1）。基线和后续数据可用于评估参与运动方案的进度，并为客户设定切合实际的目标。你可以采用在分级运动测试期间所获得的心率和摄氧量数据，来为客户制定精准的运动处方。

表4.1 心肺适能分级：最大摄氧量［毫升/（千克·分）］

年龄	较差	一般	良好	优	极优
女性					
20~29岁	≤ 33	34~39	40~45	46~51	≥52
30~39岁	≤ 27	28~31	32~36	37~40	≥41
40~49岁	≤ 24	25~28	29~32	33~38	≥39
50~59岁	≤ 21	22~24	25~28	29~32	≥33
60~69岁	≤ 18	19~21	22~24	25~27	≥28
男性					
20~29岁	≤ 44	45~49	50~56	57~62	≥63
30~39岁	≤ 39	40~44	45~49	50~57	≥58
40~49岁	≤ 35	36~39	40~45	46~52	≥53
50~59岁	≤ 30	31~34	35~40	41~46	≥47
60~69岁	≤ 26	27~29	30~35	36~40	≥41

注：分级跑步机测试数据取自代谢气体收集分析。
[源自：L.A. Kaminsky, R. Arena, and J. Myers, "Reference Standards for Cardiorespiratory Fitness Measured With Cardiopulmonary Exercise Testing: Data From the Fitness Registry and the Importance of Exercise National Database," *Mayo Clinic Proceedings* 90 no.11(2015): 1515-1523.]

如第2章所述，个体运动史、疾病状况，即已知或未知的心血管、代谢或肾脏疾病，以及上述3种疾病的阳性或阴性症状，都使预查过程越来越有必要。正如美国运动医学会提出的指导原则所示（见表2.2），初始运动方案强度取决于个体的运动经历、疾病状况与症状及体检要求。美国运动医学会不建议在运动方案开始之前进行极量运动测试，但认为可以将其纳为体检过程的一部分。有关运动测试的绝对与相对禁忌证见第2章。医疗健康和心脏康复设施的患者风险分级，需要遵循由美国

心血管和肺康复协会（AACVPR）开发的一套更全面的风险分级流程（Williams, 2001）。

运动测试的通用指南

你可以使用极量或亚极量运动测试来评估个人心肺适能水平。极量或亚极量运动测试的选择取决于以下几个方面。

- 客户习惯的运动方式、风险因素，以及心血管、代谢或肾脏疾病的诊断或症状。
- 进行测试（体适能测试或临床测试）的理由。
- 合适的运动装备和合格的专业人员。

在临床和研究环境中，最大摄氧量通常可直接测量，但需要昂贵的设备和经验丰富的专业人员。最大摄氧量可以通过最大运动强度来进行预测，且预测数据具有一定的准确性。亚极量运动测试也可用于合理估测心肺适能水平且成本更低、耗时更短、风险更小。然而，作为冠心病的诊断工具，亚极量运动测试灵敏度较低。

无论哪种情况，运动测试都应该是多阶段的分级测试。这意味着个体运动时，会逐渐增加次最大运动负荷。许多常用的运动测试方案要求使用每种负荷运动3分钟。分级运动测试方案是确定最大功能性能力的方法。进行直接测量时，将会采用一组特定的综合标准来确认被测个体是否付出了最大努力。其中的一个标准是摄氧量处于高原期，同时，当运动负荷进一步增加时，摄氧增量不能够超过150毫升/分。普尔和琼斯（Poole & Jones, 2017）建议使用恒定的超级限负荷验证实验来确认个体的最大努力程度，而非取决于是否达到最大摄氧量高原期或次要标准。然而，以下几个次要标准的组合已经用于确认那些没有达到摄氧量高原期的个体是否付出了最大努力，从而获得真实的最大摄氧量。

- 心率未能随着运动强度的增加而增加。
- 静脉血乳酸浓度超过8毫摩尔/升。
- 换气比值（呼吸气体交换率，RER）大于1.15。
- 采用原始博格自感用力度量表（6~20分），对自感用力度（RPE）的评分大于17分。

应该指出的是，已经有相关研究证明，个体满足一个或多个次要标准的能力，与年龄和性别有关（Edvardsen, Hem & Anderssen, 2014）。如果测试在个体的摄氧量达到高原期之前终止，且换气比值大于1.15，分级运动测试便会用于测量摄氧量峰值而非最大摄氧量。儿童、老年人、久坐不动的人及患有已知疾病的患者，比其他群体更容易测得摄氧量峰值，而非最大摄氧量。为了对冠心病进行筛查和分级，可取的方法是使个人达到根据年龄预测的最大心率的85%以上，因为只有当心率达到这一水平时，才会出现心电图异常。

有证据表明，如果严格遵循运动耐力测试的指南，并持续监测客户的生理反应，极量运动测试的风险水平会低于亚极量运动测试的风险水平。一项综述性研究分析了5 060例症状限制性运动测试（不良事件发生率为0.16%），参与的客户有各种心脏病的高风险因素，确认其中有8例为非致死性事件，8例为无致死性事件（Skalski, Allison & Miller, 2012）。在临床测试中，虽然估计心肌梗死的风险为每10 000次测试中有4次（Thompson, 1993），但是运动测试致死的风险不大于每10 000次测试中有0.5次（Atterhog, Jonsson & Samuelsson, 1979; Goodman, Thomas & Burr, 2011; Rochmis & Blackburn, 1971; Skalski, Allison & Miller, 2012）。基于针对患有心血管疾病和未患心血管疾病的人群的综述性研究，古德曼等人（Goodman et al., 2011）发现在运动测试中，发生不良事件的平均风险为：非致死性事件小于每10 000次测试中有2.9次；致死性事件小于每10 000次测试中有0.3次。很明显，健康个体（没有已知疾病或症状）发生不良事件的风险非常低。在对年轻个体进行的38万次运动测试中，没有发生并发症（Levine, Zuckerman & Cole, 1998）。同样，古德曼等人（Goodman et al., 2011）在综述性研究中，对70多万名运动员进行的运动测试中也没有发现并发症。因此，他们得出结论，极量运动测试的风险反映了每10 000次测试中致死性事件发生次数为0.2~0.8，而每10 000次测试中非致死性事件的发生次数为1.4。

只要非专业人员证实自己具有相应的能

力，他们亦可以监督运动测试。美国心脏协会在2014年发表了科学声明（Myers et al., 2014），确定了非专业人员监测运动测试所需要的个人能力、培训和认证（Myers et al., 2014）。该声明还列出了哪些病症的患者在进行运动测试时需要有医生在现场。

心肺适能测试的通用流程

至少在测试的前一天，为客户提供测试前指导（见第3章）。在进行分级运动测试前，客户应阅读并签署知情同意书，并完成2018 PAR-Q+（见附录A.1大众体力活动准备情况问卷）。分级运动测试的实施流程中列出了分步指导。

如果没有心率监测器或心电图检测仪，可以使用触诊或听诊法（见第2章）来测量测试前、测试中及恢复时的心率。由于运动过程中会产生外部噪声与振动，可能很难获得准确的血压测量值，尤其是客户在跑步机上跑步时。要想熟练测量运动血压，你需要尽可能多地练习。

多年来，博格自感用力度量表一直用于在运动测试中获得自感用力度数据。原始量表（6~20分）和改良版量表（0~10分）能够让客户在运动过程中主观评定自己的用力度，这两种量表与运动心率及摄氧量高度相关。运动期间，两种自感用力度量表都考虑了心率与摄氧量的线性上升情况。改良版量表还反映了运动过程中血乳酸和通气量的非线性变化。原始量表中的6分和改良版量表中的0分表示完全没有用力；原始量表中的19分与改良版量表中的10分通常对应最大用力度（Borg, 1998）。中等强度运动在原始量表上对应的等级为12~14分，在改良版量表上为5~6分。特别是对于服用β受体阻滞剂，或其他可能改变心率对运动起反应的药物的患者而言，自感用力度可用于确定分级运动测试的限值。你可以

指导客户如何使用博格自感用力度量表来监测有氧运动项目中的运动强度。

你也可以采用奥姆尼自感用力度量表（0~10分）来获取客户在各种运动测试模式下的自感用力度。奥姆尼自感用力度量表可用于测量全身、四肢和胸部的自感用力度。这些量表最初是为儿童和青少年开发的，并采用一个图片系统来说明运动时的用力强度（0分代表非常简单，10分代表非常难）。后来，相关人员对该量表进行了修订，使其适用于参与功率自行车、跑步机、踏步、椭圆机及抗阻训练的成年人。作为骑自行车、踏步、椭圆机和跑步机等测功量表效度测试的一部分，奥姆尼自感用力度量表应根据心率及摄氧量进行修正。心率和奥姆尼自感用力度量表的同时效度系数为0.82~0.95；同样，摄氧量与奥姆尼自感用力度量表的效度系数为0.88~0.96（Guidetti et al., 2011；Krause et al., 2012；Mays et al., 2010；Robertson, 2004）。在进行抗阻训练时，基于奥姆尼自感用力度量表的自感用力度与提升的重量有关，得出的效度系数为0.72~0.91（Robertson, 2004；Robertson et al., 2005）。由奥姆尼自感用力度量表衍生了采用简单的面部表情图（如微笑、皱眉、不喜不怒）及数字的量表（Chen, Chiou et al., 2017）。在博格自感用力度量表（0~10分）和面部表情量表中，自感用力度与固定式自行车运动负荷和与心率之间的相关性（$r>0.97$）对年轻人几乎相同。对于儿童，这两种量表在自感用力度与运动负荷方面的感受类似（$r>0.97$）；与博格自感用力度量表（$r>0.49$）相比，面部表情量表（$r>0.90$）与心率的关系更为密切。

附录B.4为参加骑行、跑步机步行或跑步、踏步和抗阻训练等的处于不同年龄段的人群提供了包含示范说明、流程的图画式奥姆尼自感用力度量表。与博格自感用力度量表一样，客户也可以使用奥姆尼自感用力度量表

来监测他们在进行有氧与抗阻训练时的运动强度。关于如何使用这些量表的详细探讨，请参考陈等人（Chen et al., 2017）、圭代蒂等人（Guidetti et al., 2011）、罗伯逊（Robertson, 2004）、克劳斯等人（Krause et al., 2012）、梅斯等人（Mays et al., 2010）的著作。表4.2总结了奥姆尼自感用力度量表数值所对应的语言提示。

表4.2　奥姆尼自感用力度量表的语言提示

成年人	儿童
非常简单 = 0分	非常轻松 = 0分
简单 = 2分	不太轻松 = 2分
较简单 = 4分	有点累 = 4分
较难 = 6分	累 = 6分
难 = 8分	很累 = 8分
非常难 = 10分	非常累 = 10分

实施分级运动测试的流程

▶ 视频 4.2

- 以运动的姿势测量客户的静息心率和血压。
- 开始分级运动测试的时候，请客户先进行2~3分钟的热身活动，让客户熟悉运动器材，为运动测试的第1阶段做准备。
- 在测试期间，需定期监测心率、血压与评估自感用力度。每个阶段至少测量两次心率，测量时间为每个阶段的第2和第3分钟结束时。测试的每个阶段都应达到稳态心率（两次心率测量值的差异在 ±5 次 / 分之内）。在达到稳态心率之前，请不要增加运动负荷。
- 在测试的每个阶段的最后1分钟测量血压，如果观察到低血压或高血压反应，则需重测血压。
- 在每个运动阶段的最后1分钟，应使用博格自感用力度量表或奥姆尼自感用力度量表对自感用力度进行评估。
- 在整个运动测试过程中，请持续监测客户的身体状况和体征。
- 当达到测试终止标准（如达到心率储备的70%或最大心率的85%）时，请停止分级运动测试。如果客户请求停止测试，或如果出现任何明显的需停止运动测试的情况（见第85页的"分级运动测试终止的一般情况"），请立即停止测试。
- 让客户以低做功速率（做的功与所用时间之比）进行放松运动，强度不高于运动测试第1阶段［例如，在跑步机上以2英里/时（约53.7米/分）的速度行走，并将跑道倾斜度设置为0，或在功率自行车上以50~60转/分且阻力为0的模式下骑行］。主动恢复可降低由四肢静脉淤血引起的低血压风险。
- 在恢复过程中，请至少于5分钟内持续测量客户运动后的心率及血压。如果出现异常反应，则延长恢复时间。主动恢复期间的心率和血压应处于稳定状态，但可能高于运动前的水平。在恢复期间请继续监测客户的身体状况。
- 如果客户在测试过程中出现不舒服或其他紧急情况，则可使用坐姿或仰卧姿势来进行被动放松。

（源自：ACSM, 2018.）

测试的终止

极量或亚极量运动测试通常持续到客户自愿终止测试或达到预定的终止点。然而，作为一名运动专业人员，你应当敏锐地意识到所有应终止测试的情况。如果注意到第85页的"分级运动测试终止的一般情况"中列出的任何体征或症状，你应该在客户达到最大摄氧量（用于极量运动测试）或预定的终止点（用于亚极量运动测试）之前终止运动测试。

分级运动测试终止的一般情况

1. 出现心绞痛或类似心绞痛的症状。
2. 尽管运动负荷增加，但收缩压比基线血压低10毫米汞柱。
3. 血压过高：收缩压>250毫米汞柱或舒张压>115毫米汞柱。
4. 呼吸短促、气喘、腿抽筋或跛行。
5. 灌注不良的迹象（如共济失调、头晕眼花、面色苍白发紫、皮肤湿冷、恶心）。
6. 心率不再随运动强度的增加而升高。
7. 心律变化明显。
8. 客户请求停止。
9. 重度疲劳的身体或语言表现。
10. 测试器材故障。

注：具体术语的相关定义见术语表。
[经Wolters Kluwer许可，源自：ACSM, *ACSM's Guidelines for Exercise Testing and Prescription*, 10th ed. (Philadelphia: Lippincott Williams & Wilkins, 2018), 84.]

极量运动测试方案

许多极量运动测试方案旨在评估心肺适能。作为运动专业人员，你应当能够根据客户的年龄、性别、健康和体适能状况，选择适合他们的运动模式和测试方案。常用的运动模式有跑步机步行或跑步，以及固定式自行车运动。对于截瘫患者和下肢活动受限的客户，可采用手臂肌力测试。此外，腿部和手臂的综合肌力测试，以及全身斜坡踏步运动测试也许适用于替代跑步机测试，以评估协调性下降或具有平衡缺陷、步态障碍的老年人的心肺适能（Billinger, Loudon & Gajewski, 2008；Loudon et al., 1998）。一般不建议采用踏凳测试，但在需要现场测试很多人的情况下可以采用。无论选择哪种运动模式，请务必遵循运动测试的一般原则。

运动测试可以是持续的，也可以是断续的。持续运动测试需在持续增加运动增量期间不休息的情况下实施。**持续运动测试**可以在每个运动阶段的持续时间、各阶段之间运动强度增量的等级上都有所不同。研究人员建议将总测试时间设定为8~12分钟，以使受过中等或高强度训练的个体达到最大摄氧量的可

能性提高（Fletcher et al., 2013；Gibbons et al., 2002）。因此，时间较长且不那么激进的测试可能更适合体适能水平较低的个体（Beltz et al., 2016）。米奇利等人（Midgley et al., 2008）根据大量该主题的综述性研究，对将总测试时间设定为8~12分钟的建议提出质疑（ACSM, 2014; Fletcher et al., 2013; Gibbons et al., 2002）。他们的结论是，功率自行车测试的持续时间应在7~26分钟，跑步机测试应在5~26分钟，以产生有效的最大摄氧量测定值。该结论假设在进行持续时间较短的测试之前，应该进行充分的热身，并且在测试期间，跑步机的倾斜度不能超过15%。在大多数持续运动测试方案的整个测试过程中，运动强度逐渐增加（低风险个体为2~3代谢当量），每个阶段的持续时间通常为2~3分钟，从而使大多数个体在每个阶段都能达到稳态摄氧量。在这类分级运动测试的各个阶段中，运动负荷可能线性或非线性地增加。每增加一个运动增量都是由特定方案所决定的，并且在个体中不会改变。虽然这种类型的分级运动测试在研究和临床环境中得以广泛应用，但它可能不是评估所有个体功能性能力的最佳方法，尤其是那些运动耐受性较低的个体。

运动测试的一般原则

1. 运动专业人员通常会采用跑步机或功率自行车进行分级运动测试。所有器材在使用前都应进行校准。

2. 开始分级运动测试时，请让客户进行2~3分钟的热身，使客户熟悉器材并为分级运动测试的第1阶段做好准备。

3. 初始运动强度应明显低于客户预期的最大运动强度。

4. 在测试的各个阶段，运动强度应该逐渐增加。对于明显健康的客户，运动增量可能为2代谢当量或更高；对于患有疾病的客户，运动增量可能为0.5代谢当量。

5. 密切观察是否出现测试禁忌证及停止运动测试的指标。当客户对测试的安全性或益处有任何疑问时，请勿进行测试。

6. 在分级运动测试的每个阶段，至少测量2次心率，但最好是每分钟1次。心率测量应该在每分钟结束时进行。如果高于110次/分且心率没有达到稳定状态［两次心率的差异在±5（或6）次/分之内］，则需要延长该运动阶段的时长，或直到心率达到稳定状态为止。

7. 在分级运动测试的每个阶段结束前（即后期）测量和记录一次血压和自感用力度。

如果相应数值表明有高血压或低血压反应，则重新测量血压。

8. 持续监测客户的身体状况和体征。

9. 就亚极量运动测试而言，在客户心率达到心率储备的70%或最大心率的85%时终止测试，除非方案指定了不同的终止标准。此外，如果出现紧急情况，或客户不愿进行运动测试，以及出现不适症状，应立即停止测试。

10. 测试应包含至少5分钟的放松时间，如果观察到心率和血压的异常反应，则放松时间应更长。在恢复过程中，每分钟都要对心率和血压进行监控。就主动恢复而言，运动负荷不应超过分级运动测试第1阶段所采用的运动负荷。在紧急情况下方可采用被动恢复，当客户出现不适症状时，不能进行主动放松。

11. 应根据跑步机或功率自行车运动方案来评估以代谢当量为单位的运动耐受性，如果在分级运动测试期间测量了摄氧量，则可以进行直接评估。

12. 测试区域应保持安静和私密。如果可能，室温应保持在21~23摄氏度或更低，湿度应保持在60%或更低。

注：对于患有已知心血管、肾脏、代谢疾病，以及有相关症状的客户，建议其取得体检合格证。

持续斜坡测试的应用颇为广泛，因为可利用其针对客户预计的运动耐受性进行个性化的测试。例如，相较于久坐不动的人，在斜坡测试中，经过耐力训练的运动员，其做功速率的增量会更高。斜坡测试方案中每个运动阶段的时长（如20秒）短于传统的持续分级运动测试中的时长（2~3分钟）。斜坡测试方案在整个测试过程中连续且频繁地增加做功速率，从而使摄氧量线性增加。在一项研究中，允等人（Yoon et al., 2007）比较了渐进式自行车运动过程中斜坡测试方案的4种持续时间（5分钟、8分钟、12分钟和16分钟），报告指出，对于受过中等或高强度训练的健康男性及女性，能够诱导最大摄氧量的最佳方案时长为8~10分钟。

由于斜坡测试方案中做功速率提升的频率（如每10秒或20秒提升一次）较高，所以很少观察到摄氧量高原期。无论如何，当摄氧量高原期被定义为在自行车测试方案的最后30秒内，摄氧量的变化<0.5升/分时，则

就受过中等或高强度训练的成年人而言，摄氧量高原期是可以被观察到的。然而，如前所述，即使摄氧量没有达到高原期，斜坡测试方案中的摄氧量峰值也是估测最大摄氧量的一个有效指标（Day et al., 2003）。考虑到摄氧量会随做功速率线性增加，斜坡测试方案有可能提高最大摄氧量的预测值。相比传统的分级运动测试方案，斜坡测试方案能够让某些个体达到更高的运动耐受性。然而，斜坡测试方案也有弊端。设计一个个性化的斜坡测试方案时，应当根据培训记录或问卷来预先确定并准确估计每位客户的最大做功速率，这样你就可以选择一个做功速率，让客户在大约 10 分钟内达到最大运动耐受性。同时，斜坡测试方案能够快速提高做功速率（如分为 25~30 个阶段的 10 分钟测试），这需要更昂贵的电磁制动功率自行车和可编程的跑步机，以使客户在运动测试的各个阶段之间进行快速且平稳的过渡。经验不足的专业人员可能很难在斜坡测试方案中以每分钟为单位测量客户的运动血压。

就断续运动测试而言，客户在不同运动负荷之间需休息 5~10 分钟。在客户达到最大运动耐受性（疲劳）之前，应逐渐增加运动负荷。断续运动测试方案的每个阶段通常会持续 5 分钟或 6 分钟，从而使摄氧量达到稳定状态。就平均水平而言，断续测试的实施时间是持续测试的 5 倍。采用断续与持续（每 2~3 分钟增加运动负荷）测试方案（Maksud & Coutts, 1971）所获得的最大摄氧量数值相近，因此，在大多数研究和临床环境中，多采用持续测试的方案。

麦卡德尔、卡奇及佩哈尔（McArdle, Katch & Pechar, 1973）比较了 6 种常用的持续和断续跑步机和功率自行车测试所测得的最大摄氧量。他们注意到功率自行车测得的最大摄氧量大约比跑步机测试测得的低 6%~11%。许多

受试者认为大腿肌肉局部不适与疲劳是限制其继续进行持续及断续功率自行车测试的主要因素。在跑步机测试中，受试者指出气喘与一般疲劳为限制因素，并抱怨小腿肌肉与腰背部会出现局部疲劳及不适的现象。兰布里克等人（Lambrick et al., 2017）比较了健康儿童的持续与断续跑步机测试方案。虽然断续测试方案的持续时间较长，但这类方案带来了类似的摄氧量峰值与最大心率数值。然而，对于断续测试方案，其峰值跑步速度更高，且换气比值更低。

跑步机极量运动测试

一般情况下，跑步机是美国人首选的运动测试器材（Balady et al., 2010）。就跑步机极量运动测试而言，该运动是在一个可变速且倾斜的电动跑步机上进行的（见图 4.1）。跑步机的速度变化高达 25 英里/时（约 40.2 千米/时）。倾斜度为在跑步机上前进一定距离时垂直上升的距离与该距离的比率。跑步机上的运动负荷随着速度或倾斜度的增加而增加，或者两者兼而有之。运动量通常以英里/时及倾斜

视频
4.3

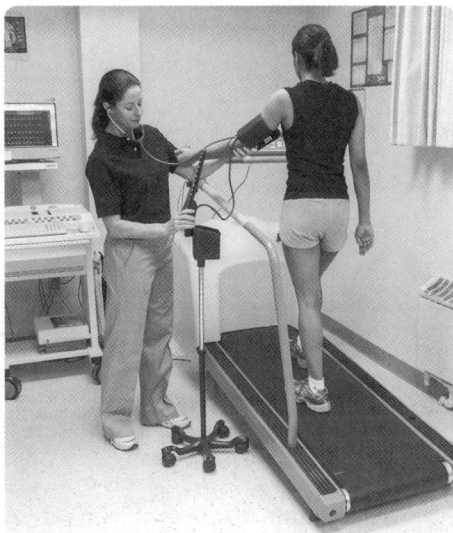

图 4.1　跑步机

度（%）表示。

在运动中测量摄氧量的难度较大，成本较高。因此，可以使用美国运动医学会代谢方程（ACSM代谢方程见表4.3）来估计运动时的摄氧量。这些方程仅为稳态运动提供有效的摄氧量估算值。当其用于估计能量消耗的最大比率（最大摄氧量）时，如果没有达到稳定状态，则所测得的摄氧量数值将会少于所估算的数值。此外，因为极量运动包括有氧及无氧两部分，且无氧成分的贡献尚不清楚，所以摄氧量的数值可能被高估。

表4.3 用于估算摄氧量的ACSM代谢方程

运动模式下的总摄氧量/ ［毫升/（千克·分）］	静息摄氧量/ ［毫升/（千克·分）］	评价
步行 摄氧量=S^a×0.1+S×G^b×1.8	+3.5	1. 速度为50~100米/分 2. 0.1毫升/（千克·分）=水平步行时的耗氧量 3. 1.8毫升/（千克·分）=斜面步行时的耗氧量（跑步机倾斜度%）
跑步 摄氧量=S^a×0.2+S×G^b×0.9	+3.5	1. 速度大于134米/分 2. 如果是真正的慢跑（并非步行），这个方程也可以用于80~134米/分的速度 3. 0.2毫升/（千克·分）=水平跑步时的耗氧量 4. 0.9毫升/（千克·分）=斜面跑步时的耗氧量（跑步机倾斜度%）
腿部测力计 摄氧量=W^c/M^d×1.8+3.5	+3.5	1. 做功速率为300~1 200千克·米/分[g] 2. 千克·米/分=千克×米/转×转/分 3. Monark和Bodyguard腿部测力计为6米/转，Tunturi腿部测力计为3米/转 4. 1.8毫升/（千克·分）=带有外部负荷的骑行耗氧量（抗阻） 5. 3.5毫升/（千克·分）=无负荷骑行时的耗氧量
臂部测力计 摄氧量=W^c/M^d×3.0+无	+3.5	1. 做功速率为150~750千克·米/分 2. 千克·米/分=千克×米/转×转/分，Monark臂部测力计为2.4米/转 3. 3.0毫升/（千克·分）=带有外部负荷的骑行耗氧量（抗阻） 4. "无"代表由于手臂肌肉组织质量小，不需要专门的术语来描述无负荷骑行
踏步 摄氧量=F^e×0.2+F×ht^f×1.8×1.33	+3.5	1. 适用于12~30步/分的步速及0.04~0.40米的台阶高度 2. 0.2毫升/（千克·分）=水平移动时的耗氧量 3. 1.8毫升/（千克·分）=上行踏步时的耗氧量（台阶高度） 4. 1.33包含上行踏步时的正相关部分（1.0）以及下行踏步时的负相关部分（0.33）

[a] S代表以米/分为单位的跑步机速度。
[b] G代表跑步机倾斜度。
[c] W代表做功速率（千克·米/分）；为方便计算，在本书中，重力加速度取10米/秒^2，则1瓦=6千克·米/分。
[d] M代表体重（千克）。
[e] F代表踏步的频率。
[f] ht代表台阶高度（米）。
[g] 本书做功速率（即做的功与所用时间之比）数据多引自20世纪五六十年代的文献，做的功以千克·米为单位，未计入重力加速度因素。在换算成以瓦为单位的功率数据时计入了重力加速度因素，因此对摄氧量数据分析没有影响。
（源自：ACSM, 2018.）

在使用任一ACSM代谢方程来估计摄氧量之前，请确保所有度量单位与方程中的度量单位相符（见本页的"度量单位换算"）。

在跑步机上步行或跑步达到稳定状态期间，表4.3中的ACSM代谢方程在临床环境中用于估计总能量消耗速率（总摄氧量），以毫升/（千克·分）为单位的总能量消耗，由3部分构成：速度、倾斜度，以及休息时的能量消耗。就在跑步机上步行而言，通过提升体重对抗重力（垂直做功）时耗氧量约为1.8毫升/（千克·分），同时，水平移动身体时耗氧量约为0.1毫升/（千克·分）。对于在跑步机

上跑步而言，垂直做功时耗氧量为在跑步机上步行的1/2［约为0.9毫升/（千克·分）］，而在跑步机上跑步的耗氧量［约为0.2毫升/（千克·分）］是行走的2倍。以ACSM步行代谢方程为例，介绍在计算摄氧量时如何考虑这3个因素。

当步行速度在50~100米/分时，ACSM步行代谢方程所估计的摄氧量（见表4.3）相当准确。然而，由于该方程对于斜面步行的估计比水平步行更为准确，在水平步行时，摄氧量可能被低估了20%。对于ACSM跑步代谢方程，假设客户在跑步而非步行，当速度超过

度量单位换算

- 将磅换算成千克（1千克≈2.2磅）。例如，170磅/2.2≈77.3千克。
- 把跑步机速度由英里/时换算成米/分（1.0英里/时≈26.8米/分）。例如，5.0英里/时 × 26.8=134.0米/分。
- 将跑步机倾斜度从百分数转换为小数形式。例如，12/100=0.12。

- 通过乘以3.5［1代谢当量=3.5毫升/（千克·分）］将代谢当量换算成毫升/（千克·分）。例如，6代谢当量 × 3.5=21.0毫升/（千克·分）。
- 用除法将千克·米/分换算成瓦。例如，900千克·分/6=150瓦。
- 将台阶高度（英寸）换算成米（1英寸=0.025 4米），例如，8英寸×0.025 4=0.203 2米。

ACSM步行代谢方程

计算一位体重70千克的受试者在跑步机上行走时的总摄氧量，速度为3.5英里/时，倾斜度为10%时，请遵循以下步骤。

摄氧量［毫升/（千克·分）］=

速度（米/分）×0.1+倾斜度×

速度（米/分）×1.8+静息摄氧量

1. 将英里/时换算成米/分。

1英里/时≈26.8米/分

3.5英里/时 × 26.8=93.8米/分

2. 计算水平步行时的摄氧量。

摄氧量=速度（米/分）×0.1=93.8米/分 ×0.1

=9.38毫升/（千克·分）

3. 计算斜面步行时的摄氧量（$G \times S \times 1.8$），将倾斜度（%）换算成小数。

摄氧量=倾斜度 × 速度 ×1.8

=0.10×93.8米/分 ×1.8

≈16.88毫升/（千克·分）

4. 通过将步骤2、步骤3计算得到的摄氧量，以及静息摄氧量（R）相加，计算总摄氧量［毫升/（千克·分）］。

摄氧量=$S \times 0.1 + (S \times G \times 1.8) + R$

=（9.38+16.88+3.5）毫升/（千克·分）

=29.76毫升/（千克·分）

134米/分以及低至80米/分时，所估计的摄氧量相对准确（ACSM, 2014）。当心率介于110次/分和根据年龄预计最大心率的85%之间时，ACSM跑步代谢方程提供了一个相当合理的最大有氧代谢能力估计值［SEE为4.2~4.35毫升/(千克·分)］（Marsh, 2012）。

图4.2展示了常用的跑步机运动测试方案。

这些方案符合极量运动测试的一般指导原则，其中一些方案是为特定群体设计的，如状态良好的运动员或高危心脏病患者。在各种跑步机运动测试方案的每个阶段中，其运动强度可以用代谢当量表示。表4.4列出了常用跑步机运动测试方案中各阶段的代谢当量估计值。

表4.4 常用跑步机运动测试方案中各阶段的代谢当量估计值

阶段[a]	布鲁斯方案	改良版布鲁斯方案[b]	鲍克方案	诺顿方案
1	4.6	2.3	3.6	1.8
2	7.0	3.5	4.5	3.5
3	10.2	4.6	5.0	4.5
4	12.1	7.0	5.5	5.4
5	14.9	10.2	5.9	6.4
6	17.0	12.1	6.4	7.4
7	19.3	14.9	6.9	8.3

[a] 各阶段的倾斜度与速度见图4.2。
[b] 第1阶段的倾斜度为0，速度为1.7英里/时；第2阶段的倾斜度为5%，速度为1.7英里/时。

相关研究人员已经针对特定群体和一些跑步机运动测试方案，开发出根据运动时间估算最大摄氧量的通用方程（见表4.5）。重

要的是，运动专业人员需谨记一点，对于一般个体来说，采用某些为训练有素的运动员设计的方案，其会感到初始运动负荷太大（超过

表4.5 针对特定群体和一些跑步机运动测试方案的最大摄养量估算通用方程

方案	群体	参考文献	方程
鲍克方案	积极运动及久坐的男性	波洛克等人（Pollock et al., 1976）	最大摄氧量=1.444×时间+14.99 $r=0.92$, SEE=2.50毫升/(千克·分)
	积极运动及久坐的女性[a]	波洛克等人（Pollock et al., 1982）	最大摄氧量=1.38×时间+5.22 $r=0.94$, SEE=2.20毫升/(千克·分)
布鲁斯方案[b]	积极运动及久坐的男性	福斯特等人（Foster et al., 1984）	最大摄氧量=14.76-1.379×时间+0.451×时间^2-0.012×时间^3 $r=0.98$, SEE=3.35毫升/(千克·分)
	积极运动及久坐的女性	波洛克等人（Pollock et al., 1982）	最大摄氧量=4.38×时间-3.90 $r=0.91$, SEE=2.7毫升/(千克·分)
	心脏病患者及老年人[c]	麦康奈尔和克拉克（McConnell & Clark, 1987）	最大摄氧量=2.282×时间+8.545 $r=0.82$, SEE=4.9毫升/(千克·分)
诺顿方案	男性心脏病患者	福斯特等人（Foster et al., 1983）	最大摄氧量=1.61×时间+3.60 $r=0.97$, SEE=2.60毫升/(千克·分)

SEE 代表标准估计误差。
[a] 对于女性，使用的是经过修订的鲍克方案：速度为3.0英里/时；开始的3分钟内运动负荷及倾斜度为0，此后每3分钟增加2.5%。
[b] 使用的是布鲁斯方案，不能使用改良版布鲁斯方案。
[c] 此方程仅适用于在跑步机上扶着扶手步行的情况。

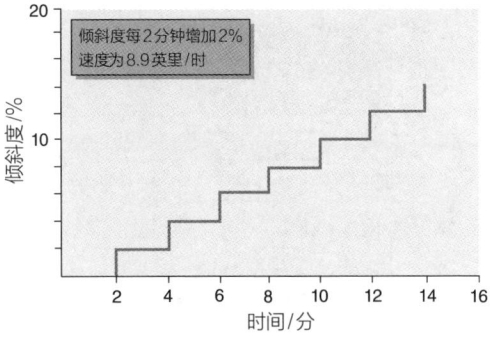

源自：科斯蒂尔和福克斯（Costill & Fox, 1969）
适用于：训练有素的人员
热身：10分钟的步行或跑步
初始运动负荷：速度为8.9英里/时，倾斜度为0，持续2分钟

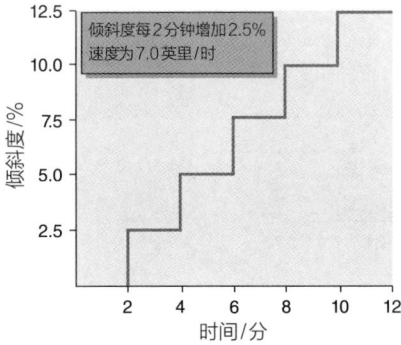

源自：布鲁斯等人（Bruce et al., 1973）
适用于：正常及高风险人员
初始运动负荷（正常人员）：速度为1.7英里/时，倾斜度为10%，持续3分钟
初始运动负荷（高风险人员）：速度为1.7英里/时，倾斜度为0~5%，持续3分钟

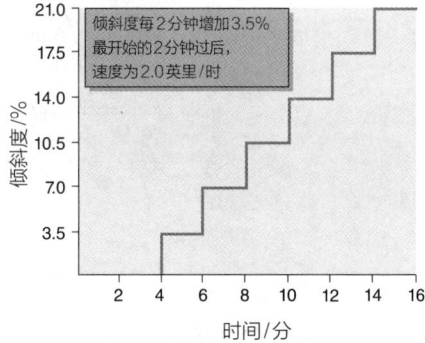

源自：马克苏德和库茨（Maksud & Coutts, 1971）
适用于：训练有素的人员
热身：步行10分钟，速度为3.5英里/时，倾斜度为0
初始运动负荷：速度为7英里/时，倾斜度0，持续2分钟

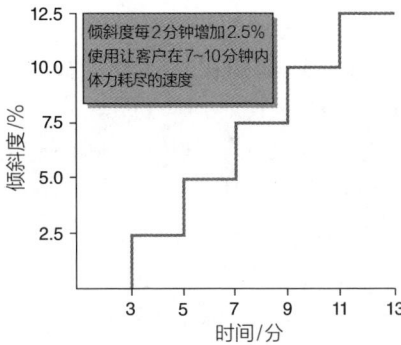

源自：诺顿等人（Naughton et al., 1964）
适用于：患有心脏病及高风险人员
初始运动负荷：速度为1.0英里/时，倾斜度为0，持续2分钟

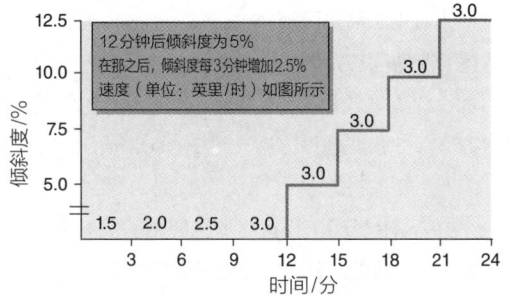

源自：改良版奥斯特兰德（Astrand）方案（Pollock et al., 1978）
适用于：训练有素的人员
热身：5分钟的步行或慢跑
初始运动负荷：速度为5~8英里/时，倾斜度为0，持续3分钟

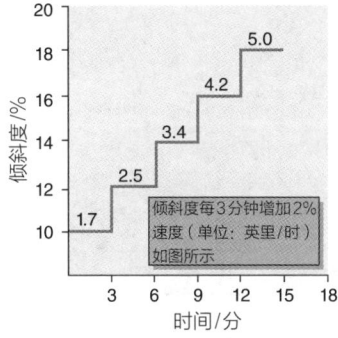

源自：威尔森等人（Wilson et al., 1978）
适用于：患有心脏病及高风险人员
初始运动负荷：速度为1.5英里/时，倾斜度为0，持续3分钟

图4.2 常用跑步机运动测试方案

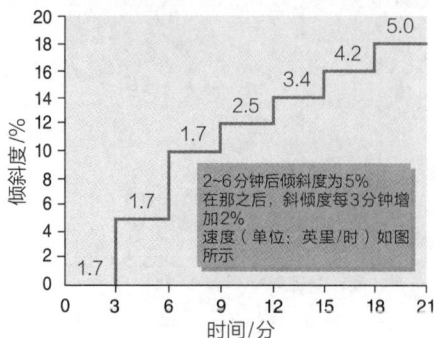

源自：改良版布鲁斯方案
（Lerman et al., 1976）
适用于：正常及高风险人员
初始运动负荷：速度为1.7英里/时，倾斜度为0，
持续3分钟

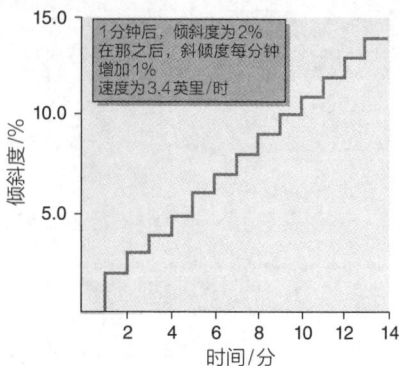

源自：鲍克和韦尔（Balke & Ware, 1959）
适用于：正常人员
初始运动负荷：速度为3.4英里/时，倾斜度为
0，持续1分钟

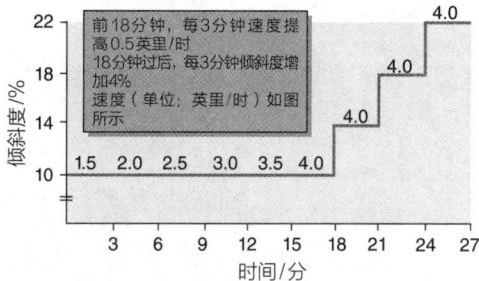

源自：卡塔斯（Kattus, 1968）
适用于：患有心脏病及高风险人员
初始运动负荷：速度为1.5英里/时，倾斜度为10%，持续3分钟

图4.2 常用跑步机运动测试方案（续）

2~3.5代谢当量），鲍克方案和布鲁斯方案非常适合低风险群体。在倾斜度为0~5%，初始运动负荷为1.7英里/时的情况下，布鲁斯方案极为适用于高风险群体。

鲍克跑步机方案

该方案（Balke & Ware, 1959）简称鲍克方案。如需实施该方案（见图4.2），请于运动的第1分钟将跑步机速度设置为3.4英里/时（约91.1米/分），并将跑步机的初始倾斜度设置为0。请在整个运动测试过程中保持跑步机的恒定速度。当运动的第2分钟开始时，请将倾斜度提高到2%。此后，运动每多持续1分钟，倾斜度就提高1%。

采用表4.5中鲍克方案的通用方程，根据运动时间估计客户的最大摄氧量，或者使用为鲍克方案所开发的列线图（见图4.3）来计算最大摄氧量。如需采用此列线图，请沿标有"鲍克方案时间"的垂直轴找到方案期间最后一个完整运动分钟所对应的时间，向摄氧量轴画一条水平线。使用此列线图时，一定要在适当的地方分别标出男性和女性的运动时间。

布鲁斯跑步机方案

该方案（Bruce, Kusumi & Hosmer, 1973）是一个多阶段的跑步机方案（见图4.3），简称布鲁斯方案。该方案通过改变跑步机速度及倾斜度来增加运动负荷。在测试的第1阶段（1~3分钟）期间，正常人能够以1.7英里/时的速度在倾斜度为10%的跑步机上行走。在第2阶段开始时（4~6分钟），请将倾斜度提高2%，速度提高到2.5英里/时（约67米/分）。在客户筋疲力尽之前，测试的每个后续阶段都要将按要求提高倾斜度和速度。本方案的通用方程可用于估算积极运动和久坐的男女、心脏病患者和老年人的最大摄氧量（见表4.5）。作为替代方案，你可以采用为布鲁斯方案开发的列线图（见图4.4）。沿标有"布鲁斯方案时间"的垂直轴绘制客户的运动时间，并从时间轴到摄氧量轴画一条水平线。同样，一定要在适当的地方分别标出男性和女性的活动时间。

改良版布鲁斯方案

改良版布鲁斯方案（见图4.2）比布鲁斯方案更适合高风险的老年人。然而，除了前两个阶段外，该方案与布鲁斯方案相似。第1阶段开始的倾斜度为0，步行速度为1.7英里/时（约45.6米/分）。第2阶段，倾斜度提高到5%。麦金尼斯和帕莱第（McInnis & Balady, 1994）比较了冠心病患者对标准及改良版布鲁斯方案的生理反应，报告指出，尽管采用了改良版布鲁斯方案进行额外的6分钟低强度运动，但是相应运动阶段的心率及血压反应类似。

请注意，布鲁斯方案的通用方程（见表4.5）

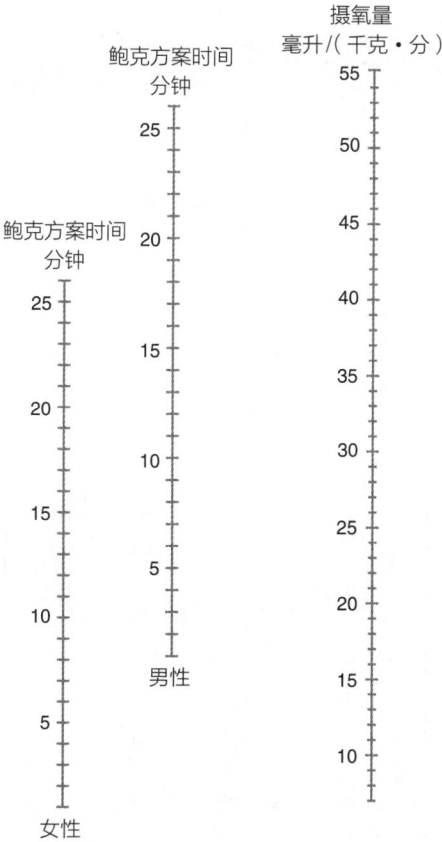

图4.3　鲍克方案列线图
[源自：N. K. Ng, *METCALC Software: Metabolic Calculations in Exercise and Fitness* (Champaign, IL: Human Kinetics, 1995), 30.]

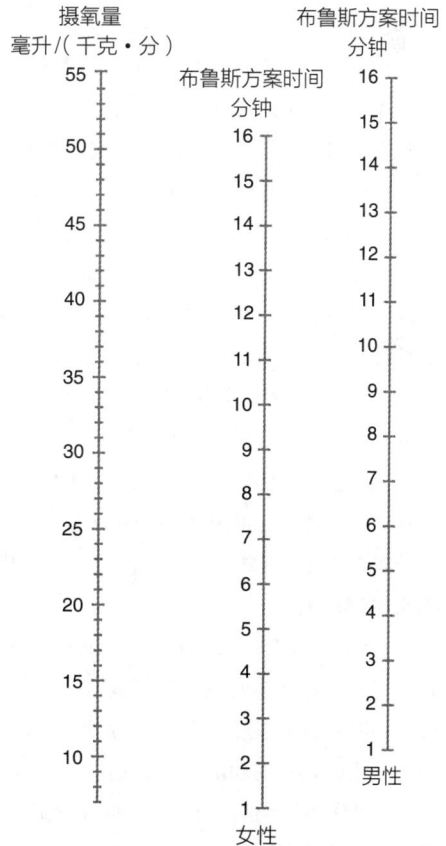

图4.4　布鲁斯方案列线图
[源自：N. K. Ng, *METCALC Software: Metabolic Calculations in Exercise and Fitness* (Champaign, IL: Human Kinetics, 1995), 32.]

只能用于标准版，而不能用于改良版版本。如需估算改良版布鲁斯方案的摄氧量，请采用ACSM步行代谢方程（见表4.3）。

自定步速式方案

自定步速式方案的设计有些随意，因为客户可以在理解自己需要在8~12分钟内达到疲劳点的前提下，根据自己的喜好调整跑步机的速度与倾斜度，以及骑行的运动负荷。在大多数情况下，速度和倾斜度只能向上调整。与标准分级运动测试相同的是需要定期收集数据。此外，当同时采用此类斜坡测试方案和代谢气体收集分析时，请确定具体的时间增量（如30秒）；在平均增量期间，可获取心率、自感用力度及呼气数值，以便进行进一步的分析。在本例中，最大摄氧量的最高平均值为30秒。如对方案最后1分钟或2分钟的增量平均值进行比较，便可能发现摄氧量达到了高原期［如增量<2毫升/（千克·分）；Nieman, 2003］。

斯珀利奇等人（Sperlich et al., 2015）比较了自定步速式、标准分级运动测试及极量跑步机斜坡方案。他们的研究结果表明，平均10分钟内可以完成一个自定步速式方案，并产生自感用力度、血乳酸、心率和换气比值的数值，这些值能够作为确定最大用力度的二级标准；而使用标准分级运动测试方案可测得最低的最大摄氧量。

跑步机斜坡方案

卡明斯基和惠利（Kaminsky & Whaley, 1998）开发了一个标准化的跑步机斜坡方案（即布鲁斯斜坡方案），用于评估存在症状、久坐及明显健康的客户的功能性心肺适能。在该方案里，以分钟为单位逐渐增加跑步机速度［增量为0.1~0.4英里/时（2.7~10.7米/分）］。最低速度为1.0英里/时（约26.8米/分）；最高速度为5.8英里/时（约155.4米/分）。跑步机的倾斜度每分钟也会逐渐增加（0~5%）。最低

倾斜度为0，最高倾斜度为20%。进行跑步机斜坡方案期间，每3分钟的做功速率（即速度与倾斜度）与标准布鲁斯方案相同（见表4.6）。例如，在运动的第6分钟，跑步机的速度［2.5英里/时（约67米/分）］和倾斜度（12%）是相同的。可以对这两种方案进行比较，跑步机斜坡方案的优点在于可有效避免运动量增加过程中存在的较严重的运动增量不均衡情况。此外，它还会导致机体对运动增量的血流动力学反应及生理反应同时增加，这有助于更准确地估计运动能力和通气阈。

表4.6　布鲁斯方案和跑步机斜坡方案的做功速率比较

分钟[a]	速度/（英里/时）[b]		倾斜度/%	
	SB	BR	SB	BR
1	1.7	1.0	10	0
2	1.7	1.3	10	5
3	*1.7*	*1.7*	*10*	*10*
4	2.5	2.1	12	10
5	2.5	2.3	12	11
6	*2.5*	*2.5*	*12*	*12*
7	3.4	2.8	14	12
8	3.4	3.1	14	13
9	*3.4*	*3.4*	*14*	*14*
10	4.2	3.8	16	14
11	4.2	4.1	16	15
12	*4.2*	*4.2*	*16*	*16*
13	5.0	4.5	18	16
14	5.0	4.8	18	17
15	*5.0*	*5.0*	*18*	*18*
16	5.5	5.3	20	18
17	5.5	5.6	20	19
18	5.5	5.8	20	20

SB代表布鲁斯方案；BR代表跑步机斜坡方案。
[a]粗斜体部分为两个方案做功速率相同的时间。
[b]通过乘以26.8将英里/时转换为米/分。

波尔扎兹等人（Porszasz et al., 2003）设计了一个跑步机斜坡方案，该方案能让做功速率线性递增，这样会使在跑步机上行走的

人在约10分钟内就筋疲力尽。为了能够随时间线性增加做功速率，有必要将线性增加的步行速度与曲线增加的跑步机倾斜度相结合。由于该方案开始时是慢速步行［如0.5~1.0英里/时（13.4~26.8米/分）］，适用于运动耐受性较差，以及久坐不动的客户。与所有类型的跑步机斜坡方案一样，该方案是个性化的。最大做功速率、舒适的步行速度范围、跑步机倾斜度及倾斜度增量会因客户而异。

与做功速率线性增加的功率自行车斜坡方案相比，该方案在约10分钟内即达到最大运动耐受性。然而，在跑步机上，摄氧量与做功速率之间关系的斜率始终比功率自行车的更大（Porszasz et al., 2003）。随着跑步机速度的增加，这种更大的斜率反映了四肢的额外使用（即摆动手臂和腿）和摩擦力。对每一个个体而言，倾斜度增量的时间进程需要引发做功速率的线性增长，这可通过基于客户体重、所期望的初始和最终步行速度、初始倾斜度和估计的最大做功速率的预测方程进行计算（Porszasz et al., 2003）。这些个体变量及倾斜度增量的预测方程可以被编入现代跑步机的计算机程序之中。因此，每一个个性化的跑步机斜坡方案都由计算机控制，从而使速度及倾斜度的递增更为顺利和迅速。

功率自行车极量运动测试

视频
4.4

功率自行车是一种广泛使用的用于评估心肺适能的仪器。当受试者运动能力有限，无法在跑步机上安全行走或慢跑时，功率自行车成为首选的测试仪器（Balady et al., 2010）。在机械制动的功率自行车（见图4.5）上，可以使用皮带或重锤对飞轮施加阻力。通过拉紧或松开制动带，用手轮调整运动负荷。通过增加飞轮上的阻力，增加功率自行车的运动负荷。功率（爆发力）输出通常以千克·米/分或瓦表示，并且很容易采用公式进行测量：

图4.5 功率自行车（机械制动）

$$功率 = 力 \times 距离/时间$$

其中，力等于在功率自行车上设置的阻力或张力（千克），距离为踏板每踏一圈飞轮轮缘所走的距离乘以踏板每分钟转数。在Monark和Bodyguard功率自行车上，踏板每转一次飞轮经过6米。因此，如果施加2千克的阻力，踏板速度为每分钟60转，则计算公式为：

$$功率 = 2千克 \times 6米/转 \times 60转/分$$
$$= 720千克 \cdot 米/分（120瓦）$$

为了计算飞轮尺寸不同的功率自行车的飞轮经过距离，需要测量飞轮上阻力轨道的周长（米），并用周长乘以踏板完整旋转一次（360度）的飞轮转数（Gledhill & Jamnik, 1995）。

当在标准机械制动功率自行车上运动时，客户应保持恒定的脚踏速度。某些功率自行车会配一个速度计，以显示个人的脚踏速度。请经常检查这个速度计的表盘，以确保客户在整个测试过程中保持恒定的脚踏速度。如果没有速度计，请用节拍器来确定客户的脚踏速度。在电磁制动功率自行车（图4.6）上无须控制脚踏速度。电磁制动功率自行车会调节阻力，以使脚踏速度变慢或变快，从而保持恒

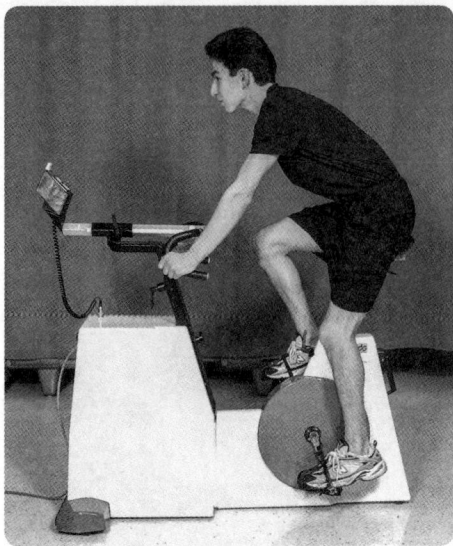

图4.6 功率自行车（电磁制动）

定的功率输出。然而，这种类型的功率自行车很难进行校准。

大多数功率自行车测试方案适用于未经训练的骑自行车者，采用50转/分或60转/分的脚踏速度。同时，在测试的各个阶段，其功率输出会增加150~300千克·米/分（35~50瓦）。

不过，训练有素的自行车运动员可以采用更高的脚踏速度（≥80转/分）。与50转/分、70转/分或80转/分相比，60转/分的脚踏速度能够带来最高的最大摄氧量数值（Hermansen & Saltin, 1969）。图4.7说明了一些应用广泛的涉及功率自行车的断续及持续极量运动测试方案。功率自行车的相关使用指南见本页的"用功率自行车进行测试"。

如需计算功率自行车运动的能量消耗，请采用表4.3中提供的ACSM代谢方程。总能量消耗或总摄氧量［毫升/（千克·分）］是踩下踏板对抗阻力时的耗氧量（功率输出）、无负荷骑行的耗氧量［约3.5毫升/（千克·分），50~60转/分，0阻力］及静息摄氧量的函数。针对外部负荷或阻力骑行的氧气消耗量约为1.8毫升/（千克·分）。相关样本计算见第97页的"ACSM腿部测力代谢方程"。

请记住，只有当客户在极量运动测试期间达到稳定状态时，腿部和臂部测力代谢方程才能准确估算摄氧量。例如，如果客户在极量运动测试方案的最后阶段只能完成1分钟的运动，则应采用上一阶段（客户达到稳定状态）的功率输出来估算最大摄氧量，而非与最后阶段相对应的功率输出。

用功率自行车进行测试

建议使用功率自行车进行测试时遵循以下准则。

1. 校准功率自行车的方法通常为：将已知重量悬挂在飞轮皮带上，然后读出手轮上的刻度。

2. 每次测试之间都要放松皮带。

3. 在设置运动负荷之前，请确定脚踏速度。

4. 在测试过程中需经常检查负荷的设定值，因为它可能会随着皮带的升温而改变。

5. 设置节拍器，以便每两个节拍完成一次旋转（如对于需要60转/分脚踏速度的测试，请将节拍器设置为120）。

6. 调整座椅的高度，使前脚掌踩在踏板上，腿部最大伸展时，膝关节略微屈曲（约25度）。

7. 让客户保持直立坐姿，双手适当地放在扶手上。

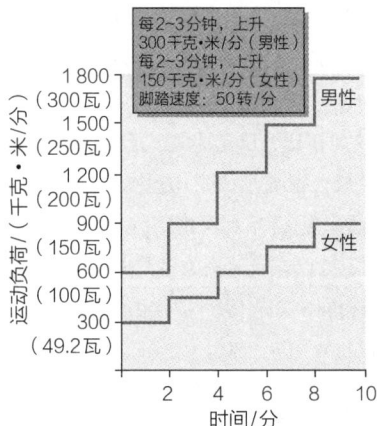

源自：奥斯特兰德（Astrand, 1965）
类型：持续
适用于：正常风险
初始运动负荷：600千克·米/分（100瓦）（男性）
　　　　　　300千克·米/分（50瓦）（女性）

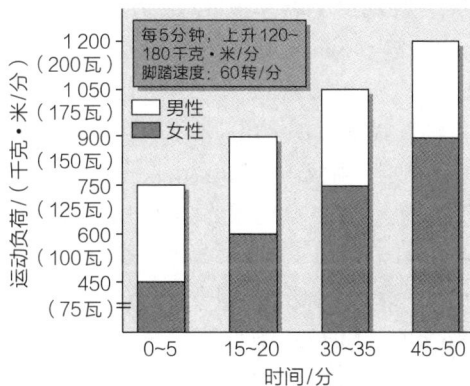

源自：福克斯（Fox, 1973）
类型：断续
适用于：正常风险
初始运动负荷：750~900千克·米/分（125~150瓦）（男性）
　　　　　　450~600千克·米/分（75~100瓦）（女性）

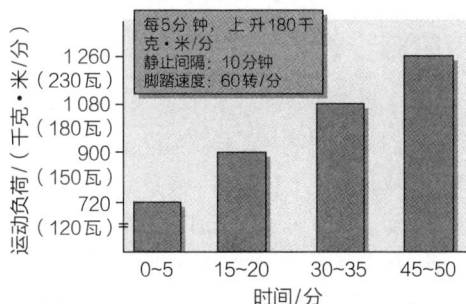

源自：奥斯特兰德（Astrand, 1956）
类型：断续
适用于：正常风险
初始运动负荷：720千克·米/分（100瓦）

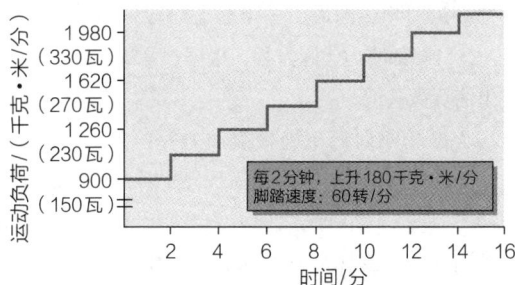

源自：麦卡德尔（McArdle et al., 1973）
类型：持续
适用于：正常风险
初始运动负荷：900千克·米/分（150瓦）

图4.7 功率自行车运动测试方案

ACSM 腿部测力代谢方程

如需计算体重为62千克的女性骑行的能量消耗，做功速率或功率输出为360千克·米/分，请实施以下步骤。

1. 计算特定功率输出时，骑行的能量消耗。

摄氧量=做功速率[a]（W）/体重（M）×1.8
　　　　=360（千克·米/分）/62（千克）×1.8
　　　　≈10.45毫升/（千克·分）

2. 加上无负荷骑行时的预计消耗［如3.5

毫升/（千克·分）］。

摄氧量=10.45毫升/（千克·分）+3.5毫升/（千克·分）=13.95毫升/（千克·分）

3. 加上预计静息能量消耗［3.5毫升/（千克·分）］。

摄氧量=13.95毫升/（千克·分）+3.5毫升/（千克·分）=17.45毫升/（千克·分）

[a]做功速率单位：千克·米/分。

奥斯特兰德功率自行车极量测试方案

▶
视频
4.5

该方案（Astrand, 1965）是一个持续测试（见图4.7），简称奥斯特兰德方案。在该方案中，女性的初始功率输出为300千克·米/分（50瓦），男性的初始功率输出为600千克·米/分（100瓦）。由于脚踏速度为50转/分，女性的阻力为1千克（1千克×6米/转×50转/分=300千克·米/分），男性的阻力为2千克（2千克×6米/转×50转/分=600千克·米/分）。请让客户在此初始运动负荷下运动2分钟，然后每2~3分钟增加一次功率输出，女性和男性分别增加150千克·米/分（25瓦）及300千克·米/分（50瓦）。在客户筋疲力尽或不能再保持50转/分的脚踏速度之前，请不要终止测试。在分级运动测试的最后一个稳态阶段，请采用ACSM腿部测力代谢方程，根据客户的功率输出估算摄氧量。

福克斯功率自行车极量测试方案

该方案（Fox, 1973）简称福克斯方案（极量），是一个断续测试，由一系列时长为5分钟的运动以及10分钟的休息间隔组成。男性的初始运动负荷为750~900千克·米/分（125~150瓦），女性为450~600千克·米/分（75~100瓦）。运动的渐进增量取决于客户的心率反应，增量通常在120~180千克·米/分（20~30瓦）。在筋疲力尽或不再能踩踏板至少3分钟的时候，客户需在高于先前运动负荷60~90千克·米/分（10~15瓦）的功率输出下进行运动。可以采用ACSM代谢方程将本方案最后一个稳态阶段的功率输出转换为最大摄氧量。

自定步速式功率自行车极量测试方案

对于自定步速式功率自行车极量测试方案，客户需在整个测试方案中调整脚踏速度以及飞轮阻力。梅杰和斯卡尔索普（Mauger & Sculthorpe, 2012）设计了一个10分钟的自定步速式极量测试方案。该方案要求客户选择运动负荷，2分钟为1个阶段，共进行5个阶段。每个阶段都有一个目标自感用力度，也被称为"钳夹"阶段，最后一个阶段的自感用力度达到博格自感用力度量表的20分。与传统的功率自行车测试方案相比，自定步速式自感用力度钳夹方案使最大摄氧量值平均提高约8%，最大功率输出平均提高35瓦。相反，其他研究人员认为，自定步速式自感用力度钳夹方案的最大值与使用相同模式的传统方案相比没有显著差异（Chidnok et al., 2013；Evans, Parfitt & Eston, 2014）。自定步速式方案比传统斜坡方案更受青睐（Evans, Parfitt & Eston, 2014）。与传统方案相比，无论采用何种方式，钳夹方案都能产生相似的最大结果。因此，这是一个可替代极量运动测试的测试方案。

台阶踏步极量运动测试

对于极量运动测试来说，台阶踏步为最不理想的运动模式。在台阶踏步过程中，个体需完成正向（上行阶段）与负向（下行阶段）运动。在负向运动中消耗的能量大约会比正向运动减少1/4~1/3（Morehouse, 1972），再加上根据体重的不同来调整台阶高度与踏步频率，使得运动标准化极为困难。

一般流程

大多数踏步测试方案通过逐渐增加脚凳（台阶）高度或踏步频率来提高运动强度。所做的功（W）可用公式$W=F\times D$计算，其中F为体重（千克），D为台阶高度乘以每分钟步数。例如，一名50千克的女性在30厘米（0.30米）高的脚凳上以22步/分的速度行走，功率为330千克·米/分（50千克×0.30米/步×22步/分）。

以下方程可用于根据体重差异来调整台阶高度和踏步频率，以达到给定的做功速率（Morehouse, 1972）：

台阶高度（米）=功率（千克·米/分）/[体重（千克）×踏步频率]

踏步频率（步/分）=做功速率（千克·米/分）/
　　［体重（千克）×台阶高度（米）］

例如，如果你为一名客户设计一个分级踏步运动方案，客户体重为60千克，做功速率为300千克·米/分，踏步频率设置为18步/分，需要确定与做功速率对应的台阶高度：

台阶高度=300（千克·米/分）/（60千克×18步/分）

　　　　=0.28米

或者，也可以选择保持台阶高度不变，改变分级运动测试每个阶段中的踏步频率。例如，如果台阶高度设置为30厘米（0.30米），并且客户体重为60千克，做功速率为450千克·米/分，则需要计算该客户相应的踏步频率：

踏步频率=450（千克·米/分）/（60千克×0.30米）

　　　　=25步/分

可以采用ACSM踏步代谢方程来计算该运动方案的能量消耗（见表4.3）。总摄氧量是踏步频率、台阶高度以及静息能量消耗的函数。对于每个4步计数循环，水平移动的氧气消耗约为0.2毫升/（千克·分），所增加的氧气需求量为1.8毫升/（千克·分），应当再增加约1/3（即ACSM踏步方程中的常数1.33），以说明减少的耗氧量。与此类计算相关的示例，见本页的"ACSM踏步代谢方程"。

内格尔、鲍克及诺顿极量踏步测试方案

内格尔、鲍克及诺顿（Nagle, Balke & Naughton, 1965）设计了一种分级踏步测试（简称内格尔方案），用于评估做功能力。请客户站在可调节长度的长凳上（高度为2~50厘米），踏步频率为30步/分。将初始台阶高度设定为2厘米，此后每分钟增加2厘米。采用节拍器控制踏步频率（每个踏步周期为4拍）。如需达到30步/分的频率，请将节拍器设置为120（30×4）。当客户疲劳或不能继续保持踏步频率时，请终止测试。采用ACSM踏步代谢方程来计算与本方案最后运动阶段的台阶高度和踏步频率相对应的能量消耗（最大摄氧量）。

ACSM踏步代谢方程

如需计算台阶踏步的能量消耗，台阶高度为16英寸（等于40.64厘米），踏步频率为24步/分，请按照以下步骤计算。

摄氧量［毫升/（千克·分）］=踏步频率（步/分）×0.2+台阶高度（米）×踏步频率（步/分）×1.33×1.8+静息摄氧量

1. 计算踏步过程中水平移动的摄氧量。

摄氧量=踏步频率×0.2

　　　=24步/分×0.2

　　　=4.8毫升/（千克·分）

2. 将台阶高度的单位换算成米（1英寸=2.54厘米或0.025 4米）。

台阶高度=16英寸×0.025 4米=0.406 4米

3. 计算踏步过程中垂直做功的摄氧量。

摄氧量=台阶高度×踏步频率×1.33×1.8

　　　=0.406 4米×24步/分×1.33×1.8

　　　≈23.35毫升/（千克·分）

4. 静息摄氧量加上步骤1和步骤3计算所得的摄氧量。

摄氧量=4.8毫升/（千克·分）+23.35毫升/（千克·分）+3.5毫升/（千克·分）

　　　=31.65毫升/（千克·分）

卧式踏步机极量运动测试

该方案由比林格等人（Billinger et al., 2008）开发，简称比林格方案，是一个使用全身卧式踏步机（NuStep TRS 4000）进行的极量运动测试方案。在方案开始的2分钟内进行热身，需将运动负荷设置为1（50瓦）。热身运动后，立即将初始运动负荷设置为4（75瓦）。在客户达到测试终止的标准之前，阻力会逐渐增加。整个运动方案需采用恒定的踏步频率（115步/分）。与跑步机测试（布鲁斯方案）相比，卧式踏步机测试可导致较低的最大心率平均值（181次/分对188次/分）及摄氧量（3.13升/分对3.67升/分）平均值。考虑到卧式踏步机极量运动测试采用的是坐姿，这些差异是可预料的。最大摄氧量（$r=0.92$）以及最大心率（$r=0.96$）的相关系数表明，布鲁斯方案和卧式踏步机方案之间有着较高的相关性。

这种测试方式特别适用于评估患有神经肌肉疾病的客户的心肺适能，由于患有这种疾病，这些客户的步态、协调性及平衡性都会受到影响。现在，卧式踏步机作为一种训练器材，在康复中心、健身中心和退休社区得到了广泛的运用。

亚极量运动测试方案

为了对有氧体适能水平进行分级并制定有氧运动方案，需要直接确定个体的功能性心肺适能。然而，这并不总是可行的。实际上，测量最大摄氧量时需要昂贵的实验室设备、相当长的实施时间及客户高度的积极性。

你也可以采用亚极量运动测试来预测或估算个体的最大摄氧量。其中许多测试都类似于前面描述的极量运动测试，但不同的是，它们以一些预定的心率强度作为终止标准。应在亚极量运动测试期间监测客户的心率、血压以及自感用力度。跑步机、功率自行车与台阶踏步运动通常用于亚极量运动测试。

亚极量运动测试的假设

在亚极量运动测试中，需假设心率达到稳定状态，并且其对于每个做功速率而言都是一致的。在恒定的亚极量做功速率下，通常在3~4分钟内可以达到稳态心率。同时，该测试假设心率在110~150次/分时，心率与摄氧量存在线性关系。可以根据两个亚极量运动测试得到的数据绘制心率-做功速率关系（即心率-摄氧量关系）图，并依此推算最大心率，从而根据亚极量运动数据估计最大摄氧量。尽管心率与摄氧量之间的线性关系适用于轻到中等的运动负荷，但在较重的运动负荷下，摄氧量与做功速率之间呈曲线关系。如果客户服用的药物改变了心率，则不应该采用次最大心率数据来估计他们的最大摄氧量。

亚极量运动测试的另一个假设为，在骑行或跑步机运动期间，所有客户的机械效率都是恒定的。然而，在给定的运动负荷下，在自行车运动中机械效率较差的客户有较高的次最大心率，而实际的最大摄氧量会因效率低下而被低估。因此，由亚极量运动测试预测所得的训练有素的客户的最大摄氧量往往被高估，而未经训练、久坐不动的客户的最大摄氧量则被低估。

亚极量运动测试还假设，在特定年龄范围内的客户的最大心率相似。然而，研究表明，即使在控制了年龄与训练状态变量后，心率变化幅度也高达±11次/分（Londeree & Moeschberger, 1984）。此外，对于亚极量运动测试，最大心率是根据年龄估算的，即最大心率=220－年龄，该方程的应用很广泛。大约5%~7%的男性和女性的最大心率比他们的通过年龄预测出的值低15次/分以上。另外，9%~13%的人比他们依据年龄预测的最大心率高15次/分（Whaley et al., 1992）。由于最大心率的个体间差异性和使用年龄预测最大心率的潜在不精确性，在估计客户的最大摄氧量时可能会有相当大的误差（±10%~15%），特别是在依据次最大数据推算由年龄预测的最大心率时。

此外，田中、莫纳汉和西尔斯（Tanaka, Monahan & Seals, 2001）指出，传统的年龄预测方程（最大心率=220-年龄）高估了年轻人的实际最大心率，并且越来越低估了40岁以上的人的实际最大心率。在回顾了许多与健康成年人（18~81岁）相关的研究后，研究者们在报告中指出，仅仅是年龄这一因素，便决定了最大心率差异中的80%，其与性别及体力活动状态无关。他们推导了一个根据年龄预测最大心率的方程：最大心率=208-（0.7×年龄）。从这个方程得出的估计值不同于传统方程得出的估计值，尤其是对于超过40岁的成年人而言。例如，对于一位60岁的老年客户，修订后方程所得的结果为166次/分 [208-（0.7×60）=166次/分]，而传统方程预测的最大心率为160次/分（220-60=160次/分）。

由于个体的年龄会不断增长，吉尔利仕等人（Gellish et al., 2007）模拟了最大心率与年龄之间的关系。他们根据数据开发出了一个预测方程 [最大心率=207-（0.7×年龄）]，并与田中等人（Tanaka et al., 2001）得出的方程相似。对于30~75岁的成年人，该方程预测最大心率的置信区间（CI）为±5~8次/分。此外，吉尔利仕等人（Gellish et al.）开发了一个二次方程：最大心率=192-（0.007×年龄^2）。虽然该二次方程减小了预测误差 [95%的置信区间为±（2~5）次/分]，但实际应用时并不可行。

在确定最大心率与通过跑步机测试得出的值没有显著差异后，克利里等人（Cleary et al., 2011）认为，对于18~33岁的成年人而言，

两次极量200米冲刺的最大心率，是一种能够替代年龄相关最大心率预测方程的合理方案。有趣的是，他们发现，吉尔利仕的二次方程与费尔巴恩等人（Fairbarn et al., 1994）的特定性别方程 [女性最大心率=201-（0.63×年龄）；男性最大心率=208-（0.80×年龄）]，都得出了与极量200米冲刺相似的估计值。

由于最大心率的个体间差异性和年龄预计方程的潜在不精确性，应尽可能直接测量实际的最大心率（通过心电图检测仪或心率监测器）。在以下情况下，精确的最大心率尤为重要。

- 运动测试终止标准为达到预定的最大心率百分比（最大心率百分比法）或心率储备百分比（心率储备=最大心率-静息心率）。
- 根据年龄预测的最大心率推算亚极量运动测试数据，从而估计客户的最大摄氧量。
- 将最大心率用于确定有氧运动处方的目标运动心率（见第5章）。

跑步机亚极量运动测试

跑步机亚极量运动测试提供了关于功能性心肺适能（最大摄氧量）的估计值，并假设随着运动负荷的连续增加，心率线性增加。与心肺适能水平较低的客户相比，水平较高的客户在给定的次最大心率下，可以完成更多的运动任务。

知觉调节运动测试（PRET）是一个替代性方案，采用心率来估计摄氧量峰值。该测试需在功率自行车及跑步机上完成。知觉调节运动测试中的运动负荷是可调的，那样个体就能够在分级模式下运动，其负荷与4个自感用力度分值（9分、11分、13分、15分）相关联。计算每个阶段最后30秒所收集的代谢气体平均数据，并根据相应的自感用力度绘制出相应的图表；线性回归法用于推算自感用力度在19分或20分时，摄氧量峰值的估计值。

视频 4.6

埃斯顿等人（Eston et al., 2012）验证了一种采用跑步机的知觉调节运动测试，受试者包括积极运动及久坐的成年人（18~72岁）。他们的结论是，当自感用力度为19分时，有利于估算积极运动及久坐不动的成年群体的摄氧量峰值。埃文斯等人（Evans et al., 2015）将知觉调节运动测试方案纳入了跑步机亚极量测试，以评估摄氧量峰值。他们还探讨了在测试开始前让受试者熟悉博格自感用力度量表（6~20分）的重要性。此外，埃文斯等人（Evans et al., 2015）分析了使用通过自感用力度量表确定的运动负荷而非使用由年龄预测的最大心率的好处。

我们还可以采用跑步机极量测试方案（见图4.2）来确定客户对运动的心率反应的斜率。可以通过一个（单阶段模型）或两个（多阶段模型）次最大心率预测最大摄氧量。单阶段模型的精度与多阶段模型相似。

多阶段模型

如需通过多阶段模型估计最大摄氧量，请采用跑步机测试中两个或多个阶段中的次最大心率及运动负荷数据。请确保客户的心率达到了稳定状态，处于115~150次/分（Golding, 2000）。通过计算两个次最大（SM）运动负荷（表示为摄氧量）和次最大心率相应变化之间的不同比率来确定斜率（b）。

$$b=（次最大摄氧量_2-次最大摄氧量_1）/（心率_2-心率_1）$$

采用ACSM代谢方程计算每种运动负荷下的摄氧量，同时采用以下方程预测最大摄氧量：

$$最大摄氧量=次最大摄氧量_2+斜率×（最大心率-心率_2）$$

如果不清楚实际的最大心率，则可以采用前文所介绍的一个依据年龄预测最大心率的方程来进行估算。"用于估计最大摄氧量的多阶段模型"提供了根据38岁男性的跑步机亚极量测试数据估计最大摄氧量的示例。在该示例中，客户所实施的是布鲁斯方案。请注意，该模型也可用于任何一个多阶段分级运动测试。

用于估计最大摄氧量的多阶段模型

源自布鲁斯方案的次最大数据

阶段1[a]
摄氧量[b]=16.1毫升/（千克·分）（次最大摄氧量_1）
心率=130次/分（心率_1）

阶段2[a]
摄氧量[b]=24.5毫升/（千克·分）（次最大摄氧量_2）
心率=145次/分（心率_2）

最大心率：220-年龄=182次/分
斜率（b）=（次最大摄氧量_2-次最大摄氧量_1）/（心率_2-心率_1）

$$b=（24.5-16.1）/（145-130）$$
$$b=8.4/15$$
$$b=0.56$$

最大摄氧量=次最大摄氧量_2+斜率×（最大心率-心率_2）
最大摄氧量=24.5+0.56×（182-145）
=24.5+20.72
=45.22毫升/（千克·分）

[a]阶段1和阶段2是指由客户完成的分级运动测试的最后两个阶段，而不是测试方案中的第1阶段及第2阶段。例如，如果客户完成了亚极量运动测试方案的3个阶段，那么第2阶段和第3阶段的数据将用于估计摄氧量。
[b]采用ACSM代谢方程计算摄氧量（见表4.3）。摄氧量可以用升/分、毫升/（千克·分）或代谢当量表示。

单阶段模型

如需采用单阶段模型估计最大摄氧量，请采用一个次最大心率以及一个运动负荷。单阶段分级运动测试期间的稳态次最大心率应达到130~150次/分。"适用于男性及女性的公式"展示了已经开发的公式（Shephard, 1972）。

适用于男性及女性的公式

男性

最大摄氧量=次最大摄氧量 ×
[（最大心率−61）/（次最大心率−61）]

女性

最大摄氧量=次最大摄氧量 ×
[（最大心率−72）/（次最大心率−72）]

可以通过ACSM代谢方程计算次最大摄氧量（见表4.3）。可以采用通过年龄预测最大心率的方程之一来估算最大心率（如果不清楚最大心率）。次最大心率即亚最大心率。

"用于估计最大摄氧量的单阶段模型"提供了相关示例，以说明如何根据跑步机亚极量测试数据，运用该模型为45岁女性预测最大摄氧量。在该示例中，所实施的是鲍克方案。请注意，该模型可用于任意一个分级运动测试方案。

单阶段跑步机步行测试

艾伯林等人（Ebbeling et al., 1991）开发了一种单阶段跑步机步行测试（也被称为艾伯林方案），适用于计算20~59岁健康的低风险成年人的最大摄氧量。对于中年（45~65岁）女性样本，单阶段跑步机步行测试所得的最大摄氧量有较高的信度和效度（Mitros et al., 2011）。就该方案而言，步行速度具备个性化的特征，其取决于客户的年龄、性别以及体适能水平，其范围为2.0~4.5英里/时（53.6~120.6米/分）。请在倾斜度为0的4分钟热身期间设定步行速度。热身运动期间的心率应该

用于估计最大摄氧量的单阶段模型

鲍克方案中的次最大数据:

阶段3

摄氧量=5.0代谢当量（次最大摄氧量）
心率=148次/分（次最大心率）

最大心率: 220−年龄=175次/分

最大摄氧量=次最大摄氧量 ×
[（最大心率−72）/（次最大心率−72）]
=5×[（175−72）/（148−72）]
=5×（103/76）
≈6.8代谢当量

达到根据个体年龄预测最大心率的50%~70%。测试包括以选定的速度在倾斜度为5%的跑步机上快走4分钟。请记录此运动负荷下的稳态心率，并用于以下方程中，来估计最大摄氧量[单位：毫升/（千克·分）]:

最大摄氧量=15.1+21.8×（速度，单位: 英里/时）
−0.327×（心率，单位: 次/分）
−0.263×（速度 × 年龄）
+0.00 504×（心率 × 年龄）
+5.48×（性别参数: 女性=0，男性=1）

单阶段跑步机慢跑测试

可以采用单阶段跑步机慢跑测试（也被称为乔治方案）来估计年轻人（18~28岁）的最大摄氧量（George et al., 1993）。对于该测试，请选择舒适的慢跑速度，其范围从4.3~7.5英里/时（115.2~201米/分）不等，但女性不超过6.5英里/时（约174.2米/分钟），男性不超过7.5英里/时（约201米/分）。让客户在恒定速度下进行约3分钟的慢跑，稳态运动心率应不超过180次/分。请采用以下方程估计最大摄氧量[单位：毫升/（千克·分）]:

最大摄氧量=54.07−0.193 8×（体重，单位: 千克）
+4.47×（速度，单位: 英里/时）
−0.1453×（心率，单位: 次/分）

+7.062 ×（性别参数：女性=0，男性=1）

▶ 功率自行车亚极量运动测试

功率自行车亚极量测试可用于预测最大摄氧量。这些测试要么是持续的，要么是断续的，同时，该测试的基础假设为，心率和摄氧量是做功速率的线性函数。对次最大运动负荷的心率反应可用于预测最大摄氧量。

如果在功率自行车亚极量运动测试期间收集了代谢气体，可以采用知觉调节运动测试，指导客户分别以9分、11分、13分和15分的自感用力度骑行3分钟。请绘制出每个阶段最后30秒的平均摄氧量与相应自感用力度分值的图表。请根据回归线推算出20分的自感用力度下的摄氧量峰值。知觉调节运动测试消除了依据年龄预测最大心率的相关误差（Coquart et al., 2016；Evans et al., 2015）。

奥斯特兰德-赖明方案（功率自行车）

奥斯特兰德-赖明（Atrand-Ryming）方案（功率自行车）是一种单阶段测试，采用列线图预测以时长为6分钟的次最大运动负荷的心率反应为依据的最大摄氧量。选择一种功率输出，使心率达到125~170次/分。对于受过训练并经常运动的女性，初始运动负荷通常为450~600千克·米/分（75~100瓦）；对于受过训练并经常运动的男性，其初始运动负荷为600~900千克·米/分（100~150瓦）；对于未经训练或年龄较大的客户，其初始运动负荷应该为300千克·米/分（50瓦）。

在测试过程中，请每分钟测量一次心率，并记录下第5分钟和第6分钟的平均心率。如果这两个心率之间的差超过5次/分或6次/分，则将运动测试延长至达到稳态心率为止。在运动测试的最后，如果心率低于130次/分，则增加300千克·米/分（约50瓦）的运动负荷，同时让客户多运动6分钟。

如需估计该方案中的最大摄氧量，请采用改良版奥斯特兰德-赖明方案列线图（见图4.8）。该列线图用于估计最大摄氧量（升/分），数据来源于跑步机、功率自行车及踏步亚极量测试。对于每个测试模式，可以采用跑步机运动的耗氧量、功率自行车运动的功率输出（千克·米/分）或踏步运动的体重（千克）估计次最大心率。对于功率自行车测试，请在奥斯特兰德-赖明方案列线图的相应位置标记客户

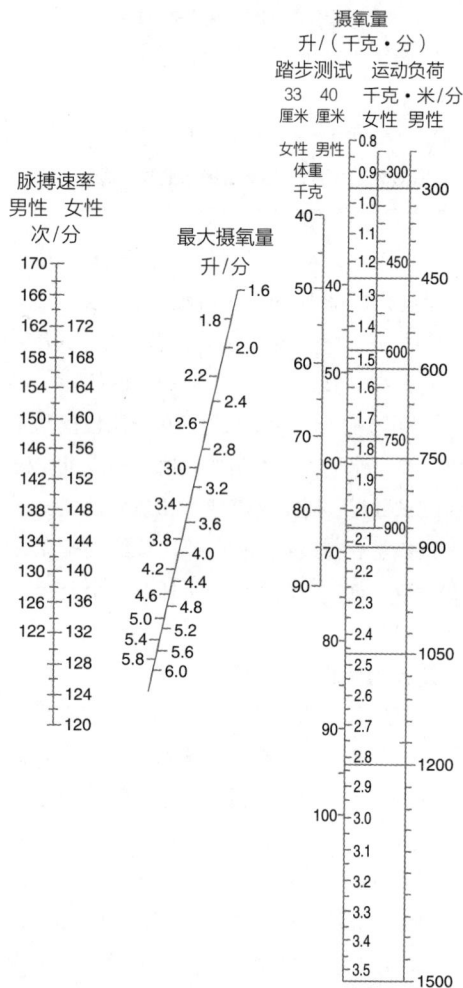

图4.8 改良版奥斯特兰德-赖明方案列线图

[经许可，源自："Aerobic Capacity in Men and Women with Special Reference to Age," by I. Åstrand, 1960. *Acta Physiologica Scandinavica* 49 (Suppl. 169), p.51. Copyright 1960 by *Acta Physiologica Scandinavica*.]

的功率输出（千克·米/分）和稳态心率。用直尺将这些点连接成线，并在该线与最大摄氧量对应列相交处读取最大摄氧量的估计值。

测得的最大摄氧量与该列线图估计的最大摄氧量之间，相关系数为0.74。对于训练有素以及未经训练的客户，预测误差分别为±10%和±15%（Astrand & Rodahl, 1977）。本方案以及列线图的交叉验证研究得出的效度系数为0.82，18~44岁成年人的最大摄氧量预测误差为5.1毫升/（千克·分）（Swain et al., 2004）。

对于25岁以下或25岁以上的客户，应当考虑年龄效应，并采用以下年龄–校正因素来调整依据列线图预测的最大摄氧量。例如，如果依据列线图估计45岁客户的最大摄氧量为3.2升/分，则调整后的最大摄氧量为2.5升/分（3.2×0.78≈2.5升/分）。

YMCA功率自行车亚极量运动测试方案

该方案（Golding, 2000）是一项针对男性及女性的功率自行车亚极量测试，简称YMCA方案。该方案在功率自行车上采用3个或4个时长为3分钟的持续运动负荷，旨在将至少两个持续运动负荷的心率提高到110次/分和依据年龄预测的最大心率的85%之间。踏板速度为50

转/分，初始运动负荷为150千克·米/分（25瓦）。采用机械制动功率自行车，将阻力设置为0.5千克（0.5千克×50转/分×6米/转=150千克·米/分）。为了采用平板负荷式功率自行车来达到此做功速率，请用一块负重板（1.0千克），并将踏板速度降低至25转/分（1.0千克×25转/分×6米/转=150千克·米/分）。请用初始运动负荷最后1分钟的心率来确定后续运动负荷（见图4.9）。如果心率小于86次/分，则将第2个运动负荷设置为600千克·米/分。如果心率为86~100次/分，则方案中第2阶段的运动负荷为450千克·米/分。如果初始运动负荷结束时的心率超过100次/分，则将第2个运动负荷设置为300千克·米/分。

请设置相应的第3和第4个运动负荷（见图4.9）。在第2分钟和第3分钟的最后30秒内，请测量每个运动负荷下的心率。如果这些心率相差超过5次/分或6次/分，则将相应运动负荷下的运动时间延长1分钟，直到心率稳定为止。如果在第3个运动负荷期间，客户达到稳态心率或超过依据年龄预测的最大心率的85%，则终止测试。

奥斯特兰德–赖明方案列线图的年龄–校正因素

年龄	校正因素
15岁	1.10
25岁	1.00
35岁	0.87
40岁	0.83
45岁	0.78
50岁	0.75
55岁	0.71
60岁	0.68
65岁	0.65

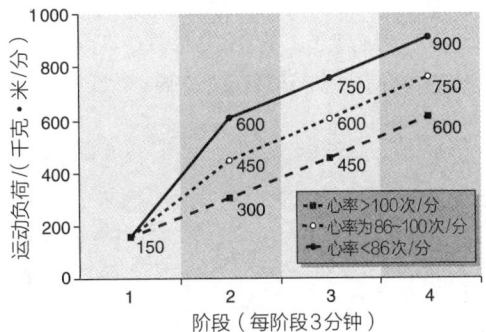

图4.9 YMCA方案

请采用ACSM代谢方程（见表4.3）计算最后两个运动负荷的能量消耗（摄氧量）。如需根据这些数据估计最大摄氧量，请采用多阶段模型的方程来计算用于描述最后两个运动负

荷的心率反应的直线斜率，或者将这些数据绘制成图表来估计最大摄氧量（见图4.10）。为

此，利用运动负荷和相应的心率绘制坐标图。将数据点用线连接起来，并将其延长，使其与

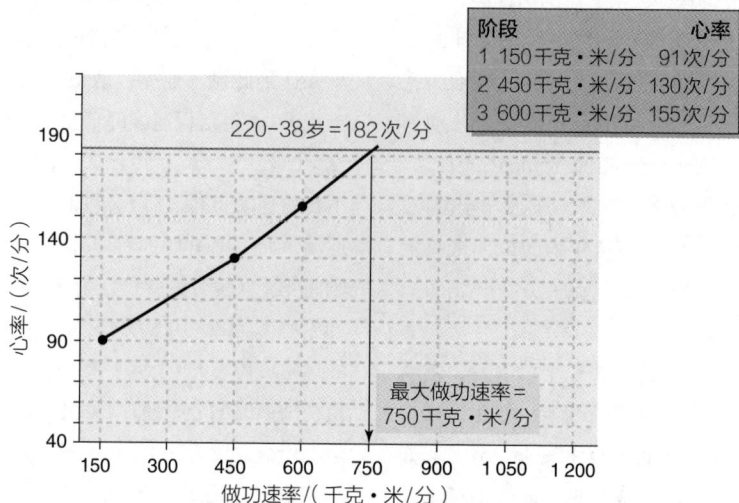

阶段		心率
1	150千克·米/分	91次/分
2	450千克·米/分	130次/分
3	600千克·米/分	155次/分

220-38岁=182次/分

最大做功速率=750千克·米/分

图4.10 通过心率与次最大做功速率估计最大做功能力和最大摄氧量

斯温方案的初始流程及一般注意事项

如选择该方案，请遵循以下步骤。

1. 测量体重并记录客户的年龄。
2. 客户的体力活动水平分为较高（90分/周以上的高强度活动或120分/周以上的中等强度运动）或较低（90分/周以下的高强度活动或120分/周以下的中等强度运动）。高强度活动包括跑步、快速骑行或其他类似活动；中等强度活动包括快走、中速骑行或其他类似活动。
3. 客户依据年龄预测的最大心率（220-年龄）的估计值。计算与45%、55%及75%的心率储备相对应的目标运动心率。目标心率=心率储备（%）×（最大心率-静息心率）+静息心率。
4. 根据客户的体重和活动水平选择方案。指导客户在整个测试过程中保持60转/分的踏板速度。
5. 在测试的最后15秒内测量运动心率。如果目标心率超过与之相对的75%的心率储备，则立即终止测试。

如需在本测试最后阶段的6分钟内估计最大运动负荷及相应的最大摄氧量，请采用以下步骤。

1. 计算最后6分钟运动负荷的功率，单位为瓦。功率（瓦）=阻力（千克）×60转/分×10米/分^2。
2. 计算最后阶段（6分钟）内第5、第6分钟的平均心率，并采用方程"220-年龄"来估计客户的最大心率。
3. 在最后阶段计算客户的心率储备（%）。心率储备（%）=（6分钟心率-静息心率）/（最大心率-静息心率）
4. 用步骤1计算所得的最后6分钟的功率除以步骤3计算所得的心率储备（%），来估计客户的最大运动负荷或功率。最大功率=6分钟功率（瓦）/心率储备（%）。
5. 采用ACSM腿部测力代谢方程，将最大功率转换为最大摄氧量估计值。最大摄氧量=7+[1.8×最大功率（瓦）/体重（千克）]。

（源自：Swain et al., 2004.）

预测的最大心率线相交。若要推算最大摄氧量，请从相交点作垂线到图中的 x 轴。如果细心完成该项任务，则通过绘图法以及多阶段法都会得出相似的最大摄氧量估计值。

斯温功率自行车亚极量运动测试方案

斯温等人（Swain et al., 2004）设计了一个功率自行车亚极量运动测试方案（简称斯温方案），用于估计最大摄氧量。该方案基于心率储备和摄氧量储备之间的关系，而非心率与摄氧量之间的关系。该方案在 1 分钟内会逐步接近心率储备的 65%~75% 的目标心率，这个目标心率区间相当于 65%~75% 的摄氧量

储备。当客户达到自己的目标心率之后，仍需要以目前的运动负荷继续运动 5 分钟。初始做功速率及做功速率增量因客户的体重和活动水平而异（见图 4.11）。在估计 18~44 岁成年人的最大摄氧量时，该测试有良好的预测效度 [$r=0.89$；$SEE=4.0$ 毫升/（千克·分）]。然而，我们仍然需要通过更多的交叉验证研究来确定该测试对年龄较大或高风险客户的适用性。

图 4.11 说明了斯温方案，其测试对象为体重小于或大于等于 90 千克的体力活动水平较高和较低的客户。如需选择适当的方案并计算

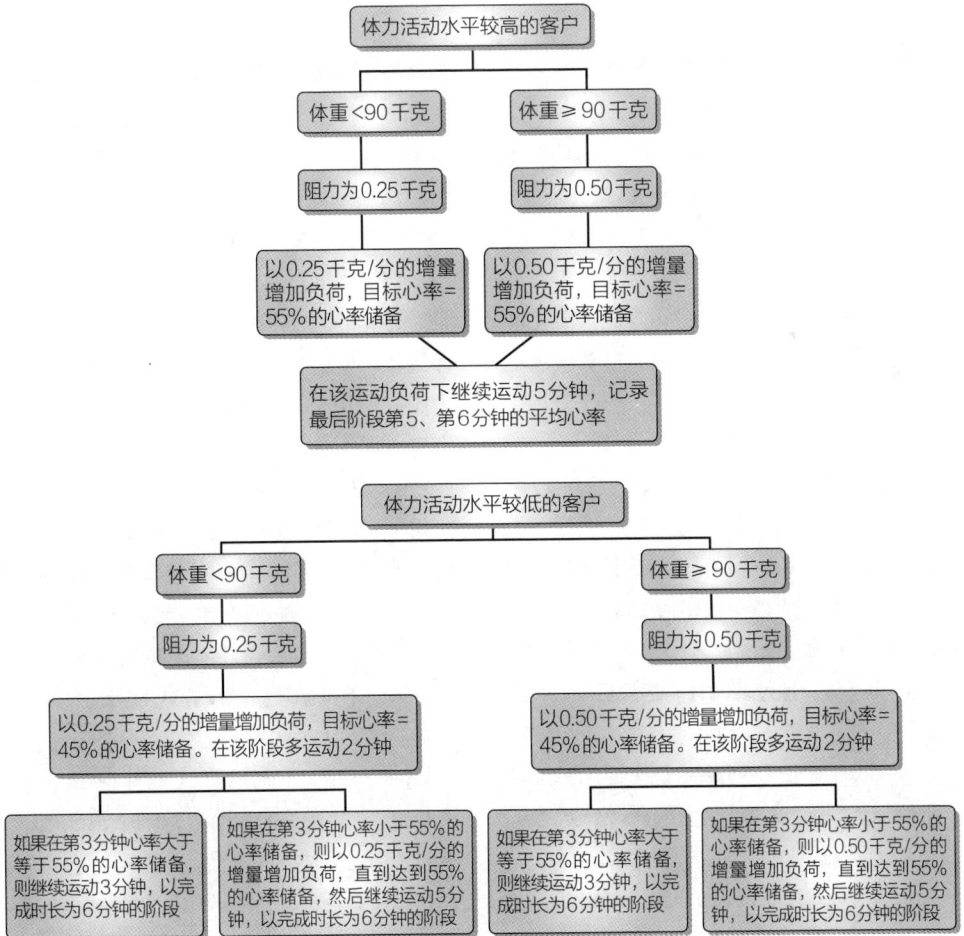

图 4.11　适用于体力活动水平较高和较低客户的斯温方案

客户的最大摄氧量估计值，见第106页的"斯温方案的初始流程及一般注意事项"。

福克斯功率自行车亚极量运动测试方案

该方案简称福克斯方案（亚极量），是福克斯方案（极量）的改良版，用以预测最大摄氧量（毫升/分）。让客户完成5分钟的单阶段运动负荷（如900千克·米/分）的运动。本测试估算的标准误差为±246毫升/分，预测标准误差为±7.8%。实际值与预测值之间的相关系数为0.76。如需估计最大摄氧量，请测量第5分钟运动结束时的心率（HR_5），并采用以下方程进行计算：

最大摄氧量（毫升/分）$=6\,300-19.26\times(HR_5)$

台阶踏步亚极量运动测试

有许多踏步测试可用于评估心肺适能，然而，很少有能提供预测最大摄氧量方程的踏步测试。本节仅包含带有预测最大摄氧量方程的台阶踏步测试方案。尽管这些踏步测试方案被设计为亚极量的，但对于肥胖、矮小或体力活动水平较低的客户来说，其能量消耗可能超过中等强度活动，接近最大摄氧量水平（Hansen et al., 2011）。

奥斯特兰德-赖明方案（台阶踏步）

如前所述，在台阶踏步测试期间，可以使用奥斯特兰德-赖明方案列线图（见图4.8），根据运动后的心率和体重预测最大摄氧量。对于本方案，客户的踏步频率为22.5步/分。女性适用的台阶高度为33厘米，男性适用的台阶高度为40厘米。通过及时计算运动后15~30秒的心跳次数，来测量运动后的心率（将这15秒的计数乘以4，转换为每分钟心跳次数）。如果客户年龄大于或小于25岁（使用年龄-校正因素），则需要校正根据列线图预测的最大摄氧量。

汉森等人（Hansen et al., 2011）修订了台阶高度要求，40厘米高的台阶适用于身高至少为170厘米的中年客户。对于身高低于170厘米的客户，则采用高度为33厘米的台阶。并不是每个人都能完成5分钟的运动。考虑到踏步时需要达到给定的用力度水平（75%~95%最大摄氧量），汉森等人建议对固定速率的踏步测试进行医疗监督。

皇后学院方案

麦卡德尔等人（McArdle et al., 1972）也设计了用于预测最大摄氧量的踏步测试，受试者的踏步频率为22步/分（女性）或24步/分（男性），时长3分钟。台阶高度为16.25英寸（约41.3厘米）。完成运动后让客户保持站立姿势，等待5秒，然后进行15秒的心率计数，将所得结果乘以4转换为每分钟心跳次数。如果同时对多位客户实施此测试，你应该指导客户如何测量自己的脉率（见第110页的"如何测量脉率"）。如需估算最大摄氧量，请采用表4.7中列出的方程。这些方程的预测标准误差为±16%。

STEP工具方案

踏步测试与运动处方（STEP）工具方案是为健康专业人员创建的，用于在办公室快速评估客户的心肺适能水平。对于这个测试，客户需在一组标准化的两个台阶（高度20厘米）上完成20个自定步速式踏步循环。在测试开始之前，请让客户练习10个踏步循环。指导客户用一只脚踩第1步，另一只脚踩第2步，然后在第2步时双脚并拢。下楼梯的步骤与此类似：先用一只脚踩下一步，然后将另一只脚踩在地板上。当两只脚再次同时着地时，就构成了一个踏步循环。踏步模式为向上、向上、并拢、向下、向下、并拢（Knight, Stuckey & Petrella, 2014）。计时从第一只脚接触第1个台阶开始，到完成第20次踏步循环时结束。最大有氧代谢能力是根据体重、年龄、性别、完成20次踏步循环所需的时间，以及运动后的心率来估计的（见表4.7）。运动后请立即触诊桡动脉进行心率计数，持续6秒，再将所得结果乘以

表4.7 心肺现场测试预测方程

现场测试	方程[a]	来源
长跑/步行		
1.0英里稳态慢跑测试	最大摄氧量=100.5-0.163 6×体重（千克）-1.438×时间（分钟）-0.192 8×心率（次/分）+8.344×性别参数[b]	乔治等人（George et al., 1993）
1.0英里跑/步行测试（8~17岁）	最大摄氧量=108.94-8.41×时间（分钟）+0.34×时间²（分钟²）+0.21×（年龄×性别参数[b]）-0.84×体重指数[c]	丘尔顿等人（Cureton et al., 1995）
1.0英里跑/步行测试（13~16岁）	摄氧量峰值=7.34×速度（米/秒）+0.23×（年龄×性别参数[b]）+17.75	伯恩斯等人（Burns et al., 2016）
1.5英里跑/步行测试	最大摄氧量=88.02-0.165 6×体重（千克）-2.76×时间（分钟）+3.716×性别参数[b]	乔治等人（George et al., 1993）
1.5英里跑/步行测试	最大摄氧量=100.16+7.30×性别参数[b]-0.164×体重（千克）-1.273×时间（分钟）-0.156 3×心率（次/分）	拉森等人（Larsen et al., 2002）
12分钟跑测试	最大摄氧量=0.026 8×距离（米）-11.3	库珀（Cooper, 1968）
15分钟跑测试	最大摄氧量=0.017 8×距离（米）+9.6	鲍克（Balke, 1963）
步行测试	最大摄氧量=132.853-0.076 9×体重（千克）-0.387 7×年龄+6.315×性别参数[b]-3.264 9×时间（分钟）-0.156 5×心率（次/分）	克兰等人（Kline et al., 1987）
踏步测试		
奥斯特兰德方案	男性：最大摄氧量（升/分）=3.744×[（体重（千克）+5）/（心率（次/分）-62）] 女性：最大摄氧量（升/分）=3.750×[（体重（千克）-3）/（心率（次/分）-65）]	马利和林纳德（Marley & Linnerud, 1976）
皇后学院方案	男性：最大摄氧量=111.33-0.42×心率（次/分） 女性：最大摄氧量=65.81-0.184 7×心率（次/分）	麦卡德尔等人（McArdle et al., 1972）
STEP工具方案	最大摄氧量[毫升/（千克·分）]=3.9+1511/时间（分钟）×[重量（千克）/心率（次/分）×0.124]-（年龄×0.032）-（性别参数[b]×0.633）	奈特、斯塔基和彼得雷拉（Knight, Stuckey & Petrella, 2014）
韦布方案	最大摄氧量[毫升/（千克·分）]=45.938+0.253×性别参数[b]-0.140×重量（千克）+0.670×PFA+0.429×FSR-0.149×45秒RHR	韦布等人（Webb et al., 2014）
自定步速式踏步方案（≥65岁）	男性：最大摄氧量[毫升/（千克·分）]=129.6-3.82×O₂ pulse-5.32×完成时间（秒）-0.22×年龄-0.24×体重指数[c]-0.12×心率（次/分） 女性：最大摄氧量[毫升/（千克·分）]=116.4-5.10×O₂ pulse-2.81×完成时间（秒）-0.24×年龄-0.24×体重指数[c]-0.14×心率（次/分）	彼得雷拉等人（Petrella et al., 2001）

PFA代表感知功能性能力分数；FSR代表最终踏步频率（步/分）；45秒RHR代表测试结束后45秒时的心率；O₂ pulse代表踏步测试的耗氧量/心率。

[a]除非另有规定，否则所有方程均估算最大摄氧量，单位为毫升/（千克·分）。

[b]性别为男性时，代入1；性别为女性时，代入0。

[c]体重指数=体重（千克）/身高²（米²）。

10得到每分钟的心跳次数。这一公式可独立验证年龄范围为18~85岁的成年人群体，但却不适用于使用药物来控制心率的群体。奈特、斯塔基和彼得雷拉（Knight, Stuckey & Petrella, 2014）评估了方程的预测准确性，并与布鲁斯方案进行对比。在布鲁斯方案的最后30秒内，根据STEP工具方案估计的摄氧量与平均摄氧量之间存在着适度的相关性（r=0.79）。然而，

STEP工具方案系统地高估了最大摄氧量，其数值为6.4毫升/（千克·分）。95%的置信区间为4.1~8.7毫升/（千克·分）。

韦布踏步测试方案

该方案简称韦布方案，是为大学时期的成年人开发的，采用问卷调查的形式来确定客户的感知功能性能力（PFA）（George, Stone & Burkett, 1997）。台阶高度通过客户的身高计算（台阶高度=0.19×身高，身高单位为厘米），终止心率为依据客户年龄预测的最大心率 [207 − （0.7×年龄）] 的75%。请指导客户佩戴心率监测器。初始踏步频率取决于客户的感知功能性能力（Webb et al., 2014）。采用节拍器帮助客户以上、上、下、下的方式保持适当的踏步频率（步/分）。建议先让客户简单地熟悉踏步频率，客户需以初始频率踏步2分钟。在每个2分钟阶段的最后30秒记录心率和自感用力度；在每个2分钟阶段结束时，踏步频率增加5步/分，但不要改变踏步高度（台阶高度）。在达到终止心率之前，请保持此频率。让客户完成这一阶段后立即坐下；每15秒记录一次心率，并持续1分钟。如需估计最大摄氧量（见表4.7），请在45秒间隔下采用最终踏步频率（FSR）以及测试后心率。

亚极量运动测试附加模式

如果在保健机构或健身俱乐部运动，你可能会接触到爬楼机、卧式踏步机以及划船机测力计。你可以让客户运用其中的一些运动器材进行亚极量运动测试。

爬楼机亚极量测试方案

鉴于台阶有氧训练的不断普及和客户广泛的兴趣，你可以选择采用爬楼机来评估一些客户的有氧适能状况。StairMaster 4000 PT和6000 PT是两种踏步测力计（爬楼机），通常适用于保健及健身场合。StairMaster 4000 PT有上、下两种踏步踏板，而6000 PT型号配有旋转式阶梯。豪利、科拉奇诺和史文森（Howley, Colacino & Swensen, 1992）报告，在StairMaster 4000 PT踏步测力计上实施豪利方案，增加次最大运动负荷（4.7代谢当量和10代谢当量）后心率反应线性增加。此外，与跑步机运动的测量值相比，在每种次最大运动负荷下，踏步过程中测量的心率普遍更高（7~11次/分）。然而，从踏步测力计读取的代谢当量值比测量的代谢当量值高20%。如需取得每个次最大运动负荷下更精确的代谢当量值，请采用以下公式：

实际代谢当量=0.556+0.745×StairMaster 4000 PT的代谢当量值

与未经训练的女性的估计值相比 [$r=0.0$；$SEE=6.7$毫升/（千克·分）；$CE=6.9$毫升/（千克·分）]，制造商开发的StairMaster 4000 PT方案为采用该器材进行有氧训练的年轻女性

如何测量脉率

1. 用中指和食指来定位手腕外侧拇指根部下方的桡动脉搏动。不要用拇指去感觉脉搏，因为它有自己的脉搏，可能会导致计数不准确。

2. 如果你感觉不到桡动脉搏动，试着将手指轻轻地放在颈部的前面，即喉部的侧面，来定位颈动脉搏动。不要施加太大的压力，因为这会导致心率减慢。

3. 采用秒表或手表的秒针，分别计算6、10或15秒周期内的脉搏数。

4. 采用以下公式，将脉搏计数转换为每分钟心跳次数：6秒计数×10、10秒计数×6和15秒计数×4。

5. 记住这个值并将其记录在记分卡上。

（20~25岁）提供了相对更准确的摄氧量估计值[$r=0.57$；$SEE=5.3$毫升/（千克·分）；$CE=1.0$毫升/（千克·分）]（Roy et al., 2004）。这一发现表明，运动测试模式应与运动训练模式相匹配（即特异性原则的应用）。

如需估算最大摄氧量，请测量稳态心率，并计算两次次最大运动负荷（如4代谢当量和7代谢当量）下每一个经过修正的代谢当量值。测试的每个阶段应持续3~6分钟，以达到稳定状态。然后，采用多阶段模型公式（见第102页的"用于估计最大摄氧量的多阶段模型"）或绘图方法（见图4.10）来预测最大摄氧量。

在测试过程中，客户可以轻握扶手以保持平衡，但不要用其支撑身体。如果用扶手支撑身体，最大摄氧量将被高估（Howley et al., 1992）。此外，与跑步机测试值相比，客户的最大摄氧量估计值可能更低，因为在任何给定的次最大运动负荷下，爬楼机运动会使人在系统层面上产生更高的心率。

卧式踏步机亚极量测试方案

YMCA方案已调整为可与NuStep T5xr卧式踏步机一起使用，并可用于估计20~60岁客户的摄氧量峰值[$r=0.91$；$SEE=4.09$毫升/（千克·分）；$TE=4.11$毫升/（千克·分）]（Billinger et al., 2012）。比林格方程也适用于60~80岁的老年人[$r=0.87$；$SEE=4.2$毫升/（千克·分）]（Herda et al., 2013）。

在整个方案中，客户必须将踏步频率保持在90~100步/分。与YMCA方案类似，阶段变化取决于客户达到稳态心率的情况。初始运动负荷为30瓦，根据心率监测情况，每3分钟增加一次运动负荷。在每个阶段的第2和第3分钟的最后10秒内，用心率数据来确定是否达到稳态心率（在±5次/分内）。如果初始阶段结束时的心率小于80次/分，则将第2个运动负荷设置为125瓦。如果心率为80~89次/分，则方案第2阶段的运动负荷为100瓦。如果初

始阶段的心率为90~100次/分，则第2个运动负荷为75瓦。如果第1个运动负荷结束时的心率超过100次/分，则第2个运动负荷应设置为50瓦。随后的运动负荷每3分钟增加25瓦，前提是在前一阶段达到了稳态心率。当患者心率达到依据年龄预测的最大心率的85%或患者意志力薄弱时，请终止方案。请用以下方程估计摄氧量峰值[毫升/（千克·分）]：

$$摄氧量峰值 = 125.707 - 0.476 \times 年龄$$
$$+ 7.686 \times 性别 - 0.451 \times 体重$$
$$+ 0.179 \times 功率_{终止-亚极量}$$
$$- 0.415 \times 心率_{终止-亚极量}$$

注：性别，女性 = 0，男性 = 1。
功率$_{终止-亚极量}$为与最终运动负荷相当的功率。
心率$_{终止-亚极量}$为测试终止时的心率。

划船机测力计亚极量测试方案

该方案是为Corept II划船机测力计开发的亚极量运动方案，可用于估计客户的最大摄氧量，简称哈格曼（Hagerman, 1993）方案。该方案专为非竞赛或未经训练的划船运动爱好者设计。开始测试前，让风扇叶片处于完全关闭状态，然后选择小轴链轮。对于该测试，请选择一个可以让客户维持5~10分钟的次最大运动负荷（心率不应超过170次/分）。在每分钟结束时测量运动心率。在客户达到稳态心率之前，请继续划船运动。可使用哈格曼（Hagerman, 1993）的Concept II列线图（见图4.12），根据次最大功率输出（瓦）及运动最后1分钟的稳态心率，来估算最大摄氧量。

椭圆交叉训练机亚极量测试方案

达莱克、克拉维茨和罗伯格斯（Dalleck, Kravitz & Robergs, 2006）开发了一个方案（简称达莱克方案），使用椭圆交叉训练机（椭圆机）亚极量测试来预测最大摄氧量。受试者进行了3个5分钟的阶段。在第2阶段，记录其频率和心率。预测方程如下：

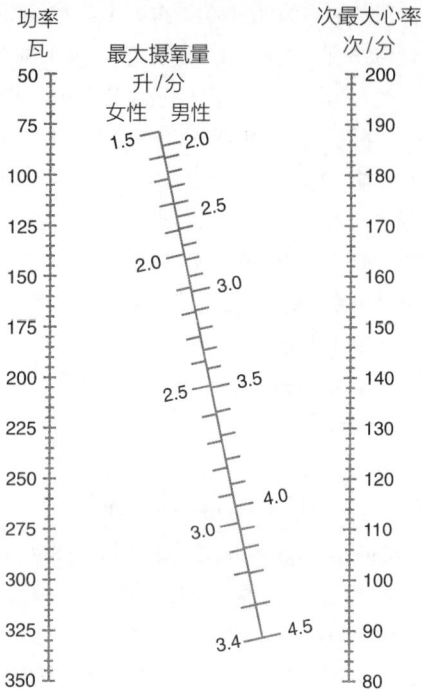

图**4.12** 适用于估计非竞赛及未经训练的男性与女性划船运动爱好者的最大摄氧量的Concept II列线图

注：这是俄亥俄大学的弗里茨·哈格曼（Fritz Hagerman）博士用于预测最大摄氧量的Concept II划船机测力计列线图，不适用于未使用Concept II测力计的情况且专为参与心肺适能方案的非竞赛及未经训练的划船爱好者设计。[经许可，源自：Concept II, Inc., 105 Industrial Park Drive, Morrisville, VT 05661(800) 245-5676.]

$$最大摄氧量=73.676+7.383×性别$$
$$-0.317×体重$$
$$+0.003\,957×年龄×频率$$
$$-0.006\,452×年龄×阶段2的心率$$

该方案能更好地估计最大摄氧量 [$r=0.86$；$SEE=3.91$毫升/（千克·分）]。此外，健康的年轻人（$29.5±7.1$岁）样本的最大摄氧量实际值与预测值相似。有关测试方案的详细信息，见达莱克、克拉维茨和罗伯格斯的研究（Dalleck, Kravitz & Roberges, 2006）。

新型号的椭圆交叉训练机阐明了一个代谢当量的价值。梅斯等人（Mays et al., 2016）

在亚极量测试过程中采用了稳态与非稳态心率记录。这些心率数值被用来估计摄氧量峰值。与以心率为基础的两个（稳态、稳态及非稳态组合）预测方程计算得出的摄氧量峰值相比，根据针对特定器材的预测方程得出的代谢当量水平预测的摄氧量峰值更低。在整个运动强度范围内，该方案所显示的代谢当量水平可能不准确。有研究表明，应根据这些显示的代谢当量值得出的摄氧量峰值，来设计运动方案。

用于评定有氧适能的现场测试

通过跑步机、功率自行车、划船机或椭圆机进行的极量和亚极量运动测试，不太适用于在现场情况下测量大样本群体的心肺适能。因此，相关人员设计了一些表现水平测试，如长跑，以预测最大摄氧量（见表4.7）。这些测试比跑步机或功率自行车测试更实用、更便宜、耗时更少、更易于大样本群体测量的实施，且适用于个人训练场景；可用于对健康男性（≤45岁）及女性（≤55岁）的心肺适能水平进行分级。不能采用现场测试来检测冠心病，因为在测试期间，通常无法对心率、心电图及血压进行监控。大多数用于评估心肺耐力的现场测试包括步行、跑步、游泳、骑行或台阶踏步测试，这些测试要求客户能够准确测量自己运动后的心率。波洛克、布罗伊达和肯德里克（Pollock, Broida & Kendrick, 1972）发现，通过练习，男性可以学会准确测量自己的脉率。人工测量和电子测量脉率的相关系数 r 为0.91~0.94。通过人工及电子测量大学女生的脉率，也得到同样的结果（$r=0.95$）（Witten, 1973）。在实施需要测量心率的现场测试之前，应该指导客户根据"如何测量脉率"中描述的触诊技术来测量脉率。

长跑测试

最常用的长跑距离包括1英里（1.6千米）或1.5英里（2.4千米），以评估有氧适能。长跑测试基于这样一种假设，身体健康的人能够在更短的时间内跑完给定距离，或者在给定的时间内跑完更长的距离。通过因素分析，迪施、弗兰克维茨和杰克逊（Disch, Frankiewicz & Jackson, 1975）指出，大于1.0英里的跑步倾向于强调耐力因素，而不是速度因素。

需要知道的是，相关人员还没有在长跑和最大摄氧量之间找到稳定的关联性。虽然长跑的表现水平可以精确测量，但它可能不是反映最大摄氧量的精确指标，长跑也不能代替最大摄氧量的直接测量手段。长跑的表现水平可能受到其他因素的影响，如动机、脂肪比（Cureton et al., 1978；Katch et al., 1973）、跑步效率、乳酸阈（Costill & Fox, 1969；Costill, Thomason & Roberts, 1973）、弹性能量的存储与再利用、小腿结构以及体重（Lacour & Bourdin, 2015）。

长跑测试结果与最大摄氧量之间的相关性往往会有很大的差异（r为0.29~0.97），这取决于客户的年龄、性别及训练状况。样本量、测试距离和测试流程也可能影响这种关系（Mayorga-Vega et al., 2016）。一般情况下，跑步时间（距离）越长，测试结果与最大摄氧量的相关性越高。基于观察的结果，建议选择距离至少为1.0英里或持续时间至少为9分钟的测试。

应用最广泛的长跑测试为9分钟跑和12分钟跑，以及1.0英里跑和1.5英里跑。对于一些儿童和青少年的体适能测试，建议采用时长为9分钟或距离为1.0英里的跑步测试。

9分钟跑或12分钟跑测试

如需进行9分钟跑或12分钟跑测试，请采用400米的跑道或配有距离测量标记的平坦跑道，这样便可以很容易地计算所完成的圈数，然后乘以跑道距离，计算出总距离。在跑道上每隔1/4或1/8英里放置一个标记，这样你就可以快速确定9分钟或12分钟跑步的准确距离。指导客户尽可能跑得更远。虽然允许步行，但这些测试的目标是在9分钟或12分钟内尽可能跑得更远。在测试结束时，计算总距离（米），并采用表4.7中的方程估计客户的最大摄氧量。

1.5英里跑/步行测试

1.5英里跑/步行测试需在400米跑道或带有测量标记的平坦跑道上进行。如需测量路线，请采用里程表或测量轮。对于1.5英里跑，请指导客户以最快的速度跑完指定的距离。允许步行，但目的是在保持稳定的做功速率的同时，在尽可能短的时间内完成指定距离。当每位客户越过终点线时，记录所用时间（以分和秒为单位）。可以使用心率监测器来确保客户在测试期间保持稳定的做功速率。指导客户将他们的目标心率保持在最大心率的60%~90%。可将测试结束时的运动心率，以及性别、体重和运动时间代入拉森方程（见表4.7），以估计年轻成年人（18~29岁）的最大摄氧量（Larsen et al., 2002）。这一方程的交叉验证结果表明，年轻军人样本的效度系数高（$r=0.89$）、预测误差较小［$SEE=2.5$毫升/（千克·分）；$TE=2.68$毫升/（千克·分）］（Taylor et al., 2002）。

如需采用1.5英里跑/步行测试的最大摄氧量预测方程（见表4.7），请将秒数除以60转换为分钟。例如，如果客户的测试时间为12:30，则运动时间应转换为12.5分钟（30秒/60秒=0.5分钟）。

1.0英里稳态慢跑测试

长跑测试的一个局限性在于，当我们鼓励客户跑得尽可能快，并尽最大努力时，心血管和骨骼损伤的风险也会随之增加。对于没有接受训练的客户来说，他们不经常跑步或慢跑，并且很难选择合适的慢跑速度，因此潜在的风险更大。为了解决这个问题，乔治等人（George et al., 1993）为18~29岁的女性及男性开发了一个不超过1.0英里的次最大跑道慢跑测试，该测试只要求客户保持适度、稳定的速度进行运动。

对于该测试，指导客户选择一个舒适、适度的慢跑速度，并在测试后立即测量他们的运动后心率。1.0英里所用时间，男性为至少8分钟，女性为至少9分钟，运动后心率（15秒计数×4）不应超过180次/分。为了设定一个合适的速度，在计时的1.0英里慢跑测试开始之前，请让客户进行2~3分钟的热身。请使用室内或室外跑道进行测试。记录1.0英里慢跑所需的时间，以分钟为单位，并让客户使用触诊技术（桡动脉或颈动脉部位）测量他们的运动后心率。使用1.0英里稳态慢跑测试的预测方程（见表4.7）估算客户的最大摄氧量。

20米往返跑测试

20米往返跑测试可用于估计最大摄氧量，该测试还有其他名称，如蜂鸟测试和定速测试。另有几个方案和方程的推导可用于预测最大摄氧量（Mayorga-Vega, Aguilar-Soto & Viciana, 2015）。这项测试是让客户（成年人及儿童）在相隔20米的标记（如圆锥体、地板上的压线或画线）之间来回奔跑。预先录制的音轨确定了跑完标记之间的距离所需达到的速度。测试开始时会放出一个声音，在听到下一个声音之前应当跑完20米的距离。当听到这个声音时，客户需转身回到原来的标记处。这种模式会一直持续，而且声音的间隔时间会逐渐缩短（指定速度逐渐增加）。当客户不能在声音放出前跑完20米的距离时，测试结束。

本测试的排列以启动速度（即7.5~8.5千米/时）以及每分钟增加的速度（即0.5~1.0千米/时）为基础（Mayorga-Vega, Aguilar-Soto & Viciana, 2015）。对验证20米往返跑以估计最大摄氧量的研究的回顾表明，仅对表现分数而言，其有着中等至较高的相关效度（r为0.66~0.84）。当预测方程纳入了特定受试者的人口统计学（如体重、性别、年龄）（Mayorga-Vega, Aguilar-Soto & Viciana, 2015）特征时，效度将会提高（r为0.78~0.95）。研究者得出的结论是，20米往返跑是评估成年人（Mayorga-Vega, Aguilar-Soto & Viciana, 2015）心肺适能的一个可选方案，可用其代替其他传统的步行/步跑方案（Mayorga Vega et al., 2016）。

步行测试

洛克波特步行研究所（Rockport Walking Institute, 1986）开发了一项步行测试，用于评估20~69岁男性与女性的心肺适能。由于该测试只需要快速步行，适用于老年人或久坐不动的人（Fenstermaker, Plowman & Looney, 1992）。该测试针对86名女性和83名男性的大样本进行了开发及验证（Kline et al., 1987）。交叉验证分析得出了较高的效度系数以及较小的标准估计误差，表明该步行测试在估算最大摄氧量方面能够得到有效的次最大估计值。其他研究人员证实了该测试对65岁及以上女性（Fenstermaker, Plowman & Looney, 1992）、军人（18~44岁）（Weiglein et al., 2011）以及成年人（19~44岁）（Seneli et al., 2013）的预测准确性。在非机动跑步机上进行测试时，不改变步行时间，但会提高运动后的心率。因此，当使用非机动跑步机进行该步行测试时，明显低估了最大摄氧量（Seneli et al., 2013）。

如需按照最初设计的方式实施此测试，请要求客户尽在更短的时间内步行1.0英里，并在测试结束时立即通过触诊脉搏并计数15秒来测量心率。重要的是客户要明白如何准确地测量脉率。应采用平坦、连续且长为1.0英里的

现场测试期间的心率监测

如果采用技术设备（即心率监测器、加速度计、脉搏血氧仪、智能手表或智能手机应用程序）而非通过触诊测量运动后心率，则需对现场测试进行心率监测。建议在方案创建及验证后（如 1.0 英里步行及慢跑测试期间，在运动后 15 秒测量心率），按照方案规定的运动后时间间隔记录显示的心率。在不同时间间隔内记录心率，可能会在估计最大摄氧量时产生误差。

许多智能设备通过光线检测手腕或甲床的毛细血管血容量或血液流量的变化来检测心率，这一方法是无创的。这种基于光线的技术被称为光体积描记法。设备及应用程序中的专有算法会将血流量和血容量的变化转换为心率。因此，算法的质量和血液传感器接口的完整性，对于依赖光体积描记法的设备的准确性而言至关重要。运动强度的提高、手腕位置的改变、文身及皮肤色素沉着，都可能会损害血液传感器接口的完整性（Spierer et al., 2015）。如果计划采用智能设备测量心率，请选择一个将心电图作为参考并通过了验证的设备（即设备与心电图方法之间没有显著差异；标准估计误差较小，$r \geqslant 0.80$）。心率计算错误会导致最大摄氧量估计值出现错误。有关准确监测心率的光体积描记法技术评估，见 El- 阿姆拉维、法姆、诺诺（El-Amrawy, Pharm & Nounou, 2015）以及勒伯夫等人（Leboeuf et al., 2014）的研究。

跑道，最好是 400 米的跑道。客户应在测试前热身 5~10 分钟，并穿好步行鞋和宽松的衣服。

如需估计客户的最大摄氧量，请使用 1.0 英里步行测试的通用方程（见表 4.7）。或者，可以使用 "洛克波特体适能表"（见附录 B.2）或特定性别方程（Kline et al., 1987）对客户的心肺适能水平进行分级。根据个体的年龄和性别，在适当的图表上定位步行时间以及相应的运动后心率（次/分）。这些图表依据的基础是女性体重 125 磅，男性体重 170 磅。如果客户的体重远远超过这个数值，心肺适能水平将会被高估。

踏步测试

采用踏步测试评估心肺适能的主要优点是可以在现场进行大样本群体的测试，而无须昂贵的器材或训练有素的专业人员。这些踏步测试大多使用运动后的心率及恢复后的心率来评估有氧适能，但不能提供个体最大摄氧量的估计值。踏步测试方案及评分流程见附录 B.3。

踏步测试的效度很大程度上取决于对脉率的测量。相较于在标准运动负荷实施期间，心率达到指定水平所需时间的踏步测试，采用恢复心率的踏步测试的效度更低（Baumgartner & Jackson, 1975）。踏步测试表现水平与最大摄氧量之间的相关系数为 0.32~0.77（Cureton & Sterling, 1964；deVries & Klafs, 1965；McArdle et al., 1972）。

附加现场测试

除了跑步、步行和踏步测试外，还有用于现场环境的骑行及游泳测试（Cooper, 1977）。12 分钟骑行测试，当风速小于 10 英里/时（约 268.2 米/分）时，采用三速或三速以下的自行车，在坚硬平坦的路面上骑行 12 分钟。这些条件限制了外部因素对客户表现水平的影响。除非使用轻松的三挡，否则不建议采用五速、十速的自行车。采用里程表测量 12 分钟的骑行距离。在 12 分钟游泳测试中，客户可以根据需要采用任何泳姿以及决定休息时间。本文提供了 12 分钟骑行测试和 12 分钟游泳测试的指导（Cooper, 1977）。

在这两项测试中，一般不采用游泳测试，

因其结果很大程度上取决于技能水平。例如，与一位心肺适能高于平均水平但技能较差的游泳运动员相比，一位心肺适能达到平均水平但技能熟练的游泳运动员，可能在12分钟内游得更远。事实上，康利等人（Conley et al., 1991, 1992）报告说，对于业余游泳者而言，12分钟游泳作为心肺适能现场测试时，效度较低（r为0.34~0.42）。因此，一般避免采用12分钟的游泳测试。

适用于儿童与老人的运动测试

在评估儿童及老年人的心肺适能时，可能需要对适用于低风险成年人的运动测试的通用指南进行修订（见第86页的"运动测试的一般原则"）。在为这些群体选择运动测试模式及方案时，应当考虑与生长发育、成熟及老化相关的因素。

评估儿童的心肺适能

在实验室环境中，可以采用跑步机或功率自行车评估儿童的心肺适能。

跑步机测试通常更可取，尤其是对年龄更小的儿童。因为他们的注意力集中的时间较短，可能不足以让他们在功率自行车测试中保持恒定的踏板速度。此外，8岁以下或身高50英寸（127厘米）以下的儿童可能会由于身高，不能使用标准的功率自行车。为了能更好地符合儿童的需要，我们需要修改座椅的高度、踏板曲柄的长度，以及车把的位置。

对于跑步机测试，可以选用改良版鲍克方案（见表4.8），由于速度是恒定的，倾斜度的改变可以提升运动负荷。在评估儿童的心肺适能水平时，可使用改良版鲍克方案或改良版布鲁斯方案（即每阶段时长为2分钟而不是3分钟）。其他文献介绍了采用改良版布鲁斯方案时，适用于儿童和青少年（4~18岁）的年龄及性别的耐力-时间的常模标准（Wessel, Strasburger & Mitchell, 2001）。

对于功率自行车测试，可以采用麦克马斯特方案（见表4.8）。该方案中踏板速度为50转/分，做功速率的增加是基于儿童的身高。作为一种替代方案，一种新式的斜坡自行车方案（SRP）（也被称为邦格尔斯方案）已被证实具有较高的信度和效度，可以准确评估儿童和青少年的摄氧量峰值（Bongers et al., 2013）。在运动负荷为25瓦的3分钟热身之后，斜坡测试开始时，每10秒增加10瓦、15瓦或20瓦的运动负荷；增量取决于受试者的身高（分别为小于120厘米、120~150厘米及大于150厘米）。斜坡自行车方案一直持续到踏板速度降低到60转/分以下为止，或受试者在此过程中

采用支持GPS功能的设备

大多数具有集成GPS功能的智能设备需要配备用于三角定位的卫星瞄准线（Hillsdon et al., 2015）。在室内或高密度城市环境中活动时，可以依靠GPS功能来精确计算距离（Jankowska, Schipperijn & Kerr, 2015）。据报道，在室内运动时，拥有Sirfstar第3代GPS芯片的新型接收器将降低数据丢失的可能性（McGrath, Hopkins & Hinckson, 2015）。研究人员比较了研究对象采用两种商用GPS设备，并以两种速度在400米户外跑道上，进行距离为2.4千米的慢跑及步行所需的时间（Benson, Bruce & Gordon, 2015）。结果表明，在完成时间与距离方面存在显著差异。使用GPS功能设置距离时需要精确的空间精度。否则，空间精度误差将影响现场测试的完成时间。因此，在通过现场测试估计最大摄氧量时，不建议采用智能设备的GPS功能来确定完成距离及时间。

表4.8 儿童的分级运动测试方案（Skinner, 1993）

改良版鲍克方案				
运动分级	速度/（英里/时）	初始倾斜度/%	增量/%	时长/分
健康状况较差人群	3.0	6	2	2
久坐不动人群	3.25	6	2	2
积极运动人群	5.0	0	2.5	2
专业运动员	5.25	0	2.5	2
麦克马斯特方案				
身高/厘米	初始做功速率/[千克·米/分（瓦）]	增量/[千克·米/分（瓦）]		时长/分
120	75（12.5）	75（12.5）		2
120~139.9	75（12.5）	150（25）		2
140~159.9	150（25）	150（25）		2
≥160	150（25）	男生300（50） 女生150（25）		2

表现出最大用力度。根据单独的、附有代谢气体收集过程的极量自行车方案，对SRP进行验证，并推导出以下方程：

$$摄氧量峰值（毫升/分）=8.262×功率_{SRP}$$
$$（斜坡踏车功率）+177.096（R_2=0.917；$$
$$SEE=237.4毫升/分）$$

在布兰德和阿尔特曼（Bland & Altman, 1986）的分析中没有发现系统性偏差，预测与测量的摄氧量峰值之间的平均差异为0.3毫升/分。斜坡自行车方案的测试-重测结果比较表明，峰值功率输出具有很高的再现性（$ICC=0.986$）。

儿童和成年人一样，在斜坡自行车方案测试期间可能不会出现摄氧量高原期。在邦格尔斯等人（Bongers et al., 2013）的研究中，接受代谢气体分析的儿童中，只有34%的儿童表现出摄氧量高原期。巴克等人（Barker et al., 2011）证实，儿童在斜坡自行车方案中尽了最大努力。验证这一结论是通过让儿童休息15分钟，然后进行超极量自行车测试，并在实施斜坡自行车方案期间达到峰值功率输出的105%来实现的。随后的分析表明，两种自行车方案的摄氧量峰值相似。除了注意到斜坡

自行车测试期间高原期的发生率较低外，巴克等人（Barker et al., 2011）认为，如果他们依赖于确定最大用力度的其他次要指标（即自感用力度与心率），那么他们在9~10岁健康儿童样本中，将平均低估10%~20%的最大摄氧量。

现场测试，如1.0英里跑/步行，一般用于评估5~17岁儿童的心肺适能。这些测试是"最佳运动方案"（American Alliance for Health, Physical Education, Recreation and Dance, 1988）、"健身方案"（Cooper Institute for Aerobics Research, 1994）、"总统挑战测试"（President's Council on Physical Fitness and Sports, 1997），以及"全美儿童和青少年体适能调查"（Ross & Pate, 1987）的一部分。如需估计1.0英里跑/步行测试中8~17岁儿童和青少年的摄氧量峰值，可以采用1.0英里跑/步行预测方程（见表4.7）（Cureton et al., 1995）。你也可以采用13~16岁青少年的体重指数独立预测方程来估计摄氧量峰值（Burns et al., 2016）。对于5~7岁的儿童，建议进行0.5英里跑/步行测试（Rikli, Petray & Baumgartner, 1992）。在其他文献中也有1.0英里跑/步行测试的标准参照评定准则（American Alliance for Health,

Physical Education, Recreation and Dance, 1988；Cooper Institute for Aerobics Research, 1994）。综述性研究和对方程的深入分析可用于估计18岁以下儿童和青少年的最大摄氧量（Ferrar et al., 2014）。

在加拿大和欧洲，由莱杰等人（Leger et al., 1988）开发的多阶段20米往返跑测试，是一种较受欢迎的方案，可替代长跑/步行现场测试，用于评估儿童和青少年（8~19岁）的有氧适能水平。该测试已通过来自欧洲、加拿大和美国的儿童样本进行了交叉验证（Anderson, 1992；Mahar et al., 2011；van Mechelen, Holbil & Kemper, 1986）。

在该项测试中，儿童需在20米（室内或室外）的场地上来回持续奔跑。使用预先录制的磁带播放声音信号来设置跑步速度。初始速度为8.5千米/时，每分钟增加0.5千米/时，到他们不能再保持相应速度为止。在原方程中，结合年龄，利用该阶段最大有氧速度估计最大摄氧量［毫升/（千克·分）］，方程如下：

$$最大摄氧量 = 31.025 + 3.238 \times 速度$$
$$- 3.248 \times 年龄$$
$$+ 0.153\,6 \times 年龄 \times 速度$$

马哈尔等人（Mahar et al., 2011）对该方程以及其他几个适用于儿童和青少年样本的方程进行了评估。为了根据这些方程改进所得出的心肺适能分级标准，他们设计并交叉验证了二次方程以及线性方程，以提高10~16岁儿童和青少年的最大摄氧量预测值及心肺适能水平分级的准确性。

$$最大摄氧量 = 41.767\,99 + 0.492\,61 \times 圈数 -$$
$$0.002\,90 \times 圈数^2 - 0.616\,13 \times$$
$$体重指数 + 0.347\,87 \times 性别 \times$$
$$年龄$$

注：性别，女性=0，男性=1。

$R = 0.75$，$R^2 = 0.56$，$SEE = 6.17$毫升/（千克·分）

$$最大摄氧量 = 40.345\,33 + 0.214\,26 \times 圈数 -$$
$$0.794\,72 \times 体重指数 +$$
$$4.272\,93 \times 性别 + 0.794\,44 \times 年龄$$

注：性别，女性=0，男性=1。

$R = 0.74$，$R^2 = 0.54$，$SEE = 6.29$毫升/（千克·分）

另外两个增量跑步测试已经根据斜坡跑步机测试进行了验证，并在最大心率的测试-重测方面显示出可靠的结果。本迪克森等人（Bendiksen et al., 2012）研究了Yo-Yo间歇恢复水平1级测试（YYIR1C）改良版和安德森测试（Anderson, 1992）在评估6~10岁儿童心肺适能方面的适用性。增量跑步机测试期间获得的最大心率为标准度量值。两项测试都要求儿童在两个圆锥体（或两条线）之间来回奔跑。记录儿童的最大心率以及所完成的圈数，并将其用于相关解释。YYIR1C采用的距离为16米。回到起点后，儿童围绕起点与起点后面4米处的第3个圆锥体慢跑，进行10秒的主动恢复。儿童完成16米来回一圈所需的速度，由预先录制的YYIR1C光盘来控制。将完成16米的跑步速度逐渐加快，而主动恢复时间则保持在10秒以内。儿童需在指定的时间增量内跑两次，到两次都没能完成16米的距离为止。

同样，在安德森测试中，儿童在两个相距20米的圆锥体之间奔跑。然而，儿童跑步的速度应尽可能快，在转身往回跑之前，需超过区域界限，然后再向前跑。儿童以这种方式跑15秒，这时哨声响起，儿童需尽快停止（在两步之内）并休息15秒。休息时间的最后3秒（如"3, 2, 1, 跑"）也计算在内。根据方案，这种模式需持续10分钟。YYIR1C和安德森测试测得的平均最大心率相近，分别为207次/分和206次/分，略高于增量跑步测试的结果（203次/分）。因此，本迪克森等人（Bendiksen et al., 2012）认为这两种现场测试有足够的灵敏度，可以检测到该年龄段群体在心肺适能上的差异。

扬科夫斯基等人（Jankowski et al., 2015）的研究涉及使用运动后心率来确定儿童心肺适能水平的踏步方案。波兰对学龄儿童（6~12岁）进行了 3 分钟卡施脉搏恢复测试（KPR Test）。该测试采用高度为 30.5 厘米的脚凳，将踏步频率设置为 24 步 / 分，儿童以该频率进行上、下踏步运动。儿童在测试结束后立即坐下，以便确定 1 分钟的恢复心率，计算电子设备收集的平均恢复心率。根据与运动后心率相关的百分位数，制定年龄及性别标准表，对儿童的心肺适能水平进行分级。研究者认为该方案操作简单，需要的器材最少，并且适合于筛查大量儿童的情况，以确定他们的心肺适能水平。然而，该测试还未根据有氧代谢能力的金标准参考值对心率分级进行验证。可从其他资源获取特定性别及年龄的标准心率，以及相关的详细信息（Jankowski et al., 2015）。

评估老年人的心肺适能

史密斯等人（Smith et al., 2016）评估了 13 个亚极量运动方程，这些方程用于估计健康状态良好的老年人（平均年龄 ≥ 65 岁）的最大摄氧量，其中的形式包括跑步机、卧式踏步机和固定式踏步机。尽管他们认为步行及跑步为首选方案，但仍需要通过彼得雷拉等人（Petrella et al., 2001）开发的自定步速式踏步方案来估算精确的（最大摄氧量的测量值和估计值之间没有显著差异，$r^2 = 0.90$）有氧代谢能力。

为了评估老年客户的心肺适能，也可以采用改良版的跑步机和功率自行车方案。建议对分级运动测试方案进行以下修改。

- 将热身时间延长至 3 分钟以上。
- 将初始运动强度设定为 2~3 代谢当量；运动增量应为 0.5~1.0 代谢当量，如诺顿方案。见表 4.4。
- 必要时降低跑步机的速度，使之与客户的

步行能力相匹配。
- 延长每个运动阶段的持续时间（至少 3 分钟），使客户有足够的时间达到稳定状态。
- 选择总测试时间为 8~12 分钟的方案。

应选择提高倾斜度而非速度的跑步机方案，尤其是对于行动不便的老年客户。可以修改鲍克方案（见图 4.2），例如让客户以倾斜度为 0 及 3.0 英里 / 时或更低的初始速度步行，或者将每个阶段的持续时间增加到至少 3 分钟。如果老年客户在跑步机测试期间认为抓住扶手更舒适，则可以采用标准的布鲁斯方案或麦康奈尔和克拉克（McConnell & Clark, 1987）预测方程，以估计其最大摄氧量（见表 4.5）。对于平衡性欠佳、神经肌肉协调性不良或视力受损的老年客户，也可以采用功率自行车分级运动测试。还可以采用现场测试来评估老年客户（60~94 岁）的心肺适能。老年人体适能测试组合（Rikli & Jones, 2013）包括两项有氧耐力测试：6 分钟步行测试及 2 分钟踏步测试。

自定步速式踏步方案（Petrella et al., 2001）

目的：快速评估办公室环境中老年人的有氧代谢能力。

应用：在与医生约定的时间限制内监测功能性有氧代谢能力。

器材：一个秒表；一个有效的心率监测器；两个连续的台阶，每个台阶高 20 厘米。

测试流程：在测试前，指导客户禁食 2 小时以上。记录客户的身高与体重，并将其转换成体重指数。按照以下方式完成一个踏步周期：一只脚上第 1 个台阶，另一只脚上第 2 个台阶，两只脚一起放在第 2 个台阶上；一只脚下第 2 个台阶，另一只脚下第 1 个台阶，最后两只脚一起放在地上。熟悉流程之后，让客户休息 5 分钟，然后以正常的爬楼梯速度完成 20 个踏步周期。记录客户完成 20 个踏步周期所需的时间（秒），完成第 20 个踏步周期后立

即记录心率。

计分：了解特定性别方程（见表4.7），采用正常的踏步频率来预测该方案的最大摄氧量。如需计算踏步的摄氧量，请使用方程：最大摄氧量=踏步频率×台阶高度×1.78×1.30+1/3×踏步频率。

安全提示：对老年客户进行临床检查，排除已知或可能的隐性缺血性心脏病、不稳定的代谢性疾病、可能影响踏步的骨科问题、不稳定的肺部疾病或改变心率的药物等风险因素。让客户熟悉台阶的高度以及踏步流程，在遵循踏步模式的前提下，自定较慢的速度，上下台阶10次。站在客户的附近，以保护客户的安全，防止其跌倒。

效度和信度：对于男性和女性来说，自定步速式踏步测试所估计的最大摄氧量与测得的数值（鲍克方案）之间有较高的相关性（$r \geq 0.90$）。基线评估后2~4周，未发现最大摄氧量的预测值和测量值之间存在差异。测试–重测52周后，两种性别的最大摄氧量（$r \geq 0.97$）、心率（$r \geq 0.92$）和踏步时间（$r \geq 0.90$）均具有明显的相关性。

6分钟步行测试

目的：评估有氧耐力。

应用：评估完成日常生活活动的能力，如步行、爬楼梯、购物。

设备：需要一个5码×20码（1码≈0.9米，余同）的矩形步行区、卷尺、秒表、4个圆锥体、胶带、索引卡及椅子。

测试流程：使用胶带在平坦的矩形区域标记5码的线。将圆锥体放在矩形的内角上。指导客户在矩形区域内尽可能快地步行（而不是慢跑）6分钟。搭档可以在客户每完成一圈时，在索引卡上记录完成的总圈数与距离。只需进行一次测试，测量到最近5码处的总距离。同时测试两个或两个以上的人，以提高客户运动动力。

计分：计算6分钟内完成的总距离。索引卡上的每个标记代表50码。使用表4.9确定客户的百分位数。

安全提示：将椅子放在矩形区域的外面，以方便客户在测试期间坐下休息。选择一个平坦、光线充足且有防滑表面的矩形区域。如果客户表现出过度用力的迹象，则停止测试。让客户原地踏步1分钟来进行放松。

效度及信度：6分钟步行距离与亚极量跑步机步行时间（布鲁斯方案，达到85%最大心率所需时间）正相关（$r=0.78$）。这项步行测试检测了不同年龄组预期表现水平的下降，对体力活动水平与功能性能力测试分数不同的客户进行了区分。其重测信度为$r=0.94$。

卡萨诺瓦等人（Casanova et al., 2011）采用标准流程，对来自7个国家的444名成年人（40~80岁）进行了6分钟步行测试。在年龄≥60岁的群体中，年龄对步行距离的影响较为显著，而性别对结果没有影响。他们发现，自我报告活动水平（久坐不动及积极运动）不同的个体的步行距离没有显著差异。卡萨诺瓦等人还报告了影响步行距离的地理因素，这无法用人体测量变量来解释。因此，在解释6分钟步行测试的结果时，应谨慎使用现有的预测方程及标准曲线。

2分钟踏步测试

目的：由于时间、空间或天气等不能进行6分钟步行测试时，该测试可作为替代方案。

应用：评估完成日常生活活动的能力，如步行、爬楼梯、购物。

设备：秒表、卷尺、胶带、检尺计数器。

测试流程：通过确定膝盖骨（中垫面）和髂嵴之间的中点，来确定客户的最低膝踏高度。在客户大腿前部和附近的墙壁、椅子上标记这一点。这些标记用于在测试期间监测膝盖高度。让客户原地踏步2分钟，将右膝抬高至墙上所标记的目标高度。使用检尺计数器

表4.9　适用于老年人的6分钟步行测试标准

百分位数	60~64岁		65~69岁		70~74岁		75~79岁		80~84岁		85~89岁		90~94岁	
	女性	男性	女性	男性	女性	男性	女性	男性	女性	男性	女性	男性	女性	男性
95%	741	825	734	800	709	779	696	762	654	721	638	710	564	646
90%	711	792	697	763	673	743	655	716	612	678	591	659	518	592
85%	690	770	673	738	650	718	628	686	584	649	560	625	488	557
80%	674	751	653	718	630	698	605	661	560	625	534	596	463	527
75%	659	736	636	700	614	680	585	639	540	604	512	572	441	502
70%	647	722	621	685	599	665	568	621	523	586	493	551	423	480
65%	636	710	607	671	586	652	553	604	508	571	476	532	406	461
60%	624	697	593	657	572	638	538	586	491	554	458	512	388	440
55%	614	686	581	644	561	625	524	571	477	540	443	495	373	422
50%	603	674	568	631	548	612	509	555	462	524	426	477	357	403
45%	592	662	555	618	535	599	494	539	447	508	409	459	341	384
40%	582	651	543	605	524	586	480	524	433	494	394	442	326	366
35%	570	638	529	591	510	572	465	506	416	477	376	422	308	345
30%	559	626	515	577	497	559	450	489	401	462	359	403	291	326
25%	547	612	500	562	482	544	433	471	384	444	340	382	273	304
20%	532	597	483	544	466	526	413	449	364	423	318	358	251	279
15%	516	578	463	524	446	506	390	424	340	399	292	329	226	249
10%	495	556	439	499	423	481	363	394	312	370	261	295	196	214
5%	465	523	402	462	387	445	322	348	270	327	214	244	150	160

注：数值以码为单位，表示距离；若要将码转换为米，请将数值乘以0.9。
[源自：R. Rikli and C. Jones, *Senior Fitness Test Manual*, 2nd ed. (Champaign, IL: Human Kinetics, 2013), 156.]

计算右膝达到目标高度的次数。如果不能保持适当的抬膝高度，让客户减速或停止，直到能抬到适当的高度；保持秒表处于运动状态。仅进行一次测试。

　　评分：在2分钟内计算右膝达到目标高度的次数。使用表4.10确定客户的百分位数。

　　安全提示：平衡性不好的客户应站在靠近墙壁、门口或椅子的地方，以防在测试过程中失去平衡。仔细监测每位客户，让客户在测试后慢走1分钟，以便放松。如果客户表现出用力过度的迹象，请停止测试。

　　效度及信度：在老年客户中，2分钟踏步测试分数与洛克波特1.0英里步行或跑步机步行分数（布鲁斯方案，达到85%最大心率所需的时间）中度相关（r为0.73~0.74）。这个踏步测试检测到不同年龄组预期表现水平的下降，对运动者及非运动者进行了区分。其重测信度为$r = 0.90$。

表4.10 适用于老年人的2分钟踏步测试标准

百分位数	60~64岁		65~69岁		70~74岁		75~79岁		80~84岁		85~89岁		90~94岁	
	女性	男性	女性	男性	女性	男性	女性	男性	女性	男性	女性	男性	女性	男性
95%	130	135	133	139	125	133	123	135	113	126	106	114	92	112
90%	122	128	123	130	116	124	115	126	104	118	98	106	85	102
85%	116	123	117	125	110	119	109	119	99	112	93	100	80	96
80%	111	119	112	120	105	114	104	114	94	107	88	95	76	91
75%	107	115	107	116	101	110	100	109	90	103	85	91	72	86
70%	103	112	104	113	97	107	96	105	87	99	81	87	69	83
65%	100	109	100	110	94	104	93	102	84	96	79	84	66	79
60%	97	106	96	107	91	101	90	98	81	93	76	81	63	76
55%	94	104	93	104	87	98	87	95	78	90	73	78	61	72
50%	91	101	90	101	84	95	84	91	75	87	70	75	58	69
45%	88	98	87	98	81	92	81	87	72	84	67	72	55	66
40%	85	96	84	95	78	89	78	84	69	81	64	69	53	62
35%	82	93	80	92	74	86	75	80	66	78	61	66	50	59
30%	79	90	76	89	71	83	72	77	63	75	59	63	47	55
25%	75	87	73	86	68	80	68	73	60	71	55	59	44	52
20%	71	83	68	82	63	76	64	68	56	67	52	55	40	47
15%	66	79	63	77	58	71	59	63	51	62	47	50	36	42
10%	60	74	57	72	52	66	53	56	46	56	42	44	31	36
5%	52	67	47	67	43	67	45	47	37	48	39	36	24	26

注：数值表示右膝达到目标高度的次数。

[源自：R. Rikli and C. Jones, *Senior Fitness Test Manual*, 2nd ed. (Champaign, IL: Human Kinetics, 2013), 157.]

本章回顾

关键知识点

▶ 评估心肺功能（心肺适能）的最佳方法是通过分级运动测试测量功能性最大摄氧量。

▶ 除非观察到运动禁忌证或未获得体检合格证，否则建议在制定运动方案之前对客户进行有效的功能性有氧代谢能力测试。

▶ 在极量或亚极量运动测试之前、期间及之后，密切监测心率、血压和自感用力度。

▶ 跑步机、功率自行车和台阶踏步是运动测试中最常用的运动模式。

▶ 运动模式和运动测试方案的选择取决于测试的目的以及客户的年龄、性别、健康和体适能状况。

▶ 在相同的模式下，通过短时间的超极量运动来验证最大努力程度。

▶ 自定步速式方案能够让客户在极量和亚极量测试期间调整运动负荷。

▶ 通过自感用力度将运动测试分成不同阶段，有助于在自定进度的运动方案中为个体提供较为明确的运动目标。

▶ 亚极量运动测试通过预测客户的最大摄氧量来估计功能性心肺适能。如果不满足亚极量运动测试的基本假设，则根据次最大心率数据预测最大摄氧量时会产生±（10%~20%）的误差。

▶ 现场测试最不适合评估有氧适能，不该用于诊断目的。然而，现场测试适用于评估大样本群体的心肺适能。

▶ 常用的现场测试包括长跑、步行测试、踏步测试和往返跑测试。

▶ 长跑应至少持续9分钟以评估有氧适能。长跑距离通常在1.0~2.0英里或时长为9~12分钟。

▶ 评估心肺适能的踏步测试，其效度与肥胖度、身高、适能水平和心率测量的准确性高度相关；踏步测试的效度通常略低于长跑测试的效度。

▶ 对于儿童和老年人，应选择一种增加倾斜度而非速度的跑步机方案。

▶ 6分钟步行测试或踏步测试可用于评估老年人在现场环境中的心肺适能。

重要术语

请学习以下重要术语的定义，相关定义可在术语表中查找。

绝对摄氧量（Absolute VO₂）

持续运动测试（Continuous Exercise Test）

断续运动测试（Discontinuous Exercise Test）

分级运动测试（Graded Exercise Test, GXT）

总摄氧量（Gross VO₂）

极量运动测试（Maximal Exercise Test）

最大摄氧量（Maximum Oxygen Uptake, VO₂max）

净摄氧量（Net VO₂）

知觉调节运动测试（Perceptually Regulated Exercise Test, PRET）

斜坡方案（Ramp Protocol）

自感用力度（Rating of Perceived Exertion, RPE）

相对最大摄氧量（Relative VO₂max）

换气比值（Respiratory Exchange Ratio, RER）

自感用力度钳夹方案（RPE-Clamped Protocol）

自定步速式方案（Self-Paced Protocol）

斜坡自行车方案（Steep Ramp Cycling Protocol, SRP）

亚极量运动测试（Submaximal Exercise Test）

验证实验（Verification Bout）

摄氧量峰值（VO₂peak）

问题回顾

除了能够对上面列出的重要术语进行定义，请回答以下问题来巩固并加深自己对本章内容的理解。

1. 什么是测量功能性心肺适能最有效且最直接的方法？

2. 绝对摄氧量与相对摄氧量之间有什么区别？

3. 总摄氧量与净摄氧量之间有什么区别？

4. 最大摄氧量与摄氧量峰值之间有什么区别？

5. 在为客户选择极量或亚极量运动测试方案时，应该考虑哪些因素？

6. 确定在分级运动测试中达到最大摄氧量的ACSM标准。

7. 解释在摄氧量测试中通过高原期来确定最大摄氧量的利弊。

8. 如何进行验证实验以确认客户是否付出了最大努力？描述自定步速式方案与自感用力度钳夹方案的异同点。

9. 在分级运动测试中，哪3个变量需要定期检测？

10. 列出停止分级运动测试的3个原因。

11. 何谓主动恢复？为何建议将其纳入分级运动测试？

12. 持续、断续及斜坡运动测试方案有何不同？

13. 一位体重60千克的女性，在跑步机上以6.0英里/时的速度和10%的倾斜度跑步时，计算其总摄氧量。

14. 一位体重80千克的男性在Monark功率自行车上，以70转/分的踏板速度和3.5千克的阻力骑行时，计算其总摄氧量。

15. 台阶踏步测试采用8英寸高的台阶，踏步频率为30步/分，计算所需的能量消耗。

16. 列出3种估算有氧代谢能力的现场测试。

17. 哪种跑步机或功率自行车测试可用于评估儿童的心肺适能？

18. 如何修订标准分级运动测试方案，以便评估老年人的心肺适能？

19. 在分级运动测试中，椭圆交叉训练机适用于哪些群体？为什么？

第5章

制定心肺适能运动方案

关键问题

▶ 有氧训练运动处方的基本内容有哪些?

▶ 个性化有氧训练运动处方如何满足每个客户的目标和期望?

▶ 划分与监控运动强度的方法有哪些?

▶ 有氧训练运动处方的最佳运动模式有哪些?

▶ 为提高并保持有氧适能水平,客户应如何设定运动频率?

▶ 为提高有氧适能水平,客户应每次训练多长时间?

▶ 间歇有氧训练和持续有氧训练同样有效吗?

▶ 多模式交叉训练方案的效果如何?

▶ 有氧训练具有哪些生理益处?

对客户的心肺适能状况进行评估之后,你应该为其制定一个合理的有氧训练运动方案,以提高并维持客户的心肺耐力水平。这一方案将同时考虑年龄、性别、体适能水平、运动习惯等因素,以满足客户的需求和期望。附录A.5中的生活方式评估表将会帮助你确定客户的运动模式与偏好。

制定运动方案的过程中,需要注意:一部分客户进行有氧训练的目的是改善健康状况,降低患病风险,另一部分客户则是为了提高体适能水平(最大摄氧量)或塑造体形。因为改善健康状况所需的运动量要明显少于能提高并维持较高体适能水平所需的运动量,所以你应该根据客户的主要目的来调整运动处方。

本章提供了制定个性化运动处方的指南,旨在改善客户的健康状况,以及提高并维持其体适能水平。此外,本章还将有氧训练模式与各种训练模式进行比较,同时展示了一些个性化训练方案的范例。

运动处方

制定运动处方的重点在于考虑每位客户的目标和期望,这一点极为重要。运动目标不同会影响训练的模式、强度、频率、持续时间,以及训练的进度。比如,为改善健康状况,降低患病和死亡风险所需的体力活动量,要低于大幅提升心肺适能所需的活动量。当运动处方主要被用于改善健康状况时,相关内容见第126页的"用于改善健康状况的运动处方指南"。

另外,当运动处方主要被用于提升心肺适能水平时,相关内容见第127页的"美国运动医学会制定的改善健康状况、提高心肺适能水平的运动处方指南"。

制定心肺适能运动方案的基本原理

有氧训练运动处方的每个运动方案都应包含以下阶段。

- 热身运动阶段（5~10分钟）。
- 耐力调节阶段（20~60分钟）。
- 放松运动阶段（5~10分钟）。
- 拉伸运动阶段（至少10分钟）。

热身运动的目的是增加参与运动的心脏和骨骼肌的血流量，升高体温，降低肌肉及关节损伤和不规则心律出现的概率。热身运动过程中，运动节奏逐渐加快，以使身体为完成后续更高强度的运动做好准备。热身运动通常以有氧运动开始，运动持续时间一般为5~10分钟，运动强度由低［低于摄氧量储备（VO$_2$reserve，VO$_2$R）的40%］到中等强度（摄氧量储备的40%~60%）（如在耐力调节阶段参加慢跑运动的客户的热身运动可以选择快走，而参加快跑运动的客户的热身运动可以选择慢跑）。

在运动方案的耐力调节阶段，客户需要按照FITT-VP原则（F代表运动频率；I代表运动强度；第1个T代表运动持续时间；第2个T代表运动类型或模式；V代表运动量；P代表运动进度）完成运动处方中的有氧运动（ACSM，2018）。这一阶段通常持续20~60分钟，具体时间取决于运动强度。如果一天内

中等强度运动总时长超过30分钟，或高强度运动总时长超过20分钟，则可以每次运动10分钟，分多次进行。耐力调节阶段之后，立即开始放松运动阶段。

在耐力训练之后及时进行放松运动，可以减少身体骤然停止运动而造成的心血管并发症风险。在放松阶段，客户将以低强度继续运动（如散步、慢跑或骑行）5~10分钟，可以让心率和血压重新回到基线水平，防止四肢血液淤积，降低运动后晕眩和晕厥的可能性。肌肉的持续收缩可以增加静脉回心血量，加速恢复过程。

拉伸运动阶段通常至少持续10分钟，可以在热身运动或放松运动阶段结束后进行。静态拉伸运动通常包括腿部、腰背部、腹部、臀部、腹股沟和肩部拉伸（关于特定柔韧性训练的更多信息见附录F.1）。在放松运动之后进行拉伸运动，有助于降低肌肉痉挛或酸痛的概率。

运动类型（模式）

如果运动处方的主要目标是提高并维持心肺适能水平，则以连续、有节律的方式进行有氧活动，以锻炼大肌群。在运动方案的初始调节阶段和改善阶段，密切监测运动强度非常重要。因此，你应该选择能够让客户保持恒定运动强度、动作难度较低、对客户技能水

用于改善健康状况的运动处方指南

以下为美国卫生与公众服务部（U.S. Department of Health and Human Services, 2015）指定的有氧训练指南。

1. 运动模式：耐力型体力活动。
2. 运动强度：规定至少为中等强度（3~6代谢当量）的体力活动。
3. 运动频率与运动持续时间：每周至少运动150~300分钟（如每周3天，每天60分钟；或者每周5天，每天30分钟）。运动持续时间可根据运动强度及类型进行调整（有关中等强度和高强度有氧运动的示例，见第1章）。

美国运动医学会制定的改善健康状况、提高心肺适能水平的运动处方指南

1. **运动频率**：每周至少5天进行中等强度的运动，至少3天进行高强度运动，或两者的等效组合。

2. **运动强度**：中等强度运动的强度为3.0~6.0代谢当量，且强度低于最大摄氧量或最大心率的60%；高强度运动的强度需大于6.0代谢当量，且强度需达到最大摄氧量或最大心率的60%~89%；或者将两者进行等效组合。运动强度可根据客户的心肺健康状况进行调整。

3. **运动进度**：根据训练效果、客户个人情况、最新运动测试结果及运动表现水平，在运动过程中对运动处方进行合理调整。运动进度取决于客户的实际年龄、功能性能力、健康状况和运动目标。对健康成年人来说，一个合理的进程安排是在运动方案的前4~6周之内，每隔1~2周将运动时长增加5分钟。有氧训练运动处方通常包含3个阶段：初始调节阶段、改善阶段、维持阶段。

4. **运动持续时间**：如果进行中等强度运动，运动时间应在30~60分钟（每周不少于150分钟）；如果进行高强度运动，运动时间应在20~60分钟（每周不少于75分钟）；或者两者的等效组合。只有10分钟及以上的持续运动时间才会被计入每天的运动总时长中。

5. **运动类型（模式）**：前期选择可持续进行的低难度节奏性有氧运动以锻炼大肌群（见第128页的"有氧运动方式分类"）。在后期，可以进行高难度的有氧耐力训练。

6. **运动量**：大多数成年人每周可进行能量消耗为1 000千卡的中等强度运动，或每周进行150分钟的运动，即达到摄氧量储备的40%~60%，3.0~6.0代谢当量。此时，每日计步器步数在5 400~7 900步才能达到推荐的标准，如果想要减重或保持体重，还需要完成更多步数。为大多数成年人推荐的运动量或体力活动量每周应在500~1 000梅脱·分。为了计算该值，需要将代谢当量值乘以每周运动的时间（分钟）。见下文。

（源自：ACSM, 2018.）

平要求不高的运动类型。A类运动动作难度或体适能水平要求最低。散步、骑行、水中有氧运动都属于这类运动。B类运动为高强度运动，动作难度较低，体适能要求在中等水平，相应的运动有慢跑、动感单车。经常运动的客户可以在初始调节阶段和改善阶段进行B类运动。C类运动包括耐力运动，同时动作难度较大，要求客户具备一定的技能水平和中等体适能水平，如游泳、滑冰、越野滑雪等运动，已掌握动作技巧或具备一定体适能水平的人才能进行此类运动。D类运动为娱乐性体力活动，可提高体适能水平。除了进行常规有氧运动以外，还应进行以下D类运动，如持拍类运动、徒步旅行、足球、篮球和高山滑雪

等。在运动方案的后期（维持阶段），你应该将C类和D类运动加入进来，使得客户的运动类型多样化。

除了散步、慢跑和骑行之外，其他运动方式也为提高有氧适能水平提出了更高的心肺适能要求。爬楼机、椭圆机、划船机等运动器材为客户的运动处方提供了更多选择。许多客户喜欢进行交叉训练，来为他们的有氧运动方案增加多样性和趣味性。但这些运动方式是否和传统的A类和B类运动（散步、慢跑和骑行）同样有效？这个问题的答案并不唯一，但都取决于能获得相同效果的不同运动方式（最大摄氧量百分比或自感用力度）。

托马斯等人（Thomas et al., 1995）注意到，

在运动过程中预先设定最大摄氧量百分比的情况下，6种不同模式的有氧运动（在跑步机上跑步、北欧滑雪、拖拽式滑雪、走路、骑行和划船）可以引起相似的心血管反应（见图5.1），但和其他运动模式相比，骑行的自感用力度显著偏高。同样，其他研究人员报告，当以恒定的亚极量运动强度在跑步机上慢跑、进行直排轮滑（Wallick et al., 1995）、手臂上举过头或跳下摆动作幅度大的有氧舞蹈（Berry et al., 1992）时，心率和摄氧量之间存在相关性。相反，帕克等人（Parker et al., 1989）报告称，与在跑步机上进行相对强度（最大摄氧量的60%）相同的运动相比，受试者在跳20分钟有氧舞蹈期间的平均稳态心率显著更高。无独有偶，豪利、科拉奇诺和斯文森（Howley, Colacino & Swensen, 1992）进行的系统性研究也发现，在相同的次最大摄氧量下，在电子踏步测力计上锻炼时的心率明显高于在跑步机上跑步时的心率。此外，与轻握扶手保持身体平衡相比，在电子踏步测力计上锻炼时紧握扶手以支撑身体，能显著降低心率和摄氧量。

研究表明，当运动模式的主观自感用力度一致时，就总摄氧量和能量消耗率而言，在跑步机上慢跑可能优于其他有氧运动模式（Hulsey et al., 2012; Kravitz, Robergs & Heyward, 1996; Kravitz et al., 1997b; Zeni, Hoffman & Clifford, 1996）。与步行、划船、北欧滑雪、骑行和拖拽式滑雪相比，当受试者以较高强度（自感用力度为13分或14分）在跑步机上进行15~20分钟7种不同的运动时，总摄氧量更高（Kravitz et al., 1997b; Thomas et al., 1995）。此外，在跑步机上跑步的能量消耗率比功率自行车骑行高出20%~40%（Kravitz et al., 1997b; Zeni, Hoffman & Clifford, 1996），比手摇式上肢运动高出42%（Schriek, Barnes & Hodges, 2011）。赫尔西等人（Hulsey et al., 2012）报告，在相同的自感用力度下，与在跑步机上跑步相比，壶铃甩摆的能量消耗减少了25%~39%。此外，与骑自行车和有氧骑行相比，在跑步机上跑步时的稳态心率更高（见图5.2）（Kravitz et al., 1996; Kravitz et al., 1997b; Zeni, Hoffman & Clifford, 1996）。同样，摄氧量水平相同时，壶

有氧运动方式分类

以下给出了适宜的体力活动量。强度较高的运动，如爬楼梯、跑步，每次需要进行的时间较短（15分钟）；而强度较低的运动，如洗衣服、给车身打蜡，每次需要进行的时间较长（45~60分钟）。

A类运动	B类运动	C类运动	D类运动
骑行（室内）	慢跑和快跑	有氧舞蹈	篮球
散步	划船*	直排轮滑	高山滑雪
水中有氧运动	爬楼梯*	北欧滑雪（户外）	手球
慢舞	室内攀岩*	跳绳	持拍类运动
	北欧滑雪*	游泳	远足
	椭圆机训练*		
	动感单车		
	快舞		

注：A类运动需要的技能水平最低，体适能水平最低；B类运动要求的技能水平较低，体适能水平中等；C类运动要求的技能水平较高，体适能水平中等；D类运动是在常规有氧运动之外，要求额外进行的娱乐性体力活动。
*在固定器材或设施上进行的运动。

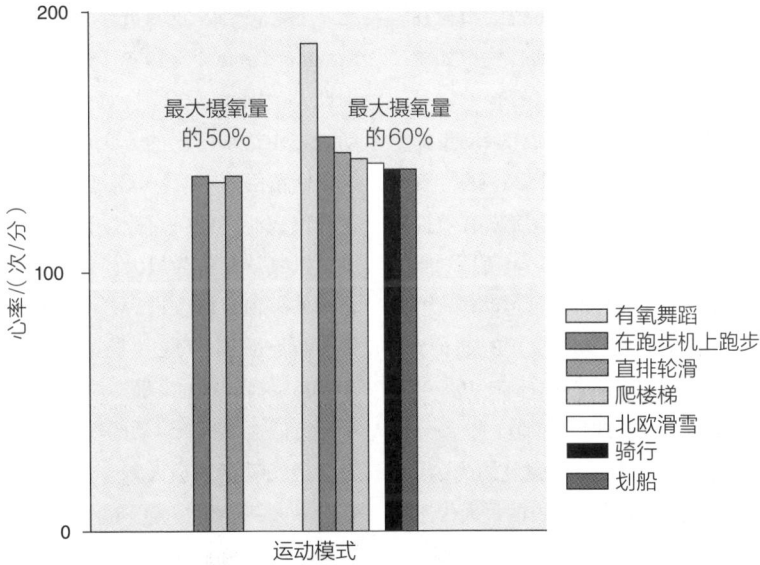

图 5.1 不同有氧运动模式亚极量运动强度下的稳态心率对比

铃甩摆和相扑硬拉时的心率和自感用力度比在跑步机上跑步时的更高（Thomas et al., 2014）。对年轻群体［18~28 岁，摄氧量为 29.1~55.2 毫升/（千克·分）］进行的相关研究表明，在

海拔 1 600 米以上的高度，与在跑步机上步行（86 米/分）相比，跑步（160 米/分）时的平均净能量消耗高达 5.56 千卡/分。

当为客户的运动处方选择有氧运动模式

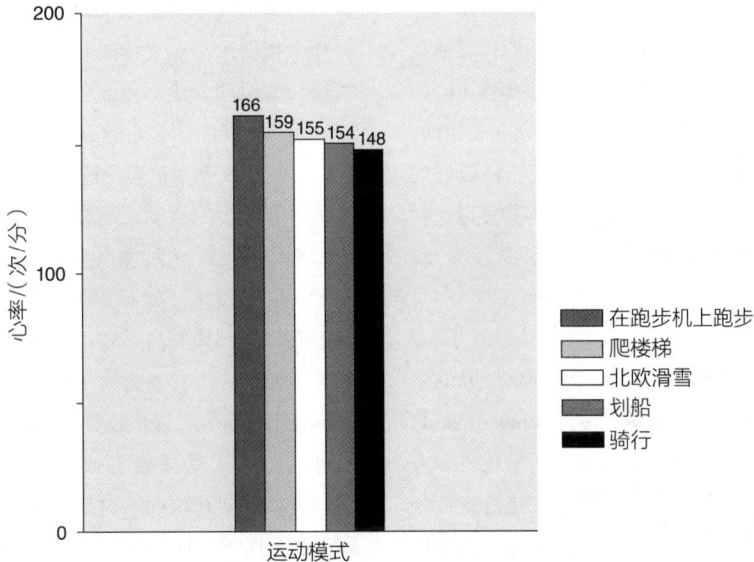

图 5.2 不同有氧运动模式较高运动强度（自感用力度为 13 分或 14 分）下稳态心率对比

时，你应该考虑为了增加心肺系统的负荷在改善阶段应如何分级并调整运动强度。如跳有氧舞蹈时，可以通过手持重量较轻的物品（1~4磅）及加快舞步和上半身动作来逐步提高动作速率（Kravitz et al., 1997a）；进行直排轮滑运动时，可以通过加快速度来有效提高运动强度（Wallick et al., 1995）。使用划船机、爬楼机、模拟全身攀岩机进行运动时，可通过更改机器设置来加大运动强度（Brahler & Blank, 1995; Howley, Colacino & Swensen, 1992）。

将跳绳纳入运动处方时需谨慎，以每分钟60~80次的频率跳绳时，运动强度约为9代谢当量，超过大多数久坐不动人群的最大代谢当量水平。此外，跳绳的运动强度不易分级，因为当跳绳频率增加一倍时，能量消耗仅增加2~3代谢当量。汤、索尔和森宁（Town, Sol & Sinning, 1980）报告，跳绳频率为每分钟125、135和145次时，平均能量消耗在11.7~12.5代谢当量。因此他们得出结论，跳绳作为一种高强度有氧运动，可能不适合分级。

当为老年客户选择运动模式时，你需要考虑他们的功能性有氧代谢能力、肌肉骨骼状况和神经肌肉协调能力（视力或平衡性下降），应尽量选择令人身心愉悦、便于完成的运动。对于许多老年人来说，步行就是一种极好的锻炼方式。视力或平衡性较差的客户可以选择固定式自行车和水中运动。

运动强度

运动强度是决定通过运动刺激形成的生理适应能力的一个关键因素（Wolpern et al., 2015）。通常情况下，运动强度通常代表个人最大摄氧量、摄氧量峰值或心率储备的百分比。然而，有相关研究表明，当骑行或在跑步机上跑步时，最大摄氧量百分比与心率储备百分比并不完全一致（Morán-Navarro et al., 2016; Swain & Leutholtz, 1997; Swain et al., 1998）。因此，美国运动医学会对推荐的计算有氧运动处方中运动强度的方法进行了修改：用**摄氧量储备百分比（%VO$_2$R）**代替最大摄氧量百分比或心率储备百分比来表示相对运动强度。摄氧量储备为最大摄氧量和静息摄氧量之间的差值。修改过后，衡量运动强度的摄氧量储备百分比与心率储备百分比大致相同，计算目标摄氧量的准确性得以提高，尤其是对于进行低强度有氧运动的客户（Swain, 1999）。静息摄氧量存在个人差异，这引发了一个问题——如何确定恒定［1代谢当量=3.5毫升/（千克·分）］静息摄氧量（Mansoubi et al., 2015）。因此，如果测得静息摄氧量，应用其来计算摄氧量储备。

无论使用何种方法，运动强度和运动持续时间都存在负相关关系。换言之，运动强度越高，所需的运动持续时间越短；反之亦然。在设定有氧运动强度之前，应充分评估客户的初始心肺适能水平、运动方案的目标、运动偏好和损伤风险。无论是较低强度、持续时间较长的运动，还是较高强度、持续时间较短的运动，都能让客户的心肺适能得到改善。我们往往建议大多数客户选择持续时间较长、低至中等强度的运动。高强度运动会增加骨骼损伤的风险，导致客户不能坚持执行运动方案。尽管如此，高强度间歇训练近年来越来越受欢迎，其提高心肺适能的效果与耐力训练不相伯仲。有关耐力训练和高强度间歇训练的比较研究已经做出详细的分析和评价，两种训练方式对提高心肺适能的效果均较小。而高强度间歇训练对最大摄氧量的影响高于耐力训练（Milanović, Sporiš & Weston, 2015）。

运动处方的一个重要内容为选择合理的运动强度，以强化心血管系统，降低其过量负荷。美国运动医学会建议，健康成年人最开始时可以将运动强度设定在摄氧量储备或心率储备的40%~90%，具体强度取决于其初始体适能水平（如心肺适能水平一般、较好或极好）。低强度运动（摄氧量储备或心率储备的30%~59%）可能已经足以为久坐不动的客户或初始心肺适能水平低的老年客户带来明显的健康益处。对于大多数客户而言，运动强度在摄氧量储备的55%~80%，就足以提高其心肺适能水平了。一般情况下，客户越健康，进一步提高其心肺适能水平所需的运动强度就越高。实际上，莫兰-纳瓦罗等人（Morán-Navarro et al., 2016）报告，训练有素的男性自行车运动员（20.5岁±7.5岁）从有氧代谢转换为无氧代谢的阈值，产生在运动强度为心率储备的62%~89%时。这一发现表明，和普通人相比，更健康的个人可能需要更高的运动强度才能达到指定的提升效果。运动强度可以用摄氧量储备、心率、自感用力度或对话测试法来设定。

摄氧量储备（代谢当量）计算方法

首先，对客户进行分级运动测试，以评估客户的功能性有氧代谢能力（最大摄氧量或摄氧量峰值）（见第4章）。最大摄氧量的单位为毫升/（千克·分）或代谢当量。摄氧量储备在此可设定为1代谢当量，等于3.5毫升/（千克·分）。因此，当最大摄氧量为35毫升/（千克·分）时，为10代谢当量。

接下来计算**摄氧量储备**。如前文所述，摄氧量储备为最大摄氧量与静息摄氧量之间的差值（摄氧量储备=最大摄氧量-静息摄氧量）。摄氧量储备百分比取决于客户的初始心肺适能水平。以下公式可以在根据摄氧量储备计算目标摄氧量（代谢当量）时使用：

目标摄氧量=[相对运动强度（%）×摄氧量储备]+静息摄氧量

例如，一位最大摄氧量为10代谢当量的客户，其摄氧量储备为最大摄氧量的50%，可通过以下公式计算目标摄氧量：

目标摄氧量=[0.50×（10-1）代谢当量]+1代谢当量=（0.50×9）代谢当量+1代谢当量=5.5代谢当量

行走、慢跑、快跑、骑行、踏步等的运动强度（代谢当量）与运动速度、功率输出或负荷重量有直接联系。可使用ACSM代谢方程（见表4.3）来计算运动处方中特定运动强度下的速度。例如，为了估计女性在运动强度为8代谢当量的水平运动过程中慢跑的速度，请按照以下步骤计算。

1. 将代谢当量换算成毫升/（千克·分）。
摄氧量=8代谢当量×3.5毫升/（千克·分）=28毫升/（千克·分）

2. 通过ACSM跑步代谢方程用已知数据来估测运动速度。
28毫升/（千克·分）=[速度（米/分）×0.2]+3.5毫升/（千克·分）
28.0毫升/（千克·分）-3.5毫升/（千克·分）=速度（米/分）×0.2
速度=122.5（米/分）

3. 将米/分换算成分/千米。
速度=1 000/122.5（米/分）
≈8.2（分/千米）

身体训练、运动和娱乐性活动的平均代谢当量值见附录E.3（身体训练、运动和娱乐性活动的总能量消耗）。在估计儿童和青少年的代谢当量值时，请使用为其制定的能量消耗（代谢当量）一览表（McMurray et al., 2015；Ridley, Ainsworth & Olds, 2008）。仅使用代谢当量值制定运动强度具有一定的局限性。身体训练的能量消耗（即平均代谢当量）

仅为预测能量消耗提供参考。运动的能量消耗，尤其是C类运动，因个人运动技巧水平不同而存在显著差异。代谢当量估计值只是为确定运动强度提供一个切入点，温度、湿度、海拔、污染物等环境因素都可以改变运动时的心率和自感用力度。因此，你应该综合运用心率、自感用力度与代谢当量3种方法，确保运动强度处于安全范围之内。

心率法

通过心率数据来确定客户的运动强度，此方法分为3种，每种都基于以下假设：心率是运动强度的线性函数（即运动强度越高，心率越高）。

心率法与代谢当量图像法的比较

实施亚极量或极量分级运动测试时，客户在运动测试的每个阶段平稳状态下的心率数据可以绘制成散点图（见图5.3）。极量运动测试中达到最高运动强度时，心率达到最大值。进行亚极量运动测试时，你可以使用

依据年龄预测最大心率的公式之一（如220-年龄）来估计客户的最大心率。在图5.3中，你可以根据给定的功能性能力或最大摄氧量百分比获得与之相对应的心率数据。例如，个人的最大摄氧量为7.4代谢当量，最大心率为195次/分。运动强度为4.8代谢当量和6.4代谢当量（最大摄氧量的60%和85%）时，对应的心率分别为139次/分和175次/分。在运动期间，客户应使用心率监测器或触诊法测量心率，以验证此时是否达到合适的运动强度。

值得注意的是，运动测试的模式在一定程度上决定了分级运动的心率反应。例如，在相对运动强度相同时，与跑步机测试相比，在电子踏步测力计上锻炼时的心率更高，而进行固定式自行车运动时的心率较低。当使用这一方法来获得制定运动处方需要的心率数据时，应选择心率与训练模式对应心率类似的测试模式，确保运动测试和训练模式相匹配（见图5.1）。例如，如果客户选择直排轮滑进行训

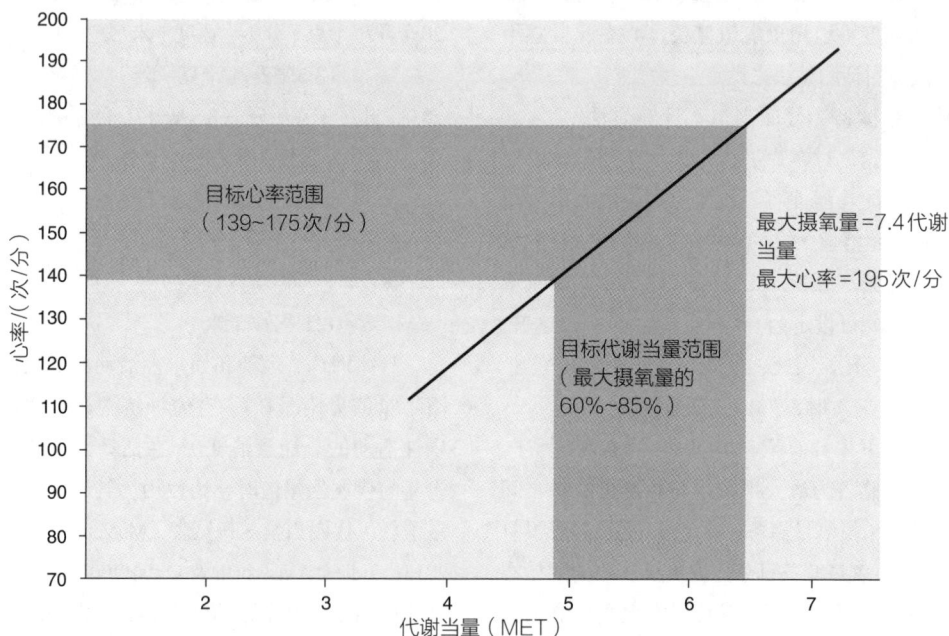

图5.3 分级运动测试数据在目标心率范围中的散点分布（心率与代谢当量）

练，而你没有直排轮滑，此时应使用增量滑板分级运动测试，因为这两种运动模式下的心率、摄氧量、最大摄氧量百分比和亚极量运动强度下的呼吸反应的关系类似（Piucco et al., 2017）。

心率储备法

当无法获得分级运动测试的心率数据时，你可以使用卡氏法（卡沃宁法）或心率储备法来计算客户运动处方上的目标心率。心率储备法需要用到静息心率和最大心率数据。心率储备为最大心率与静息心率之间的差值。运动时的目标心率为心率储备百分比与客户静息心率的和：

目标心率=［运动强度百分比×（最大心率－静息心率）］+静息心率

如前所述，心率储备法与摄氧量储备法的百分比值大致一致（Azevedo et al., 2011；Lounana et al., 2007；Swain & Leutholtz, 1997）。美国运动医学会（ACSM, 2018）建议大多数成年人进行运动时，应使用在心率储备的40%~90%的心率数据。身体素质较弱的群体开始运动时可以将强度设定在心率储备的30%。例如，如果最大心率=178次/分，静息心率=68次/分，运动强度=心率储备的60%，则运动时的目标心率=0.60×（178-68）+68=134次/分。

最大心率百分比法

你可以使用最大心率的线性百分比（最大心率百分比）来估测运动强度并确定目标运动心率。这个方法基于一个事实：最大心率百分比与摄氧量储备百分比、心率储备百分比之间存在联系。在表5.1中，可以看到最大心率的67%和84%分别对应的运动强度为摄氧量储备或心率储备的45%和70%。根据这一点，你可以根据客户的心肺适能水平，使用该方法在最大心率的64%~96%选择合适的目标心率。

表5.1　健康成年人确定运动强度的方法对比

心肺适能水平	心率储备百分比或摄氧量储备百分比	最大心率百分比	自感用力度水平
差	30%~45%	57%~67%	中等偏低
较差	40%~55%	64%~74%	中等偏低
中等	55%~70%	74%~84%	中等偏高
良好	65%~80%	80%~91%	中等偏高
极好	70%~90%	84%~96%	极高

使用这一方法，可以根据最大心率预测公式［如220-年龄或206.9-（0.67×年龄）］或次最大运动负荷的心率反应，来预测或得到实际最大心率。例如，如果按年龄预测的最大心率为180次/分，运动强度设定为最大心率的70%（即0.7），目标运动心率则为126次/分。

最大心率百分比 × 最大心率=目标心率

0.7×180次/分=126次/分

相对一致的运动强度下，与卡氏法相比，用最大心率百分比法算出的目标心率值偏低。例如，客户的静息心率为80次/分，用卡氏法计算出的目标心率为150次/分［0.7×（180-80）+80次/分］，而用最大心率百分比法算出的心率为126次/分（0.7×180次/分）。

心率法的局限

在估测某些客户的相对运动强度（摄氧

量储备百分比）时，单独根据心率来为运动处方选择合适的运动强度，可能会导致较大的误差。尤其是根据年龄来预测心率，而非直接对其进行测量时，这种误差可能更为明显。对30%的人群来说，在根据由年龄预测的最大心率制定的运动处方中，心率储备的60%可能相当于实际锻炼时最大心率的70%~80%（Dishman, 1994）。测得的最大心率依运动模式不同而有所不同。因此，当运动模式不同时，即使次最大心率相同，客户的自感用力度也不尽相同。用药、情绪状态、环境（如温度、湿度、大气污染）等因素也会影响客户运动时的心率。在这种情况下，你应该根据自感用力度来调整运动强度。

自感用力度法

鉴于根据心率设定运动强度具有一定的局限性，你可以考虑同时根据心率和自感用力度来为客户制定运动处方，还可以使用自感用力度来设定并监测健康或患病客户的运动强度（Reed & Pipe, 2016; Tang et al., 2016）。美国运动医学会建议用奥姆尼自感用力度量表（0~10分）为老年客户的运动处方设定运动强度（中等强度为5~6分，高强度为7~8分）。在持续有氧运动期间，奥姆尼自感用力度量表（见表4.2和附录B.4）是评估体力活动水平的有效和可靠的工具（Guidetti et al., 2011; Krause et al., 2012; Mays et al., 2010; Reed & Pipe, 2016; Scherr et al., 2013; Tang et al., 2016）。

在分级运动测试期间，客户使用自感用力度量表对每个阶段的运动强度进行评定。你可以采用与有点难（奥姆尼自感用力度量表的6分或博格自感用力度量表的12分）到困难（奥姆尼自感用力度量表的8分或博格自感用力度量表的16分）所对应的强度（代谢当量），来为运动处方设定最低和最高运动强度。与心率储备百分比法相比，自感用力度的12分和16分分别约等于心率储备的40%和84%

（Pollock et al., 1998）。有报告指出，奥姆尼自感用力度量表和摄氧量（r为0.93~0.96）、心率（r为0.96~0.97）、博格自感用力度量表（r为0.96~0.98）之间存在显著的联系（Mays et al., 2010）。同样，谢尔等人（Scherr et al., 2013）报告了自感用力度（博格自感用力度量表的6~20分）与血乳酸之间的相关性（$r=0.84$），高于自感用力度与心率之间的相关性（$r=0.74$）。他们的调查样本包括2 560名白人（13~83岁），这些人分别被归类为久坐不动（体力活动水平未达到美国运动医学会体力活动指南的标准）和经常运动（每周至少进行10小时的运动或为国家级运动队成员）的类型。他们还发现，自感用力度与相关运动强度变量（心率或血乳酸）的关系十分密切，与性别、病历、年龄、体力活动水平和运动测试方式（跑步机或固定式自行车）无关。

在实际运动时，尤其是在较高的运动强度下，客户可以了解自感用力度与特定目标运动心率的关系（Smutok, Skrinar & Pandolf, 1980）。因此，可以用自感用力度代替心率，或者与心率相结合来监测运动强度，并调整运动处方，以达到良好的训练效果。帕菲特、埃文斯和埃斯顿（Parfitt, Evans & Eston, 2012）报告称，久坐不动的客户也可以根据自感用力度来监测运动强度。每周训练3天，采用博格自感用力度量表中的13分（有些费力）对应的强度进行运动的客户，8周内有氧代谢能力均提高17%。此外，大多数运动干预组认为他们选择了合适的运动强度，运动比较轻松并感觉良好（Parfitt, Evans & Eston, 2012）。

有趣的是，谢尔等人（Scherr et al., 2013）证实，对于未接受过训练或身体素质较差的个体，自感用力度在11~13分比较适合，而在13~15分的自感用力度范围内进行有氧训练，会使体适能水平较高的个体受益。与男性相比，女性更有可能高估自感用力度，尤其是很少运动的女性。相反，与加速度运动测试数据相比，男性和经常运动的个体倾向于低估自身的体力活动水平（Skatrud-Mickelson et al., 2011）。因此，作为一名运动专业人员，你应当始终意识到一些客户可能会误估自己的用力度。

自感用力度作为一种监测运动强度的方法，有一个明显的好处，即客户无须停止运动便可了解自己的心率状况。遗憾的是，按给定自感用力度运动时，完成壶铃甩摆［34.1毫升/（千克·分）］产生的代谢反应与在跑步机上跑步［46.7毫升/（千克·分）］相比，并无较大差异（Hulsey et al., 2012）。关于如何根据自感用力度来设定运动强度，见迪希曼（Dishman, 1994）和罗伯逊（Robertson, 2004）的全面的综述性研究。帕菲特等人（Parfitt et al., 2012）介绍了允许客户根据自感用力度选择运动强度在理论上如何改善对自我决定和运动自主性的感知，而这两者都可以增强客户继续参加运动方案的意愿。

监测运动强度

整个有氧运动方案中，为了确保客户安全，以及确定客户在与运动处方指定强度相近的强度下进行锻炼，需要密切监测其运动强度。这时，使用心率法和自感用力度法就可以实现这一目标。你可以指导客户如何运用心率触诊法（见第2章）、心率监测器、奥姆尼自感用力度量表（见表4.2）来测量心率。

关于在不同运动模式下，采用动作与身体反应监测器来记录运动强度，并评估其效度和信度的研究正在进行中。一些运动方式比其他方式更适用于通过技术方法来监测心率。此外，部分心率监测器在地面和淡水环境中（如泳池里面）都能正常使用，但在咸水环境中（如在海里）必须具备防水功能才能正常使用。拉法埃利等人（Raffaelli et al., 2012）报告称，进行水中有氧运动时，通过心率触诊法监测运动强度，比使用加速度测量法更有效。

一些客户更倾向于使用对话测试来监测自感用力度。对话测试可衡量运动时能够舒适对话的能力，反映了运动强度与肺通气量之间的关系。肺通气量或进出肺部的气体交换量，随运动强度（摄氧量）增加而线性增加，直至达到某个临界点。在**通气阈（VT）**这一临界点，肺通气量随运动强度和耗氧率的增加而呈指数级增加。运动时处于通气阈临界点，会难以说话。然而，奎因和孔斯（Quinn & Coons, 2011）发现，年轻男性群体中，与通气阈相比，对话测试与乳酸阈（使血乳酸值至少增加1毫摩尔/升的运动强度）和自感用力度的关联更为密切。

对大学生（Persinger et al., 2004）、病情稳定的心脏病患者（Reed & Pipe, 2014）和运动员（Jeans et al., 2011；Recalde et al., 2002）的研究表明，按运动处方所规定的运动强度进行锻炼的个体，往往能通过对话测试。个体未通过对话测试的原因往往是以高于运动处方规定的运动强度进行锻炼。这时，采取高强度间歇训练也许更合适。在针对一组男性竞技自行车运动员（21~37岁）的研究中，吉勒斯皮（Gillespe, 2015）的研究团队发现，不能通过对话测试（完全无法舒适地说话）的临界点与通气阈相当。在固定式自行车和跑步机运动期间，对话测试是一种精确监测运动强度的方法（Persing et al., 2004）。通过朗读多于93个单词的文章，可提高对话测试预测通气阈的准确性（Schroeder et al., 2017）。

同样，**计数型对话测试（CTT）**是监测运动强度的一种客观方法（Loose et al., 2012）。根据个体在静息状态下的计数对计数型对话测试的结果进行标准化；在深吸气后，以舒适的节奏开始计数（即从1数到1 000、2 000等）。第2次吸气前计数的最高数字用于测定下一阶段的运动强度（CTT_{rest}）。在运动过程中多次重复计数程序，用再次呼吸前的最大计数除以基线值，得出%CTT_{rest}。以30%~40%或40%~50%的CTT_{rest}进行运动时，相当于进行$CTT_{rest} \leq 25$的中高强度的运动。计数型对话测试是可靠的，并且与步行、固定式自行车、椭圆机和爬楼机训练的心率储备百分比和自感用力度明显负相关。

运动频率

运动频率取决于客户的能量消耗目标、身体健康和体适能状况、运动偏好、时间限制和指定运动强度。每周至少进行5天中等强度有氧运动，才能获得健康和体适能方面的益处。对于有氧适能未达到中高水平，未掌握多种运动模式的客户，每周进行高强度有氧运动超过5天时会导致过度使用性肌肉损伤。推荐的做法是每周进行3~5天的中高强度有氧运动，以保持健康和提高体适能（ACSM, 2018）。尽管每周运动少于3次也能获得一定的健康和体适能益处，但这样的做法并不提倡。心肺适能水平低的客户每周应至少进行5次低至中强度的运动。对于有氧适能水平较低、久坐不动的客户，应规定其进行多种日常运动，且每次持续运动时间应不少于10分钟。

就提高最大摄氧量而言，调整训练课的顺序，似乎没有增加训练的总运动量重要。每隔一天（周一、周三、周五）训练的客户和连续3天（周一、周二、周三）训练的客户，最大摄氧量的提升程度类似（Moffatt, Stamford & Neill, 1977）。

运动持续时间

作为运动专业人员，你应当为客户选择合适的运动强度和运动时长，使其充分重视心肺系统功能，并避免过度用力。如前所述，运动强度和持续时间负相关（运动强度越低，运动持续时间越长）。美国运动医学会建议每天进行持续或间歇运动20~60分钟。健康无症状的客户通常可以选择摄氧量储备的60%~90%这一运动强度范围，持续运动20~30分钟。为了改善心肺适能水平，建议大多数成年人进行中等强度有氧运动，每次运动持续30~60分钟（ACSM, 2018）。在有氧运动方案的最初4~6周内，运动持续时间每隔一周可增加5~10分钟，直至达到预期的运动量（ACSM, 2018）。身体条件较差和年龄较大的客户可能只能进行低强度（小于摄氧量储备的40%）的运动，持续运动5~10分钟。他们可能需要在规定的训练日内完成多节训练课（如每天3次，每次10分钟），累计进行30分钟的有氧运动。

估测运动持续时间的替代方法是使用能量消耗量。为了获得健康收益，美国运动医学会建议每周至少进行150分钟的中等强度运动或75分钟的高强度运动，或两者的等效组合，以达到所需要的运动量。即使选择运动持续时间最短、运动强度最低的组合也应保证每周运动造成的能量消耗不少于1 000千卡。因此，你可以将每日的目标能量阈值设定为150~400千卡；但需要注意一点，美国运动医学会已警告不要使用绝对运动强度（千卡/分），因为绝对运动强度忽略了体重、健康水平和性别方面的个人差异。

然而，在运动方案的初始阶段，每周运动的能量消耗可能显著偏低（200~600千卡/周）。在改善阶段，当客户每周进行300分钟的中等强度运动时，能量消耗从每周1 000千卡增加到2 000千卡以上。这可以通过逐渐增加运动频率、强度和持续时间来实现。例如，当一名体重60千克的女性以7代谢当量的强度每周运动5次时，其每周净能量阈值可以达到1 500千卡，她每次运动时需要消耗300千卡（1 500千卡/5）的能量。你可以使用以下公式估算该女性运动时的总能量消耗（千卡/分）：

总能量消耗（千卡/分）=代谢当量值×

3.5×体重（千克）/200

计算该女性运动时的能量消耗时，应从总摄氧量（运动时净摄氧量+静息摄氧量）中减去静息摄氧量，将得到的值代入以下公式：

净能量消耗 = 6×3.5×60/200

= 6.3千卡/分

由此可见，为了达到每周净能量消耗1 500千卡的目标，她需要每周运动5次，每次运动时间应不少于48分钟［300千卡/6.3（千卡/分）］。

对于美国运动医学会所认可推荐的能量消耗和运动方案，桑托斯等人（Santos et al., 2012）研究了体重（60~100千克）和体适能水平［16.4~61.2毫升/（千克·分）］对个人差异的影响。他们推导出用于预测个性化运动强度（摄氧量储备百分比）、运动持续时间（分/周）、运动频率（天/周）和能量消耗（千卡/周）的方程，以解释特定运动方案中出现的个人差异。用美国运动医学会推荐的方程进行计算时，有氧适能水平低的客户，其能量消耗往往被高估，而其他客户的能量消耗被低估。有关美国运动医学会方程的调整建议，见桑托斯等人（Santos et al., 2012）的研究。

运动量

运动频率、强度和持续时间决定了运动量。梅脱·分（MET·min）是衡量能量消耗的指标，计算方法是将运动的代谢当量值乘以每周运动的分钟数（如6代谢当量×150分钟=900梅脱·分/周）。使用这种方法，可以将不同个人和运动类型的总体力活动量进行标准化（ACSM, 2018）。美国运动医学会建议成年人的目标运动量每周应不少于500~1 000梅脱·分/周，相当于每周进行约150分钟中高强度运动（3~6代谢当量）。

此外，计步器（见第3章）可用于量化运动量。大多数成年人每天步行5 400~7 900步，才能达到推荐的体力活动量标准（每周不少于500~1 000梅脱·分）。以中等强度（100步/分）走完1英里平均需要3 000~4 000步。综合考虑，最好结合运用计步器与推荐的运动持续时间（如100步/分）来规定运动处方的运动量，即每周运动持续时长应在30~150分钟。

运动进度

与有氧耐力训练相关的生理变化（见第138页的"心肺耐力训练引发的生理变化"）使客户能够增加总运动量。在运动方案的前6~8周，生理变化反应最为强烈。在第1个月，有氧耐力水平每周提高3%；在第2个月，每周提高2%；之后每周提高1%或1%以下。要想持续提高有氧耐力水平，需要调整运动强度和持续时间，加大心肺系统的运动负荷，使客户达到新的体适能水平。有氧耐力的提高程度和提高速率取决于客户的年龄、健康状况和初始适能水平。对于普通人，有氧训练方案通常能使最大摄氧量增加5%~20%（Pollock, 1973）。久坐不动者的有氧适能最高可提高40%，而精英运动员可能仅提高5%，因为后者的初始水平更接近他们的遗传上限。即使初始适能水平相同，执行运动方案的老年客户的有氧适能水平的提高速度也没有年轻客户快。

不同阶段

如第3章所述，运动方案的3个阶段为初始调节阶段、改善阶段和维持阶段。

初始调节阶段

初始调节阶段可持续1~6周，取决于客户对运动方案的适应速度。在这一阶段，每节运动课都应包括热身运动、中等强度（3~6代谢当量）有氧运动、低强度肌肉适能训练，以及以拉伸为主的放松运动（ACSM, 2006）。执行中等强度有氧调节方案的客户应每周至少运动3天，有氧运动的持续时间不少于20分钟，并逐渐增加至30分钟。当客户能够在心率储备的55%~60%的情况下，持续进行有氧运动30分钟时，则进入改善阶段。

改善阶段

改善阶段通常持续4~8个月。在这期间，运动进阶速率迅速加快。同时，运动强度加大，运动持续时间增加，运动频率加快。增加运动强度之前，应先增加运动持续时间或运动频率。在第1个月，每周或每两周，运动持续时间应增加10分钟，直到客户能够持续进行20~60分钟中等强度到高强度运动。运动频率应从每周3天增加到每周5天。一旦达到预期的运动持续时间和频率，就应该逐步增加运动强度，以降低客户受伤、酸痛和过度训练的风险（ACSM, 2018）。

这个阶段的进阶速率取决于许多因素。心脏病患者、老年人和身体健康状况较差的客户，可能需要更多的时间让身体适应更高的运动强度。总而言之，老年客户或身体较弱的成年客户应争取每日进行30~60分钟中等

心肺耐力训练引发的生理变化

心肺系统

增强	下降
心脏容量	静息心率
总血量和总血红蛋白	次最大运动心率
静息与运动时的每搏输出量	（高）血压
最大心输出量	
最大摄氧量	
从血液中吸收的氧气量	
肺容量	

肌肉骨骼系统

增强

线粒体数目与大小
肌红蛋白含量
甘油三酯含量
氧化磷酸化反应

其他身体系统

增强	下降
结缔组织强度	（超重者）体重
热适应能力	体脂含量
高密度脂蛋白胆固醇	总胆固醇
情绪	低密度脂蛋白胆固醇
认知功能	抑郁症
端粒长度	阿尔茨海默病

强度（10分制的自感用力度量表的5或6分）的运动或20~30分钟的高强度运动（10分制的自感用力度量表的6分以上），或以上两者的等效组合。

维持阶段

在达到目标心肺适能水平后，客户进入运动方案的维持阶段。如果客户有终生运动的打算，则这一阶段应长期有规律地进行。

该阶段的目标是维持改善阶段达到的心肺适能水平和每周运动的能量消耗。为让客户实现这一目标，在这一阶段，客户应以改善阶段最后的运动时间和运动强度进行有氧运动，且每周运动3~5天。确保运动强度保持不变，将运动频率从每周5天降至每周3天，但不会对最大摄氧量造成负面影响。但是，客户应在其他的2天或3天进行额外运动。因此，可以从C类和D类运动中选择多种娱乐活动，以维持客户的运动热情和兴趣。例如，在改善阶段的最后，每周跑步5天的客户可以将跑步频率降低至每周3天，并在其他2天内跳尊巴舞、练直排轮滑、打壁球或进行高强度循环抗阻训练。

有氧训练方法与模式

持续和断续训练法都可以改善心肺耐力。持续训练是指以低强度至中等强度持续进行有氧运动，中间不休息。断续训练是包括多次间断的低至高强度运动训练，训练之间有休息时间。两种训练方法均能显著提高最大摄氧量（Landram et al., 2016；Milanović, Sporiš & Weston, 2015）。但高强度间歇（断续）训练和持续耐力训练相比，哪种方法更能有效提高最大摄氧量，仍然众说纷纭。然而，一项针对高强度间歇训练的综述性研究指出，在提高最大摄氧量方面，高强度间歇训练仅略优于持续耐力训练（Milanović, Sporiš & Weston,

2015）。

关于高强度间歇训练，另一个令人担忧的问题是出现运动倦怠的可能性。波洛克等人（Pollock et al., 1977）报告，进行高强度间歇（断续）训练方案的成年人，半途而废的概率是进行持续慢跑的两倍。因此，对于普通客户，高强度间歇训练可能更适合用于短期（如4周）提高心肺适能水平，同时增加运动方案的多样性。有关间歇训练的长期健康收益及其对坚持运动的影响，还需要更多研究进行相关探讨。

持续训练

"有氧运动方式分类"所列出的A类或B类运动方式都适用于持续训练。持续训练的一个优点是，在固定速度的运动期间，规定的运动强度（如心率储备的75%）相对保持一致。一般情况下，低至中等强度的持续训练更安全、更舒适，更适合刚开始执行有氧运动方案的客户。

步行、慢跑和骑行

步行、慢跑和骑行已成为最常见的持续训练模式。步行、慢跑和骑行对心肺适能水平具有相似的促进效果（Pollock, Cureton & Greninger, 1969；Pollock & Dimmick et al., 1971；Pollock et al., 1975；Wilmore et al., 1980）。大多数常见运动模式对最大摄氧量的提高程度亦相似。波洛克等人（Pollock et al., 1975）以最大心率的85%~90%的运动强度，分别比较了执行3种不同运动方案（跑步、步行和骑行）的中年男性，发现3组受试者的最大摄氧量都有显著的提升。结果表明，当根据合理、科学的原则设定的运动频率、强度和持续时间保持恒定时，最大摄氧量的提高与训练模式无关。

有氧舞蹈

近半个世纪来，有氧舞蹈成为改善和维持

心肺适能水平的常用运动方式。典型的有氧舞蹈运动过程中，最开始时应使主要大肌群进行低强度的热身运动（约5分钟），接下来跳20~30分钟高强度或低强度（分别单脚离地或双脚同时离地）的有氧舞蹈。在这一过程中，逐渐增加音乐和动作的速度，直至达到适合客户年龄的目标运动强度。放松阶段通常包括拉伸运动，一般持续5分钟。手持重物（1~4磅）也可用于增加运动强度。运动期间应频繁监测心率，确保其处于目标范围内。

尊巴舞是一种非常受欢迎的运动方式，其特点是将上半身和下半身的大肌群运动与拉丁风格的音乐结合在一起（Domene et al., 2016）。它可以在地面上或游泳池中进行。据报告，跳一次尊巴舞的能量消耗超过了推荐的为改善和维持心肺适能水平的标准（ACSM, 2018），这使作为中高强度的运动方式的尊巴舞受到年轻人、中年人和老年人的欢迎（Dalleck et al., 2015; Domene et al., 2016; Luettengen et al., 2012）。在达莱克等人（Dalleck et al., 2015）和多梅内等人（Domene et al., 2016）的研究中，与在跑步机上以3.5英里/时的速度无坡度行走（3.8代谢当量）相比，尊巴舞的平均代谢当量水平（分别为4.3±0.4代谢当量和6.2±0.3代谢当量）更高。经过16周的尊巴舞训练干预（3天/周，60分/次）后，与其他许多与改善健康相关的生理变量一样，久坐、超重或肥胖女性的最大摄氧量估计值得到了显著提升（Krishnan et al., 2015）。

踏步测力计与爬楼机

用爬楼机进行锻炼是健康和健身俱乐部中常见的运动方式。研究显示，用阶梯式爬坡测力计进行亚极量分级运动时，心率反应呈线性变化。然而，StairMaster 4000 PT上显示的代谢当量水平高于运动的实际代谢当量（Howley, Colacino & Swensen, 1992）。当设定这种爬楼机的运动强度时，须以下公式对机器的每个代谢当量水平估计值进行一定的调整：

实际代谢当量水平 = 0.556 + 0.745 × 设定爬楼机的代谢当量水平

当两分钟内步行超过100步或17.3米（步幅为17.3厘米，每层20步）时，得到代谢当量水平和心率储备百分比的预测值，表明爬楼梯的用力要求应该从中等强度（3.5代谢当量；心率储备的56%~61%）提高至高强度（7.6代谢当量；心率储备的69%~80%），无论男女。走下相同爬楼机的运动强度，大约为3代谢当量（Al Kandari et al., 2016）。因此，只要附近有楼梯可用，客户便可以进行中等到高强度的短期间歇运动。以给定步频（步数/完成时间）和步高爬楼梯时，估算摄氧量的方程见表4.3。对于身体较差的客户来说，最初爬台阶数较多的楼梯时可能会很费力，高石等人（Takaishi et al., 2014）建议客户上下来回多爬几次台阶数较少的楼梯。这将使客户在每天进行必要的30分钟中等强度运动时，积累经验，而不会感觉到持续爬楼梯带来的生理压力。高强度爬楼梯运动与等运动量（3×20秒）的户外自行车间歇运动会产生相似的生理效果，因此适合作为一种短冲间歇训练模式（Allison et al., 2017）。

椭圆机

椭圆机在健身行业被应用得十分普遍，适用于锻炼上半身、下半身或全身。用椭圆机训练时，下半身动作不断在爬楼梯与直立固定式自行车运动的动作之间交替转换。在椭圆机上运动的过程中，双脚成卵形或椭圆形移动，双脚放在椭圆机的脚垫上。不同于跑步或慢跑，这种运动形式为高强度运动，但其冲击力较弱，与步行相当（Klein, White & Rana, 2016; Lu, Chien & Chen, 2007）。

克拉维茨等人（Kravitz et al., 1998）报告，在5分钟（125步/分）的无阻力和抗阻往返训练期间，每分钟平均能量消耗分别为8.1千卡和10.7千卡。运动强度为最大心率（按年龄预测）的72.5%~83.5%。与跑步机运动相比，受试者以自选运动强度进行上半身椭圆机训练时，会产生相似的摄氧量、心率和自感用力度（Crommett et al., 1999）。尽管全身椭圆机训练和跑步机运动在摄氧量上没有显著差异，但全身椭圆机训练的心率和自感用力度显著偏高（Crommett et al., 1999）。与客户自定训练速度（没有坡度）的稳定跑步机运动相比，传统椭圆机训练（跑步机运动之后稳态心率下150~160步/分）仅以腿部为重点时的自感用力度差异较显著，而上半身、全身的自感用力度没有显著差异。与跑步机运动后相匹配的自感用力度相比，不同运动方式之间心率反应的差异尚不明确（Brown et al., 2010；Green et al., 2004）。迈尔和费托（Mier & Feito, 2006）报告，仅使用腿部进行的椭圆机训练［摄氧量为18.7±3.0毫升/（千克·分）；肺通气量V_E为38.9±3.0升/分；自感用力度为10.9±1.9分］，与双臂双腿同时进行的椭圆机训练［摄氧量为19.2±3.0毫升/（千克·分）；肺通气量V_E为37.7±8.3升/分；自感用力度为10.3±1.9分］相比，摄氧量、肺通气量和自感用力度之间存在显著差异。此外，他们认为在运动的每个阶段，个体间的摄氧量存在显著差异，这可能与个体的性别、身体成分和椭圆机训练经验有关。

传统的椭圆机训练是跑步机运动和爬楼梯运动的有效替代方法（Brown et al., 2010；Green et al., 2004）。埃纳尼亚和多恩（Egaña & Donne, 2004）报告，与跑步机跑步和爬楼梯运动相比，经过12周传统椭圆机训练的干预（每周3天，每天30~40分钟；心率储备的70%~90%）后，最大摄氧量显著增加。

室外椭圆机自行车结合了传统椭圆机与自行车运动的特点。如克莱恩、怀特和拉纳（Klein, White & Rana, 2016）所述，这两种椭圆机的踏板角度不同，与普通自行车运动相比，室外椭圆机自行车运动可以让腿部动作与跑步更相近。他们进行了一项交叉验证研究，让有经验的跑步者分别进行4周的室外椭圆机自行车训练与跑步训练，结果表明，相较于基线值，两种训练模式后的肺通气量都有相似的显著增加（Klein, White & Rana, 2016）。关于运动兴趣的表现性变量，两种训练模式之间未发现显著差异。室外椭圆机自行车训练可替代跑步训练且对其没有影响，但可产生与跑步类似的生理反应。

水中运动

水中运动，在及腰深的水中进行有氧运动或步行，已成为年轻人、中年人和老年人提高心肺适能水平的有效方法。身体在水中运动时需要对抗水对人体的阻力，肌肉力量可因此得到改善。这种运动在年龄较大、体重超重或患有骨科疾病的客户中非常普及。贝尔加曼等人（Bergamin et al., 2012）全面分析了水中运动对老年人体适能的影响效果。

虽然训练效果会因水中运动的方式而异，但每次进行水中运动时应包括以下几个阶段。

- 热身运动阶段——在进入泳池之前进行5~10分钟的拉伸运动，然后在水中缓慢步行。
- 耐力调节阶段——在水中步行、慢跑、踢、挥臂和跳舞，持续20~30分钟。
- 抗阻训练阶段——使用浮板、哑铃、钟形装置和游泳脚蹼，在水中进行10分钟的抗阻训练。
- 放松运动阶段——进行5~10分钟的拉伸运动。

老年女性（60~75岁）进行为期12周、每周3天的水中运动训练后，摄氧量峰值增加12%，而总胆固醇和低密度脂蛋白胆固醇分别降低11%和17%。此外，由于四肢运动时要对抗水的阻力，肌肉力量、手臂和腿部爆发力显著增加（Takeshima et al., 2002）。在水中运动（身体浸入水中，头部在水面上）期间，有关环境条件因素对生理反应的影响，见巴尔博萨等人（Barbosa et al., 2009）进行的综述性研究。

创新型有氧运动模式

为了刺激并保持客户的运动参与度，健身行业每年都会引进新型或创新型有氧运动模式。许多新的运动方案结合了传统运动模式（如固定式自行车、踏步、太极拳和武术）与音乐。如今，健身中心开设有团体训练课程，训练方案包括近身搏击、动感单车、有氧舞蹈、杠铃操、健身踏板和跆搏（上述均为莱美系列健身操）。近身搏击是一项有氧运动，将空手道、拳击、跆拳道和太极拳的动作与快节奏音乐相结合。动感单车运动是一项室内音乐自行车运动，包括热身、速度训练、山丘训练、混合地形训练、间歇训练、自由训练和拉伸等运动内容。有氧舞蹈融合了当前的舞蹈风格与青少年喜爱的流行音乐风格。杠铃操是一种低负荷、高重复的身体训练，纳入了编舞和音乐。跆搏是一种常规有氧运动，结合了音乐、跆拳道和拳击的元素，可提高有氧适能水平。

里克松等人（Rixon et al., 2006）比较了进行近身搏击（最大心率的73%；9.7千卡/分）、动感单车（最大心率的74.3%；9.9千卡/分）、健身踏板（最大心率的72.4%；9.6千卡/分）和杠铃操（最大心率的60.2%；8.0千卡/分）等常规运动时的心率和能量消耗水平。除杠铃操外，这些常规运动的强度和持续时间似乎均达到了能够改善健康和控制体重所推荐的体力活动标准。8名不运动女性[体重指数为（29.9±2.3）千克/米^2]参加了动感单车工作室的一项骑行方案（每周3天），该方案为期8周。到第3周，她们每次骑行的持续时间从20分钟增加至50分钟（Faulkner et al., 2015）。该方案结合了低、中、高强度的骑行，平均

运动强度（最大心率的83%）达到了美国运动医学会（ACSM, 2018）相关高强度运动的标准。福克纳的研究团队发现该工作室的骑行方案是一种较为有效的运动方式，能显著改善最大有氧代谢能力（11.8%）、体脂水平（-13.6%）和血脂特征（低密度脂蛋白降低23%，总胆固醇降低13%）。尽管里克松等人（Rixon et al., 2006）开发的团体训练课程已经被用于数千个国际健身俱乐部中，但仍需要开展进一步的研究，以确定这些运动方案对有氧适能的益处和相关影响。

壶铃运动是一种常见的全身性有氧训练模式。它涉及节律性摆动和弹性举升动作，但进行该运动时双手负荷的重量可能不对称。目前关于这种运动模式的研究极少，且结果不明确。法拉尔、梅休和科克（Farrar, Mayhew & Koch, 2010）发现，壶铃甩摆适用于提升有氧适能水平。正如预期，壶铃甩摆运动期间的平均最大心率百分比（最大心率的87%）高于相应的平均最大摄氧量百分比（最大摄氧量的65.3%）（Farrar, Mayhew & Koch, 2010）。托马斯等人（Thomas et al., 2014）比较了30分钟常规壶铃运动与30分钟中等强度跑步机步行（有坡度）的摄氧量。他们报告称，尽管常规壶铃运动过程中的心率和自感用力度始终偏高，但有氧代谢能力水平与其他运动类似。杰伊等人（Jay et al., 2011）报告称，在8周壶铃训练干预结束后，以女性（85%）为主的成年人（平均年龄44岁，体重指数23千克/米^2）样本中，有氧代谢能力无明显提高。相反，一组高水平女子大学足球运动员样本以1:1的运动与休息比率进行了为期4周、每周3次、每次20分钟的高强度壶铃抓举训练，据报告其最大有氧代谢能力水平提高了6%（Falatic et al., 2015）。贝尔茨等人（Beltz et al., 2013）报告，在大学里完成壶铃课程（共8周，每周2节课）的年轻人，其有氧代谢能力水平提高了13%。

断续训练

如前所述，断续训练涉及一系列低至高强度运动，其中穿插休息和放松时间。"有氧运动方式分类"列出的所有 A 类和 B 类运动都适用于断续训练。由于这种训练形式具有间断期，其运动强度和总运动量可能大于持续训练。这使断续训练成为运动员及心肺适能水平低的客户所广泛运用的一种多功能性训练方法。

事实上，美国运动医学会建议只能进行短期（3~5 分钟）低强度运动的有症状的人进行断续（间断）训练。断续或间断训练的例子包括间歇训练、踏步训练、动感单车训练和循环抗阻训练等。

间歇训练

间歇训练涉及多次重复的系列运动环节，其中穿插休息和放松时间。这种方法很受运动员的欢迎，因其允许在运动期以相对较高的强度进行运动，而不是进行持续时间较长的训练。通过调整运动期的强度和持续及休息期时长，间歇训练方案可以提高速度、无氧耐力以及有氧耐力水平。

例如，进行间歇跑时，先用 3~4 分钟跑完 1 100 码（约 1 005.8 米）。每个运动期后都有一个 1.5~2 分钟的休息期，按此顺序重复这一过程 3 次。在休息期，客户可以通过慢跑或步行从运动中恢复。有氧间歇跑的运动与休息时间比通常为 1 : 1 或 1 : 0.5。每个运动期持续 3~5 分钟，重复 3~7 次。运动强度范围通常在最大摄氧量的 70%~85%。这个过程需要通过逐渐增加运动强度或每个运动期的持续时间，减少休息期的时长，或增加每次运动的间歇次数来实施超负荷原则。关于间歇跑训练和示范方案，包括提高速度和无氧耐力的方案，讨论结果见詹森（Janssen, 2001）的研究。

关于比较耐力训练和高强度间歇训练异同的综述性研究，见米拉诺维奇、斯波利斯和韦斯顿（Milanović, Sporiš & Weston, 2015）的研究文章。他们重点研究了两种训练模式下体适能状况对变化幅度的影响。无论如何，与传统的持续耐力训练相比，高强度间歇训练改善有氧代谢能力的效果更好。

在一项重点为高强度间歇训练方案的潜力的综述性研究中，凯斯勒、西森和肖特（Kessler, Sisson & Short, 2012）指出了短冲间歇训练（SIT）和有氧间歇训练（AIT）的异同。短冲间歇训练通常在多次重复运动组合的基础上进行，以最大用力度冲刺跑 30 秒，之后在固定式自行车上进行较长时间的休息恢复（约 4 分钟）。进行有氧间歇训练时，受试者以近似最大运动强度（最大摄氧量的 80%~95%）进行 4 分钟的跑步机或骑行运动，结束后休息 3~4 分钟，并多次重复这一过程。这种训练方式似乎广泛适用于非运动员、久坐不动者和临床患者。然而，这两种训练方案在运动量和运动次数方面差异极大。当最大有氧代谢能力与胰岛素敏感性提升幅度不大时，与中等强度的标准持续运动训练相比，短冲间歇训练和有氧间歇训练的效果类似。尽管它们仅在美国运动医学会和美国心脏协会推荐的运动持续时间（每周 150 分钟）中占很小的比例，但这种运动已经越来越流行。例如，吉伦等人（Gillen et al., 2016）报告，在所有任务组中，12 周的固定式自行车运动使摄氧量峰值增高 19%。值得注意的是，中等强度持续自行车运动组的每周运动时长是短冲间歇训练自行车运动组的 5 倍。然而，费希尔等人（Fisher et al., 2015）进行的一项持续 6 周的研究表明，虽然各种自行车运动方案使超重、不运动男性改善了心血管代谢状况，但中等强度持续自行车运动组（每周 3.75~ 5.0 小时）的心肺适能水平的提高程度高于高强度间歇训练自行车运动组（每周 60 分钟）。

有氧间歇训练改善了未接受治疗的高血

压患者的高密度脂蛋白胆固醇和体脂百分比。然而，运动量与改善效果之间的剂量-反应关系显而易见——随着高强度间歇训练的持续时间不同，心血管风险因素的改善程度不一。凯斯勒、西森和肖特（Kessler, Sisson & Short, 2012）还认为，在高强度间歇训练时监督受试者的运动状况很有必要。因为高强度间歇训练的要求非常严格，可能并不适合所有人。另外，戈瑟兰等人（Gosselin et al., 2012）报告，对运动较多的成年人（20~30岁）而言，高强度间歇训练可能与中等强度的稳态运动（最大摄氧量的70%）一样，使人感到生理疲劳。

13名缺乏体力活动但身体健康的男性（年龄35~45岁，体重指数为25~30千克/米²）接受了有氧间歇训练的干预，每次运动包括一段10分钟的热身活动（最大心率的70%）和跑步机坡度快跑（4组×4分/组，强度为最大心率的90%）。该跑步机运动研究分解了最大用力度（最大心率的70%，每次持续3分钟）的持续时间。整个研究过程持续10周，受试者每周运动3次，其有氧代谢能力水平提高了13%，收缩压、舒张压和空腹血糖降低，但只有体脂百分比、总胆固醇和低密度脂蛋白胆固醇的降低达到显著水平（Tjønenna et al., 2013）。

一些经常参加娱乐性体力活动的男性参加了一项自身同时为实验组和控制组的调查，以比较高强度（最大摄氧量的90%）间歇跑步机快跑（6组×3分/组）、中等强度（最大摄氧量的50%）主动恢复运动（6组×3分/组）与中等强度（最大摄氧量的70%）持续跑步机快跑（50分钟）之间的差异。高强度运动包含7分钟的热身运动和放松运动阶段，共持续50分钟。尽管各种运动之间的最大心率百分比、最大摄氧量百分比、总能量消耗相似，但高强度间歇跑的自感用力度和运动愉悦感更高（Bartlett et al., 2011）。运动愉悦感增加后，运

动方案依从性也会相应增加。但是还需要对身体状况较差的个人进行调查以验证这一结论。因此，需要对持续时间较长的运动干预进行研究，以确定短冲间歇训练和有氧间歇训练是否有可能实现依从性提升和长期的健康收益。

提升有氧耐力的间歇训练处方

训练组合：1
重复次数：3~7次
距离：1 100码（约1 005.8米）
强度：最大摄氧量的70%~85%
时间：3~5分钟
休息期：1.5~2分钟

踏步和动感单车

由于能增加运动多样性和愉悦感，踏步和动感单车这两种间歇训练在健身俱乐部中越来越流行。细分下来，客户可以以不同的节奏和抗阻跑步机（踏步机）或固定式自行车（动感单车）进行不同速度和倾斜度的步行、慢跑和快跑训练。踏步或动感单车，运动与恢复的时间或阶段比通常为1:1或1.5:1，并多次重复持续一定的时间。例如，30分钟的踏步训练可包含6个阶段，每个阶段持续5分钟（包括3分钟的运动期和2分钟的休息期）。客户可以通过调高跑步机的速度或倾斜度来提高运动期的强度。而在休息期，调低跑步机的速度和倾斜度（如2.5英里/时和0倾斜度）。指导人员通过调整运动期与休息期的持续时间，改变速度与倾斜度，为客户制定适用的个性化运动方案。注意提醒刚开始骑动感单车的客户小心腿部肌肉受伤，因为受伤之后细胞内含物会进入血液循环，这种情况下，一些客户在结束第一节动感单车骑行课程之后会发生医学文献中提及的运动性横纹肌溶解症（Brogan et al., 2017）。一些研究人员建议，应为初学者开设独立的入门课程，以提高对后期高强度

动感单车的适应性（de Melo dos Santos et al., 2015）。

研究人员在一项研究中，为步行组和跑步组安排了30分钟的踏步训练（Nichols, Sherman & Abbott, 2000）。他们报告说，步行组男性和女性的平均运动强度为最大摄氧量的40%~49%，跑步组男性和女性运动期的平均强度为最大摄氧量的76%~80%。他们认为以上平均运动强度和运动持续时间（30分钟）足以满足美国运动医学会建议的有氧运动处方标准。虽然越来越多的健身中心提供了踏步和动感单车课程，但踏步和动感单车骑行训练对心肺适能的短期和长期影响的相关研究甚少。

循环抗阻训练

进行循环抗阻训练可以增强有氧适能，及肌肉力量和肌张力，这已引起人们的关注。第7章给出了循环抗阻训练方案的一个实例。循环抗阻训练通常包括多次循环的抗阻训练，练习站点之间有少量休息时间（15~20秒）。你也可以让客户在每个练习站点之间进行1~3分钟的有氧运动，以代替休息。这些有氧练习站点包括固定式自行车、原地慢跑、跳绳、爬楼梯、长凳踏步、划船等。这种循环抗阻训练模式又称为**超级循环抗阻训练**。

格特曼和波洛克（Gettman & Pollock, 1981）回顾了有关循环抗阻训练生理益处的研究。与其他形式的有氧训练将有氧代谢能力提高15%~25%相比，循环抗阻训练仅将有氧代谢能力提高5%，结论是循环抗阻训练更适用于有氧运动方案的维持阶段，而不适用于提高有氧适能的运动方案。新的研究表明，用自身体重进行5周高强度循环抗阻训练（每周3次），可以提高久坐年轻女性的有氧代谢能力（11%）（Myers et al., 2015）。经常参加娱乐性体力活动的女性，使用自身体重完成4周循环抗阻训练之后，有氧代谢能力水平的提升幅度（约8%），与以最大心率的85%的强度在跑步机上跑步30分钟的提升幅度（约7%）十分接近（McRae et al., 2012）。在麦克雷等人（McRae et al., 2012）的研究中，两组受试者每周训练4次。除了提高年轻女性的有氧代谢能力水平，用自身体重进行高强度循环抗阻训练还能增强肌肉耐力。

个性化运动方案

个性化有氧运动处方应该符合客户的训练目标和兴趣。为此，你需要考虑客户的年龄、性别、体适能水平和运动偏好。本节将提供一项案例研究和个性化运动处方，以说明如何为每个客户制定个性化的运动处方。

案例研究

与其他预防性或治疗性干预措施一样，应谨慎制定运动处方。在制定运动方案之前，你应当能够评估客户的病史、医疗状况、体适能水平、生活方式特征和运动偏好。此外，在为客户制定安全的运动处方时，应该了解自身是否有能力提取、分析和评估所需的恰当信息。你可以参加多种职业认证考试，在考试中进行必要的案例研究。为此，本节提供了一个案例研究。

案例研究是一份书面报告，概括了为客户制定精确、安全、个性化运动处方所需要的信息（Porter, 1988）。阅读和分析案例研究时，注意案例研究的基本要素已列入"案例研究的基本要素"。首先，评估客户在过去3个月内的心血管、代谢和肾脏方面的疾病和症状（见附录A.3）和体力活动经验，决定客户是否需要获得体检合格证明。然后，通过关注年龄、冠心病家族病史、血脂特征（总胆固醇、高密度和低密度脂蛋白胆固醇）、血糖水平、静息血压、体力活动水平、体脂水平和吸烟等状况来确定客户的冠心病风险因素。熟悉各项血液生化检查的理想或常规指标，以便能够快速识别检查结果是否异常。请记住，以下因素表明客户具有较高的冠心病患病风险。

- 甘油三酯≥150毫克/分升。
- 总胆固醇≥200毫克/分升。

- 低密度脂蛋白胆固醇≥130毫克/分升。
- 高密度脂蛋白胆固醇<40毫克/分升。
- 总胆固醇/高密度脂蛋白胆固醇>5.0。
- 血糖≥110毫克/分升。
- 收缩压≥130毫米汞柱或舒张压≥80毫米汞柱。

案例研究

一位28岁女警员（身高165.1厘米，体重63.6千克，体脂率为28%）参与了成年人体适能训练方案。她需要有较高的体适能水平才能胜任目前的工作——6年前，当她通过警察局的体适能组合测试时，体适能达到所需水平。在成为警员之前，她经常每天慢跑20分钟，每周3次；参加工作后，无暇运动，体重增加了6.8千克。她已离婚，每天工作8个小时，还需抚养两个孩子——一个7岁，一个9岁。她和孩子们每周至少会外出吃3次饭，经常光顾汉堡王和塔可钟等快餐店。她声称，独自抚养两个孩子和工作给她带来很大压力，偶尔会感到头痛或后颈部肌肉僵硬。晚上她通常会喝一杯红酒放松。

病历显示，在大学4年期间，她每天抽一包烟；在3年前戒除烟瘾。最近两年，她尝试过很多节食快速减重法，但较少成功。生孩子时，住过两次院。父亲52岁时死于心脏病，哥哥有高血压。因饭后感到头晕目眩，于是最近进行了血液生化检查。为了减重，她每天只吃一顿丰盛的晚餐。血液分析结果显示：总胆固醇=220毫克/分升；甘油三酯=98毫克/分升；血糖=82毫克/分升；高密度脂蛋白胆固醇=37毫克/分升；总胆固醇/高密度脂蛋白胆固醇=5.9。

运动评估结果如下。

- 运动模式，方案：跑步机运动，改良版布鲁斯方案。
- 静息血压：心率=75次/分；血压=140/82毫米汞柱。
- 测试停止：第4阶段（2.5英里/时，倾斜度为12%）。人体感到劳累时停止测试。

阶段	代谢当量（MET）	运动持续时间/分	心率/（次/分）	血压/毫米汞柱	自感用力度/分
1	2.3	3	126	145/78	8
2	3.5	3	142	160/78	11
3	4.6	3	165	172/80	14
4	7.0	3	190	189/82	18

分析

1. 请评估客户是否有必要取得体检合格证明，并评估其冠心病患病风险。请分别指出对应的正、负风险因素。
2. 为这位客户制定运动方案时，应特别注意哪些问题和局限性？
3. 进行分级运动测试时，心率、血压、自感用力度是否正常？请解释原因。
4. 客户的功能性有氧代谢能力水平为多少代谢当量？请指出客户的心肺适能水平所处类别（见表4.1）。
5. 请在坐标纸上画出心率与代谢当量变化的散点图。

6. 根据图表确定客户有氧运动方案的目标心率范围。当客户的运动强度达到摄氧量储备的60%、70%和75%时，对应的心率和自感用力度是多少？

7. 在提升有氧适能方面，客户倾向于在水平路面上步行。请根据表4.3中ACSM代谢方程，分别计算运动强度分别为摄氧量储备的60%、70%和75%时，对应的步行速度。

8. 除了进行有氧运动方案，在改善生活方式方面，你对这位客户还有什么建议？

（相关答案见附录B.5。）

案例研究的基本要素

人口因素

- 年龄
- 性别
- 种族
- 职业

- 身高
- 体重
- 家族冠心病史

病历

目前症状

- 胸闷气短
- 心绞痛或胸痛
- 腿部肌肉痉挛或跛行
- 肌肉骨骼疾病或缺陷
- 药物

既往病史

- 疾病
- 受伤
- 手术
- 实验室检测

生活方式评估

- 酒精与咖啡因摄入
- 吸烟
- 营养摄入、饮食习惯
- 体力活动习惯与兴趣

- 睡眠特征
- 职业压力水平
- 心理状况、家庭生活方式

身体检查

- 血压
- 心肺杂音

- 骨骼疾病或缺陷

实验室检测（理想或常规值）

- 甘油三酯（<150毫克/分升）
- 总胆固醇（<200毫克/分升）
- 低密度脂蛋白胆固醇（<100毫克/分升）
- 高密度脂蛋白胆固醇（>40毫克/分升）
- 总胆固醇/高密度脂蛋白胆固醇（<3.5）
- 血糖（60~99毫克/分升）
- 血红蛋白
  13.5~17.5克/分升（男性）
  11.5~15.5克/分升（女性）

- 红细胞比容
  40%~52%（男性）
  36%~48%（女性）
- 钾（3.5~5.5毫摩尔/升）
- 血尿素氮（4~24毫克/分升）
- 肌酐（0.3~1.4毫克/分升）
- 铁
  40~190微克/分升（男性）
  35~180微克/分升（女性）
- 钙（8.5~10.5毫克/分升）

体适能评估

- 心肺适能（心率、血压、最大摄氧量）
- 身体成分（体脂百分比）
- 肌肉骨骼适能（肌肉与骨骼强度）

- 柔韧性
- 平衡性

须密切关注客户病历和身体检查结果的相关信息，因为这些信息会表明客户是否有冠心病的体征或症状，特别是客户报告有胸闷气短或腿部疼挛及高血压时。此外，还应当注意客户正在服用的药物类型。洋地黄、β受体阻滞剂、利尿剂、血管扩张药、支气管扩张药和胰岛素等药物，可能改变运动期间身体的生理反应，并影响分级运动测试时的心率和血压反应。请记住，对于患有肌肉骨骼疾病，如关节炎、腰背痛、骨质疏松和软骨软化症的客户，运动方案需要做适当的调整。接下来，应当考虑客户的生活方式。吸烟、缺乏体力活动或饮食中含有大量饱和脂肪酸或胆固醇等，会增加冠心病、动脉粥样硬化和高血压的患病风险。通常情况下，你可以针对这些因素有针对性地修改运动处方，这些因素也可帮助你评估客户坚持执行运动方案的可能性（见表3.3）。

根据分级运动测试测得的血压、心率、自感用力度等数据，来评估客户的功能性有氧代谢能力水平和心肺适能水平。你需要清楚地意识到分级运动的正常和异常生理反应。在评估客户的冠心病风险和心肺适能水平后，你可以制定有氧运动方案，采用个性化的运动处方，包括确定运动强度、运动频率、运动持续时间、运动模式、运动量和运动进度。

提供案例研究的目的，是测试你评估客户在运动前是否需要体检合格证明，客户的风险因素和分级运动测试结果，以及为客户制定包含准确和安全的有氧运动方案的处方的能力。案例研究分析结果见附录B.5。

骑行方案样本

本章随后介绍的骑行方案样本，展示了一位27岁女性客户使用固定式功率自行车进行极量分级运动测试后，为其制定的个性化运动处方。测试测得其最大摄氧量为7.4代谢当量；运动强度的高低取决于摄氧量储备百分比；运动强度达到摄氧量储备的60%（4.8代谢当量）和80%（6.1代谢当量）时，目标运动心率分别为139次/分和168次/分（见图5.3）。因此，训练时的运动心率应该保持在这一范围内。在运动方案的初始阶段，这位女士将以摄氧量储备的60%（4.8代谢当量）这一强度进行为期2周的骑行。

前两周内，第2周运动持续时间延长5分钟（第1周运动40分钟，第2周运动45分钟）。在第3周，运动持续时间保持不变，相对运动强度增加5%。不同运动强度下，采用ACSM代谢方程来计算固定自行车运动对应的做功速率（见表4.3）。例如，在强度达到摄氧量储备的60%〔4.8代谢当量或16.8毫升/（千克·分）〕时，对应做功速率的计算方法如下：

摄氧量〔毫升/（千克·分）〕=W/M×1.8+3.5+3.5

其中，W=做功速率（千克·米/分）

M=体重（千克）

$16.8=W/70$千克×1.8+7.0

$16.8-7.0=W/70$千克×1.8

做功速率=$9.8×70$千克/1.8≈381千克·米/分

为计算骑行节奏为50转/分、做功速率为381千克·米/分时时应设置的阻力，用飞轮的总行程去除做功速率：381/〔50（转/分）×6〕≈1.3千克。

计算骑行的净能量消耗（千卡/分）时，从每种强度下的总摄氧量中减去静息摄氧量（1代谢当量）。使用以下公式将净代谢当量值转换为千卡/分：

千卡/分＝代谢当量×3.5×体重（千克）/200

（如4.8－1.0＝3.8代谢当量；3.8×3.5×

70千克/200≈4.7千卡/分）

在运动方案的初始阶段，每周净能量消耗在752~1 040千卡。在改善阶段，逐渐增加运动强度、持续时间和频率，每周净能量消耗在1 040~1 874千卡。一次只可增加运动强度、运动持续时间和运动频率中的一个变量。

骑行方案样本

客户资料

年龄：27岁

性别：女

体重：70千克

静息心率：67次/分

最大心率：195次/分（实测）

最大摄氧量：26毫升/（千克·分）（实测）；
7.4代谢当量

分级运动测试：功率自行车

初始心肺适能水平：差

运动处方

模式：固定式自行车运动

强度：摄氧量储备的60%~80%

16.8~21.4毫升/（千克·分）

4.8~6.1代谢当量

运动心率（见图5.3）：139次/分（最低）；
168次/分（最高）

自感用力度：5~8分（奥姆尼自感用力度量表）

持续时间：40~60分钟

频率：每周4~5天

阶段/周	强度（摄氧量储备百分比）	代谢当量（MET）	心率/（次/分）	自感用力度/分	输出功率/瓦	阻力/千克	骑行速度（转/分）	净能量消耗（千卡/分）	时间/分	频率	每周净能量消耗/千卡
					初始调节阶段						
1	60%	4.8	139	5	63	1.3	50	4.7	40	4	752
2	60%	4.8	139	5	63	1.3	50	4.7	**45**	4	846
3	**65%**	5.2	150	5~6	73	1.5	50	5.2	45	4	936
4	65%	5.2	150	5~6	73	1.5	50	5.2	**50**	4	1 040
					改善阶段						
5~8	65%~**70%**	5.2~5.5	150~155	5~6	73~80	1.5~1.6	50	5.2~5.5	50	4	1 040~1 103
9~12	65%~70%	5.2~5.5	150~155	5~6	73~80	1.5~1.6	50	5.2~5.5	**55**	4	1 144~1 210
13~16	70%~**75%**	5.5~5.8	152~162	6~7	80~86	1.6~1.7	50	5.5~5.9	55	4	1 210~1 298
17~20	75%	5.8	162	7	86	1.7	50	5.9	**60**	4	1 416
21~24	75%	5.8	162	7	86	1.7	50	5.9	60	**5**	1 770
25~28	**80%**	6.1	168	8	93	1.9	50	6.2	60	5	1 874
					维持阶段						
>28											
骑行	80%	6.1	168	8	93	1.9	50	6.2	60	3	1 116
低强度有氧运动	心率储备的65%	5.0	150	6~7	—	—	—	4.9	60	1	294
乒乓球	—	7.0	—	7~8	—	—	—	7.4	60	1	440

注：加粗的数值代表在进阶运动的每个阶段增加的训练变量。

以加粗的数值代表在进阶训练的每个阶段中增加的变量。在改善阶段，该客户运动产生的净能量消耗达到了美国运动医学会所推荐的体力活动能量阈值标准——每周1 000~2 000千卡。在维持阶段，可采用网球和有氧舞蹈来增加运动的多样性，并作为骑行运动方案的补充。遵循美国运动医学会的指南来计算该运动处方的各组成部分。

慢跑方案样本

本章随后介绍的慢跑方案样本是为一名29岁男性客户设计的，该男性具有极佳的心肺适能水平。由于无法进行分级运动测试，因此根据12分钟跑测试的表现来预测其最大摄氧量。用公式"220-年龄"来预测最大心率。由于该客户经常慢跑，心肺适能水平极佳，他跳过初始调节阶段直接进入改善阶段。此时（第20周），运动强度由摄氧量储备预测值的70%提高到85%。当以相应强度快跑时，使用ACSM代谢方程来计算不同运动强度对应的速度（见表4.3）。

设定运动强度、运动持续时间和运动频率，需要保证每周净能量消耗在1 010~2 170千卡。在运动方案开始的前4周，客户运动的净能量消耗率约为10.2千卡/分（8.3代谢当量×3.5×70千克/200）；因此，他每周大约消耗1 010千卡（33分钟×10.2千卡/分×3）的能量，每周3次，每次慢跑33分钟，慢跑速度为每英里用时11分6秒。计算慢跑总距离时，用慢跑时间除以慢跑速度：33分/11.1（分/英里）≈3英里。在改善阶段，运动频率由每周3天逐渐增加到每周5天。在维持阶段，跑步次数减少为每周3次，同时将手球和篮球也纳入有氧运动方案。请根据美国运动医学会的指南来计算运动处方的每个组成部分。

多模式运动方案样本

一些客户更愿意参与多种运动模式（交叉训练），以提高心肺适能水平。在这些案例中，难以使用代谢当量或目标心率来系统地规定运动强度的增量。虽然可查到各种活动的代谢当量值（见附录E.3），但相关文件通常会给出一系列数值，让人难以确定与运动处方中建议的特定强度相匹配的做功速率。此外，给定代谢当量水平所对应的心率反应，在很大程度上取决于运动模式。

参与运动的肌肉质量及运动时需要支持的身体重量，都可能会影响规定运动强度对应的心率反应。例如，全身运动模式（如北欧滑雪和有氧舞蹈）即涉及上、下半身的肌肉组织。与较低强度的下半身运动模式（如骑自行车和慢跑）相比，这些运动能使人产生更高的次最大心率。此外，对于任何给定的运动强度，负重运动（如慢跑）的心率反应高于非负重运动（如骑行）。

因此，在多模式有氧运动方案的改善阶段，你应以自感用力度为依据逐渐增加运动强度（见表4.2）。为了安全有效地利用自感用力度，你需要指导客户学习如何监测重要的运动反应，如呼吸用力（呼吸速率和呼吸深度）和肌肉感觉（如疼痛、温暖和疲劳）。本节将简要介绍制定多模式运动处方的指导原则。

实施多模式运动方案时，你应为每位客户设定运动频率和每周净能量消耗目标（见第153页和第154页的"多模式运动方案样本"），并向其提供运动处方中所选定的每种有氧运动的净能量消耗预测值（千卡/分）。为达到规定的每周净能量消耗目标，运动持续时间会因选择的运动模式而异。当客户能够以规定的自感用力度强度持续运动20分钟以上，则可对A、B或C类运动进行随意组合。

柔韧性是多模式运动处方成功的关键。在客户达到运动处方设定的每周能量阈值的条件下，客户不仅可根据自身兴趣自由选择运动模式，而且可以自行决定运动持续时间和运动频率的组合。

对于大多数客户而言，与单一运动模式（如慢跑或骑行）相比，多模式运动方案的主要优点体现在以下几个方面。

- 参与安全有效的运动方案的可能性更大。
- 体力活动和训练的愉悦度更高。
- 更好地了解身体如何对运动产生反应。
- 在开发和监测运动方案的过程中，客户的参与度和控制感更高。
- 提高了整合运动、体力活动和生活方式的可能性。

多模式运动处方指南

- **运动模式**：每周从 A、B 类运动中至少选择 3 项运动。
- **运动频率**：每周运动 3~7 次，其中 A、B 或 C 类运动每周至少 3 次。
- **运动强度**：自感用力度为 5~9 分（采用奥姆尼自感用力度量表）。
- **运动持续时间**：至少 15 分钟，20~30 分钟为佳。运动持续时间取决于运动模式的能量消耗（千卡/分）。
- **能量消耗**：每周 1 000~2 000 千卡。可选择进行 C 类和 D 类运动，以达到每周能量消耗目标，但这些运动并非要求的有氧运动。

高强度间歇训练方案样本

本章后面介绍的高强度间歇训练方案样本是为一位 34 岁的男性客户制定的。这位客户经常参加娱乐性体力活动，心肺适能水平较高，但每周进行有氧训练的时间有限。他对自身体重相对满意，因此训练目标是提高有氧代谢能力水平。利用分级跑步机运动测试预测了其最大摄氧量。此外，他还用公式"220 − 年龄"估算了自己的最大心率。由于心肺适能水平较高，该客户第一次实施高强度间歇运动方案时，在标准初始调节阶段（摄氧量储备的 60%）结束后，将目标运动强度提高了 5%。在前两周的跑步机运动期间，分别以摄氧量储备预测值的 65% 和 35% 对应的强度进行运动与主动恢复（休息）间歇训练。运动与休息持续时间均为 1 分钟，运动休息比为 1∶1；他一开始计划每周运动 3 次，每次重复 15 组。在运动方案剩余的 11 周里，保持运动频率与运动持续总时间不变，根据运动休息比（渐进性原则），对运动期的强度和持续时间进行调整。每周平均净能量消耗（千卡/分）的计算方法如下。运动时，[7 代谢当量 × 3.5 毫升/（千克·分）× 97.7 千克)/200] ≈ 11.97 千卡/分；休息时，[4.3 代谢当量 × 3.5 毫升/（千克·分）× 97.7 千克/200] ≈ 7.35 千卡/分；平均净能量消耗 = [（11.97 × 15 分）+（7.35 × 15 分）]/30 分 ≈ 9.7（千卡/分）。它们分别代表运动和休息间歇的贡献。

2 周训练课的模块安排使得每周净能量消耗为 869~1 041 千卡，并提供了每次调整一个变量的机会。进入改善阶段后，应当根据运动间歇、运动休息比和重复次数调整运动强度。应当密切监督客户对训练进度的耐受程度，并相应地调整其训练方案。建议在第 6 周后重新评估其最大摄氧量预测值。对客户进行高强度间歇训练干预后，客户的有氧代谢能力或心血管代谢疾病风险可能改善，更多信息见培根等人（Bacon et al., 2013）和凯斯勒、西森和肖特（Kessler, Sisson & Short, 2012）的研究。

慢跑方案样本

客户资料

年龄：29岁

性别：男

体重：70千克

静息心率：50次/分

最大心率：191次/分（按年龄预测）

最大摄氧量：45毫升/（千克·分）（实测）；

      12.9代谢当量

分级运动测试：无

初始心肺适能水平：极佳

运动处方

模式：慢跑和快跑

强度：摄氧量储备的70%~85%

    32.5~38.8毫升/（千克·分）

    9.3~11.1代谢当量

运动心率：149次/分（最低）；

    心率储备的70%

    170次/分（最高）；

    心率储备的80%

自感用力度：6~9分（奥姆尼自感用力度量表）

持续时间：33~35分钟

频率：每周3~5天

阶段/周	强度（摄氧量储备百分比）	代谢当量（MET）	心率/（次/分）	自感用力度/分	速度/（英里/时）	距离/英里	净能量消耗/（千卡/分）	时间/分	频率	每周净能量消耗/千卡
				改善阶段						
1~4	70%	9.3	149	6	5.4	3.0	10.2	33	3	1 010
5~8	70%~**80%**	9.3~10.5	149~163	6~7	5.4~6.2	3.0~3.4	10.2~11.6	33	3	1 010~1 148
9~12	70%~80%	9.3~10.5	149~163	6~7	5.4~6.2	3.0~3.4	10.2~11.6	33	**4**	1 347~1 531
13~16	80%~**85%**	10.5~11.1	163~170	7~9	6.2~6.6	3.4~3.6	11.6~2.4	33	4	1 531~1 637
17~20	80%~85%	10.5~11.1	163~170	7~9	6.2~6.6	3.4~**3.8**	11.6~12.4	**33~35**	**5**	1 914~2 170
				维持阶段						
>20										
慢跑	85%	11.2	170	7~9	6.6	3.8	12.4	35	3	1 302
手球	60%	8.0	—	6~7	—	—	9.2	60	1	552
篮球	60%	8.0	—	6~7	—	—	9.2	60	1	552

注：加粗的数值代表在进阶运动的每个阶段增加的训练变量。

多模式运动方案样本

客户资料

年龄：44岁

性别：女

体重：68千克

静息心率：70次/分

最大心率：170次/分

最大摄氧量：30毫升/（千克·分）（实测）；
　　　　　　8.6代谢当量

分级运动测试：跑步机极量运动测试

初始心肺适能水平：一般

运动处方

模式和总能量消耗及净能量消耗[a]

固定式自行车运动（100瓦）：5.5代谢当量；5.4千卡/分

划船（100瓦）：7.0代谢当量；7.1千卡/分

游泳（自感用力度适中）：7.0代谢当量；7.1千卡/分

爬楼梯（爬楼机）：9.0代谢当量；9.5千卡/分

直排轮滑：12.5代谢当量；13.7千卡/分

远足：6.0代谢当量；5.9千卡/分

抗阻训练（力量训练、器材）：3.0代谢当量；2.4千卡/分

强度：自感用力度为5~9分（奥姆尼自感用力度量表）

持续时间：20~60分钟

频率：每周3~5天

每周能量消耗：500~1 250千卡/周

阶段/周	自感用力度/分	最低持续时间/分	最低频率	平均每次运动的能量消耗/千卡	每周能量消耗目标/千卡
初始调节阶段					
1~2	5	20	3	133	500
3~4	5	25	3	200	60
改善阶段					
5~8	6	25	3	200	700
9~12	6	30	3	233	800
13~16	6~7	30	4	225	900
17~20	7~8	30	4	250	1 000
21~24	8~9	30	5	250	1 250
维持阶段					
>24	8~9	30	5	250	1 250

第1周	运动	净能量消耗预测值/（千卡/分）	时间/分	频率	每次运动的净能量消耗/千卡	运动类型[b]
周一	固定式自行车运动	5.4	20	1	108	A
周三	直排轮滑	13.7	10	1	137	C
周五	爬楼梯	9.5	30	1	285	B
	共计[c]		60	3	530	3
	目标		60	3	500	3
第21周						
周一	游泳	7.1	35	1	248	C
周二	划船	7.1	35	1	248	B
周三	爬楼梯	9.5	30	1	285	B
周五	抗阻训练	2.4	40	1	96	D
周日	远足	5.9	60	1	354	D
	共计[c]		200	5	1 231	4
	目标		150	5	1 250	4

[a] 安斯沃思等人（Ainsworth et al., 2000）指定的运动总代谢当量水平；净能量消耗（千卡/分）=净代谢当量水平×3.5×体重（千克）/200。

[b] 所有A类和B类运动。

[c] 将每周总能量消耗与目标值进行比较。

高强度间歇训练方案样本

客户资料

年龄：34岁

性别：男

体重：97.7千克

静息心率：72次/分

最大心率：186次/分（预测）

最大摄氧量：36毫升/（千克·分）（实测）；
　　　　　　10.3代谢当量

分级运动测试：跑步机

初始心肺适能水平：一般

运动处方

模式：跑步机运动

强度：训练时，摄氧量储备的65%~75%
　　　休息时，摄氧量储备的35%
　　　训练15~20分钟
　　　休息10~15分钟

运动心率：149次/分（最低）；
　　　　　心率储备的70%
　　　　　170次/分（最高）；
　　　　　心率储备的80%

频率：每周3天

能量消耗：869~1 041千卡/周

阶段/周	强度（摄氧量储备百分比）	代谢当量（MET）	休息时的摄氧量储备百分比	运动持续时间/分	休息持续时间/分	运动休息比	重复次数	频率	时间/分	净能量消耗/（千卡/分）	每节训练课的能量消耗/千卡	每周净能量消耗/千卡
1~2	65%	7.0	35%	1.0	1.0	1：1	15	3	30	9.7	289.8	869
3~4	65%	7.0	35%	**1.5**	1.0	1.5：1	12	3	30	10.1	303.7	911
5~6	**70%**	7.2	35%	1.0	1.0	1：1	15	3	30	10.1	302.6	908
7~8	70%	7.2	35%	1.5	1.0	1.5：1	12	3	30	10.6	319.0	957
9~10	**75%**	7.7	35%	1.5	1.0	1.5：1	12	3	30	11.1	334.4	1 003
11~12	75%	7.7	35%	**2.0**	1.0	2：1	10	3	30	11.6	347.1	1 041

注：加粗的数值代表在进阶运动的每个阶段增加的训练变量。

本章回顾

关键知识点

▶ 为每位客户制定个性化的心肺运动方案时，需满足或符合客户的需求、兴趣和能力。

▶ 运动处方应包括运动模式、运动频率、运动强度、运动持续时间、运动量以及运动进度（根据FITT-VP原则）。

▶ 有氧耐力运动涉及大肌群，并且能够提升心肺适能水平。A类和B类运动，如步行、慢跑、骑行等，并不要求客户有较高的技能水平。客户可以在相对稳定的运动强度下进行A、B类运动。

▶ 应根据心率、摄氧量储备、自感用力度或结合以上方法来制定运动强度。

▶ 普通健康人群进行传统心肺运动方案时，应选择中等强度，即摄氧量储备的40%~60%，运动频率为每周运动5天，每次运动持续30~60分钟。

▶ 身体素质较好的客户应进行高强度训练，即强度为摄氧量储备的60%~90%，每周运动3天，每次持续20~60分钟。

▶ 心肺训练方案包含3个阶段：初始调节阶段、改善阶段、维持阶段。

▶ 每次运动时应进行热身运动、耐力调节运动以及放松运动。

▶ 在改善心肺适能水平方面，持续训练和断续训练方法的效果相当。

▶ 与持续中等强度运动方案相比，在改善心血管代谢因素方面，短冲间歇训练和有氧间歇训练方案都可在较短时间内达到相同或更好的提升效果。此外，它们还可以提高运动愉悦感与运动方案依从性。

▶ 多模式运动处方可以同时采用多种A、B和C类有氧运动，以提高心肺耐力。

重要术语

请学习以下重要术语的定义，相关定义可在术语表中查找。

有氧间歇训练（Aerobic Interval Training, AIT）
能量阈值（Caloric Threshold）
持续训练（Continuous Training）
计数型对话测试（Counting Talk Test, CTT）
交叉训练（Cross-Training）
断续训练（Discontinuous Training）
FITT-VP原则（FITT-VP Principle）
心率储备（Heart Rate Reserve，HRR）
高强度间歇训练（High-Intensity Interval Training）
间歇训练（Interval Training）
卡氏法（Karvonen Method）
乳酸阈（Lactate Acid Threshold）
梅脱·分（MET·min）
多模式运动方案（Multimodal Exercise Program）
最大心率百分比法（%HRmax）
心率储备百分比法（%HRR）

摄氧量储备百分比法（%VO$_2$R）
肺通气（Pulmonary Ventilation）
动感单车（Spinning）
短冲间歇训练（Sprint Interval Training, SIT）
超级循环抗阻训练（Super Circuit Resistance Training）
对话测试（Talk Test）
踏步（Treading）
A类运动（Type A Activities）
B类运动（Type B Activities）
C类运动（Type C Activities）
D类运动（Type D Activities）
通气阈（Ventilatory Threshold）
运动量（Volume of Exercise）
摄氧量储备（VO$_2$R）

问题回顾

除了能够对上面列出的重要术语进行定义，请回答以下问题来巩固并加深自己对本章内容的理解。

1. 请说出所有有氧运动方案都应包括的4个部分。

2. 为改善健康状况而制定运动处方时需遵循哪些原则？

3. 为提高心肺适能水平而制定运动处方时需遵循哪些原则？

4. 请说出有氧运动的3个阶段，以及每个阶段的目的。

5. 将有氧运动方式划分为A、B、C、D 4类时，划分标准是什么？

6. 请分别举出A、B、C、D类有氧运动的3个例子。

7. 请详细说明，为有氧运动处方设定运动强度时所用的3个方法。

8. 请说明将非负重有氧训练纳入负重有氧训练方案时的潜在益处。

9. 已知客户的最大摄氧量为12代谢当量，相对运动强度为摄氧量储备的70%，请用摄氧量储备百分比法计算其目标摄氧量。

10. 设定运动强度时，哪种方法（心率储备百分比法或最大心率百分比法）与摄氧量储备百分比法相当？

11. 使用心率法设定有氧运动强度时有哪些局限性？

12. 如何根据自感用力度来设定并监测有氧运动强度？

13. 请说明在有氧运动期间，客户如何用对话测试法监测运动强度。

14. 对话测试法与计数型对话测试法有哪些不同？

15. 进行体力活动或训练时，美国运动医学会推荐有氧运动的目标能量阈值以及每周能量消耗是多少？

16. 为改善健康状况及心肺适能水平，所推荐的运动频率分别是多少？

17. 请说出有氧运动方案的3个阶段。普通人每个阶段的运动时间（每周）一般为多长？

18. 持续和断续有氧训练有哪些区别？请举例说明持续和断续训练的方法。

19. 请比较有氧间歇训练、短冲间歇训练和中等强度持续训练方案的健康收益。

20. 客户案例研究的基本要素有哪些？

第 6 章

评估肌肉适能

关键问题

▶ 如何评估肌肉力量、耐力和爆发力？

▶ 肌肉运动类型（向心收缩、离心收缩、静态收缩或等速收缩）如何影响力量的产生？

▶ 可以使用哪些测试方案来评估客户的肌肉适能？

▶ 通过自由重量和运动器材评估肌肉力量，有哪些优点和局限性？

▶ 肌肉适能测试的测量误差来源有哪些？应该如何控制？

▶ 进行1RM力量测试的推荐步骤是什么？

▶ 让儿童和老年人进行1RM力量测试是否安全？

▶ 哪些测试可以用来评估老年人的功能性体适能？

肌肉力量和耐力是肌肉适能的两个重要部分。最低水平的肌肉适能能够保证完成日常的生活活动，维持上岁数的人的自理功能，让人能利用休闲时间积极参与运动且不会产生过度的压力或疲劳感。良好的肌肉适能水平能够降低腰背部骨折、骨质疏松性骨折和其他肌肉骨骼损伤的风险。通常，健康和健身计划不会对肌肉爆发力进行常规评估。但美国运动医学会目前已将肌肉爆发力、力量和耐力一同纳入肌肉适能的总定义。除了对众多运动项目的成功表现具有至关重要的作用之外，肌肉爆发力实际上在防止滑倒方面，比肌肉力量起着更为关键的作用（Han & Yang, 2015）。

本章主要介绍了各类评估肌肉力量、肌肉耐力和肌肉爆发力的实验室测试和现场测试，此外还对比了运动器材的类型，说明了影响肌肉适能测试的因素，就测量误差的来源进行了讨论，并提供了儿童和老年人肌肉适能的测试指南。

术语的定义

肌肉力量是指在单次收缩中，肌群为抵抗阻力而产生最大收缩力的能力。肌肉或肌群所产生的力量主要取决于运动速度。当关节未转动时（即速度为零），肌肉能够产生最大力；而在关节转动速度加快时，肌肉产生的力将随之减小。因此，动态运动的强度指在指定速度下，单次收缩产生的最大力量（Knuttgen & Kraemer, 1987）。肌肉耐力指肌群在伸展期间，输出次最大力的能力。肌肉爆发力指肌肉在单位时间内输出力的能力，或执行动作的速率。

图6.1概括总结了不同类型的肌肉动作。肌肉力量和肌肉耐力均能够以静态或动态肌肉动作进行评估。如果阻力不可移动，并且无可见的关节活动，即为静态或等长肌肉动

视频
6.1

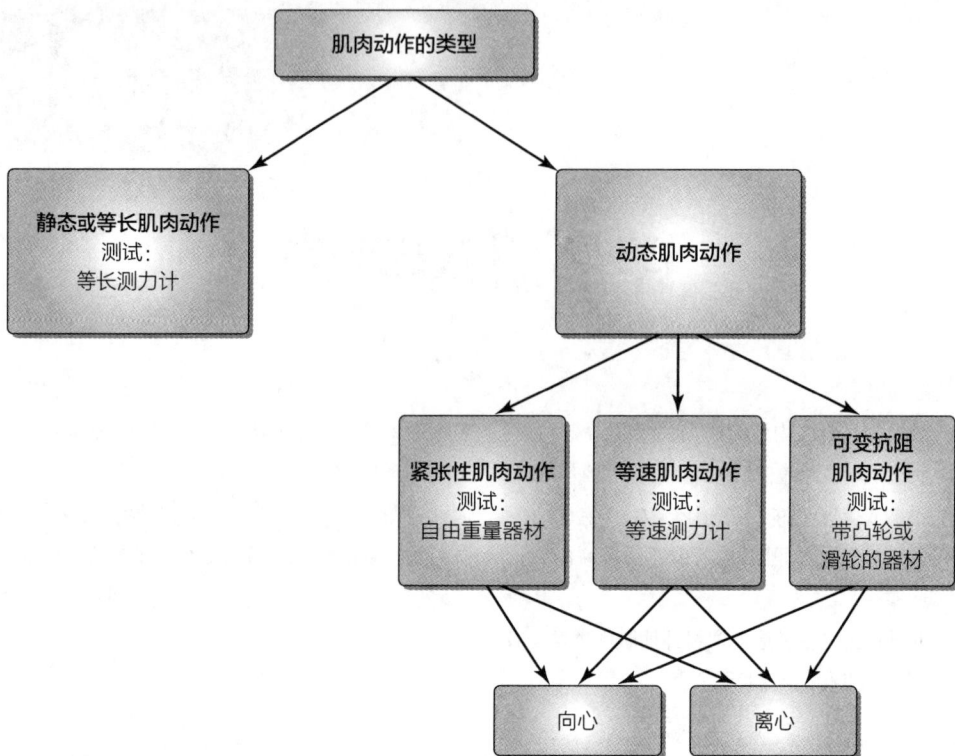

图6.1 肌肉动作概览

作。动态肌肉动作具有可见的关节运动，可分为紧张性、等速、可变抗阻肌肉动作。

许多教科书将传统的自由重量抗阻训练归类为**等张肌肉动作**。但是等张肌肉动作这一术语措辞不当，因为即使全活动度内的阻力恒定，肌群也会产生大幅波动的张力。这种肌肉力量的波动是由于骨杠杆移动时，肌肉长度和牵引角度发生了变化，从而每个肌群形成独特的力量曲线。例如，膝屈肌的力量在膝关节屈曲达到160~170度时最大（见图6.2）。描述进行自由重量训练时肌肉动作的正确术语是紧张性，涉及速度和关节角度变化引起的可变张力。

紧张性肌肉动作可以是向心的，也可以是离心的（见图6.3a）。如果阻力小于肌群产生的力，则肌肉动作即为向心的，因为肌肉释放张力移动骨杠杆时，肌肉会缩短。肌肉在拉

长的同时也能够产生张力，即所谓的离心收缩；通常在肌肉产生制动力，以减慢身体部位的移动速度或抵抗重力（如缓慢地降低杠铃）时发生离心收缩。

在进行紧张性（向心和离心收缩）动态运动时，随着肢体的移动，力学和生理优势均发生了变化，因此肌群并非在全活动度内都进行最大限度的收缩。因此，在常规动态运动期间使用的最大阻力等于活动度内力学最弱点可移动的最大重量。

为了克服这一缺陷，设备制造商设计出了可变抗阻运动器材，可以在活动度内改变阻力。这些器材在阻力和施力点之间移动。负重被抬起后，器材的力学优势减小。因此，必须施加更大的力才能继续移动阻力。运动的可变抗阻模式试图在全活动度内与肌肉骨骼系统的发力能力相匹配。但是许多可变抗阻运

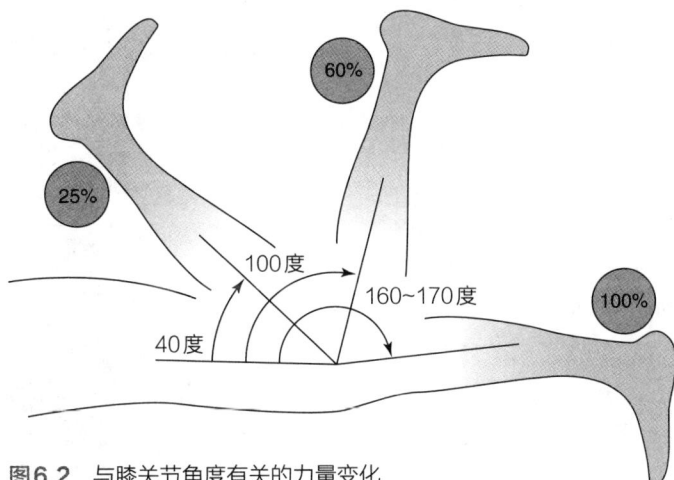

图6.2 与膝关节角度有关的力量变化

动器材和不同肌群的力量曲线并不匹配。

等速肌肉动作（见图6.3b）是肌群在全活动度内以恒定速度进行最大限度的收缩。机械地控制收缩速度，使肢体以设定的速度（如120度/秒）转动。电动设备能够根据活动度内每个点所产生的肌肉力量来改变阻力，这类等速运动器材能为运动期间的肌群带来可变且最大的阻力。

评估肌肉力量与耐力

静态或动态肌肉力量与耐力的测量值可用于建立训练前的基线值和监测训练期间的进步，还可用来评估抗阻训练和运动康复计划的总体有效性。测量静态肌肉力量与耐力时应使用测力计；评估动态肌肉力量与耐力则应使用自由重量器材（杠铃和哑铃），以及恒定抗阻、可变抗阻和等速运动器材（见

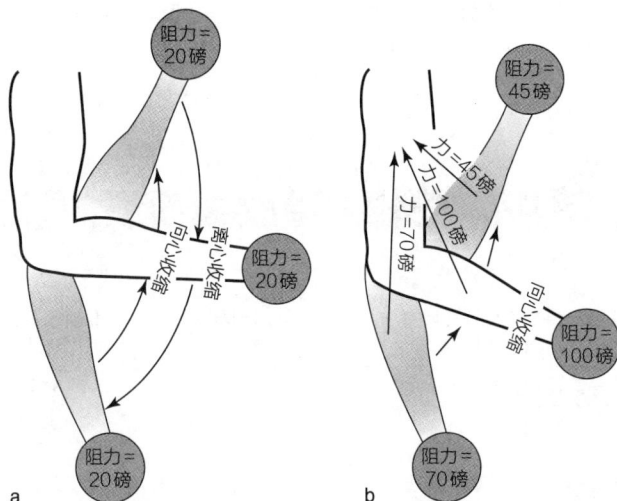

图6.3 a.紧张性肌肉动作的向心和离心部分；b.等速肌肉动作

表6.1）。测试步骤取决于测试类型（即力量或耐力）和设备。

使用测力计进行的等长肌力测试

等长肌力测试测量的是在单次收缩中对不可移动的阻力（即最大随意收缩力，MVC）施加的最大力。过去，人们一直使用弹簧式测力计来测量手部、腿部和背部肌肉的静态肌肉力量和耐力（见图6.4）。手握式测力计有一个可调节的手柄，以适应不同的手形，并以1千克为增量，测量范围为0~100千克。背部和腿部测力计配有刻度尺，测量范围为0~1 134千克，增量为4.5千克。对背部和腿部测力计施加力时，弹簧压缩并使指针指向相应的刻度。

液压式测力计可以替代弹簧式测力计测量等长握力，液压式测力计具有密封的液压系统，在测量表盘上显示所测得的力（以牛为单位）。Jamar手握式测力计因其出色的效度和信度而被广泛应用（Roberts et al., 2011）。美国手部治疗师学会（ASHT, 1992）推荐使用以下标准化测试步骤。

1. 让客户就座。
2. 肩部内收，并以中立姿势旋转。测试手臂的肘关节屈曲90度，前臂处于中立位置。

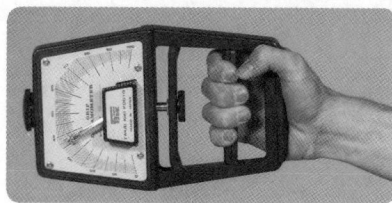

a

b

图6.4 用于测量静态肌肉力量和耐力的弹簧式测力计：a. 手握式测力计；b. 背部和腿部测力计

3. 手腕以0~30度的角度进行背屈。
4. 每只手进行3次测试，并记录3次测试的平均值。

表6.1 力量训练模式

测试模式	设备	测量
静态收缩	等长测力计	最大随意收缩力（牛）
动态收缩 　恒定抗阻 　可变抗阻	自由重量（杠铃和哑铃）和恒定抗阻运动器材 可变抗阻运动器材	1RM（千克） 未知
等速收缩	等速运动器材	峰值扭矩（牛·米）

但是罗伯茨等人（Roberts et al., 2011）指出，握力评估的测试方案之间具有较大的差异。因此，他们根据美国手部治疗师学会的指南，制定了更详细的测试方法。这一修改后的方法对腿部和前臂的姿势、鼓励方法、评估员培训以及总结方法（即使用6项测试的最佳分数）进行了标准化。Jamar手握式测力计的标准适用于20~80岁以上的女性和男性（Bohannon et al., 2006；Peters et al., 2011）。

临床医生将Jamar标准视为使用手握式测力计的金标准，但是Jamar手握式测力计的分辨力过大，无法检测到力量的微小变化，不适用于最大随意收缩力较弱的客户。奥格雷尔（Hogrel, 2015）最近报告了一款名为Myogrip的测力计（其分辨力达到10克，精度为50克），并推荐将此款测力计用于体质较弱的客户，奥格雷尔还提供了适用于5~80岁男性和女性的标准。

握力测试步骤

使用手握式测力计时，需要根据客户手形对手柄尺寸进行调整，以使手握的位置恰当；或者可以使用卡尺先测量客户手掌的宽度，并用此值来设置手柄尺寸（Montoye & Faulkner, 1964）。客户以站立姿势，将上臂和前臂按以下姿势摆放（Fess, 1992）：肩部内收，并以中立姿势旋转，肘关节屈曲90度，前臂处于中立位置，手腕略微伸展（0~30度）。但是，有些测试方案需要客户保持手臂伸直并稍微外展，以测量单手握力（CSEP, 2003）。客户在不进行其他外部身体运动的情况下，通过一次短暂的最大收缩尽力紧握测力计。每只手均进行3次测试，每次测试间隔1分钟，最后以3次测试的最高分数作为客户的静态握力。

抓握耐力测试步骤

对手柄尺寸进行调整后，指导客户以最大力量抓握手柄，持续时间1分钟；记录持续施力期间的初始力量以及结束时的最终力量；力量的下降速度和下降程度越低，表示耐力越大。相对耐力分数是最终力量除以初始力量，再换算成百分数。

还可以通过让客户施加次最大力来评估静态抓握耐力，次最大力即个体最大随意收缩力的给定百分比（如最大随意收缩力的50%）；相对耐力分数即为维持次最大力的时间。客户在测试期间需要观察测力计的刻度盘，为保持适当的次最大力，对所施加的力量进行相应的调整。

腿部力量测试步骤

腿部力量测试使用背部和腿部测力计。测试时，客户站在测力计踏板上，上半身保持直立，膝关节屈曲成130~140度；以正握方式握住手柄，调整链条长度，以便能将手柄提至大腿位置（见图6.4b）；如果配有皮带，请将皮带绕过客户的髋部，并连接到手柄的两端。皮带有助于稳定手柄，并能在将手柄抬至大腿时，减轻对手部造成的压力；缓慢伸展膝关节，尽可能地施加最大力量，此时背部请勿用力；指针将停留在客户所能达到的峰值力量对应的刻度上。休息1分钟后，再进行2次或3次测试。测试结果以磅为单位，用最高分除以2.2，可转换为以千克为单位。

背部力量测试步骤

背部力量测试使用背部和腿部测力计。客户站在测力计踏板上，膝关节完全伸直，上半身和头部保持直立；右手以正握方式握住手柄，左手则以反握方式握住手柄；手柄位置位于大腿处；随后用背部肌肉将手柄向上拉直，此时身体应保持直立，不应向后倾斜；指导客户在拉动手柄时，向后转动肩关节，以避免身体屈曲，并在测试过程中保持上半身和头部直立；每次测试应间隔1分钟，随后再进行2次测试；测试结果以磅为单位，用最高分除以2.2，可转换为以千克为单位。

弹簧式测力计的静态肌力标准

　　表6.2列明了单手的握力标准。你还可以使用已制定的男性和女性标准来评估客户在各力量测试项目中的静态肌力（见表6.2）。可将右手握力、左手握力、腿部肌力和背部肌力的分数相加，计算得出总肌力分数。在计算之前，需要将以磅为单位的腿部和背部肌力分数转换为以千克为单位。如需计算相对肌力分数，请用总肌力分数除以体重（千克）。

使用手持式数字测力计进行等长肌肉力量和耐力测试

　　手持式测力计操作简单，能够测量肌肉组织的等长肌力。与等速测试（Kin-Com, Biodex & Cybex）相比，对于大多数肌群而言，手持式测力计测得的数据具有中等至良好的效度（Stark et al., 2011），以及很高的信度（Lu et al., 2011）。你可以使用手持式数字测力计，来评估11组肌群的等长肌力（见图6.5a和图6.5b）。手持式数字测力计以数字方式显示力量的测量值，可测得的最大值为1 334牛。此类测试只需将测力计置于肢体上，并保持静止，同时让客户施加最大力量；进行2次测试，以各肌群的平均肌力分数或最高肌力分数作为测试结果。附录C.1介绍了11组肌群的标准化测试方案。目前已有可用的成年人（20~79岁）和儿童（4~16岁）的肌力标准（Andrews, Thomas & Bohannon, 1996；Beenakker et al., 2001；Bohannon, 1997；van den Beld et al., 2006）。

表6.2　静态肌力标准

等级	左手握力/千克	右手握力/千克	背部肌力/千克	腿部肌力/千克	总肌力/千克	相对肌力*
男性						
优秀	>68	>70	>209	>241	>587	>7.50
良好	56~67	62~69	177~208	214~240	508~586	7.10~7.49
平均水平	43~55	48~61	126~176	160~213	375~507	5.21~7.09
平均水平以下	39~42	41~47	91~125	137~159	307~374	4.81~5.20
较差	<39	<41	<91	<137	<307	<4.81
女性						
优秀	>37	>41	>111	>136	>324	>5.50
良好	34~36	38~40	98~110	114~135	282~323	4.80~5.49
平均	22~33	25~37	52~97	66~113	164~281	2.90~4.79
平均水平以下	18~21	22~24	39~51	49~65	117~163	2.10~2.89
较差	<18	<22	<39	<49	<117	<2.10

*相对肌力是通过总肌力除以体重（千克）确定的。
对于50岁以上的人群来说，应将分数降低10%，以适配因年龄增长导致的肌肉组织流失。
（源自：Corbin et al., 1978.）

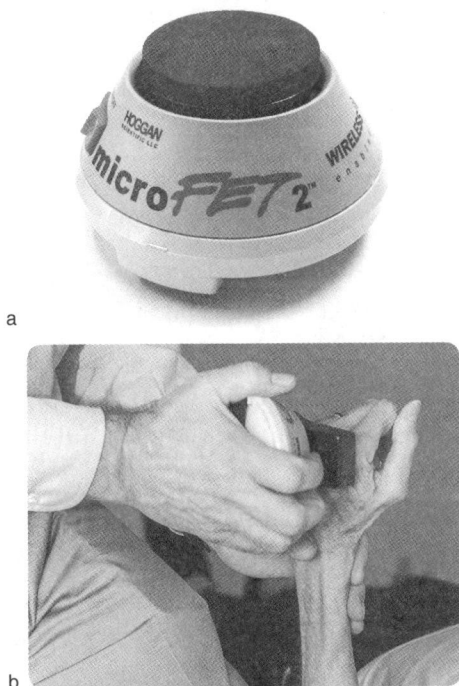

图6.5 a. 用于测量等长肌力的手持式数字测力计；b. 受测试的手部

（源自：Hoggan Scientific, LLC.）

使用临床方法进行的等长耐力测试

目前，已开发了多种临床测试可测量稳定脊柱的核心肌肉的等长耐力。其中最常见的两个测试是克劳斯–韦伯（Kraus-Weber）测试，用于测试躯干屈肌的耐力，以及比林–索伦森（Biering-Sorensen）测试，用于测试躯干伸肌的耐力（Biering-Sorensen, 1984；Kraus, 1970）。在此类测试中，受试者需要尽可能长时间地保持躯干和下肢的特定姿势。经过多年的修改，这些测试已降低了测试期间因腰椎过度伸展而引起腰背痛或受伤的风险（Ito et al., 1996；McGill, Childs & Liebenson, 1999；Reiman et al., 2010）。

身体侧面呈V形的坐姿可用于评估躯干屈肌的等长耐力。测试期间，受试者躯干后仰与水平方向成60度，膝关节与髋关节屈曲90度，双脚被固定；将木质三角支撑楔置于受试者背后，以确保躯干倾斜角度为60度；开始测试后，应移除支撑楔。受试者尽可能长时间地保持初始姿势；用秒表测量坚持时间（秒）（McGill, Childs & Liebenson, 1999）。这种测试有很高的重测信度（$r = 0.92$）。

躯干伸肌测试中，受试者需要俯卧于长椅上，且脚踝、膝盖和髋部均固定在长椅上，上半身伸出长椅边缘，长椅高度为25厘米。手臂屈曲叠放于胸部，抬高上半身，直到躯干与地面保持水平。受试者尽可能长时间地保持此姿势；以秒表测量坚持时间（秒）。受试者上半身接触地面时，测试即终止（McGill, Childs & Liebenson, 1999）。

除了躯干屈肌和伸肌之外，脊柱的侧屈肌对腰椎的稳定也十分重要。侧桥测试可用于评估侧屈肌的等长耐力。测试期间，受试者需要以侧卧姿势抬起躯干，并以单臂的肘部和前臂来支撑身体；可将上方腿部交叉置于下方腿部的前方，以获得额外支撑；未负重的手臂放在胸前交叉，并将手掌置于对侧肩膀之上；受试者身体应保持直线，臀部尽可能长时间地远离测试地垫；以秒表测量坚持时间（秒）；受试者臀部回到测试地垫上时，测试即终止。

视频
6.6

侧桥测试有一个缺点，即有些受试者会因为上肢疲劳或疼痛而终止测试。为了避免这个缺点，格林等人（Greene et al., 2012）开发了一种新型的侧式支撑测试，测试过程中受试者须将双脚抬高，放置在15厘米高的软垫凳子上。为确保躯干正确对齐，应将对准装置的水平测杆置于腿部上方的股骨大转子之上，并将其固定于该高度。应告知受试者在测试期间始终接触该测杆，并尽可能长时间保持姿势。离开测杆超过2秒，或臀部降低触及测试地垫时，测试即终止。有报告指出修改后的测试和传统侧桥测试之间具有中度至高度的相关性（r为0.59~0.75），且具有良好的重测信度。这种新型方案十分适合上肢疼痛或上肢力量弱的人群。

健康男性和女性的躯干屈肌、躯干伸肌和躯干侧屈肌测试的平均坚持时间，见麦吉尔、蔡尔兹和利伯森（McGill, Childs & Liebenson, 1999）的研究。此外，他们3人还提供了坚持时间的平均比率，为躯干伸肌的耐力设置了基线值，通过此基线值可判断躯干周围的肌肉耐力是否失衡。表6.3列出了大学生平板支撑疲劳时间的百分位数标准（Strand et al., 2014）。

使用恒定抗阻运动和可变抗阻运动模式进行动态肌肉力量和耐力测试

恒定抗阻运动（紧张性肌肉动作）或可变抗阻运动模式可用于评估动态（向心和离心收缩）肌肉力量和耐力，但实际上用自由重量或恒定抗阻运动器材能够更好地对此进行评估。

然而，在运动过程中，肌肉骨骼系统的力学优势（肌肉牵拉角度）和生理优势（肌肉长度）的变化会导致肌力发生波动，而阻力无法改变，因此自由重量或恒定抗阻运动器材仅能够测量活动度内力学最弱点的动态肌肉力量，这是它们的主要缺点。

可变抗阻运动器材的主要缺点在于其难以评估客户的最大力量，因为杠杆、滑轮和凸轮在改变阻力的同时，也会导致运动速度发生变化。因此，对于最大力量测试来说，可变抗阻运动器材的益处有限，不过，此类器材非常适用于抗阻训练。

通常建议利用自由重量和恒定抗阻运动器材来测试肌肉适能，但这些方法存在优势的同时亦具有一定的局限性。与可变抗阻运动器材相比，使用自由重量器材需要更多的神经肌肉相互协调，以便在举起杠铃或哑铃时，能够稳定身体并保持平衡。而使用可变抗阻运动器材虽然可以减少测试期间的监护需求，但这些器材却限制了客户的关节活动度和运动平面。此外，还有一些可变抗阻运动器材的配重片重量相对较大，因此必须减少配重片，才能精确测量客户的力量。

表6.3 大学生平板支撑疲劳时间的百分位数标准

百分位数	男性	女性
90%	201	142
80%	157	108
70%	137	95
60%	122	84
50%	110	72
40%	97	63
30%	89	58
20%	79	48
10%	62	35

注：测量时间均以秒为单位。

[源自：Strand et al., "Norms for an Isometric Muscle Endurance Test," *Journal of Human Kinetics* 40(2014): 93-102.]

此外，有些器材不适用于四肢较短的客户。对于此类客户，可能需要使用儿童尺寸的器材，才能规范他们的测试起始姿势。而四肢较长，躯干或四肢周长较大的客户（如健美运动员或肥胖客户）使用标准运动器材时也可能会感到困难。但对于自由重量器材来说，体形大小和体重增量都不是什么问题。

目前已开发的能够在多个平面上提供恒定和可变阻力的自由式运动器材，能够克服这些局限性。此类器材具有可调节的座椅、杠杆臂和索式滑轮，可以让肌群在多个平面上进行运动；操作方法简单，适用于体形较小或较大的客户，且相对于先前的标准器材的配重片重量（通常为10磅），其配重片重量更小（5磅）。使用自由式运动器材测试肌肉适能时，请先调整运动平面和座椅，以便模拟先前恒定抗阻运动器材所用的起始和终止身体姿势，制定测试标准。如果你使用自由式运动器材来监测客户的进步，请确保在每个测试阶段都使用了相同的设置（即座位和运动平面的调整）。

动态肌肉力量测试

与线性传感器配对的测力板可用于获取肌肉力量和爆发力的直接测量值（即金标准），但是这种设备的成本高昂，不适用于实验室之外的环境。随着技术的进步，研究人员开发了评估动态肌肉力量和爆发力的新设备，这些设备已通过了金标准测量值的验证，例如Tendo举重分析仪系统和Myotest加速度计。

Tendo举重分析仪系统是一种可连接到杠铃末端的线性传感器。在进行卧推和深蹲练习时，同时使用Tendo系统和等惯性测力计来测量峰值速度、平均速度、峰值爆发力和平均爆发力，以此评估Tendo系统的信度和效度，得出信度的同类相关系数为0.922~0.988，效度系数为0.853~0.989（Garnacho-Castano, Lopez-Lastra & Mate-Munoz, 2015）。研究人员还发现其随机误差和偏差较小，认为在抗阻训练的运动速度测量和爆发力估算方面，Tendo系统不失为可靠且有效的方式。同样，在计算动态动作的力量、速度和爆发力时，Myotest加速度计也表现出了极佳的效度（r为0.85~0.99）（Casartelli, Muller & Maffiuletti, 2010；Crewther et al., 2011；Thompson & Bemben, 1999）。这种加速度计在测量男性和女性进行深蹲和卧推练习时的动态肌力量和爆发力时，同时具有较高的效度和信度（Comstock et al., 2011）。Tendo系统和Myotest加速度计小巧、简单易用且便于携带，是现场评估举重速度、肌肉力量和爆发力的实用设备。

然而，在现场环境中，通常用一次重复最大力量（1RM）表示动态肌肉力量，即一次完整的重复运动中可举起的最大重量，通过反复测试获得1RM的数值。

尽管对于所有年龄段的客户来说，进行1RM力量测试都是安全的，但是应对试图举起最大负重的客户采取防护措施，以降低其受伤风险。在尝试举重之前，应确保客户已进行了热身，且开始时的重量应低于预定的1RM。应对进行这些测试的客户进行监护，并密切监控他们的举重方式和呼吸状况。美国体能协会介绍了监护准则（见第168页的"监护自由重量运动的提示"）。

美国运动医学会（ACSM, 2018）推荐使用卧推和腿部推举，来分别评估上半身和下半身的力量。如需确定相对力量，请用1RM数值除以客户的体重。表6.4和表6.5提供了男性和女性的标准值。

另一项动态肌肉力量测试包括6个测试项目：卧推、臂弯举、背阔肌下拉、腿部推举、坐姿腿屈伸和坐姿腿弯举。每项运动均以1RM数值与体重的比值来表示和评估。例如，体重为120磅的女性进行重量为60磅的卧推，则她的力量与体重比值为0.50（60/120），并且运动得分应为3分。按照此步骤对每项运

监护自由重量运动的提示

1. 监护者的主要职责是保护客户免于受伤。

2. 除了爆发力训练外，进行自由重量运动时（如进行卧推、仰卧肱三头肌屈伸和深蹲时），杠铃会在头部上方、背部上方、肩部前方或面部前方移动，因此这类运动需要一个或多个监护者。

3. 监护者的力量和身高应至少与进行运动的客户处于同一水平。

4. 需要将杠铃举过头顶及置于背部或肩部前方的运动，应在深蹲架内进行。

5. 对于进行杠铃在面部上方的运动的客户，在他们举起、放下杠铃时，监护者以正反握握杠，握距比客户宽。对于运动时反握抓杠的客户，则应时刻注意其杠铃。

6. 监护客户进行负重较大的运动时，应确保客户具有稳定的支撑基础、客户的背部平直。

7. 对于哑铃运动，应尽量注意客户离哑铃较近的部位（如在进行哑铃飞鸟时，应留意客户的手腕，而不是手肘）。

8. 监护者通常应帮助客户将杠铃或哑铃移到适当的起始位置（即将杠铃抬起或从直立的支撑架上取下，递交至客户已伸展手肘的手中）。

9. 大多数客户都需要在他人的帮助下才能成功完成重复动作，因此，如果客户在尝试1RM时，无法完成重复动作，监护者应准备好随时接过杠铃，以确保客户不会因此受伤。

视频 6.7

（源自：NSCA, 2016.）

表6.4 不同年龄和性别的1RM卧推标准（1RM/体重）

男性的百分位数*	年龄				
	20~29岁	30~39岁	40~49岁	50~59岁	60岁以上
90%	1.48	1.24	1.10	0.97	0.89
80%	1.32	1.12	1.00	0.90	0.82
70%	1.22	1.04	0.93	0.84	0.77
60%	1.14	0.98	0.88	0.79	0.72
50%	1.06	0.93	0.84	0.75	0.68
40%	0.99	0.88	0.80	0.71	0.66
30%	0.93	0.83	0.76	0.68	0.63
20%	0.88	0.78	0.72	0.63	0.57
10%	0.80	0.71	0.65	0.57	0.53

女性的百分位数*	年龄					
	20~29岁	30~39岁	40~49岁	50~59岁	60~69岁	70岁以上
90%	0.54	0.49	0.46	0.40	0.41	0.44
80%	0.49	0.45	0.40	0.37	0.38	0.39
70%	0.42	0.42	0.38	0.35	0.36	0.33
60%	0.41	0.41	0.37	0.33	0.32	0.31
50%	0.40	0.38	0.34	0.31	0.30	0.27
40%	0.37	0.37	0.32	0.28	0.29	0.25
30%	0.35	0.34	0.30	0.26	0.28	0.24
20%	0.33	0.32	0.27	0.23	0.26	0.21
10%	0.30	0.27	0.23	0.19	0.25	0.20

*百分位数说明：90%代表远高于平均水平；70%代表高于平均水平；50%代表平均水平；30%代表低于平均水平；10%代表远低于平均水平。

（女性数据源自：Women's Exercise Research Center, The George Washington University Medical Center, Washington, DC, 1998. 男性数据源自：Cooper Institute for Aerobics Research, *The Physical Fitness Specialist Manual*, The Cooper Institute, Dallas, TX, 2005.）

表6.5 不同年龄和性别的1RM腿部推举标准（1RM/体重）

男性的百分位数*	年龄				
	20~29岁	30~39岁	40~49岁	50~59岁	60岁以上
90%	2.27	2.07	1.92	1.80	1.73
80%	2.13	1.93	1.82	1.71	1.62
70%	2.05	1.85	1.74	1.64	1.56
60%	1.97	1.77	1.68	1.58	1.49
50%	1.91	1.71	1.62	1.52	1.43
40%	1.83	1.65	1.57	1.46	1.38
30%	1.74	1.59	1.51	1.39	1.30
20%	1.63	1.52	1.44	1.32	1.25
10%	1.51	1.43	1.35	1.22	1.16

女性的百分位数*	年龄					
	20~29岁	30~39岁	40~49岁	50~59岁	60~69岁	70岁以上
90%	2.05	1.73	1.63	1.51	1.40	1.27
80%	1.66	1.50	1.46	1.30	1.25	1.12
70%	1.42	1.47	1.35	1.24	1.18	1.10
60%	1.36	1.32	1.26	1.18	1.15	0.95
50%	1.32	1.26	1.19	1.09	1.08	0.89
40%	1.25	1.21	1.12	1.03	1.04	0.83
30%	1.23	1.16	1.03	0.95	0.98	0.82
20%	1.13	1.09	0.94	0.86	0.94	0.79
10%	1.02	0.94	0.76	0.75	0.84	0.75

*百分位数说明：90%代表远高于平均水平；70%代表高于平均水平；50%代表平均水平；30%代表低于平均水平；10%代表远低于平均水平。

（女性数据源自：Women's Exercise Research Center, The George Washington University Medical Center, Washington, DC, 1998. 男性数据源自：Cooper Institute for Aerobics Research, *The Physical Fitness Specialist Manual*, The Cooper Institute, Dallas, TX, 2005. ）

动进行计算，然后相加得出总分数，从而确定客户的整体力量和适能类别。表6.6列出了基于大学生男性和女性数据的力量与体重比值及相应的分数值。

动态肌肉耐力测试

你可以让客户以一组体重或最大力量百分比表示的重量，进行尽可能多的重复运动，以此评估客户的动态肌肉耐力。波洛克、威尔莫和福克斯（Pollock, Wilmore & Fox, 1978）建议将重量设为各项运动1RM数值的70%。尽管动态肌肉耐力测试标准尚未确定，但他们

三人根据测试和研究结果，认为普通人应能够完成12~15次重复运动。

基督教青年会（YMCA）（Golding, 2000）建议使用卧推测试，来评估上半身的动态肌肉耐力。这种绝对耐力测试应使用平椅和杠铃。客户应以每分钟重复30次的节奏尽可能久地持续重复运动，可使用节拍器来帮助保持运动节奏。男性客户应推举80磅的杠铃，女性客户应推举35磅的杠铃。在客户无法维持运动节奏时，测试即终止。表6.7列出了该测试的标准。

表6.6 选定1RM测试的力量与体重比值

卧推	臂弯举	背阔肌下拉	腿部推举	坐姿腿屈伸	坐姿腿弯举	分数
男性						
1.50	0.70	1.20	3.00	0.80	0.70	10
1.40	0.65	1.15	2.80	0.75	0.65	9
1.30	0.60	1.10	2.60	0.70	0.60	8
1.20	0.55	1.05	2.40	0.65	0.55	7
1.10	0.50	1.00	2.20	0.60	0.50	6
1.00	0.45	0.95	2.00	0.55	0.45	5
0.90	0.40	0.90	1.80	0.50	0.40	4
0.80	0.35	0.85	1.60	0.45	0.35	3
0.70	0.30	0.80	1.40	0.40	0.30	2
0.60	0.25	0.75	1.20	0.35	0.25	1
女性						
0.90	0.50	0.85	2.70	0.70	0.60	10
0.85	0.45	0.80	2.50	0.65	0.55	9
0.80	0.42	0.75	2.30	0.60	0.52	8
0.70	0.38	0.73	2.10	0.55	0.50	7
0.65	0.35	0.70	2.00	0.52	0.45	6
0.60	0.32	0.65	1.80	0.50	0.40	5
0.55	0.28	0.63	1.60	0.45	0.35	4
0.50	0.25	0.60	1.40	0.40	0.30	3
0.45	0.21	0.55	1.20	0.35	0.25	2
0.35	0.18	0.50	1.00	0.30	0.20	1
总分数			适能分类[a]			
48~60			优秀			
37~47			良好			
25~36			平均			
13~24			一般			
0~12			较差			

[a] 基于海沃德（V. Heyward）编制的250名大学生男性和女性的数据。

▶ 1RM力量测试步骤

视频 6.8

以下为推荐的1RM力量测试的基本步骤。

- 让客户先以预计1RM的40%~60%完成5~10次重复运动，来进行热身。
- 休息1分钟后，以预计1RM的60%~80%进行3~5次重复运动。
- 休息2分钟后，再尝试以预计的1RM进行推举。如果客户能够成功地完成推举，则可以谨慎地小幅增加重量。美国运动医学会（ACSM, 2018）和美国国家体能协会（NSCA, 2016）建议上半身运动增加5%~10%的重量，下半身运动增加10%~20%的重量。在每次尝试增加重量之前，应让客户休息2~4分钟。按照此步骤进行，直到客户无法完成推举。通常通过3~5次测试可测得实际的1RM。
- 记录1RM数值，以作为最后成功尝试的最大推举重量。

你也可以使用系列测试来评估动态肌肉耐力，其包括7个项目。根据客户体重的百分比、选择推举重量。对于选定的重量，客户可最多进行15次重复推举。表6.8列出了各测试项目在推举的体重百分比，以及基于大学生男性和女性数据的评分系统和标准。

表6.7　卧推的肌肉耐力标准

百分位数	年龄					
	18~25岁	26~35岁	36~45岁	46~55岁	56~65岁	>65岁
男性						
95%	49	48	41	33	28	22
75%	34	30	26	21	17	12
50%	26	22	20	13	10	8
25%	17	16	12	8	4	3
5%	5	4	2	1	0	0
女性						
95%	49	46	41	33	29	22
75%	30	29	26	20	17	12
50%	21	21	17	12	9	6
25%	13	13	10	6	4	2
5%	2	2	1	0	0	0

注：男性分数是用80磅杠铃所完成的重复推举次数，女性分数是用35磅杠铃所完成的重复推举次数。
（源自：YMCA of the USA, 2000.）

表6.8　动态肌肉耐力系列测试组合

应推举的体重百分比			
运动类型	男性	女性	重复次数（最多15次）
臂弯举	0.33	0.25	_____
卧推	0.66	0.50	_____
背阔肌下拉	0.66	0.50	_____
肱三头肌屈伸	0.33	0.33	_____
坐姿腿屈伸	0.50	0.50	_____
坐姿腿弯举	0.33	0.33	_____
屈膝仰卧起坐			_____
		总重复次数（最多105次）=	_____
总重复次数		适能级别*	
91~105		优秀	
77~90		很好	
63~76		良好	
49~62		一般	
35~48		较差	
<35		很差	

*基于海沃德（V. Heyward）编制的250名大学生男性和女性的数据。

动态等速肌肉力量和耐力测试

利用等速测力计能够对肌肉的力量、耐力和爆发力进行准确可靠的评估（见图6.6）。肢体的运动速度应保持在恒定的预选速度，一旦肌肉力提升，阻力会增大，但肢体加速度不会提升。因此，全活动度内的肌肉力波动都具有相等的反作用力或适应性阻力。

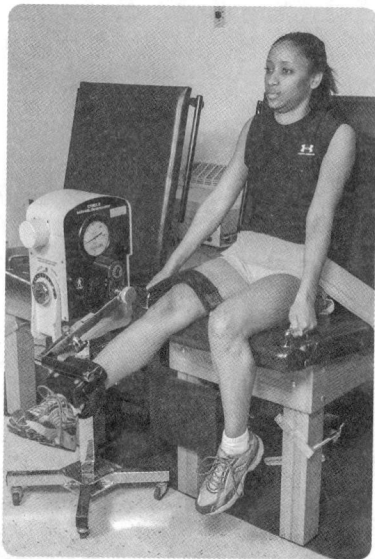

图6.6　第2代赛佰斯（Cybex II）等速测力计

等速测力计能够测量以0~300度/秒的速度所产生的肌肉扭矩。通过其记录的输出数据，你可以评估峰值扭矩、总功率和爆发力。一些价格较便宜的等速测力计不具备这种记录功能，但同样适用于训练和康复运动。表6.9总结了评估肌肉力量、耐力和爆发力的等速测试方案。

健身操型肌肉力量和耐力测试

某些测试环境可能无法使用测力计、自由重量器材或运动器材来评估肌肉适能。为了评估客户的力量和肌肉耐力，可以使用健身操型肌肉力量和耐力测试作为替代方案。

健身操型肌肉力量测试

使用健身操型运动来测量动态肌肉力量的方法是，测定个体在一次重复运动期间可举起的最大重量（超过体重）。由于力量与客户的体形和体重有关，因此约翰森和尼尔森（Johnson & Nelson, 1986）建议使用相对力量分数。针对各项测试，为客户增加2.5磅、5磅、10磅和25磅的负重板，再将这些额外重量除以体重得出相对力量分数。例如，如果一个体重150磅的男性在腰带负重30磅的情况下，成功进行了一次引体向上，那么他的相对力量分数即为0.20（30磅/150磅）。更多引体向上、仰卧起坐、卧推以及双杠屈臂支撑的肌肉力量测试方案和表现标准，见约翰森和尼尔森（Johnson & Nelson, 1986）的其他研究。

健身操型肌肉耐力测试

可通过测量各类健身操型运动的最大重复次数来评估动态肌肉耐力，其中广泛应用的有引体向上、俯卧撑和卷腹运动（半身卷腹运动）测试。

引体向上测试

引体向上测试能够用于测量客户拉升身体时，手臂和肩胛带肌肉的动态耐力。对于无法完成一次引体向上的客户，可以使用引体向上的变式动作或屈臂悬垂测试。鲍姆加特纳（Baumgartner, 1978）对引体向上进行了改进，使用了一种顶部配有单杠的倾斜板（与地板成30度）。改进后的滑板车会沿着与倾斜板相连的轨道进行滑动（Baumgartner et al., 1984）。客户仰卧于滑板车之上做引体向上动作，直到下巴越过单杠。关于儿童、青少年和大学女性和男性的详细测试步骤、设备设计和表现标准，见鲍姆加特纳等人（Baumgartner, 1978; Baumgartner et al., 1984）的研究。

视频
6.9

视频
6.10

表6.9 等速测试方案

等速测试	速度设定	方案	测量
力量	30度/秒或60度/秒	2次次最大力量测试练习，然后进行3次最大力量测试	峰值扭矩（牛·米）
耐力	120~180度/秒	1次最大力量测试	重复若干次，直到扭力达到初始扭矩数值的50%
爆发力	120~300度/秒	2次次最大力量练习测试，然后进行3次最大力量测试	峰值扭矩（牛·米）

屈臂悬垂测试的分数即为客户保持屈臂悬垂姿势的时间，即屈臂拉杠支撑身体并保持下巴越过单杠上方的时间。测试期间，通常双手正握单杠，但屈臂悬垂测试的变式使用了反握方法。屈臂悬垂不但能够测试手臂和肩胛带肌肉组织的等长耐力，在过去30多年来，还被用于测量上半身力量。一项针对大学生女性的研究表明，屈臂悬垂的时间长短主要取决于相对力量（1RM/体重），而不是绝对力量（1RM）或动态肌肉耐力（70%的1RM强度下的最大重复次数）（Clemons et al., 2004）。

俯卧撑测试

视频
6.11

美国运动医学会和加拿大运动生理学会建议使用俯卧撑测试来评估上半身肌肉耐力。首先，让客户俯卧在测试地垫上，将双腿并拢，双手位于肩膀下方，手指朝前。以脚趾（适用于男性）或膝盖（适用于女性）作为支点，完全伸展肘关节以便将身体推离测试地垫；上半身应保持成直线，头部保持向上；随后屈曲肘关节，身体贴向地面，下巴触及测试地垫；但腹部和大腿不应该触及测试地垫；客户尽可能多地连续重复动作（重复动作之间不休息）且无时间限制；不符合以上标准的重复动作不应被计数。在客户过度用力或无法连续两次以正确姿势重复动作时，测试即终止；记录以正确姿势完成重复动作的总次数。表6.10列出了不同年龄和性别的俯卧撑测试标准。

卷腹运动测试

与健康相关的体适能测试系列中通常都包括腹部肌肉耐力测试（如卷腹运动、半身卷腹运动和仰卧起坐），以确定客户是否会因为腹部肌肉无力而存在腰背痛或受伤风险。然而，作为腹部肌肉力量或耐力测试，以及作为腰背痛的预测指标，这些测试的效度值得怀疑。大多数卷腹运动测试与腹部力量关系不大（$r_{x,y}$为-0.21~0.36），且仅与腹部耐力中度相关（$r_{x,y}$为0.46~0.50）（Knudson, 2001；Knudson & Johnston, 1995）。此外，杰克逊等人（Jackson et al., 1998）发现，仰卧起坐测试分数与腰背痛的发生率之间并没有什么关联。因此，美国运动医学会指南目前已不再将卷腹测试作为肌肉耐力的测试项目。

核心稳定性测试

萨尔曼核心稳定性测试（Sahrmann, 2002）是评估客户核心稳定性的绝佳方法。核心稳定性是指在运动过程中，躯干肌肉组织稳定脊柱并使脊柱保持在最佳对准位置的能力。腹横肌和多裂肌是稳定腹部和脊柱的深层肌肉。这两部分肌肉无力可能会引起腰背痛和受伤。

表6.10 不同年龄和性别的俯卧撑测试标准

	年龄					
	15~19岁	20~29岁	30~39岁	40~49岁	50~59岁	60~69岁
男性						
优秀	≥39	≥36	≥30	≥25	≥21	≥18
很好	29~38	29~35	22~29	17~24	13~20	11~17
良好	23~28	22~28	17~21	13~16	10~12	8~10
一般	18~22	17~21	12~16	10~12	7~9	5~7
需要改进	≤17	≤16	≤11	≤9	≤6	≤4
女性						
优秀	≥33	≥30	≥27	≥24	≥21	≥17
很好	25~32	21~29	20~26	15~23	11~20	12~16
良好	18~24	15~20	13~19	11~14	7~10	5~11
一般	12~17	10~14	8~12	5~10	2~6	2~4
需要改进	≤11	≤9	≤7	≤4	≤1	≤1

[经加拿大运动生理学会许可，源自：Canadian Physical Activity Training for Health（CSEP-PATH®），2013.]

萨尔曼核心稳定性测试（见表6.11）可用于评估客户的核心稳定性，并对其进行分级。该测试需要腰部和骨盆保持稳定、中立的位置，并完成一系列的运动。你可以在客户背部下方放置血压计袖带，来观察运动期间的压力变化，以此确定脊柱是否有任何移动；或者可以让客户将双手置于腰背部下方，以感受运动期间的压力变化。

评估肌肉爆发力

肌肉爆发力的基本测量以及一系列后续测试，可用于监测客户的进步，以及改善肌肉适能变量的运动方案的有效性。爆发力是一种做功速率，以做的功除以时间计算得出。垂直跳跃、立定跳远常被用作肌肉爆发力的现场测量方法，但在评估期间通常不测量时间。

垂直跳跃

视频
6.12

垂直跳跃测试可在没有专用设备的情况下进行，客户手握一根彩色粉笔（沿墙站立），尽可能高地向上跳起，并让彩色粉笔接触墙壁，留下印记，再用卷尺测定跳跃高度。当然，如果有商用设备（如Vertec），则可以更轻松地进行测量。Vertec配有彩色可移动的水平塑料叶片，增量间距为0.5英寸。为进行简单快速的测量，设备上的红色叶片增量间距为6英寸，蓝色叶片增量间距为1英寸，白色叶片增量间距为0.5英寸。垂直跳跃有多种变式动作，例如后撤步跳跃和立定跳跃，但在肌肉爆发力评估中，**下蹲垂直跳（CMJ）**是最常用的动作。本书介绍了Vertec下蹲垂直跳，见第176页的"使用Vertec进行下蹲垂直跳测试的步骤"。表6.12中列出了不同年龄和性别的下蹲垂直跳的可用标准。

开关垫或接触垫可以代替Vertec，来评估垂直跳跃。客户只需站在垫子上，并进行下蹲垂直跳，然后双脚落在垫子上；接触垫能够根据客户在空中停留的时长，自动测量出腾空时间和跳跃高度。因此在客户跳跃时，需要告知其勿在腾空时屈曲膝关节。此外，加速度计（如先前在动态肌肉力量测试部分中提

表6.11 萨尔曼核心稳定性测试

1级	以仰卧姿势、钩状卧姿开始，收腹
	缓慢抬起一侧腿直至髋关节屈曲100度，并自然地屈曲膝关节
	将另一侧腿抬高至相同的位置
2级	以髋屈曲姿势开始，缓慢放下一侧腿，直到脚跟触地
	腿部向外滑出，以完全伸展膝关节
	回到起始屈曲姿势
3级	以髋屈曲姿势开始，缓慢放下一侧腿，直到脚跟距离地面12厘米高
	腿部向外滑出，以完全伸展膝关节
	回到起始屈曲姿势
4级	以髋屈曲姿势开始，缓慢放下双腿，直到双脚脚跟触地
	双腿向外滑出，以完全伸展膝关节
	回到起始屈曲姿势
5级	以髋屈曲姿势开始，缓慢放低双腿，直到双脚脚跟距离地面12厘米高
	腿部向外滑出，以完全伸展膝关节
	回到起始屈曲姿势

表6.12 不同年龄和性别的下蹲垂直跳测试标准

	15~19岁	20~29岁	30~39岁	40~49岁	50~59岁	60~69岁
男性：跳高/厘米						
优秀	≥56	≥58	≥52	≥43	≥41	≥33
很好	51~55	54~57	46~51	36~42	34~40	29~32
良好	46~50	48~53	40~45	32~35	28~33	25~28
一般	42~45	42~47	31~39	26~31	18~27	18~24
需要改进	≤41	≤41	≤30	≤25	≤17	≤17
女性：跳高/厘米						
优秀	≥40	≥38	≥36	≥31	≥25	≥19
很好	36~39	34~37	32~35	27~30	21~24	15~18
良好	32~35	29~33	28~31	23~26	16~20	11~14
一般	28~31	25~28	24~27	18~22	10~15	7~10
需要改进	≤27	≤24	≤23	≤17	≤9	≤6
男性：爆发力/瓦						
优秀	≥4 644	≥5 094	≥4 860	≥4 320	≥4 019	≥3 764
很好	4 185~4 634	4 640~5 093	4 389~4 859	3 700~4 319	3 567~4 018	3 291~3 763
良好	3 858~4 184	4 297~4 639	3 967~4 388	3 242~3 699	2 937~3 566	2 843~3 290
一般	3 323~3 857	3 775~4 296	3 485~3 966	2 708~3 241	2 512~2 963	2 383~2 842
需要改进	≤3 322	≤3 774	≤3 484	≤2 707	≤2 511	≤2 382
女性：爆发力/瓦						
优秀	≥3 167	≥3 250	≥3 193	≥2 675	≥2 559	≥2 475
很好	2 795~3 166	2 804~3 249	2 550~3 192	2 288~2 674	2 161~2 558	1 718~2 474
良好	2 399~2 794	2 478~2 803	2 335~2 549	2 101~2 287	1 710~2 160	1 317~1 717
一般	2 156~2 398	2 271~2 477	2 147~2 334	1 688~2 100	1 386~1 700	1 198~1 316
需要改进	≤2 155	≤2 270	≤2 146	≤1 687	≤1 385	≤1 197

（源自：Payne et al., 2000.）

使用Vertec进行下蹲垂直跳测试的步骤

以下为使用Vertec进行下蹲垂直跳测试的基本步骤。

1. 测试检查员在客户能够到达的高度范围内调节可移动叶片的高度，底部叶片为客户的已知高度。

2. 客户双脚站稳，以惯用手尽可能高地向上推动叶片；记录客户所达到的高度（起跳高度）。

3. 测试检查员重新调整叶片的高度至客户预计的跳跃高度范围，底部叶片仍为客户的已知高度；

4. 无须任何预备步或后撤步，客户需快速屈

曲髋关节和膝关节做出下蹲姿势，并向后摆动手臂，然后爆发式向上跳起；在跳跃过程中，惯用手臂应尽力达到最大高度，并拍打或敲击叶片。

5. 测试检查员记录移动的最高叶片高度，即跳跃高度。客户的垂直跳跃高度即为起跳高度和触碰高度之间的差值。

6. 每次测试结果精确到0.5英寸，取3次测试的最好成绩。

及的Myotest加速度计）亦可用来测量垂直跳跃。

研究人员对测量下蹲垂直跳的各种技术进行了比较，努佐、安宁和沙尔芬贝里（Nuzzo, Anning & Scharfenberg, 2011）对Myotest、Vertec和Just Jump（接触垫）3种技术的信度进行了对比。Myotest的同日重测和不同日重测的信度最佳。女性的同日重测信度为0.91（组内相关），男性则达到了0.95，而不同日重测信度分别为0.88和0.92。他们发现在测试阶段，弹跳力较好的客户的得分往往会有更大的波动，这一点在使用Vertec时更为明显。下蹲垂直跳的效度因技术而异。利尔德等人（Leard et al., 2007）报告称Vertec（$r=0.906$）和Just Jump接触垫（$r=0.967$）与动作分析高度相关，但与Just Jump接触垫（0.442 0米）和动作分析（0.436 9米）相比，Vertec（0.393 7米）的平均跳跃高度明显更小。有研究小组报告称，使用接触垫和Vertec的跳跃高度均大幅低于实验室使用的测力板标准方法所测得的高度（Buckthorpe, Morris & Folland, 2012）。另一个研究小组却发现，相较于Vertec，依赖于腾空时间的方法（接触垫和加速度计）的系统性记录

数值更低（Magnusdottir, Porgilsson & Karlsson, 2014）。惠特默等人（Whitmer et al., 2015）进行的另一项对比研究报告称，跳跃垫（并非测力板）与Vertec的记录数值是一致的。综合考虑后，我们发现这些研究都认为下蹲垂直跳是一种可靠的肌肉爆发力的测量方法，但在将后续测试与基本测量进行比较时，应使用相同的测试装置。

通常情况下，大多数测试检查员通过客户的跳跃高度收集大量的信息，再运用预测公式将跳跃高度转换为峰值爆发力。表6.12列出了下蹲垂直跳的标准数据。塞耶斯等人（Sayers et al., 1999）推导出了以下估算下蹲垂直跳峰值爆发力的公式：

峰值爆发力（瓦）= 51.9×下蹲垂直跳高度（厘米）+ 48.9×体重（千克）- 2 007

遗憾的是，这个公式存在很大的变异性（$R^2=0.78$；$SEE=561.5$瓦）。因此，研究人员建议使用立定跳跃的方式，即在起跳前以屈膝微蹲的姿势稍加停顿，从而降低下蹲垂直跳中可观察到的变异性。立定跳跃公式的变异性较小（$R^2=0.88$；$SEE=372.9$瓦），公式为：

峰值爆发力（瓦）＝60.7×立定跳跃高度（厘米）＋45.3×体重（千克）－2 055

立定跳远

立定跳远可用来替代垂直跳跃测试。测试时，客户需双脚站在起跳线之后；在不进行任何预备步或后撤步的情况下，向后摆动手臂，然后向前推动身体，尽力跳出最远的水平距离。双脚必须稳定落地，如果向前摔倒，测试将被视为无效。跳跃距离为起跳线至落地时距离起跳线最近的脚跟边缘之间的距离。立定跳远与其他爆发力测试（如垂直跳跃和峰值扭矩膝关节伸展）具有适度的相关性，与田径中短跑和跳跃项目的表现水平也具有适度的相关性（Almuzaini & Fleck, 2008）。

肌肉适能测试的测量误差来源

肌肉力量、耐力和爆发力测量值的效度和信度会受到客户因素、设备、测量技术人员的技能及环境因素等的影响。必须控制好所有这些因素，才能确保准确和精确地对肌肉适能进行评分。

客户因素

在测量客户的肌肉、力量耐力或爆发力之前，应先让其熟悉设备和测试步骤。需要为举重经验有限或没有此类经验的客户留出时间练习所有推举器材，以控制经验对表现水平产生的影响。对于经验丰富的举重运动员，也应该为其留出时间进行练习，以便在进行测试之前纠正其不正确的举重姿势。

肌肉适能测试需要客户发挥出最大水平，因此，在进行测试之前，客户应该有充足的睡眠，并且不应服用可能对其表现水平产生不利影响的药物。在测试过程中，你还需要激励客户，鼓励他们发挥最佳水平，并在每次测试后给予他们积极的反馈。为了让客户获得真正代表其最佳水平的分数，应当让他们在测试之间进行充分的休息。

设备

测试设备的设计也会影响测试分数。本章所介绍的大多数动态肌肉力量和耐力测试方案及标准，在开发时都使用了恒定抗阻运动器材。因此，在进行此类测试时，不应使用自由重量或可变抗阻运动器材。在测试之前，还应先校准设备，确保其处于正常工作状态。对设备进行检查和维护，能够提高准确性并降低发生意外事故的风险。选择器材时，请确保器材可以进行适当的调整，以适应不同肢体长度和体形的人群。儿童和体形较小的成年人进行测试时，请让他们使用专为体形较小的客户设计的设备。

技术人员技能

所有肌肉力量测试均应由经过培训、具有认证资格、通晓正确的推举和监护技术、熟知标准化测试步骤的技术人员执行。技术人员应解释并展示正确的推举技术，并在随后的实践练习中纠正客户的错误动作。在测试过程中，客户为举起负重，可能会因为移动无关的身体部位而在无意间做出作弊举动，因此，应在测试过程中仔细观察客户，并关注其使用的抓握手法和起始姿势。抓握手法（如正握与反握）会显著影响表现结果。例如，在背阔肌下拉运动期间，相较于宽握法，使用窄握法能够举起更大的重量。同样地，在臂弯举运动中，与反握法相比，正握法可使客户运动时产生更大的力量。

客户的起始姿势也会影响力量测试的分数。例如，在卧推期间，由于牵张反射及客户从胸部反弹重量的趋势，在推举动作向心阶段之前的离心运动（即降低重量）将增加最大肌肉力量。为准确评估客户的力量，需要以标准化的起始姿势开始测试，并严格遵循所有测试流程。

环境因素

室内温度和湿度等环境因素也会对测试分数造成影响。室温应为21~23摄氏度，以便在测试期间使客户感到非常舒适。如果条件允许，请在一个安静、干净且无其他干扰的环境中进行测试（如人少的健身房）。在评估客户训练后的进步时，应当在一天的同一时间进行预测试和后测试，以控制每天的力量变化。

肌肉适能测试的其他考虑因素

本节主要介绍肌肉适能测试和评估时需要考虑的一些其他因素和问题。

应如何估算客户的1RM

尽管1RM测试对于所有年龄段的客户来说都是安全的，但在测试之前最好能先估算出1RM。1RM测试非常耗时，特别是在大样本客户群需要进行测试时。有些客户可能需要15分钟才能完成1RM测试（多次尝试和休息）。此外，运动经验很少或无运动经验的客户，可能会因为不习惯而担心无法推举大负重，而导致1RM数值被低估，因此，提前对1RM进行估算是解决这一问题的实用方法。

你可以使用次最大肌肉耐力测试来估算客户的1RM。研究表明，肌肉耐力（按疲劳前重复次数来衡量）与1RM推举的百分比（Brzycki, 1993）之间存在密切的关系，因此，可通过肌肉耐力测试来估算肌肉力量，且估算值具有相当高的准确性（Ball & Rose, 1991；Braith et al., 1993；Desgorces et al., 2010；Invergo, Ball &

Looney, 1991；Kuramoto & Payne, 1995；Mayhew et al., 1992）。最常用的预测公式通常基于疲劳前的一组重复次数，假设1RM百分比与重复次数之间存在反向线性关系。例如，布兹克奇（Brzycki, 1993）公式可用于估算男性的1RM。该公式可用于次最大重量和疲劳前重复次数的任何组合，但前提是疲劳前重复次数不超过10次。

$$1RM = 推举重量（磅）/[1.027\,8 - （疲劳前重复次数 \times 0.027\,8）]$$

例如，如果客户在卧推运动中使用100磅的杠铃，疲劳前重复次数达到了7次，则1RM的估算应如下：

$$1RM = 100磅/[1.027\,8 - （7次 \times 0.027\,8）]$$
$$\approx 120磅$$

布兹克奇（Brzycki, 2000）还建议使用基于两个次最大重量组合中疲劳前重复次数的预测公式来估算1RM。可以使用任何两个次最大重量组合，只要疲劳前重复次数不超过10次。例如，可以测定客户的5RM数值，或可进行5次重复推举的最大重量（如以120磅进行5次重复推举），以及10RM数值（如以80磅进行10次重复推举），并按以下公式进行计算：

$$预计1RM = [（SM_1 - SM_2）/（REP_2 - REP_1）] \times （REP_1 - 1） + SM_1$$
$$= [（120 - 80）/（10 - 5）] \times （5 - 1） + 120$$
$$= 152磅$$

在该公式中，SM_1 和 REP_1 分别表示较重的次最大重量（120磅）和完成的相应重复次数（5次）；SM_2 和 REP_2 分别对应较轻的次最大重量（80磅）和完成的相应重复次数（10次）。

或者还可以使用与各类1RM百分比相对应的平均重复次数（见表6.13），利用此方法计算得出2~10RM的推举重量，与布兹克奇（Brzycki, 1993）公式估算出的1RM差不多。

表6.13 平均重复次数和1RM百分比数值

平均重复次数	1RM百分比*
1	100%
2	95%
3	93%
4	90%
5	87%
6	85%
7	83%
8	80%
9	77%
10	75%
12	70%
14	65%
15~20	60%

*不同肌群和年龄的数值可能会略有不同。

[源自：J. M. Sheppard and N.T. Triplett, Program Design for Resistance Training. In *Essentials of Strength Training and Conditioning*, 4th ed., edited by G. G. Haff and N. T. Triplett for the National Strength and Conditioning Association (Champaign, IL: Human Kinetics, 2016), 452.]

如需根据2~10RM的数值估算1RM，请除以1RM百分比对应的推举重量（以小数表示）。例如，一个客户以负重100磅进行了8次重复推举，其估算的1RM为125磅：

$$1RM = 100磅/0.80 = 125磅$$

此外，特定性别预测公式可用来估算年轻客户（22~36岁）进行YMCA卧推测试（见表6.7）中的上半身力量（即1RM卧推）（Kim, Mayhew & Peterson, 2002）：

用于男性

$$预计1RM（千克）=$$
$$（1.55×YMCA测试重复次数）+37.9$$
$$r=0.87；SEE=8.0千克$$

用于女性

$$预计1RM（千克）=$$
$$（0.31×YMCA测试重复次数）+19.2$$
$$r=0.87；SEE=3.2千克$$

例如，如果一位25岁的女性客户在YMCA卧推测试中的次数为30次，则估算她的1RM卧推力量计算过程如下：

$$预计1RM（千克）=（0.31×30次）+19.2$$
$$=28.5千克$$

德戈尔斯等人（Desgorces et al., 2010）开发出通过卧推运动的最大重复次数预测1RM百分比的公式。他们发现，使用基于1RM百分比数值与最大重复次数之间非线性关系（曲线拟合双函数指数衰减）的模型，并减少重复次数（1~12次），在相对较高的运动强度（75%~85%1RM）下，可以提升预测的准确性，计算出最佳的预测值。他们为男性运动员开发了两个特定的1RM百分比预测公式——一个用于高强度运动员（力量举重运动员和壁球运动员），另一个用于高耐力运动员（游泳运动员和赛艇运动员）。同时，还开发出基于人口总数的第3个等式（$r^2=0.97$；$SEE=3.4$）。

$$1RM百分比=79.341 \, 2^{\exp(-0.030 \, 2×最大重复次数)}+20.770 \, 6$$

$$r=0.98；SEE=3.4\%1RM$$

梅休等人（Mayhew et al., 2011）的报告指出，德戈尔斯的预测公式能够准确（误差<5%）预测未经训练的男性和女性在进行了12周抗阻训练方案之后的力量变化（1RM卧推百分比）。

如何评估肌肉力量是否平衡

肌肉力量对于关节稳定性具有十分重要的作用；然而，相对肌群（如股四头肌和腘绳肌）力量的不平衡可能会损害关节稳定性，并增加肌肉骨骼受伤的风险。因此，专家建议保持主动肌与拮抗肌之间的力量平衡。

不同肌群的肌肉平衡比率有所不同，主要受特定关节处肌群的力量和速度的影响。如需在肌肉平衡测试时控制肢体速度，则最好使用等速测力计。但在现场环境中，还可通过比较肌群的1RM数值，来获得大致的肌肉平衡比率。表6.14中所列的肌肉平衡比率均基于低速（30~60度/秒）峰值扭矩的等速测试，因此，建议参考此表中的主动肌与拮抗肌的肌肉平衡比率。

表6.14 肌肉平衡比率

肌群	肌肉平衡比率
髋伸肌和髋屈肌	1：1
肘伸肌和肘屈肌	1：1
躯干伸肌和躯干屈肌	1：1
踝内翻肌和踝外翻肌	1：1
肩屈肌和肩伸肌	2：3
膝伸肌和膝屈肌	3：2
肩内旋肌和肩外旋肌	3：2
踝跖屈肌和踝背屈肌	3：1

当然，其他肌群之间的肌肉平衡也很重要。对侧（右侧与左侧）肌群之间的力量差异不应超过15%，上半身力量对体重的比率（卧推1RM/体重）应至少为下半身力量对体重的40%（腿部推举1RM/体重）。如果发现肌群之间存在不平衡，请为力量较弱的肌群另行制定运动处方。

肌肉力量或耐力是否可通过单次测试来评估

肌群、肌肉动作类型（静态或动态）、肌肉收缩速度（慢或快）以及受测关节的角度（静态收缩）都具有特定力量和耐力，单一测试无法评估全身肌肉力量或耐力。肌肉力量测试组合应至少包括腹部、下肢和上肢肌肉力量的测量。此外，如果客户进行了动态训练，则应选择动态测试来评估其训练前后的肌肉力量或耐力水平，而不能选择静态测试。

测量肌肉力量时，还应谨慎选择测试项目。客户可以完成的仰卧起坐、引体向上或俯卧撑的最大次数可以用来测量肌肉耐力，而一些力量测试组合中已包含了最大重复测试，从而可能导致误解测试结果。

是否应采用绝对或相对测量，来对客户的肌肉力量进行分类

体形和肌肉力量之间存在着直接关系，通常，相较于肌肉质量少且体形较小的客户，体形较大的客户具有更大的肌肉质量，因此也具有更大的力量。

力量指数与客户的体重和去脂体重直接相关，因此，在解释测试结果时，应使用相对量（如1RM/体重）。在将客户的得分与群体标准进行比较，以及在比较体形和身体成分不同的群体或个体（如男性与女性或老年人与年轻人）时，这一点尤为重要。

应使用相对力量分数来评估客户在训练中的取得的进步。在进行了抗阻训练后，一些人的体重可能会有所增加，而其他人的体重则可能会减轻，特别是在将抗阻训练作为增加或减少体重计划的一部分时，这一现象会更为明显。如果对客户的相对力量分数（训练前和训练后训练分数）进行比较，你将能够评估与体重变化无关的力量变化。

如何控制力量对肌肉耐力的影响

某些耐力测试（如引体向上和俯卧撑）的表现水平在很大程度上取决于客户的力量，因此，对于肌肉耐力评估，建议使用与客户体重或最大力量匹配的相对耐力测试。如果客户不够强壮，无法在一次重复运动中推举起与体重对应的负重，则不应使用引体向上测试来评估肌肉耐力，应选择一个变式或次最大（体重百分比）耐力测试。

是否有普遍的标准可用于不同人群的肌肉适能水平分类

女性（20~82岁）卧推（1RM）、腿部推举（1RM）、静态握力和俯卧撑测试已有可用的力量标准（Brown & Miller，1998）。这些标准源自参加大学医疗中心健康课程的304名独立女性的数据。但目前缺少最新的男性耐力

标准，也缺少老年男性力量和耐力标准。有待为这些人群建立新的标准。

老年人肌肉适能测试

对于老年人而言，准确评估其肌肉适能十分重要。上半身和下半身具有足够的力量，能够减少跌倒与跌倒相关的受伤风险，降低因年龄增长带来的骨矿物质流失，维持去脂身体组织，提高葡萄糖利用率，还能够预防肥胖。适度到高水平的肌肉力量，能使老年人保持功能独立性，完成自己的日常生活活动，参加健身和娱乐活动。本节将介绍可用来评估老年人肌肉力量和体能表现的测试。

老年人肌肉力量测试

专家们一致认为，按照适当的程序（见第170页的"1RM力量测试步骤"）对老年客户进行1RM测试是安全的（Shaw, McCully & Posner, 1995），老年客户受伤的概率很低，只有2.4%的老年客户（55~80岁）接受1RM评估期间出现受伤状况（Salem, Wang & Sigward, 2002; Shaw, McCully & Posner, 1995）。塞勒姆等人（Salem et al., 2002）认为，在为老年客户建立稳定的1RM基线数值前，至少需要进行一次预测试（即1RM测试练习）。

你可以使用次最大肌肉耐力测试来估算老年客户的1RM。仓本和佩恩（Kuramoto & Payne, 1995）开发了一个预测公式，可估算中年和老年女性次最大耐力测试的1RM数值。该耐力方案需要客户以其45%的体重重量完成尽可能多的重复次数。请使用以下公式估算1RM：

中年女性（40~50岁）

$$1RM = [1.06 × 推举重量（千克）] + (0.58 × 重复次数) - (0.20 × 年龄) - 3.41$$

$$r = 0.94; SEE = 1.85 千克$$

老年女性（60~70岁）

$$1RM = [0.92 × 推举重量（千克）] + (0.79 × 重复次数) - 3.73$$

$$r = 0.90; SEE = 2.04 千克$$

克努森、布里拉和凯恩（Knutzén, Brilla & Caine, 1999）对所选的用于老年女性（平均年龄为69岁）和男性（平均年龄为73岁）的1RM预测公式，进行了效度测试。从平均水平来看，这些预测公式均低估了11种不同恒定抗阻运动器材运动的实际1RM；而对于肱二头肌弯举、侧向划船、卧推和踝关节跖屈和背屈等运动，预计值平均比实际1RM仅低0.5~3.0千克。但在肱三头肌下压、仰卧腿推举和髋关节屈伸、外展、内收运动中，所发现的差异较大（低估多达10千克）。相较于其他评估公式，布兹克奇（Brzycki, 1993）公式对髋关节运动（屈伸、内收和外展）的估算更接近实际1RM；对于所有上半身运动、腿推举和背屈运动，沃森（Wathen, 1994）公式——$1RM = 100 × 推举重量 / [48.8 + 53.8^{-0.075 × 重复次数}]$，给出了最接近的1RM估算值。因此得出结论，1RM的实际值和预计值应当足够接近，从而保证能够使用这些预测公式来确定老年客户抗阻训练的强度（即1RM百分比）。此外，假设1RM的预计值始终小于实际值，则抗阻训练强度也不会超过规定数值。

老年人功能性体适能测试

功能性体适能是指在体力未透支的情况下，安全独立地完成日常活动的能力（Rikli & Jones, 2013）。功能性体适能包括多个方面，如有氧耐力、柔韧性、平衡性、敏捷性和肌肉力量。具有中等至高水平功能性体适能的老年人，能够完成正常的日常生活活动（ADL），如从座椅上站起来、下车、爬楼梯、购物、穿衣和洗澡，且随着年龄的增长，这些老年人仍能够保持健康、积极和独立。

老年人体适能测试组合（Rikli & Jones, 2013）对老年人（60~94岁）的体能和功能性体适能进行了评估，该测试组合包括两项肌肉力量测量：（1）测量上半身力量的臂弯举（肱二头肌弯举）（见图6.7）；（2）测量下半身力量的30秒座椅起坐（见图6.8）。美国运动医学会建议使用这两个测试项目，安全地评估大多数老年人的肌肉适能状况。

臂弯举测试

目的：评估上半身力量。

应用：测量完成日常生活活动的能力，如抬举和搬运杂货、抱小孩和宠物等活动。

设备：需要一把折叠或直背椅，一个秒表，一个质量为5磅的哑铃（用于女性）或一个质量为8磅的哑铃（用于男性）。

测试步骤：让客户坐在椅子上，背部挺直，双脚平放于地面上；客户以惯用手握住哑铃的中间把位（握式），并将此手臂垂放于体侧（见图6.7a）；每次重复时，请让客户通过完全屈曲肘关节来弯举哑铃，同时向上旋转前臂；再通过完全伸展肘关节，前臂向下翻转，返回至起始姿势。在测试期间，应指导客户使上臂与躯干保持接触；让客户在30秒内尽可能多地完成重复动作；只需进行一次测试。

评分：计算在30秒内完成的重复次数。如果在时间终止时，前臂弯举超过一半，则应将未完成的动作计入完成次数。根据表6.15的数据来确定客户的百分位数。

安全提示：在测试之前，请向客户演示动作。让客户在没有哑铃的情况下，进行1~2次重复练习，以检查其身体姿势和弯举方法。如果客户出现疼痛症状，请停止测试。

效度和信度：臂弯举测试分数（男性$r_{x,y}$=0.84，女性为$r_{x,y}$=0.79）与胸部、上背部和肱二头肌的1RM组合数值中度相关（效标关联效度）。积极运动的老年客户，其臂弯举测试的平均分数显著高于久坐的老年客户（结构效度）。重测信度为0.81。

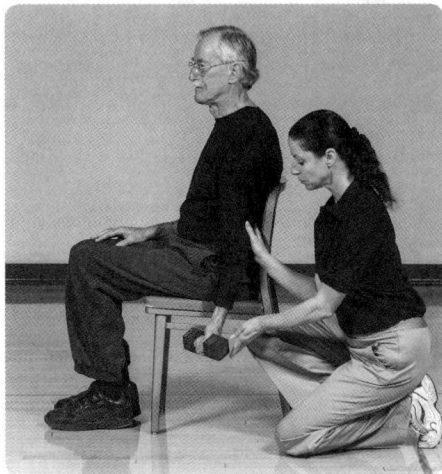 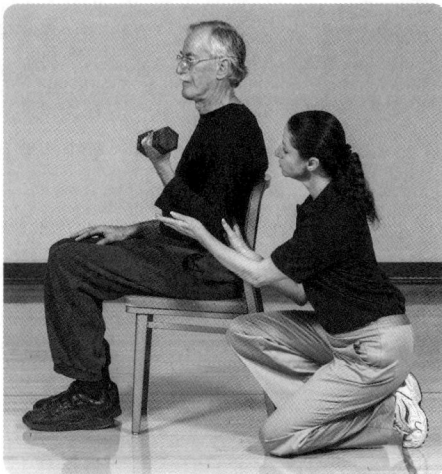

a b

图6.7 老年人臂弯举测试

表6.15 老年人臂弯举测试标准

百分位数	60~64岁 女性	60~64岁 男性	65~69岁 女性	65~69岁 男性	70~74岁 女性	70~74岁 男性	75~79岁 女性	75~79岁 男性	80~84岁 女性	80~84岁 男性	85~89岁 女性	85~89岁 男性	90~94岁 女性	90~94岁 男性
95%	24	27	22	27	22	26	21	24	20	23	18	21	17	18
90%	22	25	21	25	20	24	20	22	18	22	17	19	16	16
85%	21	24	20	24	19	23	19	21	17	20	16	18	15	16
80%	20	23	19	23	18	22	18	20	16	20	15	17	14	15
75%	19	22	18	21	17	21	17	19	16	19	15	17	13	14
70%	18	21	17	21	17	20	16	19	15	18	14	15	13	14
65%	18	21	17	20	16	19	16	18	15	18	14	15	12	13
60%	17	20	16	20	16	19	15	17	14	17	13	15	12	13
55%	17	20	16	19	15	18	15	17	14	17	13	14	11	12
50%	16	19	15	18	14	17	14	16	13	16	12	14	11	12
45%	16	18	15	18	14	17	13	16	12	15	12	13	10	12
40%	15	18	14	17	13	16	13	15	12	15	11	13	10	11
35%	14	17	14	16	13	15	12	14	11	14	11	12	9	11
30%	14	17	13	16	12	15	12	14	11	14	10	11	9	10
25%	13	16	12	15	12	14	11	13	10	13	10	11	9	10
20%	12	14	11	13	11	13	10	12	10	12	9	10	8	9
15%	11	14	11	13	10	12	9	11	9	12	8	9	7	8
10%	10	13	10	12	9	11	8	10	8	10	7	8	6	8
5%	9	11	8	10	8	9	7	9	6	9	6	7	5	6

注：数值代表30秒内的重复次数。

[源自：R. Rikli and C. Jones, *Senior Fitness Test Manual*, 2nd ed. (Champaign, IL: Human Kinetics, 2013), 155.]

30秒座椅起坐测试

目的： 评估下半身力量。

应用： 测量完成日常生活活动的能力，如爬楼梯、步行、从座椅上站起来、从浴缸出来或下车。

设备： 需要一把折叠或直背椅（座椅高度为43厘米）和一个秒表。

测试步骤： 将椅子靠在墙上，以防滑倒；让客户坐在椅子上，身体挺直，双脚平放于地面上，双手手腕交叉并放在胸前（见图6.8a）；每次重复时，客户从座椅起身至完全站立，然后完全坐下，回到起始姿势；让客户在30秒内尽可能多地完成重复动作；只需进行一次测试。

评分： 计算在30秒内完成的重复次数。如果在时间终止时，客户动作已完成一半，则应将未完成的动作计入完全站立次数。根据表6.16的数据来确定客户的百分位数。

安全提示： 将椅子靠在墙上，注意保持平衡，如果客户感到疼痛，请停止测试。在测试之前，应向客户缓慢地演示正确动作。让客户进行一次或两次重复练习，以检查其身体姿势（完全站立和完全坐下）。

效度和信度： 座椅起坐测试分数与老年男性（$r_{x,y}=0.78$）和女性（$r_{x,y}=0.71$）的1RM腿部推举分数中度相关（效标关联效度）。80岁以上的老年客户，其平均分数低于60~69岁的老年客户；积极运动的老年客户平均分数高

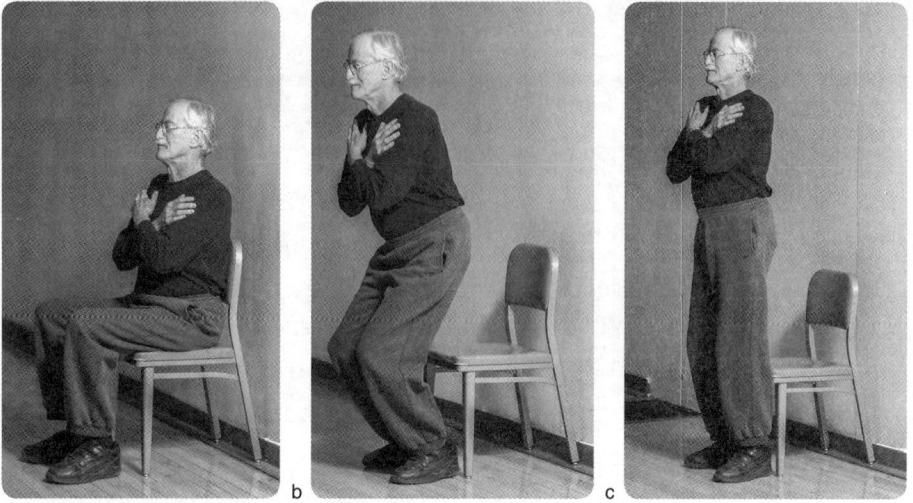

图6.8 老年人30秒座椅起坐测试

表6.16 老年人30秒座椅起坐测试标准

百分位数	60~64岁 女性	60~64岁 男性	65~69岁 女性	65~69岁 男性	70~74岁 女性	70~74岁 男性	75~79岁 女性	75~79岁 男性	80~84岁 女性	80~84岁 男性	85~89岁 女性	85~89岁 男性	90~94岁 女性	90~94岁 男性
95%	21	23	19	23	19	21	19	21	18	19	17	19	16	16
90%	20	22	18	21	18	20	17	20	17	17	15	17	15	15
85%	19	21	17	20	17	19	16	18	16	16	14	16	13	14
80%	18	20	16	19	16	18	16	18	15	16	14	15	12	13
75%	17	19	16	18	15	17	15	17	14	15	13	14	11	12
70%	17	19	15	18	15	17	14	16	13	14	12	13	11	12
65%	16	18	15	17	14	16	14	16	13	14	12	13	10	11
60%	16	17	14	16	14	16	13	15	12	13	11	12	9	11
55%	15	17	14	16	13	15	13	15	12	13	11	12	9	10
50%	15	16	14	15	13	14	12	14	11	12	10	11	8	10
45%	14	16	13	15	12	14	12	13	11	12	10	11	7	9
40%	14	15	13	14	12	13	12	13	10	11	9	10	7	9
35%	13	15	12	13	11	13	11	12	10	11	9	9	6	8
30%	12	14	12	13	11	12	11	12	9	10	8	9	5	8
25%	12	14	11	12	10	11	10	11	9	10	8	8	4	7
20%	11	13	11	11	10	11	9	10	8	9	7	7	4	7
15%	10	12	10	11	9	10	9	10	7	8	6	6	3	6
10%	9	11	9	9	8	9	8	8	6	7	5	5	1	5
5%	8	9	8	8	7	8	6	7	4	6	4	4	0	3

注：数值代表30秒内的重复次数。

[源自: R. Rikli and C. Jones, *Senior Fitness Test Manual*, 2nd ed. (Champaign, IL: Human Kinetics, 2013), 155.]

于久坐的老年客户（结构效度）。老年男性和女性的重测信度分别为0.86和0.92。

下半身爆发力测试

目的：评估下半身爆发力。

应用：相较于肌肉力量和耐力，肌肉爆发力的下降速度更快。而且与其他肌肉适能变量相比，爆发力能够更有效地反映灵活性受损和功能受限状况（Reid & Fielding, 2012），因此，增强爆发力有助于预防与滑倒有关的受伤（Han & Yang, 2015）。

设备：需要一个Tendo分析仪系统、皮带、折叠或直背椅及体重秤。

测试步骤：首先测量客户的体重；使用皮带将Tendo分析仪绑在客户的腰部；将椅子靠在墙上以防止滑倒，让客户坐在椅子上，双臂交叉置于胸前；与30秒座椅起坐测试相似，让客户起身至完全站立，但此测试仅需以最快速度完成一次重复动作；客户应至少完成3次重复动作，每次重复之间留出60秒的完全恢复时间。

评分：通过Tendo分析仪测得的垂直速度（米/秒）与移动质量（千克）来评估爆发力。记录最佳测试结果。

安全提示：将椅子靠在墙上，注意保持平衡，如果客户感到疼痛，请停止测试。在测试之前，应向客户缓慢地演示正确动作。让客户进行1~2次重复练习，以检查身体姿势（完全站立和完全坐下）。

效度和信度：目前尚未确定此项测试的标准，但格雷和保尔森（Gray & Paulson, 2014）对20名老年人（>65岁）进行了这项测试。Tendo分析仪测量的相对爆发力（5.34±1.67瓦/千克），与基于运动分析中的重心变化得到的爆发力数值 [（5.39±1.73）瓦/千克] 相近，两个测量值高度相关（$r=0.76$）。10次重复测

试中的克龙巴赫α系数为0.98，表明信度非常高。

儿童肌肉适能测试

过去，专家们质疑是否能够使用1RM测试来安全地评估儿童，他们主要担忧儿童在试图举起较大的负重时发生骺板骨折。但现在，专家们已改变了想法，一致认为遵循适当的程序对儿童（6~12岁）进行1RM测试是安全可行的（Faigenbaum, Milliken & Westcott, 2003）。

1RM测试结果不但能为评估儿童在抗阻训练方案中所取得的进步建立基线值，还能用这些数据为每个儿童制定个性化的抗阻训练方案，找到失衡肌肉，并提供运动动力。但对儿童进行1RM测试的缺点是，需要密切监督测试过程（一对一的方式），以确保儿童的安全，因此限制了1RM测试被用在体育课堂教学和青少年体力活动中。此外，测试必须使用儿童尺寸的健身器材，其他形式器材（如哑铃或杠铃）的安全性尚未得到充分肯定。

一般情况下，本章中前文介绍的评估成年人肌肉力量、耐力和爆发力的测试，亦可用于青少年，但应进行修订，并根据年龄选定相应的测试标准。在一项针对青春期前青少年运动员爆发力、速度和敏捷性的评估研究中，琼斯和洛伦佐（Jones & Lorenzo, 2013）推荐了一组测试，其中包括垂直跳跃、立定跳远、专业敏捷性往返跑和20码冲刺。在另一项研究中，阿尔泰罗等人（Artero et al., 2012）将不同的现场肌肉适能测试与126名青少年（14.4±1.7岁）的等速肌力标准测试进行了比较，确定了抓握力和立定跳远的标准测量值的关联性最高。青少年（10~18岁）的立定跳远标准见圣莫里斯等人（Saint-Maurice et al., 2015），卡特雷和汤姆金森（Catley & Tomkinson, 2013）的研究。

儿童1RM测试指南

以下为儿童1RM测试的推荐步骤（Faigenbaum, Milliken & Westcott, 2003）。

1. 由具有资格认证且经验丰富的运动专业人员来执行所有测试，并进行密切监督（一对一方式）。
2. 在测试之前，请让儿童熟悉正确的推举方法（即正确地呼吸和控制动作），并留出时间让他们进行练习，回答他们的任何问题。
3. 儿童以10分钟的低强度至中等强度的有氧运动和伸展运动作为热身活动。
4. 使用专为儿童或体形较小的客户设计的动态恒定抗阻运动器材。
5. 在进行1RM推举之前，指导儿童采用相对较轻的负重重复推举6次，然后以较重的负重重复推举3次。随后逐渐增加重量，让儿童尝试1RM推举。在一系列增加负重的重复运动期间，留出至少2分钟的休息时间。以此步骤进行测试，直到儿童在至少两次尝试中，无法以标准动作完成运动。通常在7~11次测试内能够测得1RM。
6. 记录1RM数值，即最后一次成功尝试的最大推举重量。
7. 测试完成后，让儿童进行5分钟的肌群伸展运动。

本章回顾

关键知识点

▶ 肌肉力量是指在单次收缩中，肌群为抵抗阻力而产生最大收缩力的能力。

▶ 肌肉耐力指肌群在较长时间内，输出次最大力的能力。

▶ 肌肉爆发力指肌群迅速输出力的能力。

▶ 肌群和肌肉动作类型（静态、动态）都具有特定的肌肉力量和肌肉耐力。

▶ 对于恒定抗阻运动模式中的动态向心肌肉动作，可使用的最大阻力等于活动度内力学最弱点可移动的最大重量。

▶ 测力计用于测量静态肌肉力量和耐力。

▶ 恒定抗阻运动模式（自由重量和恒定抗阻运动器材）用于评估动态（即向心和离心）肌肉力量和耐力。

▶ 适应性抗阻运动模式用于评估等速肌肉力量、耐力和爆发力。

▶ 自由式运动器材允许肌群在多个平面上进行运动。

▶ 健身操型运动测试能够测量肌肉力量和耐力的大致指标，可在没有其他设备时使用这种测试。

▶ 解释相对力量分数时，应与客户的体重或去脂体重相对应。

▶ 进行肌肉耐力测试时应考虑客户的体重或最大力量。

▶ 下蹲垂直跳测试是评估肌肉爆发力时常用的现场评估方法。

▶ 测试组合应包括至少3个项目，分别测量上半身、下半身和腹部力量或耐力。

▶ 在评估肌肉力量、耐力和爆发力时，应当遵循标准化测试步骤，并控制好外部变量（如动机水平、测试时间、身体部位的控制和关节角度）。

▶ 对儿童和老年人进行1RM测试是安全可行的，但需按照适当的测试步骤进行测试。

▶ 尽管可以通过次最大耐力测试来预测肌肉力量，但1RM评估仍为肌肉力量测试的首选。

▶ 可使用臂弯举测试和30秒座椅起坐测试来评估老年客户的功能性体适能。

重要术语

请学习以下重要术语的定义，相关定义可在术语表中查找。

适应性抗阻运动（Accommodating-Resistance Exercise）

日常生活活动（Activities of Daily Living, ADL）

紧张性肌肉动作（Auxotonic Muscle Action）

向心肌肉动作（Concentric Muscle Action）

恒定抗阻运动（Constant-Resistance Exercise）

下蹲垂直跳（Countermovement Jump, CMJ）

动态肌肉动作（Dynamic Muscle Action）

离心肌肉动作（Eccentric Muscle Action）

自由式运动器材（Free-Motion Machines）

功能性体适能（Functional Fitness）

等速肌肉动作（Isokinetic Muscle Action）

等长肌肉动作（Isometric Muscle Action）

等张肌肉动作（Isotonic Muscle Action）

最大随意收缩力（Maximum Voluntary Contraction, MVC）

肌肉耐力（Muscular Endurance）

肌肉爆发力（Muscular Power）

肌肉力量（Muscular Strength）

一次重复最大力量（One-Repetition Maximum, 1RM）

相对力量（Relative Strength）

静态肌肉动作（Static Muscle Action）

可变抗阻运动（Variable-Resistance Exercise）

问题回顾

除了能够对上面列出的重要术语进行定义，请回答以下问题来巩固并加深自己对本章内容的理解。

1. 为什么肌肉在动态运动过程中所产生的力，在全活动度内会出现波动？

2. 请列出两种评估静态肌肉力量和耐力的方法。

3. 恒定抗阻运动器材、可变抗阻运动器材、适应性抗阻运动器材和自由式运动器材有何不同？

4. 为什么解释相对力量分数时，通常要使用客户的相对体重？

5. 列出实施1RM力量测试的推荐步骤。

6. 列出实施垂直跳跃测试的推荐步骤。

7. 说明肌肉适能测试的3个测量误差源。应当如何控制这些潜在的误差？

8. 让儿童和老年人进行1RM测试是否安全？

9. 列出两项可用来评估老年人功能性体适能的测试。

10. 为什么评估肌肉力量是否平衡很重要？

11. 请用特异性原则解释，为什么单个测试不能充分评估客户的整体力量。应至少对哪些肌群进行测试，以评估整体力量？

12. 列举美国运动医学会针对客户上半身和下半身力量评估所推荐的测试项目。

13. 对于哪些客户，可选择不进行1RM力量测试？对于此类客户，应如何获得他们的力量估算值？

第7章

制定抗阻训练方案

关键问题

▶ 制定抗阻训练方案时，如何应用特定的训练原则？

▶ 如何调整抗阻训练方案，使客户的肌肉力量、肌肉耐力、肌肉爆发力或肌肉尺寸获得最大限度的提升？

▶ 在制定个性化的运动处方时，需要考虑哪

些因素？

▶ 抗阻训练适用于儿童、青少年和老年人吗？

▶ 哪些方法可用于制定高级抗阻训练方案？

▶ 抗阻训练有哪些效果及健康益处？

▶ 什么原因会导致延迟性肌肉酸痛？可以预防吗？

肌肉的力量和耐力对客户的身体健康和体适能非常重要，可以使他们在闲暇时间进行体力活动，更轻松地完成日常生活活动，在老年时保持功能独立性（生活自理）。抗阻训练是增强肌肉系统的一种常用运动方案。尽管抗阻训练的主要效果是提高肌肉力量和耐力，但是这种运动形式还可以产生其他诸多健康效益。例如，改善骨质，从而抵消骨矿物质的流失（骨质疏松），以及降低随年龄增加而增加的意外跌倒风险。此外，抗阻训练还可以降低体脂水平及预防与缓解腰背部综合征。

中等强度的有氧运动在降低死亡率方面的效果有目共睹（见第1章），然而一些公共健康方面的专业人员正在推行更高强度的运动模式，抗阻训练由此成为公众焦点（Steele et al., 2017）。

尽管长期以来，抗阻训练被健美运动员、举重运动员和竞技型运动员用于增强肌肉力量及增大肌肉尺寸，但过去30年，在各个年龄段和运动兴趣水平的群体中，参与抗阻训

练的人数均明显增加。抗阻训练在肌肉条件一般的运动爱好者间的流行给健身专业人员和私人教练带来了挑战——他们需要制定相应的抗阻训练方案来满足客户的不同需求。

本章将会介绍在为初级、中级和高级水平的抗阻训练者制定抗阻训练方案时，如何运用基本训练原则（见第3章）。此外，本章还说明了增强肌肉力量、肌肉耐力、肌肉爆发力和增大肌肉尺寸的训练指南，不同模式的周期化、功能性训练进阶，以及青少年抗阻训练指南。

抗阻训练的类型

通过运用各种类型的抗阻训练——等长训练（静态）、动态训练（向心运动和离心运动）和等速训练，可以提升肌肉适能水平。虽然有通用指南用于制定等长、动态和等速抗阻训练方案，但健身专业人员也应该设计个性化的运动方案，以满足客户的特定需求。

等长训练

赫廷格和穆勒（Hettinger and Muller, 1953）报告称，个体参与一项训练后，等长力量显著增长（每周5%），这项训练的方法为，以最大力量的2/3收缩肌肉并保持6秒，每周训练5天。这种训练可以随时随地地进行，且所需器材较少或不需要器材，因而在20世纪50年代末和60年代初非常流行。等长训练的一个主要缺点是肌肉力量的增加和训练中采用的关节角度有关。因此，为了使肌肉力量在关节的全活动度内得到提升，训练需要在不同的关节角度下进行（如膝关节屈曲30度、60度、90度、120度和180度）。

等长训练一般应用于康复方案，以应对力量损失和肌肉萎缩，尤其是在肢体暂时不能活动的情况下。然而，这种训练类型并不适用于冠状动脉病变和高血压患者，因为等长收缩可能导致胸腔内压力大幅上升，从而减少心脏静脉血液的回流，增加心脏的负荷，引起人体血压大幅上升。

经过进一步的研究，赫廷格和穆勒调整了他们的初始运动处方。表7.1介绍了制定提升等长力量和耐力训练方案的指南。各个肌群等长训练的相关介绍和说明，见附录C.3。

动态抗阻训练

动态抗阻训练可以改善肌肉适能，适用于所有年龄段的男性和女性，包括儿童。这种抗阻训练涵盖了完成恒定和可变阻力运动的肌群的向心运动和离心运动。进行抗阻训练时通常采用自由重量器材（杠铃和哑铃），以及恒定和可变抗阻器材。

制定动态抗阻训练方案时涉及几个重要的概念：训练强度、重复次数、训练组数、训练量和练习顺序（Fleck & Kraemer, 2014）。训练强度表示个人一次重复最大力量的百分比（%1RM）或多次重复最大力量（RM）。多次重复最大力量是指一个训练者在训练中完成规定重复次数的动作时可以举起的最大重量（如8RM相当于一个人完成8次举重动作时可以举起的最大重量）。关于重复次数（1~15）对应的1RM的不同百分比（60%~100%），见表6.13。

训练强度与重复次数成反比。换言之，客户可以较小的阻力或重量完成更多次重复或以更大的阻力完成较少的重复次数。训练组数由规定的连续重复次数组成。训练量是指运动过程中举起的总重量，即对每次训练的负重重量、重复次数和组数进行求和。

表7.1 制定等长力量和耐力训练方案的指南

类型	强度	持续时间	重复次数	频率（天/周）	方案时长
等长力量	100%MVC	每次收缩保持5秒	5~10	5	4周或更久
等长耐力	60%MVC或更少	直至疲劳为止	每节训练课1次	5	4周或更久

MVC代表肌肉最大随意收缩力。

针对增强肌肉力量或肌肉耐力的最佳训练，一直以来都颇有争议。一些研究支持采用传统的高强度-低重复次数的抗阻训练来增强肌肉力量，用低强度-高重复次数的训练来增强肌肉耐力（Kraemer & Ratanashe, 2004; Ratamess et al., 2009）。为了提升肌肉力量与肌肉质量，美国运动医学会建议采用一种抗阻训练方式，即个人每组完成8~12次重复动作；若想提高肌肉耐力，则需降低阻力（≤50%1RM）并增加重复次数（15RM）。表7.2总结了美国运动医学会对健康群体的抗阻训练指南。

虽然以上训练足以满足初学者以及初级水平抗阻训练者的要求，但是专家建议抗阻训练方案应该同样满足中级和高级水平抗阻训练者的特定需求（Kraemer & Ratamess, 2004；Ratamess et al., 2009）。通过改变训练强度、重复次数、训练组数和训练频率，可以制定提升肌肉力量、肌肉尺寸、耐力或爆发力的最佳方案。表7.3至表7.5说明了为初级、中级和高级水平抗阻训练者制定训练方案的指南。对动态抗阻训练的说明，见附录C.4。此外，更多与握法和体位变化，以及常见举重错误和纠正方法相关的内容，请观看在线视频。

视频
7.1~7.8

表7.2 美国运动医学会对健康群体的抗阻训练指南

目标	强度[a]	重复次数	组数[b]	频率	练习数量[c]
肌肉力量与质量	60%~80%1RM	8~12	2~4	2~3天/周（非连续）	8~10
肌肉耐力	≤50%1RM	15~25	≤2	2~3天/周（非连续）	8~10

[a]使肌肉处于暂时性疲劳或失调状态。
[b]组间休息2~3分钟。
[c]2~3节训练课之后，针对特定肌群采用不同的练习。
（源自：ACSM, 2018.）

表7.3 初级水平抗阻训练者的抗阻训练方案指南

目标	强度	训练量	速度	频率	休息时间
肌肉力量	60%~70%1RM	2~4组；8~12次重复	慢至中等	2~3天/周	2~3分钟M-J；1~2分钟S-J
肌肉肥大	70%~85%1RM	1~3组；8~12次重复	慢至中等	2~3天/周	1~2分钟
肌肉耐力	≤50%1RM	≤2组；15~20次重复	慢	2~3天/周	<1分钟
肌肉爆发力	力：85%~100%1RM；上半身：30%~60%1RM；下半身速度练习：0~60%1RM	2~4组；8~12次重复	中等	2~3天/周	2~3分钟核心练习（M-J）；1~2分钟S-J

M-J代表多关节练习；S-J代表单关节练习。
（源自：Ratamess et al., 2009.）

表7.4 中级水平抗阻训练者的抗阻训练方案指南

目标	强度	训练量	速度	频率	休息时间
肌肉力量	70%~80%1RM	1~3组；6~12次重复	中等	3天/周全身式训练；4天/周分段式训练	2~3分钟M-J；1~2分钟S-J
肌肉肥大	70%~85%1RM	1~3组；8~12次重复	慢至中等	3或4天/周	1~2分钟
肌肉耐力	50%~70%1RM	1~3组；10~15次重复	慢至中等	3或4天/周	<1分钟
肌肉爆发力	力：85%~100%1RM；上半身：30%~60%1RM；下半身速度练习：0~60%1RM	1~3组；3~6次重复	中等	2或4天/周	2~3分钟核心练习（M-J）；1~2分钟S-J

M-J代表多关节练习；S-J代表单关节练习。
（源自：Ratamess et al., 2009.）

表7.5 高级水平抗阻训练者的抗阻训练方案指南

目标	强度	训练量	速度	频率	休息时间
肌肉力量	80%~100%1RM	多组1~12次重复，周期化	慢~快	4~6天/周	2~3分钟M-J；1~2分钟S-J
肌肉肥大	70%~100%1RM	3~6组，1~12次重复*，周期化	慢~中等	4~6天/周	2~3分钟M-J；1~2分钟S-J
肌肉耐力	30%~80%1RM	多组10~25次重复，周期化	10~15次重复慢；15~25次重复：中等	4~6天/周	10~15次重复（1分钟）；15~25次重复（1~2分钟）
肌肉爆发力	力：85%~100%1RM；速度：30%~60%1RM	3~6组，1~6次重复，周期化	快	4~6天/周	2~3分钟M-J；1~2分钟S-J

M-J代表多关节练习；S-J代表单关节练习。

*更多地强调6~12RM。

注：对于肌肉爆发力，强调多关节练习；对于肌肉力量、肌肉肥大及肌肉耐力，采用多关节和单关节练习；在进行单关节练习前请先进行多关节练习；先进行大肌群训练，再进行小肌群训练。

（源自：Ratamess et al., 2009.）

训练强度

如前文所述，%1RM和RM被广泛用于估测抗阻训练方案的强度。然而，%1RM可能无法精确估测训练强度，因为在给定的%1RM下进行的重复次数会因单关节和多关节运动，以及上半身和下半身运动而有所不同（Marocolo et al., 2016）。不过，许多专家支持以%1RM规定训练强度（Ratamess et al., 2009）。另外，纳克莱里奥等人（Naclerio et al., 2011）证明，使用奥姆尼自感用力度量表可以有效监控卧推练习的强度（见附录B.4）。

增强肌肉力量的平均最佳强度范围为60%~100%1RM。在这样的强度下，大多数客户能够重复1~12次（1~12RM）。客户在抗阻训练方面的经验决定了增强肌肉力量的最佳训练强度。一般情况下，初级水平抗阻训练者的给定强度应为60%~70%1RM，中级水平抗阻训练者的强度为70%~80%1RM，高级水平抗阻训练者的强度为80%~100%1RM（Kraemer & Ratamess, 2004；Ratamess et al., 2009）。元分析结果支持这些建议。雷亚等人（Rhea et al., 2003a）报告称，未接受系统训练者（抗阻训练时间<1年）和已接受系统训练者（抗阻训练时间>1年）增强肌肉力量的最佳训练强度有所不同（分别为60%1RM和80%1RM）。对于竞技型运动员（大学和职业运动员），最佳训练强度为85%1RM（Peterson, Rhea & Alvar, 2004）。需要了解的是，这些强度为平均值。在整个力量训练方案中，需要根据运动员水平的不断提高而适时调整训练强度。

为了增强肌肉耐力，训练强度应≤50%1RM（ACSM, 2018）。中低强度的抗阻训练最适用于增强肌肉耐力，但同时也能够增强肌肉力量。然而，在这种训练方式下，力量增加的幅度与速度小于参与力量训练方案而取得的最优力量提升（特异性原则）。

组数

在确定改善肌肉力量的最佳组数方面，存在着争议，这取决于客户的目标；对于儿童、老年人和初级水平抗阻训练者，应建议其完成1~3组（Ratamess et al., 2009）。单组方案的一个主要优势在于，与多组方案相比，单组方案需要的训练时间更少（单组方案为20分钟，多组方案为50分钟），这可能会提高客户对运动方案的依从度。一些研究表明，单组训练方案（每次练习单组）与多组训练方案（每次练习2~3组）一样有效，未经训练者及训练有素的抗阻训练者可以在进行抗阻训练前的3~4个月内增强力量（Feigenbaum & Pollock, 1999；Frohlich, Emrich & Schmidtbleicher, 2010；Hass et al., 2000）。

然而，对于未经训练及训练有素的抗阻训练者，抗阻训练研究的分析结果并不支持其采用单组训练方案来增强力量（Rhea et al., 2003a）或增大肌肉尺寸（Krieger, 2010）。传统情况下，单组是指一次特定练习中连续重复多次；然而，雷亚等人（Rhea et al., 2003a）注意到，针对特定肌群完成的练习总组数比每次练习的组数更能反映训练压力。根据组数的定义，他们报告称，未经训练及训练有素的抗阻训练者在每节训练课平均练习4组，可以优化肌肉力量增强的效果。对于单组方案，研究者们建议针对特定肌群进行多种练习，以达到4组练习的目标。美国运动医学会规定，每组都应达到每项练习所规定的意志疲劳程度（具体的训练安排见表7.2）。

对于参与高级力量训练和肌肉肥大方案的专业运动员、举重运动员和健美运动员，建议使用多组周期化训练（Frohlich, Emrich & Schmidtbleicher, 2010；Ratamess et al., 2009）。为了优化大学生运动员和职业运动员力量增强的效果，建议针对每个肌群平均进行8组练习（Peterson, Rhea & Alvar, 2004）。

频率

1天/周的练习可以提升肌肉适能水平，特别是对于肌肉适能低于平均水平的客户来说。然而，最近的研究表明，未经训练的客户进行力量训练的最佳频率为3天/周。对于健康群体，美国运动医学会建议每周在非连续的2~3天内进行训练。对于高级水平抗阻训练者，建议每周进行4~6次训练，并进行分段式训练（Ratamess et al., 2009）。为了优化训练有素的抗阻训练者和竞技型运动员的力量增益，每

个肌群应每周练习两次（Rhea et al., 2003a；Peterson, Rhea & Alvar, 2004；Ratamess et al., 2009）。高级水平抗阻训练者和每星期训练4~6天的竞技型运动员可以通过分段式训练（见第195页的"频率的变化"）来达到这一目标。应该在相同肌群的训练之间规定48小时的休息时间，以便肌肉恢复，并防止由过度训练造成的损伤。

训练量

训练量是指每次训练的重复次数乘以所用阻力的总和（Ratamess et al., 2009）。在整个抗阻训练方案中，必须系统地增加训练量与训练强度（渐进性原则），以避免出现高原期，并确保力量的持续增强。可以通过更改每节训练课所完成的练习次数、每组重复次数或每项练习完成的组数来更改训练量。几个周期化训练模型可用于系统地改变训练量与训练强度（见第195页和第196页的"周期化"）。

练习顺序

一个全面的抗阻训练方案应该至少包括一项针对身体主要肌群的练习。这样才能维持肌肉平衡——也就是相对肌群（主动肌与拮抗肌）、对侧肌群（右肌群与左肌群）、上半身肌群与下半身肌群之间的力量比例。安排好练习顺序，让客户首先进行多关节练习，如坐姿蹬腿、卧推以及背阔肌高位下拉，以涵盖大肌肉（如臀大肌、胸大肌与背阔肌）和更多的肌群。然后让客户进行针对小肌群的单关节练习（见表7.6）。为了避免初级举重运动员出现肌肉疲劳，安排好练习顺序，使连续的练习不涉及相同的肌群。这样，肌肉才有时间进行恢复。

休息

在制定抗阻训练方案时，需要考虑另一个变量，即组之间与练习之间的休息时间。所建议的休息时间取决于训练强度：较低的训练强度需要较短的休息时间，较高的训练强度需要较长的休息时间（见表7.7）。较短的休息时

间可能会影响能完成的重复次数（Ratamess et al., 2009），美国运动医学会建议两组之间的休息时间为2~3分钟（ACSM, 2018）。在力量训练或爆发力训练中，休息时间应为3~5分钟，以便人体重新合成腺苷三磷酸和磷酸肌酸，并防止代谢性酸中毒（Kraemer, 2003）。

表7.6 基本抗阻训练方案的练习顺序

身体部位	练习类型*	关节功能	练习
1.髋部与大腿	多关节	髋关节伸展与膝关节伸展	坐姿蹬腿
2.胸部	多关节	肩关节水平屈曲与肘关节伸展	杠铃平板推举
3.上背部与中背部	多关节	肩关节伸展/内收与肘关节屈曲	背阔肌高位下拉
4.腿部	单关节	膝关节伸展	腿部伸展
5.肩部与上臂	多关节	肩关节外展与肘关节屈曲	直立划船
6.腰部	多关节	躯干伸展与髋关节伸展	背部伸展
7.上臂	单关节	肘关节伸展	肱三头肌下压
8.腿部	单关节	膝关节屈曲	腿弯举
9.上臂	单关节	肘关节屈曲	臂弯举
10.小腿	单关节	踝关节跖屈	提踵
11.前臂	单关节	腕关节伸展与屈曲	腕屈曲
12.腹部	单关节	躯干屈曲	卷腹

*在进行涉及较大肌群的多关节练习之后，再进行针对小肌群的单关节练习。

表7.7 训练强度与建议休息时间

训练强度	%1RM	休息时长
>13RM	<65%	<1分钟
11~13RM	65%~74%	1~2分钟
8~10RM	75%~80%	2~3分钟
5~7RM	81%~87%	3~5分钟
<5RM	>87%	>5分钟

（源自：Kraemer, 2003.）

动态抗阻训练方法

你可以采用多种方法来制定动态抗阻训练方案，其中大多数都非常适用于高级方案。每种都采用不同的方法来规定练习的组数、顺序或频率。

组数调整

你可以采用单组或多组练习。对于多组练习，你可以让客户连续地为每项练习完成指定数量的组数（通常为3组或更多），并保持一定的力量（如10RM）。或者，你可以让客户为同一肌群做3种不同的单组练习。例如，你可以让客户针对肘屈肌进行单组哑铃弯举、单组锤式弯举以及单组杠铃弯举，而不是连续的3组杠铃弯举。这增加了训练方案的多样性，并改变了训练刺激，因为这些练习所涉及的肌肉或部位会有所不同。

客户在进行特定的多组练习时，可以选择每组对抗相同的阻力，或者通过逐步增加阻力（由轻到重）或降低阻力（由重到轻）来改变每组的力量。**金字塔式**是一个阻力由轻到重的体系，对于其中每项练习，客户需完成6组。第1组，客户对抗较轻的阻力，同时重复

10~12次（10~12RM）。在随后的训练中，客户对抗的阻力逐渐增加（如8RM、6RM、4RM）。由于这涉及较大的训练量，金字塔式体系适合有经验的抗阻训练者。健美运动员通常用该体系来增大肌肉尺寸。虽然金字塔式体系增加了抗阻训练方案的多样性，但它可能并不比以相同阻力进行多组练习更有效。当训练量相等时，无论是对于健康的年轻人（Charro et al., 2010）还是对于老年女性（Ribeiro et al., 2017），在肌肉力量、肌肉损伤或激素反应方面，多组训练与金字塔式体系没有显著差异。

练习顺序与次数的变化

运动科学家通常建议在训练开始时先安排针对大肌群的练习，然后在训练后期逐步将注意力转向较小的肌群。然而，为了最大限度地增加肌群负荷，一些客户可能会使用相反的顺序，以让肌群预先疲劳。为了做到这一点，在进行多关节练习之前，客户需通过单关节练习来让较小的肌肉疲劳。

当你为一个特定肌群制定出两种或两种以上的运动处方时，应当指导普通客户交替运用不同的肌群，这样肌肉就可以在交替运动之间得到休息与恢复。例如，你的客户不应该连续进行坐姿蹬腿和腿伸展练习，因为这两种练习都会运用股四头肌。相反，你的客户在这两种运动之间要穿插使用针对不同肌群的一种或多种练习。

相比之下，许多高级水平抗阻训练者更喜欢复合组或三组式训练，以使目标肌群完全疲劳。若采用该训练体系，客户需对同一肌群连续进行2组（复合组）或3组（三组式）训练，同时训练之间休息时间很少或不休息。

许多健美运动员使用一种叫作超级组的训练体系。客户需在不休息的情况下，连续训练主动肌与拮抗肌。例如，对股四头肌与腘绳肌进行超级组训练，首先要进行单组腿弯举练习。鲍尔萨姆等人（Balsam et al., 2012）比较了股四头肌（腿伸展）和腘绳肌（腿弯举）不同超级组的练习顺序，对总训练量和自感用力度的影响。他们报告称，当腿弯举先于腿伸展时，总训练量增加，自感用力度降低。有必要开展进一步的研究，以确定针对其他主动肌与拮抗肌的最佳练习顺序。威克利等人（Weakley et al., 2017）认为超级组和三组式训练可以提高训练效率，减少训练时间，但这些训练比常规的多组训练更容易引起疲劳，因此可能需要额外的训练后恢复时间。

频率的变化

传统上，运动科学家建议每隔一天（如周一、周三、周五）进行3天/周的抗阻训练，以便肌肉有恢复的时间。对于那些想在4~6天/周进行抗阻训练的客户，应当为其制定分段式方案。执行分段式方案，他们需要连续几天增强不同的肌群，从而使每个肌群至少有1天的恢复时间。例如，健美运动员可以在周一和周四增强胸部与肩部，周二和周五增强髋部与腿部，周三和周六增强背部与手臂。里贝罗等人（Ribeiro et al., 2015）证明，精英健美运动员每周训练4次所增长的肌肉力量和去脂体重与每周训练6次所增长的无显著差异。

周期化

周期化系统地改变了抗阻训练的强度和训练量。周期化的目标有两个方面：(1)通过系统地改变训练或运动刺激，最大限度地提高神经肌肉系统的反应（即增强力量、耐力、爆发力和促进肌肉肥大）；(2)通过休息与恢复的合理计划，最大限度地减少过度训练和运动损伤的发生。最近的一项元分析结果表明，就1RM的增加而言，周期化抗阻训练方案确实比非周期化训练方案更有效（Williams et al., 2017）。可以通过对以下训练方案中一个或多个变量进行控制来改变训练刺激。

- 训练量（组数、重复次数或练习）。
- 训练强度（抗阻）。
- 肌肉动作类型（向心、离心或等长）。
- 训练频率。

鉴于变量的数量，周期化训练方案的制定存在着许多可能性。研究人员已经确定了可以优化训练刺激以增强力量和肌肉耐力的组合（Rhea et al., 2002, 2003b）。

常用的3种周期化模型为：线性周期化（LP）、反向线性周期化（RLP）以及波状周期化（UP）。所有周期化训练方案都被划分为不同的周期；然而，持续时间与训练刺激会因采用的模型不同而不同。

经典的线性周期化模型

经典的线性周期化模型分为3类循环周期。**大循环**（通常为9~12个月）分为持续3~4个月的中循环。中循环又分为持续1~4周的小循环。在循环周期内与周期之间，训练强度随着训练量的减少而增加。例如，一个为期3个月（12周）的中循环可以分为3个为期4周的小循环，具体如下：在第1周~第4周、在12RM或70%1RM的条件下进行3组；在第5周~第8周、在10RM或75%1RM的条件下进行3组；在第9周~第12周、在8RM或80%1RM条件下进行3组（见第205页的"中级水平抗阻训练者线性周期化抗阻训练方案示例"）。训练强度由70%1RM（12RM）增加到80%1RM（8RM）而训练量系统性地减少，是由于每个小循环的重复次数逐步减少（从12次逐渐减少到8次）。

反向线性周期化模型

反向线性周期化模型逆转了线性周期化训练刺激的进阶。在循环周期内与周期之间，训练强度随着训练量的增加而降低，具体如下：第1周~第4周，3组80%1RM（8RM）；第5周~第8周，3组75%1RM（10RM）；第9周~第12周，3组70%1RM（12RM）。由此可见，在3个渐进式小循环中，随着训练量的增加（从8~12次重复），训练强度从80%1RM降至70%1RM（8~12RM）。

波状周期化模型

与线性周期化和反向线性周期化相比，波状周期化的小循环明显更短（每两周、每周甚至每天），因此训练刺激（训练强度与训练量）经常发生变化。客户可能在一周内从高训练量、低强度进阶到低训练量、高强度。例如，在3天/周的方案中，客户可以在第1天完成3组8RM（高训练量、低强度），在第2天完成3组6RM，在第3天完成3组4RM（低训练量、高强度）。在随后的小循环中（每周），可以重复或改变该训练刺激的顺序（如第1天为4RM，第2天为6RM，第3天为8RM）。经常改变训练量与强度，使肌肉每天或每周接受不同的训练刺激。因此，波状周期化可以防止训练高原期的出现，保持客户对长期抗阻训练的兴趣与动力。

循环抗阻训练

循环抗阻训练是一种动态抗阻训练方法，它可以改善肌肉力量、肌肉耐力以及心肺耐力（Gettman & Pollock, 1981）。在增加未经训练的成年人的肌肉力量方面，循环抗阻训练方案比传统的抗阻训练方案更有利，尤其是在采用低重复、高抗阻训练模式的情况下（Gettman et al., 1978；Wilmore et al., 1978）。有综述性研究认为，循环抗阻训练可以有效改善18~65岁成年人（Muñoz Martinezd et al., 2017）以及老年人（Buch et al., 2017）的肌肉力量。此外，阿尔卡拉斯等人（Alcaraz et al., 2011）称，高抗阻训练（3~6RM；6组；休息时间为35秒）与传统的抗阻训练一样有效，可以提高男性抗阻训练者的上半身和下半身的1RM力量与爆发力。

循环抗阻训练方案的每个循环通常有10~15个站点（见图7.1），循环重复2~3次，以构成20~30分钟的持续练习总时长。在每个练习站点，选择一个大概在30秒内能使肌群疲劳的阻力（在40%~55%的1RM下尽可能多次重复）。练习站点之间应纳入15~20秒的休息阶段。循环抗阻训练一般为3天/周，至少6周。这种训练方法对于运动时间有限的客户来说较为理想。你可以按第5章所述，在抗阻训练站点之间添加有氧练习站点（即超级循环抗阻训练），以获得额外的心肺益处。

离心训练

传统的动态抗阻训练同时涉及向心及离心肌肉动作。但是，当负荷仅用于离心肌肉动作时，可以使用更大的力与速度进行训练（Cowell, Cronin & Brughelli, 2012）。离心训练有增强肌肉力量、增大肌肉以及提升运动表现水平的潜力，并有助于肌腱和肌肉损伤的康复（Cowell, Cronin & Brughelli, 2012）。因此，一些制造商设计离心训练装置并不令人奇怪。埃森顿（Eccentron）便是这样的装置，它看起来像一个卧式台阶踏步机。然而，客户需要阻止踏板向自身移动，而非向下推踏板。此动作模拟下坡行走或跑步。相关人员已经开发出很多其他离心训练机，包括能够应用离心力的等速装置，在向心阶段减少负荷，在离心阶段增加负荷的举重机，以及离心循环测力计。通过廷瓦拉等人（Tinwala et al., 2017）的综述性研究，可以了解各种抗阻训练装置的技术说明及其优缺点。遗憾的是，仍然缺乏同行评议的文献来比较这些装置与传统的抗阻训练效果的区别。

一些研究人员提出了使用离心训练装置的训练方案。离心训练之所以吸引人，是因其能够以非常低的能量消耗（如下山步行的能量消耗仅为上山步行能量消耗的1/4左右）产生很大的力（Hoppeler, 2016；LaStayo et al., 2014）。这种训练方式与其他形式的离心运动，如快速伸缩复合训练或自由重量的离心超负荷训练有

视频
7.9

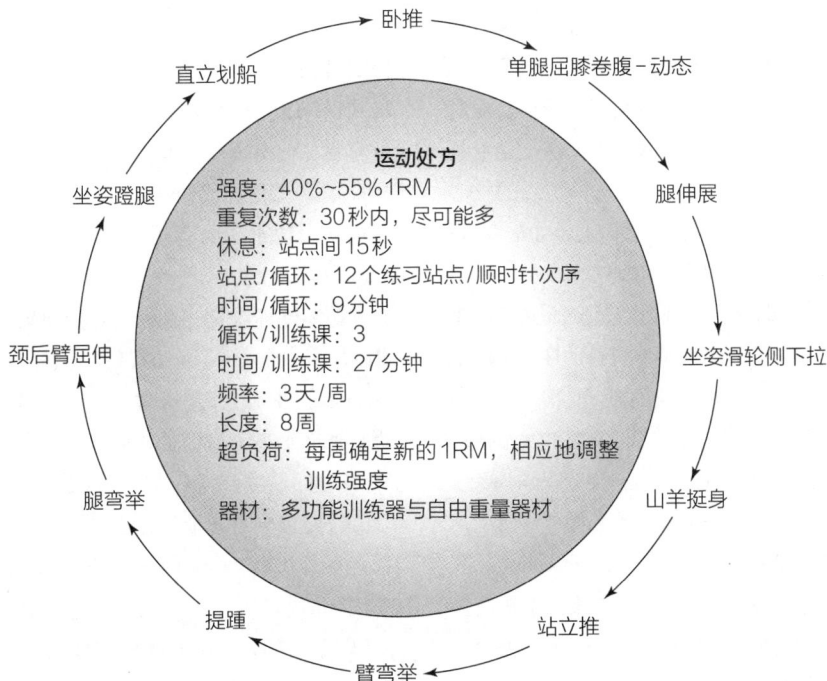

运动处方
强度：40%~55%1RM
重复次数：30秒内，尽可能多
休息：站点间15秒
站点/循环：12个练习站点/顺时针次序
时间/循环：9分钟
循环/训练课：3
时间/训练课：27分钟
频率：3天/周
长度：8周
超负荷：每周确定新的1RM，相应地调整训练强度
器材：多功能训练器与自由重量器材

卧推
单腿屈膝卷腹-动态
直立划船
腿伸展
坐姿蹬腿
坐姿滑轮侧下拉
颈后臂屈伸
山羊挺身
腿弯举
站立推
提踵
臂弯举

图7.1　循环抗阻训练方案示例

明显的不同。奥普莱（Hoppeler, 2016）创造了术语"中等负荷离心运动"，用来描述在能够控制离心负荷作用的电动测力计上进行的进阶运动。奥普莱建议最初的负负荷为50~75瓦，持续5~10分钟，最终在康复环境中逐渐进阶为负负荷400~500瓦，持续20~30分钟，每周3次。相比之下，快速伸缩复合训练可以产生数千瓦的负负荷，且本质上更危险，即会让训练者面临更大的肌肉损伤风险。根据奥普莱（Hoppeler, 2016）的研究，延迟性肌肉酸痛在很大程度上可以通过中等负荷离心训练的渐进方案来加以预防。拉斯塔约等人（LaStayo et al., 2014）描述了这种离心训练对于老年人、癌症患者，以及心肺、代谢、神经和骨科疾病患者的潜在康复作用。

核心稳定性与功能性训练

核心稳定性训练在健身环境中得到广泛推广，其被用以提高健康客户的功能性能力（日常生活活动能力和职业活动能力）和运动技能表现。核心稳定性是指在进行一项训练或完成一项运动时，保持颈部、脊柱、肩胛和骨盆在理想位置对齐的能力。在优化脊柱稳定性方面，腹部收紧更有效。传统的核心稳定性训练包括在不稳定表面上（如平衡板、平衡盘和瑞士球）进行的抗阻训练。

与在稳定表面上进行的运动（如自由重量）相比，在不稳定表面上进行的运动可以促进对核心肌肉与肢体肌肉的激活，但可能会降低抗阻训练对力量、爆发力、速度和关节活动度的作用。相比之下，一些研究人员认为，多关节自由重量练习实际上比核心特异性练习能更有效地增强核心肌群（Martuscello et al., 2013）。无论如何，在不稳定的表面上进行核心稳定性训练，可能更加适用于增强肌肉耐力，而非肌肉力量与爆发力（Willardson, 2008）。然而，不稳定抗阻训练在周期化训练方案和康复方案中具有非常重要的作用。此外，不喜欢运用自由重量来提升肌肉适能的非运动员客户，可能会从不稳定抗阻训练中获得健康益处（Behm et al., 2010b）。与此主题相关的更多信息，见第11章中针对腰背痛的核心稳定性测试与训练。第199页的"核心稳定肌肉与功能"介绍了肌肉及其对核心稳定的功能性贡献。

多年来，功能性训练已被广泛应用于身体康复方案，以改善受伤客户的关节稳定性、神经肌肉控制、柔韧性，以及肌肉适能（肌肉力量与耐力）。功能性训练方案通常包括以下4类练习。

1. 脊柱稳定练习，以提高脊柱在运动时的稳定性。
2. 本体感觉与平衡性练习，以强化神经肌肉协调。
3. 通过抗阻训练来增强肌肉。
4. 柔韧性练习，以恢复关节活动度。

功能性训练得到了广泛的欢迎和认可，特别是在健身俱乐部。功能性训练的目标通常是训练和增强肌肉，使客户完成日常活动更容易、更安全且更有效（Yoke & Kennedy, 2004）。一些研究已经检验了功能性训练对提高运动表现水平的有效性（Thompson, Cobb & Blackwell, 2007）。

功能性训练是一种针对特定肌群的运动进阶体系，其采用了由约克和肯尼迪（Yoke & Kennedy, 2004）开发的六步方法。对特定运动的难度水平（力量）和技能水平（平衡性与协调性）进行评分，1级表示难度最低的练习（需要较少的力量与技能），6级表示难度最高的练习（需要更多的力量与技能）。随着练习难度的增加，对力量、平衡性、核心稳定性和协调性的要求亦会更高。难度最高的练习对核心稳定性的要求最高。为了保持正确的姿势，需要增强核心肌群（竖脊肌、腹部主动肌

核心稳定肌肉与功能

肌肉	位置	功能
多裂肌、旋转肌、横突间肌、棘间肌	相邻椎骨之间	通过收缩来应对姿势的突然变化，进而保持核心稳定性
腹横肌、腹内斜肌、腰方肌	腰椎横突	通过牵拉肚脐及增加腰椎体间的压缩力来稳定脊柱
腹直肌、腹外斜肌、竖脊肌、背阔肌	骨盆带与胸廓	在使用自由重量器材在地面进行负重运动（如深蹲）时，保持核心稳定性
髋屈肌、伸肌、内收肌与外展肌	骨盆与腰椎股骨	使骨盆前倾或后倾，引起腰椎运动，影响核心稳定性

与稳定肌等）的力量（**核心强化**）。由于核心稳定性是动态的，在运动过程中随着身体姿势的变化而变化，孤立的核心强化无法有效提升整体的核心稳定性，除非与运动技能训练同时进行（Yessis, 2003）。功能性运动进阶体系提升了所有肌群的力量与功能，而不仅是核心肌肉。与功能性运动进阶相关的概述及示例，见第200页的"功能性运动进阶：六步法及其示例"。

在连续的训练过程中，并不是每位客户都需要达到难度较高的水平（5级与6级）。安全是最重要的考虑因素。在进入下一阶段之前，请确保客户能够以正确的方式和姿势完成练习。客户完成每一项训练的能力取决于他们的适能与技能水平。6级训练应该适用于竞技型运动员或身体非常健康的客户，他们具有出色的平衡性、力量、运动技能和核心稳定性。尽管功能性训练可能会增加训练的多样性和挑战难度，但仍需要研究其与传统力量及肌肉耐力训练相比的效果差异。我们需要评估功能性训练在力量、耐力、平衡性、柔韧性和协调性方面的作用，以及日常任务的功能表现水平。关于针对所有肌群的功能性运动进阶的更多信息、更详细的描述与插图，见约克和肯尼迪的研究（Yoke & Kennedy, 2004）。

极限运动方案

高强度功能性训练或极限运动方案，通常包括高强度和高训练量的活动，同时运动之间的恢复时间较短（Knapik, 2015）。此外，这些方案强调的是多关节练习、功能性训练、身体抗阻以及针对多关节角度的变化。极限运动方案的示例包括CrossFit、Insanity和P90X。Insanity和P90X是以家庭为基础的训练方案，客户需要跟随一系列视频进行训练。世界各地都有与CrossFit相关的健身房，其每天的训练都会发布在网上，供那些想自己训练的人使用。由于高强度间歇训练、自重训练、力量训练和功能性健身在2018年全球健身趋势排行榜（Thompson, 2017）上的排名分别为第1、4、5和10位，所以综合了所有这些趋势的极限运动方案大受欢迎也就不足为奇了。

尽管这些方案很受欢迎，而且该领域也有关于其效度的报道，但极限功能性训练与传统抗阻训练相比，其同行评议性研究的数量有限。海因里希等人（Heinrich et al., 2014）将之前不运动的CrossFit受试者与一组进行中等强度有氧及抗阻训练的受试者进行了比较。每组每周训练3次。在为期8周的研究结束时，与那些进行中等强度训练的受试者相比，CrossFit的受试者更喜欢并愿意继续进行同样

功能性运动进阶：六步法及其示例

步骤	目的	姿势，阻力	膝伸肌的示例
1. 孤立与教育	让客户专注于个别肌肉动作，并有选择地收缩或孤立特定肌群	仰卧或俯卧在长凳或地板上	仰卧，双膝膝关节屈曲，髋关节屈曲45度，双臂置于两侧，客户一次伸直一条腿
2. 增加抗阻训练	通过运用运动器材、加长杠杆长度或弹力带来增加抗阻训练	坐于长凳或地板上	直立坐于长凳上，踝部装有弹力带，一次伸直一条腿
3. 增加功能性训练动作	减少支撑基础，以便更多地运用稳定肌肉	坐下或站立	腰背部由紧贴墙壁的瑞士球支撑，骨盆和脊柱处于中立位置，双脚分开与肩同宽，距离墙壁足够远，膝关节在训练时屈曲不超过90度，客户蹲下，髋部不能低于膝盖
4. 将功能性训练与抗阻训练结合起来	在功能位置处，使核心肌群处于超负荷的状态	使用运动器材、自由重量或弹力带增加阻力	将弹力带系在脚踝上，客户站立时，脊柱保持在直立时中立的位置，负责支撑的腿保持平衡，运动腿一侧髋屈曲，膝关节略微屈曲。客户在伸展运动腿的膝关节的同时屈曲髋部
5. 通过增加抗阻训练和核心肌群负荷来增强多个肌群	增加对力量、平衡性、协调性和核心稳定性的需求	使用多关节运动器材增加阻力	采用坐姿、躺姿或站姿蹬腿机，客户同时伸展髋部和膝关节
6. 增加平衡性、功能增强、速度或旋转训练	增加对平衡性、速度和关节旋转的需求	使用较小或移动的支撑底座，如稳定球、平衡板或圆盘；采用自由重量（杠铃或哑铃）增加阻力	客户一只手放在墙上或支撑杆上，直立站立，另一只手拿着哑铃，客户伸髋，将一条腿放在瑞士球上。后腿在球上向后滚动，使另一条腿的膝关节屈曲（不超过90度），同时保持骨盆和脊柱处于中立位置，肩部和髋部保持水平。客户通过伸展运动腿的膝关节，在球的顶部向前滚动另一条腿，回到起始姿势

的训练。此外，在澳大利亚一所中学进行的一项随机对照试验中，研究人员得出结论，在改善青少年健康相关的适能水平方面，CrossFit方案更可行、更有趣且效果更好（Eather, Morgan & Lubans, 2016）。

一些健身专业人员，包括健康与军事表现联盟和美国运动医学会（Bergeron et al., 2011），对极限运动方案的安全性提出了质疑。美国（Weisenthal et al., 2014）和巴西（Sprey et al., 2016）的流行病学损伤调查显示，这两个地区的CrossFit客户损伤率分别为19%和31%。尽管这些损伤统计数据听起来令人担忧，但最近的研究表明，极限运动方案客户的损伤率与其他抗阻训练方案相当（Aune & Powers, 2017；Grier et al., 2013；Montalvo et al., 2017）；据报道，CrossFit的损伤发生率为每1 000个训练小时2.1~2.3例（Montalvo et al., 2017；Moran et al., 2017）。韦森索尔等人（Weisenthal et al., 2014）注意到，当教练参与训练时，损伤率显著降低。

和所有的训练方案一样，在制定极限运动方案时，有计划地逐步增加频率、强度和持续时间是一种谨慎的策略。经过周密的计划，极限运动方案可以作为传统抗阻训练的安全替代或补充方案。

等速训练

等速运动结合了动态（关节全活动度）和静态（最大受力）运动的优点。由于阻力是适应性的，等速训练克服了采用恒定或可变抗阻运动模式所带来的问题。客户可以通过等速训练来增强肌肉力量、爆发力和肌肉耐力。等速训练涉及动态地收缩肌群，以在整个活动范围内对抗与肌群产生的力相匹配的适应性阻力。运动速度由等速运动装置进行机械性的控制。等速测力计用于等速训练。如果没有这种设备，可以和一个同伴一起练习，由同伴提供运动所需的适应性阻力。然而，该项运动的速度并不会得到精确的控制。

等速训练的速度在24~300度/秒，取决于个人需要。当一个人以更快的速度（180~300度/秒）训练时，与较慢的速度（30~60度/秒）相比，延滞效应似乎更大。在一些研究中，力量的增益被限制在等于或低于训练速度的速度范围内（Lesmes et al., 1978; Moffroid & Whipple, 1970）。其他研究人员称，高速训练组（240~300度/秒）在所有测试速度（30~300度/秒）下的力量增益更高（Coyle et al., 1981; Jenkins, Thackaberry & Killian, 1984）。最近对老年人进行的等速研究发现，低速组（75度/秒）和高速组（240度/秒）的特定速度训练都有所改善，但对于高速组来说，其他速度下延滞效应的改善更为明显（Englund et al., 2017）。表7.8说明了制定等速训练方案增强力量和耐力的指南。

表7.8　制定等速训练方案的指南

类型	力量	重复次数	组数	速度	频率	方案时长
等速力量	最大收缩	2~15	3	24~180度/秒	3~5天/周	6周或更长时间
等速耐力	最大收缩	疲劳为止	1	≥180度/秒	3~5天/周	6周或更长时间

等速训练的一个主要优点在于，与传统的训练形式相比，很少出现肌肉酸痛，因为在进行传统的等速训练时，肌肉不会离心收缩。人们普遍认为，相较于其他肌肉动作，离心肌肉动作会产生更明显的肌肉酸痛（见第224~226页的"肌肉酸痛"）。例如，在等速运动装置上进行膝关节伸展和屈曲时，客户会完成股四头肌的向心肌肉动作（向外踢腿），然后完成腘绳肌的向心肌肉动作（用力将腿拉回到起始位置），以便伸展与屈曲。这与自由重量的辅助动态训练不同，在自由重量训练中，当小腿回到起始位置时，需要股四头肌的离心动作作为制动力。然而，当训练的目标是增大肌肉时，传统的等速运动仅涉及向心肌动作，并不是一种最佳选择。尽管肌肉肥大只能通过向心运动来实现（Cadore et al., 2014; Moore, Young & Phillips, 2012），法辛和奇利贝克（Farthing & Chilibeck, 2003）的研究表明，以较高速度进行的离心肌肉动作是最有效的肌肉肥大方法。当目标为肌肉肥大时，建议将离心和向心动作相结合（Schoenfeld et al., 2017）。

开发抗阻训练方案

在为客户设计抗阻训练方案之前，请回顾训练原则，并确定如何将这些原则中的每一条都纳入客户方案。训练方案需要个性化。通过改变训练强度、持续时间和频率，你所开发的方案可以满足每位客户的独特目标与需求。在为儿童和老年人制定抗阻训练方案时，应当遵循抗阻训练方案指南（见表7.2~7.5）、具体建议和预防措施，以及抗阻训练方案的制定步骤。

训练原则在抗阻训练中的应用

为了制定有效的抗阻训练方案，你需要应用第3章中提出的每一项训练原则（见第64~67页的"制定运动方案的基本原则"）。本节回顾了一些更实用的训练原则，并概述了如何将其应用于制定抗阻训练方案。

特异性原则

肌肉适能的开发与肌群的运动、肌肉动作类型和训练强度有关。例如，如需增加肘屈肌的动态力量，我们应当选择涉及该肌群的向心和离心肌肉动作进行练习。在力量方面，客户以高强度、低重复次数的模式进行训练；在刺激肌肉耐力的提升方面，则以低强度、高重复次数的模式进行训练。

肌肉力量与耐力的提高也取决于训练中使用的速度和关节活动度。在等长训练中，与训练角度相比，其他角度的力量增益通常少50%。同样，如前所述，等速训练中的力量增益可能只发生在等于或低于训练速度的速度范围内（Lesmes et al., 1978；Moffroid & Whipple, 1970）。

抗阻训练方案的制定步骤

以下步骤用于制定抗阻训练方案。

1. 在与客户协商后，确定方案的主要目标（即增强肌肉力量、肌肉耐力或肌肉协调能力，以及增大肌肉尺寸），并询问客户愿意投入多少时间来完成该方案。
2. 根据客户的目标、时间上的承诺以及器材使用权，确定抗阻训练方案的类型（即动态、静态）。
3. 利用客户的肌肉适能评估结果，确定运动方案中需要针对的特定肌群。
4. 除了针对主要肌群的核心训练外，还要为步骤3中的目标肌群选择练习。
5. 刚开始接触抗阻训练的客户要按顺序进行练习，这样同一肌群就不会连续运动。
6. 根据客户的目标，为每项练习确定适当的起始负荷、重复次数与组数。
7. 为每个肌群设定渐进性超负荷的指南。

超负荷原则

为了增强肌肉力量与耐力，有必要以明显高于客户正常负荷的负荷来增强肌群。训练强度应不低于最大负荷的60%，以刺激力量的提升。然而，通过在最大或接近最大抗阻（80%~100%）的情况下锻炼肌肉，客户可能会更快获得力量的增强。为了提高耐力，强度可定为低至最大强度的30%；在低强度下，肌群应该能够坚持到疲劳点。

渐进性原则

一般情况下，在整个抗阻训练方案中，你应当周期化地增加训练量或做功总量，以使肌肉继续处于超负荷状态，使客户能够进一步增强肌肉力量与耐力。该过程需要循序渐进，因为增加太快或一次性增加太多可能会导致肌肉骨骼损伤及肌肉过度酸痛。通常，通过增加抗阻或举起的重量，肌群会逐渐超负荷。当客户适应了训练刺激，他们将能够在规定抗阻下进行更多次的重复。因此，当需要在整个训练过程中增加抗阻时，客户能够完成的重复次数就会显示出来。除了增加抗阻外，你还可以通过增加在规定强度下的重复总次数，改变运动速度（慢、中、快），以及在不同的运动之间改变休息时间的长短，逐步使肌群超负荷（Ratamess et al., 2009）。

附加原则

初始力量较小的客户比初始力量较大的客户（初始值原则与个体差异原则）对抗阻训练的反应表现出更大的相对效益，以及更快的提高速度。然而，由于客户通过该项目取得进步，并接近他们的遗传上限（收益递减原则），提高的速度会变慢，并且最终趋于平稳。此外，当客户停止抗阻训练时，肌肉结构和功能的生理适应性与改善会发生逆转（可逆性原则）。你可以通过使用周期化技术（见第195~196页的"周期化"）控制抗阻训练的强度与训练量，来减少训练中断对运动员的影响，并在比赛期间保持力量增益（Haff, 2016）。

抗阻训练方案一般流程与示例

在评估了客户的肌肉适能水平后，你可以运用本节中介绍的流程来设计个性化的抗阻训练运动方案，以满足客户的个人需求和兴趣。

第1个方案（见第204页的"老年人抗阻训练方案示例"）介绍了为没有抗阻训练经验的70岁老年客户所开发的初级抗阻训练方案。该方案的主要目标在于将肌肉适能提升至足够的水平，使客户可以保持功能独立性。在前4周的训练中，低强度（30%~40%1RM）、高重复次数（15~20次）的练习让客户熟悉抗阻训练，降低损伤和肌肉过度酸痛的可能性。客户逐渐增加抗阻，到该阶段结束时，训练强度为50%1RM。8周后，强度由开始时的50%1RM逐渐增加到75%1RM。客户每次练习1~2组，每组重复10~15次。在这个阶段，为了使肌肉超负荷，客户会逐渐增加抗阻，但只有在他能够在规定的相对强度下完成15次或15次以上的重复动作之后才可增加。这个方案包括多关节练习。客户每周练习两次，每次练习之间至少有两天的休息时间。此外，可以采用低至中等强度（30%~60%1RM）来进行1~3组，每组6~10次重复动作，将其纳入肌肉爆发力训练（ACSM, 2018）。

第2个方案（见第205页的"中级水平抗阻训练者线性周期化抗阻训练方案示例"）是为一位25岁女性中级水平抗阻训练者制定的训练方案，她的主要目标在于增强肌肉力量。这位客户是一位经验丰富的抗阻训练者。她的1RM测试结果表明，她的上半身力量（尤其是肩屈肌和前臂屈肌）低于平均水平。因此，为每一个较弱的肌群制定了两种练习。而其他肌群的力量均等于或高于平均水平，因此，每个肌群只能做一种练习。考虑到她最初的力量水平与抗阻训练经验，相应的方案为每次练习3组、训练强度设定为70%~80% 1RM，以最大限度地提升力量。客户在规定的强度下完成每个小循环8~12次。她每周练习3天，每次50~60分钟。

老年人抗阻训练方案示例

客户数据

年龄：70岁

性别：男

体重：160磅（约72千克）

方案目标：增强肌肉力量与功能独立性

时间承诺：每台健身器材20~30分钟；

器材：多关节训练器

强度：前8周30%~50%1RM；之后50%~75%1RM

频率：2天/周；每次训练间隔至少48小时

持续时间：16周或更长

抗阻：先增加重复次数，只有当能够完成大于15次重复之后再增加阻抗

休息：练习之间休息2~3分钟

练习[a]	1RM/磅[b]	周数[c]	强度[d]/%1RM	重量/磅	重复次数	组数	肌群
蹬腿（坐姿）	180	1~4 5~8 9~12 13~16	30~40 40~50 50~60 60~75	55~70 70~90 90~110 110~135	15~20 15~20 10~15 10~15	1 1 1 1	髋伸肌 膝伸肌
飞鸟（坐姿）	90	1~4 5~8 9~12 13~16	30~40 40~50 50~60 60~75	30~36 36~45 45~54 54~68	15~20 15~20 10~15 10~15	1 1 1 1	肩屈肌 肘伸肌
腿弯举（坐姿）	45	1~4 5~8 9~12 13~16	30~40 40~50 50~60 60~75	13~18 18~22 22~27 27~34	15~20 15~20 10~15 10~15	1 1 1 1	膝屈肌
背阔肌高位下拉	100	1~4 5~8 9~12 13~16	30~40 40~50 50~60 60~75	30~40 40~50 50~60 60~75	15~20 15~20 10~15 10~15	1 1 1 1	肩伸肌 肘屈肌
肩部推举（坐姿）	50	1~4 5~8 9~12 13~16	30~40 40~50 50~60 60~75	15~20 20~25 25~30 30~38	15~20 15~20 10~15 10~15	1 1 1 1	肩屈肌 肩内收肌
提踵（坐姿）	90	1~4 5~8 9~12 13~16	30~40 40~50 50~60 60~75	27~36 36~45 45~54 54~68	15~20 15~20 10~15 10~15	1 1 1 1	踝跖屈肌
卷腹	—	1~4 5~8 9~12 13~16	—	体重	5~10 10~15 15~20 20~25	1或2 1或2 1或2 1或2	躯干屈肌

[a] 大多数练习都使用多关节训练器。举重的同时，建议采用坐姿和卧姿（而不是站姿）来稳定身体。按列出的顺序做练习。

[b] 1磅≈0.45千克。

[c] 在前2周，密切监控和监督训练。初始阶段持续8周。

[d] 只有在客户能够在每个目标重量下重复超过规定次数后，才会在每2周逐渐增加力量。

中级水平抗阻训练者线性周期化抗阻训练方案示例

客户数据

年龄：25岁	强度：70%~80%1RM
性别：女性	重复次数：8~12次
体重：155磅（约69.8千克）	组数：3
方案目标：肌肉力量	休息：70%1RM 1~2分钟；75%~80%1RM
时间承诺：每次训练50~60分钟	2~3分钟
器材：可变抗阻运动器材和自由重量	频率：3天/周，隔天
循环：3次；每个小循环为4周	持续时间：12周或更长

练习[a]	1RM/磅[b]	循环1：1~4周			循环2：4~8周			循环3：8~12周			组数	肌群
		Int	Wt[b]	Rep	Int	Wt[b]	Rep	Int	Wt[b]	Rep		
蹬腿	200	70	140	12	75	150	10	80	160	8	3	髋伸肌 膝伸肌
卧推[c]	100	70	70	12	75	75	10	80	80	8	3	肩屈肌 肩收肌 肘伸肌
腿弯举（卧姿）	80	70	55	12	75	60	10	80	65	8	3	膝屈肌
背阔肌高位下拉	140	70	100	12	75	105	10	80	110	8	3	肩屈肌 肩收肌 肘屈肌
哑铃飞鸟[c]（平板）	40	70	25	12	75	30	10	80	35	8	3	肩屈肌 肩收肌
提踵（站姿）	160	70	110	12	75	120	10	80	130	8	3	踝跖屈肌
卷腹	—									25	3	躯干屈肌
臂弯举[c]（上斜）	40	70	25	12	75	30	10	80	35	8	3	肘屈肌
侧平举（哑铃）	25	70	15	12	75	15~20	10	80	20	8	3	肩外展肌
肱三头肌下压	60	70	40	12	75	45	10	80	50	8	3	肘伸肌
锤式臂弯举[c]（哑铃）	40	70	25	12	75	30	10	80	35	8	3	肘屈肌

Int代表%1RM；Wt代表负重重量；Rep代表重复次数。

[a]按所列顺序做运动，首先运用较大的肌群。在单关节练习前进行多关节练习。其他增强同一肌群的运动可以作为替代，以增加方案的多样性（见附录C.4）。

[b]1磅≈0.45千克；对于大多数运动来说，重量的增加精确至5磅。

[c]根据客户的力量评估，针对每个较弱的肌群（肩屈肌与肘屈肌）制定两项练习。

第3个方案（见本页的"健美运动员波状周期化抗阻训练方案示例"）介绍了为一位有经验的抗阻训练者（28岁男性，力量超群）开发的高级抗阻训练计划，其长期目标在于竞技型健美。他参加了一个高训练量的波状周期化训练方案。强度（70%~85%1RM）和重复次数（6~12次）在每个中循环和小循环中都会系统地进行变化，以最大限度地增大肌肉。为了达到高训练量，他为每组肌肉做3项练习，每项练习进行3组或4组。为了有效地使肌肉超负荷，他对每组肌肉进行连续的练习（三组式），每组之间很少休息或没有休息。他每星期举重6天，采用分段式方案，他不能连续几天训练相同的肌群。按照这个方案，每组肌肉每周训练两次。

健美运动员波状周期化抗阻训练方案示例

客户数据

年龄：28岁

性别：男性

体重：190磅（约86.2千克）

方案目标：肌肉肥大

时间承诺：每项训练90分钟

器材：自由重量和运动器材

中循环：4个；每个中循环为1个月

小循环：4次；每个小循环为1周

强度：70%~85%1RM

重复次数：6~12次

组数：3或4

休息：3组与3组之间休息1分钟

频率：6天/周，分段式

持续时间：24周或更长

波状周期化中循环与小循环

	强度	训练量
第1个月		
第1周	70%1RM	3或4组；12次重复
第2周	75%1RM	3或4组；10次重复
第3周	80%1RM	3或4组；8次重复
第4周	85%1RM	3或4组；6次重复

续表

	强度	训练量
第2个月		
第1周	75%1RM	3或4组；10次重复
第2周	80%1RM	3或4组；8次重复
第3周	85%1RM	3或4组；6次重复
第4周	70%1RM	3或4组；12次重复
第3个月		
第1周	80%1RM	3或4组；8次重复
第2周	85%1RM	3或4组；6次重复
第3周	70%1RM	3或4组；12次重复
第4周	75%1RM	3或4组；10次重复
第4个月		
第1周	85%1RM	3或4组；6次重复
第2周	80%1RM	3或4组；8次重复
第3周	75%1RM	3或4组；10次重复
第4周	70%1RM	3或4组；12次重复

三组式分段练习

练习	1RM/磅[c]	肌肉
星期一与星期四[a]		
胸部[b]		
卧推（杠铃）	250	胸大肌（胸肋部）；肱三头肌
上斜哑铃飞鸟	80	胸大肌（锁骨部）；三角肌前束
下斜卧推（杠铃）	180	胸大肌（腹部）
肩部[b]		
直立划船（杠铃）	140	三角肌中束
哑铃前平举	80	三角肌前束
绳索前硬拉（水平面）	100	三角肌后束
星期二与星期五[a]		
髋部与大腿[a]		
首个三组		
深蹲（史密斯机）	300	臀大肌；股四头肌；腘绳肌上部
腿伸展（器材）	150	股四头肌
腿弯举（站姿，单侧，器材）	90	腘绳肌（中至下部）
第二个三组		
蹬腿（坐姿）	400	臀大肌；股四头肌；腘绳肌上部
腿弯举（卧姿）	130	腘绳肌（中至下部）
器械腿臀起	—	臀大肌；腘绳肌
小腿[b]		
站姿提踵	250	腓肠肌；比目鱼肌
踝背屈练习（坐姿）	90	胫骨前肌

续表

练习	1RM/磅[c]	肌肉
坐姿提踵	180	比目鱼肌；腓肠肌
星期三与星期六[a]		
背部[b]		
背阔肌高位下拉（宽握）	225	背阔肌（外侧部）；肱二头肌；肱肌
坐姿划船（窄握）	240	背阔肌（中部）；肱二头肌；肱肌
哑铃划船	90	背阔肌（中部）；肱二头肌；肱肌
肘屈肌[b]		
直立杠铃弯举	130	肱二头肌；肱肌；肱桡肌
斜托弯举（哑铃）	100	肱二头肌（中部）；肱肌
锤式弯举（哑铃）	80	肱桡肌；肱肌
肘伸肌[b]		
仰卧屈臂伸（杠铃）	120	肱三头肌（长头）
肱三头肌下压（绳索）	150	肱三头肌（内侧头和外侧头）
侧翻式肱三头肌下拉（绳索）	130	肱三头肌（外侧头）

[a] 在第二天，可以用其他训练相同肌群的练习代替，以增加方案的多样性（见附录C.4）。
[b] 对于三组式，所列的三项练习需连续进行，不休息，然后按照规定次数重复三组式练习（每组休息1分钟）。
[c] 1磅≈0.45千克。

一些出色的参考文献涉及高级抗阻训练方案的制定（Fleck & Kraemer, 2014；Kraemer & Fleck, 2007；2016, 2017）。

为儿童制定抗阻训练方案

如果认真遵循特别预防措施以及所推荐的指南，儿童和青少年便可以安全地参与抗阻训练。由于儿童在解剖层面上和生理层面上都不成熟，通常不推荐他们采取高抗阻训练方案。大多数专家认为，为了降低骨骼和关节发育过程中受伤的风险（如骨骺生长板骨折），训练强度不应超过80%1RM，相当于每组重复8~15次。费根鲍姆等人（Faigenbaum et al., 1999）报告称，在最初的训练阶段（8周），高重复-中等强度训练（1组，13~15RM）比低重复-高强度训练（1组，6~8RM）能更有效地提高儿童（5~12岁）的肌肉力量与肌肉耐力。

在接受过抗阻训练的儿童中，力量增益的原因在于神经适应（如运动单位的激活和协调能力的提升），而不在于肌肉尺寸增大（Guy & Micheli, 2001）。此外，抗阻训练对14~17岁青春期女性股骨颈的骨密度有着正向影响（Nichols, Sanborn & Love, 2001），在该群体中，抗阻运动与骨骼健康之间似乎存在剂量-反应关系（Ishikawa et al., 2013）。此外，专家建议青少年进行力量训练，以便在爆发力训练（如快速伸缩复合训练）之前建立足够的力量基础（Behm et al., 2017）。没有证据表明儿童在进行抗阻训练时会失去柔韧性（Guy & Micheli, 2001）。抗阻训练对于青少年而言是安全有益的，特别是当遵循既定的训练指南时（见第209页的"儿童抗阻训练指南"）。这些指南主要基于加拿大运动生理学会关于儿童和青少年抗阻训练的意见书（Behm et al., 2008）以及美国国家体能协会关于青少年抗阻训练的意见书（Faigenbaum et al., 2009）中的简要建议而制定的。

儿童抗阻训练指南

- 提供合格的指导与监督。
- 提供安全且没有危险的运动环境。
- 向客户介绍力量训练的益处与风险。
- 制定一个综合方案，重点提升肌肉力量和运动技能水平。
- 每次练习前进行5~10分钟的热身运动。
- 为主要肌群选择8~12项多关节练习，包括针对腹部肌肉以及腰部肌肉的运动。
- 使用适合儿童体形、力量与成熟度的器材。
- 每项练习从单组或两组8~15次重复、轻度至中等强度（约60%1RM）开始。
- 根据儿童的需要与目标，以60%~80%1RM或8~15RM的速度缓慢进行3或4组；随着力量的提高，在增加阻力之前先增加重复次数。
- 只有当儿童能够以良好的动作形式完成指定的重复次数之后，才能够逐渐增加阻力。

- 为不能以良好的动作形式重复至少8次的青春期前儿童减少所设定的抗阻。
- 仅为较成熟的儿童指定低重复练习（少于8次）。
- 关注正确的练习技巧（缓慢平稳的运动与呼吸），而不仅是举起的重量。
- 每周在非连续日进行2~3次训练。
- 在重复失败的情况下密切监督儿童。
- 监控训练进度（如使用训练日志），倾听儿童的顾虑，及时回答儿童的问题。
- 系统地改变训练方案，通过增加新的练习、改变练习组数和重复次数、结合健美操及使用弹力带和瑞士球的练习来保持运动的新鲜度和挑战性。
- 注重鼓励儿童参与并提供积极的技能强化练习。

（源自：Behm et al., 2008.）

为老年人制定抗阻训练方案

抗阻训练能够提供许多健康益处，特别是对于老年人来说。抗阻训练计划的主要目标在于提高肌肉适能，以使老年人在没有过度压力或疲劳的情况下能够完成日常生活活动，并保持其功能独立性。为了达到这些目标，就需要解决与年龄相关的肌肉质量损失（肌少症）和肌肉力量损失（肌力减退）的问题。专家们一致认为，对于维持与改善老年人肌肉力量和肌肉质量，抗阻训练是最有效的训练方式（Garber et al., 2011；Peterson et al., 2010；Peterson & Gordon, 2011；Romo-Perez, Schwingl & Chodzko-Zajko, 2011；Tremblay et al., 2011）。坎杜等人（Candow et al., 2011）称，22周的全身抗阻训练（3天/周）不仅可以有效缓解

老年（60~71岁）男性去脂身体组织及上下半身的力量损失，而且与未经训练的年轻男性相比，更有助于老年男性获得肌肉力量的提升。

多年来，研究人员发现，采用低强度或高强度（Vincent et al., 2002）的非周期化或波状周期化训练（Hunter et al., 2001），每周1~3天进行举重练习，可以提高（Taaffe et al., 1999）老年人的肌肉力量。彼得森等人（Peterson et al., 2010, 2011）根据对抗阻训练和力量增益关系的元分析研究结果得出结论，训练量越大，老年人的力量和去脂体重的绝对与相对改善程度就越大。在最近的一项元分析研究中，博尔德、霍尔托巴吉和格拉纳谢（Borde, Hortobagyi & Granacher, 2015）一致认为，抗阻训练中存在着剂量-反应关系，即在最长的训练周期（50~53周）内效果最大。对于老

年人来说，每周进行2~3次练习，每项练习重复7~9次（2~3组），强度为51%~69%的1RM，两组练习之间休息60~120秒，这种抗阻训练似乎是最有效的方案。

肌肉爆发力（力量×收缩速度）是日常生活活动能力的重要预测因子。随着年龄的增长，由于慢缩肌或快缩肌纤维萎缩，肌肉力量和爆发力都会下降。肌肉爆发力的下降速度相对较快（60岁以后每年下降3%~4%），而肌肉力量下降速度则相对较慢（每年下降1%~2%）。一些专家建议，老年人的抗阻训练应强调通过快速抗阻运动来提升肌肉力量（Forbes, Little & Candow, 2012；Porter, 2006）。事实上，最近的一项元分析表明，在提高中老年人下半身肌肉力量方面，快速抗阻训练的效果要优于传统的抗阻训练（Straight et al., 2016）。就快速运动而言，运动的向心阶段需要尽可能快地进行，而离心阶段大约需要2秒。

除了增强肌肉力量、爆发力和肌肉耐力外，抗阻训练还可以提升人体完成功能性任务的水平，如举起重物与伸展、从地板或椅子上起立、爬楼梯及步行（Henwood & Taaffe, 2003；Messier et al., 2000；Schot et al., 2003；Vincent et al., 2002）。此外，在长期进行抗阻训练或有氧步行之后，老年骨关节炎患者的身体姿势和平衡性得到改善（Messier et al., 2000）。肌肉力量和爆发力的增强可能有助于平衡表现；然而，肌肉功能和平衡表现之间的因果关系尚不清楚（Orr, 2010）。力量和平衡性的改善有助于防止老年人跌倒与受伤。

对于老年人，美国运动医学会（Garber et al., 2011）建议在中等强度（40%~50%1RM；10~15次）下进行2天/周的抗阻训练，以提高肌肉力量，在较低的强度（20%~50%1RM）下进行抗阻训练，以提高爆发力。虽然针对老年人的抗阻训练指南因机构而异，但一致的意见是，老年人应该在非连续的天数里至少以2天/周的频率训练身体的主要肌群。大多数专家建议指定2~3组8~10种不同的练习，强度在8~15RM（Peterson & Gordon, 2011；Romo-Perez, Schwingel & Chodzko-Zajko, 2011；Trembla et al., 2011）。就像年轻客户一样，老年客户的训练量需要随着时间的推移逐渐增加（渐进性原则）。与针对健康老年人的6个月渐进性抗阻训练方案相关的详细示例，见彼得森（Peterson, 2010）或彼得森和戈登（Peterson & Gordon, 2011）的相关研究。

美国运动医学会（ACSM, 2018）建议，至少在2天/周的频率下进行中等强度（自感用力度为5分或6分）到高强度（自感用力度为7分或8分）的练习，以改善老年人的肌肉适能状况；每节训练课进行8~10种练习，指定1~3组8~12次重复。

除了为健康群体制定抗阻训练方案的指南（见表7.2），建议老年人的抗阻训练方案遵循以下指南及预防措施。

- 在最初几周的训练中，对所有练习采用最小抗阻。
- 向老年人说明正确的抗阻训练技术和呼吸技巧。
- 有与老年人合作经历的训练有素的运动专业人员应在前几次练习期间密切监督和监测每位客户的抗阻训练技术及抗阻训练方案。
- 规定多关节练习，而不是单关节练习。
- 使用运动器材稳定身体并控制关节活动度。避免老年人使用自由重量。
- 每次练习应持续约20~30分钟，且不应超过60分钟。
- 老年人应评估他们在运动过程中的自感用力度。自感用力度的分级应为5分或6分（中等强度）、7分或8分（高强度）。
- 为主要肌群进行8~10种不同的练习，至少指定2组8~15次重复。
- 训练频率至少为2天/周，每次训练之间至少休息48小时。

- 当客户关节疼痛或出现炎症时，应停止训练。
- 当客户在中止方案超过3周后，恢复抗阻训练时，他们应该从一个较低的抗阻开始，该抗阻需小于他们在中止前所举起重量的50%。

关于抗阻训练的常见问题

由于抗阻训练的普及，专业期刊以及流行杂志和报纸上都有大量关于这一主题的信息。本节介绍了运动专业人员在制定抗阻训练方案时可能遇到的常见问题，并提供了客户可能提出的问题与担忧的解决方法。

方案制定

对抗阻训练方案进行细微改动的方法有很多。即使是健身专业人员，改动训练方案时也要进行全方位的考虑，不管这些变化所带来的益处是否比传统的抗阻训练更有意义。本节论述了传统抗阻训练方案中一些常见的变化的影响。

非周期化与周期化抗阻训练哪种方法更好

答案取决于客户的初始训练状态和目标。在抗阻训练的第1阶段（4周），非周期化和周期化的多组方案都能提高未经训练和初级水平抗阻训练者的肌肉适应性（Baker, Wilson & Carlyon, 1994）；然而，在长期（>4周）的训练中，需要不同的训练刺激来持续改善肌肉力量和耐力（Fleck, 1999；Marx et al., 2001）。凯尔（Kell, 2011）报告称，定期训练（12周；3天/周或4天/周）显著提高了有非定期训练经历的男性及女性的肌肉力量。相比之下，非周期化、线性周期化和波状周期化阻抗训练方案在改善未经训练的老年人的身体功能和健康（收缩压、身体成分、最大力量、功能性能力、平衡性和血液生物标记物）方面同样有效（Conlon et al., 2016）。对于中级和高

级水平抗阻训练者，强烈建议其进行周期化训练；非周期化训练可能更适合刚开始参与抗阻训练的客户或主要对保持力量和肌肉张力感兴趣的客户。每天进行不同的练习（波状周期化训练）有助于保持新鲜感以及保持对训练的依从性。

哪种周期化模型最好

答案取决于客户的训练目标。一个研究小组进行了两项研究，以评估不同类型的周期化（线性周期化、反向线性周期化和波状周期化）方案对提高青年、接受抗阻训练的女性和男性的肌肉力量及局部肌肉耐力所带来的效果（Rhea et al., 2002, 2003b）。研究者们报告称，对于那些每周训练3天、一共训练12周的年轻人来说，在力量的提升方面，波状周期化训练要优于线性周期化训练。对于肌肉耐力的增益，3个方案之间没有显著差异。然而，对影响大小的分析表明，反向线性周期化训练比线性周期化训练或波状周期化训练更有效地提高了接受频率为2天/周、共15周训练的女性和男性的肌肉耐力。其他研究人员也注意到，在未经训练的男性中，波状周期化训练比线性周期化训练更能有效地提高力量、肌肉耐力和使肌肉肥大（Miranda et al., 2011；Simao et al., 2012）。然而，最近的一项元分析显示，在改善上半身或下半身肌肉力量方面，波状周期化训练和线性周期化训练所产生的效果之间没有显著差异（Harries, Lubans & Callister, 2015）。

单组训练与多组训练一样有效吗

有研究表明，单组训练与多组训练一样有效，可以提高未经训练者在抗阻训练初期的肌肉力量。然而，最近关于这一课题的大多数研究表明，训练量和肌肉力量增益之间存在剂量-反应关系。里贝罗等人（Ribeiro et al., 2015）报告称，对于老年女性来说，与单组训练（12周）相比，完成三组式训练时，胸推

（三组式训练为26.6%，单组训练为20.3%）和膝关节伸展（三组式训练为23.9%，单组式训练为16.2%）的力量增益更大。同样，拉达埃利等人（Radaelli et al., 2015）报告了单组、三组和五组式训练的剂量-反应关系，包括以前未经训练的男性在6个月内一周进行抗阻训练3次所获得的肌肉力量、肌肉耐力增益以及肌肉肥大效果。最后，拉达埃利等人（Radaelli et al., 2017）的元分析得出结论：对于初级、中级和高级水平抗阻训练者来说，每周组数适中和较多的训练所产生的力量增益高于每周组数较少的训练。

使用哪种运动器材进行训练更好，固定式还是自由式

固定式和自由式抗阻训练机都可以用来提高肌肉的适应性。固定式的运动器材限制了抗阻运动期间的关节活动度和运动平面（如仅允许在矢状面内屈曲与伸展的腿伸展机）。相反，自由式运动器材允许在多个平面上运动（如允许在水平和倾斜平面上进行推胸或飞鸟的器材）。有一项持续了16个星期的研究，比较了固定式训练和自由式训练对久坐男女力量及平衡性的影响（Spennewyn, 2008）。自由式训练组（116%）整体力量的提高显著高于固定式训练组（58%）。此外，自由式和固定式训练组的总体平衡表现分别提高了245%和49%。相比之下，巴拉钱德兰等人（Balachandran et al., 2016）最近报告称，尽管直立绳索训练和坐姿器材训练提高了65岁以上成年人的运动表现水平，但训练组与干预组之间没有显著差异。

腹部训练装置是否比传统的身体练习更能有效地增强腹部肌肉

几乎没有科学证据证明，腹部训练器材比在没有这些器材的情况下进行身体练习（如卷腹）能更有效地提高肌肉力量。据称，这些装置是通过增加抗阻（如腹带）使腹部肌肉超负荷，并通过支撑头部、颈部或背部来孤立腹部肌肉组织。然而，使用肌电图的研究表明，与不使用这些装置相比，使用这些装置进行训练，腹部原动肌（腹直肌和腹外斜肌）的肌肉活性并未提升更多（American Council on Exercise, 1997；Demont et al., 1999；Francis et al., 2001）。尽管相关研究不支持使用腹部训练装置，但它们可以增加传统腹部运动的多样性，甚至可以改善一些客户对腹部运动方案的依从性。

为了使腹部肌肉逐渐超负荷（增加训练刺激），你可以让客户调整体位（如仰卧在一个下斜的长凳上而不是一个平坦的长凳上进行卷腹）、在胸前保持一个重量，或者改变手臂的位置。由于手臂需要从身体两侧移动到头部后方再到头顶，腹部运动变得更加困难。

如何使用瑞士球、药球、弹力带和悬吊训练器来改善客户的健康状况

通过使用瑞士球、药球、弹力带和悬吊训练器，可以以多种方式来提高肌肉力量、爆发力、核心稳定性、柔韧性及静态和动态平衡性。例如，使用TRX悬吊训练器从悬吊位置进行平板支撑，比地板式平板支撑更能有效激活腹部肌肉（Byrne et al., 2014），与在稳定地面上相比，在不稳定装置上进行屈体能获得更高的最大随意收缩百分比（Snarr et al., 2016）。当客户躺在球上时，可以进行如收腹和背部伸展等类型的身体练习；当客户仰卧、俯卧或坐在球上时，可以进行哑铃练习。瑞士球和药球练习用于将身体训练成一个以核心肌群为起点的连接系统。弹力带的运用能够让客户通过模拟特定运动的移动模式的练习来训练肌肉。与使用瑞士球、弹力带和悬吊训练器进行训练相关的更多信息，分别见戈登堡和特威斯特（Goldenberg & Twist, 2016）、佩奇和埃伦-贝克（Page & Ellen-becker, 2011）、道斯（Dawes, 2017）的相关研究。

在不稳定的表面上进行卷腹会增加对腹部肌肉的挑战吗

另一种增加腹部肌肉适能训练刺激的方法是在不稳定的表面上进行卷腹运动。薇拉-加西亚、麦吉尔和格雷尼尔（Vera-Garcia, McGill & Grenier, 2000）研究了4种卷腹过程中腹部肌肉（腹直肌、腹内斜肌、腹外斜肌）的肌电活动：在稳定的长凳上卷腹，在瑞士球上卷腹、双脚平放在地板上，在瑞士球上卷腹、双脚放在长凳上，在平衡板上卷腹。用不稳定装置（瑞士球和平衡板）进行的卷腹运动使腹直肌的肌电活动增加了一倍，使腹外斜肌的肌电活动增加了4倍。在保持全身稳定方面，双脚平放在地板上的瑞士球卷腹的要求最为苛刻，所有腹部肌肉的肌电活动都有所增加。上半身被支撑在平衡板上的卷腹运动使得腹直肌产生了最多的肌电活动。虽然在不稳定的表面上运动会增加腹部肌肉活动以及协同活动，但也会增加脊柱的负荷。在康复方案中，在不稳定表面上的卷腹运动只适用于能够承受更高脊柱负荷的客户（Vera Garcia, Grenier & McGill, 2000）。

什么是全身振动训练，它是如何运作的

50多年前，科学家们提出了利用振动负荷来防止宇航员在太空旅行过程中骨矿物质流失和肌肉萎缩的想法。今天，可以在世界各地的健身和康复中心找到全身振动（WBV）运动装置。进行全身振动训练时需要将身体定位在一个机动平台上，该平台以设定的频率和振幅产生振动信号。频率以赫兹为测量单位，通常在20~60赫兹。例如，在35赫兹时，目标肌肉每秒会收缩与放松35次。振动期间平台的振幅或垂直位移以毫米为单位。力量是频率和振幅的直接函数。这些振动会传递给负重的肌肉和骨骼，与平台表面直接接触的身体部位将感受到最大的振动。通常情况下，客户站在平台上握着手柄，进行下半身练习，如下蹲、弓箭步、提踵或轻跳。或将手臂或脚放在平台上进行上半身和腹部运动，如俯卧撑、双杠臂屈伸、侧撑、腹部平板支撑以及静态拉伸。

不同振动装置在将振动信号传送到人体的方式上有所不同。对于同步全身振动式装置，振动同时应用于右脚和左脚，而两侧交替模式则依次应用于右脚与左脚。在健身环境中，通常采用低强度振动平台。在这些装置上，重力加速度（约为10米/秒^2）会变小。高强度全身振动装置提供的加速度大于常用值，并可能导致肌肉骨骼和神经损伤，从而造成健康风险（Abercromby et al., 2007；Judex & Rubin, 2010）。这些高强度的全身振动装置不受美国食品与药物管理局的监管，更常用于临床康复环境。即使是低强度的全身振动训练，也禁止孕妇或患有血栓、癫痫及装有起搏器或其他电子植入物的客户参与（Albasini, Krause & Rembitzki, 2010）。

训练研究中所采用的全身振动课程的频率、强度和持续时间之间存在很大差异。训练课程的频率在每周1~7次，持续时间为6~18个月。振动平台的峰值加速度通常小于重力加速度，振动信号的强度在10~60赫兹（频率）和0.05~8毫米（振幅）。振动信号以大约0.5~10分钟的时间传递（Lau et al., 2011）。训练方案的差异与方法标准化的缺乏使得研究结果的整合、应用及概括更加复杂。为了解决这个问题，国际肌肉骨骼和神经相互作用学会制定了一套用于描述全身振动训练干预研究中所用方法的建议（Rauch et al., 2010）。

振动负荷能够引起肌肉长度的微小变化，这些变化能够刺激强直性振动反射。这种反射会激活肌梭和α运动神经元，从而导致肌肉收缩（Torvinen et al., 2002）。托尔维宁等人（Torvinen et al., 2002）研究了全身振动训练、无负荷静态及动态训练对肌肉力量、爆

发力和平衡性的长期（4个月）影响。他们指出，在前2个月的训练中，在等长腿部伸展力量及腿部爆发力（通过垂直跳跃测量）方面，出现了最大相对增益。在最后2个月的训练中，力量和爆发力的增益是最小的。因此，全身振动训练似乎会引发类似于传统抗阻训练早期观察到的神经反应与适应（通过激活肌梭来募集运动单位）。与女性标准健身方案（有氧与抗阻训练结合）和传统抗阻训练（运动器材）相比，在3~4个月的无负荷静态及动态运动中，全身振动训练在等长、等速和动态肌肉力量方面产生了类似的效果（Delecluse, Roelants & Verschueren, 2003；Roelants et al., 2004）。然而，阿伯克龙比等人（Abercromby et al., 2007）报道称，每天进行超过10分钟的全身振动训练可能会对健康产生不利影响。因此，还需要进一步研究全身振动训练，特别是确定其在提高老年人的肌肉力量、柔韧性，甚至平衡性方面的适用性，以防止出现跌倒的情况，以及确定这种训练形式的潜在健康危害。

全身振动训练和传统的抗阻训练一样有效吗

在过去的20年中，研究已经检验了将全身振动训练用于改善肌肉力量、爆发力、骨密度、身体成分、平衡性、关节活动度和姿势控制的潜力（McBride et al., 2010）。此外，全身振动训练对于减轻离心运动引起的肌肉酸痛和减轻腰背痛的作用已经得到了验证。本节仅综述了全身振动训练对肌肉骨骼参数影响的研究。关于身体成分、平衡性、关节活动度、姿势控制和腰背痛的研究将在后面的章节中探讨。由于肌肉力量（肌力减少）、肌肉质量（肌节减少）以及骨矿物质（骨质疏松）的下降与年龄相关，大部分研究都集中在老年人身上。关于在腰背痛、骨质疏松、平衡失调、肌少症和肌力减少的治疗中采用全身振动训练的具体指南，见阿尔瓦西尼、伦比齐基和克劳斯（Albasini, Rembitzki & Krause, 2010）的相关研究。

对于老年客户来说，在抗阻训练中加入全身振动训练可以增强抗阻训练对肌肉力量的提升效果（Bemben et al., 2010；Bogaerts et al., 2009）及肌肉肥大（Machado et al., 2010）的积极影响。全身振动训练被认为是老年人的一项"技能提升"活动，在他们能够进行常规练习之前，他们的身体功能处于较低的水平（Rogan et al., 2015）。在某些情况下，全身振动训练比单独进行抗阻训练更有效，从而增强老年女性的肌肉力量和爆发力（Lau et al., 2011；von Stengel et al., 2012）。中频和中等持续时间（40赫兹×360秒）比低频和长持续时间（20赫兹×720秒）或高频和短持续时间（60赫兹×240秒）更能有效地改善老年人进行等速膝关节伸展运动的能力（Wei et al., 2016）。

对于年轻、训练有素的成年人，附带全身振动训练的抗阻训练并不能增加单独抗阻训练所带来的力量增益或皮质脊髓束兴奋性（Artero, Espada-Fuentes et al., 2012；Weier & Kidgell, 2012）。然而，全身振动训练确实会对训练有素的运动员的肌肉力量产生影响（Fort et al., 2012；Ronnestad et al., 2012）。

全身振动训练对不同人群的骨密度的影响是不同的。在一项对老年绝经后女性的研究中，冯·施腾格尔等人（von Stengel et al., 2011）称，经过12个月的全身振动训练后，受试者腰椎的骨密度显著增加。相比之下，其他人在接受全身振动训练后，股骨、脊柱和髋部的骨密度几乎没有变化。事实上，一些综述性研究和已发表文献的元分析已经得出结论，全身振动训练不会导致绝经后女性的骨密度显著增加（Cheung & Giangregorio, 2012；Lau et al., 2011；von Stengel, Kemmler, Engelke et al., 2011；Wysocki et al., 2011；Xu, Lombardi et al., 2016）。目前，全身振动训练不应取代骨质疏松的常规治疗方法；但是，进一步的研究应该检验将全身振动训练用作骨质疏松、肌萎缩和肌力减少的辅助治疗方法的疗效。

在改善客户的肌肉力量方面，壶铃训练是一种安全有效的方法吗

在美国，壶铃运动已成为一种流行的运动训练模式，据称其可以改善肌肉力量与耐力及心肺适能和身体成分。奥托等人（Otto et al., 2012）报告称，6周的壶铃训练能显著提高健康青年男子的肌肉力量（1RM深蹲）与爆发力（1RM高翻）；然而，在改善肌肉力量方面，传统的抗阻训练（举重）比壶铃训练更有效。莱克和劳德（Lake & Lauder, 2012）也指出，6周的壶铃训练［12分/轮；30秒运动、30秒休息，12千克（体重<70千克）和16千克（体重>70千克）的壶铃］使年轻人的最大力量（1RM半蹲）增加了9.8%，爆发力（垂直跳跃高度）增加了19.8%。

由于壶铃的形状独特，客户需要学习如何在运动过程中控制和稳定壶铃的重量。因此，一些壶铃练习非常适合作为优化携带手提箱或购物袋时的力量及稳定性的功能性练习（Liebenson, 2011）。关于壶铃训练对力量、爆发力和有氧适能的影响，以及这种独特的肌肉适能训练模式的生物力学的概述，见比尔兹利和孔特雷拉斯（Beardsley & Contreras, 2014）的回顾。

考虑到壶铃训练涉及很多摆动和屈曲动作，对于颈部疼痛与腰背痛的客户，是否禁止其进行壶铃训练

杰伊等人（Jay et al., 2011）研究了采用壶铃训练提高躯干伸肌力量及减轻从事肌肉骨骼疼痛症状高发职业的成年人腰背部和颈部疼痛的效果。训练组进行全身性的反复弹跳式壶铃训练，3天/周，共8周。与对照组相比，壶铃训练减轻了受试者的颈部和肩部

疼痛（-2.1分）及腰背痛（-1.4分），训练组的躯干伸肌力量也显著增加。尽管孤立的腰椎伸展动作会引起更高程度的腰椎疲劳，但壶铃甩摆仍然是强化腰椎伸肌的有效方法（Edinboroug, Fisher & Steele, 2016）。

麦吉尔和马歇尔（McGill & Marshall, 2012）测量了壶铃甩摆期间脊柱所承受的压缩及剪切性负荷。当采用16千克的壶铃时，这项运动会产生一种髋关节铰链下蹲模式，包括腰部伸肌（50%最大随意收缩）和臀肌（80%最大随意收缩）的快速激活以及放松循环。与传统的下半身举重练习中产生的前切力不同，壶铃甩摆在L5腰椎上产生了来自L4腰椎的后切力。这一观察结果为报告提供了支持，这些报告指出，壶铃训练可能有助于恢复和改善腰背部的健康与功能（McGill & Marshall, 2012）。

客户关注点

这一部分是客户向健身专业人员提出的有关力量训练和肌肉肥大的典型问题。

可以每天进行抗阻训练吗

在抗阻训练过程中，你需要用比正常运动负荷更大的负荷刺激肌肉，肌肉细胞和结缔组织会产生微小的撕裂。你的身体会通过产生新的肌肉蛋白来做出反应，这会带来肌肉生长及肌肉力量的增加。为了能够实现这些变化，你需要在训练之间让所增强的肌肉得到休息。大多数人每隔一天进行1次抗阻训练，一周只进行2~3次，肌肉力量就有了很大的提高。如果你每天进行抗阻训练，就会出现肌肉过度训练的风险。过度训练可能导致肌肉拉伤、肌腱炎、滑囊炎以及其他肌肉与关节的损伤。那些有经验且每天训练的个体，会拆分自己的常规训练，这样他们就不会连续几天增强相同的肌群。如果你每天进行抗阻训练的话，采用分段式训练可以降低肌肉出现过度酸痛及发生运动损伤的风险。

我能用俯卧撑和引体向上之类的身体练习来增强力量吗

你可以用身体练习来增强力量。除了自由重量和器材练习，运动专业人员经常指定俯卧撑与引体向上练习，以强化胸部、手臂和背部肌肉。当你进行身体练习时，你的体重提供了抗阻。如果你的力量不足以对抗自己的体重，你将需要对身体练习进行调整。例如，用膝盖和手支撑身体做俯卧撑要比在全身伸展状态下，用手和脚支撑身体来做标准俯卧撑更为容易。随着力量的提高，你可以通过让双手间距大于肩宽来增加俯卧撑的难度。

如果你的力量不足以对抗自己的体重，你可以用测力计或弹力带来调整引体向上练习。当你向上拉时，让运动专业人员支撑你的小腿或脚踝，你伸展膝盖，以此来协助自己的运动。或者将弹力带从杠把的位置拉伸到膝盖或脚上，这样可以帮助你在上拉时能更容易地向上运动。如需增加上拉的难度，可将双手分开比肩宽，并采用反手（内旋）握把而不是正手（外旋）握把。

我严格遵循我的运动处方，但在过去的几个星期里，我没有看到我的力量有任何变化。我该怎么办

在你开始实施抗阻训练方案时，由于你的初始力量水平较低，力量会提高得很快。当你的肌肉适应训练刺激之后，你可能会达到一个平稳的或者你似乎无法进一步改善的状态。如果你通过改变抗阻、重复次数和训练组数的结合（向你的私人教练咨询一个周期化的训练方案），来更频繁地（每周甚至每天）改变训练刺激，那么可能会有所帮助。例如，如果目前你在每次训练中进行高强度低重复练习，你可以尝试降低强度（从80%~70%1RM），并在几天内增加重复次数（从6~8次到10~12次）。此外，为肌群选择不同的练习也会有所帮助。

如果我举重，我的肌肉会变得僵硬且失去柔韧性吗

人们普遍错误地认为抗阻训练会降低关节的柔韧性。对精英健美运动员和举重运动员进行的研究表明，这些运动员有着很好的柔韧性。已经有相关研究证明，抗阻训练可以提高或至少保持青年男女的柔韧性（Ribeiro, Campos-Filho et al., 2017）。一项研究表明，抗阻训练实际上提高了老年女性的柔韧性，每周3次的训练比每周2次的训练所产生的髋关节屈曲范围更大（Carneiro et al., 2015）。在抗阻训练中保持柔韧性的关键在于，我们需要在整个关节活动度内进行每项练习。此外，每次运动后，肌群的静态拉伸有助于保持柔韧性。

抗阻训练能帮助我减重吗

抗阻训练能积极地改变你的身体成分，保护你的去脂身体组织。虽然你的体重可能不会改变，但是你的去脂体重（肌肉和骨骼）会增加，你的脂肪也会减少。考虑到肌肉组织比脂肪组织更具有代谢活性（消耗更多能量），当你在实施减重性饮食时，肌肉量和去脂体重的增加有助于维持机体的静息代谢率。运动科学和营养专业人员建议采用抗阻训练和有氧运动相结合的方法，以使体脂流失最大化，从而保持去脂身体组织。

如果我在进行抗阻训练的同时进行有氧训练，我的力量会提高吗

如果同时参加有氧和抗阻训练，你肌肉尺寸的增长和力量的提高可能会因为能量以及耐力训练的蛋白质需求的增加而减小。威尔森等人（Wilson et al., 2012）对解决这一问题的研究进行了元分析，报告称，在跑步的同时进行抗阻训练，会显著减少肌肉力量的增益并弱化肌肉肥大的效果。耐力训练的频率和持续时间与肌肉肥大、肌肉力量和爆发力增长负相关。然而，最近的研究表明，并行训练不一定会干扰肌肉力量增益与肌肉肥大的效

果（Murach & Bagley, 2016）。训练的类型和顺序可以缓和干扰效应。例如，与仅参加抗阻训练的女性相比，在绝经前女性8周的训练中，将高强度间歇训练与抗阻训练相结合的练习并没有减少膝伸肌或肘屈肌力量的增益（Gentil et al., 2017）。此外，有证据表明，在进行有氧训练之前进行抗阻训练有助于保持肌肉力量（Alves et al., 2016; Murlistas, Kneffel & Thalib, 2017）。尽管对于竞技型健美运动员和力量型运动员来讲，并行训练潜在的干扰是重要的考虑因素，但是否同时参加这两种训练形式取决于你的整体运动目标。如果你的目标旨在促进健康或减重，专家建议在运动方案中纳入有氧与抗阻训练。

在抗阻训练期间，是否有必要补充蛋白质和氨基酸，从而促进肌肉肥大和力量增长最大化

虽然接受过抗阻训练的客户（每天1.6~1.8克/千克）的蛋白质需求量高于不进行体力活动的客户（每天0.8克/千克）的推荐饮食量，但对于大多数客户而言，含有12%~25%蛋白质的均衡饮食将满足抗阻训练期间增加的蛋白质需求量。但是，如果你的目标不只是获取由抗阻训练产生的肌肉肥大和力量增长的效果，那么在你进行抗阻运动的时候，补充蛋白质或氨基酸，可能会显著增强机体的急性合成代谢反应（Hayes & Cribb, 2008）。抗阻训练和蛋白质摄入之间存在协同关系，从而促进肌肉蛋白质合成以及肌肉的增长（Guimaras-Ferreira et al., 2014）。斯塔克等人（Stark et al., 2012）的一项研究表明，运动前和运动后补充蛋白质会增大去脂体重，促进肌肉肥大，增强肌肉力量、运动表现，以及促进恢复。

蛋白质摄入的时间对抗阻训练后肌肉生长的优化至关重要。在一项引用量颇高的针对进行超过12周的抗阻训练的老年男性的研究中，那些在运动后（5分钟内）立即服用碳水化合物蛋白质补剂的老年男性在肌肉肥大、去脂体重和肌肉力量方面的增益比那些在训练后2小时后服用补剂的老年男性要多（Esmarck et al., 2001）。

什么类型的蛋白质和氨基酸补剂对增强抗阻训练中的肌肉与力量提升最有效

消耗的蛋白质类型可能影响抗阻训练引起的机体合成代谢反应。乳清蛋白补剂（即大于80%的蛋白浓缩物或大于90%的蛋白分离物）在运动员中被广泛用于增加肌肉质量。乳清蛋白补剂中的支链氨基酸含量最为丰富，特别是亮氨酸，它是肌肉蛋白合成的调节器（Hayes & Cribb, 2008）。在一项乳清蛋白和酪蛋白补剂效果的比较研究中，运动员参与了为期10周的抗阻训练，与每天摄入等量酪蛋白的运动员相比，摄入乳清蛋白分离物［1.5克/（千克·天）］的运动员的去脂体重增益提升了4倍，力量增益也更多（Cribb et al., 2006）。好的运动后蛋白质合成补剂能够与快速作用的碳水化合物（如麦芽糖糊精及葡萄糖）结合，每份至少提供3克亮氨酸；运动前补剂能够使葡萄糖与必需氨基酸结合（Stark, 2012）。

肌酸补剂能增强抗阻训练期间的力量和增大肌肉尺寸吗

根据国际运动营养学会的数据，一水肌酸是一种有效的机能增进补剂，可增加运动员的去脂体重及增强高强度运动能力（Kreider et al., 2010）。超过300项研究已经测试了肌酸的补充对运动表现的影响。总的来说，数据表明补充肌酸可以改善持续不到30秒的高强度运动的表现（Branch, 2003; Rawson & Clarkson, 2003）。研究表明，在健康的年轻成年人以及老年男女中，肌酸的补充和抗阻训练可增加肌肉力量、体重、去脂体重，增大肌肉尺寸以及训练量（Brose, Parise & Tarnopolsky, 2003; Cribb et al., 2007; Nissen & Sharp, 2003）。然而，骨骼肌形态的差异可能影响抗阻训练引起的肌肉肥大反应（即去脂体重、纤维特异性肌肥大及收缩蛋白质含量的变化）（Cribb et al., 2007）。肌酸补剂虽然能够增加肌肉肌酸，但在反应方面存在明显个体间差异（Rawson & Clarkson, 2003）。理论上，肌肉肌酸含量的增加提高了机体可完成的训练量，并减少了组之间和练习之间所需的恢复时间。训练刺激的增加改善了一些个体对抗阻训练的生理适应（即他们在肌肉质量和力量方面获得了更大的增长）。

此外，研究人员还比较了一水肌酸和乳清蛋白的补充对抗阻训练后肌肉力量和肌肉肥大改善的单独以及联合作用。经过10或11周的抗阻训练后，肌酸和乳清蛋白补充组的力量与对照组相比均有显著提高。然而，将一水肌酸［0.1~0.3克/（千克·天）］添加到乳清蛋白补剂［1.5克/（千克·天）］的这一做法，在体重、去脂体重及肌肉尺寸的增益方面，比单独补充乳清蛋白的做法更加有效（Cribb, Williams & Hayes 2007；Cribb et al., 2007）。因此，如果抗阻训练方案的目标旨在最大限度地增加肌肉质量和体重，同时提高训练强度，则建议在乳清蛋白补剂中添加一水肌酸（Hayes & Cribb, 2008）。除了一水肌酸外，其他肌酸现在也被用作潜在的机能增进辅助手段。有关其他肌酸的摘要，见安德烈斯等人（Andres et al., 2017）的回顾。

服用肌酸补剂安全吗

肌酸是一种被广泛研究的补剂。尽管轶事报告将肌酸补充与肌肉痉挛、肠胃不适、软组织损伤和肾功能受损联系起来，但对照研究的现有证据表明，当摄取推荐剂量时，肌酸的安全性可以得到保证（Andres, 2017；Cooper et al., 2012）。安德烈斯等人（Andres et al., 2017）在最近一次引用了几家食品安全机构的政策声明的审查中得出结论，每天3克的肌酸摄入量不太可能造成健康风险，甚至与肌酸负荷

（5~10克/天）相关的更高剂量也没有产生任何不良影响。然而，他们建议肾功能受损的客户、孕妇或哺乳期女性及儿童在补充肌酸之前，应获取相关医学建议。同样，库珀等人（Cooper et al., 2012）得出结论，肌酸的补充似乎是安全的，但他们警告说，目前在很大程度上还不清楚长期服用肌酸所带来的影响。

β-羟基-β-甲基丁酸（HMβ）补剂能增加去脂体重和肌肉力量吗

β-羟基-β-甲基丁酸是亮氨酸的代谢产物。HMβ通过抑制肌肉蛋白质降解和促进蛋白质合成对骨骼肌产生有效的抗凝血作用（Zanchi et al., 2011）。HMβ还可以减少与抗阻训练相关的肌肉损伤。在膳食补剂的元分析中，尼森和夏普（Nissen & Sharp, 2003）报告称，HMβ是现如今仅存的可显著增加参与抗阻训练的客户的去脂体重和肌肉力量的两种补剂之一（另一种是肌酸）。几项双盲、安慰剂对照研究均一致认为，在12周的补充和力量训练期间，HMβ能有效地增加客户的去脂体重和肌肉力量（Ferreira et al., 2013, 2015；Lowery, 2016；Wilson et al., 2014）。此外，这些不同的研究者都发现，在过度伸展或高强度训练期间，HMβ似乎减少了肌肉损伤的标志物（如肌酸激酶）（Ferreira et al., 2013, 2015；Lowery et al., 2016；Wilson et al., 2014）。

研究已经检验了HMβ与肌酸（Jowko, Ostaszewski & Jank, 2001；O'Connor & Crowe, 2007）或乳清蛋白（Kraemer et al., 2015；Shirato et al., 2016）的结合，结果各不相同。乔科、奥斯塔谢夫斯基和扬克（Jowko, Ostaszewski & Jank, 2001）在一个为期3周的力量训练方案中发现，与仅服用肌酸或仅服用HMβ的受试者相比，服用HMβ-肌酸结合剂的受试者在肌肉力量和去脂体重方面获得了更大的改善。相比之下，奥康纳和克罗（O'Connor & Crowe, 2007）报告称，在6周的训练期内，仅服用

HMβ, 或服用其与肌酸相结合产生的补剂都不能有效地提高训练有素的运动员的肌肉力量、爆发力或去脂体重。HMβ与乳清蛋白的结合在抑制肌肉力量流失、减少肌肉酸痛或减少肌肉损伤标记物方面, 并不优于单独服用HMβ或乳清蛋白时所产生的效益 (Shirato et al., 2016)。然而, 克雷默等人 (Kraemer et al., 2015) 报告称, 加入HMβ后, 乳清蛋白的回收效益会增强。与单纯的乳清蛋白相比, HMβ-乳清蛋白的结合可减少连续3天高强度抗阻运动所产生的肌肉损伤标志物 (肌酸激酶和白细胞介素-6)。

抗阻训练方案的效果

抗阻训练通过增加肌肉力量、肌肉耐力和爆发力来提高肌肉的适应性。本节论述了抗阻训练的形态、生化和神经适应。

抗阻训练对肌肉骨骼系统的形态影响

抗阻训练会引起骨骼肌与骨骼的形态适应。抗阻训练带来的力量提升很大一部分源自肌肉纤维结构的变化。骨矿物质含量和骨密度的增加改善了骨骼健康。

什么是运动诱导性肌肉肥大

力量训练的一个效果在于增加肌肉组织的尺寸。这种适应称为**运动诱导性肌肉肥大**, 由收缩蛋白质总量、每根纤维所含肌原纤维的数量和大小以及肌纤维周围结缔组织的数量增加所致 (Goldberg et al., 1975)。在重抗阻训练中, 快缩 (Ⅱ型) 肌纤维的尺寸增加是慢缩 (Ⅰ型) 肌纤维的两倍 (Kosek et al., 2006)。蛋白质合成的增加和肌源性卫星细胞增殖是导致肌肉尺寸增大的两个主要过程。尽管这两个过程在客户进行第一轮抗阻训练后便立即开始, 但通常需要4~6周的强化训练来观察未经训练的成年人的肌肉尺寸增大量 (Seynes, de Boer & Narici, 2007)。有关抗阻训练如何影响导致肌肉尺寸增大的基因和蛋白质合成的更多信息, 见麦克荣、德夫里和菲利普斯 (McGlory, Devries & Phillips, 2017) 的回顾。

有没有可能通过抗阻训练来增加肌纤维的数量

据报道, 由于纵向分裂以及卫星细胞的增殖, 抗阻训练能够诱导动物体内的肌纤维数量增加 (即增生) (Antonio & Gonyea, 1993; Edgerton, 1970; Gonyea, Ericson & Bonde-Petersen, 1977)。然而, 这种过程在人类骨骼肌组织中并未得到明确的证实 (Taylor & Wilkinson, 1986; Tesch, 1988)。尽管一些数据表明人类骨骼肌有可能增加肌纤维数量 (Always et al., 1989; Sjostrom et al., 1992), 在对重抗阻训练的反应中, 肌纤维增生对整体肌肉尺寸增大的贡献可能不到5% (Kraemer, Fleck & Evans, 1996)。显然, 现有肌纤维的尺寸增大是引起人类运动诱导性肌肉肥大的主要因素。

抗阻训练会使慢缩肌纤维变成快缩肌纤维吗

对肌纤维进行分类的一种方法是, 识别单个肌纤维中存在的肌球蛋白重链亚型。肌球蛋白重链的3种不同亚型为: MHC-Ⅰ、MHC-ⅡA 和MHC-ⅡX (以前称为MHC-ⅡB)。纯肌纤维只含有一种亚型。混合肌纤维含有MHC-Ⅰ和MHC-ⅡA 或 MHC-ⅡA 和 MHC-ⅡX 两种亚型。MHC-Ⅰ肌纤维是收缩最慢的肌纤维, MHC-ⅡX 肌纤维是收缩最快的肌纤维, 混合肌纤维的收缩速度介于两者之间 (Andersen & Aagaard, 2010; Harridge, 2007)。重抗阻训练阻碍了MHC-ⅡX肌纤维的表达, 同时促进了MHC-ⅡA肌纤维的表达, 但MHC-Ⅰ肌纤维相对不受影响 (fry, 2004; Andersen & aagaard, 2000)。因此, 力量训练似乎只影响MHC-ⅡA和MHC-ⅡX快缩肌纤维的相对数量和尺寸, 而MHC-Ⅰ慢缩肌纤维的收缩特性没有变化 (Andersen & Aagaard, 2010)。

男性和女性的肌肉尺寸和力量之间的关系是一样的吗

肌肉力量与肌肉组织的横截面积直接相关。井贝和福长（Ikai, Fukunaga, 1968）指出，年轻男性和女性肘屈肌的每个单位横截面积的静态力量相似。这些值在4.5~8.9千克/厘米^2；男女的平均值分别为6.7千克/厘米^{2}和6.2千克/厘米^2。丘尔顿等人（Cureton et al., 1988）还报告，男性和女性的单位横截面积的动态力量相似。训练后，男性和女性的肘屈肌或伸肌力量与上臂横截面积的比率分别为1.85千克/厘米^{2}和1.65千克/厘米^2。同样，训练后，男性的腿部力量与大腿横截面积的比率为1.10千克/厘米^2，女性为0.90千克/厘米^2。

抗阻训练对肌肉肥大的程度有限制吗

就可达到的肌肉肥大程度而言，似乎存在天花板或高原期。如前所述，蛋白质合成和卫星细胞增殖是导致肌肉肥大的两个主要过程。这种高原期可能与客户激活卫星细胞池和向肌肉细胞添加新核的能力有关。经过16周的抗阻训练后，中等和极端反应者的细胞尺寸增大量通常为肌肉组织横截面积增大25%~75%（Petrella et al., 2008）。鉴于抗阻训练导致的肌肉尺寸增大程度存在个体差异，请仔细检查客户的训练背景并相应地修改抗阻训练运动处方（Andersen & Aagaard, 2010）。

在抗阻训练中，女性的肌肉尺寸会增大多少

过去，人们认为，抗阻训练对女性的肌肉尺寸增大程度所产生的影响比男性小，尽管他们的相对力量增益相似，但肌肉肥大程度需通过人体测量和身体成分测量间接评估而得。然而，丘尔顿等人（Cureton et al., 1988）在一项重抗阻训练方案（70%~90%1RM，16周，3天/周）中使用计算机断层扫描直接评估肌肉尺寸增大的情况，发现女性上臂和男性上臂的横截面积显著增加（女性为5平方厘米或23%，男性为7平方厘米或15%）。尽管

男性肌肉体积的绝对变化较大，但男性和女性的相对肌肉肥大程度（变化百分比）相似（Cureton et al., 1988）。沃尔茨等人（Walts et al., 2008）报告称，10周的力量训练使白人和非裔美国人（9%）以及女性（7.5%）的膝伸肌体积相对有所增加。专家们一致认为，当训练刺激相同时，男性与女性的肌纤维尺寸的相对增益是相似的（Deschenes & Kraemer, 2002）。

老年人有没有可能通过抗阻训练来增加肌肉的尺寸

多年来，人们认为老年人抗阻训练的强度增长主要是由于神经适应，而不是肌肉尺寸增大（Moritani & deVries, 1979）。然而，现在人们普遍认为，运动诱导性肌肉肥大似乎是老年女性和男性力量增强的一个重要机制。这意味着老年人可以通过参与一个强有力的抗阻训练方案来有效地对抗与年龄相关的肌肉量流失。然而，这些增长需要时间才能显现出来。最近，李善卓等人（Lixandrao et al., 2016）利用超声，每周对年长成年人进行一次肌肉横截面测量，让这些受试者每周进行4组10次蹬腿，每次70%~80%1RM，一周2次。18节训练课（9周）后才观察到肌肉质量有所增加。

劳厄等人（Raue et al., 2012）确定并比较了引起年轻人（24岁）和老年人（84岁）抗阻训练生长反应的基因组。大约660个基因在第1次和第36次训练期间受到了抗阻训练的影响。这些基因被称为抗阻训练的转录组特征（Raue et al., 2012），并且与肌肉尺寸和力量的增益相关。对于年轻人来说，在未经训练及受过训练的肌肉中，对急性抗阻运动起反应的基因数量有所减少；但对老年人来说，该基因数量保持相对稳定，这表明老年人缺乏训练反应。与老年人相比，年轻人的骨骼肌在基因水平上对抗阻运动的反应性更强。然而，经过12周的抗阻训练后，在基因表达方面，老年人比年轻人出现了更多的改变。这一发现

表明，老年人的肌肉中的某些细胞类型能够适应抗阻训练。抗阻运动的基因应答在MHC-IIA肌纤维中比MHC-I肌纤维中更为明显。这项研究有助于理解抗阻运动引起肌肉尺寸增大（肌肉肥大）及老化和缺乏训练引起肌肉尺寸减小（肌肉萎缩）的分子基础。

抗阻训练能改善骨骼健康和关节完整性吗

抗阻训练对骨骼健康有着积极的影响，可以降低骨质疏松及骨折的风险，尤其是对于女性来说。这种形式的训练或许有助于实现绝经前期女性可能达到的最大骨量，也可能有助于维持和强化绝经女性和老年人的骨骼密度（Layne & Nelson, 1999）。在最近的系统回顾和元分析中，徐等人（Xu et al., 2016）得出结论，冲击运动与抗阻训练的结合是保持和提高绝经前期和绝经女性骨密度的最佳运动策略。在一项对绝经女性（45~65岁）的长期研究中，经过1年的抗阻训练（2组；6~8RM；70%~80%1RM；2天/周），受试者肌肉力量和骨密度显著提高（25%~75%）。持续进行抗阻训练超过4年的女性股骨和腰椎部位的骨密度有着显著变化。研究人员得出结论，女性每周进行两次或两次以上的抗阻训练，可以保持骨密度（Metcalfe, 2010）。有证据表明，抗阻训练和更高强度的负重活动（并非步行）也可能减缓骨质流失的速度，即使骨密度没有显著增加。骨密度的改善似乎具备部位特异性的特点；运动肌肉所附着的骨骼发生了更大的变化。专家们一致认为，与步行和慢跑等负重有氧运动相比，抗阻训练对骨骼健康的影响更大（Layne & Nelson, 1999）；这一点对男性和女性来说是一样的（Bolam, van Uffeelen & Taaffe, 2013）。

抗阻训练影响总结

形态因素

- 由于收缩蛋白质、肌纤维数量和大小，结缔组织和MHC-II肌纤维大小的增加而引起的肌肉尺寸增大。
- MHC-I和MHC-II肌纤维的相对数量没有变化。
- 将MHC-IIX转换为MHC-IIA快缩肌纤维。
- 肌纤维数量很少或没有变化（<5%）。
- 增加韧带和肌腱的尺寸及力量。
- 增加骨密度与骨力量。
- 增加肌肉毛细血管密度。

神经因素

- 增加运动单位的激活与募集。
- 增加运动神经元放电频率。
- 减少神经抑制。
- 增加皮质脊髓束兴奋性。

生化因素

- 腺苷三磷酸和磷酸肌酸存储量略有增加。
- 肌酸激酶、肌球蛋白腺苷三磷酸酶和肌激酶活性略有增加。
- 线粒体体积密度降低。
- 抗阻训练中睾酮、生长激素、胰岛素样生长因子和儿茶酚胺有所增加。
- 在抗阻运动后的次最大周期测力计运动中，脂肪氧化和脂肪利用率得到提高。

附加因素

- 体重变化很小或没有变化。
- 去脂体重有所增加。
- 脂肪量和体脂含量减少。
- 随着训练强度的增加，骨骼健康状况得到改善。
- 基因转录组特征的变化。

抗阻训练还可以提高韧带与肌腱的尺寸和力量（Edgerton, 1973；Fleck & Falkel, 1986；Tipton et al., 1975）。这些变化可能有助于增加关节稳定性，从而降低扭伤和脱位的风险。

抗阻训练的生化效应

抗阻训练所带来的骨骼肌的形态变化是由激素引起的。本节探讨的是与抗阻运动的激素反应以及骨骼肌代谢曲线变化相关的问题。

是什么导致了抗阻训练后肌肉尺寸的增加

运动引起的肌肉尺寸增大需要通过激素机制才能发生。合成代谢（蛋白质生成）激素，如睾酮、生长激素和胰岛素样生长因子的释放都会随着重抗阻运动而增多，并相互作用以促进蛋白质合成。然而，睾酮和生长激素释放的量似乎与所用肌群的大小、训练强度（%1RM）和两个组数之间的休息时间有关，同时，在涉及大肌群的高强度运动（5~10RM）和短暂休息时间（1分钟）中所观察到的增益更大（kraemer et al., 1991）。在男性群体中，高强度的抗阻训练会显著增加睾酮和生长激素，但睾酮似乎是主要的肌肉生长激素（Deschenes & Kraemer, 2002）。儿茶酚胺（去甲肾上腺素、肾上腺素和多巴胺）促进了睾酮和胰岛素样生长因子的释放，也增加了男性对重抗阻运动的反应（Kraemer et al., 1987）。在女性群体中，生长激素可能是最有效的肌肉生长激素（Deschenes & Kraemer, 2002）。关于胰岛素样生长因子、生长激素和睾酮及其对于增大骨骼肌的作用的更多信息，见舍恩菲尔德（Schoenfeld, 2013）的回顾。

抗阻训练会改变骨骼肌的代谢状况吗

尽管高强度的抗阻训练会使肌肉蛋白质大量增加，但对肌肉基质存储量和与腺苷三磷酸生成有关的酶几乎没有或完全没有影响。尽管在力量训练中，腺苷三磷酸和磷酸肌酸的储存量可能会显著增加（MacDougall et al., 1979），但变化幅度不够大，没有实际意义。力量训练对肌球蛋白腺苷三磷酸酶活性（Tesch, 1992）和其他腺苷三磷酸转换酶（如肌酸激酶）活性的影响很小（Costill et al., 1979；Komi et al., 1978；Thorstensson et al., 1976）。使用重抗阻和爆发性运动进行力量训练会导致己糖激酶、肌原纤维腺苷三磷酸酶和柠檬酸合酶的活性降低（Tesch, 1988）。

抗阻训练会降低有氧代谢能力和耐力表现吗

这其中有些争议。据报道，与重抗阻训练前比，重抗阻训练后的线粒体体积密度由于收缩蛋白不成比例的增加而下降。从理论上讲，这可能不利于提升有氧代谢能力和耐力表现。在针对未经训练的男性的类似研究中，一个研究团队发现，在只进行有氧训练或将力量和耐力训练相结合的组中，摄氧量峰值的增长是一样的（McCarthy et al., 1995），而另一个研究团队报告称，摄氧量峰值只在耐力训练组中有所增长（Glowacki et al., 2004）。年轻的专业自行车运动员同时进行力量和耐力训练16周后，最大摄氧量保持不变，但45分钟的计时赛成绩仅在完成并行训练时提高了8%，单独的耐力训练没有带来改善（Aagaard et al., 2011）。研究人员将耐力的提高归因于MHC-IIA型肌纤维比例的增加，而毛细血管化则保持不变。同样，与只进行耐力训练的训练组相比，下半身抗阻训练可以提高训练有素的女子铁人两项运动员的跑步与骑行表现（Vikmoen et al., 2017）。然而，西兰德（Psilander, 2015）发现，并行训练并未增强适度受训的自行车运动员的有氧代谢能力或耐力。耐力–力量结合型训练组增强了腿部力量（19%）、冲刺爆发力（5%）、短期耐力（9%），但只有耐力训练组增加了柠檬酸合酶活性（11%）、乳酸阈（3%），以及长期耐力（4%）。

抗阻训练对神经系统的影响

除了肌肉肥大外，神经适应还能显著增加肌肉力量，特别是在抗阻训练的初始阶段。本节探讨与短期和长期抗阻训练的神经适应相关的问题。

在抗阻训练中，神经功能发生了什么变化

神经系统通过增加运动单位（α运动神经元及其所支配的所有肌纤维）的激活与募集以及减少拮抗肌的协同作用来对抗阻训练做出反应（Sale, 1988）。募集更多的运动单位，以及增加爆发频率，会产生更大的肌肉力量。一些证据表明，来自更高级别的神经中枢（如大脑的运动皮质）的中央驱动力发生了改变，同时神经肌肉连接处的神经递质和突触后受体数量也有所增加（Deschenes & Kraemer, 2002）。这些变化有助于激活和募集更多的运动单位，从而增加力的产生。

经颅磁刺激（TMS）已被用来评估运动皮质和骨骼肌之间的神经信号强度（Kidgell & Pearce, 2011）。利用这项技术，可以研究中枢神经系统对力量训练的适应性。在一项使用经颅磁刺激技术的研究中，由于皮质抑制作用的降低，4周等长力量训练后，受试者的力量得到了提高，从而改善了皮质脊髓束对运动单位池的驱动（Carroll et al., 2009）。在年轻人和老年人群体中可以观察到最大随意收缩的增加及与抗阻训练同时发生的皮质抑制的减少（Christie & Kamen, 2014）。基德尔等人（Kidgell et al., 2010）报告称，抗阻训练（4组，80%1RM，6~8次重复）所带来的力量增益（受训的手臂28%，未训练的对侧手臂19%）与皮质脊髓束兴奋性的增加有关（受训的手臂和未训练的手臂分别增加53%和33%）。经颅磁刺激研究的结果表明，神经对力量训练的反应发生在皮质、脊髓以及运动单位层面。对负荷、重复时间和（弹震与受控）运动精度的操控，可以调节中枢神经系统的适应（Kidgell & Pearce, 2011）。

在抗阻训练的哪个阶段会出现神经适应

在过去，人们认为神经适应是在抗阻训练的初始阶段（前2~8周）获得力量的主要原因。在8~10周的抗阻训练中，肌肉肥大效果比神经对力量增益的适应效果更好，但肌肉肥大的效果最终会减弱（Sale, 1988）。有证据表明，肌肉肥大的效果是有限的，可能限制在12个月以内（Deschenes & Kraemer, 2002）。鉴于长期抗阻训练（>6个月）会持续增加力量而不会带来肌肉肥大的效果，专家们现在认为神经适应的第2阶段最有可能是6~12个月训练期间产生的力量增益的原因（Deschenes & Kraemer, 2002）。

神经因素在与年龄相关的肌肉力量流失中起什么作用

肌少症一词，或称为与年龄相关的肌肉质量流失，也被用来定义与年龄相关的肌肉力量损失。这意味着肌肉质量的变化完全是力量变化的原因。根据克拉克和马尼尼（Clark & Manini, 2008）纵向研究表明，随着年龄增长，肌肉质量的年龄相关变化不到力量变化的5%。肌肉质量和力量的变化并不遵循同一时间进程，这表明神经因素以及肌肉因素的变化（如肌肉结构、肌纤维类型转换及电收缩耦合）可能会调节与年龄相关的肌肉力量流失。他们建议使用"肌力减少"一词来指代与年龄相关的力量减弱，并提出了一种筛选算法来帮助定义和识别肌力减少（Manini & Clark, 2012）。尽管很难确定与肌力减少相关的特定神经机制，但脊髓上驱动力的变化、拮抗肌的共同激活、肌肉协同作用和最大脊髓输出量可能会调解随着年龄增长而出现的肌肉力量减弱（Clark & Manini, 2008）。

肌肉酸痛

由于孤立肌群的负荷超过了正常使用时的负荷，抗阻训练可能会引起肌肉酸痛。**急性肌肉酸痛**发生在运动期间或刚结束运动时，通常是由缺血以及代谢废物在肌肉组织中的积聚所引起的。停止运动后，疼痛与不适可能持续1小时。

延迟性肌肉酸痛（DOMS）是指客户在运动后24~48小时会出现肌肉疼痛。虽然延迟性肌肉酸痛的病因尚不清楚（Armstrong, 1984; Smith, 1991），但它似乎与肌肉活动的类型有关。离心运动比向心运动或等长运动引起更大程度的延迟性肌肉酸痛（Byrnes, Clarkson & Katch, 1985; Schwane et al., 1983; Talag, 1973）。等速运动很少或不会引起肌肉酸痛（Byrne, Clarkson & Katch, 1985）。这很可能反映了一个事实，即等速运动装置对于运动的恢复阶段没有抗阻，因此肌肉不会进行离心收缩。要更好地了解肌肉离心动作及其在延迟性肌肉酸痛中的作用，请参考海达尔和胡巴尔（Hyldhal & Hubal, 2014）的回顾。

延迟性肌肉酸痛理论

虽然延迟性肌肉酸痛的确切原因尚不清楚，但已有一些专家提出相关的理论。更为广泛认可的理论表明，运动，特别是离心运动，会导致骨骼肌细胞和结缔组织受损，进而引起急性炎症。

结缔组织损伤

亚伯拉罕（Abraham, 1977）广泛研究了抗阻训练导致延迟性肌肉酸痛的相关因素。他认为延迟性肌肉酸痛很可能是由肌肉结缔组织及其肌腱附着物的损伤引起的。亚伯拉罕指出，经历肌肉酸痛的受试者的尿中羟脯氨酸（结缔组织损伤的一种特殊副产品）的排出量高于没有经历肌肉酸痛的受试者。由于

羟脯氨酸水平的显著升高表明胶原蛋白降解与合成都在增加，他的结论是，更为剧烈的运动会造成结缔组织的损伤，这会加速胶原蛋白的降解，并造成胶原蛋白代谢失衡，而胶原蛋白的合成速度会加快，以弥补这种不平衡。

骨骼肌损伤

研究人员已经评估了运动所引起的骨骼肌损伤。当客户进行离心运动或自身不习惯的运动时，可能会引发运动诱导性肌肉损伤（EIMD）。肌肉损伤会导致力的减少与被动张力的增加，以及肌肉酸痛、肿胀和血液中肌蛋白质的增加（Howatson & van Someren, 2008）。许多关于运动诱导性肌肉损伤的研究都集中在离心运动对肌肉损伤和酸痛的影响上。无论肌肉运动的速度或力量如何，离心运动都会损伤肌原纤维和细胞骨架，以及激发耦合系统，对于新颖的健身方式更是如此（Howatson & van Someren, 2008）。

弗里登、斯特罗姆和埃克布洛姆（Friden, Sjostrom & Ekblom, 1983）观察到离心运动对肌原纤维Z线的结构损伤。普罗斯克和摩根（Proske & Morgan, 2001）指出，骨骼肌内的肌节组织被破坏最有可能是一系列剧烈的离心肌肉动作后主动张力与产生的力降低的原因。麦基等人（Mackey et al., 2008）报告称，电刺激引起的等长肌肉动作也可能引发肌节层面上的肌肉损伤。Z线断裂及小噬细胞入渗为肌纤维的损伤和肉瘤的产生提供了直接证据。需要更多的研究来评估各类型的肌肉运动及高、低冲击离心运动（如下坡跑和离心骑行运动）对肌肉损伤的影响（Friden, 2002）。

研究人员还研究了肌肉损伤的标志物，如血清肌酸激酶、乳酸脱氢酶和肌红蛋白。斯奇沃尼等人（Schwane et al., 1983）注意到下坡跑产生的血浆肌酸激酶水平显著增加。他们认为，离心运动产生的机械应力会造成细胞损伤，导致酶外流。克拉克森等人（Clarkson et al., 1986）报告称，向心（37.6%）、离心（35.8%）和等长（34%）臂屈伸运动后，受试者的血清肌酸激酶水平有程度相似的增加。他们得出的结论是，这3种类型的肌肉动作都会造成肌肉损伤；然而，受试者在进行离心和等长运动后感觉到更大程度的肌肉酸痛。同样，伯恩斯、克拉克森和卡奇（Byrnes, Clarkson & Katch, 1985）观察到向心和离心抗阻训练均提高了血清肌酸激酶水平，但参与向心训练的受试者并没有出现延迟性肌肉酸痛。与所有跟肌肉损伤有关的证据相比，最近的研究表明，肌纤维损伤对延迟性肌肉酸痛并不重要，起着关键作用的是卫星细胞产生的神经营养因子（Mizumura & Taguchi, 2016）。

阿姆斯特朗延迟性肌肉酸痛发展模式

阿姆斯特朗（Armstrong, 1984）在广泛的综述性研究的基础上，提出了以下延迟性肌肉酸痛发展模式。

1. 肌肉细胞和结缔组织中的结构蛋白被运动过程中产生的高机械力破坏，特别是离心运动。
2. 肌纤维膜的结构损伤改变了细胞膜的通透性，从而允许钙离子从间隙流入。钙离子含量过高会抑制细胞呼吸，从而降低细胞产生腺苷三磷酸的能力，腺苷三磷酸具备从细胞中主动清除钙质的功能。
3. 细胞内高钙水平激活了一种钙依赖性蛋白水解酶，该酶降解Z线、肌钙蛋白和原肌球蛋白。
4. 肌纤维膜的这种渐进性破坏（运动后）允许细胞内成分扩散到间质空间和血浆中。这些物质吸引单核细胞，并激活受损区域的肥大细胞和单核细胞。
5. 组胺、激肽类和钾离子由于积极的吞噬作用及细胞坏死而积聚在组织间隙中。这些物质及增加的组织水肿和温度，可能刺激疼痛受体，从而导致延迟性肌肉酸痛。

急性炎症理论

史密斯（Smith, 1991）认为，肌肉细胞的急性炎症反应和离心运动引起的结缔组织损伤是延迟性肌肉酸痛的主要机制。许多急性炎症的迹象和症状，如疼痛、肿胀和功能丧失，也会伴随着延迟性肌肉酸痛的出现。在对急性炎症和延迟性肌肉酸痛的研究基础上，史密斯提出了以下事件顺序。

1. 结缔组织和肌肉组织的破坏发生在离心运动时，特别是当受试者不习惯离心运动的时候。
2. 在几个小时内，血液中的中性粒细胞含量升高并在损伤组织积累，持续数小时。
3. 单核细胞也会在损伤后6~12小时内在损伤组织积累。
4. 巨噬细胞合成前列腺素（E系列）。
5. 前列腺素使Ⅲ型和Ⅳ型疼痛传入神经变得敏感，引发作为对运动或触诊引起的肌肉内压力反应的疼痛感。
6. 压力增加和过敏反应的结合使受试者产生延迟性肌肉酸痛。

总之，似乎没有单一的机制或理论来解释延迟性肌肉酸痛。在一项综述性研究中，刘易斯、鲁比和布什-约瑟夫（Lewis, Ruby & Bush-Joseph, 2012）总结称，肌肉酸痛是由6种不同机制的极点造成的。延迟性肌肉酸痛始于肌肉和结缔组织的微小创伤。这种创伤之后会引起炎症、体液和电解质的转移，进而引起与延迟性肌肉酸痛相关的疼痛和不适。此外，由于个体间的基因差异是对运动诱导性肌肉损伤的反应，具有特定基因型的个体在运动后会经历更严重的肌肉损伤（Baumert et al., 2016）。

运动诱导性肌肉损伤及肌肉酸痛的预防

鉴于离心肌肉运动是人类移动、体力活动和运动的重要组成部分，研究人员探索了多种干预策略，以减轻离心肌肉运动的负面影响，并治疗运动诱导性肌肉损伤。这些方法包括营养学（如抗氧化剂、碳水化合物蛋白质补剂和β-羟基-β-甲基丁酸）和药理学策略（如阿司匹林、布洛芬和奈普生）；手法治疗（如按摩和冷冻疗法），神经肌肉治疗（如经皮神经电刺激和超声）和全身振动疗法；运动疗法（如之前的等长或离心运动以及拉伸）。一些证据表明，冷水浸泡（冷冻疗法）可能会缓解延迟性肌肉酸痛（Bleakley et al., 2012；Lynch & Barry, 2012）。同样，在进行离心运动前进行全身振动治疗可缓解肌肉炎症、力量流失和延迟性肌肉酸痛的症状（Aminian-Far et al., 2011；Broadbent et al., 2010；Imtiyaz, Veqar & Shareef, 2014）。在进行最大离心收缩运动前的几周内进行等长最大随意收缩运动，可减少疼痛和降低肌酸激酶的浓度（Tseng et al., 2016）。此外，相关人员一直认为低训练量、高强度的单回合离心运动对缓解运动诱导性肌肉损伤有积极的作用。豪厄特森和范·索梅伦（Howatson & van Someren, 2008）全面回顾了预防和治疗运动诱导性肌肉损伤的研究。

多年来，专家们一致建议在抗阻训练开始时以慢速静态拉伸练习作为主要肌群的准备活动。人们认为这种拉伸练习可以防止肌肉损伤和疼痛（deVries, 1961）。然而，有证据表明，体力活动前的拉伸并不能预防损伤（Pope et al., 2000）。此外，运动前、运动后拉伸或运动前后都拉伸并不能在临床上有效缓解延迟性肌肉酸痛（Henschke & Lin, 2011；Herbert, de Noronha & Kamper, 2011）。事实上，在抗阻训练前拉伸可能会减弱训练的强度和力量（Rubini, Costa and Gomes, 2007）。因此，不建议在拉伸后马上进行抗阻训练。客户应该以低强度（如40%1RM）完成5~10次抗阻练习而非静态拉伸来进行热身。

洛和赫伯特（Law & Herbert, 2007）报告称，在非常规的离心运动（如在倾斜的跑步机上下坡走30分钟）之前进行低强度运动（即热身），可减轻运动后48小时内的肌肉酸痛。相反，运动后进行低强度的放松运动和拉伸练习都不能减轻肌肉酸痛（Herbert & De Noronha, 2007；Herbert, De Noronha & Kamper, 2011；Law & Herbert, 2007）。

在抗阻训练方案开始时，采用循序渐进的训练强度也有助于预防肌肉酸痛。一些专家建议在力量训练的开始阶段采取12~15RM的训练强度。确保客户在整个抗阻训练过程中逐渐增加训练强度。避免在动态抗阻训练中加入离心动作也可以减少肌肉酸痛发生的可能性。助手或训练搭档应将重量恢复到起始位置。

本章回顾

关键知识点

▶ 特异性原则是指肌肉适能的提升取决于特定肌群、肌肉动作类型、训练强度、速度和关节活动度。

▶ 超负荷原则规定，肌群应当在超过正常负荷的情况下进行训练，以促进肌肉力量和耐力的提升。

▶ 对于非周期化的抗阻训练方案，应当逐步增加训练量，使肌群超负荷，以持续提高肌肉力量和耐力。

▶ 在大多数方案中，抗阻训练应按一定顺序进行，以确保连续的练习不涉及相同的肌群。然而，对于高级方案，同一肌群的训练应该连续进行。

▶ 动态抗阻训练可以通过改变运动的强度、重复次数、组数和频率来增强肌肉的力量、爆发力、耐力或增大肌肉尺寸。

▶ 与非周期化抗阻训练方案相比，周期化抗阻训练方案能引起更大的力量变化。

▶ 抗阻训练引起的肌肉力量和肌肉耐力的提高，源自肌肉组织的形态学、神经学和生化变化。

▶ 离心运动比向心运动、等长运动或等速运动更容易引起延迟性肌肉酸痛。

▶ 等速训练很少引起肌肉酸痛。

▶ 延迟性肌肉酸痛的确切原因尚不清楚；然而，结缔组织和肌肉损伤及急性炎症，都被认为是可能的原因。

重要术语

请学习以下重要术语的定义，相关定义可在术语表中查找。

急性肌肉酸痛（Acute-Onset Muscle Soreness）

β-羟基-β-甲基丁酸（β-hydroxy β-Methyl-butyrate，HMβ）

复合组（Compound Set）

核心稳定性（Core Stability）

核心强化（Core Strengthening）

延迟性肌肉酸痛（Delayed-Onset Muscle Soreness, DOMS）

肌力减退（Dynapenia）

离心训练（Eccentric Training）

运动诱导性肌肉肥大（Exercise-Induced Hypertrophy）

运动诱导性肌肉损伤（Exercise-Induced Muscle Damage, EIMD）

功能性训练（Functional Training）

高强度-低重复次数（High Intensity-Low Repetition）

壶铃训练（Kettlebell Training）

线性周期化（Linear Periodization, LP）

低强度-高重复次数（Low Intensity-High Repetition）

大循环（Macrocycle）

中循环（Mesocycle）

小循环（Microcycle）

肌肉平衡（Muscle Balance）

周期化（Periodization）

金字塔式（Pyramiding）

重复（Repitition）

重复最大力量（Repetition Maximum, RM）

反向线性周期化（Reverse Linear Periodization, RLP）

肌少症（Sarcopenia）

组数（Set）

分段式方案（Split Routine）

超级组（Supersetting）

强直性振动反射（Tonic Vibration Reflex）

训练量（Training Volume）

经颅磁刺激（Transcranial Magnetic Stimulation, TMS）

抗阻训练的转录组特征（Transcriptome Signature of Resistance Exercise）

三组式（Tri-Sets）

波状周期化（Undulating Periodization, UP）

全身振动训练（Whole-Body Vibration Training）

问题回顾

除了能够对上面列出的重要术语进行定义，请回答以下问题来巩固并加深自己对本章内容的理解。

1. 抗阻训练对健康有什么益处？

2. 列出3种常见的抗阻训练。哪一种最适合理疗康复方案？

3. 描述美国运动医学会制定健康群体抗阻训练方案的指南。当你为儿童和老年人制定抗阻训练方案时，需要做哪些修改？

4. 描述肌肉力量训练和耐力训练方案的基本运动处方，并说明二者之间有何不同。

5. 如何增加高级力量训练和肌肉肥大方案的训练量。

6. 描述两种训练组数不同的高级力量训练方法。

7. 说明高级水平抗阻训练者用来使一个目标肌群完全疲劳的两种方法。

8. 描述3个周期化模型。它们有什么不同？

9. 中等负荷离心训练与快速伸缩复合训练有何不同？

10. 与传统的抗阻训练形式相比，等速训练有哪些主要优势？

11. 制定抗阻训练方案时，解释如何应用特异性、超负荷以及渐进性原则。

12. 如果客户要求将肌酸用作抗阻训练的补剂，你会告诉客户什么信息？

13. 解释抗阻训练导致运动诱导性肌肉肥大的原因。在抗阻训练方案的时间进程中，什么时候最有可能出现这种形态适应？

14. 描述抗阻训练对骨骼健康的潜在影响。

15. 在抗阻训练中，何种神经适应能解释初始力量的增益？在抗阻训练的时间进程中，什么时候最有可能观察到这些变化？

16. 定义肌少症和肌力减少，确定导致肌力减少的肌肉形态和神经机制。

17. 描述一个延迟性肌肉酸痛理论。有哪些措施有助于预防和减轻抗阻训练引起的肌肉酸痛？

第8章

评估身体成分

关键问题

▶ 为什么身体成分测量很重要？健康和健身专业人士如何进行身体成分的测量？

▶ 依据哪些标准来给体脂水平分类？

▶ 双成分与多成分的身体成分模型之间有哪些区别？

▶ 水下称重有哪些指导原则，以及该方法存在哪些局限性？

▶ 空气置换体积描记术和水下称重一样精确吗？

▶ 双能X射线吸收法能否用作测量身体成分的金标准？

▶ 皮褶厚度法有哪些指导原则、局限性及测量误差源？

▶ 在现场测试中，超声法能否代替皮褶厚度法完成身体成分的评估？

▶ 何谓生物电阻抗分析法？哪些因素会影响该方法的准确性？

▶ 围长和骨骼直径能用来精确评估身体成分吗？

▶ 哪些人体测量指标可用于识别高危客户？

身体成分是个体健康与体适能状况的关键组成部分。肥胖是一个严重的健康问题，会增加冠状动脉疾病、高血压、2型糖尿病、阻塞性肺疾病、骨关节炎及某些癌症的患病风险，从而导致预期寿命减少。由于身体需要一定量的脂肪来维持正常的生理功能，体脂太少也会对健康造成影响。细胞膜的形成离不开必需的脂质（如磷脂），而非必需的脂质（如脂肪组织中的甘油三酯）则负责隔热并储存代谢燃料（游离脂肪酸）。此外，脂质还参与脂溶性维生素（维生素A、维生素D、维生素E和维生素K）的运输与储存，神经系统、月经周期和生殖系统的运转，以及青春期的发育与成熟等过程。因此，过少的体脂会导致严重的生理功能障碍。这常见于患有进食障碍（如神经性厌食症）、运动成瘾或某些疾病（如囊性纤维化）的个体。

本章介绍了用于评估身体成分的参考方法（水下称重、空气置换体积描记术和双能X射线吸收法）以及现场方法（皮褶厚度法、超声法、生物电阻抗分析法和其他人体测量法）的标准测量步骤。对于每种方法，你将学习识别测量误差的潜在来源及将这些误差最小化的方法。

身体成分测量方法的分类及应用

为了对体脂水平进行分类，我们需采用体脂含量（%BF；也称体脂率、体脂百分比）这一指标。表8.1说明了不同年龄段的男性与女性的体脂含量范围。重要的是要记住，这些数据是以皮褶厚度测量值为基础的。据报告，皮褶厚度测量值一般在水下称重参考值的 ±3.5%体脂含量范围内。最小、平均及肥胖状态的体脂含量随年龄、性别及运动状态的改变而变化。例如，成年男性和女性（20~29岁）体脂含量的平均数或中位数约为15%（男性）和20%（女性），相应的最小推荐体脂含量分别为4%和11%。男性的体脂含量高于23%，女性的体脂含量高于28%，则超过了人们所认为的健康水平。

表8.1 不同年龄段人群（包括成年人[1]和儿童[2]）的体脂含量范围

年龄/岁	很瘦	瘦	匀称	肥胖	极胖
男性					
6~18	6%~9%	10%~17%	18%~28%	29%~35%	>35%
20~29	4%~7%	8%~12%	13%~17%	18%~23%	>23%
30~39	7%~11%	12%~16%	17%~20%	21%~25%	>25%
40~49	9%~13%	14%~18%	19%~22%	23%~26%	>26%
50~59	11%~15%	16%~20%	21%~23%	24%~28%	>28%
60~69	12%~17%	18%~21%	22%~24%	25%~29%	>29%
70~79	14%~16%	17%~21%	22%~24%	25%~29%	>29%
女性					
6~18	9%~16%	17%~22%	23%~29%	30%~34%	>34%
20~29	11%~15%	16%~18%	19%~22%	23%~28%	>28%
30~39	11%~16%	17%~19%	20%~23%	24%~30%	>30%
40~49	12%~17%	18%~21%	22%~25%	26%~32%	>32%
50~59	13%~19%	20%~24%	25%~28%	29%~34%	>34%
60~69	14%~20%	21%~25%	26%~29%	30%~35%	>35%
70~79	11%~18%	19%~24%	25%~28%	29%~35%	>35%

[源自：[1]The Cooper Institute, *Physical Fitness Assessments and Norms for Adults and Law Enforcement* (Dallas: Cooper Institute, 2013) and [2]Laurson, Eisenmann, and Welk, 2011.]

除了对客户的体脂含量和疾病风险进行分类外，进行身体成分的测量对以下几个方面也会有一定的帮助。

- 估算健康体重的数值，给出营养方面的注意事项和运动处方（见第9章）。
- 为参加采用体重划分比赛级别的运动项目（如摔跤和健美运动）的竞技型运动员估算体重。
- 监测儿童及青少年的成长，并确定那些因体脂不足或过度肥胖而面临风险的客户。
- 评估与衰老、营养不良及某些疾病相关的身体成分变化，以及营养和运动干预措施对这些变化所产生的效果。

身体成分模型

为了对客户进行有效的身体成分评估，有必要了解相关的基础理论模型。身体成分主要包括水、蛋白质、矿物质及脂肪。身体成分的双成分模型（Brozek et al., 1963；Siri, 1961）将身体成分分为脂肪和**去脂身体成分**（FFB）。去脂身体成分由除脂肪外的所有化学物质（组织）组成，包括水、肌肉（蛋白质）和骨骼（矿物质）。身体成分的**双成分模型**涵盖以下5个假设。

1. 脂肪密度为 0.901 克/厘米^3。
2. 去脂身体成分的密度为 1.100 克/厘米^3。
3. 所有个体的脂肪和去脂身体成分（水、蛋白质、矿物质）密度都是相同的。
4. 个体组成去脂身体成分的各种组织的密度是恒定的，它们对于去脂身体成分的贡献比例也是恒定的。
5. 被测个体仅在脂肪量上与参照体不同，假设参照体的去脂身体成分为73.8%的水、19.4%的蛋白质和6.8%的矿物质。

该双成分模型是**水下称重法**的基础。利用水、矿物质和蛋白质的假定比例及密度，可推导出将用水下称重法测得的身体密度转换为体脂百分比的方程。两个常用的方程为：西丽（Siri, 1961）开发的方程，体脂百分比 = $(4.95/$身体密度$-4.50) \times 100\%$；布罗泽克等人（Brozek et al., 1963）开发的方程，体脂百分比 = $(4.57/$身体密度$-4.142) \times 100\%$。这两个方程得出了相近的体脂百分比，身体密度估算值的范围为 $1.030 \sim 1.090$ 克/厘米^3。例如，如果客户的身体密度为 1.050 克/厘米^3，则将该值代入西丽及布罗泽克给出的方程，得到的体脂百分比估算值分别约为 21.4% 和 21.0%。

一般情况下，只要满足模型的基本假设，双成分模型方程就可以提供体脂百分比的精确估算值。但是，不能保证某个族群中个体的去脂身体成分密度与参照体的假定值完全匹配。研究人员报告称，去脂身体成分密度随年龄、性别、种族、体脂水平和体力活动水平的不同而变化，主要取决于组成去脂身体成分的水和

矿物质的相对比例（Baumgartner et al., 1991；Williams & Going et al., 1993）。例如，非裔美国女性和非裔美国男性的去脂身体成分的平均密度（约 1.106 克/厘米^3）大于 1.100 克/厘米^3，因为他们身体内的矿物质含量（约7.3%去脂身体成分）或蛋白质含量（或两者兼有）更高（Cote & Adams, 1993；Ortiz et al., 1992；Wagner & Heyward, 2001）。由于去脂身体成分密度的差异，当用双成分模型方程估算体脂百分比时，会系统性地低估非裔美国人的体脂百分比。事实上，对于身体密度测量值超过 1.100 克/厘米^3 的职业足球运动员而言，其用双成分模型方程估算的体脂百分比为负值（Adams et al., 1982）。同样，与参照体（Lohman, Boileau & Slaught, 1984）相比，白人儿童的去脂身体成分密度估算值仅为 1.086 克/厘米^3，因为他们身体内的矿物质含量（5.2% 去脂身体成分）相对较低，而身体内水的含量（76.6% 去脂身体成分）较高。此外，老年白人男性和女性的去脂身体成分的平均密度为 1.098 克/厘米^3，这是因为该群体身体内的矿物质含量（6.2%的去脂身体成分）相对较低（Heymsfield et al., 1989）。因此，双成分模型方程的运用将会系统性地高估儿童及老年人的体脂百分比。

对于某些族群，科学家根据测量的身体总水分和骨矿物质量，对其应用身体成分的**多成分模型**。使用多成分模型，你可以在考虑个体年龄（如儿童、老人）、性别和种族的前提下，采用特定群体的参照值，在估算体脂百分比时可以避免出现系统性误差。表8.2提供了可将身体密度转换为体脂百分比的特定群体双成分模型公式。对于每一族群中的所有年龄组，不存在对应特定群体的转换公式。在这些情况下，你可能需要采用为白人男性和女性开发的特定群体的转换公式。此外，只有当女性客户明显表现出厌食或肥胖

表8.2 可将身体密度转换为体脂百分比的特定群体双成分模型公式

群体	年龄/岁	性别	体脂百分比公式[a]	去脂身体成分密度[b]/（克/厘米^3）
族群				
非裔美国人	9~17	男性	（5.24/DB）−4.82	1.088
	19~45	女性	（4.86/DB）−4.39	1.106
	24~79	男性	（4.85/DB）−4.39	1.106
美国印第安人	18~62	男性	（4.97/DB）−4.52	1.099
	18~60	女性	（4.81/DB）−4.34	1.108
日本人	18~48	男性	（4.97/DB）−4.52	1.099
		女性	（4.76/DB）−4.28	1.111
	61~78	男性	（4.87/DB）−4.41	1.105
		女性	（4.95/DB）−4.50	1.100
新加坡人	无相关信息	男性	（4.94/DB）−4.48	1.102
		女性	（4.84/DB）−4.37	1.107
白人	8~12	男性	（5.27/DB）−4.85	1.086
		女性	（5.27/DB）−4.85	1.086
	13~17	男性	（5.12/DB）−4.69	1.092
		女性	（5.19/DB）−4.76	1.090
	18~59	男性	（4.95/DB）−4.50	1.100
		女性	（4.96/DB）−4.51	1.101
	60~90	男性	（4.97/DB）−4.52	1.099
		女性	（5.02/DB）−4.57	1.098
西班牙裔美国人	20~40	男性	NA	NA
		女性	（4.87/DB）−4.41	1.105
运动员				
抗阻训练型	20~28	男性	（5.21/DB）−4.78	1.089
	29~41	女性	（4.97/DB）−4.52	1.099
耐力训练型	19~23	男性	（5.03/DB）−4.59	1.097
	17~25	女性	（4.95/DB）−4.50	1.100
所有运动	18~22	男性	（5.12/DB）−4.68	1.093
	18~22	女性	（4.97/DB）−4.52	1.099
临床群体				
神经性厌食症	15~44	女性	（4.96/DB）−4.51	1.101
肥胖	17~62	女性	（4.95/DB）−4.50	1.100
脊髓损伤（截瘫或四肢瘫痪）	18~73	男性	（4.67/DB）−4.18	1.116
		女性	（4.70/DB）−4.22	1.114

DB代表身体密度；NA代表该群体亚组无可用数据。

[a] 将值乘以100%以计算体脂百分比。

[b] 去脂身体成分密度基于所选研究文章中报告的平均值。

[源自：V. Heyward and D. Wagner, *Applied Body Composition Assessment*, 2nd ed. (Champaign, IL: Human Kinetics, 2004), 9.]

时，你才可以采用针对厌食和肥胖女性这一特定群体的转换公式。

评估身体成分的参考方法

在大多数实验室及临床环境中，密度测量法和双能X射线吸收法皆可用于获取身体成分的参考测量值。对于密度测量法，**身体密度（DB）**根据体重与体积之比估算而得。体积通常采用水下称重或空气置换体积描记术测量。

水下称重

水下称重（也被称为静水称重）是一种有效、可靠且应用广泛的实验室方法，用于评估身体密度。利用水下称重，可基于身体排出的水的体积估算**身体体积（BV）**。根据阿基米德原理，水下体重与身体所排出的水的体积负相关。如需计算身体密度，可用体重除以身体体积。身体密度是身体肌肉、骨骼、水及脂肪量的函数。

水下称重的运用

水下称重通过将身体完全沉入水下称重罐或水池中，测量身体的**水下体重（UWW）**来确定身体体积。为了测量水下体重，你可以使用带有水下称重秤的椅子（见图8.1）或带有称重传感器的平台（见图8.2）。体重和水下体重的差值与身体排出的水的体积成正比，可根据**体重（BM）**、水下体重等数据计算身体体积（见图8.3）。净水下体重是水下体重与椅子或平台及支撑器材重量（即皮重）之间的差值。应当依据最大呼气后肺中剩余的气体量［即**余气量（RV）**］及胃肠道中的气体量对身体体积进行校正。假定胃肠道中的气体量为100毫升。

余气量通常采用氦气稀释、氮气冲洗或氧气稀释技术进行测量。余气量的测量单位为升，需要将其转换为千克才能校正水下体重。这并不难做到，1升水的重量约为1千克，因此，余气量为1升时对应水的重量约为1千克。如需校正身体体积，应减去余气量和胃肠道中气体量的等效重量（0.1千克）。由于水的密度会随水温而变化，应根据水密度（见图8.3）校正身体体积。正常情况下，水下称重池或游泳池的水温在34~36摄氏度。

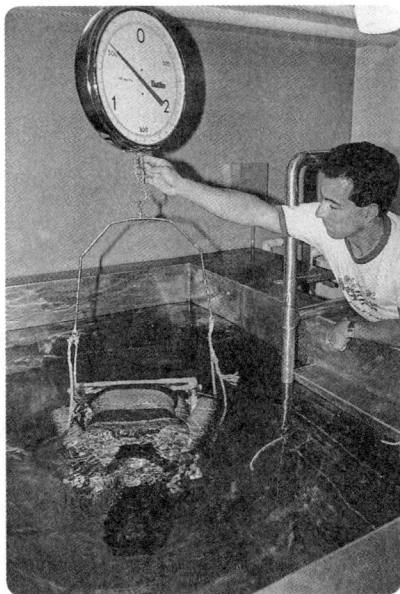

图8.1　带有水下称重秤的椅子

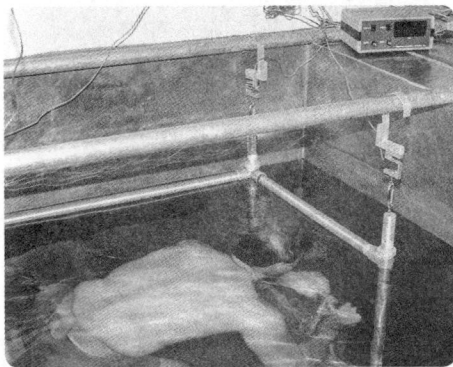

图8.2　带有称重传感器的平台

水下称重数据

姓名_____ 日期_____

性别_____

种族_____

体重_____磅_____千克 年龄_____

I. 余气量测量值: 余气量估算值（从附录D.1中选择一个方程）:

   （2次测量均值，注意，2次测量值的差异应在100毫升内）

   测量1_____ 测量2_____ 测量3_____

   平均余气量测量值=_____升 余气量估算值=_____升

II. 水温_____摄氏度

   水密度_____克/厘米^3

温度（摄氏度）	密度（克/厘米^3）
33	0.994 7
34	0.994 4
35	0.994 1
36	0.993 7
37	0.993 4

III. 总水下体重（单位: 千克）

   测量1_____ 测量6_____

   测量2_____ 测量7_____

   测量3_____ 测量8_____

   测量4_____ 测量9_____

   测量5_____ 测量10_____

   均值（3次测试均值，注意，3次测量值的差异应在0.1千克内） _____千克

IV. 皮重（椅子、平台及支撑器材的重量） _____千克

V. 净水下体重

   总水下体重_____ − 皮重_____ = _____千克

VI. 身体体积

   [体重（千克）−净水下体重（千克）]/水密度 −（余气量+胃肠道气体量） 身体体积=_____升

   胃肠道气体量假定值=100毫升或0.1升

VII. 身体密度=体重（千克）/身体体积（升）（保留5位或6位小数） 身体密度=_____克/厘米^3

VIII. 体脂百分比（从表8.2中选择一个转换公式） 体脂百分比=_____%

IX. 脂肪质量=体重 × 体脂百分比

   _____ × _____ 脂肪质量=_____千克

X. 去脂体重=体重−脂肪质量

   _____ − _____ 去脂体重=_____千克

评价与观察:

图8.3 水下称重数据采集表

利用水下称重得到的身体体积方程为：

身体体积=[（体重－净水下体重）/水密度]－（余气量+胃肠道气体量）

用体重除以身体体积计算身体密度：身体密度=体重/身体体积。计算身体密度之后，可以使用适当的特定群体转换公式将其转换为体脂百分比（见表8.2）。

在进行水下称重时，应该遵循相应的指南（见本页的"水下称重指南"）。

除了水下称重指南外，遵循以下建议，可以使水下称重的误差最小化，并提高水下称重测量值的准确性。

水下称重指南

对客户的测量前指导

- 在预约时间前，至少4小时内不要进食或进行剧烈运动。
- 在测量前，至少12小时内避免摄入任何会产生气体的食物或饮料（如烤豆、无糖汽水）。
- 带一条毛巾及一件便携的紧身泳衣。

视频 8.1

测试步骤

- 仔细校准体重秤和水下称重秤。为了确定水下称重秤的精度，可以在秤上悬挂经过校准的砝码，并检查相应的值。如需校准称重传感器，请在平台上放置砝码并检查记录值。
- 让客户先去洗手间排泄，然后换上泳衣。
- 测量椅子或平台、支撑器材及重量带的水下重量，总重量为**皮重**。
- 测量客户的干性重量（净重或在空气中的重量），精确至±50克。
- 测量前检查并记录水温，温度应该在34~36摄氏度。使用图8.3中的数据来确定该温度下水的密度。
- 指导客户淋浴，然后让其慢慢地进入水池，使水保持平静的状态。让客户在不接触椅子或平台的情况下轻轻浸入水中，用手摩擦身体，以消除泳衣、皮肤和头发上的气泡。
- 让客户跪在平台上或坐在椅子上。客户可能需要佩戴重量带，以便保持跪姿或坐姿。如果同时测量余气量，那么此时应插入吹口。如果在水池外测量余气量，则在水下称重之前及客户更换衣服和淋浴之前进行测量。
- 让客户做几次正常的呼吸，然后最大限度地呼气，同时慢慢弯腰以将头部浸入水中。检查以确保客户的头部、背部及头发完全处于水下，并且手臂和脚不接触水池的侧面或底部。指导客户继续呼气，直到测得余气量为止。在此过程中，客户需要尽可能保持静止。水下的放松和静止状态有助于精确读取水下体重。
- 在客户完全浸入水中测量余气量时，记录稳定的最大体重值，然后向客户发出测量完成的信号。
- 根据需要进行多次测量以获得3个读数，范围在±100克以内。大多数客户会在4~5次测量中获得一致且最大的水下体重（Bonge & Donnelly, 1989）。取3个最高测量值的均值，并将该值记录为总水下体重。
- 通过从总水下体重中减去皮重来确定净水下体重。净水下体重用于计算身体体积（见图8.3）。

关于水下称重误差最小化的建议

- 请确保客户遵循测量前指导。
- 每次测量前，请检查并校准体重秤及静水体重秤或称重传感器，以及仔细校准用于测量余气量的气体分析仪。
- 测量体重精确至±50克，水下体重精确至±100克，余气量精确至±100毫升。
- 指导客户最大限度地呼气，并在水下保持静止。
- 当客户潜到水中时，稳定称重器材，但在实际读取水下体重之前，将手从称重器材上拿开。
- 如果可能的话，使用称重传感器，同时测量余气量和水下体重。
- 计算出的身体密度值保留到小数点后5位。当使用西丽（Siri, 1961）给出的双成分模型公式进行转换时，将身体密度值由1.074 99克/厘米³四舍五入为1.07克/厘米³。
- 如果通过双成分模型的身体密度估算体脂百分比，则需要采用适当的特定群体转换公式（见表8.2）。

水下称重的特别注意事项

有些客户可能难以采用这些标准步骤来完成水下称重。测量结果是否准确在很大程度上取决于客户的技能、合作程度与动机。本节讨论了水下称重修订步骤的运用，以及关于该方法的其他问题和注意事项。

当客户无法排空肺部气体或很难在水下保持静止时，应该怎么办

你可能会遇到这样的客户，他们在进行水下称重的时候，很难将肺里的气体排出体外。在这种情况下，可以用有效余气量或总肺活量来代替余气量。托马斯和埃瑟里奇（Thomas & Etheridge, 1980）研究了43名男性的水下体重，比较了他们依据有效余气量（在正常呼气结束且个体被淹没时）和余气量（在最大呼气结束时）测得的身体密度。两种方法得到了相似的结果。同样，蒂姆森和科夫曼（Timson & Coffman, 1984）报告称，如果在水中测量总肺活量，则通过水下称重测得总肺活量（肺活量+余气量）进而测得的身体密度，与根据余气量测得的身体密度相似（体脂百分比差异小于0.3%）。然而，当不在水中测量总肺活量时，该方法明显高估了身体密度。在使用改良版的水下称重时，需要测量余气量，以便计算客户的有效余气量或总肺活量。此外，在计算身体体积时，要用合适的肺容积（有效余气量或总肺活量）替换余气量。

在水下感到不舒服的客户在完全浸入水中时，往往很难保持静止状态。客户在水下的移动会引起秤臂的移动，这样不仅会延长客户在水下的时间，还可能妨碍你获得客户精准的水下体重。客户与椅子在水下保持静止之前，穆恩等人（Moon et al., 2011）介绍的阻尼技术可减小秤臂的摆动幅度。阻尼技术是通过暂时用手握住秤的运动部分（连接椅子的地方）来施加一个向上的力，从而抵消在椅子下沉或移动时的相关运动，然后在客户最大呼气动作结束前轻轻松开手，使秤臂保持稳定，以便进行更精确的测量。利用秤、椅子和阻尼技术获得的水下体重值与利用称重传感器（不使用阻尼技术）获得的相近（Moon et al., 2011）。

由于身体密度较低、体脂百分比较大的客户比体形消瘦的客户更容易上浮，他们在水下很难保持静止。为了解决这个问题，可以在客户的腰部围上一个加重的重量带。在测量及减去水下称重系统的皮重时，要包括重量带的重量。

当客户害怕把脸放进水里，或者他们的柔韧性不足，背部和头部不能完全浸入水中时，应该怎么办

偶尔，你会遇到这样的客户，他们非常害怕被水淹没，不喜欢让自己的面部与水接触，

或者他们在水下称重时不能向前弯腰来选择合适的姿势。在这种情况下，较好的替代方案是依据总肺活量对客户进行称重，同时让他们的头保持在水位以上。唐纳利等人（Donnelly et al., 1988）对75名男性和67名女性的身体密度测量值［依据头部未淹没时的总肺活量（TLCNS）］，与依据余气量的水下称重获得的标准身体密度进行了比较。他们让受试者浸入水中，肩部与水面持平，测量其肺活量。回归分析得出了以下根据余气量预测身体密度的方程（将以TLCNS为依据的身体密度作为预测因素）：

男性

以余气量为依据的身体密度 =0.582 9 × 以TLCNS为依据的身体密度 +0.405 9

r=0.88；SEE=0.006 7克/厘米^3

女性

以余气量为依据的身体密度 =0.474 5 × 以TLCNS为依据的身体密度 +0.517 3

r=0.85；SEE=0.006 1克/厘米^3

根据余气量测得的实际身体密度与预测身体密度之间的相关性很高，估计标准误差在可接受的范围内。他们以20名男性和20名女性的独立样本对该方程进行了交叉验证。结果表明，用水下称重测得的身体密度与用TLCNS称重法预测的身体密度之间无明显差异（小于0.001 4克/厘米^{3}或0.7%）。在对老年人、柔韧性较差的肥胖者及身体残疾者进行水下称重时，这种方法特别适用。

如果余气量由估算所得，而非测量所得，水下称重的准确性会受到影响吗

研究人员根据个体的年龄、身高、性别和吸烟情况，开发了几个预测方程，用于估算余气量（见附录D.1）。然而，这些余气量预测方程具有较大的预测误差。测量余气量时，水下称重的精度误差很低（≤1%）。然而，

当估算余气量时，该精度误差（±2.8%~3.7%）显著增大（Morrow et al., 1986）。因此，在应用水下称重时，要测量余气量。

在女性客户的月经周期中，进行水下称重的最佳时间是何时

有些女性，尤其是体重在月经周期中波动幅度较大的女性，在月经周期的不同时间进行水下称重时，身体密度和体脂百分比的估算值可能有很大差异。邦特、洛曼及布瓦洛（Bunt, Lohman & Boileau, 1989）报告称，保水性导致的人体总水分值的变化，能够在一定程度上解释女性在月经周期内体重及身体密度的波动。在月经周期中，女性在最低体重时的平均体脂百分比为24.8%，在最高体重时的平均体脂百分比为27.6%。由于最低及最高体重出现在月经周期的不同时间（在下一次月经开始前的0~14天），所以不能对所有女性都在月经周期的同一天来按常规控制身体内水分波动的影响。但是，当监测身体成分随时间的变化或为女性客户确定健康的体重时，建议在她月经周期内的同一时间或者她认为的体重峰值期之外的时间，对她进行水下称重。

空气置换体积描记术

空气置换体积描记术（ADP）是一种评价身体体积及密度的方法。该方法采用空气置换法代替水分置换法来估算身体体积。由于空气置换体积描记术的实施速度较快（通常5~10分钟即可完成），且对客户的依从性及技术人员的技能要求低，因此被认为是水下称重的可行替代方案。空气置换体积描记术需要一个全身体积描记器（见图8.4），如Bod Pod。Bod Pod是一个由玻璃纤维制成的巨大的卵形空间，通过空气置换及压力-体积关系来估算身体体积。

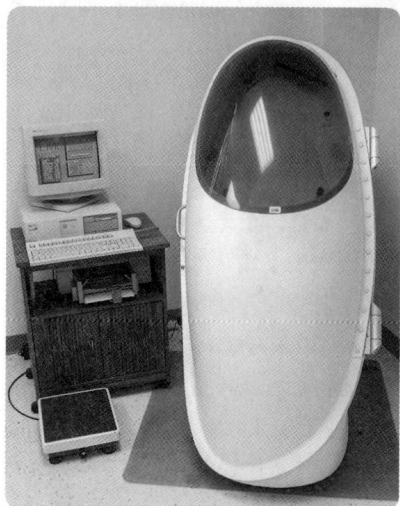

图8.4 全身体积描记器

Bod Pod由两个舱室组成：一个前舱，客户在测量过程中坐在前舱内；还有一个标准后舱（参照舱）。由玻璃纤维制成的座椅亦用作两个舱室之间的墙壁，安装在该墙壁上的活动隔膜在测量期间会振动（见图8.5）。振动的隔膜会让两个舱室产生微小的体积变化。

这些体积变化的幅度相等，但符号相反，产生的压力波动较小。压力-体积关系用于计算前舱空出时及客户坐进其中时舱室的体积。身体体积是指受试者在与不在舱室内的体积之差。

空气置换体积描记术的基本原理是压力和体积之间的关系。在等温条件下，体积（V）和压力（P）成反比。根据玻意耳定律：

$$P_1/P_2=V_2/V_1$$

式中，P_1和V_1代表一对压力和体积条件，P_2和V_2代表另一对条件。P_1和V_1对应的是Bod Pod无人时的压力与体积；P_2和V_2代表的是客户在舱室内时，Bod Pod的压力与体积。

空气置换体积描记术的一个假设为，Bod Pod控制了封闭舱室内衣服、头发、胸内气体及体表区域的等温效应。参加Bod Pod测量的客户需要穿较少的衣服（如泳衣），戴泳帽以便压住头发。根据客户的身高和体重计算出的体表面积估算值，可用于校正体表的等温效应。胸内气体容量（TGV）是指呼气中期

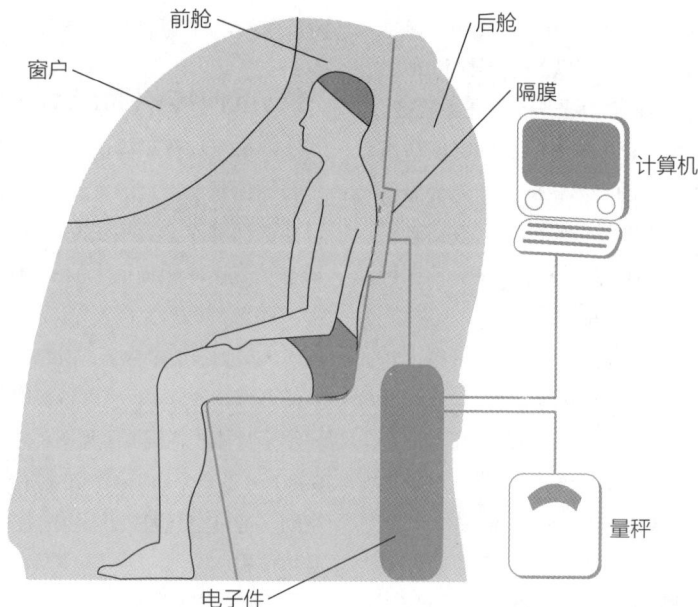

图8.5 双舱室Bod Pod系统

肺部的气体容积（有效余气量）。胸内气体容量由Bod Pod直接测量或估算而得，以解释肺部的等温效应。Bod Pod通过从呼气中期测得的有效余气量减去呼气量的一半来计算呼气结束时的有效余气量。

许多研究评估了Bod Pod测量身体密度的准确性。一些研究人员报告，Bod Pod和水下称重测量的平均身体密度间存在微小差异（≤0.002克/厘米³）（Fields et al., 2001；Vescovi et al., 2001；Yee et al., 2001）。而另一些研究报告指出，在成年人中，二者有统计性显著差异（0.003~0.007克/毫升）（Collins et al., 1999；Demerath et al., 2002；Dewit et al., 2000；Millard-Stafford et al., 2001；Wagner, Heyward & Gibson, 2000）。在针对高中男运动员和大学田径女运动员的测量中，Bod Pod显著低估了受试者的平均身体密度（Bentzur, Kravitz & Lockner, 2008；Moon et al., 2008）。

然而，还有几项研究显示，对于成年人群体，Bod Pod测量身体密度的预测误差较低（*SEE* ≤ 0.008克/厘米³）（Fields, Hunter & Goran, 2000；Nunez et al., 1999；Wagner, Heyward & Gibson, 2000）。与多成分模型相比，Bod Pod和水下称重具有相似的预测精度（Fields et al., 2001）。然而，相对于多成分模型，空气置换体积描记术显著高估了高水平男性赛艇运动员的去脂体重（Kendall et al., 2017）。无论如何，Bod Pod比水下称重的适应性更好，令人有更大的兴趣进一步探索用空气置换体积描记术估算临床群体及特殊群体（如儿童和老年人）的体脂百分比的有效性（Heyward & Wagner, 2004）。

与双能X射线吸收法相比，空气置换体积描记术的测量值通常与体脂百分比估算值之间具有较高的相关性（*r*=0.88）；然而，这两种方法的测量结果之间可能存在很大的个体差异，这表明对于年轻健康的女性来说，这两种方法是不可相互替代的（Edwards,

Simpson & Buchholz, 2011）。赫斯特等人（Hurst et al., 2016）在他们的成年人（19~71岁）大样本研究中发现，双能X射线吸收法和Bod Pod测得的体脂百分比没有显著差异；然而，一致性界限所反映出的个体差异很大（6.1%~6.9%）。研究还发现了测量结果存在性别差异。Bod Pod低估了采用双能X射线吸收法对消瘦男性进行测定得出的体脂百分比，高估了采用双能X射线吸收法对高体脂水平女性进行测定得出的体脂百分比。当综合观察所有样本时，情况正好相反。Bod Pod高估了消瘦男性的双能X射线吸收法测定结果，低估了高体脂水平女性的双能X射线吸收法测定结果（Hurst et al., 2016）。劳里和富山（Lowry & Tomiyama, 2015）根据体重指数分别针对体重偏低、正常及超重或肥胖的成年人，比较了采用双能X射线吸收法和空气置换体积描记术测得的体脂百分比。他们的结果在一定程度上与赫斯特等人（Hurst et al., 2016）的一致，表明空气置换体积描记术高估了体重指数较低时双能X射线吸收法测定的体脂百分比，但相反，低估了体重指数较高时双能X射线吸收法测定的体脂百分比。其中，体重不足和超重或肥胖的受试者的显著平均差异分别为7.6%和2.1%。

吉比等人（Gibby et al., 2017）针对主要为男性的样本群体，将空气置换体积描记术和水下称重（密度测量法）测得的体脂百分比，与计算机断层扫描测得的体脂百分比进行了比较，结果发现，计算机断层扫描和密度测量法测得的体脂百分比之间的相关性很高（*r*>0.95），唯一的平均差异出现在与水下称重之间的比较上。与空气置换体积描记术相比，水下称重测得的体脂百分比平均降低了3.1%。密度测量法比较的置信区间为1.28%~4.28%，空气置换体积描记术测得的体脂百分比较高。计算机断层扫描所采用的两种体脂百分比转换法明显高估了水下称重测得的体脂百分比,分别高出2.32%与1.94%(Gibby et al., 2017)。

应用空气置换体积描记术

Bod Pod能带来不错的用户体验,它能为流程中的每个步骤提供提示。空气置换体积描记术比水下称重快且方便。有研究人员报告称,受试者(包括儿童)对空气置换体积描记术的依从性更好,对空气置换体积描记术的偏好高于水下称重(Demerath et al., 2002;Dewit et al., 2000;Lockner et al., 2000)。为了提高空气置换体积描记术对身体成分评估的准确性,应在客户预约前向客户提供预测量说明。这些说明与水下称重的说明类似。有关Bod Pod测量的说明,见本页的"Bod Pod测量步骤"。

空气置换体积描记术的特别注意事项

Bod Pod测量结果的准确性取决于很多因素。以下是与这些因素相关的问题。

如果客户有较多的毛发,对测量结果会有什么影响

如前所述,滞留在体毛中的等温气体可能会影响测量结果。对于留胡须的客户,体脂百分比可能被低估1%;当头发外露(没有泳帽)时,体脂百分比会被低估约2.3%(Higgins et al., 2001)。戴上一顶泳帽,剃掉多余的胡须及体毛,确保对身体体积与身体密度进行准确的估算。

可以用Bod Pod测定儿童的身体成分吗

在20秒的测量过程中,客户应当保持完全静止,因为如果客户在测量过程中移动,则空气置换体积描记术的体积估算结果可能会有所不同。菲尔茨和戈兰(Fields & Goran, 2000)认为,测量儿童的时间应是成年人的两倍,主要是因为儿童在测量期间会移动。克鲁克等人(Crook et al., 2012)也证实了这一点。他们报告称,对3~5岁儿童进行身体体

Bod Pod 测量步骤

视频 8.2

- 指导客户更换干燥的紧身泳衣,并排空膀胱与肠道。

- 使用Bod Pod测量客户的身高(精确到厘米)和体重(精确到5克)。这些数据被用于计算体表面积。

- 进行两点校准:(a)空室基线校准;(b)用50升校准筒进行校准。用校准筒校准时要小心,校准筒上的凹痕会改变其体积。如果要测量胸内气体容量,应根据制造商的说明书连接一次性微生物过滤器与呼吸管。

- 指导客户坐在舱室里,保持静止与直立,背靠墙,脚放在地板上。提醒客户在接下来的20秒测量中保持呼吸正常。然后把舱门关严。

- 按照提示,打开舱门并再次紧闭,重复进行20秒测量。如果两次测量结果的差距超过150毫升,则进行额外的测量,直到两次测量结果的差异在150毫升范围内。对这些结果取平均值,然后用其计算原始身体体积。

- 将门打开,向客户说明胸内气体容量测定过程中需要遵循的步骤。在胸内气体容量测定过程中,要给客户一个鼻夹或指导客户捏住鼻孔。胸内气体容量测定过程中的所有气体交换都需要使用一次性微生物过滤器及呼吸管。

- 指导客户遵循呼吸周期的提示并关门。经过几次潮气量(正常)呼吸循环后,Bod Pod会阻塞气道,引导客户完成吹气动作。如果计算机计算出的性能曲线(指示气道及舱室中的压力信号)不符合要求,则重复此步骤。

积测量用了50秒。由于儿童在评估过程中有运动的倾向，儿童（$r=0.90$）的Bod Pod重测信度低于成年人（$r=0.96$）（demerath et al., 2002）。

此外，一些研究人员认为，体形大小可能会影响Bod Pod的估算结果，较小的体形会对Bod Pod的估算结果产生很大的影响（Demerath et al., 2002；Lockner et al., 2000；Nunez et al., 1999；Rosendale & Bartok, 2012）。Pea Pod用于评估6个月以下且体重小于8千克的婴儿的身体成分。现在市场上提供一种幼儿可用的Bod Pod，以解决幼儿体形较小对估算有影响的问题。幼儿可用版本具有一个容量较小的校准筒（19.993升）、一个儿童垫高座椅及特殊的改良版软件。然而，在幼儿可用版测量的准确性方面，研究结果并不一致。克鲁克等人（Crook et al., 2012）报告称，幼儿可用版测量对幼儿（3~5岁）体脂百分比的估算值与同位素稀释后计算的参考测量值弱相关（$r<0.18$）。他们还报告说，一致性界限（置信区间）很大。相反，菲尔茨和艾利森（Fields & Allison, 2012）报告称，与四成分模型相比，幼儿可用版测量在估算2~6岁儿童的体脂水平方面，有一定的可靠性、精确性及准确性。但是，需要注意的是，四成分模型中的身体体积参数是由Bod Pod评估而得（Fields & Allison, 2012）。该方面需要进一步调查。

在Bod Pod测量期间，客户是否必须穿戴泳衣及泳帽

最初，Bod Pod的研究者认识到，衣服的等温效应会导致身体体积被低估。他们建议客户在测量过程中只穿戴泳衣和泳帽，以尽量减少这种影响（Dempster & Aitkens, 1995；McCorry et al., 1995）。与莱卡（Lycra）泳帽相比，硅胶泳帽更能彻底地压住头发；对于一个白人女性受试者而言，戴上硅胶泳帽时，体脂百分比平均高出1.2%（Peters & Claessens, 2011）。

穿着更多或宽松的衣服会导致更大的等温效应，以及使身体体积的低估更为显著。例如，如果穿着医院的长袍而不是泳衣，体脂百分比则可能降低约5%（Fields et al., 2000）。因此，客户需要遵循服装方面的建议。

客户坐着不动，是否还需要密切监控他们在Bod Pod里的姿势

直立坐姿的偏移，可能会影响肺部支气管树中的等温气体量。这可能会导致对原始身体体积的计算不准确。为了减小测量姿势所带来的影响，佩特斯（Peeters, 2012）评估了年轻男性在标准坐姿及前倾姿势（髋关节略微屈曲、肩部下垂及背部屈曲）下的身体体积（所测得的胸内气体容量）。虽然在不同姿势下测得的胸内气体容量没有显著差异，但前倾姿势下的身体体积明显较小；（86 ± 122）厘米[3]的身体体积差异会导致较小但仍然显著的体脂百分比估算差异（$0.5\% \pm 0.7\%$）。因此，为了提高评估的重测信度，应对客户的身体姿势进行说明（Peeters, 2012）。在研究中，遵循这一建议也许具有至关重要的作用。

是测量客户的胸内气体容量，还是可以采用预测的胸内气体容量

尽管麦科里等人（McCorry et al., 1998）报告了胸内气体容量测量值与预测值之间的差异（54毫升），但估计标准误差值较大（442毫升）。一些研究人员报告了更大的平均差异（344~400毫升）及估计标准误差值（650毫升）（Collins et al., 1999；Lockner et al., 2000）。考虑到只有40%的胸内气体容量值用于计算身体体积，与采用水下称重预测余气量相比，采用预测的胸内气体容量对身体密度及体脂百分比的影响相对较小。然而，这要求所测得的胸内气体容量达到最大精度。

对于高水平大学生运动员，瓦格纳（Wagner, 2015）建议测量胸内气体容量而不是对其进行预测。虽然运动员的胸内气体容量测量值

与预测值之间没有显著差异，但存在显著的负偏差。这意味着，当胸内气体容量较小时，预测值大于测量值；当胸内气体容量较大时，预测值小于测量值。

如果测量胸内气体容量，应该测量一次还是多次

到目前为止，很少有研究者对胸内气体容量的多次测量值取平均值。然而，一些人建议至少进行两次胸内气体容量测量并取其平均值（Gibson, Roper & Mermier, 2016；Noreen & Lemon, 2006；Tucker, Lechiminant & Bailey, 2014），尽管这样做可能会增加测量的时间。相关报告指出，身体密度、身体体积以及体脂百分比存在显著的个体测量间差异。如果在多成分模型中采用空气置换体积描记术测得的身体密度，则建议采用多个胸内气体容量测量值的平均值来计算身体密度。

是否需要密切监测客户在身体体积和胸内气体容量测量过程中的呼吸情况

现在，Bod Pod的改良版软件能够指导客户在胸内气体容量评估期间，完成潮气量呼吸周期。即使这不是他的正常呼吸模式，客户也会依据计算机屏幕上显示的输入和输出提示，进行同步呼吸。然而，如果Bod Pod没有进行软件升级，那么正常潮气量呼吸的偏差会影响身体体积与体脂百分比的估算值。

例如，泰根坎普等人（Tegenkamp et al., 2011）指导受试者改变潮气量呼吸模式，结果发现，体脂百分比的估算值存在显著差异（$p < 0.001$）。在身体体积测量过程中，与正常呼吸相比，深呼吸导致体脂百分比均值降低2.1%。另外，较浅的呼吸导致体脂百分比增加2.2%。只有在胸内气体容量测量期间改变呼吸模式时，出现了相反方向的差异。浅呼吸会使体脂百分比被低估3.4%，而深呼吸则使体脂百分比估算值增加了3.7%（Tegenkamp et al., 2011）。在整个身体体积和胸内气体容量测量

过程中，对客户说明正常吸气与呼气的标准，这有利于获得客户体脂百分比的最佳估算值。

Bod Pod是否能有效且可靠地测量有效余气量

戴维斯等人（Davis et al., 2007）比较了健康男性和女性（18~50岁）通过Bod Pod和传统气体稀释技术所获得的有效余气量测量值。在呼气中期通过Bod Pod测得的有效余气量，大约减去所测得的潮气量的一半，可修正为呼气末期的呼气体积。Bod Pod测得的有效余气量和气体稀释技术测得的有效余气量之间的平均差异为：男性32毫升（$r = 0.925$；$SEE = 0.246$升），女性23毫升（$r = 0.917$；$SEE = 0.216$升）。Bod Pod测得的有效余气量的重测信度较好（r为0.95~0.97）。这些结果表明，Bod Pod为健康成年人提供了一种有效、可靠的有效余气量测定方法。

如果采用水下称重和Bod Pod来测量客户的身体成分，应该先进行哪项测量

Bod Pod制造商建议在休息后、身体干燥的情况下，对客户进行测量。虽然没有已知的研究证据，但如果违反这些指导原则，可能会出现测量错误。为此，专家建议遵循这些指导原则（Fields, Goran & McCorry, 2002）。因此，如果测量组合同时包含水下称重和空气置换体积描记术，则应先实施Bod Pod测量。如果这样做的可能性不大，则在进行Bod Pod测量之前，确保客户已进行水下称重，身体完全干燥且彻底恢复。

在进行Bod Pod测量前运动会影响结果吗

哈罗普和伍德拉夫（Harrop & Woodruff, 2015）对通过空气置换体积描记术评估身体成分之前，让受试者进行一次高强度运动的效果进行了研究。与运动前相比，运动后及运动后2小时重复测量期间，以75%最大心率（预测年龄）骑行30分钟，会导致许多显著的特定性别差异。同样，格罗斯曼和戴特里克（Grossman & Deitrick, 2015）将空气置换体积

描记术的基线结果与持续约1小时的抗阻训练2小时后的结果进行了比较。他们发现体脂百分比、体重、身体体积以及脂肪质量的显著差异，论证了哈罗普和伍德拉夫（Harrop & Woodruff, 2015）的发现。Bod Pod制造商建议客户在测量前2小时不要运动。然而，运动后2小时身体成分变量的显著变化表明，仅2小时内不运动是不够的。因此，空气置换体积描记术结果的准确性可能会受到影响。

应该使用哪种模型和方程将身体密度转换为体脂百分比

运用多成分模型和特定群体转换公式，可以提高组与个体的体脂百分比估算的准确性。Bod Pod软件中的默认方程是西丽（Siri, 1961）为成年人开发的双成分模型公式。在现场环境中，这些双成分模型和特定群体转换公式可能适用于具有一定人口统计学特征的客户。对于其他客户，你可能需要选择适当的特定群体转换公式（见表8.2）。

双能X射线吸收法

双能X射线吸收法（DXA）越来越被广泛地作为一种参考方法，用于身体成分研究（双能X射线扫描仪见图8.6），尤其是在临床环境中。用该方法可估算骨矿物质、脂肪、无脂肪软组织和内脏脂肪组织的质量，还可以估算全身及局部部位（躯干和四肢）这些变量的值。相较于水下称重而言，双能X射线吸收法是一种极具吸引力的替代方案，因为它安全且快速，所需的客户配合度也较小，最重要的是，它解释了骨矿物质含量的个体差异。每次全身扫描所需的时间为3~20分钟，这取决于双能X射线扫描仪的型号、扫描光束类型、仪器的已使用时间以及客户的身高（Bazzocchi et al., 2016）。

双能X射线吸收法的基本原理为，具有高、低光子能量的X射线的衰减是可测量的，并且其取决于底层组织的厚度、密度及其化学成分。由于这些组织的密度和化学成分不同，X射线在脂肪、去脂身体组织和骨组织中的衰减程度也不一样。高、低X射线能量的衰减比率可作为所有个体的常数（Pietrobelli et al., 1996）。

由于不同双能X射线扫描仪制造商（美国通用电气、豪洛捷和诺兰）多年来都开发了自己的模型和软件，所以很难评估双能X射线吸收法的效度。正如研究人员和临床医生的发现，身体成分的测量结果因仪器制造商、型

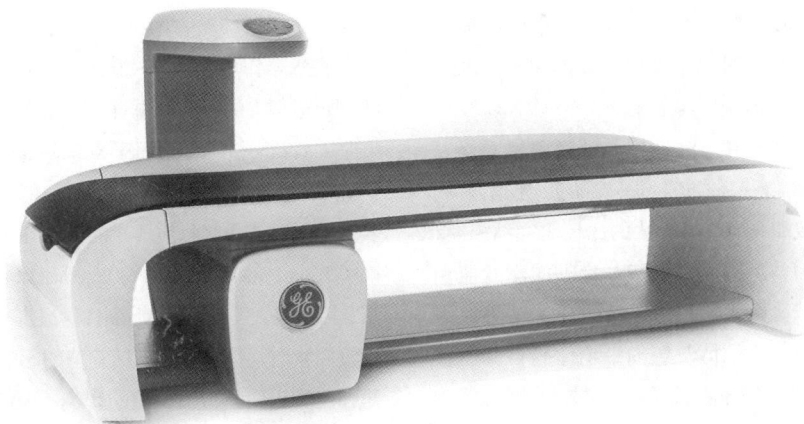

图8.6 双能X射线扫描仪
（©2006 General Electric Company）

号及软件版本而异。因此，在双能X射线吸收法的验证研究报告的一些变异性，可能是由不同的双能X射线扫描仪及软件版本造成的。因此，对双能X射线吸收法进行了综述性研究的专家呼吁制造商尽可能统一标准（Genton et al., 2002；Lohman, 1996）。

一些研究人员报告称，双能X射线吸收法的预测准确度优于水下称重（Fields & Goran, 2000；Friedl et al., 1992；Prior et al., 1997；Wagner & Heyward, 2001；Withers et al., 1998）。然而，另一些专家也报告了与之相反的发现（水下称重比双能X射线吸收法更准确）（Bergsma Kadijk, Baumeister & Deurenberg, 1996；Goran, Toth & Poehlman, 1998；Millard Stafford et al., 2001）。在对双能X射线吸收法的回顾研究中，洛曼等人（Lohman et al., 2000）得出结论，用双能X射线吸收法估算的体脂百分比与用多成分模型估算的相差1%~3%。

虽然已经开发了身体成分的预测方程，并以双能X射线吸收法作为参考方法进行了验证，但在确定双能X射线吸收法是否为最佳参考方法之前，还需要进一步的研究。图姆斯等人（Toombs et al., 2012）在回顾双能X射线吸收法的变式时，支持如下建议：在将双能X射线吸收法作为身体成分评估的金标准之前，应采用四成分模型和人体测量标准来进行额外的研究。尽管如此，双能X射线扫描仪因其实用性、方便性和低辐射量而得以广泛应用（Yee & Gallagher, 2008）。无论如何，在解释双能X射线吸收法的比较研究结果时，应谨慎对待，因为与四成分模型的测量值相比，双能X射线吸收法比较研究的结果显得模棱两可，如个体及组内平均体脂百分比存在显著差异（Toombs et al., 2012）。

双能X射线吸收法的运用

双能X射线吸收法在扫描过程中，对客户合作度的要求不高，对技术技能的要求也不高。然而，如需采用扫描仪获得精确和准确的双能X射线扫描结果，适当的培训以及客户准备工作是必不可少的。美国有许多州要求持有资格证的X射线技师，在医生的直接监督下进行扫描操作。有关双能X射线吸收法测量的通用步骤，见第245页的"双能X射线吸收法的基本测量步骤"。

在客户准备进行双能X射线扫描时，请在预约时间前24小时给客户打电话或发送电子邮件、文本，以提醒相关事项。指导客户在扫描前进入休息、禁食状态，不摄入液体，并停止运动直到扫描结束（Nana et al., 2015）。

特别注意事项

双能X射线吸收法结果的准确性取决于许多因素。下面的问题只涉及其中一部分因素。

客户的体形与水合状态会影响测量结果吗

过去，对于体形超过扫描床长度或宽度的客户，不建议使用双能X射线吸收法来评估其身体成分。随着技术及软件的更新，现在可将双能X射线吸收法用于高度或宽度超过扫描范围的客户。这些软件需要在扫描床上对身体进行重新定位，并进行半身（半身扫描）分析（Bazzocchi et al., 2016）或多部位身体扫描（Nana et al., 2015）。然后需对这些部分扫描的结果进行总结，以估算身体成分。

在水合作用方面，双能X射线吸收法的算法假定成年人的去脂体重百分比始终为73%的水平（Toomey, McCormack & Jakeman, 2017）。研究表明，水合作用的小波动对双能X射线吸收法对脂肪或骨矿物质含量的估算几乎没有影响（Toomey, McCormack & Jakeman, 2017）。相反，娜娜等人（Nana et al., 2012）报告称，很多饮食因素对局部身体成分估算值的影响大于对总体重和去脂体重估算值的影响。因此，如果客户进入禁食状态（Nana et al., 2015）和脱水状态（Rodriguez Sanchez & Galloway, 2015），

双能X射线吸收法的基本测量步骤

- 测量前，用制造商提供的校准标记校准双能X射线扫描仪。

- 让客户排空膀胱和肠道，取下所有首饰。

- 测量客户的身高和体重，让客户穿较少的衣服（如只穿内衣或病号服），不要穿鞋。衣服材料不应该含氯或盐。

- 仔细指导客户在扫描床上摆好仰卧姿势，并进行从头到脚的扫描。

- 使用人体骨骼测量仪精确测定身体厚度（见第276~277页的"腹部矢状面直径"小节）。

- 有些扫描仪会有不同的数据采集模式，因此可以根据身体厚度调整扫描速度。这种调整通常由新型扫描仪自动进行。低速扫描（10~15分钟）适用于腹部矢状面直径（SAD）超过27厘米的客户。如果客户体重超过扫描仪的限制，美国通用Lunar扫描仪会提醒技术人员切换到"厚"扫描模式。豪洛捷扫描仪可以切换到"大功率全身"模式（International Atomic Energy Association, 2010）。**半身扫描程序**（在扫描台的中心位置将客户定位，使身体的一侧完全在扫描范围内）可用于体宽超过扫描台的客户。结果测定值的两倍即为全身测定值（International Atomic Energy Association, 2010）。

（源自：Nana et al., 2015; International Atomic Energy Association, 2010.）

双能X射线扫描仪的准确性将会最大化。对于运动员来说，如果他们严格遵守关于运动、正常水合作用和运动后营养补充的测量前说明（Toomey, McCormack & Jakeman, 2017），其去脂体重的评估将更加准确。

客户在做双能X射线扫描前是否需要禁食并休息

如前所述，在双能X射线扫描前禁食可提高身体成分评估的准确性，并可提供一个标准水平，这对于重复测量至关重要。一项对年轻人的调查显示，在双能X射线扫描前进行日常生活活动（进食和进行体力活动），不会对体脂百分比估算值产生显著的影响（Nana et al., 2012）。然而，其他局部及整体的身体成分结果受到了影响。局部和总去脂体重及总体重的平均估算值和典型误差均存在显著的增加。对于女性来说，在双能X射线扫描前进食会显著增加全身、躯干和手臂的平均骨矿物质含量。想要进一步了解日常活动、膳食消耗以及日内和日间变化对双能X射线扫描仪测量结果的影响，见娜娜等人（Nana et al., 2012）的研究。娜娜等人（Nana et al., 2015）为运动员及经常进行体力活动的人的全身扫描提供了最佳实践方案。该方案定位和美国疾病控制与预防中心（Centers for Disease Control and Prevention, 2013）使用的方案有些不同。克尔等人（Kerr et al., 2016）报告称，这两个方案不可互换，而且娜娜等人（Nana et al., 2015）的定位方案使手臂与躯干身体成分的测量精度得以提高。

在客户的舒适性及依从性方面，双能X射线吸收法是否优于其他的参考方法

根据关于定位方案的事件反馈，克尔等人（Kerr et al., 2016）的受试者更认可娜娜等人（Nana et al., 2015）的方案，而不是美国疾病控制与预防中心的方案。与四成分模型相比，新型双能X射线扫描仪在成年人样本（Watson, Venables & Murga Troyd, 2017）脂肪量（FM）的计算方面存在显著差异。对于脂肪量低于32千克的受试者，新型双能X射线扫描仪会高估其参考脂肪量；当脂肪量值超过32千克时，则会低估相应的参考值。

与其他参考方法相比，双能X射线吸收法几乎不需要客户参与其中。客户不需要测量用于水下称重的余气量，也无须测量用于空气置换体积描记术的胸内气体容量。四成分模型的身体体积成分通常来自密度测量法（水下称重或空气置换体积描记术）。目前，研究人员将一个通过空气置换体积描记术得到身体体积的四成分模型与一个通过双能X射线吸收法得到身体体积的四成分模型进行了比较（Smith Ryan et al., 2017）。尽管两种四成分模型在体脂百分比、脂肪量和去脂体重的估算结果方面没有显著差异，但是对于体脂百分比，其结果的一致性范围更大（5.33%~7.01%）。除了可消除水下称重或空气置换体积描记术中胸内气体容量测量的误差以外，双能X射线吸收法最终可以提供四成分模型所需的除水以外的所有身体成分的测量值。在取消采用多成分模型对身体成分的密度评估结果之前，需要采用每种类型的双能X射线扫描仪进行额外的研究与交叉验证。

双能X射线扫描仪及软件版本的不同如何影响测量结果

如前所述，双能X射线吸收法的变异性是误差的主要来源。尽管所有双能X射线扫描仪都使用相同的基本物理原理，但这些仪器在高能和低能光束的产生（滤波器或开关电压）、成像几何结构（笔形波束、扇形波束或窄扇形波束）、X射线探测器、校准方法及算法方面存在不同（Genton et al., 2002）。美国通用电气公司对老式和新型双能X射线扫描仪的比较结果表明，这些设备之间有明显的相关性，在完整的体重指数范围内的成年人样本中，全身身体成分测量值的均值之间没有显著差异（Morrison et al., 2016；Reinhardt et al., 2017）。然而，在布兰德和阿尔特曼（Bland & Altman）开发的个体差异图中，体形消瘦的成年人用新型双能X射线扫描仪测得的体脂百分比，高于美国通用电气公司的Lunar Prodigy扫描仪的测量结果；体重较重的成年人则相反（Reinhardt et al., 2017）。在最近的研究文献中也发现了各部位（手臂、腿及躯干）身体成分测量值在设备之间存在显著差异的报告（Morrison et al., 2016；Oldroyd, Treadgold & Hind, 2017）。

由于技术上的差异，你应该采用相同的双能X射线扫描仪和软件版本进行身体成分的纵向评估或横向比较。在同一天内对双能X射线扫描仪或软件进行升级，采用两个版本对代表

采用三维体表全身扫描仪进行身体成分评估

从服装行业的运用历史来看，三维体表全身扫描仪作为一种快速、无创、精确的自动化人体测量仪器，已逐渐被大众所认可，其可以对长度、围长和体积等人体测量的要素进行量化（Loffler-Wirth et al., 2016；Ng et al., 2016；Soileau et al., 2016）。无论操作者的技术水平如何，设备测出的结果的可靠性都很高（Zancanaro et al., 2015）。高分辨率激光系统在临床应用中发挥了重要作用，但可能很快就会被来自微软公司成本低廉的体感设备所超越。索洛等人（Soileau et al., 2016）以健康成年人和儿童为样本，将基于体感系统的全身三维扫描结果，与基于激光系统的参考值、空气置换体积描记术的测量结果进行了比较。身高、腰围、身体体积和体表面积估算值与参考测量值的差异很小。相反，在更小及更多的远端特征方面存在着很大的差异。虽然还存在一些与解剖学特征相关的获取问题有待解决，但全身三维扫描有望成为一种有效、可靠的方法，可以快速评估人体测量数据，而不需要识别骨性标志。在未来，基于体感的系统可能适用于流行病学的现场应用。

性样本进行扫描。这种做法旨在获得开发预测方程所需的信息，这些预测方程可用于转换旧数据，使其与升级结果保持一致（Camhi et al., 2011）。多个研究团队（Oldroyd, Treadgold & Hind, 2017；Reinhardt et al., 2007）已经开发并验证了美国通用电气的扫描仪和新型双能X射线扫描仪之间转换体脂百分比的方程。同样，徐等人（Xu et al., 2016）开发了相关方程，用于在豪洛捷和新型双能X射线扫描仪之间转换体脂百分比、骨密度、骨矿物质含量和总体重值。

双能X射线扫描仪采用X射线估算身体成分，这样对客户来说安全吗

即使扫描时有不同能量的X射线通过人体，辐射量也很低。例如，标准胸部X射线的辐射剂量为50毫希，全身双能X射线扫描的辐射剂量范围为0.2~0.5毫希（Nana et al., 2015）。即使如此，国际临床骨密度学会也不建议孕妇进行双能X射线扫描。辐射量取决于扫描仪的制造商、型号以及扫描模式。扫描模式取决于客户的身体厚度（腹部矢状面直径）。模式选项包括"薄""标准"及"厚"。模式通常根据体重指数自动设定，但操作人员可以自行更改。厚度越大，扫描速度越慢，这可能会稍微增大辐射量（Nana et al., 2015）。

是否推荐采用双能X射线吸收法评估内脏脂肪组织

人们普遍认为，计算机断层扫描和磁共振成像是评估内脏脂肪组织的金标准，但与双能X射线吸收法相比，两者都增加了辐射量。美国通用电气牌和新型双能X射线扫描仪的扇形波束技术，可用于从皮下脂肪组织中自动及分开识别内脏脂肪组织。张等人（Cheung et al., 2016）进行了内脏脂肪组织估算的研究，与老年男性（61.6±6.5岁）样本的磁共振成像相比，美国通用电气牌双能X射线扫描仪明显低估了内脏脂肪组织含量。双能X射线扫描仪与磁共振成像，以及双能X射线扫描仪与计算机断层扫描的测量结果之间显著相关（$r > 0.80$）；没有关于双能X射线扫描仪和计算机断层扫描的测量结果之间平均差异的对比报告（Cheung et al., 2016）。莱茵哈特等人（Reinhardt et al., 2017）在对40名成年人样本进行两种方法的比较后得出结论：在用于评估内脏脂肪组织的研究中，新型双能X射线扫描仪是一种合适的替代设备，可替代磁共振成像仪。因此，美国通用电气牌和新型双能X射线扫描仪都为内脏脂肪组织评估提供了更便宜且更安全的选择。

现场评估身体成分的方法

在现场环境中，你可以采取更实用的方法来估算客户的身体成分，方法包括皮褶厚度法、超声法、生物电阻抗分析法以及其他人体测量方法。为了能够正确使用这些方法与方程，你需要了解其基本假设及原则，以及每个方法的测量误差的潜在来源。此外，应当严格遵循标准的测量步骤，并且需要进行练习以完善自己的测量技术。有关这些现场方法及如何将其应用于各种群体的更多详细信息，见海沃德、瓦格纳（Heyward & Wagner, 2004）和瓦格纳（Wagner, 2013）的研究。

皮褶厚度法

皮褶厚度法是间接测量皮下脂肪组织厚度的方法。当采用皮褶厚度法估算身体密度以计算体脂含量（体脂百分比）时，假定存在以下基本关系。

- 皮褶厚度法是测量皮下脂肪的好方法。研究表明，利用皮褶厚度法在12个位点测量得到的皮下脂肪值，与利用磁共振成像得到的值相似（Hayes et al., 1988）。

- 对于相同性别的个体，脂肪在皮下和

内部的分布都是相似的。这个假设的有效性值得怀疑。不同性别间皮下脂肪组织的形态存在较大的个体间差异（Martin et al., 1985）。在性别及身体密度相同的情况下，相较于年轻受试者，老年受试者的皮下脂肪比例更低。此外，身形较瘦的个体其内脏脂肪的比例更高，而内脏脂肪比例随着全身脂肪的增加而降低（Lohman, 1981）。

* 由于皮下脂肪与全身脂肪之间存在一定的关系，可以用多个皮褶厚度的总和来估算全身脂肪总量。研究已经证实，多个部位的皮褶厚度可以有效衡量一个常见的体脂因子（Jackson & Pollock, 1976; Quatrochi, 1992）。相关人员提出假设，在男性和女性体内，大约有1/3的脂肪位于皮下（Lohman, 1981）。然而，皮下、肌肉内、肌肉间和内脏器官的脂肪沉积（Clarys et al., 1987）及骨髓和中枢神经系统中的基本脂质均存在着显著的个体间差异。同时，年龄、性别和肥胖程度都会影响脂肪分布（Lohman, 1981）。

* 皮褶厚度总和（ΣSKF）与身体密度之间存在联系。对于同质样本（特定群体皮褶厚度方程），这种关系是线性的；但对于男性和女性，在广泛的身体密度（通用皮褶厚度方程）范围内，其关系又是非线性的。线性回归线可以描绘皮褶厚度总和与身体密度之间的关系，但只能在体脂百分比数值的较窄范围内很好地拟合数据。因此，如果采用特定群体皮褶厚度方程来估算客户的身体密度，而该客户不代表开发该方程所用的样本，则所得的估算值是不准确的（Jackson, 1984）。

* 年龄是预测男性及女性身体密度的独立因素。与单独使用公式ΣSKF相比，用年龄和皮褶厚度总和的二次表达式（ΣSKF^2）更能解释异质群体的身体密度差异（Jackson, 1984）。

皮褶厚度法的应用

运用线性（特定群体）或二次（通用）回归模型来开发皮褶厚度方程。有超过100个特定群体皮褶厚度方程，可以根据不同的皮褶厚度、围长和骨骼直径组合来预测身体密度（Jackson & Pollock, 1985）。这些方程是为同质群体开发的，并且假设仅仅适用于具有相似特征的个体，如年龄、性别、种族或体力活动水平等特征。例如，专门为18~21岁的久坐男性开发的公式，不能预测35~45岁久坐男性的身体密度。皮褶厚度总和和身体密度之间的线性关系（线性模型），是特定群体皮褶厚度方程的基础；然而有研究表明，对于体脂百分比不同的人群，皮褶厚度总和和身体密度之间存在曲线关系（二次模型）（见图8.7）。特定群体皮褶厚度方程往往会低估肥胖受试者的体脂百分比，而高估较瘦受试者的体脂百分比。

杰克逊、波洛克和沃德（Jackson & Pollock, 1978; Jackson, Pollock & Ward, 1980）利用二次模型开发了通用皮褶厚度方程，适用于年龄（18~60岁）及体脂百分比（体脂百分比高达45%）差异很大的客户。这些方程还考虑了年龄对皮下及内脏脂肪分布的影响。通用皮褶厚度方程的一个优点在于，可以采用一个方程而不是多个方程来精确估算客户的体脂百分比。

考虑到通用皮褶厚度方程的开发主要以成年白人群体为样本，杰克逊等人（Jackson et al., 2009）又以年轻白人、西班牙裔以及非裔美国人（17~35岁）为样本对这些方程进行了交叉验证，采用双能X射线吸收法测量了706名女性和423名男性的体脂百分比。尽管通用皮褶厚度方程的计算结果与双能X射线吸收法测定的体脂百分比高度相关（$r=0.91$），但这些方程在应用于不同种族和民族样本时准确性不足。相关报告指出，已经开发出新的特定群体皮褶厚度方程。采用以双能X射线吸收法为基础的新方程时，应采用经过独立交叉验证的方程。

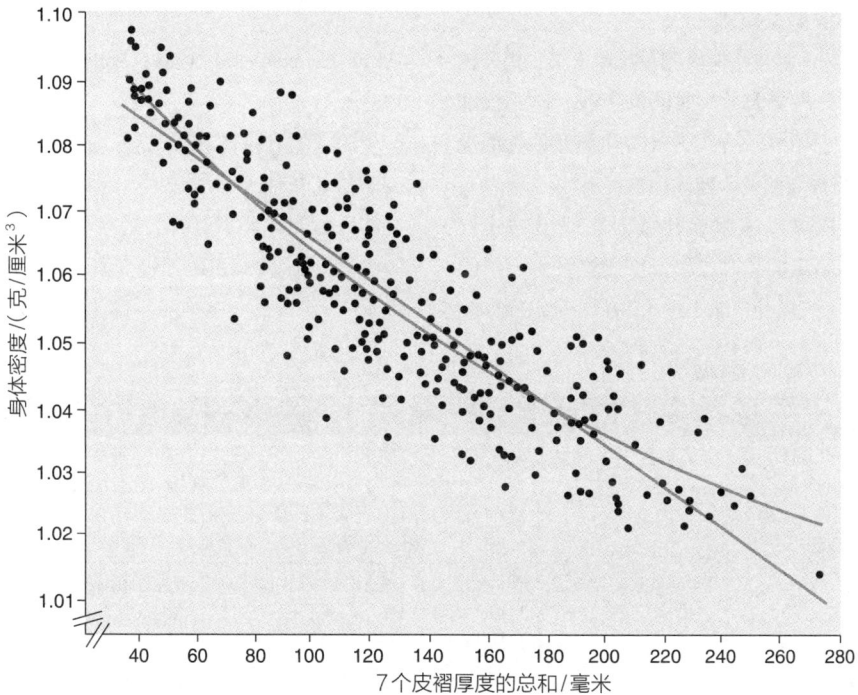

图8.7 皮褶厚度总和与身体密度之间的关系

[经剑桥大学出版社许可，源自：A. S. Jackson and M. L. Pollock, "Generalised Equations for Predicting Body Density of Men," *British Journal of Nutrition* 40 no.3 (1978): 497–504. ©1978 The Nutrition Society.]

大多数方程采用2个或3个皮褶厚度来预测身体密度。专家建议采用包含来自不同部位（包括上半身和下半身部位）皮褶厚度测量值的方程（Martin et al., 1985），然后运用适当的特定群体转换公式，将身体密度转换为体脂百分比（见表8.2）。表8.3列出了常用的特定群体和通用皮褶厚度方程。选择合适的皮褶厚度方程，然后在表8.2中选择特定群体的转换公式，根据客户的身体特征数据（如年龄、性别、种族和体力活动水平）来估算体脂百分比。在推荐值±3.5%的体脂百分比范围内，可以运用这些公式准确估算客户的体脂百分比（Lohman, 1992）。

另外，一些皮褶厚度方程也配有列线图。图8.8中的列线图是专门为杰克逊的3位点皮褶厚度方程开发的。如需运用此列线图，应在相应的列中绘制3个皮褶厚度之和（∑3SKF）及年龄，并使用标尺连接这两个点。在列线图上的体脂百分比列与连接线的交点处，读取相应的体脂百分比。

列线图的运用可能会帮我们减少时间成本，该列线图以双成分模型为基础，采用西丽方程将身体密度转换为体脂百分比。一般情况下，该列线图仅用于去脂身体成分密度为1.100克/厘米³的客户，以估算其体脂百分比（见表8.2）。

皮褶厚度测量技术

作为一名皮褶厚度测量技术人员，相关技能的提升需要大量的时间及实践。遵循标准步骤（见第252页的"皮褶厚度测量的标准步骤"）将提高测量的准确性与可靠性。

你还可以遵循该领域专家提出的建议（见第253页的"对皮褶厚度测量技术人员的建议"）来提升技能水平（Jackson & Pollock, 1985；Lohman et al., 1984；Pollock & Jackson, 1984）。

除了提升技能水平之外，在进行皮褶厚度测量及其他人体测量时，你还应该提高自己的人际交往能力。有关提高人际交往能力的建议，见第253页的"提高人际交往能力的提示"。

表8.3 皮褶厚度方程

皮褶位点	族群	方程	参考文献
Σ7SKF（胸部+腹部+大腿+肱三头肌+肩胛下+髂上+腋下中部）	非裔或西班牙裔女性，18~55岁	身体密度（克/厘米^3）[a]=1.097 0–0.000 469 71× Σ7SKF+0.000 000 56×（Σ7SKF）^{2}–0.000 128 28× 年龄	杰克逊等人（Jackson et al., 1980）
	非裔男性或男性运动员，18~61岁	身体密度（克/厘米^3）[a]=1.112 0–0.000 434 99× Σ7SKF+0.000 000 55×（Σ7SKF）^{2}–0.000 288 26× 年龄	杰克逊和波洛克（Jackson & Pollock, 1978）
Σ4SKF（肱三头肌+髂上+腹部+大腿）	女性运动员，18~29岁	身体密度（克/厘米^3）[a]=1.096 095–0.000 695 2× Σ4SKF+0.000 001 1×（Σ4SKF）^{2}–0.000 071 4× 年龄	杰克逊等人（Jackson et al., 1980）
Σ3SKF（肱三头肌+髂上+大腿）	白人或厌食女性，18~55岁	身体密度（克/厘米^3）[a]=1.099 492 1–0.000 992 9× Σ3SKF+0.000 002 3×（Σ3SKF）^{2}–0.000 139 2× 年龄	杰克逊等人（Jackson et al., 1980）
Σ3SKF（胸部+腹部+大腿）	白人男性，18~61岁	身体密度（克/厘米^3）[a]=1.109 380–0.000 826 7× Σ3SKF+0.000 001 6×（Σ3SKF）^{2}–0.000 257 4× 年龄	杰克逊和波洛克（Jackson & Pollock, 1978）
Σ3SKF（腹部+大腿+肱三头肌）	非裔或白人大学生男女运动员，18~34岁	体脂百分比=8.997+0.246 8× Σ3SKF–6.343× 性别[b]–1.998× 种族[c]	埃文斯等人（Evans et al., 2005）
Σ2SKF（肱三头肌+小腿）	非裔或白人男孩，6~17岁 非裔或白人女孩，6~17岁	体脂百分比=0.735× Σ2SKF+1.0； 体脂百分比=0.610× Σ2SKF+5.1	斯劳特等人（Slaughter et al., 1988）

[a]采用特定群体转换公式，依据身体密度计算体脂百分比。

[b]男运动员为1；女运动员为0。

[c]非裔运动员为1；白人运动员为0。

测量误差来源

皮褶厚度测量值的准确性及精度受技术人员的技能、皮褶卡尺的类型及客户因素的影响。以下内容阐释了测量的误差来源及相应的解决方法。

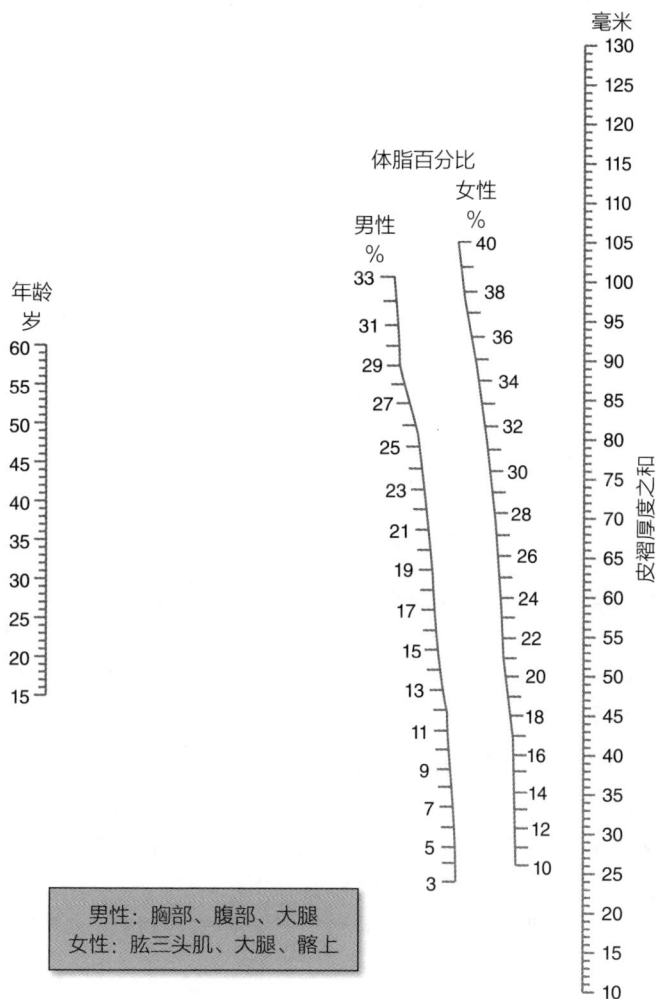

图8.8 采用杰克逊的3位点皮褶厚度方程估算男女性的体脂百分比的列线图

[源自: *A nomogram for the estimate of percent body fat from generalized equations*, by W. B. Baun, M. R. Baun, and P. B. Raven, 1981, Research Quarterly for Exercise and Sport, 52(3), pg.382. Copyright 1981 by American Alliance for Health, Physical Education, and Dance, 1900 Association Drive, Reston, VA 20191.]

当两个不同的技术人员进行测量时，皮褶厚度测量值之间是否有很高的一致性

测量误差的主要来源为皮褶厚度测量技术人员之间的差异。当皮褶厚度测量技术人员遵循标准测量步骤，一起进行练习并标记皮褶位点（Pollock & Jackson, 1984）时，技术人员之间的客观性或可靠性便会提高。皮褶厚度测量技术人员之间的信度较低的一个主要原因在于皮褶的定位与测量不当（Lohman et al., 1984）。皮褶厚度测量技术人员测得的值之间的误差大小取决于使用的皮褶位点的准确性，据报告，腹部（8.8%）和大腿（7.1%）位点的误差大于肱三头肌（约3.0%）、肩胛下（3.0%~5.0%）和髂上（约4%）位点（Lohman et al., 1984）。

是否所有皮褶厚度方程特定皮褶位点的解剖学描述都一样

在过去，对于某些部位，褶皱的解剖位点与方向是不同的。例如，在测量腹部皮褶时，本克和威尔莫（Behnke & Wilmore, 1974）建议测量靠近肚脐的水平褶皱；杰克逊和波洛克（Jackson & Pollock, 1978）建议测量距离肚脐2厘米的垂直褶皱。

位点不一致易导致测量出现偏差，还会导致皮褶厚度测量技术人员之间缺乏一致性。因此，人体测量领域的专家制定了标准测量步骤和详细的皮褶位点的识别与测量说明（Harrison et al., 1988; Ross & Marfell-Jones, 1991）。附录D.2概括了*Anthropometric Standardization Reference Manual*中描述的一些常用位点。

虽然目标是让皮褶厚度测量技术人员遵循位点定位与皮褶厚度测量的标准步骤及建议，但在任何情况下都可能无法做到这一点。例如，如果采用杰克逊和波洛克（Jackson & Pollock, 1978）及杰克逊等人（Jackson et al., 1980）的通用皮褶厚度方程，那么胸部、腋下中部、肩胛下方、腹部和髂上的位点将与*Anthropometric Standardization Reference Manual*中描述的位点不同。关于这些方程所采用位点的描述，见附录D.3。

皮褶厚度测量的标准步骤

1. 在客户身体的右侧进行所有的测量。
2. 仔细识别、测量并标记皮褶位点，尤其是入门级的皮褶厚度测量技术人员（见附录D.2）。
3. 用左手的大拇指和食指紧捏皮褶。将褶皱提高至测量位点上方1厘米处。
4. 拇指和食指分开8厘米，放在垂直于皮褶长轴的一条线上，提起褶皱。长轴与皮肤的自然纹路平行。对于皮褶非常厚的客户，拇指和食指间距应该超过8厘米，才能提起褶皱。
5. 进行测量时，保持褶皱的高度。
6. 让卡尺的卡口垂直于折痕，放在拇指和食指下方约1厘米处、褶皱顶部与底部之间的中间位置。缓慢释放卡口压力。
7. 释放压力3秒后进行皮褶厚度测量。美国运动医学会建议在阅读卡尺刻度前只需等待1~2秒。
8. 打开卡尺的卡口，将其从皮褶位点移开。缓慢关闭卡口，以防卡尺受损。

我需要在每个皮褶位点进行多少次测量

皮褶厚度法的另一个误差来源在于测量者内信度较差。你需要在50~100位客户身上练习皮褶厚度测量技术，提高技能水平及熟练程度（Jackson & Pollock, 1985）。轮流在每个位点进行至少两次测量。如果数值相差超过10%，则需进行额外的测量，并对符合此标准的两次测量值取其平均值。然后在皮褶厚度方程中运用该平均值。在*Anthropometric Standardization Reference Manual*中，建议将每个位点重复测量值相差不超过±10%作为标准。

但是，如果准备参加ACSM认证考试，则需要使用ACSM推荐的皮褶厚度重复测量标准，与前文标准略有不同。美国运动医学会建议在每个位点至少进行两次测量；但是，在给定位置进行的两次测量的差值需要在2毫米以内。如果采用了符合这个标准的两种以上的测量方法，那么请读取两个相距±2毫米以内的测量值并取其平均值，然后在皮褶厚度方程中使用这个平均值来估算身体密度和体脂百分比。另外，一些研究人员建议在每个位点进行3次测量，并采用中值而不是平均值（Ward & Anderson, 1998）。

对皮褶厚度测量技术人员的建议

- 对用于识别皮褶位点的解剖位点进行定位及测量距离时，用外科标记笔标记位点时要非常小心。
- 读取卡尺刻度，精确到0.1毫米（Harpenden卡尺或Holtain卡尺）、0.5毫米（Lange卡尺）或1毫米（塑料卡尺）。
- 在每个位点至少进行2次测量。如果测量值之间的差异超过2毫米，则再次进行测量，并采用该范围内的2个测量值，取其平均值。
- 按顺序（循环）轮流进行皮褶厚度测量，而不是在每个位点进行连续读数。
- 在客户皮肤干燥未涂护肤液时，进行皮褶厚度测量。
- 运动后不要立即测量皮褶厚度，因为体液向皮肤的转移会增大皮褶厚度。
- 对50~100名客户进行皮褶厚度测量练习。
- 如果你是一名缺乏经验的皮褶厚度测量技术人员，请避免使用塑料卡尺，应用金属卡尺。
- 与经验丰富的皮褶厚度测量技术人员一起培训，并比较你们的测量结果。
- 采用培训视频演示正确的皮褶厚度测量技术（Lohman, 1987；Human Dynamics, 1995）。
- 通过参加讲习班或远程教育课程进行额外的培训。

提高人际交往能力的提示

- 在预定的测量课程之前，指导客户穿着宽松衣服，如短裤、T恤或两件式运动服装，以便进行皮褶厚度测量。
- 客户通常会因皮褶厚度测量而担心，特别是当他们第一次和你见面的时候。在测量过程中，通过建立融洽的关系（如谈论一些不相关的话题），表现出放松和信任感，并创造一个友好、私密、安全且舒适的测量环境。
- 在一间整洁的私人房间进行测量，该房间内应有一张小桌，用于放卡尺、笔和剪贴板，还有一张椅子，供站立不稳或在测量过程中需
- 要休息的客户使用。
- 一些客户更愿意让相同性别的技术人员进行皮褶厚度测量。如果不具备这种条件，你可以询问客户是否愿意让另一个同性别人士来观察测量过程。
- 通过谈论测量的目的及用途，指出身体上的皮褶位点，并演示测量皮褶厚度的形式，来告知客户关于皮褶厚度测量的信息。
- 在收集皮褶厚度数据时，请不要有过多的语言及面部表情。

（源自：Habash, 2002.）

可以用哪些型号的皮褶卡尺，它们有什么区别

市面上有各种高质量的金属及塑料卡尺，可用于测量皮褶厚度（见图8.9）。在选择卡尺时，需要考虑成本、耐用性、准确性和精度等因素，以及采用哪一种卡尺来建立一个特定的皮褶厚度方程。表8.4和图8.10比较了不同皮褶卡尺的一些基本特性。

高品质的金属卡尺在整个测量范围内都非常精确。Harpenden卡尺、Lange卡尺、Holtain卡尺和Lafayette卡尺在其测量范围（0~60毫米）内施加恒定压力（7~8克/毫米^2）。在整个测量范围内，卡尺的拉力不应超过2.0克/毫米^{2}或超过15克/毫米^2（Edwards et al., 1955）。过大的拉力或压力会引起客户不适（捏痛感），并使皮褶厚度测量值明显降低（Gruber et al., 1990）。高品质的卡尺也具有良好的刻度精度

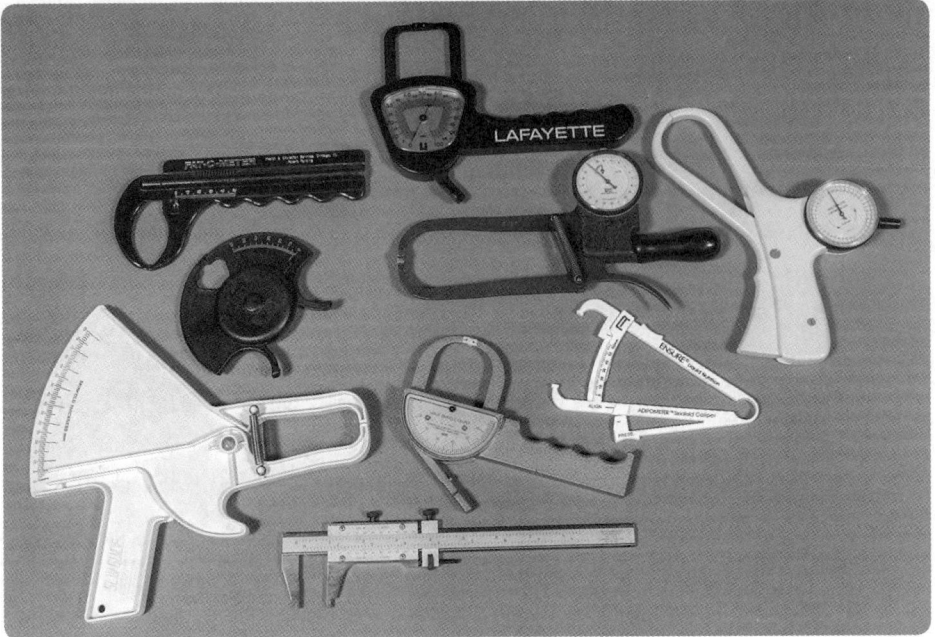

图8.9 皮褶卡尺

（例如，Harpenden卡尺为0.2毫米，Lange卡尺为0.5毫米）。

虽然Harpenden卡尺和Lange卡尺具有相似的压力特性，但一些研究人员称，使用Harpenden卡尺测量的皮褶厚度明显小于使用Lange卡尺测量的皮褶厚度（Gruber et al., 1990；Lohman et al., 1984；Schmidt & Carter, 1990）。这一差异体现了Harpenden卡尺对平均体脂百分比的系统性低估（约1.5%）（Gruber et al., 1990）。尽管Lange卡尺（8.37克/毫米^2）和Harpenden卡尺（8.25克/毫米^2）的压力相似（Schmidt & Carter, 1990），但研究人员指出，相比而言，打开Harpenden卡尺的卡口需要花费3倍以上的力。

因此，很可能是Harpenden卡尺对脂肪组织的压缩程度更大，导致皮褶厚度测量值小于Lange卡尺的测量值。Cescorf卡尺的结构和压力特性与Harpenden卡尺的相似。不出所料，与Lange卡尺相比，Cescorf卡尺在9个位点的皮褶厚度测量值明显更低。这一差异体现了Cescorf卡尺所低估的体脂百分比（5.2%~6.9%）（Cyrino, 2003）。

塑料卡尺和高品质金属卡尺一样精确吗

与高品质金属卡尺相比，部分塑料卡尺在测量范围内不会施加恒定张力，且刻度的精度较低（约2毫米），测量范围较小（0~40毫米）。尽管存在这些差异，与更昂贵的高品质金属卡尺（Cataldo & Heyward, 2000）相比，一些塑料卡尺的质量同样不错（见表8.4）。考虑到卡尺的类型是测量误差的一个潜在来源，请遵循以下建议使误差最小化。

- 在监测客户皮褶厚度变化时，使用相同的卡尺。
- 所使用的卡尺类型应与选用的特定皮褶厚度方程开发过程中使用的卡尺类型相同。如果没有相同类型的卡尺，请使用能给出类似读数的卡尺（见图8.10）。
- 定期检查卡尺的精度，如有必要，应进行校准。

表8.4 高品质金属卡尺与塑料卡尺的比较

卡尺类型	平均压强/（克/毫米²）	测量范围/毫米	刻度精度/毫米	准确性	耐用性	相对成本[c]	技术特点	供应商
金属								
Harpenden（HA）	8.2	0~55	0.2	HA<LNG[a]	优秀	较高	—	Creative Health Products
Lange（LNG）	8.4	0~60	0.5	LNG>HA[a]	优秀	适中	—	Creative Health Products
Lafayette（LF）	7.5	0~100	0.5	LF>LNG[a]	优秀	较高	测量范围0~100毫米	Creative Health Products
Skyndex（SKN）	7.3		0.5	SKN<LNG[a] SKN≈HA[a]	优秀	较高	SKN一代：内置计算机，德宁和伍默斯利方程，杰克逊和波洛克方程。SKN二代：数字读数，但无计算机	Creative Health Products
Holtain（HO）			0.2	HO<HA, LNG[b]	优秀	较高	—	Hotain有限公司
塑料								
Accu-Measure（AM）	NR	0~60	1.0	NR	一般	较低	用于体脂百分比的自我评估	Accu-Measure
Body Caliper（BC）	NR	0~60	1.0	BC≈HA[b]	良好	适中	卡尺两侧配有刻度	Caliper公司
Fat-O-Meter（F）	5.6	0~40	2.0	F≈LNG[b]	欠佳	较低	—	Creative Health Products
Fat Track（FT）	NR	0~60	0.1	NR	良好	适中	可用于体脂百分比的自我评估，数字读数，适用于杰克逊和波洛克方程	Accu-Measure
McGaw（MG）	12.0	0~40	2.0	MG≈HA[b] MG<LNG[b]	一般	较低	—	未知
Ross Adipometer（RA）	12.0	0~60	2.0	RA≈HA[b] RA<LNG[b]	一般	较低	—	Ross产品部
Slim Guide（SG）	7.5	0~80	1.0	SG≈HA≈SKN[a]；SG<LNG[a]	良好	较低	—	Creative Health Products

NR代表未报告；≈代表近似相等。

[a] 通过比较人体皮褶的泡沫橡胶模型的动态压缩量来确定。

[b] 通过比较技术人员测量的个体皮褶厚度来确定；因此，误差不仅包括仪器误差，还包括与技术人员技能和客户因素相关的误差。

[c] 成本：较低代表<50美元；适中代表50~200美元；较高代表>200美元。

数字皮褶卡尺的准确性如何

为了减少（如果不能消除）因皮褶厚度测量技术人员缺乏经验或注意力不集中而造成的人为误差（如在适当的时间间隔后未能读取刻度、错误读取刻度、错误计算身体密度与体脂百分比），目前相关人员正在努力尝试将皮

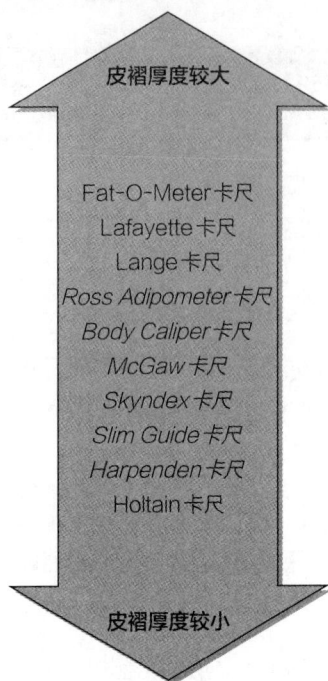

图8.10 各种皮褶卡尺测量值的相对排序（斜体字标识的卡尺读数相似）

褶厚度读取及计算过程自动化。一种利用微型传感器技术的数字修正方法可将无线信号传输到计算机上运行的脂质体2008软件（Adipsmeter的1.0版本），这适用于使用Harpenden卡尺（脂质工具）进行测量的过程。标准的皮褶厚度评估方案已被编入相关软件应用程序，从而使技术人员无须读取刻度或进行数学计算。阿马拉尔等人（Amaral et al., 2011）通过将数字皮褶卡尺的皮褶厚度测量结果与使用Harpenden卡尺测得的结果进行比较，研究了两种测量工具的效度及信度。两种卡尺测量结果的平均差为0.3毫米，相关的置信区间为3.1~3.4毫米，并且皮褶位点的相关系数都很高（$r > 0.91$）。要进一步了解这个数字皮褶卡尺系统，见阿马拉尔等人（Amaral et al., 2011）的研究。

客户的水合作用水平会影响皮褶厚度测量结果吗

皮褶厚度测量结果也可能受到脂肪组织的压缩率和客户水合作用水平的影响（Ward, Rempel & Anderson, 1999）。马丁、德林克沃特和克拉丽斯（Martin, Drinkwater & Clarys, 1992）报告称，皮褶压缩率的变化可能是皮褶厚度法中一个重要的不足之处。此外，由于周围血管扩张或某些疾病等因素引起的皮下组织细胞外积水（水肿），可能会增大皮褶厚度（keys & brozek, 1953）。这表明不应该在运动后立即测量皮褶厚度，尤其是在炎热的环境中。格罗斯曼和戴特里克（Grossman & Deitrick, 2015）分别在运动前2小时及60分钟抗阻训练之后测量了4个位点的皮褶厚度。尽管运动后的皮褶厚度测量值比基线值高出约3毫米，但皮褶厚度之和或去脂体重之间不存在显著差异。此外，一些女性在月经周期中，体重增加的原因大部分是水分滞留（Bunt et al., 1989）。理论上，这可能会增大皮褶厚度，尤其是躯干与腹部的皮褶厚度，但仍然没有相关的经验性数据支持或反驳这一假设。

应该在身体的左侧还是右侧测量皮褶厚度

对于典型的个体来说，身体左右两侧的皮褶厚度之间只有很小的差异（最多2毫米）。然而，正如 *Anthropometric Standardization Reference Manual*（Lohman, Roche & Martorell, 1988）、国际人体测量促进会及美国运动医学会的建议，美国等国家的标准做法是在人体的右侧测量皮褶厚度。

我应该用皮褶厚度法来测量肥胖客户的体脂百分比吗

即使是技能熟练的皮褶厚度测量技术人员，也很难精确测量极度肥胖者的皮褶厚度。有时客户的皮褶厚度超过了卡尺的最大孔径，卡尺的卡口在测量过程中可能会从皮褶上滑脱，这可能会让你和客户陷入尴尬且棘手的局面。因此，请避免使用皮褶厚度法来测量极度肥胖客户的体脂百分比。

超声法

超声技术作为一种便携、无创的皮褶厚

度评估技术，在身体成分研究中得到了广泛应用。因为其能够评估体内深层脂肪组织厚度，所以也可用于临床环境（Bazzocchi et al., 2016）。瓦格纳（Wagner, 2013）发表了一项关于超声技术及其应用于身体成分评估的综述性研究。

超声设备一般由手持棒或探头（见图 8.11）及计算机应用集成双向（发送和接收）声音传感器组成。超声产生于传感器内部的压电晶体，并能够在皮肤中传播。其频率超过了人耳所能听到的频率范围，即 1~18 兆赫。当信号遇到组织边界时，会被反射回传感器。根据所采用的超声模式，反射信号表示为具有不同振幅的峰线图，或者是由一系列点形成不同亮度的水平带。

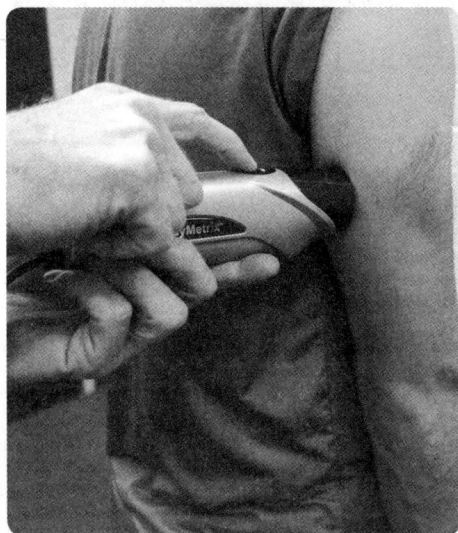

图 8.11 手持超声探头
[由戴尔·R. 瓦格纳（Dale R. Wagner）提供。]

A 型超声法

A 型（振幅式）超声设备使用一个单一的传感器发射一个狭窄的信号束，并产生与振幅相关的波峰图像。波峰的振幅反映组织的深度（见图 8.12）。皮下脂肪与骨骼肌边界处的数据被定义为最高峰的中点（Smith-Ryan et al.,

2014）。

作为皮褶厚度法的替代方法，A 型超声法采用与皮褶厚度法相同的位点。回顾本章有关皮褶厚度法的内容，便能够重新熟悉皮褶位点，这有助于了解手持棒在每个位点的移动方向。采用那些能够模拟传统皮褶厚度方程的专有转换方程，可将特定部位的皮下脂肪厚度换算为体脂百分比（Baranauskas et al., 2017）。

B 型超声法

B 型（亮度调制）超声设备使用线性阵列传感器创建二维图像，使用换能器对反射信号进行解译，并将处理后的信号以点的形式显示在计算机屏幕上的图形显示器上。点越亮，信号反射越强。这些点在平面直角坐标系中表示，坐标轴相交点（图的左下角）为最大值（毫米）。屏幕的最上面部分（最小毫米值）表示传感器与皮肤之间的接触情况。一条亮线或由点形成的带出现在略低于这一点的位置，描绘了第一个组织边界（皮下脂肪与骨骼肌的边界）。探头与组织边界之间的距离（毫米）表示信号从离开到返回传感器所需的时间。平均厚度（毫米）由专利应用程序计算，约为该位点皮褶厚度的一半（Wagner, 2013）。

米勒等人（Müller et al., 2016）认为，国际人体测量促进会定义的皮褶位点，对于用 B 型超声法来量化皮下脂肪是不适用的。因此，他们对 B 型超声法进行了标准化：该方法采用 8 个位点，客户需保持特定姿势（见第 259 页的"应用 B 型超声法的标准步骤"）；所有测量均以仰卧位或侧卧位进行。

正如瓦格纳（Wagner, 2013）的观点，解释超声扫描结果比执行扫描更困难，边界的准确识别至关重要。当探头沿着皮肤来回滑动时，计算机屏幕上会显示一行圆点。各种组织边界可被识别为连续的亮带。通过练习，技术人员应该能够熟练地识别各种边界。精确测量组织厚度是解释超声图像所需的另一

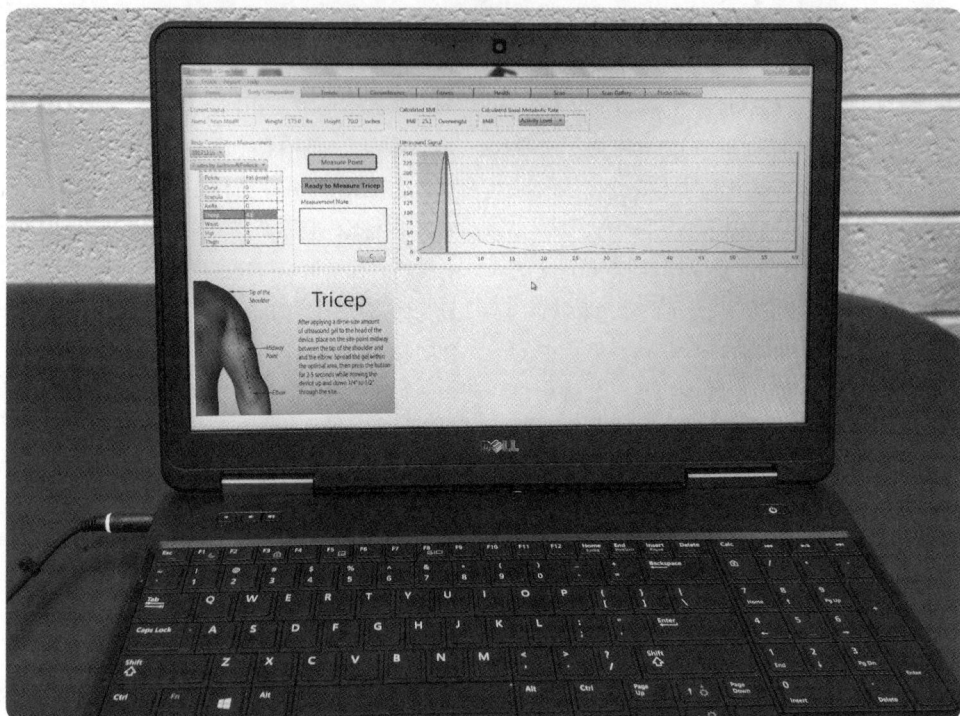

图8.12 使用A型超声法测量组织深度（厚度）

[由戴尔·R.瓦格纳（Dale R. Wagner）提供。]

项技能。测量值的准确性取决于边界的识别，以及数字卡尺软件的正确定位。

测量误差来源

超声测量的准确性和精度与技术人员的技术水平、超声模式、信号频率和声速直接相关。以下内容阐释了测量的误差来源及相应解决方法。

运用A型超声法的标准技术是什么

与B型超声法不同，目前针对A型超声法还没有标准技术，但测量的位点与评估皮褶厚度所用的位点相同。当需要重复测量时，计算机软件会提醒技术人员。

应该用探头给皮肤施加多大的力

图米等人（Toomey et al., 2011）采用3种不同的皮肤和皮下脂肪组织压缩量，比较了A型超声在几个位点（肱三头肌、腹部、大腿前部）的测量结果。当尽力压缩皮肤和皮下脂肪时，与施加最小压力时相比，每个位点测得的皮下脂肪组织百分比都较低（分别为36%、37%和25%），将压力减少一半后，会造成厚度差异；而组织被最小限度地压缩时，与压力最大时的情况类似（Toomey et al., 2011）。图米等人（Toomey et al., 2011）建议施加足够的压力，以使图像出现在计算机显示器上。

信号频率和声速如何影响测量精度

传感器的信号频率可能比超声模式更重要，因为信号频率和穿透深度之间存在负相关关系（Wagner, 2013）。使用A型超声法时，较高的频率会提高图像的分辨率（Smith-Ryan et al., 2014）。

应用B型超声法的标准步骤

应用B型超声法的标准步骤如下（Müller et al., 2016）。

1. 将手持棒连接到计算机并打开应用程序。

2. 让客户排空膀胱和肠道，换上宽松的短裤和T恤，女性应该穿运动内衣。

3. 测量客户赤脚站立时的身高及体重。

4. 在应用程序中输入客户的信息。

5. 根据建议让客户摆好姿势，然后在其身体右侧仔细地识别、测量及标记目标位点。

6. 在探头上放硬币大小的导电凝胶。斯多科尔等人（Störchle et al., 2017）建议放一层厚厚的导电凝胶，来防止压力过大；凝胶层可被识别为图像顶部的暗带。

7. 将探头轻轻放在标记位点的皮肤上，并保持手持棒与皮肤垂直。确保探头的整个表面与皮肤接触。

8. 让客户在躯干所有测量的中点屏住呼吸。

9. 沿着标记位点下方肌肉的长轴，在每个方向上将探头沿直线滑动约5毫米。

10. 建议初学的技术人员保存图像以备后续分析。

11. 建议在每个位点上重复测量，两次测量值相差 ±1毫米时，计算并记录这两个值的平均值。

对于B型超声，频率为18兆赫时图像分辨率接近0.1毫米；而在6兆赫时，分辨率约为0.3毫米（Störchle et al., 2017）。声速也是极为重要的，错误的声速会导致大约6%的体脂百分比误差（Müller et al., 2016）。对于较厚的皮下脂肪组织，应采用慢声速（1 450米/秒）。或者采用1 540米/秒的声速。

与其他参考方法相比，超声法的准确度如何

将超声法的评估结果与其他参考方法进行比较的研究有限，但在不断增多。技术人员培训方法、技术和算法可能都需要得到进一步的发展。

当采用A型超声法评估皮下脂肪厚度并通过方程将结果转换成体脂百分比时，研究人员报告称，设备内的专有方程低估了采用双能X射线吸收法得到的12~17岁青少年的体脂百分比（Ripka et al., 2016），与四成分模型参考值进行比较时亦是如此（Kendal et al., 2017）。史密斯－瑞安等人（Smith-Ryan et al., 2014）对超重和肥胖的成年人进行了研究，并将A型超声设备测得的体脂百分比、脂肪质量与多成分模型参考值进行了比较。结果显示，使用频率为2.5兆赫的7位点评估法会大大低估西丽（Siri, 1961）提出的三成分模型的数值（Smith-Ryan et al., 2014）。

奥尼尔等人（O'Neill et al., 2016）针对一组高水平男性赛艇运动员样本，比较了使用B型超声法测得的体脂百分比结果与使用双能X射线吸收法测得的结果。结果显示，B型超声法低估了双能X射线吸收法测定的体脂百分比参考值，同时高估了双能X射线吸收法测定的去脂体重参考值。奥尼尔等人通过多元线性回归分析确定了重要的测量位点，并开发了一个新的预测方程，从而提高了B型超声设备的预测精度。当此项研究将该方程［体脂百分比=0.476×（肱三头肌皮褶厚度+肱二头肌皮褶厚度+冈上肌皮褶厚度+大腿前部皮褶厚度）］应用于运动员时，用超声法测得的体脂百分比（16.9%）与参考值一致，相关性很高（r=0.94）、标准估计误差可接受（1.9%），一致性界限较好（3.7%）。奥尼尔指出，超声法对体脂百分比低于15%的运动员效果更好。

史密斯－瑞安等人（Smith-Ryan et al., 2016）再次对超重和肥胖的成年人进行研究，将用B

型超声法测得的体脂百分比和脂肪质量数值与四成分模型参考值进行比较。特定性别的比较结果表明，在这项研究中，使用超声法对男性进行测量的结果更精确。其中，使用超声法对男性进行测量的结果与参考值无显著差异，但是对女性进行测量的结果（使用频率：5~13兆赫）比参考值平均高9.2%。

A型和B型超声设备均表现出良好的可靠性，并且测量值与多成分模型参考值之间具有中度到高度的相关性，同时存在较大的一致性界限（O'Neill et al., 2016; Ripka et al., 2016; Smith-Ryan et al., 2014）。史密斯–瑞安等人（Smith-Ryan et al., 2014, 2016）的结论表明，超声技术在跟踪身体成分随时间产生的变化方面有着一定的作用，与其他只进行单一测量的实验室方法（如空气置换体积描记术）相比，超声法的测量值与四成分模型参考值在方法学上的差异更小。

超声法与皮褶厚度法及其他双成分模型的测量结果相比如何

瓦格纳、凯恩和克拉克（Wagner, Cain & Clark, 2016）对A型超声法的测量结果进行了研究，他们发现3个位点中的每一个测量值都存在着较高的相关性（$r>0.68$）和很小的最小差异（<2.0%）（Jackson & Pollock, 1978; Jackson, Pollock & Ward, 1980）。显然，这是首次采用超声法进行的检测者间信度研究（Wagner, Cain & Clark, 2016）。与皮褶厚度法相比（ICC=0.97；95%置信区间为0.33~0.99毫米），两名技术人员采用A型超声法（ICC=0.99；95%置信区间为0.98~0.99毫米）获得了更好的重测信度。运动员性别以及评价方法不同，检测者间差异也不同。使用超声法测量男性和女性的皮褶厚度，测量差异约为0.2%，而使用超声法测量男性的皮褶厚度，测量差异接近1.9%；单独测量女性的皮褶厚度，测量差异接近3.3%（Wagner, Cain & Clark, 2016）。

瓦格纳等人（Wagner et al., 2016）招募美国大学生体育协会一级联盟运动员参加研究，他们对A型超声法和空气置换体积描记术进行了比较，发现二者所得结果具有高度相关性（$r>0.92$）、良好的估计标准误差（2.6%）及一般的总误差（4.4%），但一致性较差。在45名（22名男性和23名女性）参与研究的运动员中，只有5人的由A型超声法测得的体脂百分比比由空气置换体积描记术测得的体脂百分比高。在比较特定性别结果时，男性之间没有显著差异。他们的体脂百分比差异最小（±1.5%），而总误差为2.4%。相反，对于女性来说，超声法测得的体脂百分比比空气置换体积描记术测得的体脂百分比高约5.0%，总误差为5.5%（Wagner, Cain & Clark, 2016）。肯德尔等人（Kendall et al., 2017）对使用A型超声法（76.8±9.1千克）、空气置换体积描记术（76.7±9.5千克）及杰克逊和波洛克（Jackson & Pollock, 1978）3位点皮褶厚度方程（76.7±9.0千克）得到的去脂体重结果进行比较，发现三者无显著差异。以白人男性为主的年轻成年人小样本为研究样本，对A型超声法的测量值和特定性别位点（男性为胸部、腹部、大腿；女性为肱三头肌、髂嵴、大腿）的皮褶厚度进行比较（Jackson & Pollock, 1978; Jackson, Pollock, Ward, 1980），研究人员获得了相似的组间均值（超声法：18.2%±8.3%；皮褶厚度法：13.3%±7.1%；*SEE*：7.5%；TE>4.0%）。

史密斯–瑞安等人（Smith-Ryan et al., 2016）对超重和肥胖成年人（体重指数为31.6±5.2千克/米²）样本进行了特定性别7位点评估（Jackson & Pollock, 1978; Jackson, Pollock & Ward, 1980）。对男性来说，结果与B型超声法的测量结果、皮褶厚度法测量结果均无显著差异（前者为26.8%±4.1%，后者为29.8%±6.0%）；对女性来说同样如此（前者为47.4%±6.9%，后者为39.8%±4.4%）。

生物电阻抗分析法

生物电阻抗分析法（BIA）是一种快速、无创、相对廉价的评估身体成分的方法。在运用该方法的时候，一个微小电流通过客户的身体，同时生物电阻抗分析仪会对阻抗（Z），也就是阻碍电流的作用，进行测量。由于身体所含水分中的电解质是电流的良好导体，所以可以通过测量阻抗来估算一个人的全身含水量。全身含水量大时，电流更容易通过身体，同时电阻（R）也较小。由于脂肪组织含水量相对较低，不能够起到良好的导电作用，体脂量较大的个体其阻抗也就更大。由于去脂身体成分的含水量相对较大（约73%的水），根据全身含水量的估算值可以预测去脂体重（FFM）。与去脂体重较小的个体相比，去脂体重和全身含水量较大的个体对通过其身体的电流的阻力较小。

生物电阻抗可用于间接估算去脂体重和全身含水量。因此，相关人员对导体的几何形状、阻抗与导体长度及体积之间的关系做了以下假设。

● 人体的形状像一个完美的圆柱体，具有均匀的长度和横截面积。当然，这一假设并不完全正确。由于身体部位的长度或横截面积并不相同，这些身体部位的阻抗将会有所不同。

● 假设人体是一个完美的圆柱体，在固定的信号频率（如50千赫）下，身体的阻抗（Z）与导体的长度（L）正相关，与导体的横截面积（A）负相关，$Z=\rho (L/A)$。其中，ρ 指的是身体组织的电阻率，同时假定其为常数。为了用阻抗与身体的体积而不是横截面积来表示这种关系，将该方程乘以 L/L，则 $Z=\rho (L/A)(L/L)$。$A \times L$ 等于体积（V），因此重新排列该方程后，得出 $V=\rho L^2/Z$。因此，身体的去脂体重或全身含水量与 L^2 或高度（ht）

的平方直接相关，与阻抗间接相关。

● 生物组织充当导体或绝缘体，通过人体的电流将沿着电阻最小的路径流动。因为去脂身体成分含有大量的水（约73%）以及电解质，所以它是一种比脂肪更好的电流导体。由于脂肪里没有水分，不能够起到很好的导电作用。在50千赫的恒定频率下测量全身阻抗，主要反映了构成去脂身体成分的水和肌肉的体积及细胞外的含水量（Kushner, 1992）。

● 阻抗是电阻和电抗的函数，其中 $Z=\sqrt{R^2+X_c^2}$。电阻（R）是对流经身体的电流的直接阻碍作用的量度；电抗（X_c）是细胞膜产生的电容对电流的阻力（Kushner, 1992）。在测量全身阻抗时，电阻远远大于电抗（在50千赫的频率下）；因此，用电阻比电流阻抗能更准确地预测去脂体重和含水量（Lohman, 1989）。出于这些原因，在生物电阻抗分析模型中预测去脂体重或含水量时，通常用电阻指数（ht^2/R）来代替阻抗指数（ht^2/Z）。

运用生物电阻抗分析法

传统的生物电阻抗方法使用四极腕踝电极构造，在单一频率下测量全身的电阻，以估算含水量或去脂体重（图8.13）。然而，技术的进步与理论模型的改变使传统生物电阻抗分析法产生了一些变化。这些变化采用复杂的模型来评估身体各部位成分及体液流动情况部分，从而提高生物电阻抗分析法的临床实用性。此外，为家庭使用和个人健康及健身监测设计的生物电阻抗分析仪，操作界面简易方便，通过测量上、下半身的阻抗来估算身体成分（图8.14）。

视频
8.4

在生物电阻抗预测方程中使用全身生物电阻抗测量（阻抗、电阻和电抗）来估算全身含水量和去脂体重。这些预测方程以特定群体或一般模型为基础。特定群体方程仅适用于身体特征与导出方程的样本相匹配的个体。研究人员已经开发了有关特定年龄（Deurenberg et

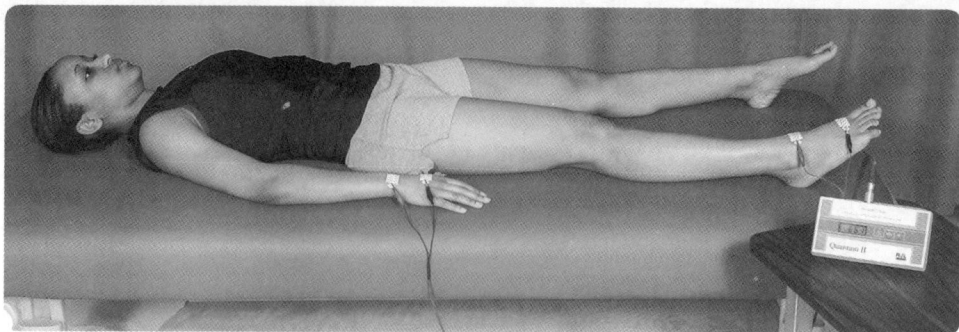

图8.13 生物电阻抗分析仪的电极位置与客户姿势

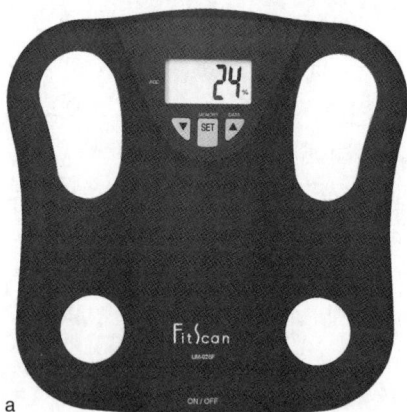

a
由百利达公司提供

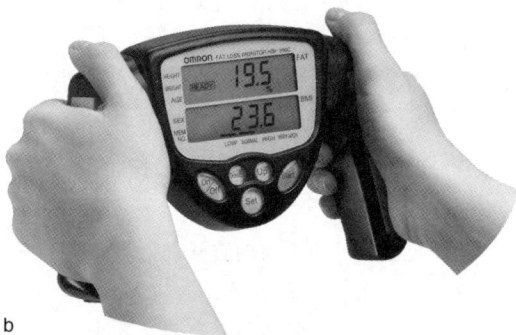

b
由欧姆龙保健有限公司提供

图8.14 生物电阻抗分析仪

al., 1990；Lohman, 1992）、种族（Hastuti et al., 2016；Stolarczy et al., 1994）、体脂（Gray et al., 1989；Segal et al., 1988）以及体力活动水平（Houtkooper et al., 1989）的方程。另外，已经针对年龄、性别以及体脂水平不同的异质群体开发了通用的生物电阻抗分析方程（Deurenberg et al., 1990；Gray et al., 1989；Kyle et al., 2001；Kushner & Schoeller, 1986；Lukaski & Bolonchuk, 1988；Van Loan & Mayclin, 1987）。

视频
8.5~8.6

下半身（足对足）与上半身（手对手）生物电阻抗分析设备会有一定的作用，其价格较低，可购买以供家庭使用。这些设备的两家制造商分别为欧姆龙保健有限公司和百利达公司。当个体站在分析仪的电极板上时，百利达分析仪会在左右腿之间测量下半身阻抗（见图8.14a）。手持式欧姆龙生物电阻抗分析仪负责在右臂和左臂之间测量上半身阻抗（见图8.14b）。百利达和欧姆龙分析仪的制造商采用开发的专有方程，来估算体脂百分比和去脂体重。通常，不可能从这些分析仪中获得阻抗（电阻及电抗）数据。然而，它们确实为公众提供了一种廉价、简便且合理准确的体脂百分比自我评估的方法。

表8.5给出了针对特定群体的通用生物电阻抗分析预测方程。通过这些方程，可以在推荐值的范围内［女性为±2.8千克，男性为±3.5千克（Lohman, 1992）］准确估算客户的去脂体重。

表8.5 针对特定群体的通用生物电阻抗分析预测方程

族群	体脂百分比[a]	方程	参考文献
美国印第安人、非裔、西班牙裔或白人男性，17~62岁	<20%	去脂体重=0.000 663 60 × 身高^2 − 0.021 17 × 电阻 +0.628 54 × 体重 −0.123 80 × 年龄 +9.332 85	西格尔等人 (Segal et al., 1988)
	≥20%	去脂体重=0.000 885 80 × 身高^2 − 0.029 99 × 电阻 +0.426 88 × 体重 −0.070 02 × 年龄 +14.524 35	西格尔等人 (Segal et al., 1988)
美国印第安人、非裔、西班牙裔或白人女性，17~62岁	<30%	去脂体重=0.000 646 × 身高^2 − 0.014 × 电阻 +0.421 × 体重 +10.4	西格尔等人 (Segal et al., 1988)
	≥30%	去脂体重=0.000 911 86 × 身高^2 − 0.014 66 × 电阻 +0.299 90 × 体重 −0.070 12 × 年龄 +9.379 38	西格尔等人 (Segal et al., 1988)
白人男孩与女孩，8~15岁	NA	去脂体重=0.62 ×（身高^2/电阻） +0.21 × 体重 +0.10 × 电抗 +4.2	洛曼 (Lohman, 1992)
白人男孩与女孩，10~19岁	NA	去脂体重=0.61 ×（身高^2/电阻）+ 0.25 × 体重 +1.31	霍特库珀等人 (Houtkooper et al., 1992)
女运动员，18~27岁	NA	去脂体重=0.282 × 身高 +0.415 × 体重 −0.037 × 电阻 + 0.096 × 电抗 −9.734	福尔内蒂等人 (Fornetti et al., 1999)
男运动员，19~40岁	NA	去脂体重=0.186 ×（身高^2/电阻）+ 0.701 × 体重 +1.949	奥普利格等人 (Oppliger et al., 1991)

NA代表未知。

[a]对于体形明显较瘦的客户，采用<20%（男性）以及<30%（女性）的方程。对于明显肥胖的客户，采用≥20%（男性）以及≥30%（女性）的方程。对于消瘦或肥胖不明显的客户，采用针对消瘦与肥胖客户的方程计算去脂体重，然后取两个去脂体重估算值的平均数。

如需运用这些公式，应直接从生物电阻抗分析仪中获取电阻和电抗的读数。通过确定脂肪质量（FM）（脂肪质量=体重−去脂体重），并用脂肪质量除以客户的体重来估算客户的体脂百分比。

专家建议不要使用从生物电阻抗分析仪（如BMR、Holtain、RJL或Valhalla品牌的）中直接获得的去脂体重与体脂百分比的估算值，除非分析仪计算机软件编程的方程具有可信度。应从制造商处获取关于这些方程的有效性和准确性信息，并确定这些方程是否适用于客户。

虽然生物电阻抗分析法的相对预测准确度与皮褶厚度法相似，但由于以下原因，在某些环境中，生物电阻抗分析法可能更可取。

- 对技术人员技能的水平要求不高。
- 通常客户使用时更为舒适，不会对客户造成太多的干扰。
- 可用于估算肥胖个体的身体成分。

生物电阻抗分析法

生物电阻抗分析法的准确性很大程度上取决于控制可能增大测量误差的因素。无论采用何种生物电阻抗分析法（全身、上半身或下半身），客户都需要遵守控制水合状态波动的指导原则（见第264页的"生物电阻抗分析法测量前客户指导"）。

生物电阻抗分析法测量前客户指导

- 测量前4小时内不得进食或饮水。
- 测量前12小时内不得进行中等或高强度运动。
- 测量前30分钟内请将身体完全排空。
- 测量前48小时内禁止饮酒。
- 在评估前，不要摄入利尿剂和咖啡因，除非医生开具了处方。
- 如果处于月经周期，发现体内有水分保留，那么请推迟测量（女性客户）。

采用标准的测量流程使生物电阻抗分析法中的误差最小化（见第266页的"全身生物电阻抗分析法的标准步骤"）。

测量误差来源

生物电阻抗分析法的准确性与精度受仪器、客户因素、技术人员技能、环境因素以及用于估算去脂体重的预测方程的影响。以下内容阐释了生物电阻抗分析法的误差来源及相应解决方法。

不同类型的全身生物电阻抗分析仪可以互换使用吗

研究表明，在使用不同品牌的单频分析仪时，全身电阻存在显著差异（Graves et al., 1989；Smye, Sutcliffe & Pitt, 1993）。例如，斯迈耶、萨克利夫和皮特（Smye, Sutcliffe & Pitt, 1993）报告称，与BodyStat、RJL和Ezcomp分析仪相比，Holtain分析仪的电阻更低（6%或32~36欧）。格拉夫等人（Graves et al., 1989）注意到，用Valhalla和Bioelectrical Science（BES）分析仪测量的电阻值之间的相关系数仅为0.59；采用这两种仪器测得的电阻，依据生物电阻抗分析方程估算的男性平均体脂百分比，两者相差6.3%。虽然用Valhalla分析核销和RJL分析仪测量的电阻之间有很高的相关性（$r=0.99$），但Valhalla分析仪测得的男性（约16欧）和女性（约19欧）的电阻明显较高，这与男性（约1.3千克）和女性（约1.0千克）的去脂体重被系统性低估的情况相对应（Graves et al., 1989）。此外，给定的分析仪模型可能存在差异。3台RJL（101型）分析仪测得的电流抗阻相差7~16欧，这种情况造成某些个体的去脂体重存在2.1千克的差异（Deurenberg, van der Kooy & Leenan, 1989）。

上半身和下半身生物电阻抗分析仪是否准确估算了身体成分

百利达公司目前销售30多种不同的成年人身体成分分析仪，这些分析仪的承重能力、软件、内存和数据输出各不相同。其中大多数是下半身分析仪，但有些提供全身和局部（部位）分析。与水下称重获得的双成分模型的去脂体重估算值相比，百利达分析仪在估算异质成年人样本的平均去脂体重方面，取得了相当好的效果（*SEE*为3.5~3.7千克）（Cable et al., 2001；Utter et al., 1999）。百利达分析仪的估算值与大学摔跤运动员体脂百分比的皮褶厚度估算值（Utter et al., 2001），以及用双能X射线吸收法估算的儿童去脂体重值（Sung et al., 2001；Tyrrel et al., 2001）之间存在相当高的一致性。另外，与双能X射线吸收法相比，百利达分析仪低估了大学女性样本的体脂百分比和去脂体重（del Consuelo Velazquez-Alva et al., 2014）。与高中摔跤运动员水下称重估算的去脂体重相比，百利达分析仪（TBF-300WA）（3.64千克）的预测误差大于皮褶厚度法（1.97千克）。因此，乌特等人（Utter et al., 2005）建议仅在皮褶厚度测量技术人员没有经过培训的情况下，才使用百利达分析仪。

百利达 BC 532 下半身分析仪使用两个频率（50千赫与200微安）来估算体脂百分比、去脂体重及内脏脂肪百分比。王等人（Wang et al., 2013）在200名年龄在18~80岁的中国男性和女性的样本中，通过与双能X射线扫描仪（体脂百分比和去脂百分比）以及磁共振成像（内脏脂肪）的参考指标相比，调查了百利达 BC 532 的预测准确度。尽管相关性很高，但其仍然明显低估了针对男性（10.7%，$r=0.84$）及女性（6.1%，$r=0.86$）用双能X射线吸收法测得的体脂百分比，而对去脂体重百分比的低估程度也同样显著（男性：1.4%，$r=0.84$。女性：2.5%，$r=0.86$）。磁共振成像的参考内脏体脂百分比在男性群体中被显著高估（20.4%），在女性群体中被低估（18.0%）。男性与女性内脏脂肪的相关系数分别为0.81和0.86。王等人（Wang et al., 2013）报告的相关性和平均差异幅度可能因采用百利达 BC 532 的群体的不同而有所不同。

20世纪90年代末，欧姆龙保健有限公司开发了一种低成本、便于家庭使用的手持式生物电阻抗分析仪。相关工作人员开发了欧姆龙分析仪的专有方程，并对采自3个实验室的异质大样本使用水下称重进行交叉验证，获得了体脂百分比和脂肪质量的双成分模型参考测量值（Loy et al., 1998）。男性去脂体重的预测精度为3.9千克，女性为2.9千克。在欧姆龙分析仪的独立交叉验证中，吉布森等人（Gibson et al., 2000）报告了较小的预测误差（男性2.9千克，女性2.2千克）。洛伊等人（Loy et al., 1998）注意到，欧姆龙分析仪所读取的去脂体重平均估算值与全身（RJL和Valhalla）分析仪得到的数值相似。最后，在一项针对日本男性的研究中，将上半身（欧姆龙HBF-300）、下半身分析仪（百利达TBF-102）和全身分析仪（Selco SIF-891）的准确度与从水下称重中

获得的体脂百分比双成分模型参考测量值进行了比较。欧姆龙分析仪（2.2%）的参考值和预测值之间的平均差异略小于全身分析仪（3.3%）和下半身分析仪（3.2%）（Demura et al., 2002）。然而，欧姆龙和百利达分析仪的估计误差往往在体脂百分比分布的上、下限位置更为明显。

欧姆龙还开发了用于估算经常运动的成年人身体成分的预测方程。将这些方程在欧姆龙HBF-306中编程，同时也为不常运动的成年人与儿童编制了相应的预测方程。在制造商所开发的方程中，该单位的预测变量为上半身阻抗、年龄、性别、身高、体重以及体力活动水平（即运动员或非运动员）。运动员的预测误差（男运动员SEE=3.8%，女运动员SEE=3.6%）略低于非运动员（SEE=4.5%）（K. Yamanoto，个人交流）。与双能X射线吸收法的测定参考值相比，在欧姆龙HBF-300中，来自3个运动项目的大学生女运动员样本的体脂百分比（$r=0.74$；SEE=3.6%）与去脂体重（$r=0.84$；SEE=2.45千克）之间有着很高的相关性（Esco et al., 2011）。

欧姆龙HBF-306已针对欧洲和亚洲人口的种族多样性样本进行了测试。一般情况下，这些亚群的群体预测精度较高，但个体预测误差可能较高（Deurenberg-Yap et al., 2001；Deurenberg & Deurenberg-Yap, 2002）。德伦伯格-亚普等人（Deurenberg-Yap et al., 2001）注意到，在他们的研究中，24%的肥胖女性以及44%的肥胖男性，其数据被欧姆龙分析仪错误地进行了分类（给出了错误的否定）。当欧姆龙分析仪的体脂百分比估算值与多成分模型的估算值进行比较时，估计标准误差为4.5%；使用欧姆龙分析仪估算体脂百分比的误差与受试者的年龄、体形和臂高比有关（Deurenberg & Deurenberg-Yap, 2002）。

全身生物电阻抗分析法的标准步骤

1. 在环境温度正常（约25摄氏度）的房间内，客户仰卧于非导体表面，在客户身体右侧进行生物电阻抗测量。
2. 用酒精垫清洁放置电极的皮肤。
3. 将传感器（近端）电极放在：（a）手腕背面，使电极上缘平分尺骨头部；（b）踝关节背表面，使电极上缘平分内踝和外踝（见图8.13）。可以用卷尺和外科标记笔来标记这些电极的位置。

4. 将源电极（远端）放置在手和脚的第2或第3个掌指关节的底部（见图8.13）。确保近端和远端电极之间至少有5厘米。
5. 将导线连接到相应的电极上。红色的导线连接到手腕与脚踝，黑色的导线连接手和脚。
6. 确保客户的腿和手臂与躯干形成30度~45度的夹角，同时能够舒适地外展。确保手臂和躯干以及大腿之间没有接触，因为接触会使电路短路，从而严重影响测得的阻抗值。

艾斯克等人（Esco et al., 2011）提醒，在使用欧姆龙HBF-300估算年轻女性运动员的身体成分时要谨慎，因为与双能X射线扫描仪相比，其在估算体脂百分比（低估了5%的体脂）与去脂体重（高估了3.4千克）方面，存在显著的差异。在比较使用欧姆龙HBF-300、百利达TF 400 FS和双能X射线吸收法对极具代表性的白人女性样本进行测量的结果之间的差异时，维托罗弗斯卡等人（Vtrovskam et al., 2014）报告称，两种生物电阻抗分析仪遵循相同的模式，即低估较低体重指数范围内的双能X射线吸收法测定的体脂百分比值，而高估了其参考值。只要体重指数值<40千克/米^2，欧姆龙与双能X射线吸收法之间的一致性界限便处于最小状态。相反，当体重指数超过30千克/米^{2}时，百利达分析仪的表现相对于双能X射线吸收法更好，此时双能X射线吸收法明显高估了欧姆龙和百利达分析仪的结果。当体重指数为30千克/米^{2}以下时，与参考值之间的比较无显著差异。

与手持及腿对腿式生物电阻抗分析仪相比，八电极式生物电阻抗谱分析仪是否能更好地估算身体成分

生物电阻抗谱分析仪结合上半身、下半身和全身生物电阻抗来估算去脂体重以及体脂百分比。InBody（由拜斯倍斯有限公司制造）和其他垂直分析仪制造商生产的触觉八点式系统（四对电极）将电极嵌入分析仪的手柄（拇指与手臂）和地秤（前脚掌与脚跟）。吉布森等人（Gibson et al., 2008）对InBody720和InBody320两个分析仪的估算值与体脂百分比的多成分模型估算值进行了比较，报告指出，西班牙裔、非裔和白人男性（SEE=5.2%）及女性（SEE=4.8%）样本之间存在巨大的预测误差。在双因素分析中，女性的平均体脂百分比明显被高估了2.5%~ 3.0%。与美国通用普里莫双能X射线扫描仪相比，InBody720高估了绝经后健康女性的去脂体重（p<0.05）及脂肪质量（p<0.05）。脂肪质量估算方法的差异在布兰德-阿特曼分布的上端更为明显（Gaba et al., 2015）。

艾斯克等人（Esco et al., 2015）以45名女大学生运动员为样本，对InBody720以及美国通用双能X射线扫描仪的全身性与节段性结果进行了比较。他们报告称，与双能X射线扫描仪相比，内侧的体脂百分比明显降低（3.3%），去脂体重明显升高（约2.1千克），并且一致性界限很大。有趣的是，对手臂、腿或躯干的去脂软组织重量（去脂体重减去骨骼重量）测量结果进行设备间比较，未发现显著差异。因此，研究者称，InBody720能够替代双能X射线扫描仪来测量运动女性各部位去脂软组织重量。

安德森、埃尔采格和施罗德（Anderson, Erceg & Schroeder, 2012）还以双能X射线吸收法为参考方法，研究了两台八电极式InBody生物电阻抗谱分析仪（型号为520与720）在评估25名男性和25名女性全身及局部身体成分方面的能力。男性和女性的脂肪质量显著相关（r为0.90~0.98），去脂体重也显著相关（r为0.83~0.97）。总的来说，估计标准误差范围为：脂肪质量2.5~2.8千克，以及去脂体重2.4~2.8千克。男性脂肪质量的一致性界限更大。安德森、埃尔采格和施罗德（Anderson, Erceg & Schroeder, 2012）得出结论，这两种InBody分析仪都提供了可靠且有效的去脂体重与脂肪质量估算值，因此，可以与双能X射线扫描仪互换使用来评估身体成分。

垂直式全身生物电阻抗分析仪能否准确估算身体成分

百利达、欧姆龙和拜斯倍斯都开发了将上半身及下半身生物电阻抗分析技术相结合的模型，以提供不同水平的全身性评估。欧姆龙HBF-359是一款八电极式多频分析仪（50千赫和500微安），除了测量体脂百分比外，还可以测量骨骼肌质量与内脏脂肪百分比。王等人（Wang et al., 2013）以中国成年人（100名男性和100名女性）为样本，对欧姆龙HBF-359与双能X射线扫描仪在预测骨骼肌质量和内脏脂肪百分比方面的准确度进行了调查，并将其与磁共振成像进行了比较。两种估算体脂百分比的仪器的测量值之间的相关系数为0.80（男性）~0.86（女性）。平均而言，欧姆龙HBF-359的体脂百分比明显低估了双能X射线扫描仪的参考测量值：5.8%（男性）以及9.6%（女性）（Wang et al., 2013）。尽管存在着显著的相关性（分别为$r=0.72$及$r=0.71$），但是男性的磁共振成像骨骼肌百分比被明显高估了1.9%，而女性

却没有类似的情况。男性磁共振成像的内脏脂肪百分比被高估了13.3%（$r=0.82$），而女性则被低估了8.5%（$r=0.85$）。因此，王等人（Wang et al., 2013）得出结论，对于中国成年人样本，欧姆龙HBF-359能够准确可靠地估算骨骼肌百分比，但在估算体脂百分比和内脏脂肪百分比方面还有改进的空间。建议对其他族群进行更多研究。

百利达MC-180MA是一种多频身体成分分析仪。将其与美国通用新型双能X射线扫描仪进行比较，以确定这两种仪器对年龄在18~29岁的400多名爱尔兰成年人的全身及局部脂肪质量估算值的准确度（Leahy et al., 2012）。百利达MC-180MA低估了双能X射线扫描仪的总体体脂百分比，这两种仪器测量值的差异在女性样本中最为显著，并且会随着身体肥胖程度而增加。百利达MC-180MA明显高估了男性躯干部位的脂肪含量，但就女性样本而言，这两种仪器在躯干部位测得了相似的测量值。莱希等人（Leahy et al., 2012）报告称，百利达MC-180MA与新型双能X射线扫描仪相比，能够准确地估算手臂与腿部的去脂体重。尽管他们报告称，当男性的体脂百分比低于25%时，这两种仪器是可以互换的，但他们不支持用百利达分析仪来估算躯干部位的身体成分。

百利达BC-418是一款单频（50千赫）分析仪。与美国通用普里莫双能X射线扫描仪参考值相比，它低估了脂肪质量（千克），而高估了绝经后女性的去脂体重（Gába et al., 2015）。与莱希等人（Leahy et al., 2012）的研究结果类似，随着女性体内脂肪含量的增加，两种仪器测得的脂肪质量差异也会增加。

赫斯特等人（Hurst et al., 2016）对年龄与体重指数在一定范围内的成年人进行了双频率InBody230、双能X射线扫描仪（QDR Discovery A）以及空气置换体积描记术之间

的比较。在样本中，与双能X射线扫描仪及空气置换体积描记术相比，来自InBody230的体脂百分比明显降低（约2%），但与双能X射线扫描仪所测的体脂百分比更接近。InBody230和两个仪器之间的一致性界限范围较大。研究者认为，InBody230和双能X射线扫描仪之间的一致性界限范围较大的根本原因很可能是双能X射线吸收测定的结果处于极端分布中，而非InBody的结果（Hurst et al., 2016）。

客户的水合水平如何影响生物电阻抗测量的准确性

生物电阻抗分析法的一个主要误差来源为，由改变客户水合作用的因素引起的全身性电阻的个体内变异。3.1%~3.9%的电阻变化可归因于体内水分量的日常波动（Jackson et al., 1988）。饮食、脱水及运动等因素会改变水合状态，从而影响全身的电阻以及对去脂体重的估算。如果在餐后2~4小时内对电阻进行测量，会使其降低17欧，同时有可能将客户的去脂体重高估近1.5千克（Deurenber et al., 1988）。同样地，加拉格尔、沃克和欧迪亚（Gallagher, Walker & O'dea, 1998）发现早餐后2小时内，阻抗会明显降低，同时这种影响会持续近5小时。与这些研究不同的是，只有在餐后1小时内，个体性变化更大，而电阻值变化更小（Fogelholm et al., 1993）。库什纳、古迪瓦卡和舍勒（Kushner, Gudivaka & Schoeller, 1996）得出的结论为，食用或饮用后1小时内对全身阻抗的影响最小，但在2~4小时，阻抗可能会降低（<3%）。脱水会带来相反的效果：电阻会增加（约40欧），这会造成对去脂体重的低估（5.0千克）（Lukaski, 1986）。

安德鲁索斯等人（Androutsos et al., 2015）调查了在下半身生物电阻抗分析仪（百利达TBF-300）的监测下，饮品或食品干预（每个干预进行2天）对阻抗的影响。饮品干预小组第1天饮用750毫升矿泉水，第2天饮用等量的运动电解质饮品。食品干预小组在第1天和第2天分别进食高碳水化合物餐食与高脂肪餐食。在摄入前及摄入后立即进行生物电阻抗评估。在进食后2小时进行额外的随访，每隔30分钟进行一次。与基线值相比，饮用两种饮品后，在所有时间点的阻抗均出现显著增大的情况。然而，仅在用水量为0时，与基线相比，体脂百分比升高。与基线值相比，运动电解质饮品的摄入导致在摄入后的每个时间点，体脂百分比都会升高。

与基线值相比，从进食后30分钟评估开始，两种饮食干预措施使阻抗每30分钟增加一些。高脂肪餐食使阻抗立即升高。从90分钟开始，食品干预小组的阻抗和体脂百分比的相对变化与饮品干预小组相比，存在着显著差异。因此，如果在评估前2小时内摄入了饮品或食物，那么采用生物电阻抗的身体成分评估就会受到影响，这很符合逻辑（Androutsos et al., 2015）。这种影响甚至可能持续到这一界限之外。

运动如何影响生物电阻抗的测量

库什纳等人（Kushner et al., 1996）提出了运动可能影响生物电阻抗测量的3种方式。

- 血液流动和骨骼肌组织的温度的增加，降低了肌肉的阻抗及电阻率。
- 通过增加皮肤血流量、皮肤温度以及出汗来降低阻抗。
- 运动导致的液体流失会加大阻抗。

有氧运动对电阻测量的影响部分取决于运动强度以及持续时间。以中等强度（约70%最大摄氧量）慢跑和骑车90~120分钟后，电阻大幅降低（降低了50~70欧），导致对去脂体重的估算过高（约12千克）（Khaled et al., 1988; Lukaski, 1986）。相反，在较低强度（100瓦及175瓦）下骑行90分钟对电阻的影响较小（1~9欧）（Deurenberg et al., 1988）。梁和诺里斯（Liang & Norris, 1993）报告称，在中等强度下运动30分钟后，电阻立即下降约3%，但在运动后1小时时可通过饮水来恢复正常。剧烈运动后电阻值的降低很可能反映出：与电解质的损失相比，汗水和挥发空气中的水分损失会更大。这种差异导致体液中的电解质浓度更高，从而降低电阻（Deurenberg et al., 1988）。

研究发现，生物电阻抗分析法能够充分预测热诱导性脱水及甘油诱导性高水合后的全身含水量变化，但不能预测运动诱导性脱水后的全身含水量变化；因此，除了总液体量以外，其他因素也会影响运动后的生物电阻抗的测量（Koulmann et al., 2000）。研究人员假设，在运动过程中，体液会被重新分配到活动肌肉，这相对加大了这些节段（腿部）的水合程度，可能部分地掩盖了非活跃节段（躯干与手臂）体液量的减少。

我可以在客户月经周期的任何时间进行生物电阻抗的测量吗

虽然月经周期改变了全身含水量、细胞内外水的比例和体重，但研究人员发现，在卵泡与经前阶段之间（5~8欧），以及月经与卵泡阶段之间（约7欧）的生物电阻抗测量（阻抗与电阻）只有很小的差异（Deurenberg et al., 1988; Gleichauf & Rose, 1989）。然而，研究对象的平均体重在月经周期内较为稳定（差异<0.2千克）。在月经周期中体重增加幅度较大（2~4千克）的女性样本中，其大部分原因在于，全身含水量有所增加（平均增加约1.5千克）（Bunt et al., 1989）。在与该问题相关联的更多结论性数据出现之前，应该在月经周期的某个时候进行生物电阻抗测量。当客户认为她没有经历体重的大幅增加时，这种做法应该能够将误差最小化，以便更准确地为客户估算去脂体重。

两名技术人员测量的生物电阻抗数值是否有很高的一致性

技术人员的技能不是测量误差的主要来源。只要严格遵循电极放置及客户姿势的标准步骤，不同技术人员所进行的电阻测量实际上没有差别（Jackson et al., 1988）。尤其是近端电极需要正确放置在手腕与脚踝，因为1厘米的位移都可能导致2%的电阻测量误差（Elsen et al., 1987）。卢卡斯基（Lukaski, 1986）报告称，由于电极放置不当，电阻增加了16%（约79欧）。

体位如何影响生物电阻抗的测量

正确的姿势对准确的测量至关重要。标准做法是，客户需采取仰卧位来测量全身的电阻。体位的变化会改变高达12%的阻抗值（Lozano, Rosell & Pallas-Areny, 1995）；由于液体的移动，从站到仰卧的姿势变动会使阻抗立即增加约3%（Kushner et al., 1996）。另外，记录阻抗的数值前，需要将客户仰卧的时间标准化；仰卧位时，阻抗会在数小时内逐渐增加（Kushner et al., 1996）。专家建议，在进行生物电阻抗测量前，让客户平躺至少10分钟（Ellis et al., 1999）。随后的分析并未给出关于流体平衡时间的明确建议。一个研究小组指出，仰卧5分钟就足以让全身含水量稳定下来；细胞内液与细胞外液的稳定则需要更多的时间（Gibson et al., 2015）。瑟罗等人（Thurlow et al., 2017）推荐一种"在15分钟内"平衡全身含水量和细胞外液的保守方法。此外，请确保受试者的手臂从躯干上移开（30度~45度），大腿不能互相接触。肢体的交叉会使电路短路，进而极大地影响生物电阻抗的数值。客户直立进行生物电阻抗分析时，请于测量前让客户站立5分钟（Gibson et al., 2015）。

应该测量身体左右两侧的生物电阻抗吗

标准做法为，在身体右侧测量全身的生物电阻抗。采用同侧（右臂–右腿或左臂–左腿）及对侧（右臂–左腿或左臂–右腿）电极放置方法时，二者所得的电阻测量值之间的差异通常很小（Graves et al., 1989; Lukaski et al., 1985）。

温度如何影响生物电阻抗

生物电阻抗测量应在正常的环境温度（25摄氏度）下进行，客户需要仰卧于非导体表面（如担架床或垫子）。研究人员已经证明，环境温度会影响皮肤温度，同时电阻与皮肤温度成反比（Caton et al., 1988; Gudivaka, Schoeller & Kushner, 1996; Liang, Su, Lee, 2000）。凉爽的环境温度（约14摄氏度）会降低皮肤温度（24摄氏度，而正常情况下为33摄氏度）、大幅度增加全身的电阻（平均35欧），同时降低去脂体重的估算值（约2.2千克）（Caton et al., 1988）。梁等人（Liang et al., 2000）报告指出，在寒冷（17摄氏度环境温度和28.7摄氏度皮肤温度）及炎热（35摄氏度环境温度和35.8摄氏度皮肤温度）条件下，二者的电阻值差异较大（46欧）。

其他人体测量方法

人体测量旨在测量人体的大小与比例。体重及身高（站立高度）是衡量体形大小的指标，而体重与身高的比值则代表体形比例。围长、皮褶厚度、骨骼直径和节段长度可用于评估身体节段的大小及比例。围长（C）测量是对身体各部分（如手臂、大腿、腰部或臀部）围长进行测量。骨骼直径（D）用于衡量骨骼（如膝盖、脚踝或手腕）的宽度。

人体测量方法，如围长、皮褶厚度和骨骼直径测量方法已应用于评估整体及各部位的身体成分。此外，人体测量指标，如体重指数、腰臀比、腰围以及腹部矢状面直径也被用于识别有患病风险的客户。与皮褶厚度法相比，其他人体测量方法相对简单、成本低廉，且不需要高水平的技术技能与培训。这些测量方法非常适用于大型流行病学的调查及临床应用。

使用人体测量方法（如围长、骨骼直径和体重指数测量方法）估算身体成分的基本原则如下。

- 围长受脂肪量、肌肉量和骨骼大小的影响，因此，围长与脂肪量和去脂体重有关。杰克逊和波洛克（Jackson & Pollock, 1976）报告称，围长和骨骼直径是去脂体重（肌肉质量与骨骼大小）的标志；然而，一些围长也与体脂百分比高度相关。这些发现证实了围长能够反映身体成分中的脂肪及去脂身体成分含量。

- 骨骼大小与去脂体重之间有着直接联系。本克（Behnke, 1961）提出，可以根据骨骼直径精确估算去脂体重，并为此开发了方程。这些方程的交叉验证证明了两者之间具有中等强度（$r=0.80$）的关系，并通过水下称重法获得了相近的去脂体重平均估算值（Wilmore & Behnke, 1969, 1970）。本克的假设也得到了观察结果的支持，即骨骼直径与围长是去脂体重的有力标志（Jackson & Pollock, 1976）。

- 为了依据体重指数估算总体脂百分比，该指数应与体脂百分比高度相关，但与身高无关。根据两次大规模流行病学调查（美国健康与营养检查调查I和II）的数据，米科齐等人（Micozzi et al., 1986）报告称，体重指数与男性（$r=-0.06$）及女性（$r=-0.16$）的身高之间没有显著的关联。然而，体重指数并不完全独立于身高之外，尤其是对15岁以下的儿童而言。当对针对年龄与肥胖进行分析时，体重指数与身高无关（Heymsfield et al., 2016）。尽管体重指数与皮褶厚度以及所估算的手臂脂肪面积直接相关（r为0.72~0.80）（Micozzi et al., 1986），但体重指数与体脂百分比的关系因年龄、性别及种族而异（Deurenberg & Deurenberg Yap, 2001; Deurenberg, Yap & van Staveren, 1998; Gallagher et al., 1996; Rush et al., 1997; Wang et al., 1994）。

采用移动应用程序进行人体测量评估

Apple移动应用程序LeanScreen按照应用指南的要求，采用3张拍摄的照片（两张正面视图和一张矢状面视图）；必须输入密钥才能访问关于性别及身高的数据。用户通过数字化方式识别照片中身体各部位的尺寸。由于应用程序将通过颈部、腰部、腹部和臀部的围长来划分界限，这需要客户了解一些解剖学的知识。该软件负责完成其余工作以估算体脂百分比。

到目前为止，已有两个研究团队针对已知方法对该应用程序进行了调查。对于成年人小样本，Lean-Screen、皮褶厚度法和生物电阻抗分析法的体脂百分比估算值之间没有显著差异（Shaw, Robinson & Peart, 2017）。对于体重稳定的成年人大样本，与双能X射线吸收法以及手工测量的围长相比，该程序明显低估了体脂百分比。在双能X射线吸收法测定值的±4%范围以内，体脂百分比的估算值降低了45%（MacDonald et al., 2017）。两个研究团队都报告称，该应用程序的信度很高（$r > 0.97$）。然而，就目前情况而言，由于该应用程序和其他方法之间具有显著的个体差异，限制了其用途。

用人体测量法估算身体成分

尽管一些人体测量预测模型采用皮褶厚度、围长和骨骼直径来估算身体成分，但本节仅讨论采用围长及骨骼直径的预测方程，原因如下。

- 随着皮褶厚度测量的加入，人体测量（围长与直径）方程的预测精度并没有大幅度提高。
- 仅采用围长的人体测量方程比皮褶厚度方程更能准确地估算肥胖客户的体重（Seip & Weltman, 1991）。
- 与皮褶厚度测量相比，测量围长与骨骼直径的误差较小（Bray & Gray, 1988a）。
- 一些皮褶厚度测量技术人员可能无法使用皮褶卡尺。

人体测量预测方程根据体重、身高、骨骼直径和围长的组合来估算身体密度、体脂百分比和去脂体重。一般情况下，仅采用骨骼直径的方程，比同时使用围长和骨骼直径的方程具有更大的预测误差。与皮褶厚度测量和生物电阻抗分析方程一样，人体测量方程也以特定群体或通用模型为基础。

特定群体人体测量方程仅对身体特征（年龄、性别、种族及身体肥胖程度）与特定群体相似的客户有效。例如，为估算肥胖客户的身体成分而开发的人体测量方程（Weltman et al., 1988；Weltman et al., 1987）并不适用于非肥胖群体。

另外，针对不同群体的女性（15~79岁；13%~63%）及男性（20~78岁；2%~49%）（Tran & Weltman, 1988, 1989），开发了通用方程，适用于年龄及体脂百分比不相同的个体。这些用于估算肥胖男性及女性体脂百分比的通用方程，其预测精度与脂肪特异性（肥胖）方程的预测精度相似（Seip & Weltman, 1991）。一般情况下，通用方程包括体重或身高及2个或3个圆周数值，用作身体密度或体脂百分比的预测因素。在一般的皮褶厚度测量模型中，一些围长测量值与身体密度之间线性相关（Tran & Weltman, 1988, 1989）。此外，在女性数据库中，年龄也被证明为体脂百分比的独立预测因素（Tran & Weltman, 1989）。表8.6提供了针对特定群体的人体测量预测方程。

利用人体测量指标对疾病风险进行分类

人体测量指标除了用于估算身体成分外还有其他用途。在大规模的流行病学调查和临床环境中，间接的人体测量指标，如体重指数、腰围、腰臀比、腰围身高比和腹部矢状面直径被用于评估局部脂肪分布以及识别

表8.6 针对特定群体的人体测量预测方程

族群	方程	参考文献
白人女性，15~79岁	身体密度（克/厘米^3）[a]=1.168 297-0.002 824×腹围[b]+0.000 012 209 8×（腹围[b]）^{2}-0.000 733 128×臀围+0.000 510 477×身高-0.000 216 16×年龄	德兰和韦尔特曼（Tran & Weltman, 1989）
白人男性，15~78岁	体脂百分比=-47.371 817+0.579 148 07×腹围[b]+0.251 891 14×臀围+0.213 660 88×髂骨围-0.355 954 04×体重	德兰和韦尔特曼（Tran & Weltman, 1989）
白人肥胖女性，20~60岁	体脂百分比=0.110 77×腹围[b]-0.176 66×身高+0.143 54×体重+51.033	韦尔特曼等人（Weltman et al., 1988）
白人肥胖男性，24~64岁	体脂百分比=0.314 57×腹围[b]-0.109 69×体重+10.834	韦尔特曼等人（Weltman et al., 1987）

[a]运用特定群体转换公式从数据库中计算体脂百分比。
[b]腹围（厘米）是指在两个位置测量的平均腹围：（1）身体前侧位点为胸骨剑突和脐部之间的中间位置，侧面位点为肋骨笼下端和髂嵴之间的中间位置，测量位点高度的腹围；（2）测量脐部高度的腹围。

高危客户。

体重指数

体重指数（BMI）用于将个体分为肥胖、超重及体重过轻，识别具有与肥胖相关的疾病风险的个体，以及监测临床群体的体重变化（Roger et al., 2012；U.S. Department of Health and Human Services, 2000；World Health Organization, 1998）。体重指数是脂肪水平、心血管疾病以及2型糖尿病的重要预测因素（Ehrampoush et al., 2016；Freedman et al., 2012）。较低的体重指数也与客户较差的预后表现及较低的生存率有关（Leal et al., 2012），特别是患有蛋白质能量流失的临床客户。由于这种关联以及体重指数的计算方法（体重指数=体重/身高^2）简便，体重指数广泛应用于大样本量的前瞻性研究中，用来识别高危群体。

然而，作为肥胖的指标，体重指数略显不足，因为其不考虑全身或局部的身体成分和对体重的贡献。此外，年龄、种族、体形、体力活动水平以及体形大小等因素也会影响体重指数和体脂百分比之间的关系。因此，如果将体重指数用作一个肥胖指数，则可能导致对体重不足、超重及肥胖的错误分类。此外，由于

体重指数比内脏脂肪更能测量非腹部及腹部皮下脂肪（Camhi et al., 2011），需要采用其他人体测量指数来评估脂肪的分布情况。

体重指数是体重与身高的平方比：BMI（千克/米^2）=体重（千克）/身高^2（米）。如需计算体重指数，应测量体重，并将身高单位从厘米换算为米。或者，可以使用列线图（见图8.15）计算客户的体重指数（Bray, 1978）。如需采用此列线图，应在适当的列中绘制客户的身高和体重，并用直线连接这两个点。在连接线与体重指数列相交处读取相应的数值。

表8.7介绍了现行的体重指数分级标准。世界卫生组织（World Health Organization, 1998）将肥胖定义为体重指数在30千克/米^{2}或以上，超重定义为体重指数在25~29.9千克/米^2，体重不足定义为体重指数在18.5千克/米^{2}以下。这些建议的临界值基于欧洲和美国的观察性研究报告中的体重指数与发病率及死亡率间的关系而得出。对于30多岁、50多岁和70多岁的人群时，寿命损失年与体重指数的关系曲线呈J形，表明体重指数在正常范围内的客户早期死亡的可能性最小。对于体重指数大于30千克/米^{2}的群体，30多岁和50多岁

体重

千克 磅

体重指数
（体重/身高²）

身高

厘米 英寸

女性

男性

肥胖

肥胖

超重

超重

可接受的

可接受的

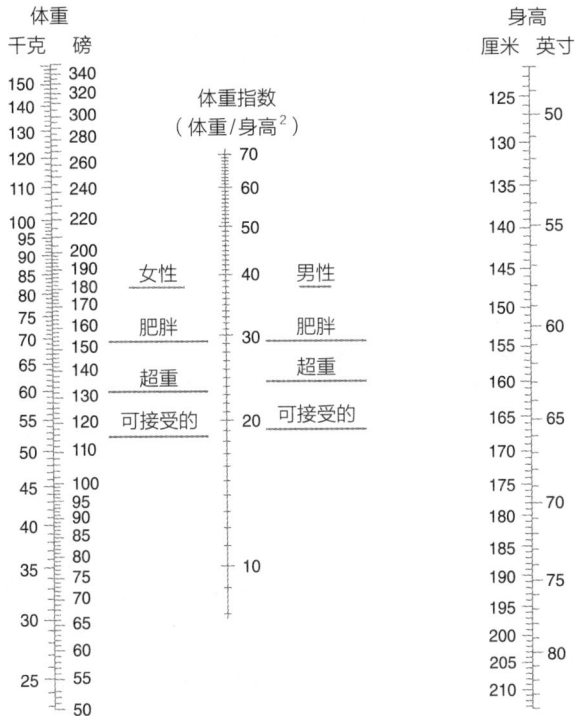

图8.15 体重指数列线图

[源自：Macmillan Publishers Ltd. *International Journal of Obesity*, G. A. Bray, Definition, Measurement, and Classification of the Syndromes of Obesity, 2 no.2 (1978): 99-112. Copyright 1978.]

群体的预期寿命损失年最多。当体重指数处于超重类别时，男性比女性的早期死亡风险更高（Ashwell et al., 2014）。

在健康风险评估中所采用的体重指数假设，体重过重的原因在于脂肪过多。然而，在确定肥胖最合适的临界点（Deurenberg, 2001），以及探讨用于欧洲人群的临界点是否适合用于亚洲人群方面，仍然存在争议（Wang et al., 2012）。当采用体重指数值来确定因未能达到特定体重指数目标而导致健康保险成本上升的员工时，也应谨慎。美国健康与营养检查调查2005年至2012年数据库中对成年人数据的评估以及根据体重指数正确识别其心脏代谢特征的能力表明，大约7 500万美国成年人将因体重指数被错误分类（Tomiyama et al., 2016）。

体重指数与体脂百分比的关系受年龄、性别、种族和体形的影响（Camhi et al., 2011; Deurenberg et al., 1998; Snijder, Kuyf & Deurenberg, 1999）。在一定的体重指数值下，相较于年轻人，老年人的体脂百分比更高，而年轻成年男性的体脂百分比比年轻成年女性低。此外，对于给定的体脂百分比，依据年龄与性别匹配的白人与其他种族（如非裔美国人、中国人和埃塞俄比亚人）相比，具有更高的体重指数（1.3~4.6千克/米²）（Camhi et al., 2011; Deurenberg et al., 1998）。这些发现表明，通过普遍的体重指数临界值来定义肥胖（≥30克/米²），这一做法可能并不合适。我们需要确定特定种族的临界值，以解释体重指数和体脂百分比之间的关系，以及特定种族群体的发病率、死亡率风险与体重指数的关系（Antoine-Jonville, Sinnapah & Hue,

2012；Deurenberg, 2001；Wang et al., 2012）。另外，一些研究人员认为不需要制定新的特定种族体重指数临界点。相反，他们建议将更多的精力集中在了解身体形态、成分及基于体重指数的节段比例如何与健康风险、结果以及重要的临床条件相联系（Heymsfield et al., 2016）。

表8.7　体重指数分级标准

分级	体重指数
体重不足	<18.5
体重正常	18.5~24.9
超重	25.0~29.9
肥胖	
I类	30.0~34.9
II类	35.0~39.9
III类	≥40.0

（源自：World Health Organization, 1998.）

腰围

腰围被认为是反映局部肥胖（即腹部肥胖）的一个有用指标，同时也是与肥胖相关的心脏代谢疾病的一个预测因素（Ehrampoush et al., 2016；Moore, 2009；Yoon & Oh, 2014）。它也有助于评估20~85岁成年人心肺适能方面的健康相关性差异（Drystad et al., 2017）。据报告，作为腹部脂肪的替代指标，腰围对女性总体肥胖的影响比男性大（Ehrampoush et al., 2016）。腰围与体重指数相结合，在预测肌肉骨骼损伤风险（Nye et al., 2014）及健康风险方面，优于单一的质量指数（Ardern, Katzmarzyk & Ross, 2003；Zhu et al., 2004）。弗里德曼和福特（Freedman & Ford, 2015）认为，尤其对于女性来说，如果肥胖仅根据体重指数来定义，那么肥胖的态势可能会被低估。然而，人们普遍认为，对于某些种族和少数民族而言，腰围及其在各种人体测量指数中的应用比体重指数更具有普遍的信息性（Tarleton et al., 2015）。允和吴（Yoon & Oh, 2014）确

定了腰围临界值（男性85厘米；女性80厘米），这可能有利于在韩国成年人样本中预测与腹部肥胖相关的各种慢性疾病。美国国家胆固醇教育计划（NCEP, 2001）建议男性采用大于102厘米的腰围临界值，女性采用大于88厘米的腰围临界值，来评估是否肥胖，这是心血管及代谢疾病的一个危险因素。国际糖尿病基金会（The International Diabetes Foundation, 2006）确定了欧洲人更保守的腰围值；他们还确定了南亚、南美洲和中美洲、撒哈拉以南非洲和中东人口的腰围最大值。

考虑到年龄、性别、种族和体重指数的影响，很难去选择最合适的腰围切点；最佳腰围切点会因健康结果和所研究群体的差异而不同（Klein et al., 2007）。例如，金等人（Kim et al., 2011）分别确定了韩国男性和女性的腰围临界值，这比朱等人（Zhu et al., 2005）以及美国国家胆固醇教育计划（NCEP, 2001）提出的数值更为保守。同样，对于韩国的老年（≥65岁）男性和女性，临界点分别为87厘米和85厘米（Lim et al., 2012）。此外，据报告，中国台湾地区的成年人样本中，在髂嵴和最低肋骨之间的中间测量的腰围优于在髂嵴上缘测量的腰围；与该样本在髂嵴测量的腰围相比，中点腰围与内脏脂肪面积、血压、糖化血红蛋白、血糖、甘油三酯、高密度脂蛋白胆固醇和C反应蛋白之间的相关性更高（Ma et al., 2012）。

腰臀比

腰臀比（WHR）是对下半身和上半身脂肪分布的间接测量。由腰臀比测量的上半身肥胖或中心肥胖与男性及女性心血管和代谢性疾病相关的风险因素之间有一定的相关性（r为0.48~0.61）（Ohrvall, Berglund & Vessby, 2000）。男性腰臀比超过0.94以及女性腰臀比超过0.82的年轻成年人，在很大程度上，存在健康风险（Bray & Gray, 1988b）。韩国男性

和女性（30~80岁）的最佳腰臀比小于0.90。高于0.90的腰臀比对检测该族群中与代谢综合征相关的两个或多个因素（腰围除外）具有良好的灵敏度（男性82.9%，女性65.3%）及特异性（男性55.6%，女性70.9%）（Kim et al., 2011）。

虽然腰臀比已被用作中心脂肪及内脏脂肪的人体测量标准，但它存在一定的局限性。

- 女性的腰臀比会受到绝经状态的影响（Kim et al., 2011；Svendsen et al., 1992；Weits et al., 1988）。与绝经前的女性相比，绝经后的女性脂肪分布模式更偏向男性的脂肪分布模式（Ferland et al., 1989）。
- 腰臀比不适用于评估青春期前儿童的脂肪分布（Peters et al., 1992）。
- 腰臀比评估内脏脂肪的准确性会随着脂肪的增加而降低。
- 臀围仅受皮下脂肪沉积的影响，腰围受内脏脂肪和皮下脂肪沉积的影响。因此，腰臀比也许不能够准确地检测内脏脂肪积累的变化（Goran, Allison & Poehlman, 1995；van der Kooy et al., 1993）。腰臀比的数值越大，卒中的风险越大（Oliveira, Avezum & Roever, 2015）。

如需计算腰臀比，用腰围除以臀围。然而，腰围的测量位置并没有普遍的标准。世界卫生组织（World Health Organization, 1998）建议测量下肋缘和髂嵴之间的腰围，并测量大转子上最宽处的臀围。相反，*Anthropometric Standardization Reference Manual*（Callaway et al., 1988）建议测量躯干最窄处的腰围及臀部最大伸展处的臀围。腰臀比标准（见表8.8）是依据*Anthropormetric Standardization Reference Manual*中描述的测量步骤设定的。可以使用腰臀比列线图（见图8.16）为客户获取相应数值，而不需要进行人工计算。在列线图的相应列中绘制客户腰部和臀部的围长，并用直

线将这些点连接起来。在这条直线与腰臀比例的交点处读取腰臀比。

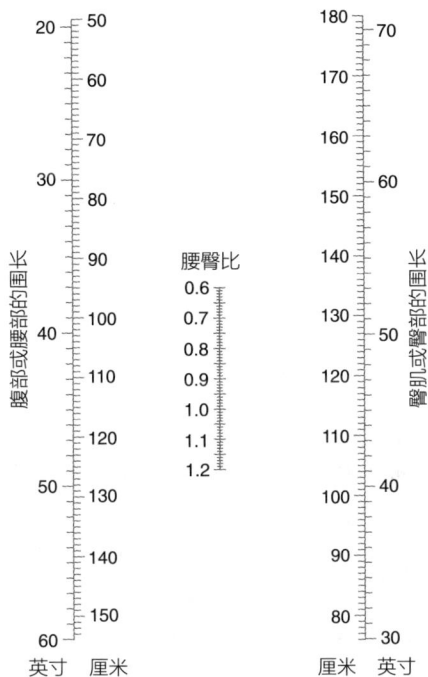

图8.16 腰臀比列线图

[经BMJ出版集团许可，源自：G. A. Bray and D. S. Gray, "Obesity: Part I- Pathogenesis," *The Western Journal of Medicine* 149 (1988): 429-441.]

腰围身高比

相关人员认为，相较于腰围，腰围身高比（WHTR）（即腰围/站立高度）更能反映肥胖以及健康风险（Ashwell, Gunn & Gibson, 2011；Ashwell & Hsieh, 2005；Hsieh, Yoshinaga & Muto, 2003）。为了尽可能减少因肥胖相关因素导致的寿命损失，并最大限度地延长预期寿命，建议将数值分别为0.50（男性）和0.46（女性）的最佳腰围身高比与数值为24千克/米^{2}和26千克/米^{2}的特定性别的成年人体重指数相结合（Ashwell et al., 2014）。一般情况下，腰围应该小于身高的一半。如果男性和女性的腰围身高比属于"考虑行动"类别（腰围身高比为0.5~ 0.6），那么即使是

表8.8 男性与女性的腰臀比标准

人口统计特征		风险			
性别	年龄/岁	低	中等	高	很高
男性	20~29	<0.83	0.83~0.88	0.89~0.94	>0.94
	30~39	<0.84	0.84~0.91	0.92~0.96	>0.96
	40~49	<0.88	0.88~0.95	0.96~1.00	>1.00
	50~59	<0.90	0.90~0.96	0.97~1.02	>1.02
	60~69	<0.91	0.91~0.98	0.99~1.03	>1.03
女性	20~29	<0.71	0.71~0.77	0.78~0.82	>0.82
	30~39	<0.72	0.72~0.78	0.79~0.84	>0.84
	40~49	<0.73	0.73~0.79	0.80~0.87	>0.87
	50~59	<0.74	0.74~0.81	0.82~0.88	>0.88
	60~69	<0.76	0.76~0.83	0.84~0.90	>0.90

（源自：Bray and Gray, 1988.）

年轻的时候，男性和女性的早期死亡风险亦会有所增加。如果腰围身高比超过0.6，这一风险便会急剧增加，因为该数值属于"采取行动"的类别。要了解30多岁、50多岁和70多岁人群的寿命损失年与腰围身高比之间的J形关系，见阿什韦尔等人（Ashwell et al., 2014）的文章。

弗列格等人（Flegal et al., 2009）报告称，在年龄组与性别组中，腰围身高比、腰围和体重指数之间高度相关（r为0.85~0.97）。尽管这3项人体测量指标与身体肥胖指标相似，但腰围身高比与体脂百分比的相关性略高（r为0.66~0.87）。在作为心血管疾病、糖尿病、代谢综合征、高血压和血脂异常等疾病或危险因素的标志时，腰围身高比始终优于体重指数和腰围指数（Ashwell, Gunn & Gibson, 2011）。

"阿什韦尔体形图"适用于根据体形识别客户的健康风险（见附录D.6）。如需使用此图表，请测量客户的站立高度以及与脐部等高的腰围。找出高度（y轴）和腰围（x轴）之间对应的点。此体形图适用于所有族群的成年人及5岁或5岁以上的儿童。

腹部矢状面直径

腹部矢状面直径（SAD）是测量与肚脐水平的前后腹部厚度的指标。腹部矢状面直径也是衡量体内功能失调的内脏脂肪含量的一个简单指标。腹部矢状面直径过大会引起血糖水平异常、诱发胰岛素抵抗，并增加患2型糖尿病的风险（Kahn et al., 2014）。即使调整了体重指数（男性$r=0.66$，女性$r=0.63$），腹部矢状面直径与男性（$r=0.82$）和女性（$r=0.76$）的内脏脂肪含量也密切相关（Zamboni et al., 1998）。然而，这种相关性在消瘦或中度超重的个体中的体现，要比肥胖个体的更明显。与腰围、腰臀比以及体重指数相比，腹部矢状面直径与男性和女性心血管及代谢性疾病的危险因素的相关性更显著（Ohrvall et al., 2000）。为了支持奥尔瓦尔（Ohrvall, 2000）的发现，卡恩等人（Kahn et al., 2014）的研究发现，腹部矢状面直径和引起疾病的血糖异常之间有更大的关联，而与体重指数、年龄及腰围无关。60岁男性的腹部矢状面直径数值与腰围、体重指数和腰臀比显著相关；而对于女性来说，腹部矢状面直径仅与腰围和体重指数之间存在很高的相关性。相关性研究已确定，男女性别的腹部矢状面直径临界值分别为22厘米和20厘米。如果超过这些数值，那么心脏代谢疾病的风险就会有所增加（Risérus et al., 2010）。

根据对5 168名芬兰成年人长达8年的一项纵向研究表明，腹部矢状面直径和体重指数处于最低和最高四分位数之间的个体患糖尿病的相对风险相似（分别为14.7%和15%）；而腰围和腰臀比处于最低和最高四分位之间的个体患糖尿病的相对风险较低（分别为11.4%和12.5%）。较大的腹部矢状面直径与较高的体重指数是糖尿病发病最准确的预测因素（Pajunen et al., 2013）。腹部矢状面直径还与老年妇女心血管疾病的风险因素相关（67~78岁）（Turcato et al., 2000）；同样，腹部矢状面直径与甘油三酯和血糖水平直接相关，与高密度脂蛋白胆固醇含量负相关（Pimentel et al., 2011）。

测量腹部矢状面直径没有标准步骤。在大多数研究中，测量腹部矢状面直径时，让客户仰卧在检查台上，双腿伸直。移动横梁式人体测量仪用于测量台面与肚脐或髂嵴等高的腹部之间的垂直距离（精确至0.1厘米）。在一些研究中，客户需要通过屈曲臀部和腿部或者站立，而不是仰卧来测量腹部矢状面直径。

用人体测量方法对骨架尺寸进行分类

为了提高采用身高体重评估体重的有效性，需要依据骨骼直径对骨架尺寸进行分类。估算骨架尺寸可以区分由于肌肉骨骼质量大而体重重的客户和由于脂肪质量大而体重重的客户（Himes & Frisancho, 1988）。可以使用肘部宽度的参考数据来估算骨架尺寸。男性肘部宽度≤6.7厘米为小骨架，≥8.1厘米为大骨架。女性肘部宽度≤5.7厘米为小骨架，≥7.2厘米为大骨架（Frisancho, 1984）。测量的解剖标志见附录D.5。

人体测量技术

你需要经过练习才能熟练测量骨骼的直径与围长。遵循标准步骤（见第278页的"人体测量的标准步骤"）将提高测量的准确性及可靠性（Callaway et al., 1988；Wilmore et al., 1988）。

测量误差来源

人体测量的准确性及可靠性可能受到设备、技术人员技能以及客户因素的影响（Bray, 1978；Callaway et al., 1988）。以下内容涉及这些测量的误差来源及相应解决办法。

我需要什么器材来测量骨骼直径

采用骨骼人体测量仪、滑动或展开式卡尺（见图8.17）测量骨骼直径和身体宽度。精度特征（0.05~0.50厘米）及测量范围（0~210厘米）取决于所采用的骨骼人体测量仪或卡尺的类型（Wilmore et al., 1988）。应当仔细维护器材，并定期校准，以便检查并恢复其精度。

可以用任何类型的卷尺来测量身体的围长吗

应用人体测量卷尺（见图8.17）测量围长。卷尺应由使用时不会被拉长的柔软材料制成。如果没有人体测量卷尺，可以采用带塑料涂层的卷尺。有些人体测量卷尺会附一个弹簧手柄（即古利克手柄），可以在测量过程中对卷尺端部施加恒定的张力。

需要练习多少次，达到什么技能水平，才能确保精确的围长及骨骼直径测量

与皮褶厚度法和超声法相比，技术人员的技能并不是这些测量方法误差的主要来源。但是，为了改善测量位点的识别及测量技术，你需要进行实践。专家建议至少对50人进行实践测量，并按照顺序轮流对每个部位进行至少3次测量（Callaway et al., 1988）。在测量过程中确定测量位点、骨骼人体测量仪或卷尺的定位及施加张力，均应严格遵守标准测量步

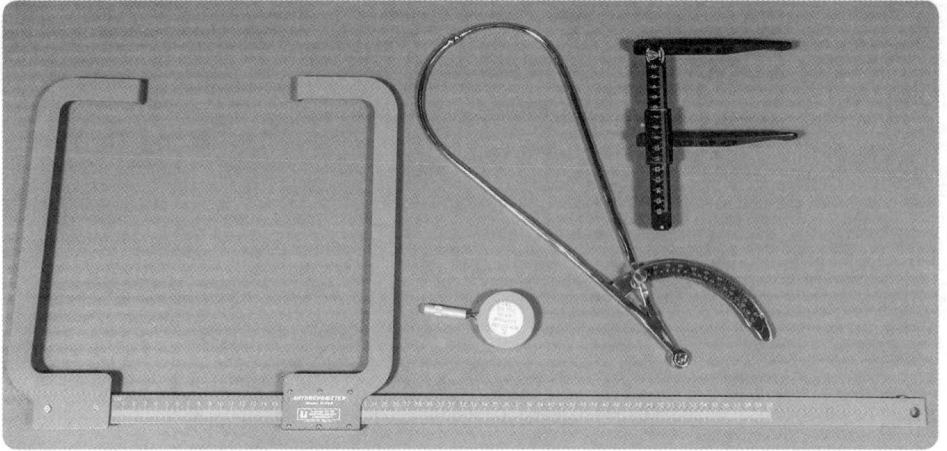

图8.17 骨骼人体测量仪、滑动或展开式卡尺和人体测量卷尺

骤。附录D.4"围长测量的标准位点"和附录 D.5"骨骼直径测量的标准位点"都介绍了一 些常用的围长和骨骼直径的测量位点。

人体测量的标准步骤

1. 测量身体右侧肢体的围长和骨骼直径。
2. 仔细识别和测量人体测量位点和用于确定 测量位点的解剖标志（见附录D.4以及附录 D.5），同时指导客户在测量过程中放松肌肉。
3. 按顺序轮流在每个位点至少进行3次测量。
4. 测量较小部位，如肘部或腕部的宽度，请 使用测量精度更高的小型滑动式卡尺（范 围为30厘米），而不是骨骼人体测量仪（范 围为60~80厘米）。
5. 双手拿着骨骼人体测量仪或卡尺，使食指 的尖端与卡尺的尖端相邻。
6. 将卡尺放在骨性标志上，施加稳定的压力， 用力挤压下方的肌肉、脂肪和皮肤。使施 加的压力到达一个极点，测量值不再继续 下降。
7. 用人体测量卷尺测量围长。将卷尺的零刻 度放在左手边，卷尺另一端的下方放在右 手边。
8. 对卷尺施加张力，使其紧贴身体部位，但 不要让皮肤凹陷或皮下组织受压。
9. 测量某些部位的围长时（如腰、臀和大腿）， 卷尺应在水平面上对齐，与地板平行。

当由两个不同的技术人员进行测量时，围长 和骨骼直径值是否一致

不同技术人员测量的围长差异相对较小 （0.2~1.0厘米），有些位点的差异要大于其他 位点（Callaway et al., 1988）。即使在测量肥 胖客户的围长时，技能熟练的技术人员也可 以获得类似的数值（Bray & Gray, 1988a）。

与皮褶厚度相比，肥胖客户的围长更容易测 量吗

与皮褶厚度法一样，与体形消瘦的客 户相比，肥胖者更难获得一致的围长测量值 （Bray & Gray, 1988a）。然而，由于以下几个 原因，在对肥胖客户进行测量时，围长比皮 褶厚度更可取。

- 可以测量肥胖客户的围长而不用考虑他们的体形。但使用皮褶卡尺测量这类客户的皮褶厚度时，就要注意某些位点的皮褶厚度是否超过皮褶卡尺的测量范围。
- 围长的测量对技术人员的技能要求较低。
- 测量围长时，技术人员之间的差异要小于皮褶厚度测量（Bray & Gray, 1988a）。

是否有可能精确测量肌肉发达的客户或肥胖客户的骨骼直径

在肌肉发达或肥胖客户的身上精确测量骨骼直径可能很困难，因为在那种情况下，必须紧压下方的肌肉和脂肪组织。由于难以识别和触及骨骼的解剖学标志，可能会导致测量位点的定位错误。

本章回顾

关键知识点

▶ 身体成分是健康与体适能的重要内容，体脂总量和脂肪分布与疾病风险有关。

▶ 体脂百分比可作为身体成分的分类标准。

▶ 根据年龄、性别和体力活动水平，平均体脂百分比和肥胖标准各不相同。

▶ 水下称重是一种有效、可靠的评价身体成分的参考方法。

▶ 空气置换体积描记术在测量身体体积及推导身体密度方面，可以替代水下称重。

▶ 双能X射线吸收法逐渐成为一种公认的评估身体成分的参考方法。

▶ 由于制造商和软件版本的不同，不同双能X射线扫描仪所确定的身体成分变量的绝对值之间很难进行比较。

▶ 特定群体转换公式的基础是身体成分的多成分模型，可用于将身体密度转换成体脂百分比。

▶ 皮褶厚度法被广泛应用于现场及临床环境。

▶ 通用皮褶厚度方程在预测身体密度方面有很高的可靠性，适用于广泛的个体。

▶ 作为皮褶厚度法的无创替代方法，超声法正在得到人们的认可。

▶ 生物电阻抗分析法是评估不同族群身体成分的一种可行方法。

▶ 围长和骨骼直径可用于估算身体成分。

▶ 体重指数是一个粗略的全身脂肪指数。

▶ 腰臀比、腰围、腰围身高比和腹部矢状面直径是一些可取的识别高危客户的指标。

重要术语

请学习以下重要术语的定义，相关定义可在术语表中查找。

空气置换体积描记术（Air Displacement Plethysmography, ADP）

人体测量（Anthropometry）

阿基米德原理（Archimedes' Principle）

衰减（Attenuation）

生物电阻抗分析法（Bioelectrical Impedance Analysis, BIA）

生物电阻抗谱（Bioimpendance Spectroscopy, BIS）

身体密度（Body Density, DB）

体重指数（Body Mass Index, BMI）

体表面积（Body Surface Area）

身体体积（Body Volume, BV）

玻意耳定律（Boyle's Law）

围长（Circumference, C）

阻尼技术（Damping Technique）

密度测量法（Densitometry）

双能X射线吸收法（Dual-Energy X-Ray

Absorptiometry, DXA）

去脂身体成分（Fat-Free Body, FFB）

去脂体重（Fat-Free Mass, FFM）

脂肪量（Fat Mass, FM）

半身扫描程序（Hemiscan Procedure）

水下称重（Hydrodensitometry）

静水称重（Hydrostatic Weighing, HW）

阻抗（Impedance, Z）

多成分模型（Multicomponent Model）

体脂百分比（Percent Body Fat, %BF）

电抗（Reactance, X_C）

体脂含量（Relative Body Fat, %BF）

余气量（Residual Volume, RV）

电阻（Resistance, R）

电阻指数（Resistance Index, ht^2/R）

腹部矢状面直径（Sagittal Abdominal Diameter, SAD）

骨骼直径（Skeletal Diameter, D）

皮褶（Skinfold）

皮重（Tare Weight）

胸内气体容量（Thoracic Gas Volume, TGV）

双成分模型（Two-Component Model）

超声（Ultrasound）

水下体重（Underwater Weight, UWW）

腰围身高比（Waist-To-Height Ratio, WHTR）

腰臀比（Waist-To-Hip Ratio, WHR）

问题回顾

除了能够对上面列出的重要术语进行定义，请回答以下问题来巩固并加深自己对本章内容的理解。

1. 为什么评估客户身体成分至关重要？

2. 男性和女性对于肥胖以及最低体脂水平的分类标准是什么？

3. 解释为什么大多数研究人员要求体重指数和人体测量的临界点具有种族特异性。

4. 解释与性别、年龄和体力活动相关的肌肉骨骼变化及差异，这些差异为什么使体重指数比肥胖更能说明体形。

5. 身体成分双成分模型的假设是什么？找出两个常用的双成分模型方程，用于将身体密度转换为体脂百分比。

6. 解释性别、种族和年龄对去脂身体成分密度的影响，同时进一步解释双成分模型所估算的体脂百分比。

7. 列举3种可以用来获取身体成分参考指标的方法。哪种方法最好？请进行解释。

8. 确定用于测量（而不是估算）客户身体密度的两种方法。

9. 区分身体密度和去脂身体成分密度。

10. 说明如何修改水下称重这一方法，对无法通过余气量来进行水下称重的客户进行测量。

11. 确定皮褶法和超声法测量误差的潜在来源。

12. 解释A型和B型超声法测量结果之间的区别。

13. 以通俗易懂的语言解释生物电阻抗分析法的基本原理。

14. 如需采用生物电阻抗分析法获得身体成分的准确估算值，客户应当遵守预测量指南。请说明该指南的内容。

15. 解释如何通过体重指数、腰臀比、腰围身高比以及腰围来识别肥胖客户的风险。

16. 确定合适的现场方法及预测方程（即皮褶厚度法、生物电阻抗分析法或其他人体测量方法），估计以下亚群体的身体成分：老年人、儿童、肥胖者以及运动员。

第9章

制定体重管理和身体成分改善方案

关键问题

▶ 肥胖的定义是什么？肥胖在全世界有多普遍？

▶ 体脂含量过高或过低会带来哪些健康风险？

▶ 导致超重和肥胖的主要因素有哪些？

▶ 如何确定体重是否健康？

▶ 规划体重管理方案时应遵循哪些步骤？

▶ 减重和增重方案的推荐指南有哪些？

▶ 为什么运动对体重管理很重要？

▶ 哪些类型的运动适用于减重？

▶ 只运动不节食的方案可以改善身体成分吗？

体重超重或不足，都会威胁人们的健康和寿命，超重和肥胖会增加患严重心血管、肺部和代谢疾病的风险，而体重过低的人群较其他人群而言，更易出现心脏、肌肉骨骼和生殖功能障碍等类型的疾病。因此，保持适当的体重是保持健康和长寿的关键所在。

健康和健身专业人员面临着巨大的挑战，他们不但有责任帮助客户确定健康的体重，还要为客户制定科学合理的体重管理方案。本章介绍确定健康体重的指南和方法，通过这些内容，你将了解到控制体重的原理和方法，以及减重、增重和改善身体成分的运动方案设计指南。

肥胖、超重和体重不足的定义和趋势

体脂含量持续处于或接近极限值的个体，很可能会出现严重的健康问题，从而导致预期寿命缩短和生活质量下降。相对于正常体重人群，肥胖人群患以下疾病的相对风险较高：缺血性心脏病（2.0倍）、卒中（1.55倍）、血脂异常、高血压、葡萄糖耐受不良、胰岛素抵抗、糖尿病（6.0倍）、阻塞性肺疾病、胆囊疾病、骨关节炎、结肠癌（1.2倍）、食管癌（2.3倍）、胆囊癌（1.5倍）和子宫内膜癌（2.5倍）（U.S. Department of Health and Human Services, 2000b; International Association for the Study of Obesity, 2012）。肥胖人群的糖尿病患病率最高，达到了18.5%，其次是超重人群，达到了8.2%，体重正常人群为5.4%；三类人群高血压的患病率（分别为35.7%、26.4%和19.8%）和血脂异常的患病率（分别为49.7%、44.2%和28.6%）排名与糖尿病相同（Saydah et al., 2014）。肥胖还与冠心病、心力衰竭、心律失常、卒中和月经不调等疾病相关（Pi-Sunyer, 1999）。

另一个极端情况是体重不足。这类人群的体脂过少，往往存在营养不良现象，而且患水电解质失衡、骨质疏松或骨量减少、骨折、肌肉萎缩、心律失常和猝死、外周性水肿及肾脏和生殖功能障碍的风险相对较高（Fohlin, 1977; Mazess, Barden & Ohlrich, 1990; Vaisman,

Corey et al., 1988）。**神经性厌食症**是一种饮食失调症，与极低的体脂水平有关，常见于女性，典型原因为过度减重。美国女性中，大约有1%的人遭受着这一病症的折磨（Hudson et al., 2007）。相较于正常体重的女性，患有神经性厌食症的女性体脂含量极低（体脂百分比为8%~13%），并伴有肌肉萎缩、骨矿物质含量和骨密度较低的症状（Mazess, Barden & Ohlrich, 1990；Vaisman, Rossi et al., 1988）。

肥胖、超重和体重不足的定义

肥胖是指体脂过量（相对于体重），与超重并非同义词。许多流行病学研究会将体重指数在25~29.9千克/米²的人群定义为**超重**人群，将体重指数大于或等于30千克/米²的人群定义为**肥胖**人群，将体重指数小于18.5千克/米²的人群定义为**体重不足**（U.S. Department of Health and Human Services, 2000b）。在美国，通常会将根据美国疾病控制与预防中心制定的发育图表的不同年龄和性别的第85和第95百分位数，分别作为确认儿童和青少年超重和肥胖的临界值。体重指数大于或等于第95百分位数的儿童，即属于肥胖；而那些体重指数在第85和第94百分位数之间的儿童即属于超重。但是，这样的界定并未得到普遍认可。评估儿童超重和肥胖的国际标准采用了体重指数的国际汇总数据，而这些标准所基于的发育曲线，将不同性别、年龄群组（2~18岁）的体重指数临界值与成年人超重（体重指数≥25千克/米²）和肥胖（体重指数≥30千克/米²）类别关联起来（Cole et al., 2000）。

由于这些标准并未考虑到个体体重成分，作为肥胖指标，它们具有局限性，且可能会错误地划分体重不足、超重和肥胖人群。在任何给定的体重指数中，身体成分都很有可能会发生变化；一些体重指数较低的个体，其体脂百分比可能与体重指数较高的个体相同。而且

在任何给定的体重指数中，老年人的体脂百分比会高于年轻人（Baumgartner, Heymsfield & Roche, 1995）。因此，肥胖的发生率可能高于目前我们所认为的情况。

超重和肥胖的趋势

目前，全球超重和肥胖人群的数量已达到了很高的水平。在1980年至2014年，全球肥胖的发生率增加了1倍以上（World Health Organization, 2016c）。若按先前发布的体重指数标准，全世界超过19亿成年人会被划为超重人群，其中，6亿多人属于肥胖人群（World Health Organization, 2016c），这意味着世界上约有13%的人口为肥胖人群。一些研究人员预测，肥胖率将持续上升，到2030年，世界上将有20%的人口为肥胖人群（Smith & Smith, 2016）。但有研究表明，某些国家的成年人和儿童肥胖率的增长趋势可能正在放缓或趋于平稳（Flegal et al., 2012；Ogden et al., 2014；Rokholm, Baker & Sorensen, 2010；Townsend, Rutter & Foster, 2012）。例如，在美国，36.5%的成年人（体重指数>30千克/米²）和17.0%的青少年（体重指数≥第95百分位数）属于肥胖人群（Ogden et al., 2015），自2003年至2004年以来，这两组肥胖人群的比重并未发生大幅变化；肥胖群体增长主要发生在1999年至2000年。这些数据进一步证明，美国肥胖率的上升速度可能正在放缓，但并未下降。此外，美国严重肥胖（体重指数≥40千克/米²）的人群比例持续增加，已从2000年的3.9%增长到了2010年的6.6%。严重（病态）肥胖的趋势因性别等因素而异（Sturm & Hattori, 2012）。

各个国家的成年人超重率和肥胖率有所差异，部分取决于国家的工业化水平，例如，美国、加拿大、澳大利亚和几乎所有欧洲国家成年人的超重率均超出了60%。而相比之下，印度、阿富汗、印度尼西亚和非洲大多数国家成

年人的超重率却不到20%。有关个别国家的体重指数、超重率和肥胖率统计数据的交互式世界地图，见世界卫生组织全球卫生观察站的数据。

过去30年来，儿童人口中的超重率和肥胖率大幅增加，目前全球估计有1.7亿儿童（2~18岁）属于超重（World Health Organization, 2012a）。阿卢瓦利亚等人（Ahluwalia et al., 2015）报告称，在他们研究涵盖的大多数国家里，11岁、13岁和15岁青少年的超重率在2002年至2010年未发生变化，但在许多东欧国家有所增加。美国儿童和青少年（6~19岁）超重率和肥胖率（体重指数≥第85百分位数）约为34%（Ogden et al., 2014）；希腊的情况与之不相上下，儿童的超重率和肥胖率也达到了34%（Kotanidou et al., 2013）；研究人员最近的报告指出，澳大利亚儿童的超重率和肥胖率为12.4%~30.2%，具体取决于所在地理位置（Ho et al., 2017）；韩国男孩和女孩（10~19岁）的超重率和肥胖率分别为18.6%~29.9%和14.7%~19.0%，具体取决于定义超重使用的标准（Bahk & Khang, 2016）。

总体而言，截至2003年左右，全球青少年的超重率似乎有所增加，并在随后10年趋于稳定（Bahk & Khang, 2016；Ho et al., 2017；Kotanidou et al., 2013；Ogden et al., 2014）。另外，令人担忧的是，预计5岁以下儿童的超重或肥胖人数已达到4 100万（World Health Organization, 2016c）。根据世界卫生组织的报告，曾经被认为是高收入国家特有的婴儿肥胖问题，同样出现在了低收入和中等收入国家中，并且这一现象日益严重。然而在美国，学龄前儿童（2~5岁）的肥胖率实际上已显著下降，已从2003年至2004年的13.9%下降到了2011年至2012年的8.4%（Ogden et al., 2014）。

由于肥胖会带来健康风险并增加医疗费用，美国医务总监定下目标，到2020年，要将成年人超重率和肥胖率分别降低到14.6%和30.6%以下（U.S. Department of Health and Human, 2012）。

肥胖的类型和原因

减重并非一件容易之事，而且多数超重和肥胖，是因为没有节制、过度饮食并疏于运动。还有一些人为达到快速减重和防止体重增加的效果，受时尚饮食（减重餐）和运动噱头的蛊惑，诉诸极端行为，如节食、酗酒、服用泻药或进行强迫性运动。尼克拉斯等人（Nicklas et al., 2012）报告称，肥胖成年人在通过减少脂肪摄入、加大运动量、使用处方减重药或参加商业减重方案后，将体重减轻至少5%，即属于达到了有意义的减重效果。

韦斯等人（Weiss et al., 2006）在一项有关美国成年人体重控制实践的调查报告中称，48%的女性和34%的男性选择通过减少饮食、减少脂肪摄入、选择低能量的食物和运动等方法来减重。而仅饮水、节食、吃减重食品、服用特殊补剂或节食药、采取减重方案、服用减重药和泻药等做法不太常见。报告还称，在尝试减重的人群中，只有1/3的人采用了推荐方法，即在限制能量摄入的同时将身体运动增加到至少150分/周，且只有不到25%的人采用了结合能量限制与更高运动量的身体运动（>300分/周）方法。

一份有关美国超重成年人休闲体力活动的报告（2000年休闲体力活动普及率）称，2/3的超重成年人反映他们试图通过运动来减重，然而，只有20%的人能在一周的多数日子里，每天至少以中等强度运动30分钟。尽管他们当中的大多数人每次运动时间达到了30分钟或更久，但只有少数人能够每周至少运动5次。同样，克鲁格、约尔和科尔（Kruger, Yore & Kohl, 2007）的休闲体力活动模式研究结果显示，在试图减重或维持体重的人群中，只有不到一半的人能够定期运动，由此可见，运动频率低是未能达到体力活动建议量的主要原因。

肥胖的类型

在判断个体是否存在患病风险时，脂肪在体内的分布较身体总脂肪量更为重要。腰臀比与内脏脂肪组织（VAT）含量密切相关，区域脂肪分布对健康的影响与腹腔内脏脂肪组织含量有关。而腹部脂肪又与冠心病、糖尿病、高血压和高脂血症等疾病密切相关（Bjorntorp, 1988; Blair et al., 1984; Ducimetier, Richard & Cambien, 1989）。

男性型肥胖和女性型肥胖分别是指过多的体脂主要集中在上半身（苹果形）或下半身（梨形）。男性型肥胖（类似苹果形状）更常见于男性，女性型肥胖（类似于鸭梨形状）则更常见于女性；当然，有些男性和女性也会拥有异性的常见体形。还有一些其他术语可用来描述肥胖和区域脂肪分布类型，如男性型肥胖通常称为上半身肥胖，而女性型肥胖通常称为下半身肥胖。

在现场环境中，可以使用腰臀比来评估区域脂肪的分布情况，第8章介绍了腰臀比的测量程序（见第274~275页的"腰臀比"）及标准（见表8.8）。通常而言，年轻成年男性腰臀比数值超过0.94，女性超过0.82即预示着较高的健康风险（Bray & Gray, 1988b）。

超重和肥胖的原因

超重和肥胖牵涉诸多问题，本节将就超重和肥胖的常见问题进行讨论。

为什么人体体重会增加或减少

身体能量出现不平衡时，就会导致体重增加或减少，在能量摄入等于能量消耗时，能量即处于平衡状态；在能量摄入（食物摄入）超过能量消耗（静息代谢以及运动水平）时，即处于正能量平衡状态，且每累积3 500千卡的过剩能量，体内就会储存1磅（约0.45千克）的脂肪；在能量消耗超过能量摄入时，即处于负能量平衡或能量不足状态。人们可以通过减少食物摄入量或提高体力活动水平来实现能量平衡目标，约3 500千卡的能量不足会导致约1磅的脂肪消耗。

如何测量能量需求和能量消耗

能量需求和消耗以千卡为单位；1千卡是指将1千克水的温度升至1摄氏度所需的能量。测量各类食物的能量产额和热当量均使用了直接测热法。测量时，将这些食物放在含有氧气的封闭型反应室内进行燃烧，并以千卡为单位，精确地测量燃烧所释放的能量。表9.1列出了碳水化合物、蛋白质和脂肪的能量产额和热当量。

能量需求是个体代谢速率和体力活动水平的函数。**基础代谢率（BMR）**是指维持基本生理功能（如呼吸、血液循环和体温调节）所需的最低能量值。基础代谢率亦会因年龄、性别、体形和身体成分而有所不同。评估基础代谢率之前，个体需要充分休息并禁食；评估时，应在受控环境中进行。当然，并非所有状态都适用于基础代谢率，因此会使用术语**静息代谢率（RMR）或静息能量消耗（REE）**来表示放松、清醒和斜倚状态下，基本生理过程所需的能量。静息代谢率较基础代谢率高约10%。

总能量消耗（TEE）是基础能量消耗或静息能量消耗、饮食产热（即消化、吸收、运输和代谢所需的能量）以及体力活动消耗的能量总和。一些专家还进一步将体力活动细分为**运动性活动产热（EAT）和非运动性活动产热（NEAT）**（即工作、休闲活动、日常起居活动以及无意识或晃动身体等自发运动的能量消耗）（Aragon et al., 2017）。据估计，基础代谢率占总能量消耗的60%~70%；饮食产热占8%~15%，而运动性活动产热和非运动性活动产热分别占15%~30%和15%~50%（Aragon et al., 2017）。测量总能量消耗的最佳方法是双

标记水法（使用氘和氧-18），但这种方法成本高昂，且需要一定的专业知识和专业设备。不过目前已有根据性别和年龄开发的用于估算总能量消耗的公式（见表9.2和第295页的"总能量消耗估算步骤"）。

表9.1 常量营养素的能量产额和热当量

营养物质	能量产额/（千卡/克）	热当量/（千卡/升）
碳水化合物	4.1	5.1
蛋白质	4.3	4.4
脂肪	9.3	4.7

表9.2 儿童和成年人的总能量消耗（千卡/天）估算公式

性别和年龄	公式	体力活动系数
3~18岁男性	总能量消耗=88.5-（61.9×年龄）+体力活动系数×[（26.7×体重）+（903×身高）]	1.00，假设PAL≥1.0且<1.4（久坐不动） 1.13，假设PAL≥1.4且<1.6（体力活动水平较低） 1.26，假设PAL≥1.6且<1.9（体力活动水平中等） 1.42，假设PAL≥1.9且<2.5（体力活动水平较高）
≥19岁男性	总能量消耗=662-（9.53×年龄）+体力活动系数×[（15.9×体重）+（540×身高）]	1.00，假设PAL≥1.0且<1.4（久坐不动） 1.11，假设PAL≥1.4且<1.6（体力活动水平较低） 1.25，假设PAL≥1.6且<1.9（体力活动水平中等） 1.48，假设PAL≥1.9且<2.5（体力活动水平较高）
3~18岁女性	总能量消耗=135.3-（30.8×年龄）+体力活动系数×[（10.0×体重）+（934×身高）]	1.00，假设PAL≥1.0且<1.4（久坐不动） 1.16，假设PAL≥1.4且<1.6（体力活动水平较低） 1.31，假设PAL≥1.6且<1.9（体力活动水平中等） 1.56，假设PAL≥1.9且<2.5（体力活动水平较高）
≥19岁女性	总能量消耗=354-（6.91×年龄）+体力活动系数×[（9.36×体重）+（726×身高）]	1.00，假设PAL≥1.0且<1.4（久坐不动） 1.12，假设PAL≥1.4且<1.6（体力活动水平较低） 1.27，假设PAL≥1.6且<1.9（体力活动水平中等） 1.45，假设PAL≥1.9且<2.5（体力活动水平较高）

PAL代表体力活动水平。
（源自：Institute of Medicine，2002/2005.）

活动跟踪器是否能够准确估算能量消耗

对于致力于减重和维持体重的人来说，跟踪能量消耗非常重要。但目前尚无能够高度精确跟踪能量消耗的技术。在受控的实验室环境中、半结构化活动期间及自由生活环境中进行的，关于活动跟踪器计算总能量消耗的准确度的研究，结果不同。尽管活动跟踪加速度计之间具有中度到高度的相关性，但它们对参考值的低估往往是显著的。虽然加速度计已被归为研究级别（如ActiGraph GT3X+、BodyMedia Core、BodyMedia SenseWear等设备），但相较于最佳测量方法和间接测热法，其仍会出现低估能量消耗的情况（Bai et al., 2016; Ferguson et al., 2015; Imboden et al., 2017; Kim and Welk, 2015）。

市面上售卖的穿戴设备测得的各类运动能量消耗值都存在很大的差异，且估算值具有变异性，倾向于低估能量消耗参考值（Bai et al., 2016; Ferguson et al., 2015; Imboden et al., 2017; Kim & Welk, 2015; Price et al., 2017; Sasaki et al., 2015）。通常，各类设备制造商都使用了各自专有的算法，从而导致此类设备测量值之间出现差异。加速度计也有相应的适用范围，例如，ActiGraph GT3X+、BodyMedia SenseWear和Core Armband等加速度计适用于中速到快速的运动类型，而activPAL则更适用于慢速运动类型。莱登等人（Lyden et al., 2017）报告称，相较直接观察法而言，activPAL能够准确地将久坐行为以及低强度、中等强度和高强度运动进行分类。三轴型和多传感设备较单轴型设备能够更准确地估算总能量消耗（Van Remoortel et al., 2012）。

此外，还可在实验室环境中，通过间接测热法测量基础、静息或活动状态期间的能量消耗。这种方法是通过估算耗氧量得出身体的能量消耗。每分钟消耗1升氧气大约能够产生5.1千卡的能量（见表9.1）。对于特定的体力活动，能量消耗通常以代谢当量（见第4章及附录E.3）表示各类静息代谢率。1代谢当量等于每千克体重的3.5毫升/分相对摄氧量，或每千克体重的1千卡/时相对能量消耗率[1千卡/（时·千克）]。

身体是如何调节静息代谢率的

甲状腺激素在调节静息代谢率方面起着非常重要的作用。甲状腺肿瘤或饮食缺碘会导致身体无法产生足够的甲状腺激素，从而会促使静息代谢率降低30%~50%。此时若未能相应地调整能量摄入和消耗，则产生的正能量平衡就会导致体重增加。

生长激素、肾上腺素、去甲肾上腺素和各类性激素可使静息代谢率升高20%之多。而在运动期间，此类激素也会随之增加，在停止运动后，还可能会继续促使静息代谢率升高。

体重增加后，脂肪细胞的数量和大小是否会随之增加

肥胖会增加脂肪细胞的数量（增生）和大小（肥大），正常体重的人群体内脂肪细胞的数量为250亿~300亿，而肥胖者的脂肪细胞会高达420亿~1 060亿。此外，相较于正常体重的人群，肥胖者的细胞大小平均会高40%（Hirsh, 1971）。限制能量摄入和增加运动能够有效地缩小脂肪细胞，但无法减少成年人脂肪细胞的数量（Hirsh, 1971; Spalding et al., 2008）。

传统观念认为，脂肪细胞数量在儿童期和青春期期间就已确定，即使体重出现巨大变化，这一数量也不会随之变动，无论身材胖瘦（Spalding et al., 2008）。换句话说，体重在增加和降低时，脂肪细胞会经历肥大和萎缩，但细胞数量在整个成年期不会出现变化。流行病学研究发现，出生后6个月的体重增加主要为脂肪增加，而这个时期会对成年期肥胖和心脏代谢问题的发展产生重要影响（Gillman, 2008）。有人就此推测，预防肥胖的关键在于密切监控青春期生长突增和青春期的饮食摄入和能量消耗，以此阻碍生成新脂肪细胞。但有研究指出这种传统观念存在缺陷。朱卡洛瓦等人（Tchoukalova et al., 2010）在其一项研究中，让体重正常的成年男性和女性增加约4千克的体重，观察到受试者上半身的脂肪细胞出现肥大，但下半身的脂肪细胞却出现增生。他们据此推测下半身产生新脂肪细胞，实际上可能是一种防止过度进食导致上半身积聚更多脂肪的保护机制。无论这一现象的背后原因是什么，似乎在应对过度进食时，前脂肪细胞的细胞动力学差异会引起区域细胞增生。卡思伯森等人（Cuthbertson et al., 2017）在一项综述性研究中证实了这一新理论。他们声称，在适应过度进食时，皮下脂肪组织（SAT）会通过肥大或增生的方式进行自我重塑。

对于肥胖而言，遗传和环境因素孰轻孰重

科学家们对遗传和环境对肥胖的影响一直争论不休。迈耶（Mayer, 1968）观察到，体重正常的父母，他们的孩子也只有10%为肥胖儿童。若在青少年时期体重就已超重，则在进入成年后，有70%的可能性仍会超重；如果父母一方或双方都属于超重或肥胖个体，那么这种可能性会增加到80%（U.S. Department of Health and Human Services, 2007）。一些基因上的缺陷，尤其是促黑素-4受体和瘦素，都与肥胖有一定的关联（Selassie & Sinha, 2011）。这些数据都证明了遗传对肥胖的影响，但这并不能排除控制饮食和加强运动等环境影响。布雷（Bray, 2004）写道："遗传因素为枪装上了子弹，但环境最终扣动了扳机。"这一比喻十分有助于我们理清遗传与肥胖之间的关系。

在一项对同卵双胞胎长期（100天）过度进食的对照研究中，布沙尔等人（Bouchard et al., 1990）发现个体的肥胖趋向和体脂分布都存在很大的差异，甚至是在双胞胎之间。双胞胎在过度进食期间发生的体重变化呈中度相关（r=0.55）。总体说来，体重增加较多的人相较于体重增加较少的人，其所增加的体重、脂肪量、躯干脂肪和内脏脂肪组织均为后者的3倍。这些数据表明，人体适应持续过剩能量的能力会受到遗传因素的一定影响，但并非完全取决于此。在个体间的绝对和相对体脂含量差异中，约有25%可归因于遗传因素，约30%与文化（环境）因素有关（Bouchard et al., 1988）。尽管已有大量肥胖相关的基因识别研究，但是对体重指数的常见核苷酸多态性识别研究仍无法解释超过2%的体重指数变异性。个体之间体重的大部分差异可归因于基因与环境，或基因与行为之间的相互作用（Bouchard, 2008）。

最近一项研究表明，基因不仅会导致体重增加，还会影响身体多余脂肪的沉积方式和位置，从而威胁身体的健康。例如，有些个体的体重指数正常，但他们有代谢性表型肥胖，相对于皮下脂肪组织，其内脏脂肪组织增加，导致这部分人群受到代谢和心血管疾病的威胁。换言之，这部分人群在过度进食时，多余脂肪倾向于沉积在内脏，而不是皮下；反之亦然，有些个体的体重指数虽高，但代谢性疾病的风险却较低，因为他们皮下脂肪组织相对于内脏脂肪组织的比率更高，或是皮下脂肪组织更多（Cuthbertson et al., 2017）。因此，在过度进食的情况下，遗传和表观遗传对脂肪组织的分布起着决定性作用。

希尔和梅兰森（Hill & Melanson, 1999）认为，美国肥胖盛行主要受到了环境因素的影响。过去30年中，美国人的生活环境中，到处充斥着高脂肪和高能量的饮食（即增加了能量摄入），人们依赖于技术带来的便利，亦减少了日常生活所需的体力活动（即减少了能量

消耗）。斯温伯恩等人（Swinburn et al., 2011）及塞拉西和辛哈（Selassie & Sinha, 2011）也就环境因素和个体因素之间的相互作用进行了研究，包括遗传组成。塞拉西和辛哈（Selassie & Sinha, 2011）认为饮食中的果糖玉米糖浆和含糖饮料比例和摄入量高、从事长期久坐不动的职业及长期久坐在计算机前娱乐而不进行体力活动是导致肥胖的行为因素。斯温伯恩等人（Swinburn et al., 2011）认为，食品供应改变和提倡高能量摄入的营销环境，高度机械化及因此而降低的体力活动水平，都是导致肥胖的关键因素。

体重管理原则和实践

体重管理方案应当纳入适当的营养（均衡饮食）和日常体力活动计划。大多数执行体重管理方案的客户都是为了减重和减脂，但也有些客户是为了增加体重。安全有效的减重基本原则是通过负能量平衡来达到减轻体重的目的，即能量消耗大于能量摄入；达到负能量平衡的最有效方法是在限制能量摄入（饮食方面）的同时，增加能量消耗（运动方面）。而对于增重方案，能量摄入则必须大于能量消耗，才能积极地改善正能量平衡。体重管理原则汇总了体重管理方案制定的基本原则和实践。

为了赢得这场控制体重和减重的战役，不仅要了解饮食背后的动机，密切监测客户的食物摄入量，还要让客户加大日常的运动量。例如，为将运动变为一种生活方式，需要：

- 每天进行有氧运动；
- 进行力量和柔韧性训练；
- 增加保龄球、高尔夫、网球和舞蹈等娱乐活动；

- 减少使用自动扶梯、电动工具、汽车、家用和园艺设备等节省劳力的设备，增加日常生活中的家庭活动。

制定体重管理方案：初步阶段

制定减重或增重的体重管理方案时，首先需要设定体重目标，并评估客户的能量摄入和消耗水平。

设定体重目标

为客户设定健康的体重目标之前，要先对他们目前的体重、体重指数或体脂水平进行评估。较为简便的方式是通过经过校准的浴室专用秤或医生专用秤来测量客户体重。测量时，客户应穿着轻便且不应穿鞋。

远程监控秤：消除自行报告的体重误报

自行报告的体重普遍都存在误报现象，在超重客户报告中，此类错误更为常见（Rowland, 1990）。远程监控秤能将客户的体重立即传输到远程站点，从而消除了自行报告中的误报。众多减重干预研究都在使用远程监控秤。在范沃尔默等人（VanWormer et al., 2009）的一项研究中，提供定制化意见反馈的减重顾问可自动收取肥胖受试者的体重数值。这项研究发现，每周至少自行称重一次的受试者，在6个月后体重减少至少5%的可能性比不自行称重的受试者高10倍。远程监控秤可连接蓝牙，允许受试者在家中自行称重，并将其数据自动传输给远程站点的研究人员，以便其利用数据针对患有2型糖尿病（Wild et al., 2013）和怀孕期间体重增加（Bogaerts et al., 2017）的人群进行研究。

体重管理原则

减重	增重	运动
• 营养均衡的饮食,包括碳水化合物、蛋白质、脂肪、维生素、矿物质和水	• 每千克体重的膳食蛋白质摄入量应增加至1.2~1.6克	• 引起肥胖的主要原因是缺乏体力活动,而并非暴饮暴食
• 减重过程应该循序渐进,每周减重不应超过2磅	• 增重过程应该循序渐进,每周增重不应超过2磅	• 为了减少脂肪重量,每天都应进行一次或两次有氧运动
• 能量摄入量应至少为1 200千卡/天,能量摄入不足不应超出1 000千卡/天	• 每日能量摄入量应高于能量需求400~500千卡/天	• 抗阻训练非常适合维持去脂体重(减重)以及增加去脂体重(增重)
• 能量摄入不足达到3 500千卡即能够减少1磅的脂肪	• 增加1磅的肌肉组织需要2 800~3 500千卡的正能量平衡	• 运动能够增加能量消耗,使得能量摄入不足,从而达到减重目的
• 减重是为了减少脂肪,而不是为了减少去脂身体组织	• 增重是为了增加去脂体重,而非为了增加脂肪量	• 相较于节食,运动能够更好且最大化地减少脂肪并减少去脂身体组织损失
• 在相同的饮食情况下,体形较大、体重较重的人亦具有较高的静息代谢率,因此,相较于体形较小、体重较轻的人,前者能够更快地达到减重目的	• 个体应保持一日三餐,且每天应增加2~3次健康零食(如干果、坚果和一些液体食物)	• 肌肉组织较脂肪更具代谢活性,且在休息时能够消耗更多的能量
• 蛋白粉的效果并没有高于天然蛋白质(如去脂肉、脱脂乳和蛋清)	• 相较于高强度、短时间运动,低强度、长时间运动能够最大化消耗能量
• 随着时间的推移,体重减轻率会逐渐降低,因为能量摄入和能量需求之间的差异随着体重减轻而变小	• 在运动前或运动后立即服用氨基酸补剂可能会促进肌肉生长	• 在剧烈运动后,静息代谢率会持续升高30分钟或更长时间
• 维生素B$_{12}$、硼和铬补剂并不会增加去脂体重	• 在给定心率下,身体更为健康的个体能量消耗的速度要高于不太健康的个体
• 相较于女性,男性的静息代谢率较高,因此也会更快地达到减重目的		• 运动不会增加食欲
• 个体应至少保持一日三餐		• 被动运动装置(如振动器和桑拿带)不能消除多余的脂肪
• 避免采用快速减重饮食方案或服用减重药和食欲抑制剂		• 局部减重运动并不能有选择性地调动那些储存于运动肌肉附近的皮下脂肪
• 服用肉碱补剂不会起到减脂的作用		• 为了增加能量消耗,应避免在家中和工作中使用省力的设备
• 应识别是否具有强迫性饮食行为,如有,应予以改正		

评估客户的体重时,不应使用保险公司建立的身高体重表。此类表格存在以下两方面限制。

• 此类表格的身高和体重数据通常是在未脱鞋和穿着衣服的情况下测得的,以此方式测得的数据并不标准。

• 数据源自以年轻和中年男性和女性为主的群体。

许多健康标准将18.5~25千克/米^{2}的体重指数视为健康体重,然而,仅根据体重指数或任何身高体重表而确定体重是否为健康体重,可能会推论出无效的客户体脂水平和健康风险,因为这些方法并没有考虑到个体的身体成分。例如,体重指数或身高体重表会将许多具有大量去脂体重的平均体重归类为超重,但其体脂含量可能低于平均值。体重指数或身高体重表还可能会将那些体重不足的个体分类为超重或肥胖。因此,在估计客户的健康体重和体脂水平时，应该使用身体成分方法。

通过身体成分方法估算健康体重和体脂水平前，先以第8章中所述方法之一来评估去脂体重和体脂百分比。体重是否健康主要取决于客户目前的去脂体重和体脂百分比。维持身体的健康和营养需要一定的脂肪，因此应尝试将脂肪水平保持在表8.1所推荐的体脂百分比低值和高值之间。但需要注意的是，最低体脂百分比取决于年龄，男性估算值应为5%~10%，女性应为12%~15%。肥胖临界值（体脂百分比）亦取决于年龄，不同年龄男性的临界值范围为22%~31%（体脂百分比），不同年龄女性的临界值范围为35%~38%（体脂百分比）。有关如何使用身体成分方法计算健康体重的示例，见本页的"健康体重的计算示例"。

随着年龄的增长，身体会出现累积多余脂肪的趋势。通常，成年人每10年就会增加15磅的脂肪重量并流失5磅去脂体重（Evans & Rosenberg, 1992；Forbes, 1976）。因年龄增长而增加的体重，主要的特征是体脂增加和肌肉量减少，随之降低的还有体力活动水平。因此，所有人都应尝试将体重和脂肪量保持在健康水平。

评估能量摄入和能源消耗情况

规划体重管理方案的第2步是评估客户的能量摄入和消耗情况。通过这些基线数据来估算减重或增重的速度，以及实现身体成分和体重目标所需的时间。

能量摄入

应使用饮食记录（见附录E.1）来确定客户的每日能量摄入量。客户应在3~7天内，每天记录日常饮食的类型和数量；应确保客户记录所有饮食；通常，饮食记录范围在10%~45%即属于漏报。可利用计算机软件评估日均能量摄入，并将平均营养素摄入量与各营养素的推荐摄入量进行对比。可通过网络查找一些饮食分析计划。饮食记录还有助于分析客户的饮食模式，如饮食类型、进食频率和每餐能量含量等。有关跟踪食物摄入量的手机应用程序排名，见帕特尔等人（Patel et al., 2015）的相关文章。

能量消耗

可以使用析因法或总能量消耗方法来评估客户的能量需求。析因法适用于估算静息代谢率或静息能量消耗，以及工作、家务、个人

健康体重的计算示例

假设个体信息

客户：31岁男性

目前身体成分：

  体重=185磅

  体脂含量=20%（体脂百分比）

  去脂体重=148磅

目标：体脂百分比达到12%和去脂体重百分比达到88%

步骤

1. 通过一种身体成分方法（见第8章）确定客户当前的体脂百分比。

2. 计算客户当前去脂体重：185磅 × 0.80（当前去脂体重百分比）=148磅。

3. 为客户设定合理的身体成分目标：体脂百分比达到12%和去脂体重百分比达到88%。

4. 将当前的去脂体重除以去脂体重百分比目标，得出目标体重：148磅 / 0.88≈168磅。

5. 通过当前体重减去目标体重来计算应减轻的体重：185-168=17磅；即该客户在假设去脂体重保持不变的条件下，需要减掉17磅脂肪才能达到目标体重和体脂水平。

日常活动和运动期间消耗的额外能量。本节将介绍各类估算静息代谢率以及职能性活动和体力活动需要的额外能量的方法。尽管析因法可合理地估算客户的能量消耗，但无法用于存在预测误差的静息代谢率估算公式，此外，对日常进行的各类活动进行估算，析因法既不可行也不实用。因此，美国医学研究所（Institute of Medicine, 2005）推荐使用估算总能量消耗的总能量消耗方法。总能量消耗（TEE）方法在预测个体的总能量消耗时所采用的公式数据，均源自那些以随意方式生活的个体的总能量消耗（双标记水法测量所得，见表9.2）。

析因法：静息能量消耗估算

间接测热法可用来获取静息代谢率或静息能量消耗的参考测量值，但预测公式的性价比较高，可替代间接测热法（见本页的"静息代谢率的估算方法"）。通过图9.1中的列线图能够估算出体表面积。

静息代谢率的估算方法

方法	公式
I. 体表面积[a]	
男性	静息代谢率=体表面积×38千卡/时×24小时
女性	静息代谢率=体表面积×35千卡/时×24小时
II. A 哈里斯－本尼迪克特公式[b]	
男性	静息代谢率=66.473+13.751×体重+5.003 3×身高−6.755×年龄
女性	静息代谢率=655.095 5+9.463×体重+1.849 6×身高−4.675 6×年龄
II. B 米夫林等人（Mifflin et al., 1990）的公式	
男性	静息代谢率=9.99×体重+6.25×身高−4.92×年龄+5.0
女性	静息代谢率=9.99×体重+6.25×身高−4.92×年龄−161
II. C 莫尔纳等人（Molnar et al., 1995）的公式	
男孩（10~16岁）	静息代谢率=50.9×体重+25.3×身高−50.3×年龄+26.9
女孩（10~16岁）	静息代谢率=51.2×体重+24.5×身高−207.5×年龄+1 629.8
III. 去脂体重	
男性和女性	静息代谢率=500+22×去脂体重
IV. 快速估算法（根据体重）	
男性	静息代谢率=体重（以磅为单位）×11千卡/磅 静息代谢率=体重（以千克为单位）×24.2千卡/千克
女性	静息代谢率=体重（以磅为单位）×10千卡/磅 静息代谢率=体重（以千克为单位）×22.0千卡/千克

[a]根据年龄调整静息代谢率。40岁以后，静息代谢率每10年会降低2%~5%。
[b]体重以千克为单位，身高以厘米为单位，年龄以岁为单位。

20~40岁的男性或女性，每平方米的体表面积平均每小时分别需要消耗38千卡和35千卡能量。例如，根据估算静息代谢率的方法I，身高157.5厘米，体重120磅的女性体表面积为1.54平方米，每日静息代谢率为1 293.6千卡（1.54平方米×35千卡/时×24小时）。

还有一种能够更快但不那么准确地估算静息能量消耗的方法：将体重乘以系数10（以磅为单位的体重测量值）或22（以千克为单位的体重测量值）可得出女性的静息能量消

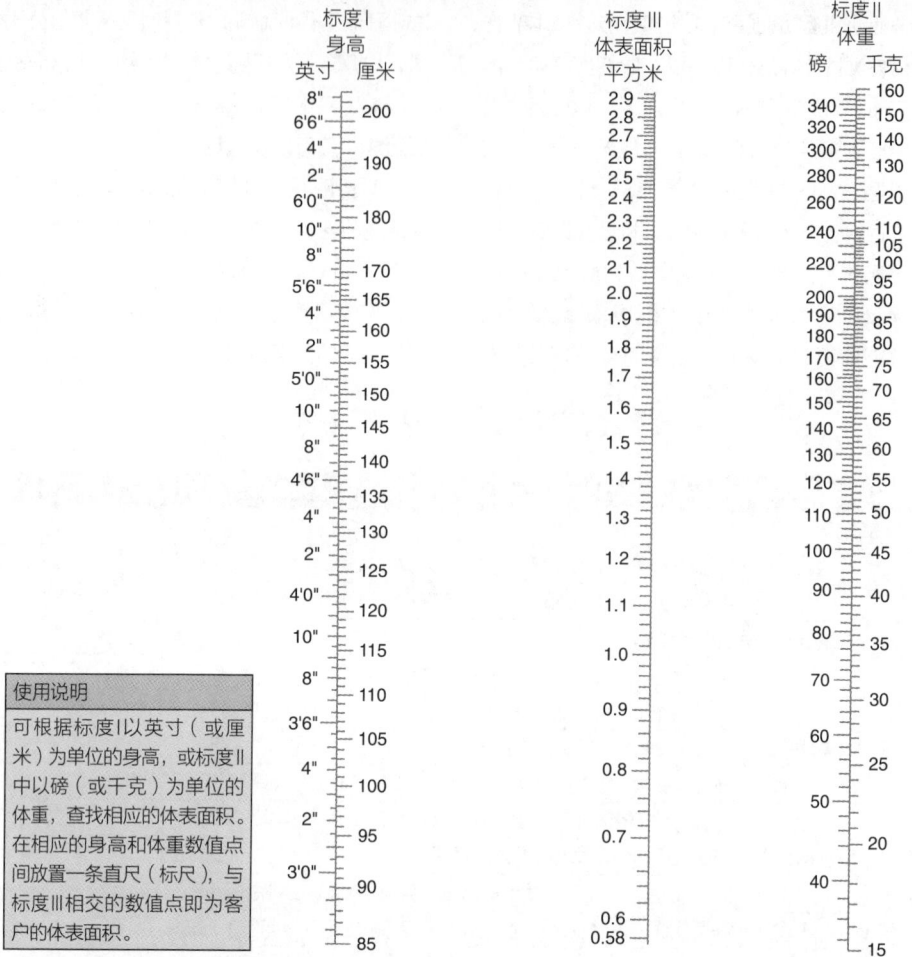

标度I
身高
英寸 厘米

标度III
体表面积
平方米

标度II
体重
磅 千克

使用说明

可根据标度I以英寸（或厘米）为单位的身高，或标度II中以磅（或千克）为单位的体重，查找相应的体表面积。在相应的身高和体重数值点间放置一条直尺（标尺），与标度III相交的数值点即为客户的体表面积。

图9.1 预测体表面积的列线图

[源自：W. E. Collins, Clinical Spirometry (Braintree, MA: Warren E. Collins, 1967), 33. 版权归沃伦·E. 科林斯（Warren E. Collins）所有。]

耗，将系数换成11（以磅为单位的体重测量值）或24.2（以千克为单位的体重测量值）可得出男性的数值（方法IV）。将这种方法用于女性示例中，即可得出静息能量消耗为1 200千卡（120磅×10）。

代谢活跃的细胞数量会随年龄增长而减少，从而促使静息能量消耗逐渐减少，在25岁以后，人体静息能量消耗每10年会下降2%~5%（Sharkey & Gaskill, 2007）。为了控制因年龄增长而逐渐增加的体重，人们需要减少能量摄入或增加运动量。哈里斯-本尼迪克特公

式（方法II.A）曾被广泛用于估算成年人的静息能量消耗，但是美国饮食协会（American Dietetic Association, 2003）建议使用米夫林等人（Mifflin et al., 1990）的公式来估算健康个体的静息能量消耗（方法II.B）。这两个公式可用于不同性别、身高、体重和年龄的人群。罗扎和史兹戈尔（Roza & Shizgal, 1984）交叉验证了最初的哈里斯-本尼迪克特公式，并利用大量研究数据开发出了新的公式。他们得出的结论与1919年的初始公式估算的静息能量消耗数值相同。此外，哈里斯-本尼迪克特公式

还准确地估算了大样本（样本数=2 528）正常体重、超重和肥胖个体的静息能量消耗，但对于体重不足人群的静息能量消耗，这些公式会出现高估情况（Muller et al., 2004; O'Riordan et al., 2010）。但美国饮食协会（American Dietetic Associatio, 2003）报告称哈里斯–本尼迪克特公式通常会高估静息能量消耗，而米夫林等人（Mifflin et al., 1990）的公式能够准确地估算（在 ±10% 范围内）其80%样本的静息能量消耗。对于体重指数为25~40千克/米^{2}的成年人，米夫林公式也是最为准确的测量方法（Weijs, 2008）。

间接测热法是测量静息能量消耗的首选方法，特别是对于预测公式倾向于系统性低估静息能量消耗的肥胖人群（Wilms et al., 2010）。但为超重或肥胖客户制定体重管理方案时，可将哈里斯–本尼迪克特公式和米夫林等人（Mifflin et al., 1990）的公式作为估算静息能量消耗实用的替代方案。对于10~16岁儿童，可用特定性别的预测公式（方法II.C）来合理准确地估算其静息能量消耗（Hofsteenge et al., 2010；Molnar et al., 1995）。

除体形和年龄外，静息能量消耗还会受到身体成分的影响。脂肪组织的代谢活性低于肌肉组织，因此在相同体重下，相较于脂肪较多的个体，肌肉较多的个体的静息能量消耗亦会较高。由于女性相对脂肪含量较高且去脂体重较小，因此相较于男性，女性的静息代谢率会低5%~10%（McArdle, Katch & Katch, 1996）。在使用方法III（见第291页的"静息代谢率的估算方法"）之前，先使用第8章所建议的身体成分方法之一来测量客户的去脂体重。

析因法：额外的能量需求估算

静息能量消耗占到了每日总能量需求的50%~70%，具体数值取决于个人的运动量和工作情况。对体力活动水平较低的人来说，这一百分比数值会更高，因为他们仅需要少量高于静息水平的能量。例如，如果一名男性上班族长期久坐，其静息代谢需求为1 680千卡，则其工作性质会导致其额外的能量需求较静息水平高出约40%，即672千卡。如果这名男性没有进行额外的体力活动，那么他的每日总能量需求即2 352千卡。在这种情况下，静息能量消耗约占其每日总能量需求的71%。表9.3列出了不同职业活动水平对应的额外能量需求。

表9.3 不同职业活动水平对应的额外能量需求

不同职业活动水平*	高于基础代谢率	
	男性	女性
久坐不动	15%	15%
体力活动水平较低	40%	35%
体力活动水平中等	50%	45%
体力活动水平较高	85%	70%
体力活动水平非常高	110%	100%

*各水平对应的人群示例如下。
久坐不动对应缺乏体力活动人群。
体力活动水平较低对应许多专业人员、办公室人群、店员、教师、以机器替代劳动的家庭主妇等。
体力活动水平中等对应轻工业工人、多数农场工人、体力活动较多的学生、百货商店员工、非现役士兵、渔商等。
体力活动水平较高对应职业运动员、舞者、非熟练工人、林业工人、新兵和现役士兵、矿工、钢铁工人等。
体力活动水平非常高对应伐木工人、铁匠等。

根据客户的静息能量消耗和职业确定了其每日能量需求后，可利用客户的体力活动日志（见附录E.2）来估算其因体力活动和运动而额外产生的能量消耗。客户应对各项活动及运动所花费的总时间进行记录。附录E.3列明了各项运动的估算能量消耗。将代谢当量转换为千卡/（千克·时）[1代谢当量=1千卡/（千克·时）]，再将转换后数值乘以客户的体重，可计算出每项运动的总能量消耗，从而得出客户进行该运动时，每小时消耗的总能量；再除以60分钟来确定每分钟的消耗量，然后乘以运动持续时间来计算该项运动的总能量消耗。无论是对你还是对客户来说，记录体力活动日志都是一个较为耗时的过程，而且许多客户倾向于高估自身的实际运动持续时间，从而影响额外能量消耗的估算准确性。最好的方法是让客户列出他们的定期活动和运动的频率、强度和平均时间，然后由你根据上述方法来确定各项运动的能量消耗。将这些数值添加到为计算静息代谢率和职业所估算的每日能量需求中，并据此告知客户其在体力活动水平较高的日子中，能够相应增加的能量摄入。

总能量消耗法

对于这一方法，可使用表9.2中特定于年龄和性别的公式来估算客户的总能量消耗。这些公式能够根据年龄、体重、身高和身体活跃度系数来预测总能量消耗。体力活动系数取决于客户的体力活动水平（PAL）。由于能量消耗主要取决于体力活动，通常都将体力活动水平描述为总能量消耗与基础代谢率之比（体力活动水平=总能量消耗/基础代谢率）。体力活动水平分类是根据正常健康个体的总能量消耗（双标记水法测得）和基础代谢率而开发的，但其中并不包括军人和宇航员等专业人员和体力活动水平非常高的个人的数据（Brooks et al., 2004）。体力活动水平（精确到0.1）分为久坐不动（1.0~1.3）、较低（1.4~1.5）、中等（1.6~1.8）和较高（1.9~2.4）。有很多有效的客户体力活动水平估算工具，如自行报告的体力

活动问卷、体力活动日志、计步器、加速度计、心率监测器和其他可穿戴设备等（Keim, Blanton & Kretsch, 2004）。有关监测体力活动水平的计步器和加速度计效度和信度的信息，见第3章内容。第295页的"总能量消耗估算步骤"列举了使用总能量消耗公式估算客户日常能量消耗的方法。

制定减重方案

当能量消耗大于能量摄入时，会发生负能量平衡或能量不足，而达到能量不足的最有效方法，便是限制能量摄入并进行运动。减少1磅脂肪就需要少摄入3 500千卡能量，因此很容易就能计算出客户为实现每周减重目标每日需要减少的能量。假定平均每天减少500千卡能量，500千卡×7天=3 500千卡能量，则每周能减少约1磅体重。假定平均每天减少1 000千卡能量，1 000千卡×7天=7 000千卡能量，就能促使每周减少2磅体重。但请注意，每日减少的能量不应超过1 000千卡。

需要注意的是，3 500千卡与1磅脂肪之间属于数学关系，而实际减重情况远没有那么简单（Cuthbertson et al., 2017；Hall et al., 2011）。这种数学关系假设体重变化体现了脂肪组织的变化且并未考虑去脂体重的变化。例如，进行抗阻训练后去脂体重得到增加，从而增加了静息代谢率并改变了这种数学关系；相反地，去脂体重的损失会降低静息代谢率，从而使个体更加难以减重。美国国家卫生研究院的霍尔等人（Hall et al., 2011）考虑到了这些变量因素，并创建了网页版模拟程序"体重规划师"，使用数学建模方法来预测体重变化。该程序可与美国农业部名为"超级追踪者"的程序链接，后者可根据个体目标与"体重规划师"上的数据提供个性化的膳食计划。

减重的目的在于减少体脂，并非减少去脂体重，因此，制定减重方案时应注意以下几点。

- 通过身体成分方法估算出客户的健康体重和需要减少的脂肪重量。
- 鼓励客户每日进行有氧运动和抗阻训练，在增加脂肪消耗的同时维持去脂体重。
- 与营养师合作，一同制定限制能量摄入的饮食方案，但饮食要含有足量的碳水化合物、蛋白质和脂肪。日常饮食应至少含有130克碳水化合物，蛋白质摄入量保持在0.8克/千克体重。

在制定饮食和运动减重方案时，请使用描述性数据来为客户设定合理的目标。这类数据应包括年龄、性别、身高、体重、相对体脂（体脂百分比）、体脂百分比目标、平均能量摄入量、心肺适能和职业信息。更多信息见第296~297页的"制定减重方案的步骤"。

减重运动处方

在不配合合理饮食方案的情况下进行运动，减重效果不会太好。因此，最有效的减重方案应同时结合饮食和运动方案，最大化减少能量摄入，从而维持减重效果。配合减重饮食方案能够带来极大的效果。有关主要的典型饮食方案及其对身体成分的影响的综述性研究，请参考国际运动营养协会的意见（Aragon et al., 2017）。我们建议在为客户制定体重管理方案时与营养专业人员进行密切合作，尤其是对于患有代谢性并发症（如糖尿病、血脂异常、甲状腺功能亢进或甲状腺功能减退）的肥胖人群而言，与营养专业人员进行配合尤为重要。任何未经适当培训或认证的人员都可按照同样的方式提供个人培训信息和营养建议，但并非所有人都能将自己标榜为营养学家或营养师。表9.4汇总了美国各州针对营养学家或营养师职业规定的政策。

保持健康、预防超重和肥胖或持续减重所需的体力活动和运动量均有所不同（见表9.5）。对于目的是保持身体健康的人群，美国运动医学会和美国心脏协会推荐的运动量为每

总能量消耗估算步骤

在根据特定年龄和性别的总能量消耗公式来估算客户的总能量消耗数值时，请按以下步骤进行。

- 第1步：确定客户的性别和年龄（假设为50岁男性）。
- 第2步：测量客户的体重和身高（假设体重=180磅，身高=70英寸）。将以磅为单位的体重转换为以千克为单位：180磅/2.204≈81.7千克。将以英寸为单位的身高转换为以米为单位：70英寸×0.025 4≈1.78米。
- 第3步：估算客户的体力活动水平（假设根据体力活动日志，体力活动水平为1.70）。
- 第4步：从表9.2中选择特定年龄和性别的总能量消耗预测公式，选择≥19岁男性的公式。

  总能量消耗=662-（9.53×年龄）+体力活动系数×[（15.9×体重）+（540×身高）]
- 第5步：确定与客户体力活动水平相对应的体力活动系数（假设体力活动水平为1.70，系数即为1.25）。
- 第6步：将年龄、体重、体力活动和身高数值代入公式。

  总能量消耗（千卡/天）=662-（9.53×50）+1.25×[（15.9×81.7）+（540×1.78）]
- 第7步：计算总能量消耗估算值。

  总能量消耗（千卡/天）=662-（9.53×50）+1.25×[（15.9×81.7）+（540×1.78）]=662-476.5+[1.25×（1 299.03+961.2）]=185.5+2 825.2875

  总能量消耗≈3 010.8千卡/天

制定减重方案的步骤

假设客户信息

1. 客户年龄和性别：35岁女性。

2. 身高：62英寸（约157.5厘米）。

3. 体重：131磅（约59.55千克）。

4. 体脂百分比为26%，去脂体重百分比为74%。

5. 体脂百分比目标为20%，去脂体重百分比目标为80%。

6. 日均能量摄入量：2 000千卡。

7. 心肺适能水平：低于平均值。

8. 职业：秘书。

步骤

1. 评估客户的体重和身体成分。

2. 评估客户的每日能量摄入量（根据3天或7天的饮食记录）。

3. 根据客户的体脂百分比目标，估算出健康的目标体重。

   a. 目前去脂体重≈96.9磅（131磅×0.74）

   b. 目标体重≈121磅（96.9磅/0.80）

4. 计算实现减重目标所需减少的重量和总能量。

   a. 减重=10磅（131磅-121磅）

   b. 能量不足=35 000千卡（10磅×3 500千卡/磅）

5. 根据以下公式，估算客户的每日能量消耗：能量消耗=静息代谢率+日常活动能量消耗。

   a. 静息代谢率=655.095 5+9.463×（59.55）+1.849 6×（157.5）-4.675 6×（35）≈1 346千卡

   b. 日常体力活动水平：较低，高于基础水平35%（见表9.3）。

      额外的能量消耗=1 346×0.35≈471千卡

   c. 总能量消耗=1 346+471=1 817千卡

6. 计划每天减少500千卡的能量摄入量，并通过运动每天增加200~300千卡的能量消耗来产生每天700~800千卡的能量不足。如需了解不同运动的代谢当量，参考附录E.3。将每千克体重在每分钟消耗的能量，乘以客户运动持续时间和体重，获得客户运动期间的能量消耗。持续坚持执行该方案，直到达成35 000千卡的能量不足目标。在7周多的时间内，客户将减少约10磅体重。平均以每周减少0.5磅的速度循序渐进地进行减重。重估身体成分，并查看是否达到了体脂百分比目标。

7. 促使客户维持饮食和运动方案。

   a. 使用基于新体重数值估算的静息代谢率来计算总能量消耗。

      静息代谢率+日常活动能量消耗+运动能量消耗=总能量消耗

      假设静息代谢率≈1 303千卡（使用哈里斯-本尼迪克特公式代入55千克体重）

      日常活动能量消耗≈456千卡（1 303×0.35）

      运动能量消耗=300千卡

      则总能量消耗=1 303+456+300=2 059千卡

   b. 对于这名女性客户，应建议其在每天坚持运动且每次运动消耗约300千卡的情况下，将每天的能量摄入量增加到2 059千卡。但在未能进行运动的情况下，则必须将能量摄入限制在1 759千卡之内。

第1周	运动=100千卡/天×7天 饮食=500千卡/天×7天	运动小计 饮食小计 第1周总计	= = =	700千卡 3 500千卡 4 200千卡
第2周	运动=150千卡/天×7天 饮食=500千卡/天×7天	运动小计 饮食小计 第2周总计	= = =	1 050千卡 3 500千卡 4 550千卡
第3~4周	运动=200千卡/天×14天 饮食=500千卡/天×14天	运动小计 饮食小计 第3~4周总计	= = =	2 800千卡 7 000千卡 9 800千卡
第5~6周	运动=250千卡/天×14天 饮食=500千卡/天×14天	运动小计 饮食小计 第5~6周总计	= = =	3 500千卡 7 000千卡 10 500千卡
第7周	运动=300千卡/天×7天 饮食=500千卡/天×7天	运动小计 饮食小计 第7周总计	= = =	2 100千卡 3 500千卡 5 600千卡
		总计第1~7周	=	34 650千卡

周至少有5天进行30分钟的中等强度（3~6代谢当量）运动，或每周至少有3天进行20分钟的高强度（>6.0代谢当量）运动（ACSM，2009）。美国健身指南（Howley，2008）同样推荐每周进行150~300分钟的中等强度（3~6代谢当量）运动或进行75~150分钟的高强度运动，或以两者结合的方式进行运动（≥6.0代谢当量）。

对于预防体重增加的人群，美国运动医学会建议每周进行150~250分钟的中等强度运动。然而，国际肥胖研究协会的声明报告指出，每天30分钟的运动量（210分/周）不足以预防体重增加或减重后的体重反弹（Saris et al., 2003）。对于需要维持体重，以及预防不健康的体重增加演变为超重或肥胖的成年人，建议在大多数时间里，最好能够每天进行45~60分钟的中等至高强度运动（体力活动水平=1.7）（Institute of Medicine, 2005；Department of Health and Human Services, 2005；Saris et al., 2003）。对于儿童和青少年，建议每天至少进行60分钟的中等至高强度运动，以保持正常体重以及身体健康和良好的体适能（Department of Health and Human Services, 2007）。

预防体重增加的最佳体力活动水平不同于达到减重和维持减重效果的负能量平衡的最佳体力活动水平。对于进行适度减重（即减重2~3千克）的人群，美国运动医学会（ACSM，2009）建议每周进行150~250分钟的中等强度运动；然而体力活动和减重之间存在着剂量-反应关系，每周超过250分钟的体力活动能带来显著的临床减重效应（3%或更高）（ACSM，2009）。

美国运动医学会已确认，为预防减重后的体重反弹，必须坚持运动。尽管目前针对预防减重后体重反弹的运动量尚未确定，但有一些研究表明，每周运动超过250分钟，能够强化减重后的体重维持效果。美国运动医学会认为，每天以中等强度行走60分钟能够维持减重效果。国际肥胖研究协会同样针对成年人维持减重以及减重效果，在其声明报告中（Saris et al., 2003）建议每天应至少进行60分钟（最好能80~90分钟）的中等强度（2.8~4.3代谢当量）活动和运动（如步行或骑自行车），这样的活动水平和持续时间约等于35分钟的高强度活动（6~10代谢当量或体力活动水平为1.9~2.5）。

表9.4 美国各州针对营养学家和营养师职业规定的政策

州	法规	州	法规
亚拉巴马	向营养学家、营养师发放执照	蒙大拿	向营养师发放执照，营养学家职称保护
阿拉斯加	向营养学家、营养师发放执照	内布拉斯加	向医疗营养治疗师发放执照
亚利桑那	无规定	内华达	向营养学家、持证营养师和注册营养师发放执照
阿肯色	向营养学家发放执照	新罕布什尔	向营养学家发放执照
加利福尼亚	营养学家、注册营养师和注册营养饮食技师职称保护	新泽西	无规定
科罗拉多	无规定	新墨西哥	向营养学家、营养师、营养助手发放执照
康涅狄格	营养学家证书	纽约	营养学家、营养师证书
特拉华	向营养学家、营养师发放执照	北卡罗来纳	向营养学家、营养师发放执照
哥伦比亚特区	向营养学家、营养师发放执照	北达科他	向营养学家、营养师、注册营养师发放执照
佛罗里达	向营养学家、营养师、营养咨询师发放执照	俄亥俄	向营养学家发放执照
佐治亚	向营养学家发放执照	俄克拉荷马	向营养学家发放执照
夏威夷	向营养学家发放执照	俄勒冈	向营养学家发放执照
爱达荷	向营养学家发放执照	宾夕法尼亚	向营养学家、营养师发放执照
伊利诺伊	向营养学家、营养师发放执照	波多黎各	向营养学家、营养师发放执照
印第安纳	营养学家证书	罗得岛	向营养学家、营养师发放执照
艾奥瓦	向营养学家发放执照	南卡罗来纳	向营养学家发放执照
堪萨斯	向营养学家发放执照	南达科他	向营养学家、营养师发放执照
肯塔基	向营养学家发放执照，营养师证书	田纳西	向营养学家、营养师发放执照
路易斯安那	向营养学家发放执照	得克萨斯	营养学家职称保护
缅因	向营养学家、注册营养饮食技师发放执照	犹他	营养学家证书
马里兰	向营养学家、营养师发放执照	佛蒙特	营养学家证书
马萨诸塞	向营养学家、营养师发放执照	弗吉尼亚	营养学家、营养师职称保护
密歇根	待定法规：向营养学家、营养师发放执照	华盛顿	营养学家、营养师证书
明尼苏达	向营养学家、营养师发放执照	西弗吉尼亚	向营养学家发放执照
密西西比	向营养学家发放执照，营养师职称保护	威斯康星	营养学家证书
密苏里	向营养学家发放执照	怀俄明	向营养学家发放执照

表9.5汇总了有益于身体健康、健康减重和体重管理的体力活动和运动建议。具体的减重和体重管理的运动处方主要取决于客户的目标，可根据表9.5所列的信息来制定减重、维持体重和预防体重增加或反弹的运动处方。

表9.5　有益于身体健康、健康减重和体重管理的体力活动和运动建议

目标	强度	持续时间	频率/（天/周）	来源
有益于健康	中等强度[a] 高强度 中等强度 高强度	至少30分钟 20分钟 150~300分/周 75~150分/周	最少5次 最少3次	美国运动医学会和美国心脏协会 美国卫生与公众服务部
减重	中等强度	150~250分/周[c]		美国运动医学会
维持体重和预防体重反弹	中等强度[a]至高强度[b] 中等强度	45~60分钟 150~250分/周	5~7次	国际肥胖研究协会、美国医学研究所和美国卫生与公众服务部 美国运动医学会
预防体重反弹	中等强度 中等强度 高强度 中等强度	60~90分钟 至少60分钟，但最好坚持80~90分钟 至少35分钟 超过250分/周	7次 7次 7次	美国卫生与公众服务部 国际肥胖研究协会 国际肥胖研究协会 美国运动医学会

[a]中等强度：2.8~4.3代谢当量或体力活动水平为1.7。
[b]高强度：6~10代谢当量或体力活动水平为1.9~2.5。
[c]累计运动总持续时间为150分/周，进一步延长至200~250分/周；每周总运动能量消耗≥2 000千卡/周。

运动的益处

本节将针对减重方案中的运动的益处，重点回答一些常见问题。

为什么运动对减重方案十分重要

你需要向客户提出实际的预期，并让他们知道，不对饮食做出调整，只进行运动是无法有效进行减重的。个体间通过运动达到的减重效果差异很大，但一项持续4~6个月的研究表明，以能带来一般健康益处的建议水平（即150分/周）进行运动后，通常仅能减少2千克或更少的体重（Swift et al., 2014）。在进行大量运动后（每次运动能量消耗>500千卡），体重会大幅减轻（12~14周内减轻7%~8%），但这一运动量对于大多数人来说，要么无法坚持，要么根本无法做到（Swift et al., 2014）。既然如此，又为什么要为减重制定运动处方呢？即使不是为了减重，运动也能为身体带来许多益处（见第1章）。例如，特定于儿童和青少年的综述性研究表明，单独进行饮食调整或饮食调整结合运动两种方案所减轻的体重不相上下，但结合运动能够更好地改善高密度脂蛋白、空腹血糖和空腹胰岛素水平（Ho et al., 2013）。此外，即使是未能达到减重效果，运动也能起到改善身体成分的作用。运动还有助于维持或缓解因饮食调整而损失的去脂体重，且对维持饮食调整后的减重效果起着关键作用。

德霍诺瓦兹等人（Drenowatz et al., 2017）在其最近的一项研究中，强调了运动对于长期保持体重的重要性。研究人员对195名在2年内无意改变体重的年轻人进行了跟踪，并每3个月收集一次他们的身体成分和能量消耗测量值。2年后，57%的受试者体重维持良好（体重变化<5%），14%的受试者体重有所减轻（减

少6.9千克），29%的受试者体重增加（增加7.1千克）。3组人群的平均每日总能量消耗和每日总能量摄入均较稳定，但体重减少的群组每天增加了约35分钟的中等至高强度运动，而体重增加的群组却减少了同等时间的运动量。卡泰纳奇等人（Catenacci et al., 2011）利用三轴加速度计，针对成功维持减重效果的群组和超重群组的中等至高度运动量进行了跟踪，并进一步证明了运动对维持健康体重的重要性。超重群组每周仅进行134分钟运动，而维持减重效果的群组每周会坚持进行290分钟的运动。

若干研究表明，即使运动不会显著降低体重，但结合运动的减重方案能够改善身体成分并带来长期的健康益处。对于具有肌肉萎缩风险的老年人，维持去脂体重尤为重要。魏因海默、桑兹和坎普贝尔诺（Weinheimer, Sands & Campbellnure, 2010）对中老年人群的减重研究进行了综述性研究，他们发现，在只进行饮食调整的减重方案中，81%的研究群组在达到减重效果（≥15%）时都以流失大量去脂体重为代价；而相比之下，在结合运动的研究群组中，只有39%出现了大量去脂体重流失。

巴夫洛等人（Pavlou et al., 1985）针对使用快速减重饮食方法的轻度肥胖男性，研究了运动对其去脂体重起到的保护作用。在他们研究中，参与运动的群组在进行饮食调整的同时，还进行了为期8周（3天/周）的步行慢跑方案，而未参与运动的群组只进行了饮食调整。尽管参与运动的群组（减少11.8千克）和未参与运动的群组（减少9.2千克）所减少的体重数值不相上下，但两者所减少的成分却显著不同。参与运动的群组维持了去脂体重（仅减少0.6千克），而未参与运动的群组则流失了大量的去脂体重（减少3.3千克）。此外，参与运动的群组较未参与运动的群组减少了更多的脂肪（前者为11.2千克，后者为

5.9千克），这说明对于未参与运动的群组，其所减轻的体重中仅有64%为脂肪，而参与运动的群组减少的脂肪却达到了95%。因此，研究人员得出结论，饮食方案结合有氧运动能够维持现有去脂体重，并通过增加脂肪利用率来释放能量，因此，与仅调整饮食的方案相比，结合运动能够更好地减少脂肪。

克雷默等人（Kraemer et al., 1999）还对超重男性结合运动和未结合运动的减重饮食方案效果进行了对比。在他们的研究中，仅进行饮食调整的群组未参与运动，而参与运动的群组又分为两组，一组进行了为期12周（3天/周）的有氧运动方案，另一组以相同周期进行了有氧和抗阻训练联合运动方案。在试验结束时，3组人所减少的体重数值相近（9~10千克），但所减少的体重成分显著不同。仅进行饮食调整的群组所减轻的体重只有69%为脂肪，而结合有氧运动的群组为78%的脂肪，结合有氧和抗阻训练运动的群组减少了97%的脂肪。这些结果表明，较单独进行饮食调整的方案，结合有氧运动和抗阻训练能够在保护去脂身体组织的同时，最大限度地减少脂肪。

运动如何促进减脂和保持去脂体重

进行有氧和抗阻训练运动后，生长激素、肾上腺素和去甲肾上腺素的水平均会有所增加。此类激素能够加速消耗体内储存的脂肪，并激活脂肪酶，将甘油三酯分解为游离脂肪酸。随后，身体会代谢掉这些分解的游离脂肪酸，将它们转为重要的能量来源，为有氧运动提供动力。高强度的抗阻训练还会刺激释放如睾酮和生长激素等同化激素，从而帮助合成蛋白质，促进肌肉生长并增加去脂体重（Kraemer et al., 1991）。

良好的心肺适能如何帮助控制体重

个体通过训练提升了心肺适能水平后，其在给定的次最大心率下可完成的工作量也会

随之增加。因此，在给定的运动心率下，相较于那些不太健康的个体，健康、活跃的个体能够更快地消耗能量。例如，心跳在150次/分时，体适能水平较高和非常高的个体，能够消耗的能量速率分别约为10千卡/分和15千卡/分。

在进行高强度的有氧运动期间，乳酸会加速生成，并抑制脂肪酸代谢；但是，耐力训练能够提高乳酸阈（乳酸在血液中急剧增加的拐点）。进行有氧训练的人群，在亚极量运动期间由游离脂肪酸氧化所产生的能量比例，要大于由葡萄糖氧化所产生的能量比例（Coyle, 1995；Mole, Oscai & Holloszy, 1971）；肌糖原利用的减少同样与肌肉内甘油三酯氧化加快有关（Coyle, 1995）。

为消耗建议数量的能量，从而防止减重后体重出现反弹，改善心肺适能（最大摄氧量）很有必要。因此，减重方案应包括心肺适能训练，以便客户能在合理的时间内达到体力活动的目标，从而达到预期的减重效果（Saris et al., 2003）。

运动对静息能量消耗有哪些作用

在减重方案中纳入运动的另一个原因是运动能够积极地影响静息能量消耗。研究表明，通常饮食调整会降低静息代谢率，而运动能够抵消这些影响（Thompson, Manore & Thomas, 1996）。众所周知，静息代谢率下降，会导致饮食调整方案后期的减重效果大打折扣，而静息代谢率之所以会降低，是因为身体为了适应延长的能量限制时间而调整了保留能量代谢（Donahue et al., 1984）。多纳休等人（Donahue et al., 1984）在一项针对12名超重女性进行的研究报告中称，单独的饮食方案会导致相对静息能量消耗（静息能量消耗/体重）下降4.4%，但在方案中纳入为期8周的有氧运动后，相对静息能量消耗增加了5%。运动的实际作用在于抵消了饮食方案引发的代谢调整，并能够将静息能量消耗恢复至调整前的正常水平。

运动后，静息能量消耗也会有所增加，同样也起到了促进减重的作用。中等至高强度的有氧运动能够提高5%~16%的运动后静息能量消耗，且运动提高的静息能量消耗作用可持续12~39小时（Bahr et al., 1987；Bielinski, Schultz & Jequier, 1985；Sjodin et al., 1996）。运动后的静息能量消耗程度主要取决于运动强度和持续时间（Brehm, 1988）。健康男性以70%的最大摄氧量，进行20分钟的自行车运动，能够将静息能量消耗提升5%~14%，且消耗作用可持续12小时（Bahr et al., 1987）。若将这些研究结果应用于老年人或肥胖人群中会起到很大的作用，但目前尚无针对他们进行的此类研究，因此，老年人或肥胖人群运动后的代谢反应是否与年轻男性相似，也就不得而知了。

可穿戴运动监测器是否有助于减重

自我监控能够增强能量平衡的意识，实时连续的信息反馈，能促使一些客户对饮食进行控制，并更有效地进行体力活动。古德等人（Goode et al., 2017）在综述性研究中得出结论，加速度计等可穿戴监测器对体力活动和减重带来的积极影响微乎其微。他们指出，在采取了有效且并非消极控制的减重干预措施时，可穿戴监测器的积极影响就会变得微不足道。但是，这项综述性研究中的多数研究周期为24周或更短，因此难以评估可穿戴监测器的长期有效性。他们建议今后的研究调查在执行减重方案时应结合可穿戴设备。舒杰等人（Shuger et al., 2011）所进行的研究正符合了顾德的建议。他们将197名按照建议运动量，以150分/周进行中等至高强度的超重或肥胖成年人分为4个群组，包括自我指导的减重群组、团体减重的群组、穿戴运动监测器的群组及穿戴运动监测器的团体减重群组。在为期9个月的干预措施结束时，进行团体减重且穿戴运动监测器的群组减重效果为最佳。所有群组的腰围数值都有所减少，且所减少的水平都基本相同。

亚基契奇等人（Jakicic et al., 2016）进行了一项为期2年的随机对照试验，共有471名成年人参与其中。最初的6个月，所有受试者都接受了行为减重干预措施（低能量饮食、运动和团体减重方案），之后受试者被随机分为两组：一组为标准干预群组，使用计算机程序对饮食和运动进行自我监测；另一组为增强干预群组，使用有联网功能的可穿戴跟踪器来监测饮食和运动。在为期24个月的试验结束时，标准干预群组较使用可穿戴技术的增强干预群组减少了更多的体重，前者减少了5.9千克，而后者仅减少了3.5千克。两组受试者在身体成分、体适能、运动和饮食方面的改善都较为相似。因此通过这些研究，能够发现可穿戴设备能在短期内对运动和减重方面起到一定作用，但长期看来，这些设备似乎并不能超越传统减重干预措施。

运动类型

本节将针对与减重方案适用的运动类型进行讨论。

有氧运动的减重效果是否优于抗阻训练

大多数减重方案都会建议进行能量限制（限制饮食）并增加运动量，以使身体处于能量不足的状态中。但有证据表明，减重存在剂量–反应关系，即个体的运动量越大，减重效果也越好。有氧运动（如步行）是减重、减脂和长期控制体重的有效方法（Gordon-Larsen et al., 2009；Nelson & Folta, 2009）。

虽然抗阻训练能够提升肌肉质量和增加静息能量消耗，但这种运动模式并不会带来显著的临床减重效果（约能减少3%的体重），而且就算结合了能量限制，也不会增强减重效果。但抗阻训练结合有氧运动，就能够更有效地减少脂肪（ACSM, 2009）。此外，已证明有氧运动和抗阻训练的结合能够积极地预防体

重增加，并能抑制采用饮食方案减重后有害的内脏脂肪量反弹（Hunter et al., 2010）。

尽管有氧运动在减重和减脂方面更为有效，但抗阻训练能够起到保护去脂体重并提高静息能量消耗的重要作用，特别是对采用饮食调整方案的老年超重人群而言（Avila et al., 2010）。结合这两种运动模式，能在保持静息能量消耗代谢活跃的同时，最大限度地减少脂肪。

对于减重而言，高强度运动是否比轻度至中等强度的运动更为有效

将运动纳入减重方案的一个重要原因是运动能够最大化能量消耗，平衡身体的负能量。减重和减脂效果与每周能量消耗数值正相关（Ross & Janssen, 2001），在能量消耗相同的情况下，低强度运动的总脂肪氧化率要高于高强度运动。仔细查阅选定运动的能量消耗（见附录E.3），就会发现，加快运动速度（强度）只能略微增加能量消耗率（代谢当量）。

例如，体重为56千克的女性将运动速度从慢速（5.0英里/时或12分/英里）调至更快（7.0英里/时或8.5分/英里），而其消耗速率仅会增加3.2千卡/分。在8.5分/英里速度下，该女性消耗了11.5代谢当量［11.5千卡/（千克·分）或10.7千卡/分］，能够坚持的最大化跑步距离为3英里；在这样的情况下，运动持续时间为25.5分钟（8.5分/英里×3英里），总能量消耗为273千卡（25.5分钟×10.7千卡/分）。若她将速度降低至12分/英里，她的相对能量消耗会减少8代谢当量［8千卡/（千克·分）或7.5千卡/分］，但她的跑步最大距离却延长为4英里，且其运动持续时间增加到了48分钟（12分/英里×3英里），总能量消耗亦有所增加（48分钟×7.5千卡/分=360千卡）。因此，在最大化能量消耗方面，相较于运动的速度（强度），运动的持续时间和总里程可能更为重要。

尼克拉斯等人（Nicklas et al., 2009）报告称，超重和肥胖女性在减重和减少腹部脂肪

时，以高强度有氧运动（70%~75%心率储备）和中等强度有氧运动（45%~50%心率储备）分别结合能量限制，所产生的效果均相同。鉴于大多数肥胖人群更喜欢以较慢的速度和低到中等强度进行运动，因此，没有必要将高强度运动纳入减重方案。

哪种有氧运动模式能够最大化减脂效果

巴洛尔和基西（Ballor & Keesey, 1991）针对53项运动带来的体重和体质影响研究进行了元分析。他们报告称：在进行有氧运动的男性中，进行自行车运动的男性平均减少了1.9千克的脂肪（0.11千克/周），进行跑步和行走的男性，平均减少了1.6千克的脂肪（0.12千克/周）；而进行抗阻训练的男性，其体重平均增加了1.2千克，但脂肪量减少了1.0千克；在女性群体中，尽管跑步和行走运动减少的脂肪量（1.3千克）十分显著，但都少于骑自行车所减少的脂肪量。这些研究表明，就减脂而言，所有有氧运动对男性群体的效果相同，但对于女性，跑步和行走的效果不及自行车运动。

局部减重运动是否能有效减少身体局部的体脂

在改变肢体和体围数值或改变身体总成分方面，特定于身体局部的减重运动效果并不会优于一般的有氧运动（Carns et al., 1960; Noland & Kearney, 1978; Roby, 1962; Schade et al., 1962）。卡奇等人（Katch et al., 1984）对为期27天的运动方案（受试者进行了5 004次仰卧起坐）的效果进行了评估，评估对象包括运动后的腹部和臀部以及肩胛下部位的脂肪细胞直径变化。虽然这种局部运动大幅缩小了脂肪细胞直径，但对于腹部、臀肌和肩胛下部位所减少的脂肪量都较为相似，分别为6.4%、5.0%和3.7%，因此，仰卧起坐方案貌似并不能优先减少腹部脂肪。

德普雷等人（Despres et al., 1985）报告称，为期20周的自行车运动方案能够显著降低体脂百分比和体重。自行车运动使躯干皮褶厚度减小了22%，而四肢的皮褶厚度减小了12.5%。如果运动肌群附近的皮下脂肪能够被优先消耗，那么人们就会认为，在自行车运动中，下肢的皮褶厚度所受到的影响应大于躯干皮褶厚度。然而事实恰恰相反，德普雷等人（Despres et al., 1985）的研究表明，髂前上棘皮褶厚度减小了18%，大腿皮褶厚度减小13%。这说明相较于大腿皮下脂肪组织，腹部皮下脂肪组织对儿茶酚胺的脂肪降解作用更为敏感（Smith et al., 1979）。

脂蛋白脂肪酶是造成脂肪积累的罪魁祸首；女性的臀肌区脂蛋白脂肪酶活性高于腹部区域（Litchell & Boberg, 1978），而雌激素和黄体酮似乎还会增强女性的脂蛋白脂肪酶活性。此外，男性和女性的大腿皮下脂肪对儿茶酚胺的脂肪分解反应均低于腹部皮下脂肪（Rebuffe-Scrive, 1985）。

因此，脂肪组织的区域分布和消耗似乎都遵循了生物选择性模式，而并未受到运动类型的影响。即使体重有所减少，相对脂肪分布却仍然会保持着稳定的腰臀比；但是，腰围对大腿的比例会下降，即表示女性大腿部位的脂肪较难消耗（Ashwell et al., 1985）。

此外，上半身抗阻训练似乎也并不能优先减少上臂的皮下脂肪组织。斯特克等人（Kostek et al., 2007）对进行了12周上半身抗阻训练后的手臂进行磁共振成像测量，他们发现皮下脂肪未发生显著变化。这些研究结果均表明，抗阻训练并不会起到局部减重效果。

制定增重方案

遗传在增重效果方面起着重要作用，对于那些天生静息代谢率较高的客户，想要实现增重是十分困难的。在制定增重方案之前，应先确定客户体重不足是否由营养不良有关的疾病或心理障碍（如神经性厌食症）引起。马切多尼奥和邓福德（Macedonio & Dunford, 2009）为参加重量级比赛的运动员，提供了增重方案的详细信息和建议。

尽管个体增加1磅肌肉组织所需的额外能量尚未确定，但已有研究表明，增加1磅肌肉组织至少需要2 800~3 500千卡能量；同减重一样，3 500千卡为理论数值。为了根据个人情况而更准确地估算在特定时间内增加特定体重所需的额外能量，请使用美国国家卫生研究院开发的"体重规划师"程序（见第294~303页的"制定减重方案"）。为达到增重效果，应每天在饮食中增加500~1 000千卡能量，但这样的做法只能增加30%~50%的肌肉，其余部分均为脂肪，因此国际运动营养学会不建议通过高能量饮食来增加肌肉质量（Kreider et al., 2010）。

与减重方案一样，增重的饮食方案同运动方案相辅相成，并应着重于增加去脂体重，而非增加身体脂肪。在增加肌肉质量方面，国际运动营养学会建议每日蛋白质摄入量应保持在1.4~2.0克/千克体重，剂量应平均保持为每天3~4小时摄入0.25克/千克体重（Jäger et al., 2017）。同样，我们强烈建议在规划增重饮食方案时咨询经培训的营养专业人员。在对比客户的个人营养摄入量和建议饮食摄入量时，需要关注的重点问题与减重方案相同（见第295~303页的"减重运动处方"）。以下为需要着重考虑的几个方面：

- 应使用身体成分方法估算健康目标体重和有待增加的去脂体重；
- 与营养专业人员密切合作，确保客户摄入足够的优质蛋白质；
- 制定抗阻训练方案；
- 使用第8章中所述的身体成分评估方法，来跟踪执行增重方案时脂肪量和去脂体重的变化。

增重运动处方指南

- **模式**：抗阻训练。
- **强度**：70%~75%1RM或10~12RM。
- **组数**：无经验者做3组；抗阻训练经验丰富者做3组以上。
- **练习数**：无经验者，为每个肌群选择1~2个练习；抗阻训练经验丰富者，为每个肌群选择3~4个练习。
- **持续时间**：60分钟或更久。
- **频率**：无经验者3天/周；抗阻训练经验丰富者5天/周或6天/周。
- **方案持续时间**：取决于期望增加的体重。
- **休息间歇**：每组之间休息2分钟。

增重运动处方

将抗阻训练纳入增重方案可增加肌肉尺寸。大量的抗阻训练能够最大化增加肌肉尺寸，但在起初，一些客户可能无法承受大量的训练，因此，对于无抗阻训练经验的客户，每次应仅以建议的强度进行3组训练，并应减少各肌群的运动次数以缓慢地开展训练，这样的强度可能已足以增加客户的去脂体重，当然，这仍取决于客户的目标。对于某些客户，可能需要逐步增加运动量，以便进一步增大肌肉尺寸和去脂体重。有关抗阻训练的建议，见本页的"增重运动处方指南"。

制定身体成分改善方案

有一些客户希望在不改变体重的情况下改善身体成分，你可以为他们制定减少体脂、增加去脂体重或两者兼有的运动方案。已有研究表明，定期参加运动能够改善身体成分，且无论针对男性还是女性，有氧运动和抗阻训练都能够行之有效地减小皮褶厚度、体脂重量和体脂百分比。

有关运动和改善身体成分的问题

本节将围绕运动改善身体成分的常见问题进行讨论。

有氧运动会对体脂产生哪些影响

已有大量研究确定了有氧运动对身体成分的积极影响，其中包括自行车、步行、慢跑、跑步和游泳等有氧运动。威尔莫等人（Wilmore et al., 1970）报告称，为期10周的慢跑方案（3天/周）能显著增加久坐男性的身体密度。进行慢跑方案后，他们的总体重有所减少，且去脂体重保持稳定，增加的身体密度几乎可以完全归因于脂肪的减少。波洛克等人（Pollock et al., 1971）也指出，为期20周的步行方案（4天/周）能够减少男性的体脂百分比并降低其总体重。

除了减少总脂肪量之外，有氧运动还能积极促进内脏脂肪组织的减少。如前所述，相较于总脂肪量，内脏脂肪组织更不利于身体健康。已有元分析研究确定了有氧运动能够有效减少内脏脂肪组织，但抗阻训练却不能达到这一效果（Ismail et al., 2012）。

哪种有氧运动模式能够使减脂效果最大化

一项研究以相同的频率、持续时间和强度，对比了自行车、跑步和步行的减重效果（Pollock, Miller, et al., 1975），结论是这3个运动项目都能够显著降低体脂百分比和体重。此外，德普雷等人（Despres et al., 1985）报告称，在进行了20周（4天/周或5天/周）的自行车运动后，久坐男性的体重、体脂百分比和脂肪细胞重量均显著降低。相比之下，最近一项针对高强度间歇训练的元分析研究发现，跑步可有效减少超重和肥胖人群的脂肪量，但自行车运动并不能达到同样的功效（Wewege et al., 2017）。研究人员没有就为什么不同的运动模式会产生不同结果给出明确说明，但他们认为，在以给定的次最大运动负荷进行跑步时，更多的肌群受到带动，从而会消耗更多的能量。尽管跑步的功效最大，但与此同时也会带来更多的伤害，为超重和肥胖客户制定运动方案时应考虑这一因素。

每周应运动多少次才能最大化地减少体脂

运动频率会对身体成分变化的程度产生影响，波洛克、米勒等人（Pollock, Miller et al., 1975）对每周进行2天、3天或4天有氧运动方案的效果进行了比较。即使总里程和能量消耗相同，2天/周的有氧运动也不足以使身体成分出现显著变化。因此，研究人员得出结论，3天/周或4天/周的运动方案能够大幅改善身体成分，且4天/周的方案优于3天/周的方案。

有氧运动的强度对身体成分的变化是否存在影响

欧文等人（Irving et al., 2008）对肥胖女性代谢症候群，在进行了低强度（自感用力度为10~11分）和高强度（自感用力度为12~15分）运动后的内脏脂肪组织和身体成分变化进行了对比。通过计算机技术，他们发现相较于低强度运动，高强度运动能够大幅减少腹部皮下脂肪组织和内脏脂肪组织。他们的报告还指出，在进行固定式自行车间歇运动的群组中（运动强度为最大摄氧量的90%和30%，时间比例为1∶2），高强度运动明显减少了机器人形的脂肪量（0.7），而对维持50%最大峰值摄氧量的群组未产生任何影响，但各训练群组的总能量消耗保持一致（Wallman et al., 2009）。此外，年轻女性在15周的时间里，以每周3天的频率进行间歇训练之后，其总脂肪量、腿部和躯干的皮下脂肪显著减少，幅度大于以相同频率进行恒负荷运动的群组（Trapp et al.）。威韦戈等人（Wewege et al., 2017）最近对这一主题进行了回顾研究和元分析，他们确定间歇训练和中等强度持续训练都能有效地减少脂肪量和腰围，且两种训练模式所产生的效果相同。然而，间歇训练能节省约40%的时间。

抗阻训练对体脂和去脂体重都有哪些影响

尽管抗阻训练可能会增加体重，但它能够积极影响脂肪量、体脂百分比和去脂体重（Ballor & Keesey, 1991）。库尔林恩和考德威尔（Cullinen & Caldwell, 1998）发现，正常体重的女性（19~44岁）在进行中等强度抗阻训练（2天/周，为期12周）之后，去脂体重显著增加（约4.5%），且体脂百分比大幅降低（约8.7%）。在威尔莫（Wilmore, 1974）的研究中，受试者每周进行2天训练，为期10周。在每次训练中，受试者均进行两组8次不同重量的7~9RM训练。其中，男性和女性的身体成分变化相近，且在总体重保持稳定的情况下，男性和女性的去脂体重均得到了显著增加。通过抗阻训练，女性和男性的体脂百分比分别降低了9.6%和10.0%。威尔修斯等人（Velthuis et al., 2009）报告称，久坐的绝经后女性，在进行为期12个月的中等至高强度运动（包括有氧运动和抗阻训练）之后，体重并未发生显著变化。但参与运动的群组，其身体成分均出现了积极变化，且脂肪量、体脂百分比、去脂体重和腰围得到了显著改善。在限制能量期间，配合抗阻训练并摄入高蛋白质［1.8~3.0克/（千克·天）］，可减少去脂体重的流失（Churchward-Venne et al., 2013）。

传统观点认为，抗阻训练可以改善去脂体重，而有氧运动则适合于减少脂肪量；但最近一些研究结果表明，有氧运动配合抗阻训练能够增强减脂效果。一项随机干预研究将久坐的超重和肥胖成年人分为有氧运动群组或结合抗阻训练的有氧运动群组（Sanal, Ardic & Kirac, 2013）。不出所料，在进行为期12周的训练后，结合抗阻训练的有氧运动群组的去脂体重增幅大于只进行有氧运动的群组。结合抗阻训练的有氧运动还能帮助女性更有效地减少腿部脂肪。德霍诺瓦兹等人（Drenowatz et al., 2015）对348名体重指数为20~35千克/米²的年轻人进行了为期一年的跟踪观察。除通过可穿戴设备监测总能量消耗之外，受试者还会自行报告他们正在进行的运动类型，且每3个月对其进行一次身体成分测量。他们观察到的结果与萨纳尔、阿尔蒂克和齐拉克（Sanal, Ardic & Kirac, 2013）的结论相同，抗阻训练对去脂体重和脂肪量都有积极影响，而有氧运动仅能对脂肪量产生影响。此外，对于超重和肥胖受试者群组而言，抗阻训练实际上在减少脂肪量方面的作用还大于有氧运动。

运动如何改善身体成分

有氧运动和抗阻训练之所以能够显著减少脂肪重量和体脂百分比，实际上是人体激素对运动的一种功能反应。运动能够强化生长激素的循环水平，运动1~2小时后，激素水平仍会持续升高（Hartley et al., 1972; Hartley, 1975）。运动还可以刺激肾上腺髓质释放儿茶酚胺，而儿茶酚胺和生长激素都能够消耗体内储存的游离脂肪酸（Hartley, 1975），并在人体处于休息和低强度运动期间，由肌肉将这些游离脂肪酸代谢掉。

通过抗阻训练所增加的去脂体重可归因于肌肉肥大、肌肉蛋白质含量增加或骨密度增加。个体在进行抗阻训练时，血清睾酮和生长激素水平会产生响应并发生变化，从而引起肌肉肥大并增加蛋白质含量。在进行高强度抗阻举重训练后，男性的血清睾酮水平会大幅升高，女性则不会（Fahey et al., 1976; Weiss, Cureton & Thompson, 1983）。男性在进行21分钟的高强度（85%1RM）腿部推举训练后再进行15分钟的训练，生长激素水平会显著增加。然而，即使总运动量和运动时间相等，低强度高重复（28%1RM，每组重复21次）的腿部推举训练也不会显著改变生长激素水平。因此，重复运动的强度和次数，对于释放响应抗阻训练的生长激素起着重要作用（Vanhelder, Radomski & Goode, 1984）。

此外，抗阻训练还会影响年轻（30岁）和老年（62岁）男性的激素分布情况（Kraemer, Häkkinenet al., 1999）。在进行了为期10周的强化力量–爆发力训练之后，年轻男性休息时和响应抗阻训练时的游离睾酮水平显著升高。在训练后，年轻男性的胰岛素样生长因子结合蛋白–3的静息水平也有所增加。对年龄较大的男性来说，训练显著增加了响应抗阻训练的总睾酮激素，并大大降低了静息皮质醇水平。

运动引起的身体成分变化是否会受到基因的影响

劳厄等人（Raue et al., 2012）比较了年轻人（24岁）和老年人（84岁）响应抗阻训练且诱发生长的基因组。他们确定地指出，年龄会影响骨骼肌对抗阻训练的基因响应，且此类基因均与肌肉的尺寸和力量增益息息相关。这些发现部分解释了个体间的肌肉肥大差异以及抗阻训练带来的去脂体重差异。

研究表明，基因型和等位基因均与肥胖风险有关。等位基因指在特定染色体上占据特定位置的一对或一组基因的其中之一。那些具有肥胖相关基因型和风险等位基因（A/A）的个体，其肥胖风险是那些没有A/A等位基因个体的1.67倍。兰基宁等人（Rankinen et al., 2010）报告称，肥胖相关基因型与响应有氧运动的体脂含量具有关联。具有肥胖风险等位基因的个体很难减少过多的脂肪，相较于具有C等位基因的个体，他们脂肪的减少量和体脂百分比下降量可能少3/4。这一发现即说明了肥胖相关基因型等位基因催生超重和肥胖体形的机制。最近，里昂斯卡–杜聂科等人（Leonska-Duniec et al., 2017）证实了肥胖相关基因型与增加体重指数之间的关系。但是，尽管在进行了为期12周的运动方案后，体重指数、基础代谢率、脂肪量、去脂体重、高密度脂蛋白和葡萄糖均发生了变化，然而对于此类变量，具有风险等位基因的肥胖相关基因型基因与所有运动之间，并不存在任何相互作用。相较于兰基宁等人（Rankinen et al., 2010）的研究，这一发现表明即使是对于那些具有肥胖遗传体质的人群，运动仍可以有效地改变身体成分和肥胖特征。

改善身体成分的运动处方

很明显，有氧运动和抗阻训练都能够改善身体成分。但对于未进行饮食调整的个体而言，结合两种类型的运动是改善身体成分的最有效方式（Dolezal & Potteiger, 1998）。在制定改善身体成分的运动方案时，应遵循减脂和增加去脂体重的运动处方指南。在改善身体成分的运动方案中，应纳入能够减少身体脂的有氧运动以及增加去脂体重的抗阻训练。见本页的"减脂运动处方指南"和第308页的"增加去脂体重的运动处方指南"。

减脂运动处方指南

- 目标：减脂。
- 模式：A类和B类运动（见第5章有氧运动模式分类）。
- 强度：中等到高强度（自感用力度为10~15分）或间歇训练。
- 持续时间：30~45分钟。
- 频率：至少3天/周。
- 持续时间：至少8周。

增加去脂体重的运动处方指南

- 目标：增加去脂体重并减少体脂。
- 模式：动态抗阻训练。
- 强度：70%~85%1RM。
- 重复次数：6~12次。

- 组数：3组。
- 频率：至少3天/周。
- 持续时间：至少8周。

本章回顾

关键知识点

▶ 肥胖是指身体中脂肪过多，会增加健康风险。

▶ 肥胖体形分为两种：上半身（机器人形）或下半身（梨形）。

▶ 成年人体内的脂肪细胞数量主要取决于儿童期和青春期；但最近的研究表明，成年人某些身体部位可能会因过度进食而出现脂肪细胞增生。

▶ 体力活动水平低会引发肥胖。

▶ 身体成分方法能够用于有效估算健康体重。

▶ 健身专业人员在制定减重和增重方案时，应咨询营养专业人员。

▶ 有效的减重方案能够通过限制能量摄入以及增加体力活动和运动实现负能量平衡；而有效的增重方案能够通过增加能量摄入实现正能量平衡。

▶ 在减重方案中，因能量限制和大量运动而减少的日常能量不应超过1 000千卡；在增重方案中，日常能量摄入量应大于身体所需的能量，但不应超过500千卡。

▶ 在饮食调整方案中纳入有氧运动和抗阻训练组合，是行之有效的减脂方法，能在最大化减少脂肪的同时保持去脂体重。

▶ 预防体重增加的最佳体力活动水平，不同于减重及维持减重效果的负能量平衡所需的最佳体力活动水平。

▶ 对于增重方案，抗阻训练能够确保大部分体重增益均为去脂体重。

▶ 有氧运动和抗阻训练能够在不改变体重的情况下有效地改善身体成分。

重要术语

请学习以下重要术语的定义，相关定义可在术语表中查找。

等位基因（Allele）

男性型肥胖（Android Obesity）

神经性厌食症（Anorexia Nervosa）

基础代谢率（Basal Metabolic Rate, BMR）

饮食产热（Dietary Thermogenesis）

运动性活动产热（Exercise Activity Thermo-genesis, EAT）

析因法（Factorial Method）

女性型肥胖（Gynoid Obesity）

健康体重（Healthy Body Weight）

增生（Hyperplasia）

肥大（Hypertrophy）

千卡（Kilocalorie, kcal）

下半身肥胖（Lower Body Obesity）

负能量平衡（Negative Energy Balance）

非运动性活动产热（Non-Exercise Activity Ther-mogenesis, NEAT）

肥胖（Obesity）

超重（Overweight）

体力活动水平（Physical Activity Level, PAL）

正能量平衡（Positive Energy Balance）

静息能量消耗（Resting Energy Expenditure, REE）

静息代谢率（Resting Metabolic Rate, RMR）

皮下脂肪组织（Subcutaneous Adipose Tissue, SAT）

总能量消耗（Total Energy Expenditure, TEE）

总能量消耗方法（Total Energy Expenditure Method）

体重不足（Underweight）

上半身肥胖（Upper Body Obesity）

内脏脂肪组织（Visceral Adipose Tissue, VAT）

问题回顾

除了能够对上面列出的重要术语进行定义，请回答以下问题来巩固并加深自己对本章内容的理解。

1. 请使用体重指数来计算肥胖、超重，健康体重和体重不足的临界值。

2. 如何测定客户的健康体重？

3. 列举典型减重方案中，每天应保持的最低能量摄入量和应减少的最高能量（即负能量平衡）。

4. 减少日常能量的最佳方法是什么？

5. 解释为什么两个个体在保持相同饮食的情况下，体形较大、体重较重的人相较于体形较小、体重较轻的人能够更快地达到减重目的。

6. 为什么运动是减重和增重方案中必不可少的组成部分？

7. 列举两种估算客户能量需求的方法。

8. 陈述有益于健康、减重、维持体重和预防体重反弹的最佳体力活动水平（包括强度、持续时间和频率）。

9. 假设一名50岁女性教授，体重为68千克，身高5英尺5英寸，每周5天会骑自行车往返于大学，骑行共计60分钟，请估算该名教授的日常能量摄入量。

10. 列举减重和增重方案的基本运动处方。

第10章

评估柔韧性

关键问题

▶ 静态及动态柔韧性之间有什么区别？

▶ 有哪些因素会影响柔韧性？如何评估柔韧性？

▶ 柔韧性的间接测量方法是否具备效度及信度？

▶ 柔韧性测试的通用指南有哪些？

▶ 可以用什么测试来评估老年人的柔韧性？

▶ 如何测试客户的腰椎稳定性？

柔韧性是一种健康适能，非常重要，但往往被忽视。为了维持日常生活活动的功能独立性及表现水平，如弯腰去拿报纸或从双门轿车的后座下车，柔韧性都需要达到一定的水平。多年来，由于人们长期认为柔韧性不足与肌肉骨骼损伤和腰痛有关，因此将柔韧性测试纳入了大多数与健康相关的适能测试系列。然而，与其他体适能的研究相比，很少有研究能够证实柔韧性对健康适能的重要性。

虽然有研究表明，相较于其他个体而言，柔韧性过低（关节强直）或过高（活动过度）的个体出现肌肉骨骼损伤的风险更高（Jones & Knapik, 1999），但有限的证据表明，如果柔韧性超过了正常水平，实际上能够降低损伤风险（Knudson, Magnusson & McHugh, 2000）。此外，研究结果并未证实腰椎或腘绳肌柔韧性与腰背痛之间的关系（Jackson et al., 1998; Kuukkanen & Malkia, 2000; Stutchfield & Coleman, 2006）。尽管如此，还是应将柔韧性纳入健康适能测试系列，以确定可能存在的极端情况，如更高的腘绳肌损伤风险。

本章介绍了评估柔韧性的直接及间接方法、柔韧性测试指南，以及常用的柔韧性测试标准。

柔韧性基础

柔韧性和关节稳定性在很大程度上取决于关节结构，以及横跨关节的韧带和肌肉的强度与数量。为了充分理解柔韧性的复杂性，我们应该回顾关节和肌肉的解剖结构。本节探讨了柔韧性的定义及性质，并介绍了影响关节活动度的因素。

柔韧性的定义与性质

柔韧性指一个关节或一系列关节在全关节活动度（ROM）内移动而不受伤的能力。静态柔韧性用于衡量关节活动总范围，其受限于肌肉肌腱单元的延展性。动态柔韧性是对在全关节活动度内拉伸时产生扭矩或阻力速率的度量。尽管有研究表明，静态柔韧性差异的44%~66%可由动态柔韧性解释（Magnusson et al., 1997；McHugh et al., 1998），但仍需要更多的研究来进一步建立静态及动态柔韧性之间的关系，并确定这两类柔韧性是不同的独立存在体，还是柔韧性的两个方面（Knudson et al., 2000）。

关节活动度具有高度的关节特性（即特异性原则），并取决于形态因素，如关节几何结构及横跨关节的关节囊、韧带、肌腱和肌肉。关节结构决定了运动平面，并可能限制关节活动度。与无轴关节、单轴关节或双轴关节相比，三轴关节（如髋部、肩部的球窝关节）在更多方向上有更大的活动度（见表10.1）。

表10.1　以结构及功能为标准的关节分类

关节类型	旋转轴	运动	示例
滑动	无轴	滑动、扭转	腕骨间关节、跗间关节、跗跖关节
屈戌	单轴	屈曲、伸展	膝关节、肘关节、踝关节、指间关节
车轴	单轴	内旋及外旋	桡尺近侧关节，寰枢关节
髁状和鞍状	双轴	屈曲、伸展、外展、内收、环转	腕关节、寰枕关节、掌指关节、第一腕掌关节
球窝	三轴	屈曲、伸展、外展、内收、环转、旋转	髋关节、肩关节

肌肉、肌腱和韧带等软组织结构紧张是静态及动态柔韧性的主要限制因素。约翰斯和赖特（Johns & Wright, 1962）确定了下列软组织对关节在运动过程中遇到的总抗阻的相对重要性。

- 关节囊：47%。
- 肌肉及其筋膜：41%。
- 肌腱和韧带：10%。
- 皮肤：2%。

关节囊及韧带主要由胶原组成，这是一种无弹性的结缔组织。然而，肌肉及其筋膜是弹性结缔组织。因此，在减少运动抗阻及提高动态柔韧性方面，这些结构发挥了重要作用。

肌肉肌腱单元内的张力会影响静态柔韧性（关节活动度）及动态柔韧性（僵硬或运动抗阻）。该单元内的张力归因于结缔组织的黏弹性及由牵张反射引起的肌肉收缩程度（McHugh et al., 1992）。柔韧性较低、肌肉与肌腱较紧的个体在拉伸运动中会有更大的收缩反应，对拉伸的抗阻也会更大。肌肉肌腱单元在拉伸过程中的弹性形变与施加的负荷或张力成正比，而黏性形变与施加张力的速度成正比。当肌肉和肌腱拉伸并保持在固定的长度（如在静态拉伸过程中）时，肌肉肌腱单元内的张力或拉伸应力会随着时间的增加而降低（McHugh et al., 1992）。这称为应力松弛。持续90秒的单次静态拉伸可使黏弹性应力松弛增加30%，并在1小时内缓解肌肉紧张（Magnusson, 1998）。

关于拉伸黏弹性效应的研究清楚地表明，关节活动度的增加与被动拉伸时抗阻的降低有关（McHugh & CosGrave, 2010）。然而，静态拉伸的短期与长期效果取决于拉伸的总持续时间。2分钟或更短的拉伸时间对肌肉紧张没有长期的影响；持续拉伸4分钟对被动拉伸抗阻的影响，有50%会在10分钟内消失；持续拉伸8分钟的影响，有50%会在30分钟内消失（McHugh & CosGrave, 2010）。中村等人（Nakamura et al., 2011）报告称，5分钟的静态拉伸缓解了肌肉肌腱单元的紧张，同时这种效果在静态拉伸后至少持续了10分钟。赫尔达等人（Herda et al., 2011）指出，静态拉伸的类型会对肌肉肌腱单元的紧张造成影响，恒定张力静态拉伸比恒定角度静态拉伸能更有效地缓解肌肉肌腱单元的紧张。然而，两种形式的静态拉伸在关节活动度上带来了相似程度的改善，强度也有相似程度的下降。

迄今为止，一些研究已经考虑到了动态拉伸对被动肌肉僵硬的急性影响（Chen et al., 2015；Herda, 2013；Mizuno & Uemura, 2016；Samukawa et al., 2011）。所有研究都提出了相似的发现，在动态拉伸之后，关节活动度有所增加，但是在探讨如何增加关节活动度方面，还存在一些争论。寒川等人（Samukawa et al., 2011）报告称，动态拉伸延长了肌肉肌腱连接处的位移。相比之下，水野和上村（Mizuno & Uemura, 2016）报告称，踝关节活动度增加了，但肌肉肌腱连接处没有发生位移，肌肉肌腱单元的被动力学特性（如僵硬程度）也保持不变。理论上，他们认为，伴随动态拉伸而增加的关节活动度可能源于拉伸耐受性的强化。然而，赫尔达等人（Herda et al., 2013）报告称，动态拉伸膝屈肌2分钟后，其被动拉伸抗阻扭矩及僵硬的程度会有所降低。陈等人（Chen et al., 2015）还报告称，与静态拉伸组和对照组相比，在被动直腿抬高能力有限的年轻男性样本中，动态拉伸组的腘绳肌僵硬程度明显降低。

此外，马耶等人（Mahieu et al., 2007）报道称，6周静态拉伸和弹震拉伸方案对被动拉伸抗阻扭矩及跟腱僵硬程度有不同的影响。两种拉伸方式都增加了踝关节的背屈活动度。静态拉伸明显降低了小腿肌肉的被动拉伸抗阻扭矩，但对跟腱僵硬程度没有影响，而弹震拉伸则相反——使跟腱僵硬程度降低，但对足底屈肌的被动拉伸抗阻扭矩没有影响。

柔韧性的影响因素

柔韧性与体形、年龄、性别以及体力活动水平有关。本节将探讨一些关于柔韧性的常见问题。

体形是否会影响柔韧性

肌肉发达或皮下脂肪过多的人在关节活动度测试中可能得分较低，因为这些人相邻身体部位相互接触的速度要比那些肢体和躯干围长较小的人更快。然而，这并不一定意味着所有肌肉发达或肥胖的人都有较差的柔韧性。许多经常拉伸肌肉的健美运动员和肥胖者都有足够的柔韧性。

为什么老年人的柔韧性不如年轻人

与具备较好柔韧性的年轻个体相比，缺乏柔韧性和年龄较大的个体，其肌肉的僵硬程度会有所增加，同时拉伸耐受力较低（Magnusson, 1998）。随着肌肉僵硬程度的增加，静态柔韧性随着年龄的增长而逐渐降低（Brown & Miller, 1998；Gajdosik, Vander Linden & Williams, 1999）。一个人随着年龄增长失去柔韧性的主要原因在于体力活动的减少及关节炎的发展，而不是年龄增长的特定影响。尽管如此，柔韧性训练有助于抵消与年龄相关的关节活动度下降。吉鲁阿尔和赫尔利（Girouard & Hurley, 1995）报告称，经过10周的柔韧性训练，老年男性（50~69岁）的肩关节和髋关节活动度有显著改善。因此，老年人可以从柔韧性训练中获益，应该鼓励他们每周至少进行两次伸展运动，以抵消与年龄相关的关节活动度下降（Garber et al., 2011；Tremblay et al., 2011）。

女性的柔韧性比男性好吗

一些证据表明，在所有年龄段，女性通常比男性更灵活（Alter, 2004；Payne et al., 2000）。女性的柔韧性更好通常归因于骨盆结构以及激素上的性别差异，这些因素可能会影响结缔组织的松弛度（Alter, 2004）。艾利森等人（Allison et al., 2015）最近比较了美国军人的肌肉骨骼、生物力学以及生理性别差异。女性士兵在肩关节伸展、外展、外旋，以及髋关节伸展和膝关节屈曲方面的表现明显优于男性士兵。研究还发现，女性比男性有着更好的腘绳肌柔韧性以及更少的后肩紧张。在肩关节屈曲和内旋、髋关节屈曲、躯干扭转和小腿柔韧性方面没有显著的性别差异。

运动与不运动对柔韧性有什么影响

与性别、年龄和体形相比，习惯性运动模式以及体力活动水平显然是柔韧性更重要的决定因素（Harris, 1969; Kirby et al., 1981）。体力活动的缺乏是导致身体僵硬的主要原因。据充分信息表明，体力活动水平较低的人往往不如体力活动水平较高的人灵活（McCue, 1953），运动会改善柔韧性（Chapman, Devries & Swezey, 1972; Devries, 1962; Hartley-O'Brien, 1980）。缺乏体力活动或制动会导致肌肉及结缔组织的缩短（即挛缩），从而限制关节活动度。

由于肌肉组织会收缩及缩短，重复地移动关节和肌肉或保持习惯性的身体姿势可能会限制关节活动度。例如，慢跑者与长时间坐在办公桌后面的个体更需要伸展腘绳肌及腰背部肌肉，以抵消这些肌群中产生的张力。

热身会影响柔韧性吗

虽然主动热身运动，如散步、慢跑和爬楼梯可以提高肌肉温度，降低肌肉的僵硬程度，但不会增加关节活动度（deWeijer, Gorniak & Shamus, 2003; Shrier & Gossal, 2000）。接受主动和被动热身方案的女子跆拳道运动员，踝关节背屈活动度并没有增加，但静态拉伸组的运动员的踝关节背屈活动度有所增加（Nuri, Ghotbi & Faghihzadeh, 2013）。拉伸与主动热身的结合对被动拉伸抗阻的影响尚未得到广泛的研究。然而，一些研究表明，与单独拉伸相比，主动热身与静态或动态拉伸的结合能更有效地增加腘绳肌的长度（deWeijer, Gorniak & Shamus, 2003），增加关节活动度（Murphy et al., 2010; Perrier, Pavol & Hoffman, 2011; Shrier & Gossal, 2000），以及降低被动拉伸抗阻（Magnusson et al., 2000）。事实上，墨菲等人（Murphy et al., 2010）报告称，与单独静态拉伸或静态拉伸前跑步10分钟相比，静态拉伸前后跑步5分钟更能增加髋关节屈曲活动度，而且活动度的改善将持续30分钟。

你能提高太多的柔韧性吗

重要的是，我们需要认识到过量的拉伸和柔韧性训练可能导致运动过度或关节活动度的增加超过正常的、可接受的数值。运动过度会导致关节松弛（松散或不稳定），同时可能增加肌肉骨骼损伤的风险。例如，体操运动员和游泳运动员由于关节松弛及运动过度而发生肩关节脱位的情况并不罕见。作为一名运动专业人员，你需要准确地评估关节活动度，并在不影响关节稳定性的情况下，制定提高客户柔韧性的拉伸方案。

柔韧性评估

现场及临床试验可用于评估静态柔韧性。虽然关节活动度的数据很重要，但动态柔韧性（即关节强直程度与运动抗阻）的测量在体育表现方面可能更为均衡。动态柔韧性测试旨在测量肌肉伸长过程中抗阻的增加。几项研究表明，在涉及伸展–收缩周期的运动中，不那么僵硬的肌肉能够更有效地利用弹性能量（Kubo et al., 2000; Kubo, Kawakami & Fukunaga, 1999）。然而，由于器材昂贵，动态柔韧性测试仅限于研究环境。通常，静态柔韧性是通过直接或间接测量在现场及临床环境中关节的活动度来进行评估的。

静态柔韧性的直接测量方法

如需直接评估静态柔韧性，即测量关节的旋转度，应使用测角仪、电测角仪、挠度计或测斜仪。以下内容描述了这些测试的流程。

万能测角仪和数字测角仪的测试流程

万能测角仪是一种类似于量角器的装置，由两个钢臂或塑料臂来测量关节活动的最大角度（见图10.1）。测角仪的固定臂固定于量角器的零度线上，另一臂可移动。如需使用测角仪，应将测角仪的中心置于与关节的支点或旋转轴重合的位置。沿着可移动部位的纵轴，将测角仪的臂与骨性标志对齐。在两个关节活动末端测得的关节角度之差即为关节活动度测量值。

现在很容易就能买到便宜的数字测角仪（见图 10.2）。虽然测试过程与万能测角仪相同，但是该设备直接提供了关节活动度的数值，而不需要专业人员从量角器的刻度盘读取

结果。当 5 名治疗师测量 6 个客户的 5 个关节运动时，在万能测角仪和数字测角仪之间没有发现显著差异（Carey et al., 2010）。他们所得的结论为，数字测角仪在测量关节活动度时具有可接受的标准相关效度，其内部及一致信度与万能测角仪相当。此外，数字测角仪读数出错的可能性更小。

柔韧性测试通用指南

为了评估客户的柔韧性，应该选择一些测试项目，因为柔韧性具有高度的特异性（Dickinson, 1968; Harris, 1969）。直接测试所测量的关节旋转角度的范围和间接测试所测量的静态柔韧性等级相比，前者更为实用。在进行这些测试时，应进行以下工作：

- 让客户在测试前进行常规热身，然后进行静态拉伸，避免快速、剧烈的运动和超出关节运动无痛范围的拉伸；
- 每个测试方案进行 3 次试验；
- 将客户的最佳得分与相应的标准进行比较，以获得每个测试项目的柔韧性评分；
- 使用测试结果来辨别需要改善的关节与肌群。

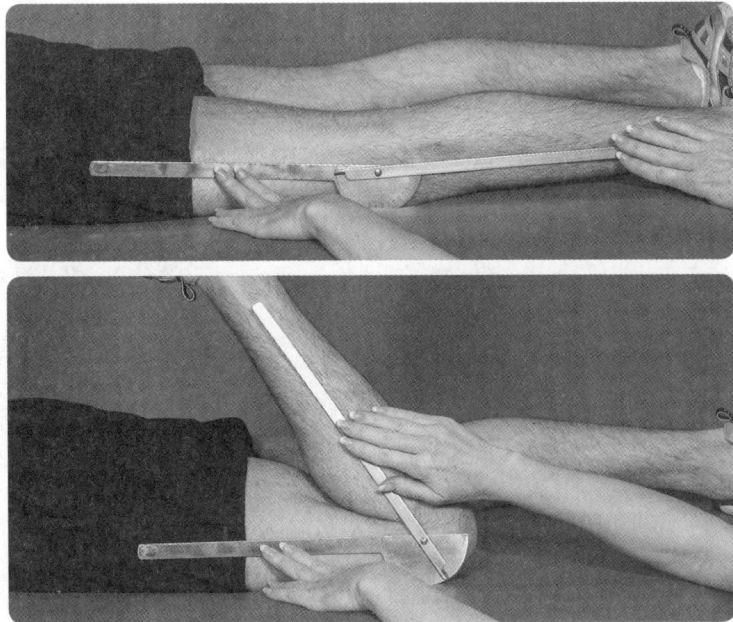

图 10.1　采用万能测角仪测量膝关节活动度

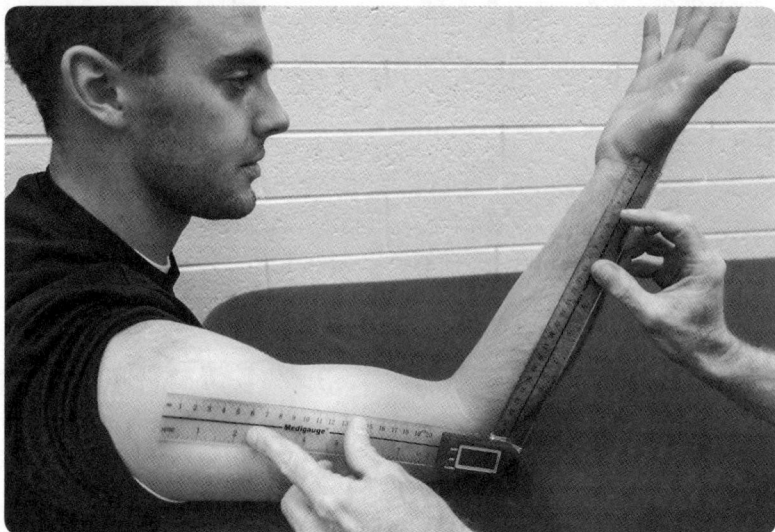

图10.2 用数字测角仪测量肘关节活动度

[由戴尔·R.瓦格纳（Dale R. Wagner）提供。]

表10.2总结了使用万能测角仪测量各个关节活动度的流程。美国运动医学会建议使用测角仪精确测量关节活动度。有关这些流程的详细说明，见格林和赫克曼（Greene & Heckman, 1994）以及诺尔金和怀特（Norkin & White, 1995）的报告。表10.3给出了健康成年人的关节活动度的平均值。

电测角仪测试流程

电测角仪由位于两个端块之间的一个或两个电位计或应变计组成。一个端块放置在固定的身体部位上，另一个端块放在可移动的身体部位上。用双面胶带将端块贴在皮肤上。电位计的软电缆中心应置于关节中心的上方（见图10.3）。一旦就位，客户只需移动肢体，电位计输出的电压便会随关节角度的变化而变化。可使用不同尺寸的电测角仪，以适应被测人员的关节尺寸。

与万能测角仪和数字测角仪相比，电测角仪有3个优点。第一，电测角仪很灵活，不像万能测角仪及数字测角仪。第二，由于测量过程中，技术人员不必用手测量，因而使用更方便。第三，利用双通道电测角仪，可以同时在两个平面上进行测量。例如，可以同时测量手腕的屈曲和伸展及桡侧和尺侧偏离。一些研究人员根据运动分析对电测角仪进行了评估，并得出结论，它们在测量关节活动度方面有较高的效度与信度（Bronner, Agraharasamakalam & Ojofetimi, 2010；Urwin et al., 2013）。

研究人员正在使用穿戴式测角仪进行实验，以便在客户完成日常活动时实时测量关节角度。托涅蒂等人（Tognetti et al., 2014, 2015）描述了一种织物测角仪，其电绝缘层夹在两层针织压阻织物之间，以测量两层之间的电阻差。当传感器平坦时，电阻差为零，但当传感器屈曲时，电阻差与屈曲角度成正比。织物测角仪与三轴加速度计相结合，以提供动态关节活动度数据（Tognetti et al., 2015）。

表10.2 使用万能测角仪测量各个关节活动度的流程

部位	身体姿势	旋转轴	固定臂	移动臂	稳定面	注意事项
			测角仪位置			
肩关节						
伸展	俯卧	肩峰	腋中线	肱骨外上髁	肩胛骨与胸腔	肘关节略微屈曲，手掌朝向身体
屈曲	仰卧	与伸展相同	与伸展相同	与伸展相同	肩胛骨与胸腔	手掌朝向身体
外展	仰卧	肩峰前轴	胸骨前侧面中线	肱骨内侧中线	肩胛骨与胸腔	手掌朝前；肱骨横向旋转
内/外旋	仰卧	鹰嘴	垂直于地板	尺骨茎突	肱骨和肩胛骨远端	手臂外展90度；前臂与支撑面垂直，处于内旋外旋中立位；肱骨靠在垫子上，与肩峰平齐
肘关节						
屈曲	仰卧	肱骨外上髁	肱骨外侧中线	桡骨头外侧中线与茎突	肱骨远端	手臂靠近身体；垫子放在肱骨远端下方；前臂完全仰卧
桡尺关节						
旋前	坐式	尺骨茎突外侧	与肱骨前中线平行	位于前臂背侧面，靠近桡骨和尺骨茎突	肱骨远端	手臂靠近身体，肘关节屈曲90度；前臂处于旋前旋后中立位（拇指朝向天花板）
旋后	坐式	尺骨茎突内侧	与肱骨前中线平行	位于前臂腹侧面，靠近桡骨和尺骨茎突	肱骨远端	测试位置与前臂旋前相同
腕关节						
屈曲与伸展	坐式	腕部外侧面，三角骨之上	尺骨外侧中线，以鹰嘴和尺骨茎突为参照	第5掌骨外侧中线	桡骨和尺骨	客户坐在支撑面旁边，肩关节外展90度，肘关节屈曲90度；前臂处于旋前旋后中立位；掌心对着地面；前臂靠在支撑面上；手可以自由移动
桡侧与尺侧偏离	坐式	腕部背侧面中部，头状骨之上	前臂背中线，将肱骨外上髁作为参考	第3掌骨背侧中线	桡骨和尺骨远端	与腕关节屈曲相同
髋关节						
屈曲与伸展	仰卧俯卧	髋关节侧面，以大转子为参照	骨盆外侧中线	股骨外侧中线，以外侧上髁为参考	骨盆	随着髋关节屈曲范围的完成，膝关节可以屈曲

视频
10.1

续表

			测角仪位置			
部位	身体姿势	旋转轴	固定臂	移动臂	稳定面	注意事项
髋关节						
外展与内收	仰卧	以髂前上棘为中心	在髂前上棘间水平对齐手臂和假想线	股骨前中线，以髌骨中线为参考	骨盆	外展时，膝关节伸展
内旋与外旋	坐式	位于髌骨前部	垂直于地板	小腿前中线，以胫骨头及踝关节中点为参考	股骨远端；避免骨盆扭转及横向倾斜	客户坐在支撑面上，膝关节屈曲90度；将毛巾卷放在股骨远端下方；对侧膝关节可能需要屈曲，以便待测量髋关节能够完成全范围的横向旋转
膝关节						
屈曲	仰卧	股骨外上髁上方	股骨外侧中线，以大转子为参照	腓骨外侧中线，以外踝和腓骨头为参照	股骨负责防止扭转、外展和内收	当膝关节屈曲时，髋关节也会屈曲
踝关节						
背屈与跖屈	坐式	外踝外侧面	腓骨外侧中线，以腓骨头为参照	与第5跖骨侧面平行	胫腓骨	客户坐在检查台的末端，膝关节屈曲，踝关节屈曲90度
距下关节						
内翻与外翻	坐式	位于踝关节中间前部	小腿前中线，以胫骨结节为参考	第2跖骨前中线	胫腓骨	客户坐着，膝关节屈曲90度，小腿超过支撑面边缘
腰椎						
侧屈	站式	位于S1棘突后部	垂直于地面	C7棘突后侧面	骨盆负责防止横向倾斜	客户站直，脊柱在0度范围内屈曲、伸展和扭转
扭转	坐式	以客户头部上方为中心	与髂嵴结节间的假想线平行	两个肩峰之间的假想线	骨盆负责防止扭转	客户保持双脚平放在地板上，以稳定骨盆

视频
10.2

视频
10.3

挠度计测试流程

Leighton挠度计（见图10.4）是另一种能够测量关节活动度的工具。该装置由一个加重刻度盘（360度）和一个加重指针组成。根据重力对刻度盘和指针向下的拉力来测量关节活动度。如需使用此设备，应将仪器绑在被测的身体部位上，并在关节活动度的一端将刻度盘锁定在0度处。在客户进行运动后，将指针锁定在关节活动度的另一端。直接从刻度盘读取运动所经过的弧度。已经制定了通过Leighton挠度计测量颈部、躯干、肩关节、肘关节、桡尺关节、腕关节、髋关节、膝关节和踝关节活动度的测试（Hubley-Kozey, 1991; Leighton, 1955）。

表10.3　健康成年人的关节活动度平均值

关节	关节活动度/度	关节	关节活动度/度
肩关节		**胸腰椎**	
屈曲	150~180	屈曲	60~80
伸展	50~60	伸展	20~30
外展	180	外展	25~35
内旋	70~90	扭转	30~45
外旋	90	**髋关节**	
肘关节		屈曲	100~120
屈曲	140~150	伸展	30
伸展	0	外展	40~45
桡尺关节		内收	20~30
旋前	80	内旋	40~45
旋后	80	外旋	45~50
腕关节		**膝关节**	
屈曲	60~80	屈曲	135~150
伸展	60~80	伸展	0~10
桡侧偏离	20	**踝关节**	
尺侧偏离	30	背屈	20
颈椎		跖屈	40~45
屈曲	45~60	**距下关节**	
伸展	45~75	内翻	30~35
侧屈	45	外翻	15~20
扭转	60~80		

（源自：Greene and Heckman, 1994; American Medical Association, 1988.）

测斜仪测试流程

视频 10.4

测斜仪是另一种与重力相关的测角仪（见图10.5）。如需使用此装置，请将其固定在身体部位的远端。测斜仪测量移动部位长轴与重力线之间的角度。该装置比挠度计和万能测角仪更容易使用，因为在测量过程中，可以用手将其固定于运动的身体部位上，不必与特定的骨性标志对齐。美国医学协会（American Medical Association, 1988）推荐采用两个测斜仪的双重测斜仪技术，来测量脊柱的关节活动度（见图10.5）。

和测角仪一样，现在普遍使用数字测斜仪，可以减少读数误差。

直接测量的效度与信度

这些直接测量关节活动度的设备的效度及信度，在很大程度上受被测关节的特异性和技术人员的技能影响。X射线摄影术被认为是确定测角仪测量效度的最佳参考方法。研究结果表明，X射线照片与万能测角仪所测得的髋关节及膝关节活动度数值具有很高的一致性（Ahlback & Lindahl, 1964；Enwemeka, 1986）。迈耶、滕瑟尔和克里斯托弗松（Mayer, Tencer & Kristoferson, 1984）报告，在评估腰背痛客户的脊柱的关节活动度方面，X射线摄影术和双重测斜仪技术的测量结果没有显著差异。

采用测角仪测量时，测试者内及测试者间信度取决于辨别旋转轴和触诊骨性标志的难度。上肢关节活动度的测量信度通常优于下肢关节（Norkin & White, 1995）。一般情况下，测斜仪能准确测量大多数关节的活动度；然而，测斜仪测量时，测试者间信度具有可变性和关节特异性。研究报告的信度系数范围从腰椎伸展的0.48（Williams, Binkley et al., 1993）到距下关节位置的0.96（Sell et al., 1994）。此

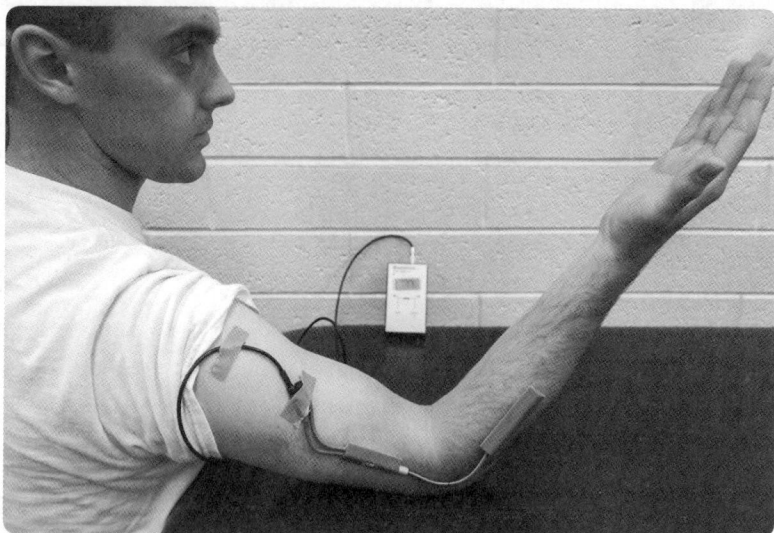

图10.3 用电测角仪测量肘关节活动度

[由戴尔·R.瓦格纳（Dale R. Wagner）提供。]

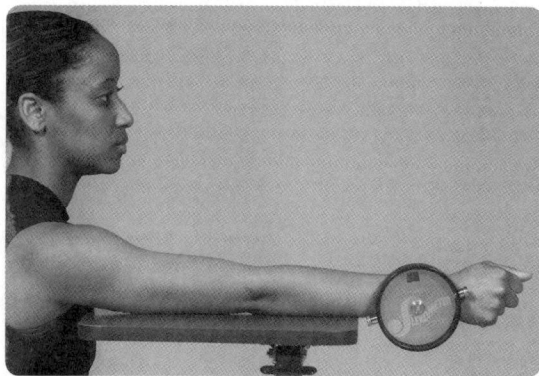

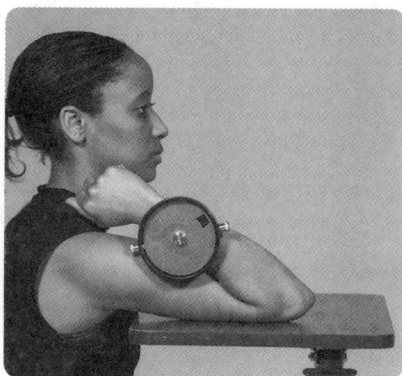

图10.4 用Leighton挠度计测量肘关节活动度

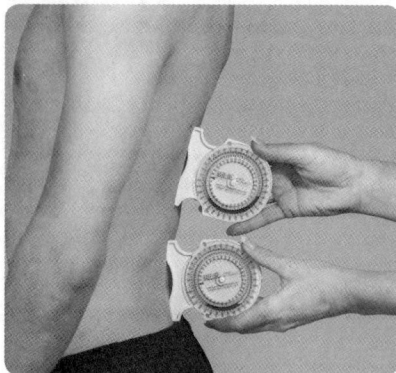

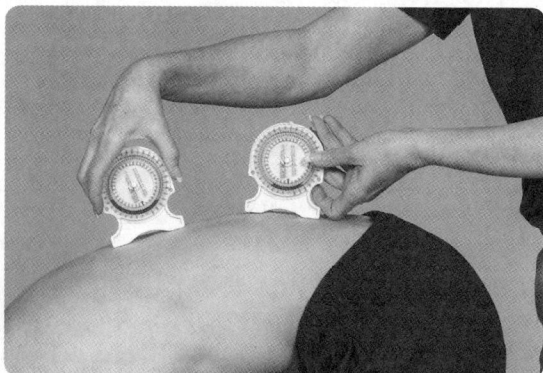

图10.5 用双重测斜仪技术测量腰骶部屈曲度

外，测斜仪测量髂胫束柔韧性（髋内收），以及测量腰椎与脊柱前凸的活动度时，测试者内信度通常超过 0.90（Ng et al., 2001；Reese & Bandy, 2003）。为了获得准确可靠的关节活动度测量值，需要对解剖学以及标准化测试流程有全面的了解，还需要通过培训与实践来提升测量技术。

静态柔韧性的间接测量方法

由于人们认为柔韧性不足与腰背痛和肌肉骨骼损伤有关，大多数与健康相关的体适能测试都包含了屈体前伸测试，以评估腰背部肌肉和腘绳肌的静态柔韧性（Payne et al., 2000）。屈体前伸测试是关节活动度的间接测量方法。有关人员已经开发了几种屈体前伸测试，其中用到码尺（米尺）或箱子，或两者都使用，以厘米为单位测量柔韧性。

尽管一些健身专业人员认为屈体前伸测试是衡量腰背部和腘绳肌柔韧性的有效方法，但相关的研究表明，这些测试与腘绳肌柔韧性适度相关（r 为 0.39~0.89），但与儿童（Patterson at al., 1996）、成 年 人（Hui et al.,

1999；Hui & Yuen, 2000；Jackson & Langford, 1989；Martin et al., 1998；Minkler & Patterson, 1994），以及老年人（Jones et al., 1998）的腰背部柔韧性关系不大（r 为 0.10~0.59）。此外，在一项针对成年人的前瞻性研究中，杰克逊等人（Jackson et al., 1998）报告称，屈体前伸测试的标准相关效度较差，与自述的腰背痛无关。同样，格雷尼尔、拉塞尔和麦吉尔（Grenier, Russell & McGill, 2003）指出，屈体前伸测试得分与工业工人腰背痛或不适的经历无关。虽然屈体前伸评分在矢状面上与腰椎关节活动度中度相关（r=0.42），但屈体前伸测试无法区分有无腰背部不适的工人。研究人员得出的结论是，标准的健身测试系列应包含腰椎关节活动度的测量，而不是屈体前伸测试，以评估腰背部的健康状况。矢状面上的腰椎关节活动度可直接用测斜仪（见图 10.5）测量，也可间接用皮肤牵张测试测量（见皮肤牵张测试）。

虽然研究证实屈体前伸测试不能有效地测量腰背部的柔韧性，但它仍然可以用来间接测量腘绳肌的长度。戴维斯等人（Davis et

将智能手机作为一种测斜仪

有几种可以免费使用的智能手机应用程序可用作测斜仪，其中有些程序会少量收费。许多用于测量关节活动度的应用程序都采用智能手机内置的加速度计，但也有一些应用程序使用磁力计，还有一些应用程序以照片为基础（Milani et al., 2014）。几个研究团队已经调查了这些应用程序的信度与效度，并取得了很好的结果（Charlton et al., 2015；Vohralik et al., 2015；Wellmon et al., 2016）。韦尔蒙等人（Wellmon et al., 2016）证明，由智能手机、已安装的应用程序及测试者技能造成的固有测量误差（与客户因素无关）小于测量变异性的 2%。沃哈利克等人（Vohralik et al., 2015）将一个应用程序与数字测斜仪进行了比较，发现它是一个可靠且有效的踝关节背屈的测量方法。查尔顿等人（Charlton et al., 2015）开发了一个定制的应用程序，并用气泡测斜仪和九摄像头 3D 运动分析系统对其进行了评估。智能手机应用程序的信度和效度与气泡测斜仪相同，同时，与运动分析相比，其在运动中测量 7 个髋关节中的 6 个时，效度非常好（组内相关系数均大于 0.88）。研究者们一致认为，如果有条件则最好使用气泡或数字测斜仪，但如果没有，智能手机应用程序也可作为一种可靠且有效的关节活动度评估手段。

al., 2008年）报告称，屈体前伸测试得分与其他测量腘绳肌长度的方法中度相关，如骶椎角度（$r=0.65$）、膝关节伸展角度（$r=0.57$）及直腿抬高（$r=0.65$）。然而，在一项对141名年轻男性运动员的研究中，穆约尔等人（Muyor et al., 2014）发现，屈体前伸测试作为一种测量腘绳肌柔韧性的方法，其只有低到中等的效度。事实上，骨盆倾斜度和腰部柔韧性是影响屈体前伸评分的最大变化量，而腘绳肌延展性的影响非常小。屈体前伸测试应仅限于识别高危群体，他们可能因大腿肌肉的过度活动或缺乏柔韧性而有着较高的肌肉损伤风险。

以下内容描述了各种类型的屈体前伸测试以及皮肤牵张测试的方案。在客户进行这些测试之前，让他们做一次全面的热身运动来提高肌肉温度，并为需要测试的肌群进行伸展运动。当使用这些测试监控客户的进度时，一定要记录并标准化测试时间。个体在一天中不同时间点的改良版屈体前伸测试表现可能不同，并且在当天晚些时候可能会获

得更高的分数（Guariglia et al., 2011）。除非另有说明，否则让客户脱下他们的鞋子，以进行所有的测试。

标准屈体前伸测试

美国运动医学会（ACSM, 2018）和加拿大运动生理学会（CSEP, 2013）建议使用标准的屈体前伸测试来评估髋部和腘绳肌的柔韧性。该测试使用一个测试起点线位于26厘米刻度处的屈体前伸箱。让客户坐在地板上，膝关节伸直，脚底抵着箱子边缘。双脚的内边缘必须保持15.2厘米距离。当客户沿着箱子顶部尽可能缓慢地向前伸展时，指导他们保持膝关节完全伸展，手臂均匀伸展，掌心平行向下（指尖可能重叠）。让客户保持该姿势约2秒。建议客户降低头部，从而最大化前伸距离。客户的分数计算标准为指尖接触箱子顶部的最远点。如果客户的膝关节屈曲、动作不稳或跳动，则不能记录分数。进行两次试验，记录最高分，精确到0.5厘米。表10.4给出了该测试的年龄–性别标准。

表10.4 标准屈体前伸测试的年龄–性别标准

	年龄					
	15~19岁	20~29岁	30~39岁	40~49岁	50~59岁	60~69岁
男性						
优秀	≥39	≥40	≥38	≥35	≥35	≥33
非常好	34~38	34~39	33~37	29~34	28~34	25~32
良好	29~33	30~33	28~32	24~28	24~27	20~24
一般	24~28	25~29	23~27	18~23	16~23	15~19
需要改善	≤23	≤24	≤22	≤17	≤15	≤14
女性						
优秀	≥43	≥41	≥41	≥38	≥39	≥35
非常好	38~42	37~40	36~40	34~37	33~38	31~34
良好	34~37	33~36	32~35	30~33	30~34	27~30
一般	29~33	28~32	27~31	25~29	25~29	23~26
需要改善	≤28	≤27	≤26	≤24	≤24	≤22

注：使用测试起点线位于26厘米刻度处的屈体前伸箱，以厘米为单位测量距离。如果使用测试起点线位于23厘米刻度处的箱子，则应从该表中的每个值中减去3厘米。

[经CSEP允许，源自：Canadian Physical Activity Training for Health (CSEP–PATH®), 2013.]

V式屈体前伸测试

V式屈体前伸测试采用码尺而不是箱子。用胶带（30.5厘米）将码尺按正确的角度固定在地板上，在码尺上部38厘米处做标记。客户跨坐在码尺上，膝关节伸直（但没有锁定），双脚伸直（30.5厘米）。脚跟触碰胶带上38厘米标记处。指导客户双手平行（指尖可能重叠），尽量沿着码尺缓慢地向前伸，并保持这个姿势片刻（约2秒）。确保客户的膝关节不屈曲，不能单手前伸。分数（以英寸为单位）的计算标准是指尖接触到码尺上最远点的距离。表10.5给出了V式屈体前伸测试的百分位等级。

改良版屈体前伸测试

为了解释由于肢体长度差异引起的潜在偏差（即在进行标准屈体前伸测试时，相对于躯干和手臂，腿短的个体可能具有优势），霍格（Hoeger, 1989）开发了一种经过改良的屈体前伸测试，其考虑到了手指末端和屈体前伸箱之间的距离，并用手指到箱子的距离作为相对零点。该测试使用测试起点线位于30.5厘米刻度处的屈体前伸箱（见图10.6）。客户坐在地板上，臀部、肩部和头部与箱壁接触；伸展膝关节；脚底触箱。在箱子的顶部放一个码尺，零端线朝向客户。保持头部和肩部与箱壁接触，客户一只手放在另一只手的上方，向前伸展。同时，固定码尺的位置，使其接触指尖。该流程为每位客户建立了相对零点。当你牢牢地握住码尺时，客户慢慢地向前伸展，沿着码尺的顶部滑动手指。分数（以英寸为单位）的计算标准为指尖接触到码尺上最远的点的距离。表10.6提供了改良版屈体前伸测试的百分位等级。

表10.5　V式屈体前伸测试的百分位等级

百分位等级	年龄											
	18~25岁		26~35岁		36~45岁		46~55岁		56~65岁		>65岁	
	M	F	M	F	M	F	M	F	M	F	M	F
90	22	24	21	23	21	22	19	21	17	20	17	20
80	20	22	19	21	19	21	17	20	15	19	15	18
70	19	21	17	20	17	19	15	18	13	17	13	17
60	18	20	17	20	16	18	14	17	13	16	12	17
50	17	19	15	19	15	17	13	16	11	15	10	15
40	15	18	14	17	13	16	11	14	9	14	9	14
30	14	17	13	16	13	15	10	14	9	14	8	13
20	13	16	11	15	11	14	9	12	7	11	7	11
10	11	14	9	13	7	12	6	10	5	9	4	9

F代表女性；M代表男性。

注：测试结果以英寸为单位。若要将英寸转换为厘米，请将表中的值乘以2.54。

（源自：YMCA of the USA, 2000.）

标准和改良版屈体前伸测试分数的比较研究表明，与手指到箱子的距离为中等或较长的个体相比，臂长比腿长比例更大的个体（手指到箱子的距离较短）在标准屈体前伸测试中的分数明显较高；相反，改良版屈体前伸测试分数在3组个体间没有显著差异（Hoeger et al., 1990；Hoeger & Hopkins, 1992）。与标准屈体前伸测试相似，改良版屈体前伸测试仅与腘绳肌柔韧性的标准测量值中度相关，与腰背部柔韧性的相关性较低（Hui et al., 1999；

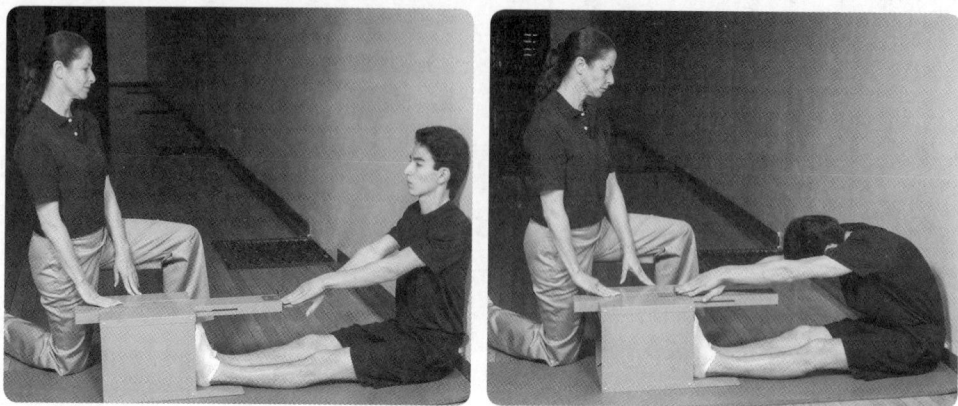

图10.6　改良版屈体前伸测试

表10.6　改良版屈体前伸测试的百分位等级

百分位等级	女性			男性		
	≤35岁	36~49岁	≥50岁	≤35岁	36~49岁	≥50岁
≥90：远高于平均水平	≥17.9	≥17.4	≥15.0	≥17.2	≥16.1	≥15.0
70~89：高于平均水平	16.2~17.8	15.2~17.3	13.6~14.9	15.8~17.1	13.9~16.0	12.3~14.9
30~69：平均水平	13.7~16.1	12.2~15.1	9.2~13.5	13.0~15.7	10.8~13.8	9.3~12.2
10~29：低于平均水平	10.1~13.6	9.7~12.1	7.5~9.1	9.2~12.9	8.3~10.7	7.8~9.2
<10：远低于平均水平	≤10.0	≤9.8	≤7.4	≤9.1	≤9.2	≤7.7

注：测试结果精确到0.25英寸。若要将英寸转换为厘米，请将表中的值乘以2.54。

[源自：W. W. K. Hoeger and S. A. Hoeger, *Lifetime Physical Fitness & Wellness: A Personalized Program*, 13th ed. (Stamford, CT: Cengage, 2015), 28, and W. C. Beam and G. A. Adams, *Exercise Physiology Laboratory Manual*, 6th ed. (New York: McGraw Hill, 2011), 249.]

Minkler & Patterson, 1994）。因此，在评估腰背部和腘绳肌的柔韧性时，改良版屈体前伸测试的效度似乎并不优于标准屈体前伸测试。

护背式屈体前伸测试

标准、改良以及V式屈体前伸测试要求客户同时拉伸双腿的腘绳肌，在拉伸过程中，当椎骨前部受到压迫时会造成一些不适。护背式屈体前伸测试旨在通过测量单腿腘绳肌的柔韧性来缓解这种不适。指导客户将拉伸腿（被测腿）的脚底放在屈体前伸箱的边缘，屈曲未测试的腿，其脚底平放在地板上，距离拉伸腿（被测腿）膝盖一侧5~8厘米（见图10.7）。然后按照标准屈体前伸测试的说明来分别确定客户每条腿的柔韧性得分。

研究表明，该测试的效度（r为0.39~0.71）与标准屈体前伸测试的效度（r为0.46~0.74）相似，可评估男女的腘绳肌柔韧性（Hui & Yuen, 2000；Jones et al., 1998）。奇利翁等人（Chillon et al., 2010）指出，青少年护背式屈体前伸测试分数差异的42%可以从髋关节角度加以解释。腰椎角度和胸椎角度分别解释其他30%和4%的差异。这些发现表明，在青少年中，护背式屈体前伸测试可以有效测量髋部及腰背部柔韧性。可在其他文献中获取此项测试的标准（Cooper Institute of Aerobics, 1992）。

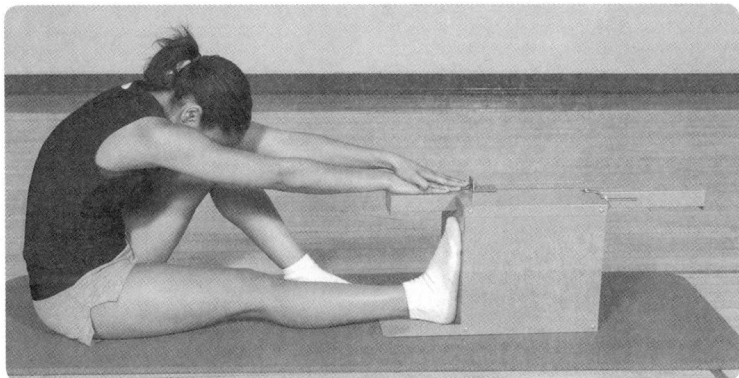

图10.7 护背式屈体前伸测试

改良版护背式屈体前伸测试

在进行护背式屈体前伸测试时,一些客户可能会抱怨未测试腿的姿势不是很舒服。因此,辉和袁(Hui & Yuen, 2000)修改了这项测试,让客户在长凳上进行单腿屈体前伸测试(见图10.8)。指导客户将未测试腿放在地板上,膝关节屈曲90度。被测腿的脚底与米尺上50厘米标记处对齐。然后按照标准屈体前伸测试的说明来确定客户每条腿上腘绳肌的柔韧性。辉和袁(Hui & Yuen, 2000)报告称,本测试(r为0.50~0.67)评估腘绳肌柔韧性的效度与标准(r为0.46~0.53)以及V式屈体前伸测试(r为0.44~0.63)相似。然而,与其他测试方案相比,改良版护背式屈体前伸测试被认为是最舒适的。该测试的标准尚未确定。

皮肤牵张测试

改良版肖伯(Schober)测试(Macrae & Wright, 1969)以及简化版皮肤牵张测试(van Adrichem & van der Korst, 1973)可用于评估腰背部柔韧性。这些现场测试具备一定的可靠性,并且与脊柱屈伸的X射线摄影术测量结果一致(Williams, Binkley et al., 1993)。对于简化版皮肤牵张测试,当客户直立时,在连接左右髂上后棘的水平线和腰椎中线的交叉点做一个0厘米的标记。将第2个标记置于

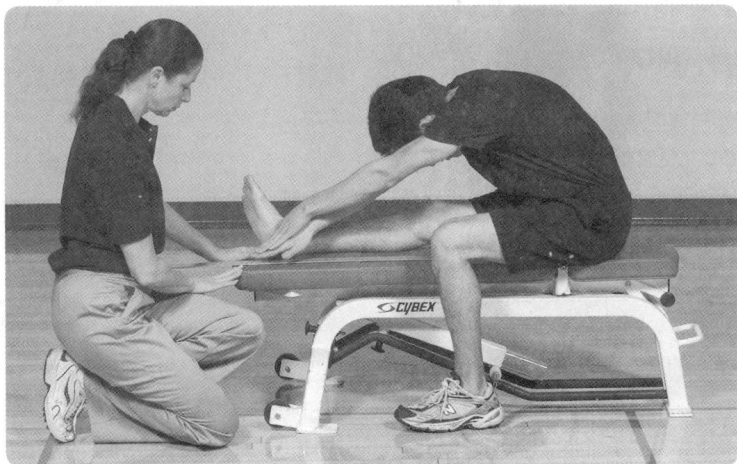

图10.8 改良版护背式屈体前伸测试

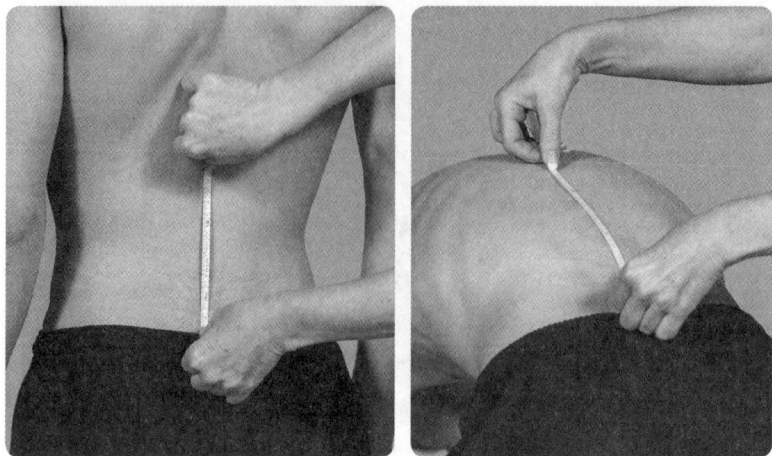

图10.9 使用简化版皮肤牵张测试测量腰骶部屈曲度

0厘米标记上方15厘米处（见图10.9）。当客户屈曲腰椎时，这些标记会相互远离；使用人体测量尺测量两个标记之间的新距离。腰椎屈曲的评分标准为新测量值与皮肤标记之间初始距离（15厘米）之间的差异。在一组15~18岁的受试者中，简化版皮肤牵张测试的男性平均分为6.7±1.0厘米，女性平均分为5.8±0.9厘米。然而，其他年龄组尚未得出相应的标准值。你还可以使用此技术（简化版皮肤牵张测试）测量腰椎伸展，让客户上半身后仰，计算上下皮肤标记之间的新距离和初始距离之差。

腰椎稳定性测试

腰椎不稳定会增加发生腰背痛的风险。负责稳定腰椎的主要肌群为：躯干伸肌（竖脊肌）、躯干屈肌（腹直肌和腹内、外斜肌）以及侧屈肌（腰方肌）。研究表明，肌肉耐力比肌肉力量能更有效地保护腰背部，避免其发生损伤（McGill, 2001）。为了评估健康客户这些肌群等长耐力能力是否均衡，麦吉尔、蔡尔兹和利伯森（McGill, Childs & Liebenson, 1999）进行了3项测试：躯干伸展、躯干屈曲以及侧桥。

为了测量躯干伸肌的等长耐力，让客户俯卧，将下半身（脚踝、膝盖和髋部）使用皮带固定在测试床上，上半身伸展到床的边缘。测试台应距地面约25厘米。在测试过程中，客户将上臂交叉于胸前，双手放在对侧的肩膀上。指导客户尽可能长时间地保持平行于地面的水平姿势。使用秒表，以秒为单位，记录客户保持水平姿势至上半身接触地面的时间。

为了测量躯干屈肌的等长耐力，让客户坐在测试台上，将一个可移动背部支架的角度设置在60度。将膝关节和髋关节屈曲90度，双臂交叉于胸前。用脚趾带将客户的脚固定在测试台上。指导客户在背部支撑被移除后，尽可能长时间地保持这个身体姿势。当客户的躯干低于60度时，结束测试。用秒表以秒为单位记录保持的时间。

如需测量侧屈肌的等长耐力，可进行侧桥测试。让客户侧躺在垫子上，双腿伸直。上脚应放在下脚的前面，以提供支撑。指导客户将髋部抬离垫子，同时肘部和脚成一条直线，尽可能长时间地支撑身体。客户应将非支撑手臂放在胸前。当客户的髋部回到垫子上时，结束测试。用秒表以秒为单位记录保持时间。对身体的左右两侧分别进行此测试。

参考麦吉尔、蔡尔兹和利伯森（McGill,

Childs & Lieberson, 1999）的研究，可了解躯干伸肌、躯干屈肌和躯干侧屈肌特定性别的等长耐力测试方法。此外，平板支撑的标准数据见表6.3。可以使用这些参考值来评估腰椎稳定性，并为客户设定训练目标。

老年人柔韧性测试

柔韧性是老年人功能适应性的重要组成部分。由于年龄的关系，老年人需要安全地进行日常生活活动，以保持他们的功能独立性。较好的柔韧性有助于完成日常生活活动，如进出汽车、在椅子上从坐到站起、穿衣和洗澡。里克利和琼斯（Rikli & Jones, 2013）开发的老年人体适能测试组合纳入了两项针对老年人的柔韧性测试，即座椅式屈体前伸测试和摸背测试。

座椅式屈体前伸测试

很多老年人难以完成座椅式屈体前伸测试。由于功能上的限制（如腰背痛以及柔韧性不足），他们无法坐在地板上进行测试。琼斯等人（Jones et al., 1998）制定了一个类似于护背式测试的座椅式屈体前伸测试。该测试仅对一条腿进行测试，从而减轻脊柱与腰背部的压力。与标准（r 为 0.71~0.74）及护背式（r 为 0.70~0.71）屈体前伸测试相比，座椅式屈体前伸测试得出了较高的效度系数（r 为 0.76~ 0.81），用于测量老年（>60 岁）男性和女性的腘绳肌柔韧性。表10.7给出了座椅式屈体前伸测试的年龄−性别标准。

表10.7 座椅式屈体前伸测试标准

百分位等级	60~64岁 F	60~64岁 M	65~69岁 F	65~69岁 M	70~74岁 F	70~74岁 M	75~79岁 F	75~79岁 M	80~84岁 F	80~84岁 M	85~89岁 F	85~89岁 M	90~94岁 F	90~94岁 M
95	8.7	8.5	7.9	7.5	7.5	7.5	7.4	6.6	6.6	6.2	6.0	4.5	4.9	3.5
90	7.2	6.7	6.6	5.9	6.1	5.8	6.1	4.9	5.2	4.4	4.6	3.0	3.4	1.9
85	6.3	5.6	5.7	4.8	5.2	4.7	5.2	3.8	4.3	3.2	3.7	2.0	2.5	0.9
80	5.5	4.6	5.0	3.9	4.5	3.8	4.4	2.8	3.6	2.2	3.0	1.1	1.7	0.0
75	4.8	3.8	4.4	3.1	3.9	3.0	3.7	2.0	3.0	1.4	2.4	0.4	1.0	-0.7
70	4.2	3.1	3.9	2.4	3.3	2.4	3.2	1.3	2.4	0.6	1.8	-0.2	0.4	-1.4
65	3.7	2.5	3.4	1.8	2.8	1.8	2.7	0.7	1.9	0.0	1.3	-0.8	-0.1	-1.9
60	3.1	1.8	2.9	1.1	2.3	1.1	2.1	0.1	1.4	-0.8	0.8	-1.3	-0.7	-2.5
55	2.6	1.2	2.5	0.6	1.9	0.6	1.7	-0.5	1.0	-1.4	0.4	-1.9	-1.2	-3.0
50	2.1	0.6	2.0	0.0	1.4	0.0	1.2	-1.1	0.5	-2.0	-0.1	-2.4	-1.7	-3.6
45	1.6	0.0	1.5	-0.6	0.9	-0.6	0.7	-1.7	0.0	-2.6	-0.6	-2.9	-2.2	-4.2
40	1.1	-0.6	1.1	-1.1	0.5	-1.2	0.2	-2.3	-0.4	-3.2	-1.0	-3.5	-2.7	-4.7
35	0.5	-1.3	0.6	-1.8	0.0	-1.8	-0.3	-2.9	-0.9	-4.0	-1.5	-4.0	-3.3	-5.3
30	0.0	-1.9	0.1	-2.4	-0.5	-2.4	-0.8	-3.5	-1.4	-4.6	-2.0	-4.6	-3.8	-5.8
25	-0.6	-2.6	-0.4	-3.1	-1.1	-3.1	-1.3	-4.2	-2.0	-5.3	-2.6	-5.3	-4.4	-6.5
20	-1.3	-3.4	-1.0	-3.9	-1.7	-3.9	-2.0	-5.0	-2.6	-6.2	-3.2	-5.9	-5.1	-7.2
15	-2.1	-4.4	-1.7	-4.8	-2.4	-4.8	-2.8	-6.0	-3.3	-7.2	-3.9	-6.8	-5.9	-8.1
10	-3.0	-5.5	-2.6	-5.9	-3.3	-5.9	-3.7	-7.1	-4.2	-8.4	-4.8	-7.8	-6.8	-9.1
5	-4.0	-7.3	-3.9	-7.5	-4.7	-7.6	-5.0	-8.8	-5.0	-10.2	-6.3	-9.3	-7.9	-10.7

F代表女性；M代表男性。

注：测试结果以英寸为单位。若要将英寸转换为厘米，请将表中的值乘以2.54。

[源自：R. Rikli and C. Jones, *Senior Fitness Test Manual*, 2nd ed. (Champaign, IL: Human Kinetics, 2013), 158.]

目的：评估下半身（腘绳肌）柔韧性。

应用：一种衡量日常生活活动执行能力的指标，如爬楼梯、进出汽车、浴缸，以及从椅子上站起。

器材：需要一把折叠椅，高度为17英寸（约43.2厘米），以及一把长度为46厘米的尺子。

测试流程：将折叠椅靠墙放置以保持稳定性，并让客户坐在座椅的前边缘。客户将被测腿伸展至髋部前方，脚跟落在地面上，脚踝背屈约90度。客户屈曲未测试的腿，脚底放在地面上距离身体中线一侧15~30.5厘米的位置。客户的被测腿尽量伸直，双手相互交叠（掌心向下），在髋关节处缓慢向前屈曲，脊柱尽可能挺直，头部与脊柱保持对齐（不倾斜）（见图10.10）。客户向下伸展腿部，试着触摸脚趾，保持这个姿势2秒。尺子与客户小腿平行，进行两次练习，然后再进行两次测试。

评分：在鞋子末端的大脚趾中间（内侧）代表零分；短于脚趾的部分记为负分；超出脚趾的部分记为正分。记录精确到0.5英寸的最佳分数，并与表10.7中的标准值进行比较。

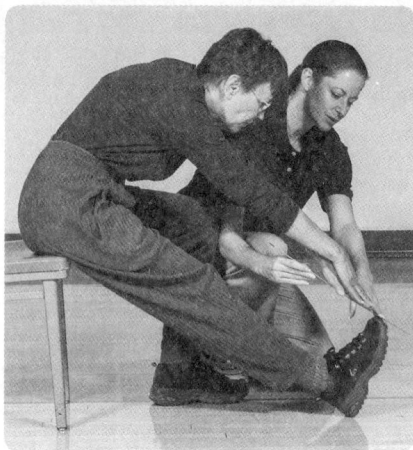

图10.10　座椅式屈体前伸测试

器材：需要一把长度为46厘米的尺子。

测试流程：让客户用优势手（手掌向下并且伸出手指）从肩膀上方沿着背部向下，同时用另一只手（手掌向上并且伸出手指）从背部周围及中部向上伸展（见图10.11）。在测试中，允许客户选择优势手或惯用手。进行两次练习，然后进行两次测试。

摸背测试

上半身，尤其是肩部关节活动受限的情况，可能会导致运动时出现疼痛，并在进行如穿衣服和脱衣服等常见活动时，增加受伤的可能性。摸背测试似乎具有良好的结构效度，通过检测不同年龄组（60~90岁）肩膀柔韧性的下降，可以证明这一点（Rikli & Jones，1999）。表10.8给出了摸背测试的年龄-性别标准。

目的：评估上半身（肩关节）的柔韧性。

应用：一种对日常生活活动能力的测量，如梳头、穿衣和系安全带。

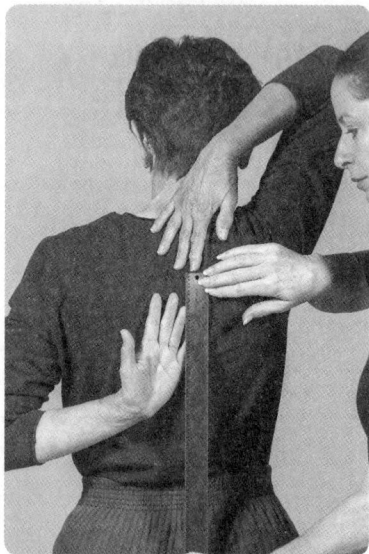

图10.11　摸背测试

评分：用尺子测量两只手的中指之间的重叠（正分）或间隙（负分）长度。如果手指只是互相碰触，则记录为0。记录精确到0.5英寸的最佳得分，并将此值与表10.8中的标准值进行比较。

表10.8 摸背测试标准

百分位等级	60~64岁		65~69岁		70~74岁		75~79岁		80~84岁		85~89岁		90~94岁	
	F	M	F	M	F	M	F	M	F	M	F	M	F	M
95	5.0	4.5	4.9	3.9	4.5	3.5	4.5	2.8	4.3	3.2	3.5	1.7	3.9	0.7
90	3.8	2.7	3.5	2.2	3.2	1.8	3.1	0.9	2.8	1.2	1.9	-0.1	2.2	-1.1
85	2.9	1.6	2.6	1.0	2.3	0.6	2.2	-0.3	1.8	-0.1	0.8	-1.2	0.9	-2.2
80	2.2	0.6	1.9	0.0	1.5	-0.4	1.3	-1.3	0.9	-1.2	-0.1	-2.2	-0.1	-3.2
75	1.6	-0.2	1.3	-0.8	0.6	-1.2	3.7	-2.2	0.2	-2.1	-0.9	-3.0	-1.0	-4.0
70	1.1	-0.9	0.7	-1.6	0.3	-2.0	0.0	-2.9	-0.4	-2.9	-1.6	-3.7	-1.8	-4.7
65	0.7	-1.5	0.2	-2.2	-0.2	-2.6	-0.5	-3.6	-1.0	-3.6	-2.1	-4.3	-2.5	-5.3
60	0.2	-2.2	-0.3	-2.9	-0.8	-3.3	-1.1	-4.3	-1.6	-4.3	-2.8	-5.0	-3.2	-6.0
55	-0.2	-2.8	-0.7	-3.5	-1.2	-3.9	-1.6	-4.9	-2.1	-5.0	-3.3	-5.6	-3.8	-6.6
50	-0.7	-3.4	-1.2	-4.1	-1.7	-4.5	-2.1	-5.6	-2.6	-5.7	-3.9	-6.2	-4.5	-7.2
45	-1.2	-4.0	-1.7	-4.7	-2.2	-5.1	-2.6	-6.3	-3.1	-6.4	-4.5	-6.8	-5.2	-7.8
40	-1.6	-4.6	-2.1	-5.3	-2.6	-5.7	-3.1	-6.9	-3.7	-7.1	-5.0	-7.4	-5.8	-8.4
35	-2.1	-5.3	-2.6	-6.0	-3.2	-6.4	-3.7	-7.6	-4.2	-7.8	-5.7	-8.1	-6.5	-9.1
30	-2.5	-5.9	-3.1	-6.6	-3.7	-7.0	-4.2	-8.3	-4.8	-8.5	-6.2	-8.7	-7.2	-9.7
25	-3.0	-6.6	-3.7	-7.4	-4.2	-7.8	-4.8	-9.0	-5.4	-9.3	-6.9	-9.4	-8.0	-10.4
20	-3.6	-7.4	-4.3	-8.2	-4.9	-8.6	-5.5	-9.9	-6.1	-10.2	-7.7	-10.2	-8.9	-11.2
15	-4.3	-8.4	-5.0	-9.2	-5.7	-9.6	-6.4	-10.9	-7.0	-11.3	-8.6	-11.2	-9.9	-12.2
10	-5.2	-9.5	-5.9	-10.4	-6.6	-10.8	-7.3	-12.1	-8.0	-12.6	-9.7	-12.3	-11.2	-13.3
5	-6.4	-11.3	-7.3	-12.1	-7.9	-12.5	-8.8	-14.0	-9.5	-14.6	-11.3	-14.1	-13.0	-15.1

F代表女性；M代表男性。

注：测试结果以英寸为单位。若要将英寸转换为厘米，请将表中的值乘以2.54。

[源自：R. Rikli and C. Jones, *Senior Fitness Test Manual*, 2nd ed. (Champaign, IL: Human Kinetics, 2013), 159.]

本章回顾

关键知识点

▶ 静态柔韧性是对关节全活动度的度量。

▶ 动态柔韧性是对在关节活动度内运动时产生的扭矩和抗阻的度量。

▶ 柔韧性具备高度的关节特异性，而关节活动度在某种程度上取决于关节的结构。

▶ 缺乏体力活动是柔韧性欠佳的主要原因。

▶ 利用万能测角仪、电测角仪、挠度计或测斜仪可直接测得关节活动度。

▶ 用码尺和人体测量尺可以间接测量关节活动度。

▶ 屈体前伸测试与腘绳肌柔韧性中度相关，与腰背部柔韧性关系不大。

▶ 座椅式屈体前伸测试以及摸背测试可以用来评估老年人的柔韧性。

▶ 腰椎不稳定会增加腰背痛发生的风险。

▶ 肌肉耐力比肌肉力量更有保护作用，较强的肌肉耐力可减少腰背部损伤的风险。

重要术语

请学习以下重要术语的定义，相关定义可在术语表中查找。

关节强直（Ankylosis）

双轴关节（Biaxial Joint）

挛缩（Contracture）

动态柔韧性（Dynamic Flexibility）

弹性形变（Elastic Deformation）

电测角仪（Electrogoniometer）

柔韧性（Flexibility）

挠度计（Flexometer）

测角仪（Goniometer）

活动过度（Hypermobility）

测斜仪（Inclinometer）

关节松弛（Joint Laxity）

无轴关节（Nonaxial Joint）

关节活动度（Range of Motion，ROM）

静态柔韧性（Static Flexibility）

静态拉伸（Static Stretching）

应力松弛（Stress Relaxation）

三轴关节（Triaxial Joint）

单轴关节（Uniaxial Joint）

黏弹性（Viscoelastic Property）

黏性形变（Viscous Deformation）

问题回顾

除了能够对上面列出的重要术语进行定义，请回答以下问题来巩固并加深自己对本章内容的理解。

1. 为什么大多数与健康相关的体适能测试系列都纳入了柔韧性测试？

2. 辨别并解释形态因素如何影响关节活动度。

3. 年龄、性别及体力活动（或缺乏体力活动）如何影响柔韧性？

4. 区分并简要说明静态柔韧性的 3 种直接测量方法。

5. 在测量腘绳肌和腰背部柔韧性时，屈体前伸测试能否进行有效的测量？请解释。

6. 在评估腘绳肌和腰背部柔韧性时，改良版比标准屈体前伸测试更有效吗？

7. 说明 3 种可用于评估腰椎稳定性的测试。

8. 说明两个间接测量老年人柔韧性的测试。

第11章

制定柔韧性及腰背部护理方案

▶ 如何将训练原则应用于柔韧性训练方案的制定？

▶ 是不是所有的拉伸方法都能够安全有效地改善柔韧性？

▶ 在制定拉伸方案时，有哪些推荐指南？

▶ 如何制定个性化的柔韧性方案，以符合每个客户的目标及能力？

▶ 客户需要多久锻炼一次以改善柔韧性？

▶ 在改善关节活动度时，是否存在最佳拉伸时长及重复次数？

▶ 腰背部综合征可以预防吗？

▶ 有哪些练习有利于腰背部护理？

柔韧性训练是一个系统的拉伸练习方案，随着时间的推移，关节活动度会逐渐增大。这一发现证明了拉伸可以改善柔韧性与关节活动度。不建议采用通用运动处方来改善柔韧性。柔韧性方案应具备个性化特征，以符合每位客户的需求、能力和体力活动兴趣。客户的柔韧性评估（见第10章）有助于发现需要改善的关节与肌群。生活方式评估表（见附录A.5）有助于识别习惯性身体姿势（如出于工作原因，长时间坐在桌子前）或运动过程中的重复移动模式（如慢跑）导致关节活动度受限的肌群或身体部位。

本章介绍了制定柔韧性方案的基本指导原则和适用于开发柔韧性方案的基本训练原则，比较了各种拉伸方法，并探讨了与柔韧性运动处方有关的问题。此外，还提出了制定腰背部护理方案的方法与建议。

训练原则

超负荷、特异性、渐进性和个体差异原则（见第3章"制定运动方案的基本原则"一节）适用于柔韧性方案。柔韧性因关节而异（Cotton, 1972; Harris, 1969; Munroe & Roman, 1975）；如需增加特定关节的活动度，请选择能够拉伸适当肌群的练习（即应用特异性原则）。回顾解剖学和运动机能学知识，特别是肌肉起点与止点、关节结构与功能及主动肌-拮抗肌的搭配。在进行各种柔韧性练习时，如果想详细了解拉伸肌肉的解剖学图解，可参阅纳尔逊和科科宁（Nelson & Kokkonen, 2014）的著作。为了改善关节活动度，客户需要拉伸肌肉，使其超过正常静止时的长度，但不能超过无痛关节活动度而使肌群处于超负荷状态。无痛关节活动度因个体而异（个体差异原则），这取决于他们的**拉伸耐受力**（是指在感到疼痛之前，个体可耐受的拉伸目标肌肉的阻力大小）及他们对拉伸和疼痛的感知（Magnusson, 1998; Shrier & Gossal, 2000）。客户需要定期增加拉伸的总时间，通过增加每次拉伸的持续时间或重复次数来确保进一步改善关节活动度所需的超负荷（渐进性原则）。

拉伸方法

通常有4种改善关节活动度的拉伸方法：弹震拉伸、慢速静态拉伸、动态拉伸和本体感觉神经肌肉促进拉伸。**弹震拉伸**旨在利用急剧的弹跳运动来拉长目标肌肉；**静态拉伸**是利用缓慢的、持续的肌肉拉伸来增大关节活动度；**动态拉伸**的特色是完成重复多次的慢速运动，以增大关节活动度；常用的**本体感觉神经肌肉促进**（PNF）拉伸涉及目标肌群（主动肌）及其相对肌群（拮抗肌）的最大或次最大收缩（等长或动态），然后是目标肌群的被动拉伸（Chalmers, 2004）。

拉伸技术分为主动、被动或主动辅助。在**主动拉伸**中，客户在没有外部协助的情况下移动身体部位（即肌肉自主收缩）。在**被动拉伸**中，当助手（如搭档、私人教练、物理治疗师或运动防护师）移动身体部位时，客户放松目标肌群。在**主动辅助拉伸**中，客户将身体部位移动到其关节主动活动度的末端，然后助手将其身体部位移动至关节主动活动度之外。表11.1总结了各种拉伸方法的优缺点。以下内容有助于你为客户的柔韧性方案选择合适的拉伸方法。

哪种拉伸方法能最有效地改善关节活动度

所有4种拉伸方法（弹震、动态、慢速静态及本体感觉神经肌肉促进拉伸）都会使膝关节、髋关节、肩关节及踝关节的活动度和躯干的柔韧性产生急性（短期）与慢性（长期）的改善（Thacker et al., 2004; Mahieu et al., 2007）。虽然人们通常认为慢速静态拉伸比弹震或本体感觉神经肌肉促进拉伸更安全，而且前者不需要特殊的器材或助手，更容易完成，但每种拉伸方法都有其支持者。本体感觉神经肌肉促进拉伸常用于运动及康复环境，而那些从事爆发性运动的客户常采用弹震和动态拉伸。

康拉德、斯塔菲利蒂斯和蒂尔普（Konrad, Stafilidis & Tilp, 2016）比较了个体应用静态、弹震或本体感觉神经肌肉促进拉伸（进行每次30秒，重复4次的拉伸练习）前后的关节活动度，结果发现，所有拉伸组的关节活动度均提高了，同时被动拉伸抗阻扭矩降低了，拉伸组间无临床相关差异。同样，马迪根、皮奇和贝姆（Maddigan, Peach & Behm, 2012）指出，静态拉伸、传统的辅助本体感觉神经肌肉促进拉伸和无辅助本体感觉神经肌肉促进拉伸（使用拉伸带）会对髋关节屈曲的静态（主动及被动）活动度和动态活动度带来类似的效果。贝

表11.1 拉伸方法的对比

因素	弹震拉伸	慢速静态拉伸	动态拉伸	本体感觉神经肌肉促进拉伸
损伤风险	高	低	中	中
疼痛程度	中	低	中	高
对拉伸的抗阻	高	低	中	中
实用性（所需时间及协助）	良好	优秀	优秀	欠佳
效率（能量消耗）	欠佳	优秀	良好	欠佳
增大关节活动度的效果	良好	良好	良好	优秀

姆等人（Behm et al., 2016）根据大量静态、动态和本体感觉神经肌肉促进拉伸的综述性研究得出结论，在增大关节活动度方面，没有一种拉伸方法绝对优于另一种。此外，每种拉伸方法都有不同的负荷特性，可能影响导致关节活动度增大的具体机制。这些发现表明，在训练及康复方案中应考虑所有类型的拉伸。因此，请选择一种能满足每位客户的特定能力（如拉伸耐受力与疼痛阈值）、需求及长期目标的方法。

有哪些常用的本体感觉神经肌肉促进拉伸技术及如何执行它们

视频 11.1

　　不同的本体感觉神经肌肉促进拉伸技术采用不同的动态组合（同心及离心），以及目标肌群与相对肌群的等长收缩。本体感觉神经肌肉促进拉伸的常用技术为**收缩-放松（CR）**及**收缩-放松-再收缩（CRAC）**技术。采用收缩-放松技术时，客户首先等长收缩目标肌群，紧接着对目标肌群进行缓慢的被动拉伸。除了客户通过主动收缩相对肌群来辅助收缩-放松-再收缩技术的拉伸阶段，收缩-放松-再收缩和收缩-放松技术的前两个步骤是相同的。例如，为了拉伸胸肌，客户可坐在地板上，将手臂水平伸展。由于搭档会给手臂的水平屈曲施加阻力，客户需要等长收缩胸肌。在等长收缩后，随着客户主动收缩上背部的水平伸肌，搭档需要慢慢拉伸客户的胸肌（见图11.1）。有关本体感觉神经肌肉促进拉伸的详细说明、图示及技术，见阿尔特（Alter, 2004）和麦卡蒂和查兰（Mcatee & Charland, 2007）的研究。

在使用本体感觉神经肌肉促进拉伸时，有哪些建议

　　建议通过以下步骤执行本体感觉神经肌肉促进拉伸，以增大关节活动度。

- 通过让关节达到活动度的末端来拉伸目标肌群。
- 等长收缩所拉伸的肌群，以抵抗不可移除的阻力（如来自搭档或借助墙壁），持续5~10秒。
- 当你主动或被动（搭档辅助）拉伸目标肌群到新的限制点时，放松目标肌群。
- 采用收缩-放松-再收缩技术时，在次最大收缩的情况下，将相对肌群收缩5秒或6秒，以促进目标肌群的进一步拉伸。

哪种本体感觉神经肌肉促进拉伸技术最好

　　一些研究人员称，在增大关节活动度方面，收缩-放松-再收缩技术优于收缩-放松技术（Alter, 2004；Ferber, Osternig & Gravelle, 2002；Moore & Hutton, 1980；Osternig et al., 1990）。然而，这些研究者也注意到，收缩-放松-再收缩技术在肌电图描记活动方面带来了更大的益处，这意味着肌肉处于更大的张力之下。尽管该技术会让关节活动度有所增加，但可能不会使肌肉放松。费伯、奥斯特尼格和格拉韦尔（Ferber, Osternig & Gravelle, 2002）指出，让老年人这项技术时应格外小心。因此，在选择本体感觉神经肌肉促进拉伸技术时，需要考虑客户的拉伸耐受力。

　　凯、多兹和布莱艾维持（Kay, Dods & Blazevich, 2016）引进了一种改良版收缩-放松技术，可以减少本体感觉神经肌肉促进拉伸的疼痛与风险。受试者没有在肌肉拉伸时进行收缩，而是回到解剖学姿势再进行收缩；因此，收缩在"非拉伸"阶段进行，从而产生了拉伸-返回-收缩（SRC）技术。在增加背屈活动度和缓解肌肉与肌腱僵硬方面，拉伸-返回-收缩技术与收缩-放松技术同样有效，但在拉伸-返回-收缩过程中，肌腱的拉伸负荷降低了10.6%。拉伸-返回-收缩技术可降低肌肉损伤及疼痛的风险，但它与收缩-放松技术一样有效。

本体感觉神经肌肉促进拉伸有什么缺点吗

　　本体感觉神经肌肉促进拉伸的一个主要缺点是大多数练习不能独自进行，需要一名助手在等长收缩阶段进行对抗运动及在拉伸阶段

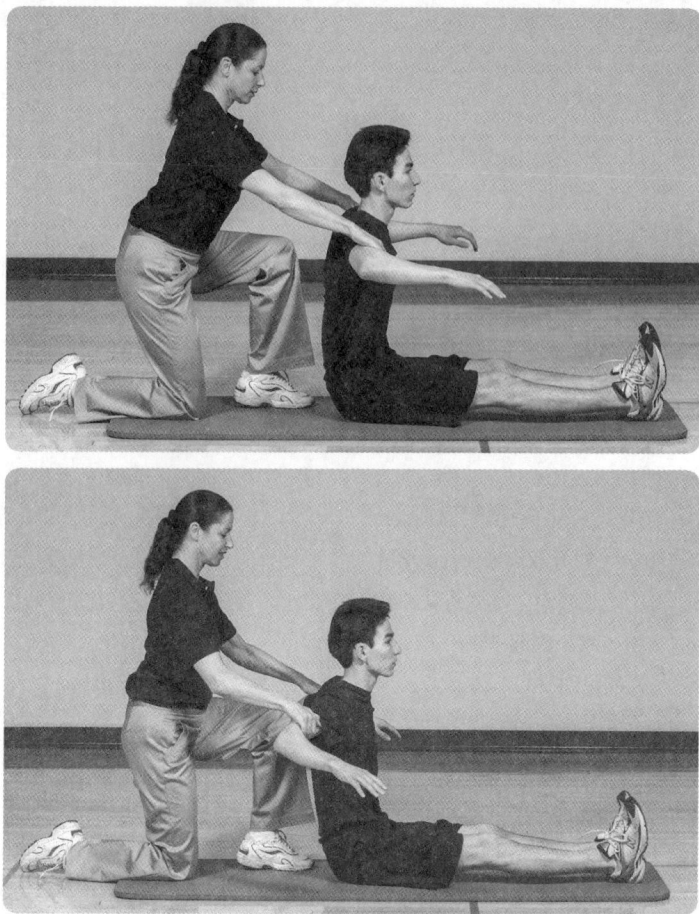

图11.1 适用于肩屈肌的收缩-放松-再收缩技术

施加外力。过度拉伸可能导致损伤，尤其是在助手没有参加过本体感觉神经肌肉促进拉伸正确流程的培训时。辅助拉伸流程（如本体感觉神经肌肉促进拉伸）应由经过培训的客户或运动专业人员小心执行，因为他们了解正确的流程和错误拉伸所带来的风险（Knudson, Magnusson & McHugh, 2000）。

为什么慢速静态拉伸比弹震拉伸安全

由于急促、快速的运动不太可能导致损伤和肌肉酸痛，一些运动专业人员建议在弹震拉伸过程中进行缓慢的静态拉伸。马耶等人（Mahieu et al., 2007）观察到，6周的缓慢静态拉伸方案能够让踝关节背屈活动度得到明显的改善，这是由于小腿肌肉的被动拉伸抗阻扭矩显著减小。虽然弹震拉伸对被动拉伸抗阻没有影响，但能够显著减轻跟腱的僵硬程度。

弹震拉伸使用相对较快的弹跳运动来产生拉伸效果。通过移动身体部位而非外力产生的动量推动关节运动至超出当前的活动度。这种技术似乎对促进肌肉放松与拉伸起反作用。在运动过程中，肌梭在肌肉长度与收缩速度上都有变化。由于阈值较低，肌梭对运动速度的反应要大于对肌肉长度或位置的反应。事实上，肌梭活动与运动速度成正比。因此，弹震拉伸会引起牵张反射，在目标肌群中产生更多的收缩及拉伸阻力。此外，肌肉还具有黏性。

在快速实施拉伸时，黏性物质会在更高程度上阻碍肌肉的拉长（Taylor et al., 1990）。因此，弹震拉伸会对肌肉施加更大的张力，并可能导致肌纤维与结缔组织轻微撕裂。

在慢速静态拉伸过程中，当关节达到其活动度的末端时，客户需要拉伸目标肌群。在保持这一拉伸状态的同时，客户缓慢地向目标肌群施加扭矩以进一步拉伸。由于肌梭的动态部分能迅速适应拉伸状态，肌梭肌电会有所减少。这缓解了目标肌群的反射收缩，从而使肌肉得以放松并进一步拉伸。拉伸速率和目标肌群保持在特定长度的持续时间会影响拉伸肌肉所需的力（Taylor et al., 1990）。快速（如弹震）拉伸比慢速静态拉伸的抗拉伸能力更强。同时，当目标肌肉保持在一定拉伸长度时，由肌肉黏性产生的阻力随着时间的推移而减小，由此产生的应力松弛能够让目标肌群得到进一步拉伸（Chalmers, 2004）。

等角与等扭矩的静态拉伸如何改善柔韧性

静态拉伸意味着在拉伸练习期间关节角度不会改变。在进行等角拉伸的时候，肌腱单元中的拉伸抗阻会因关节保持恒定角度而减小。如前所述，这称为应力松弛反应。在进行等扭矩拉伸的时候，施加在肌肉上的扭矩减轻了肌肉僵硬程度，从而改善了关节活动度。在等扭矩拉伸过程中，从技术层面上讲，关节不是静止的；施加在肌腱单元上的恒定压力使其被拉长，导致关节角度增加。这就是所谓的黏弹性蠕变。

赫尔达等人（Herda et al., 2011）在一项研究中比较了等角和等张力静态拉伸对被动扭矩、被动活动度及肌腱僵硬程度的影响，结果发现，两种形式的静态拉伸都能改善关节活动度；但是，只有等扭矩拉伸会减轻肌腱的僵硬程度。他们得出的结论为，等扭矩拉伸会改变肌腱单元的黏性与弹性，而等角拉伸只会影响黏性。这些发现表明，在治疗跟腱炎

和足底筋膜炎等损伤时，等扭矩拉伸比等角拉伸更有助于降低肌肉拉伤的风险。有必要进行更多的研究，以充分了解不同拉伸形式下肌腱僵硬发生根本变化的机制。

主动或被动拉伸时，柔韧性得以改善的生理机制是什么

对于主动或被动拉伸，柔韧性增加的机制有所不同。被动拉伸时，目标肌肉不会收缩。赖利和凡·戴克（Riley & van Dyke, 2012）探讨了由于应力松弛持续约24小时，被动拉伸会暂时减轻肌肉僵硬程度的课题。每天采用Biodex测力计被动拉伸腘绳肌1分钟，连续10天，可逐渐减轻僵硬程度。然而，由于24小时后便恢复到拉伸前的水平，为了达到实际效果，需要每天进行被动拉伸。在被动拉伸过程中拉长肌肉组织会影响周围肌膜覆盖物中的成纤维细胞，这些覆盖物包裹着神经纤维周围的肌纤维、肌筋膜、肌腱、结缔组织。成纤维细胞会对拉伸的刺激机制做出反应，在这些结缔组织中产生变化，从而降低肌腱僵硬程度。

在主动拉伸练习中，被拉长的肌肉会在拉伸运动中收缩。如果肌肉拉伸超过其收缩纤维和横桥结构最大重叠所需的最佳长度，肌肉的实际长度可能会有所增加。关节活动度内达到最佳肌肉长度的这一点，受限于个体疼痛耐受性，同时取决于每个目标肌肉的最佳长度（Riley & van Dyke, 2012）。主动张力（拉伸加收缩运动）对刺激肌纤维内一系列肌节的产生是必要的，这能增加目标肌肉的实际长度。该过程取决于钙依赖性途径（即肌质网中的钙），该途径能够调节肌肉拉伸和肌肉收缩运动后产生的一系列肌节的数量。

这些发现可能会影响柔韧性方案的运动处方。当方案的目标是改善运动受限客户因损伤、制动、活动水平降低或习惯性身体姿势所导致的柔韧性不足时，主动拉伸可能比被动拉

伸更有益于恢复其肌肉长度及活动度。由于肌腱会对不同的关节活动度不断进行适应及调整，应每天采用进行被动拉伸练习的柔韧性方案（Riley & Van Dyke, 2012）。

本体感觉神经肌肉促进拉伸增大关节活动度的生理机制是什么

在沙曼、克雷斯韦尔、里克（Sharman, Cresswell & Riek, 2006）、欣德尔等人（Hindle et al., 2012）的综述性研究中，确定了4种关于本体感觉神经肌肉促进拉伸增大活动度的理论机制。这些理论机制包括自生抑制、交互抑制、应力松弛及疼痛调节的闸门控制学说。遗憾的是，几乎没有实证证据支持这些理论机制。

自生抑制是指在等长收缩期间，由于神经腱梭发出的抑制信号（即更大的神经腱梭激活引起反射松弛），目标肌肉的可激发性会有所降低。另外，在收缩－放松－再收缩的拉伸过程中，相对肌群的自发收缩可以简单地被解释为交互抑制（相对肌群是自发收缩的，目标肌群是自发抑制的）。传统上，本体感觉神经肌肉促进拉伸带来的关节活动度增益，可归因于自生或交互抑制，或两者兼有；然而，这些简单的说明可能不足以解释肌肉拉伸的复杂机制。

与自生和交互抑制的神经生理学假设相比，关于本体感觉神经肌肉促进拉伸如何改善关节活动度，更现代的观点包括，拉伸肌肉的黏弹性特征（应力松弛假设）以及耐受拉伸的能力（闸门控制学说）。肌肉和肌腱既有弹性又有黏性。肌腱单元所需的张力大小取决于肌腱单元的弹性特征，而黏性特征则负责抗阻快速拉伸所带来的延长。然而，随着时间的推移，黏性材料失去了其抗阻长期延伸（应力松弛）的能力，如果张力持续，肌腱单元将伸长。尽管该理论尚未被证明，但在伴随应力松弛的肌肉内，被动扭矩的变化比较短暂，在

本体感觉神经肌肉促进拉伸后持续不到1小时便会消失（Magnusson et al., 1996）。

闸门控制学说解释了疼痛和拉伸等两种刺激同时激活各自的受体时会出现的情况，这可能有助于解释本体感觉神经肌肉易拉伸的长期适应性。超出关节自然活动度的拉伸以及相应的肌肉收缩被视为潜在的损害，这能够激活神经腱梭以防止损伤。然而，在一个连贯且重复的本体感觉神经肌肉促进方案的帮助下，神经腱梭会慢慢适应并越来越习惯于作用在肌肉上的拉伸程度的增加，同时，所引起的抑制也会变少（Hindle et al., 2012）。

在本体感觉神经肌肉促进拉伸期间，为了最大化提升关节活动度的长期增益，所建议的静态收缩阶段的持续时间及强度为多少

在对本体感觉神经肌肉促进拉伸研究的回顾中，沙曼、克雷斯韦尔和里克（Sharman, Cresswell & Riek, 2006）报告了目标肌肉的静态收缩持续时间在3~15秒。尽管有一些证据表明静态收缩持续时间较长与关节活动度增益之间存在相关性（Rowlands, Marginson & Lee, 2003），但大多数研究报告称，关节活动度的增益与静态收缩持续时间无关。沙曼、克雷斯韦尔和里克（Sharman, Cresswell & Riek, 2006）建议最短持续时间为3秒。进行本体感觉神经肌肉促进拉伸时，能优化关节活动度增益的静态收缩最佳强度尚不确定。费兰和马兰（Feland & Marin, 2004）发现，运用20%、60%和100%的最大随意收缩，在改善关节活动度方面没有显著差异，因此沙曼、克雷斯韦尔和里克（Sharman, Cresswell & Riek, 2006）建议使用低强度的20%最大随意收缩，来使风险最小化。此建议提出之后，其他研究人员报告称，在本体感觉神经肌肉促进拉伸过程中，最大随意收缩为60%~65%的静态收缩能最有效地改善关节活动度（Kwak & Ryu, 2015; Sheard & Paine, 2010）。无论如

何，对于使用本体感觉神经肌肉促进法，所有人都同意不使用100%最大随意收缩来增大关节活动度。美国运动医学会建议在3~6秒内完成20%~75%的最大随意收缩，然后再进行10~30秒的辅助拉伸（2018）。

制定柔韧性方案：运动处方

在评估客户的柔韧性之后，应当确定需要改善的关节与肌群，并为运动处方选择适当的拉伸方法以及特定的练习。附录F.1说明了身体各部位的柔韧性练习。更多拉伸练习，见奥特尔（Alter, 2004）、弗雷德里克和弗雷德里克（Frederick & Frederick, 2017）、麦卡蒂、查兰（Mcatee & Charland, 2014）以及纳尔逊和科科宁（Nelson & Kokkonen, 2014）的报告。请遵循指导原则（见第341页的"柔韧性方案的制定指南"和"客户拉伸方案指南"），并确保解决以下与客户运动处方相关的问题。

一个柔韧性方案里应包含几项练习

一个全面的方案至少包含一个针对身体主要肌群的练习，包括颈部、肩膀、腰背部、骨盆、髋部与腿部。特别重要的是要根据问题区域选择练习类型，如腰背部、髋部、腿部和大腿后部。运用柔韧性测试的结果来识别具有相对共同柔韧性的特定肌群，并纳入针对这些肌群的多项练习。该训练应持续15~30分钟，具体时长取决于要进行的练习次数。

某些拉伸练习会比其他练习更安全吗

有些拉伸练习不建议用于柔韧性方案，因为它们会造成过度的压力，从而增加客户肌肉骨骼损伤的可能性，尤其是膝关节和腰背部区域。附录F.2说明了不适用于柔韧性方案的练习，并建议指定替代性练习，以增加特定肌群的柔韧性。与风险因素相关的详细分析以及某些拉伸练习风险最小化的选项，见奥特尔（Alter, 2004）的研究。

对于拉伸练习而言，安全强度为多少

慢速静态拉伸和本体感觉神经肌肉促进拉伸练习的强度，应始终低于个体的疼痛阈值。其中会出现一些轻微的不适，特别是在本体感觉神经肌肉促进练习过程中，目标肌肉等长收缩的时候。然而，如前所述，这种收缩可能低于最大随意收缩（Kwak & Ryu, 2015；Rowls, Marginson & Lee, 2003；Sheard & Paine, 2010），同时关节不应超出其无痛活动度（ACSM, 2018）。

每次拉伸应持续多长时间

美国运动医学会建议大多数成年人保持10~30秒的拉伸姿势，老年人保持30~60秒。研究显示，完成5周的静态腘绳肌拉伸方案（持续时间为30秒、60秒、90秒或120秒后）后，个体膝关节伸展的被动活动度都获得了程度接近的提升（无论拉伸持续时间是多少）（Ford, Mazzone & Taylor, 2005）。这表明，在改善关节活动度时，保持30秒的拉伸与更长时间的拉伸同样有效。根据目标的不同，对于拉伸强度和持续时间的考虑可能很重要。弗雷塔斯等人（Freitas et al., 2015）让受试者分别以可承受的最大强度保持拉伸姿势90秒，或75%强度保持拉伸135秒，50%强度保持拉伸180秒。他们得出的结论为，虽然高强度拉伸能更有效地增大关节活动度，但拉伸持续时间越久，被动扭矩就下降越多。

研究表明，训练中总拉伸时长可能比单次拉伸的持续时间更重要（Cipriani, Abel & Pirrwitz, 2003；Johnson et al., 2014；Roberts & Wilson, 1999；Zakas et al., 2005）。无论研究受试者是否有良好的关节活动度（Cipriani, Abel & Pirrwitz, 2003），是年轻运动员（Roberts & Wilson, 1999）还是老年人（Zakas et al., 2005），都可能出现这种情况（Johnson et al., 2003）。约翰逊等人（Johnson et al., 2014）让受试者进行9次10秒拉伸或3次30

秒拉伸，总拉伸时间为90秒，6天/周，持续6周。两组受试者的膝关节伸展的活动度都得到了相似的改善。扎卡等人（Zakas et al., 2005）比较了60秒的单次拉伸，2次30秒拉伸，以及4次15秒拉伸的效果。其他研究团队采用不同的拉伸时间（如5秒×9次重复，15秒×3次重复，总拉伸时间为45秒；或10秒×6次重复，30秒×2次重复，总拉伸时间为60秒）。所有的研究都得出了相同的结论，即无论是次数较多的短时拉伸或是次数较少的长时拉伸，二者都可以获得相似的关节活动度增益。

这些研究的结果对制定柔韧性方案有一定的指导意义。对于拉伸耐受力较低的客户，可以指定较短的拉伸持续时间（如10秒）以及更多的重复次数；对于能够承受较长持续拉伸时间（30秒或更多）的客户，可以规定较少的重复次数。

根据这些发现，应该考虑让客户在完成每次拉伸练习时，持续总时间为45~120秒。持续时间与重复次数的组合用于达到所建议的总运动量，同时应根据每个客户对拉伸感觉的耐受性进行个性化练习。对于较短的持续时间，拉伸应至少持续10秒。随着柔韧性的提高，可以通过改变拉伸持续时间（10~30秒）或重复次数，来逐渐使目标肌群处于超负荷状态，从而逐渐增加保持拉伸姿势的总时间。当客户的拉伸耐受力得以提高，则考虑增加每次拉伸的持续时间，并减少重复次数。记住，需要逐渐增加每次练习的总拉伸时间，以确保超负荷以及进一步改善关节活动度。

每项练习应重复多少次

美国运动医学会（ACSM, 2018）建议每次拉伸练习重复2~4次，每次拉伸持续时间为60秒。在训练过程中，随着柔韧性的提高，每次柔韧性训练的重复次数可能会逐渐增加到5次或6次，从而使肌群逐渐处于超负荷的状态。然而，最近的研究表明，单次30秒的静态拉伸达到最大限度的耐受性不适，已经足以降低筋膜的僵硬程度，并且额外的重复不会进一步影响肌肉的力学性质（Opplert, Gentry & Babault, 2016）。美国运动医学会建议时长为60秒，在前文介绍的45~120秒区间内。奥普莱特、金特里和巴博（Opplert, Gentry and Babault, 2016）的研究与这一建议相矛盾，他们的研究发现很有价值。

应多久进行一次柔韧性练习

The Physical Activity Guidelines for Americans 指出，所有成年人都应努力保持体力活动的柔韧性及日常生活活动的表现水平（U.S. Department of Health and Human Services, 2008）。每周至少有2天进行柔韧性练习（ACSM, 2018），但最好每天进行（Knudson et al., 2000）。柔韧性训练最好在适度或高强度的体力活动之后进行，而且它们通常是有氧运动以及抗阻训练中放松部分的一个组成要素。

运动前拉伸能防止损伤吗

多年来，临床医生、教练和运动从业者都建议将拉伸练习作为热身运动的一部分。因为主动热身运动可以防止受伤，而且由于热身运动通常包括拉伸练习，人们会很容易地得出错误的结论：拉伸运动可以防止受伤。然而，关于运动前的拉伸是否能防止损伤的证据比较模棱两可。

在系统的回顾中，贝姆等人（Behm et al., 2016）确定了12项研究，其中8项研究显示了拉伸的一些效果。然而，他们指出，很难将损伤减少确切地归因于运动前的拉伸，因为在制定拉伸方案、持续时间、活动类型、有无热身以及损伤定义等方面，各个研究有所不同。所研究的活动类型及关节也可能影响研究结果。例如，在一项研究中，改善高中投手肩关节旋转活动度的拉伸方案让拉伸组的肩膀损伤（由于肩部症状而不能运动超过一周）风险明显降低（与对照组相比）（Shitara et al.,

2017）。相反，在长跑运动员中，回顾拉伸对损伤预防的影响，可以得出结论，降低该群体慢性损伤的风险并没有临床上的益处（Baxter et al., 2017）。对于更多的爆发性运动，如短跑，可能会存在预防损伤的益处。斯托扬诺维奇和奥斯托伊奇（Stojanovic & Ostojic, 2011）推测，柔韧性的增益可能会降低足球运动员肌肉拉伤的发生率，但他们警告说，这一假设以间接证据为基础。目前缺乏支持运动前拉伸能够预防损伤这一观点的随机对照研究。

有一些证据支持运动前拉伸能够降低运动期间或运动后肌肉拉伤的风险这一观点（Chen et al., 2015；Chen et al., 2011；McHugh & Cos-Grave, 2010）。陈等人（Chen et al., 2015）报告称，与动态拉伸或不拉伸相比，在最大离心收缩后，重复6次15秒的静态拉伸能更有效地减少肌肉酸痛和肌肉损伤的生物标志（肌酸激酶和肌红蛋白）。然而，在几项系统的综述性研究及干预措施的元分析中，研究者得出结论，运动前、运动后或运动前后的拉伸，不会在临床上显著降低延迟性肌肉酸痛的产生概率（Herbert, de Noronha & Kamper, 2011；Torres et al., 2012）。与延迟性肌肉酸痛相关的更多信息，见第7章。

拉伸会影响最大肌肉表现水平吗

迄今为止，在对该主题的综述性研究中，贝姆等人（Behm et al., 2016）评估了125项静态拉伸研究，48项动态拉伸研究和11项本体感觉神经肌肉促进拉伸研究。他们的分析考虑到剂量-反应关系、表现任务（功率-速度或力量）和收缩类型（同心、离心或静态）。总体而言，静态拉伸和本体感觉神经肌肉促进拉伸分别降低了3.7%和4.4%的表现水平，但在运动前进行动态拉伸，表现水平提高了1.3%。静态拉伸总时间大于或等于60秒，与总拉伸持续时间小于60秒相比，前者的表现水平下降率（-4.6%）大于后者（-1.1%），但本

体感觉神经肌肉促进拉伸或动态拉伸之间不存在剂量-反应关系。然而，研究者指出，拉伸和表现水平测量之间的滞后时间往往很短（3~5分钟）。拉伸练习与表现水平测量之间的实际时间间隔可能大于10分钟，在研究这种滞后时间时，拉伸练习对表现水平的影响很小。

加拿大运动生理学会根据贝姆等人（Behm et al., 2016）的综述性研究提出了一个观点，如果运动在拉伸后5分钟内进行，他们不建议延长静态拉伸的时间（≥60秒）。然而，他们也声称，在一个包含有氧运动及特定任务的动态活动中，将拉伸练习纳入热身活动，益处可能远大于代价（表现水平、关节活动度及损伤预防）。

振动辅助型静态拉伸有助于改善柔韧性吗

有综述性研究（Cochrane, 2013）及元分析（Osawa & Oguma, 2013）就此主题进行了回顾。很明显，在拉伸练习中加入振动辅助可以增大关节活动度，无论是即时效果，还是几次或几周训练的效果，都优于单独进行静态拉伸的效果。振动的附加效应可能很小，但却很显著（Osawa & Oguma, 2013）。此外，这似乎对肌肉爆发力没有任何不利影响，比无振动的静态拉伸更具优势（Cochrane, 2013）。然而，振动训练对短跑表现水平的影响很小（Cochrane, 2013）。

关于振动训练，仍存在几个悬而未决的问题。首先，人们并未充分了解振动改善柔韧性的机制。很多相关理论，其中包括痛感减弱而提高了拉伸耐受力、血液流动的增加、肌肉温度的提高和拮抗肌的抑制作用、肌肉骨骼僵程度的减弱、中枢神经系统抑制（Cochrane, 2013；Osawa & Oguma, 2013）。其次，研究人员采用了各种振动装置、频率、振幅、量以及持续时间的组合。因此，与拉伸相结合以增大关节活动度的最佳振动策略仍然是未知的。

柔韧性运动处方是否需要适应老年人

关节活动度随着年龄的增长而减小，这是由体力活动减少、组织黏弹性的变化及关节炎等疾病造成的。毫无疑问，拉伸可以改善老年人的关节活动度（Stathokostas et al., 2012）。然而，对于柔韧性训练是否能改善有助于老年人保持独立的功能性结果方面，其结论各不相同。斯塔索克斯塔斯等人（Stathokostas et al., 2012）对这一课题进行了全面系统的回顾，认为柔韧性的提高与功能性结果之间并不存在相应的联系。此外，由于研究结果差异太大，在最佳拉伸方式、持续时间以及重复次数方面，无法为老年人提出明确的运动处方建议，以改善柔韧性或功能性结果。

目前，在为老年人制定柔韧性方案时，不可能确切地建议如何更改方案指南。无论对老年客户采用何种拉伸方法，都要注意不要超出客户对拉伸的耐受力。随着年龄的增长，肌肉和结缔组织黏弹性的变化会降低老年人的拉伸耐受力。此外，在老年人群体中，最好对规定的拉伸动作进行排序，将所有的地面拉伸练习归为一组是明智合理的，而不是将这些动作归为站姿拉伸练习。

可以将本节中提供的通用指南作为制定柔韧性方案的基础。应该根据客户因素，如对拉伸和疼痛的耐受力、需求和长期目标来制定个性化的方案。例如，短时间、多次重复的静态拉伸可能更适合拉伸耐受力较低的客户，而长时间的本体感觉神经肌肉促进拉伸可能更适合运动员或正实施损伤康复方案的客户。此外，肌群拉伸的最佳持续时间、频率及总时间可能不同，因为它们的黏弹性特性与对拉伸刺激的反应可能不同（Shrier & Gossal, 2000）。为希望提高整体柔韧性的35岁女性制定的方案，见第342~343页的"柔韧性方案示例"。请注意，该方案包含一个以上针对柔韧性评分为欠佳或一般的肌群的练习。

指导参与拉伸方案的客户遵守所推荐的指南（见第341页的"客户拉伸方案指南"）。

制定腰背部护理运动方案

腰背痛经常导致中年人及老年人活动受限，同时每年有300万~400万人因此致残。慢性腰背痛是工作群体中致残的第一大原因（Carpenter & Nelson, 1999），其患病率可能高达84%（Almoallim et al., 2014）。在探讨安全、有效的腰背部损伤的预防及恢复方法方面，仍然存在争议。然而，斯蒂芬斯等人（Steffens et al., 2016）在最近的一项系统回顾与元分析中得出结论，单独运动或与教育相结合的运动对腰背痛的预防有一定效果，而其他策略，如鞋垫、背带及不运动的教育并不是有效的预防方法。本节介绍两种用于腰背部护理方案的练习方法以及与核心稳定性及正确姿势相关的信息。你所选择的方法取决于客户的需求、健康水平、体适能状况以及训练目标（如缓解腰背痛，降低腰背痛风险或最大限度提高运动表现水平）。

胡苏和苏尼（Husu & Suni, 2012）检验了老年人与健康相关的体适能（即平衡性、柔韧性、肌肉耐力和体重指数）与腰背痛之间的关系。他们报告称，平衡性（单腿站立测量）与躯干柔韧性（侧屈活动度）是预测腰背痛的有力指标。针对动态躯干伸展与体重指数（≥27千克/米^2），体适能评分较低增加了腰背痛导致残疾的风险。在鉴别老年客户的腰背痛和腰背部障碍风险增加时，躯干柔韧性、躯干肌肉耐力、平衡性和体重指数测试可能是有用的筛查工具。

柔韧性方案的制定指南

- 模式：对大多数客户而言，采取静态、动态或本体感觉神经肌肉促进拉伸；弹震拉伸可能对从事涉及弹震运动的运动客户有所帮助。
- 练习次数：10~12次。
- 频率：至少2天/周，最好是每天。
- 强度：缓慢拉伸肌肉至轻微不适的位置。
- 拉伸持续时间：静态或动态拉伸为10~30秒；收缩3~6秒，本体感觉神经肌肉促进辅助拉伸为10~30秒。
- 重复次数：每次运动2~4次，每次伸展运动的总持续时间至少为60秒。
- 量：每次活动的总拉伸时间为60秒。
- 时间：每次15~30分钟。

（源自：Kravitz and Heyward, 1995; ACSM, 2018.）

客户拉伸方案指南

- 在拉伸前进行一般性热身，以提高体温以及被拉伸的肌肉的温度。
- 拉伸所有主要肌群及相对肌群。
- 专注于参与拉伸的目标肌肉，放松目标肌肉，尽量减少身体其他部位的运动。
- 保持10~30秒的拉伸姿势；老年客户应保持30~60秒。
- 拉伸到运动的极限（终点），而不是疼痛点。
- 保持舒展的同时，保持缓慢而有节奏的呼吸。
- 在不同平面上拉伸目标肌群，以增加关节的整体活动度。
- 尽管拉伸练习可能无法防止损伤或减少肌肉收缩，但这是一项很好的练习，可纳入运动方案的积极热身和放松阶段（ACSM, 2018）。

传统方法

过去，制定腰背部护理方案旨在纠正脊柱和骨盆在对齐与支撑方面存在的问题。一般情况下，通过拉伸与强化练习相结合来增加髋屈肌、腘绳肌和腰背部伸肌的柔韧性，以及腹肌的力量。

运动专业人员主要关注腹部肌肉的强化，以防止腰背痛及损伤，却很少或没有注意到腰背部肌肉。然而，研究表明，腰背部强化方案对缓解和预防腰背痛与损伤有一定的效果（Carpenter & Nelson, 1999）。目前，一些腰背部护理方案的现行方法为，纳入相应的练习，以增强腹部及腰背部伸肌的力量与耐力。

柔韧性方案示例

客户数据

年龄：35岁	强度：仅低于疼痛阈值
性别：女	拉伸持续时间：10秒
体重：140磅（约63.6千克）	重复次数：每项练习4~6次
方案目标：改善整体柔韧性	总拉伸时间：每项练习50~120秒
时间承诺：每次训练20~30分钟	频率：每天
练习数量：12	超负荷：逐渐增加拉伸持续时间或每次练习最
方式：静态拉伸	多重复2分钟

练习[a]	周数	持续时间/秒	重复次数	总时间/秒	肌群
股四头肌拉伸（侧卧）	1~3	10	5	50	股四头肌
	4~6	12	5	60	
	7~9	15	6	90	
半跨坐拉伸	1~3	10	5	50	腘绳肌；躯干伸肌（腰背部）
	4~6	12	5	60	
	7~9	15	6	90	
双膝触胸（仰卧）	1~3	10	6	60	腘绳肌；躯干伸肌（腰背部）
	4~6	15	6	90	
	7~9	20	6	120	
蝶式拉伸（坐式）	1~3	10	5	50	髋内收肌
	4~6	10	6	60	
	7~9	12	6	72	
躯干屈曲（手膝支撑）[b]	1~3	15	5	75	躯干伸肌（腰背部）
	4~6	20	5	100	
	7~9	20	6	120	
交叉腿躯干旋转	1~3	10	5	50	髋外展肌；躯干旋转肌
	4~6	15	5	75	
	7~9	15	6	90	
肌腱（小腿）拉伸	1~3	10	5	50	踝跖屈肌
	4~6	12	5	60	
	7~9	15	5	75	
骨盆倾斜	1~3	15	5	75	腹肌
	4~6	20	5	100	
	7~9	30	4	120	
毛巾拉伸（站立）	1~3	10	5	50	肩伸肌
	4~6	12	5	60	
	7~9	15	5	75	

续表

练习[a]	周数	持续时间/秒	重复次数	总时间/秒	肌群
毛巾拉伸（屈膝俯卧）	1~3	12	5	60	肩屈肌
	4~6	15	5	75	
	7~9	20	5	100	
肱三头肌拉伸	1~3	10	5	50	肘伸肌
	4~6	12	5	60	
	7~9	15	6	75	
颈部扭转	1~3	12	5	60	颈屈肌；颈侧屈肌；颈旋转肌
	4~6	12	6	72	
	7~9	15	5	75	

[a]练习说明见附录F.1和附录F.3。
[b]对于柔韧性不足的肌群，包括腘绳肌与躯干伸肌（腰背部），可以进行两次或更多的练习。

为了增强腰背部（腰椎伸肌）肌肉，骨盆稳定性是一种关键要求。如果躯干伸展时骨盆不稳定，则髋伸肌会使骨盆扭转（约110度），同时腰椎保持在相对位置（不伸展）。相反，当骨盆固定时，腰椎会随着腰背部伸肌的收缩而伸展（约72度）（Carpenter & Nelson, 1999）。大多数地面身体练习并不会孤立腰背部肌肉，因为在这些练习中骨盆可以自由活动。而使用具有稳定骨盆的大腿及股骨束缚装置的腰椎伸展机，则能阻止髋部伸展，在运动过程中孤立腰背部肌肉。在训练量最少的腰椎伸展机上锻炼（每周8~15次，每次重复8~15次），可以显著提高腰椎肌肉强度与骨密度（Graves et al., 1994；Pollock, Garzarella & Graves, 1992），并减少背部损伤的发生率（Mooney et al., 1995）。若患有慢性腰背痛的客户采取这种类型的腰背部强化方案，则可以在关节活动度、肌肉力量和耐力及疼痛缓解方面取得显著的改善（Carpenter & Nelson, 1999）。

为了强化腹部肌肉，应选择既能最大限度地激活腹部肌肉，又能最大限度地减弱腰椎压缩（负荷）的运动（即挑战压缩比高）。由于腰大肌（髋关节屈曲的原动力）是脊柱负荷的主要来源，应选择能使这种肌肉活动最小化的运动，如屈膝卷腹（足部固定或不固定）、动态交叉膝关节卷腹（屈曲并扭转）、等长侧支撑（侧桥）及动态侧屈运动（Axler & McGill, 1997；Juker et al., 1998；Knudson, 1999）。屈膝卷腹运动强调腹直肌，而等长侧支撑强调腹内、外斜肌及腰方肌。由于挑战压缩比较低，因此不建议进行以下腹部运动：直腿或屈膝仰卧起坐、仰卧直腿抬举和垂膝屈曲抬举（Axler & McGill, 1997）。

使用传统的方法，以下为推荐的用于腰背部护理的练习。附录F.3对其中一些练习进行了描述及说明。

- 骨盆倾斜（仰卧），拉伸腹部肌肉。
- 双膝触胸（仰卧），拉伸髋部、臀部和腰背部肌肉。
- 躯干屈曲（手膝支撑），拉伸背部、腹部和腿部肌肉。
- 稳定骨盆（在训练器上）的腰椎伸展练习，强化腰背部伸肌。
- 卷腹、动态交叉膝关节卷腹和等长侧支撑，强化腹肌和腰方肌。
- 单腿伸展（俯卧），强化髋部和臀部肌肉，拉伸腿部肌肉。

替代方法

　　研究表明，运动或完成日常生活活动时，腰背部损伤的主要原因为腰椎不稳定，而不是脊柱和骨盆对齐不良（McGill, 2001）。研究还表明，相较于肌肉力量，肌肉耐力在减少腰背部损伤方面更具保护作用，而更大的腰椎关节活动度实际上增加了腰背部损伤的风险（McGill, 2001, 2016）。因此，充分的腰椎稳定性是腰背部护理方案的重点。要测量腰椎稳定性，见第10章中的"腰椎稳定性测试"部分。在腰背部护理方案中应用腰椎稳定概念，其详细的探讨与建议见布拉措（Braco, 2004）和诺里斯的研究（Norris, 2000）。

　　为了改善及保持腰椎稳定性，专家（McGill, 2001）的建议如下。

- 通过等长收缩腹壁与腰背部肌肉，在活动期间支撑腰椎。
- 在活动期间保持脊柱处于中立位（即直立时腰椎呈自然前凸曲线）。
- 在举重或运动时，避开躯干活动度的末端（完全屈曲或伸展）。
- 进行针对肌肉耐力而非力量的运动。

　　以下的练习序列特别推荐给刚开始接触腰背部护理方案的初学者。附录F.3对这些练习进行了说明。

- 猫式与骆驼式：在整个脊柱屈曲和伸展过程中缓慢且动态地移动，重点在于脊柱的关节活动度，而不是迫使躯干到达活动度末端（通常5或6个周期的运动即可）。
- 增加髋关节与膝关节活动度的拉伸练习。
- 单腿屈膝卷腹-静态：双手放在腰椎下方，有助于保持脊柱处于中立位。
- 等长侧支撑（侧桥）针对腰方肌与腹内、外斜肌。
- 单腿伸展保持和鸟狗式变式，双手与双膝同

时支撑，强化躯干伸肌与髋伸肌。
- 等长稳定练习要求同时收缩腹部肌肉，以便在其他练习中收紧腹部。
- 动态中空或将肚脐压向脊柱的练习，有助于强化腹壁深层肌肉（即腹横肌及腹内斜肌）。

　　北美脊柱外科协会（The North American Spine Society, 2009）建议进行与拉伸、强化核心力量及抗阻训练相关的练习，以预防背部疼痛，保持背部健康。

- 颈部、大腿内侧和腘绳肌的拉伸。
- 肩部的转动与前核心区拉伸。
- 后弯。
- 站姿侧平板支撑下伸。
- 门边胸部拉伸。
- 清洁墙面。
- 横向及矢状核心强化。
- 仰卧起坐或其他腹部练习。
- 颈后推举。
- 侧桥。
- 俯身桥式或平板支撑。

针对腰背痛的核心稳定性测试与训练

　　目前对于核心的定义及核心稳定性的测量都还没有达成共识，关于它是不是一种有效治疗或预防腰背痛的策略，更是众说纷纭。威尔森等人（Willson et al., 2005）认为核心的狭义定义为腰椎-骨盆-髋关节复合体。阿库托塔等人（Akuthota et al., 2008）将核心描述为一个前面由腹肌包围、后面由椎旁肌和臀肌包围、上面由膈膜包围、下面由骨盆底及髋带包围的"肌肉箱"。贝姆等人（Behm etl al., 2010a, 2010b）采用了一个更广泛的定义，即核心应包含所有中轴骨骼及所有与中轴骨骼近端相连的软组织。在第7章"核心稳定肌肉与功能"中列出了有助于核心稳定性

的肌肉。此外，核心稳定性方案应考虑与这些软组织相关的感知觉及运动成分（Akuthota et al., 2008）。基布勒、普雷斯及夏夏（Kibler, Press & Sciascia, 2006）将核心稳定性定义为"控制骨盆上方躯干位置和运动达到最佳状态，协调体力活动的同时传递并控制力量和运动到达身体远端的能力"。

第6章介绍了萨尔曼核心稳定性测试（Sahrmann, 2002），这是一种常用的评估工具。阿库托塔等人（Akuthota et al., 2008）提出了将身体置于3个平面上的10种练习，以便测量核心稳定性。同时蒂德斯特兰德和霍内（Tidstrand & Horneij, 2009）报告了单腿直立和坐在平衡球上单腿抬举之间具有较好的评分者间信度。然而，所有这些评估都需要一些临床上的主观判断。卡拉曼等人（Kahraman et al., 2016）最近开发了一套核心稳定性评估系统，其中包括更客观的测量。他们对38名非特异性腰背痛患者进行了33项与核心稳定性有关的测试。这些测试按核心稳定性的5个组成部分：力量、耐力、柔韧性、运动控制以及功能来归类。他们选择了每个类别中具有最高评分者间信度的测试，来创建一个可靠的核心稳定性测试系列（ICC ≥ 0.90）。卡拉曼等人（Kahraman et al., 2016）提出的测试系列，包括以下几个方面。

- 半卷腹测试（力量）。
- 侧桥（耐力）。
- 躯干屈肌测试（耐力）。
- 屈体前伸测试（柔韧性）。
- 单腿跳（功能）。
- 侧向步进（功能）。
- 单足睁眼直立测试（运动控制）。

改善核心稳定性的训练策略与核心的定义一样具备多样性的特征。贝姆等人（Behm et al., 2010a, 2010b）建议使用地面上的自由重量练习（如深蹲、硬拉）来训练核心肌肉

组织，但要注意，在不稳定表面上进行抗阻练习也有好处，其可能会降低腰背痛的发生率。阿库托塔等人（Akuthota et al., 2008）提出了一个核心稳定性方案，其中包括：在各种姿势中收紧腹部，以孤立腹横肌；针对椎旁肌的四肢抬升（鸟狗式）；针对腰方肌和腹内、外斜肌的侧向平板支撑；针对腹直肌的躯干卷曲。

虽然有强有力的理论基础可以论证核心稳定性训练将有助于腰背痛的预防或治疗，但这真的有效吗？在对文献进行系统回顾之后，施图贝尔等人（Stuber et al., 2014）对旨在解决这一问题的文献数量及质量持批评态度。他们认为，缺少随机对照试验去排除一些结论，如任何有关核心稳定性训练方案是否优于其他缓解腰背痛的传统治疗或训练方法等。同样，达文和卡拉汉（Davin & Callaghan, 2016）认为，没有确切证据论证稳定性练习比其他形式的练习更能有效地治疗腰背痛。在有限的研究元分析中，王等人（Wang et al., 2012）得出结论：在短期内，核心稳定性练习比一般练习能更有效地缓解慢性腰背痛患者的疼痛程度，但在减轻疼痛方面，各种练习策略之间不存在长期（>6个月）差异。

治疗腰背痛的普拉提

普拉提是一种流行的锻炼方法，尤其在女性群体中相当普及，其强调运动的精确性。约瑟夫·普拉提（Joseph Pilates）于20世纪20年代将该运动引入美国，其融合了希腊及罗马的体操、瑜伽和武术等运动（Kloubec, 2011）。普拉提练习强调在体验可控的关节活动度之前稳定核心肌肉组织并控制呼吸。该运动可以在垫子上，或在一个改良后附带弹簧与滑轮的滑动平台上进行。

有强有力的证据表明，普拉提能够提升

腹部肌肉耐力以及躯干后部的柔韧性（Kibar et al., 2016；Sekendiz et al., 2007）；因此，普拉提训练可能有助于治疗腰背痛，这是合乎逻辑的。有很多关于普拉提的研究，但质量参差不齐。最近，林等人（Lin et al., 2016）系统回顾了普拉提对慢性非特异性腰背痛患者的影响，研究仅限于高质量的随机对照试验。他们确定，与常见或常规保健相比，6~12周的普拉提训练有助于疼痛缓解，并显著改善功能性能力。然而，其他包括腰部或躯干练习的运动疗法和普拉提一样有效。山藤等人（Yamato et al., 2016）也同意这一观点，认为虽然普拉提在治疗慢性腰背痛方面也是有效的，但可能不会比其他形式的练习更有效。在最近的一项研究中，患有慢性腰背痛的男性（40~55岁）被随机分为普拉提训练组、麦肯齐背部练习组或对照组。虽然两个治疗组受试者的疼痛均得以减轻，总体健康状况有所改善，但普拉提和麦肯齐练习带来的效果之间没有显著差异（Hasanpour Dehkordi, Dehghani & Solati, 2017）。

本章回顾

关键知识点

▶ 在制定柔韧性方案时，应该运用特异性、超负荷、渐进性以及个体差异原则。

▶ 拉伸的4种方法为，慢速静态拉伸、动态拉伸、弹震拉伸和本体感觉神经肌肉促进拉伸。

▶ 一些人认为本体感觉神经肌肉促进拉伸优于其他可增大关节活动度的拉伸方法，但所有方法（本体感觉神经肌肉促进拉伸、弹震拉伸、动态拉伸及静态拉伸）都有效增大了关节活动度。

▶ 收缩-放松及收缩-放松-再收缩是两种常见的本体感觉神经肌肉促进拉伸技术。

▶ 一般不建议进行弹震拉伸，因为其具有很高的损伤与肌肉酸痛风险。

▶ 对于静态拉伸方案，关节活动度增益与拉伸所持续的总时间有关；拉伸总时间是拉伸持续时间与练习重复次数的函数。

▶ 一个全面的柔韧性方案应为每个主要肌群纳入至少一项练习。

▶ 肌群拉伸不应超出无痛活动度。

▶ 一般来说，对初学者而言，拉伸的持续时间应该为10~15秒，对水平更高的客户来说，不超过60秒。

▶ 初学者开始时应该将每项练习重复2~4次。

▶ 每周应至少进行2天柔韧性练习，但最好每天进行。

▶ 为了逐渐使目标肌群处于超负荷的状态，可以通过增加拉伸持续时间（10~60秒）及重复次数（4~6次）来逐渐增加拉伸总时间（60~120秒）。

▶ 拉伸并不能防止过度使用性损伤或改善体力活动表现水平，但它可以降低肌肉拉伤的风险。

▶ 短时间（<45秒）的静态拉伸不会对力量、爆发力和速度表现造成不利影响，它可以作为参与练习之前的热身准备活动。

▶ 腰椎不稳定是引起腰背部问题的主要原因。

▶ 在腰背部护理方案中，建议采取能够改善并维持腰椎稳定性的练习。

▶ 在预防和治疗腰背部损伤方面，改善肌肉耐力的练习可能比改善肌肉力量的练习更有效。

▶ 萨尔曼核心稳定性测试在临床环境中很受欢迎，卡拉曼等人（Kahraman et al., 2016）的测试系列，均具有较好的评分者间信度。

▶ 与常见运动训练相比，包括躯干在内，核心稳定性训练和普拉提是否能更有效地减轻腰背痛，这一观点存在争议。

重要术语

请学习以下重要术语的定义，相关定义可在术语表中查找。

主动辅助拉伸（Active-Assisted Stretching）

主动拉伸（Active Stretching）

自生抑制（Autogenic Inhibition）

弹震拉伸（Ballistic Stretching）

收缩－放松－再收缩（Contract-Relax
　　Agonist Contract, CRAC）

收缩－放松（Contract-Relax, CR）

核心稳定性（Core Stability）

动态拉伸（Dynamic Stretching）

柔韧性训练（Flexibility Training）

腰椎稳定（Lumbar Stabilization）

被动拉伸（Passive Stretching）

骨盆稳定（Pelvic Stabilization）

普拉提（Pilates）

本体感觉神经肌肉促进（Proprioceptive Neuro-
　　muscular Facilifation, PNF）

交互抑制（Reciprocal Inhibition）

静态拉伸（Static Stretching）

应力松弛（Stress Relaxation）

拉伸耐受力（Stretch Tolerance）

黏弹性蠕变（Viscoelastic Creep）

问题回顾

除了能够对上面列出的重要术语进行定义，请回答以下问题来巩固并加深自己对本章内容的理解。

1. 解释为什么弹震拉伸通常不推荐用于现有方案中。

2. 辨别肌腱单元中的两个感觉感受器，并解释每个感受器如何受到慢速静态拉伸的影响。

3. 本体感觉神经肌肉促进拉伸改善关节活动度的生理机制是什么？

4. 确定3个高风险的柔韧性练习，并推荐安全的替代方案。

5. 慢速静态、动态和本体感觉神经肌肉促进拉伸有哪些优点与缺点？

6. 描述制定柔韧性方案的基本原则。解释如何应用特异性以及超负荷的训练原则。

7. 解释为什么拉伸不能防止损伤。

8. 介绍3种挑战压缩比较高的腹部练习。

9. 传统方法和替代方法在腰背部护理方案中有什么相似和不同之处？

10. 描述开始执行腰背部护理方案时，所推荐的练习顺序。

第12章

评估平衡性和制定平衡性方案

关键问题

▶ 什么是静态平衡性和动态平衡性?

▶ 哪些因素会影响身体的平衡性?

▶ 如何评估平衡性?

▶ 身体平衡性测试的一般准则有哪些?

▶ 什么是平衡性训练?

▶ 哪些类型的运动最适用于改善平衡性?

▶ 制定平衡性训练方案的一般建议都有哪些?

尽管与健康相关的体适能测试组合中,通常并未包括身体平衡性测试,但作为功能性体适能的关键成分,平衡性获得了人们的重视。平衡性在过去主要作为运动表现水平指标,只有在需要提高运动表现水平时才会进行平衡性训练。2018年,在一项全球健身趋势调查中,针对老年人和功能性体适能的健身方案分别位列第9和第10(Thompson, 2017)。

在老年人保持身体功能性体适能方面,平衡性是一个非常重要的成分,它在预防跌倒、完成日常生活活动和保持身体功能独立性方面发挥着重要作用。在美国,每年有超过1/4的老年人(65岁或以上)发生跌倒,而跌倒是老年人受伤死亡的主要原因(Bergen, Stevens & Burns, 2016)。但不幸的是,在过去10年中,跌倒引发的老年人死亡率稳步上升。为了降低跌倒的风险,应鼓励老年人定期锻炼,提高力量、爆发力,改善平衡性。最新的*Physical Activity Guidelines for Americans*(U.S. Department of Health and Human Services, 2008)和*Canadian Physical Activity Guidelines*(Tremblay et al., 2011),均建议行动不便的老年人(65岁或以

上)进行平衡性训练。此外,美国运动医学会就老年人锻炼(Chodzko-Zajko et al., 2009)及提升和维持体适能水平的运动的质量和数量(Garber et al., 2011)发表了声明,同样建议行动不便或存在跌倒风险的老年人进行平衡性和神经运动训练。**神经运动训练**包括能够改善平衡性、敏捷性、步态、协调性和肌肉运动知觉(本体感觉)的运动(ACSM, 2018;Bushman, 2011, 2012),将这一类型的训练纳入老年人的综合运动方案,能够带来很大的益处。

本章内容将首先介绍平衡性的定义和理论框架以及评估平衡性的工具和测试,随后将介绍平衡性测试指南和平衡性测试标准,并为大家提供制定平衡性训练方案的建议。

平衡性的定义和性质

平衡性是指在保持静态姿势,进行自主运动或对外部干扰做出反应时,将身体重心维持在支撑底面内的能力。姿势的稳定性和均衡性是表示平衡性结构的常用术语,而临床上通常将平衡性分为静态平衡性或动态平衡性。静

态平衡性指在站立或坐下时，将身体重心维持在支撑底面内的能力；动态平衡性指在身体重心和支撑底面发生移动，身体重心移至支撑底面之外（如行走）时维持直立姿势的能力。反应平衡性是在站立或行走时对干扰进行代偿，并从干扰中恢复平衡的能力（如在被障碍物绊倒时保持平衡的能力）；功能平衡性指完成需要平衡性的日常活动的能力（如从地板上拾取物体、穿衣服、扭身观察身后等）。

平衡性涉及生物力学、神经和环境系统。多年以来，平衡性的理论框架已从反射和分层模型转变为了动态系统模型，更着重于说明如何达到平衡性和姿势控制的系统功能和相互作用。在先前的理论框架中，反射模型认为感官输入控制着运动输出，分层模型则认为运动由较高级的大脑中心（如大脑皮质和中脑）控制。而动态系统模型认为，平衡性控制具有自适应性和功能性，能够为实现运动目标提供多种解决方式。在这个模型中，较高级大脑中心与较低级大脑中心相互配合，并不是前者控制后者。视觉、身体感觉（本体感觉）和前庭觉（内耳）系统之间相互作用，维持身体的平衡。视觉系统能够识别身体相对于所处环境的位置信息；身体感觉系统能够识别身体部位的位置和运动状态；前庭觉系统则能识别与头部位置有关的重力状态，并感知加速时的速度和头部方向。此外，内部因素如肌肉张力、力量、关节活动度以及外部环境因素，均会影响平衡性。

影响平衡性和跌倒风险的因素

体形、足部尺寸、性别、年龄和体适能水平都会对平衡性和跌倒风险产生影响。本节将介绍有关平衡性和跌倒风险的一些常见问题。

体形对平衡性有哪些影响

身体重心相对于支撑底面的高度会对身体平衡性产生影响，身体重心相对于支撑底面越高，稳定性就越差。身高较低，身体重心也就较低，因而相较于身高较高的个体，身高较低个体的稳定性也就更好。因此，身高和体重是影响平衡性的预测因素。

足部尺寸会影响平衡性吗

支撑底面的尺寸直接影响着稳定性，支撑底面越大，稳定性越高，而且在身体重心的垂直投射（即重力线）落在支撑底面之外并失去平衡之前，较大的支撑底面还能使身体移动更大的距离，这也是和双脚站立相比，以脚尖站立很难保持身体平衡的原因。足部尺寸（长度和宽度）也会影响平衡性，在执行需要单腿站立的任务时，这一点就显得尤为突出。

女性的静态平衡性比男性更强吗

女性和男性之间的骨骼结构（如骨盆的形状）和体形（苹果形与梨形）差异会影响身体重心的位置。通常，女性的骨盆结构更宽，且体形多为梨形，因此在站立期间，女性身体重心与支撑底面的相对高度往往低于男性（女性身体重心的高度为站立高度的55%，男性为57%）。因此，人们会认为女性的静态平衡性比男性略胜一筹，但研究结果证明，事实并非如此：在18~99岁的成年人（Springer et al., 2007）或青少年田径运动员（Knight et al., 2016）中，睁眼和闭眼时的单腿站立表现并不存在性别差异。

运动前拉伸会影响平衡性表现吗

一些研究认为，运动前拉伸会降低肌肉的力量和爆发力，从而削弱体适能表现（见第11章），而力量和爆发力又与平衡性有关，因此会认为拉伸不利于平衡性表现。事实上，一些研究报告指出，长时间的静态拉伸（拉伸持续45秒）会降低身体的平衡性（Hoshang Bakhtiary,

Aminian-Far & Hedayati, 2013；Behm et al., 2004）。女性在进行了3组45秒静态拉伸（腘绳肌、股四头肌和腓肠肌）之后，其前后位和内外侧的动态平衡性均有所下降，但在仅进行了15秒拉伸的女性群体中，平衡性表现并没有表现出削弱迹象（Hoshang Bakhtiary, Aminian-Far & Hedayati, 2013）。还有一些研究报告称，持续时间较短（≤15秒）的静态拉伸及本体感觉神经肌肉促进收缩−放松−再收缩拉伸，能够显著改善健康年轻女性和男性的重心稳定性和动态平衡性（Costa et al., 2009；Nelson et al., 2012；Ryan, Rossi & Lopez, 2010）。

哪些因素会增加跌倒风险

通常，光线暗、不固定的地毯和人行道障碍等外在因素都会增加跌倒风险，而一些如肌肉无力、步态及平衡性问题等内在因素，同样也会增加跌倒风险，而这些因素正是老年人跌倒的第二大常见原因（Rubenstein & Josephson, 2002）。此外，在岁月流逝的过程中，身体快速发力的能力（即肌肉爆发力）要比肌肉力量下降得更快（Granacher, Gruber & Gollhofer, 2010），而在防止跌倒方面，肌肉爆发力较肌肉力量更为重要。无法对站立和走路时的意外干扰进行代偿（即反应平衡性差），以及无法在执行认知任务或其他运动功能的同时保持身体平衡，都有可能会增加跌倒的风险。

格拉纳谢等人（Granacher et al., 2012）针对跌倒风险的评估，推荐了测量肌肉爆发力、执行多任务的动态平衡性及反应平衡性的测试组合。最近，金等人（Kim et al., 2017）发现，古拉尔尼克等人（Guralnik et al.）于1994年开发的简易体适能状况量表同样适用于筛查跌倒风险。在该研究中，他们让307名年龄在65~92岁的老年人进行了下肢功能测试组合，而其中跌倒者的分数大幅低于未跌倒者。测试组合包括以逐步增加难度的双脚位置来评估站立平衡性，评估步态速度的4米步行测试和尽可能快地重复5次坐姿起立测试。相较于计时起立行走测试或伯格平衡量表，该测试组合与跌倒历史相关性更高。

定期锻炼可以减少跌倒风险吗

定期锻炼能够起到预防跌倒及因跌倒而发生骨折的作用。卡特等人（Carter et al., 2001）报告称，肌肉和关节功能、前庭觉系统、视力、身体感觉、认知、静态和动态平衡性及步行能力不足都会使个体易于发生跌倒和骨折。在降低跌倒风险方面，平衡性训练、抗阻训练和柔韧性训练均较耐力训练更为有效（Province et al., 1995）。澳大利亚运动和体育科学协会在其声明中认可了运动在预防跌倒方面的有效性，但同时也强调了运动处方应逐步增加平衡性难度（Tiedemann et al., 2011）。同样，舒伯特等人（Shubert et al., 2011）也建议预防跌倒的运动方案应至少重视以下3种平衡性运动模式中的两种：（1）围绕身体重心运动的模式；（2）减小支撑底面的运动模式；（3）上肢给予极小支撑力的运动模式。此外，为有效预防跌倒，老年人的运动时间应至少为50小时（Shubert, 2011）。随后将针对降低跌倒风险，介绍关于能够提高平衡性的运动的一般建议。

如果运动能够有效预防老年人跌倒，那么按此逻辑推断，运动还应能降低老年人对跌倒的恐惧，但有研究表明，运动干预在克服恐惧方面，仅具有小幅到中等幅度的短暂影响（Kendrick et al., 2014）。但研究人员还指出，对这一主题所进行的研究质量均较差，随机测试有待完善。

平衡性评估

根据平衡性动态系统模型的观点，计算机化测力板设备可用来评估身体感官、运动和生物力学部位的适应性功能，从而直接测量平衡性。如果不具备先进的直接测量设备，则可根据功能平衡性测试方法进行间接测量，通过现场和临床测试来评估静态和动态平衡性。有关静态和动态平衡性现场测试的详细说明及示例，见雷曼和曼斯克（Reiman & Manske, 2009）的文章。平衡性涉及多个身体功能系统，因此，为更有效地评估静态和动态平衡性，大多数平衡性测试组合都涵盖了十分全面的测试项目，如单独进行简单的单腿站立测试，仅能测量部分平衡性，在测量复杂的身体平衡性时就显得有些捉襟见肘。

使用直接测量法评估静态和动态平衡性

平衡性评估的技术应用催生了许多能够精准评估静态和动态平衡性的计算机化系统。通常，这类计算机化系统的成本均相对较高，对于大多数现场和临床环境来说非常不实用。这类系统通常由计算机化测力板构成，并配有3个或多个力传感器，能够量化施加在支撑平台的垂直压力。通过这些垂直压力，可推导出位于压力中心前后和中外侧的身体平衡性。该系统还能提供客户保持静止时的重心动摇和稳定性数据，包括客户双脚的重量分布、为保持平衡而移动垂直力中心（压力中心）的能力及应对平台干扰时的下意识运动反应（Guskiewicz & Perrin, 1996）。通过测力板平衡性测试所测得的姿势控制有效数据，可用于预测老年人的跌倒风险，并判断其是否具有平衡性问题或跌倒史（Pajala et al., 2008）。

计算机动态姿势描记可用来评估单个或多个平衡性感官功能、运动功能和生物力学部位功能（如向前迈下平衡仪）（NeuroCom计算机动态姿势描记仪见图12.1）。运动控制测试能够测量客户在应对测力板突然干扰身体平衡时的反应数据（即反应平衡性）。感觉整合测试能够检查客户在视觉和本体感觉受到机械干扰时保持直立姿势的能力（Nashner, 1997）。感觉整合测试针对体力活动水平较高的成年人和老年人，所测得的动态姿势稳定性数据效度和信度可达到中等至良好程度（Dickin & Clark, 2007；Dickin, 2010）。NeuroCom平衡性测试仪可用来评估功能性表现，如步行、转身及坐姿起立等变换姿势的表现，还可用于测量身体重量分布的对称性、重量分布变化和稳定限度。

图12.1 NeuroCom计算机动态姿势描记仪

[由戴尔·R.瓦格纳（Dale R. Wagner）提供。]

使用Nintendo Wii平衡板测量平衡性

计算机化姿势检查设备的成本高昂且操作复杂，因此可使用成本较低的Nintendo Wii平衡板作为替代方案。Nintendo Wii平衡板能够有效评估静态和动态平衡性。在测量年轻人和老年人的压力中心单向旋转位移时，Wii平衡板的测试结果信度和效度与实验室测试结果相同（Clark et al., 2010; Kalisch et al., 2011），但该测试结果与老年人样本中的功能灵活性（计时起立行走测试和障碍挑战测试）相关度很低（Reed-Jones et al., 2012）。然而，报告发现Nintendo Wii平衡板测试得分与视觉处理速度之间存在关联，这说明Nintendo Wii平衡板测试能够提供标准的功能灵活性和平衡性测试无法提供的信息。有关使用Nintendo Wii平衡板测量压力中心的技术标准（如漂移、迟滞性），见韦弗、马和莱恩的文章（Weaver, Ma & Laing, 2017）。有关Nintendo Wii平衡板和平衡性的综述性研究，见戈布尔、科恩和弗林的文章（Goble, Cone & Fling, 2014）。

稳定限度测试能够测量重心的最大偏移，可评估个体以固定支撑底面保持平衡时，向若干方向倾斜的最大限度（Clark et al., 2005）。研究表明，稳定限度测试分数和预测跌倒风险的效度较高（Clark, Rose & Fujimoto, 1997; Wallman, 2001）。通常，成年人前后侧的稳定限度为12度，中外侧为16度。

通过量化在稳定或不稳定表面上维持动态姿势稳定性的能力，Biodex稳定性测试系统可评估和训练神经肌肉控制，并能够在持续向个体提供视觉反馈的同时，尝试重现重心的特定运动模式。可使用Biodex稳定系统，将客户的前后侧得分（以度为单位）除以正常值（12度）再乘以100%来计算前后侧稳定性指数；同理，可将客户的中外侧得分除以正常值（16度）再乘以100%来计算中外侧稳定性指数。若两个指数相加后数值小于100%，即表示受试者存在平衡性问题（de Bruin et al., 2009）。

在健身房、运动和康复中心等环境可使用成本较低的平衡性测试系统（如Biodex稳定性测试系统和动觉能力训练器）来评估神经肌肉控制、本体感觉和机械性刺激输入。然而，这类测试系统无法量化前庭和视觉平衡性。它们通常为多轴平台，下方由万向接头与8个可移动弹簧组成，可用于平衡性训练。

使用间接测量法评估静态平衡性

早在19世纪中叶，龙贝格（Romberg）就制定出了通过缩小站立姿势支撑底面的方法，来测量静态平衡性的测试。对于站立时的稳态静态平衡性，可在单任务条件下（即仅站立）或多任务条件下（站立时同时执行其他运动或认知任务）进行评估，而在评估跌倒风险时，还应同时评估反应平衡性。本节将针对现场或临床环境，介绍各类简便易用的静态平衡性测试和反应平衡性测试方案。

龙贝格测试

龙贝格测试可测量睁眼和闭眼直立时的静态平衡性。最初，龙贝格测试需要客户赤足站立，双臂交叉放在胸前，双脚水平并拢。而改良版龙贝格测试，即加强版龙贝格测试，不但需要客户以睁眼和闭眼状态赤足站立，双脚还要以前后位置摆放，即一只脚的脚趾需触及另一只脚的脚跟（下文称为前后脚站立测试）。此类测试分数具有客观性，将对客户保持稳定（没有晃动）的秒数（60秒内）予以记录。

并排和前后脚站立测试主要用来判断老年人平衡性处于较差还是可接受水平。前后脚站立测试的重测信度范围为0.76（闭眼）~0.91（睁眼）（Franchignoni et al., 1998）。舒伯特等人（Shubert et al., 2006）报告称，对于能够独立行走的老年人（65岁及以上），前后脚站立测试结果与其步行速度和动态平衡性具有中度相关性（前者$r=0.50$，后者$r=0.46$）。同样，格拉斯等人（Gras et al., 2017）报告称，改良版龙贝格测试结果和10米步行测试结果之间仅具有中度相关性（$r=0.45$），但与伯格平衡量表得分和计时起立行走测试得分具有高度相关性（前者$r=0.64$，后者$r=-0.65$）。相较于那些在睁眼时，未能以前后脚站立姿势保持30秒的老年人，那些能够保持30秒的老年人，其伯格平衡量表和计时起立行走测试得分也会更高。帕亚拉等人（Pajala et al., 2008）指出，是否能以前后脚姿势保持站立是一项关键的跌倒风险预测因素。但其他研究人员发现，并排和前后脚站立测试在老年人跌倒预测方面的效度较差（Yim-Chiplis & Talbot, 2000），并且无法区分个体到底处于伯格平衡量表的较低还是较高水平（Curb et al., 2006）。

单腿站立测试

视频 12.1

单腿站立测试或计时单腿站立测试，是一种简便的静态平衡性测量方法。该测试与老年人的步态表现、跌倒风险及日常生活活动能力之间的关联度，证实了其具有可靠的效度（Bohannon, 2006）。单腿站立测试的重测信度范围为0.74（闭眼）至0.91（睁眼）（Whitney, Poole & Cass, 1998）。这种测试已被广泛应用，

能针对儿童和成年人提供可靠的静态平衡性测量指标（Emery, 2003；Emery et al., 2005；Muehlbauer et al., 2011）。学龄前儿童现场体适能测试组合中，已采用单腿站立测试作为评估平衡性的方法（Ortega et al., 2015）。对处在生命周期后端的老年人（70~85岁）而言，单腿站立测试表现不佳已成为他们腰背痛的有效预测指标（Husu & Suni, 2012）。

测试过程中，客户需要在睁眼或闭眼时以单腿站立，测试分数取值为客户以优势腿保持平衡的秒数。博安农（Bohannon, 2006b）在一项元分析研究中指出，单腿站立测试没有标准化的程序。以下列出了部分测试流程的不同之处。

- 赤足或穿鞋进行测试。
- 以优势腿、非优势腿或双腿进行测试。
- 最长测试持续时间为5~60秒。
- 测试次数为1~5次。
- 因变量为测试的最高分数或平均值。

在博安农综述的22项研究中，最常见的测试持续时间为30秒。在外表健康的老年人群体中，平均单腿站立（睁眼）保持时间会随着年龄的递增而递减：60~69岁为27.0秒；70~79岁为17.2秒；80~99岁为8.5秒。施普林格等人（Springer et al., 2007）为18~99岁的成年人制定了单腿站立测试年龄－性别标准（见表12.1）。在使用这些标准时，应遵循建议的测试流程（见"单腿站立测试流程"）。

表12.1 单腿站立测试的年龄－性别标准

年龄	睁眼的持续时间/秒		闭眼的持续时间/秒	
	女性	男性	女性	男性
18~39岁	45.1	44.4	13.1	16.9
40~49岁	42.1	41.6	13.5	12.0
50~59岁	40.9	41.5	7.9	8.6
60~69岁	30.4	33.8	3.6	5.1
70~79岁	16.7	25.9	3.7	2.6

年龄	睁眼的持续时间/秒		闭眼的持续时间/秒	
	女性	男性	女性	男性
80~99岁	10.6	8.7	2.1	1.8

注：取3次测试中的最高值作为最终分数。

（源自：Springer et al., 2007.）

单腿站立测试流程

1. 让客户分别以左右脚踢球，以此来确定其优势腿。

2. 让客户双臂交叉放在胸前，并将一侧脚抬离地板。

3. 客户赤足，以其优势腿保持站立，抬起的脚应贴近站立侧脚踝（不得发生接触）。在客户将脚抬离地板时，立即开始计时。

4. 在进行睁眼测试时，客户应在整个测试过程中，将目光集中于墙壁上某个固定位置。

5. 在客户出现以下任何行为时，即表示测试终止：
   - 双手不再保持交叉姿势或伸展手臂保持平衡；
   - 抬起的脚移离站立侧脚踝或抬起的脚触及地板；
   - 为保持平衡，移动站立的脚；
   - 超过45秒的最长持续时间；
   - 在闭眼单腿站立测试中睁开眼睛。

6. 执行3次测试，并取其最高分数。

平衡性错误计分测试

里曼、古斯奇耶维科兹和希尔兹（Riemann, Guskiewicz & Shields）于1999年首次提出了平衡性错误计分测试。这种适用于现场测试静态平衡性的方法，结合了龙贝格测试和单腿站立测试。平衡性错误计分测试包括3个步骤：(1)双脚并拢站立（龙贝格测试）；(2)以非优势腿保持站立（单腿站立测试），另一侧腿保持髋关节屈曲20度~30度，且膝关节屈曲40度~50度；(3)以非优势脚脚趾触及优势脚脚跟，呈前后脚站立姿势。按以上3种姿势重复2次，一次在硬地面上进行（见图12.2），另一次则在中密度平衡垫上进行（面积为45平方厘米，厚度为13厘米，密度为60千克/米³，见图12.3）。测试时，要让客户将双手置于其髂嵴之上，并在每次测试时闭上双眼，每个姿势的测试时间为20秒。

将6个回合的20秒测试期间的每次错误计为1分，如果客户保持站立姿势的时间无法超过5秒，则应将测试视为未完成，并应计为10分，即最大错误计分。以下是平衡性错误计分测试中需要计分的错误点。

- 抬起放在髂嵴的双手。
- 睁开眼睛。
- 抬起一侧的脚着地，被绊倒或跌倒。
- 髋关节屈曲或外展超过30度。
- 支撑脚前抬起。
- 保持非测试姿势超出5秒。

最初，针对平衡性错误计分测试进行的验证是以NeuroCom测得的客观晃动测量值为基础的（Riemann, Guskiewicz & Shields, 1999）；评分者间信度的组内相关系数范围为0.78~0.96。针对平衡性错误计分测试的综述性研究表明标准化的效度达到了中等至高等，信度为中等至良好（Bell et al., 2011）。无论是在硬地面还是在平衡垫上，双腿站立的情况下，受试者几乎不会出现失误，因此亨特等人（Hunt et al., 2009）建议取消双腿站立测试。在取消双腿站立测试后，组内信度也随之升高。亨特等人（Hunt et al., 2009）建议仅

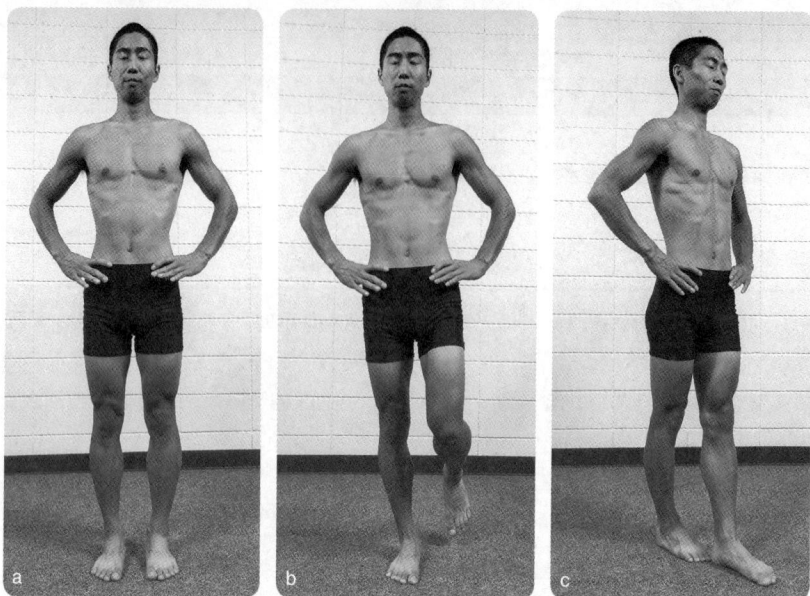

图12.2　在硬地面上进行的平衡性错误计分测试：a. 双脚并拢站立；b. 以非优势腿保持平衡；c. 在非优势脚的脚趾触及优势脚脚跟时保持平衡

在单腿、前后脚、硬地面和平衡垫4个条件下进行3项测试，即所谓的改良版平衡性错误计分测试。因成本较低、快速易行的特性，平衡性错误计分测试被广泛应用于针对各类环境和人群的测试，常见的是用于与运动有关的脑震荡患者管理的次要评估（Guskiewicz, 2011）。该测试能够检测出脑震荡患者或疲劳者的平衡性缺陷，踝关节不稳定及年龄较大的人群在平衡性错误计分测试中得分会较高（Bell et al., 2011）。

反应平衡性测试

反应平衡性测试能够评估个人在应对突发外力或干扰时进行代偿和恢复平衡的能力。研究表明，静态、动态和功能平衡性测试结果之间可能具有相关性，但反应性姿势控制属于独立的平衡性功能（Klein, Fiedler & Rose, 2011）。肘部轻推测试和姿势压力测试能作为客户反应平衡性的主观评估方法。在进行肘部轻推测试时，客户应双脚并拢，检查员以轻微的力推压其胸骨，并按以下所述的0~2等级，

对客户的抗干扰反应进行分级：0表示客户身体开始倾斜，并需要帮助才能防止跌倒；1表示客户需要移动双脚来保持平衡；2表示客户在整个测试过程中保持稳定（Wild, Nayak & Isaacs, 1981）。该测试主观性较强且快速简便，更适用于确定客户是否需要更复杂的平衡性评估。在姿势压力测试中，会在客户身后通过滑轮重量系统对身体重心造成不同程度的干扰，以此测量客户面对干扰时恢复平衡的能力，滑轮重量系统能对客户腰部施加3种力度的干扰：应根据客户体重来设定干扰力度，即体重的1.5%、3%和4%。反应平衡性测试采用了10分制，0分表示未能保持站立，9分表示能够快速有效地做出反应以保持站立姿势（Chandler, Duncan & Studenski, 1990）。

使用间接测量法评估动态平衡性

动态平衡性指在移动时保持身体重心稳定的能力。动态平衡性能帮助身体在移动状态下完成功能性任务，且不会影响支撑底面。对

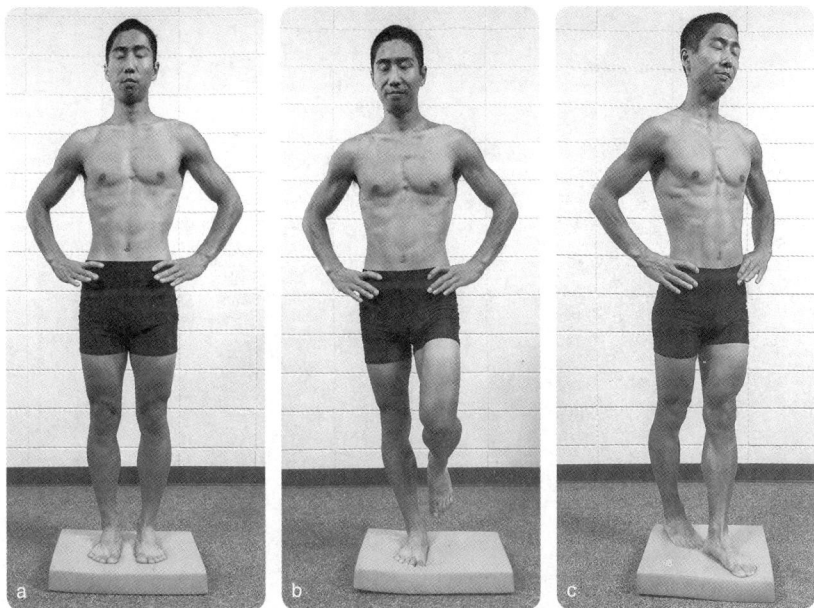

图12.3　在平衡垫上进行的平衡性错误计分测试：a. 双脚并拢站立；b. 以非优势腿保持平衡；c. 在非优势脚的脚趾触及优势脚脚跟时保持平衡

于老年人和儿童而言，动态平衡性在预防跌倒方面起着重要作用；对于运动员和体力活动水平较高的人群来说，动态平衡性能够预防运动损伤。本节介绍了用于儿童、老年人和运动员的动态平衡性现场测试及动态平衡性测试的临床方案。

功能性伸展测试

功能性伸展测试通过测定个体在不失去平衡或移动双脚的情况下，双手可向前伸展至超出手臂长度的最大距离，并以此距离表示成年人的动态平衡性（Duncan et al., 1990）。该测试的效度良好，同时效度系数在0.64（单腿站立测试）~0.71（压力中心偏移），重测信度在0.86~0.88（Franchignoni et al., 1998; Whitney, Poole & Cass, 1998）。

进行功能性伸展测试时，需要将标尺或米尺贴于墙壁，使其与客户的肩峰等高且与地面保持平行；客户站立，肩部侧面与墙壁保持平行，右手握拳，抬起右臂，伸展肘关节，直到握着的拳头位于标尺高度，第三掌骨末端与测量标尺对应的点将作为初始测量值；然后指导客户尽可能在身体不倾斜或双脚保持原位的情况下双手向前伸展，并记录沿测量标尺所能触及的最大距离（见图12.4）。所记录的两次距离之间的差值，需要保留小数点后一位数，并四舍五入，以作为单次测试的分数。测试前应先让客户进行一次热身测试，以便其熟悉流程，随后再进行3次正式测试，取3次测量结果的平均值。功能性伸展测试分数可用于划分老年人的跌倒风险类别：大于25.4厘米为低风险；介于15.24~25.4厘米之间为中度风险；小于15.24厘米为高风险；无法伸展为风险非常高（Duncan et al., 1990; 1992）。

功能性伸展测试已用来评估5~15岁儿童和青少年的动态平衡性，其重测信度系数为0.64~0.75（Donahue, Turner & Worrell, 1994），测得该信度系数的研究中，并未将性别、身高、体重和手臂长度作为功能性伸展表现的预测因

图12.4 功能性伸展测试

素，但哈比卜和韦斯科特（Habib & Westcott，1998）报告称，儿童的功能性伸展测试分数差异，有17%可归因于年龄，15%可归因于身高、体重和支撑底面（即双脚长度）。而诺里斯等人（Norris et al., 2008）指出，只有体重（$r=0.34$）会显著影响3~5岁儿童在功能性伸展测试中的表现。

功能性伸展测试的变式能够测量站立时手臂向上伸展的距离，目前已根据足长和身高对伸展距离进行了标准化。罗和卡瓦诺（Row & Cavanaugh, 2007）认为，年轻人和老年人在进行站立向上伸展测试时，其动态平衡性所受到的挑战要大于站立向前伸展测试。此外，伸展方式（即在测试期间脚跟是否从地板抬起）也能说明老年人伸展表现的差异。

汤普森和梅德利（Thompson & Medley，2007）对功能性伸展测试进行了一些改变。变体测试可评估21~97岁的成年人处于坐位前向和侧向的伸展表现。需要坐在轮椅上的人或体弱的老年人无法以站立姿势进行功能性伸展测试，而这项变体测试能够评估他们的动态平

衡性和跌倒风险。研究人员报告称，老年人的坐位伸展测试分数大幅低于年轻人和中年人。此外，手臂的长度并不会影响测试表现。

计时起立行走测试

计时起立行走测试可用于评估身体的动态平衡性和敏捷性，测试表现与功能性能力有关，如从椅子上起身去接听电话或开门，因此老年人的平衡性测试组合中通常都包含这一测试。波德西雅德罗和理查森（Podsiadlo & Richardson, 1991）将计时起立行走测试解释为从扶手椅上起立，直线行走至3米远处，再转身回到椅子上坐下所需的时间（因此，测试用时即为测试分数）。计时起立行走测试的重测信度（$r=0.99$）十分出色，测试分数与步态速度、爬楼梯能力、跌倒风险、姿势稳定性和认知能力均有关联（Bohannon, 2006a；Herman, Giladi & Hausdorff, 2011；Oh et al., 2011；Shumway-Cook, Brauer & Woollacott, 2000）。庞达尔和德尔塞尔（Pondal & del Ser, 2008）报告称，在计时起立行走测试中，步态稳定的老年人（71~99岁）测试分数之间的

视频
12.4

差异，约有26%可归因于年龄、性别、体重、营养状况和认知障碍因素。

计时起立行走测试的程序五花八门；某些研究中，其至椅子的高度（40~50厘米）和款式（带扶手或无扶手）都不尽相同；但几乎所有研究中，行走距离都为3米，不过也有例外情况，里克利和琼斯（Rikli & Jones, 2013）就在他们的研究中，将老年人的计时起立行走测试距离设为2.44米；此外，有的测试要求受试者以正常速度行走，而有的测试则要求受试者尽可能快地行走，但通常都会进行多次测试（Bohannon, 2006a）。这些因素都会影响测试分数，因此，在依照标准评估客户的测试表现时，请确保所使用的测试方式和指南与制定测试标准所使用的方式和指南一致。

博安农（Bohannon, 2006a）基于21项研究统合分析（包括4 395名60~99岁老年人）得出结论，在计时起立行走测试中，用时超过9.0秒的60~69岁老年人、超过10.2秒的70~79岁老年人以及超过12.7秒的80~99岁老年人，均被视为用时低于其所在年龄组的平均水平。表12.2列出了3米计时起立行走测试的年龄–性别标准（Pondal & del Ser, 2008）。计时起立行走变体测试使用了高度为40~45厘米的无扶手座椅，在测试开始的信号发出后，受试者应以最快速度从座椅上起身，走向标记（3米距离）处并转身，再回到座椅处并坐下。

表12.2 3米计时起立行走测试的年龄–性别标准

百分位数	年龄							
	71~75岁		76~80岁		81~85岁		86~99岁	
	男性	女性	男性	女性	男性	女性	男性	女性
95%	13.3	15.0	14.3	18.6	19.5	20.0	21.0	22.0
90%	11.0	14.0	13.6	15.2	14.0	17.6	18.2	19.6
80%	10.0	13.0	11.0	13.0	13.0	15.0	13.8	16.0
70%	9.0	12.0	10.0	12.0	12.0	14.2	12.0	15.0
60%	9.0	11.0	10.0	11.0	10.0	12.0	11.2	13.8
50%	8.0	10.0	9.0	10.0	9.0	12.0	11.0	12.0
40%	8.0	10.0	8.0	9.4	8.0	11.0	10.6	12.0
30%	7.0	9.0	7.0	9.0	8.0	10.0	8.1	10.4
20%	7.0	9.0	7.0	8.0	7.0	10.0	7.4	9.8
10%	6.4	7.5	7.0	6.6	7.0	8.0	6.7	9.0
5%	5.7	7.0	6.0	5.8	6.0	8.0	6.0	9.0
1%	5.0	6.0	5.0	5.0	5.0	8.0	6.0	9.0

注：测试结果以秒为单位。
（源自：Pondal and del Ser, 2008.）

里克利和琼斯（Rikli & Jones, 2013）建议在评估老年人的平衡性和敏捷性时，将计时起立行走测试距离设为2.44米。缩短距离后，测试的重测信度（$r = 0.95$）十分高，还能根据功能独立性对老年人进行分类。表12.3列出了2.44米计时起立行走测试的年龄–性别标准。

目标：评估动态平衡性和敏捷性。

应用：测量迅速起床接听电话或去洗手间等日常生活活动的能力。

设备：需要一把高度为43厘米且不会向前

表12.3 2.44米计时起立行走测试的年龄-性别标准

百分位数	年龄													
	60~64岁		65~69岁		70~74岁		75~79岁		80~84岁		85~89岁		90~94岁	
	女性	男性	女性	男性	女性	男性	女性	男性	女性	男性	女性	男性	女性	男性
95%	3.2	3.0	3.6	3.1	3.8	3.2	4.0	3.3	4.0	4.0	4.5	4.0	5.0	4.3
90%	3.7	3.0	4.1	3.6	4.0	3.6	4.3	3.5	4.4	4.1	4.7	4.3	5.3	4.5
85%	4.0	3.3	4.4	3.9	4.3	3.9	4.6	3.9	4.9	4.5	5.3	4.5	6.1	5.1
80%	4.2	3.6	4.6	4.1	4.7	4.2	5.0	4.3	5.4	4.9	5.8	5.0	6.7	5.7
75%	4.4	3.8	4.8	4.3	4.9	4.4	5.2	4.6	5.7	5.2	6.2	5.5	7.3	6.2
70%	4.6	4.0	5.0	4.5	5.2	4.6	5.5	4.9	6.1	5.5	6.6	5.8	7.7	6.6
65%	4.7	4.2	5.1	4.6	5.4	4.8	5.7	5.2	6.3	5.7	6.9	6.2	8.2	7.0
60%	4.9	4.4	5.3	4.8	5.6	5.0	5.9	5.4	6.7	6.0	7.3	6.5	8.6	7.4
55%	5.0	4.5	5.4	4.9	5.8	5.1	6.1	5.7	6.9	6.2	7.6	6.9	9.0	7.7
50%	5.2	4.7	5.6	5.1	6.0	5.3	6.3	5.9	7.2	6.4	7.9	7.2	9.4	8.1
45%	5.4	4.9	5.8	5.3	6.2	5.5	6.5	6.1	7.5	6.6	8.2	7.5	9.8	8.5
40%	5.5	5.0	5.9	5.4	6.4	5.6	6.7	6.4	7.8	6.9	8.5	7.9	10.2	8.8
35%	5.7	5.3	6.1	5.6	6.6	5.8	6.9	6.6	8.1	7.1	8.9	8.2	10.6	9.2
30%	5.8	5.4	6.2	5.7	6.8	6.0	7.1	6.9	8.3	7.3	9.2	8.6	11.1	9.6
25%	6.0	5.6	6.4	5.9	7.1	6.2	7.4	7.2	8.7	7.6	9.6	8.9	11.5	10.0
20%	6.2	5.8	6.6	6.1	7.3	6.4	7.6	7.5	9.0	7.9	10.0	9.4	12.1	10.5
15%	6.4	6.1	6.8	6.3	7.7	6.7	8.0	7.9	9.5	8.3	10.5	9.9	12.7	11.1
10%	6.7	6.4	7.1	6.6	8.0	7.0	8.3	8.3	10.0	8.7	11.1	10.5	13.5	11.8
5%	7.2	6.8	7.6	7.1	8.6	7.4	8.9	9.0	10.8	9.4	12.0	11.5	14.6	12.9

注：测试结果以秒为单位。

[源自：R. Rikli and C. Jones, *Senior Fitness Test Manual*, 2nd ed. (Champaign, IL: Human Kinetics, 2013), 160.]

倾斜的折叠椅，以及测量卷尺和锥形桶（作为距离标记）。

测试流程：将折叠椅抵靠于墙壁或固定于地面，以保持稳定，让客户坐在椅子中间，双手放在大腿上，一条腿较另一条腿稍向前，身体略微向前倾斜；发出开始信号后，客户从椅子上起身，尽可能快地走至并绕过置于2.44米距离处的锥形桶，再回到座椅处坐下（见图12.5）。先进行一次热身测试，以便客户熟悉流程，随后再进行两次正式测试。

评分：发出信号的同时启动秒表，在客户坐回椅子上时停止计时；需要精确地启动和停止秒表。测试结果保留小数点后一位数，并取两次测试的最好成绩，与表12.3中的标准进行比照。

星形偏移平衡性测试和Y平衡性测试

星形偏移平衡性测试用于测量动态平衡性，对于运动员和体力活动水平较高的个体来说都极具挑战性。进行此项测试时，个体必须以单腿保持身体平衡，同时另一条腿在星形图案中以不同方向进行最大限度的触探。受试者需要在单腿支撑身体的情况下，尽可能保持压力中心不变，并努力触探最远距离。星形偏移平衡性测试可用来筛查因踝关节不稳定等肌肉骨骼损伤引起的动态姿势控制缺陷，以及肌肉骨骼受损但身体其他部位健康且体力

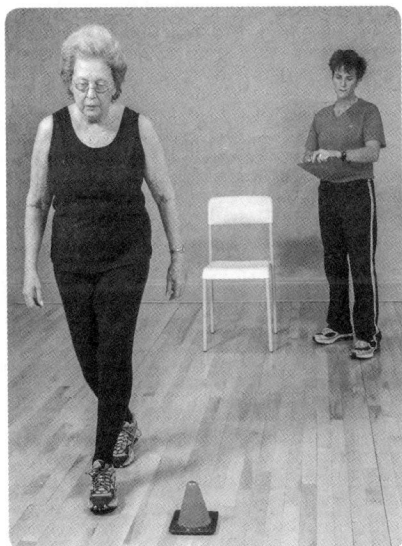

图12.5 2.44米计时起立行走测试

活动水平较高的成年人，在恢复期间的动态姿势控制能力（Olmsted et al., 2002；Hegedus et al., 2015）。例如，向正前方触探时，双腿触及的距离不相等，则说明运动员下肢可能存在持续的非接触性损伤（Stiffler et al., 2017）。该测试信度为0.85~0.96（Hertel, Miller & Deneger, 2000）。

身高和腿长与触探距离紧密相关，但足型（低弓足、高弓足或扁平足）与髋关节和踝关节活动度并不会影响触探距离。鉴于23%的触探距离差异都可归因于腿长，格里布尔

和赫特尔（Gribble & Hertel, 2003）建议针对腿长，对测试分数进行标准化。为此，测试后需要将触探距离除以客户的腿长，再乘以100%。测量腿长时，需要客户仰卧，并测量其身体髂前上棘到内踝中心的长度。双脚对齐点或手部位置也会影响触探距离，推荐的标准化做法是在改变脚趾或脚跟位置之时，将双手始终置于髋关节处（Cug, 2017）。

星形偏移平衡性测试需要客户站在（最好为赤脚）一个圆形网格中间，该网格由8条从中心向外延伸的直线（以45度间隔）组成（见图12.6）。客户可在正式测试前，单腿站立，在网格的8个方向进行6次练习。测试时，从正前方开始，按顺时针方向依次进行触探，每条腿以8个方向进行3次测试。测试期间，客户应以受试脚的脚尖尽量触及网格线上的最远点，测试人员将在网格线上标记该最远点。客户可在每次各方向测试期间休息10秒。使用标准卷尺测量各方向最远触探点到网格中心的距离（以厘米为单位），并取3次测试的平均值作为各方向的触探距离。单腿测试后，应让客户休息5分钟后再进行另一条腿的测试。表12.4列明了年轻女性和男性在8个方向的平均触探距离的标准化分数（Gribble & Hertel, 2003）。

表12.4 星形偏移平衡性测试的平均触探距离的标准化分数

触探方向	男性的标准化分数/%	女性的标准化分数/%
正前方	79.2	76.9
侧前方	73.8	74.7
侧方	80.0	79.8
侧后方	90.4	85.5
正后方	93.9	85.3
后内方	95.6	89.1
正内方	97.7	90.7
前内方	85.2	83.1

注：标准化分数=触探距离/腿长×100%。距离和腿长均以厘米为单位。

图12.6　星形偏移平衡性测试

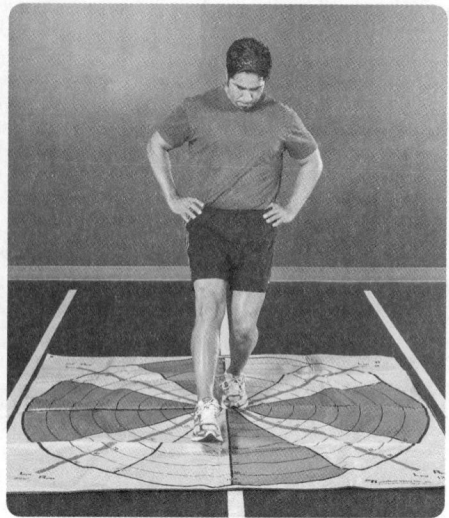

星形偏移平衡性测试的不足之处在于耗时较久，每条腿在测试前需要进行48次练习和24次正式测试。因此，罗宾逊和格里布尔（Robinson & Gribble, 2008）在报告中建议，将各方向的测试前练习从6次减为4次。赫特尔等人（Hertel et al., 2006）通过因素分析，对星形偏移平衡性测试进行了简化。他们的分析结果显示，后内方的触探分数能够高度代表测试中所有方向的触探分数，因此他们建议，在测试年轻人因踝关节不稳定而引起的功能缺陷时，仅使用侧前方、正内方和后内方3个方向。普利斯基等人（Plisky et al., 2006; 2009）进一步修改了测试，他们认为仅应使用正前方、后内方和侧后方3个方向（形成"Y"字），即Y平衡性测试。相较于星形偏移平衡性测试，Y平衡性测试花费的时间更少，且具有更好的重测信度和评估间信度（Plisky et al., 2009）。尽管从概念上来说，星形偏移平衡性测试和Y平衡性测试十分相似，但二者之间还是存在着些许差异。例如，相较于Y平衡性测试，星形偏移平衡性测试的正前方触探距离更大（Coughlan et al., 2012; Fullam et al., 2014）。研究人员认为，两项测试中所使用的姿势控制方式不同（Coughlan et al., 2012），且Y平衡性测试中受试者会更多地屈曲髋关节（Fullam et al., 2014），因此，这两项测试不能相互替代。

步态速度测试

步态速度测试能够间接测量行走时的动态平衡性，可用来判断老年人的移动能力是否受限，同时评估他们的跌倒风险。步态速度测试主要测量完成给定行走距离所需的时间。绿灯情况下安全穿过马路的平均步速为122厘米/秒，但96%的老年人（≥65岁）的步速无法达到这一水平（Hoxie et al., 1994），而相对于没有跌倒史的老年人，有跌倒史的老年人步态速度会更慢（Guimaraes & Isaacs, 1980）。此外，对于那些无法同时进行交谈和行走的老年人来说，他们跌倒的风险也要大得多（Lundin-Olsson, Nyberg & Gustafson, 1997）。但是相较于简单的步态速度测试，双任务测试并不能提高老年人跌倒风险的预测效果，其并非更加有效的预测方法（Menant et al., 2014）。

使用测试组合评估动态平衡性

如前所述，平衡性具有复杂的结构，而为了更有效地评估静态和动态平衡性，大多数平衡性测试组合都涵盖了十分全面的测试项目。此类测试组合需要客户模拟日常生活活动中的各类功能任务，通常包括保持固定的坐姿或站姿、步行、坐姿起立以及换坐另一把椅子等任务。本节将介绍常用的平衡性测试组合。

迪奈蒂平衡性与步态量表

迪奈蒂平衡性与步态量表是一种基于测试表现的移动能力评估测试组合，可用来评估老年人的平衡性和步态（Tinetti, 1986）。迪奈蒂平衡性与步态量表包含14项基于测试表现的项目，可评估日常生活活动中的步态和姿势调整能力，如从座椅上起立和跨过不平坦地面上的障碍物的能力。每个测试项目的评分范围为0（无法执行）~2分（正常表现），完成所有项目的最高分为28分。该测试组合能够可靠且有效地评估社区老年人的平衡性，测得的分数与跌倒风险具有关联性（Berg et al., 1992；Tinetti, Speechley & Ginter, 1988）。得分高于25分表示平衡性良好且跌倒风险较低（Mayson et al., 2008）。有关迪奈蒂平衡性与步态量表的详细说明，见迪奈蒂（Tinetti, 1986）以及迪奈蒂、斯皮奇利和金特尔（Tinetti, Speechley & Ginter, 1988）的相关文章。

伯格平衡量表

在针对疗养院和社区老年人的平衡性评估中，已广泛应用了伯格平衡量表，该量表的内部信度和评估间信度都非常高（$r = 0.98$），并且具有良好的同时效度：与迪奈蒂平衡性与步态量表测试分数的同时效度为0.91；与计时起立行走测试分数的同时效度为−0.76（Podsiadlo & Richardson, 1991；Tinetti, 1986）。

伯格平衡量表的表现测试包括14项功能性移动任务，完成测试大约需要15分钟，采用了五级量表评分制：0分表示无法完成任务，4分表示可独立完成任务（Berg et al., 1992），最高分为56分；分数为45分或更低，即表示个体的跌倒风险较高（Hawk et al., 2006）。但缪尔等人（Muir et al., 2008）报告称，在预测社区老年人的单次或多次跌倒风险时，45分这一临界值的敏感度较差（25%~42%）。他们认为，有许多因素会导致老年人跌倒，单凭平衡性障碍并不能充分预测老年人未来的跌倒风险。有关伯格平衡量表中各项目评分的完整指南，见伯格等人（Berg et al., 1992）的文章。

动态步态指标

动态步态指标能够测量个体在执行移动任务时调整步态的能力，是一种有效且可靠的综合测量方法。该测试组合包括8个项目，分数范围为0（无法执行）~3分（正常表现），最高总分为24分。其中有些项目需要受试者以最快速度完成，还有些则需要受试者同时执行两项任务，如在行走时扭头和抬头查看指令。迈松等人（Mayson et al., 2008）报告称，动态步态指标分数与认知测量之间存在正相关关系。测试表现取决于个体的平衡性、移动能力和认知功能（Mayson et al., 2008），分数高于20分即表示发生跌倒的可能性较低（Riddle & Stratford, 1999；Shumway-Cook et al., 1997）。有关动态步态指标的详细说明和信息，见沙姆韦-库克和伍拉科特的相关文章（Shumway-Cook & Woollacott, 1995）。

制定平衡性训练方案

美国运动医学会在《2008美国体力活动指南》中建议，老年人（≥65岁）应至少每周进行3天的平衡性训练，无论其是否活跃，此外，指南中针对老年人锻炼的立场声明

（Chodzko-Zajko et al., 2009）是老年人应每周至少进行两次平衡性训练。美国运动医学会随后扩展了该立场声明，不仅将平衡性训练纳入其中，还纳入了敏捷性、步态、协调性和本体感觉（Garber et al., 2011）等神经运动训练。美国运动医学会明确指出，行动不便或存在跌倒风险的老年人应进行神经运动训练。尽管其并未具体说明神经运动训练的频率、强度或运动类型，但其认为，为有效降低跌倒风险，训练方案中应包括至少每周2天的平衡性、敏捷性和本体感觉训练。

对于有平衡性障碍和移动障碍的老年客户，平衡性训练方案有助于提升他们的移动能力和安全进行日常生活活动的能力，从而降低跌倒风险（Garber, 2011）。尽管目前神经运动训练对年轻人和中年人有益处这一结论尚缺乏有力的支持证据，但已有大量证据表明，平衡性训练和本体感觉训练能够降低运动员的踝关节扭伤风险。许布舍尔等人（Hübscher et al., 2010）对控制良好的研究进行了系统的综述性研究，明确指出单独的平衡性训练即可降低64%的踝关节扭伤风险。在另一项为期6年的研究中，研究人员发现，参加本体感觉训练的专业篮球运动员群体，从最初2年到最后2年，其踝关节扭伤风险显著降低了81%（Riva et al., 2016）。此外，在发生急性踝关节扭伤后，进行为期6周的平衡性训练，能够大大降低扭伤复发的风险（McKeon & Hertel, 2008）。在为客户制定平衡性训练方案时，请遵循美国运动医学会（ACSM, 2018）的一般建议（见第365页的"平衡性训练方案建议"）。

平衡性训练运动处方

与其他体适能要素相比，针对运动员、儿童及中老年人平衡性训练的研究可谓少之又少。由于人口多样性（如年轻运动员及体弱的老年人等）且平衡性测量和训练体系缺乏标准化，我们很难对平衡性训练效果的检测研究进行比照。此外，平衡性测量亦没有任何可参考的金标准。我们针对为客户制定平衡性训练方案时应当注意的事项，列出了以下常见问题。

哪些类型的运动可用来改善平衡性

平衡性会受到肌肉力量、爆发力和柔韧性等体适能要素的影响，因此抗阻和拉伸训练均有助于维持和改善身体的平衡性。而普拉提、瑜伽、太极拳、舞蹈、步行或运动模式组合等，能在增强力量和改善关节活动度的同时改善平衡性。平衡盘、平衡垫、泡沫轴、平衡板（包括Nintendo Wii）、瑞士球和计算机化的平衡性训练系统等具有不同挑战难度的工具，都不失为平衡性训练方案的选择。

霍韦等人（Howe et al., 2007）在其改善平衡性的运动干预措施综述性研究中，分析了34项研究结果，其中共涉及2 883名受试者，后期他们又对综述性研究进行了更新和扩展，并引入了另外60项研究，共涉及7 000多名受试者（Howe et al., 2011）。研究人员将运动干预措施分为如下类别：步态、平衡性、协调性和功能性任务训练；抗阻训练；太极拳、瑜伽和舞蹈等涉及三个运动平面的运动；一般体力活动（步行或骑自行车）；计算机化平衡性训练、振动板训练及使用多种运动模式的多模式训练。表12.5汇总了能改善平衡性直接和间接测试结果的运动干预措施。但计算机化平衡性训练或振动板训练在改善身体平衡性方面的效果，尚无充分的证据能够证明。

老年人可以使用哪类平衡性训练

已有大量研究证明，老年人的平衡性可通过锻炼得以改善；洛、沃尔什和阿克斯泰金（Low, Walsh & Arkesteijn, 2017）已着手研究老年人的姿势控制能力（通过压力中心测量）是否能够得到改善，以便依此来确定改善平衡性的机制。他们对22项随机对照测试进

平衡性训练方案建议

- 让客户在每周进行2天或3天的平衡性训练。
- 可循序渐进地减小支撑底面，从而逐步增加平衡性训练难度。例如从双脚站立改为双脚半前后站立，再到前后脚站立和单腿站立。
- 在方案中加入具有难度的重心动态运动，如前后脚行走和转弯。

- 通过跨越障碍物和在振动板上保持平衡的方式，来训练身体重心移动能力。
- 加入会对姿势肌肉产生压力的运动，如足踵立和足尖站立；以及减少视觉或感官输入的运动，如闭眼站立或站立在平衡垫上。
- 在方案中加入太极拳和瑜伽等综合型运动。

表12.5　对平衡性有积极影响的运动干预措施

运动干预措施类型	直接平衡性测试	间接平衡性测试
步态、平衡性、协调性、功能性任务训练	使用测力板的静态和动态稳定性测试 稳定性限度测试	睁眼单腿站立测试 计时起立行走测试 伯格平衡量表 步态速度测试
抗阻训练	各方向倾斜测试	功能性伸展测试 计时起立行走测试 睁眼和闭眼单腿站立测试 前后脚站立测试 步态速度测试
太极拳、瑜伽、舞蹈等运动		在平衡木上行走测试 睁眼单腿站立测试 计时起立行走测试 步态速度测试
一般体力活动（步行或骑自行车）		前后脚行走测试 前后脚站立测试 功能性伸展测试 在平衡木上行走测试 计时起立行走测试 行走速度测试
多模式训练	身体摇晃测试 稳定性限度测试	功能性伸展测试 前后脚站立测试 前后脚行走测试 计时起立行走测试 睁眼和闭眼单腿站立测试 伯格平衡量表

注：训练显著提高了本表所列的直接和间接平衡性测试表现。

行了测定，这些测试测量了老年人（>60岁）的压力中心，并涉及平衡性训练、抗阻训练或多模式训练。结果显示，平衡性训练降低了睁眼和闭眼站立时的总摇晃次数，但抗阻训练或综合各种运动模式的多模式训练都没有对压力中心测量值造成影响。因此，对改善姿势控制而言，应采用平衡性训练，而不是抗阻训练或多模式训练。

与姿势控制相比，绝大多数评估老年人身体平衡性的研究，都支持采用综合多种运动模式的多模式训练方案，在对这一主题系统的综述性研究中，10项测试中有7项指出，运动干预措施增强了老年人的平衡性，并能够降低身体较差的老年人发生跌倒的概率（Cadore et al., 2013）。根据这些报告，多模式训练（包括平衡性、力量和耐力训练）似乎是最佳方案。当然，多模式训练方案不仅可以改善平衡性和功能性表现，还可以改善心肺适能和代谢（Bouaziz et al., 2016）。格拉纳谢等人（Granacher et al., 2013）认为，在改善平衡性和功能性表现方面，可将核心力量训练或普拉提或结合两者作为老年人传统平衡性和抗阻训练方案的辅助训练，甚至可以作为后两者的替代方案。除了传统平衡性和抗阻训练方案外，研究认为太极拳、瑜伽和普拉提等团体运动方案，也能够提升老年人身体的平衡性。此外，在9项针对舞蹈干预措施改善老年人健康状况的综述性研究中，有8项表明舞蹈干预措施能够积极改善平衡性，因此无论是哪一类型的舞蹈，都被认为可以改善老年人的平衡性和功能性表现（Woei-Ni Hwang & Braun, 2015）。

如前文所述，运动游戏在年轻人中广受欢迎，但老年人也会用其来进行运动。多纳特、罗斯勒和福德（Donath, Rossler & Faude, 2016）进行的一项统合分析，评估了运动游戏对60岁以上老年人的平衡性和功能性表现的干预效果。虚拟现实训练（即运动游戏）在提升老年人的平衡性和功能性表现方面的效果均优于对照组，但略不如传统平衡性训练。分析报告认为，运动游戏可作为其他传统训练的补充方法，能以极具乐趣的方式吸引老年人参与，从而帮助老年人改善平衡性和功能性表现。

抗阻训练能改善平衡性吗

通常，人们会将平衡性改善作为抗阻训练所带来的益处之一。肌肉无力是导致平衡性障碍和跌倒风险的一个内在因素；肌肉力量减弱，特别是下肢肌肉的力量减弱会影响个体日常生活活动的能力，如爬楼梯或从座椅上起身

等活动。奥尔、雷蒙德和辛格（Orr, Raymond & Singh, 2008）针对进阶式抗阻训练对老年人平衡性的影响，进行了系统的综述性研究。他们指出，在显著改善的平衡性结果测量值中，抗阻训练的贡献占比都很小：在静态平衡性中为26%，在动态平衡性中为14%，在功能平衡性中为57%，在计算机动态姿势描记中仅为8%。因此，单独进行抗阻训练并不能持续改善老年人的平衡性。大多数此类研究中，研究人员所选择的抗阻训练，均为通用的全身和下肢力量训练，而并未针对用于保持平衡的关键肌肉，这可能是研究结果之间存在差异的原因。此外，在改善平衡性方面，使用器材的抗阻训练效果可能不及自由重量训练。

在近期的随机对照测试中，因各研究所采用的进阶式抗阻训练方案及平衡性测试均不同，研究结果之间的不一致性更为突出。乔舒亚等人（Joshua et al., 2014）将老年人（≥65岁）随机分为3个群体，分别进行传统平衡性训练、特定于下肢的进阶式抗阻训练及两种训练交替组合。在为期6个多月的训练时间里，所有群体的功能性伸展测试表现都得到了改善，但抗阻训练群体所取得的改善显然优于平衡性训练群体。相较而言，坚持进行了16周多模式训练（有氧、力量和平衡性训练）的老年人，其坐姿起立和单腿站立测试表现所取得的改善，均优于抗阻训练群体（抗阻器材全身训练）（Ansai et al., 2016）。

研究认为，单凭力量训练，无法从根本上改善平衡性。较弱的肌肉爆发力（力量×速度）也可能是限制平衡性的一个因素，对于反应平衡性尤其如此，如在迈台阶时，身体需要肌肉爆发力和本体感觉来保持平衡（Klein, Fiedler & Rose, 2011）。因年龄增长，神经处理功能随之弱化，这可能会削弱身体应对挑战性姿势时迅速发力的能力（Orr et al., 2008）。事实上，在日渐衰老的过程中，爆发力的下降速

度要快于力量（Granacher, Muehlbauer & Gruber, 2012）。迈松等人（Mayson et al., 2008）报告称，腿部推举速度与动态平衡性（伯格平衡量表、迪奈蒂平衡性与步态量表和动态步态指标测试表现）呈正相关关系，而增强腿部力量有利于提高静态平衡性测试（如单腿站立测试）表现。对于老年男性而言，低负荷爆发力训练（20%1RM）在改善平衡性方面，优于中等负荷（50%1RM）或重负荷（80%1RM）爆发力训练（Orr et al., 2006）。尚待进行更多的研究来确定能够改善平衡性的最佳抗阻训练负荷、模式和训练量。

在未来，针对进阶式抗阻训练进行的研究可能会审慎地着重于需要改善的平衡性类别，以及用于保持平衡的关键肌群，如踝背屈肌和踝跖屈肌、膝伸肌和膝屈肌，以及髋关节外展肌和内收肌。赫斯和伍拉科特（Hess & Woollacott, 2005）报告称，平衡性存在障碍的老年人，在进行特定于下肢肌群（即膝屈肌和膝伸肌、踝跖屈肌和踝背屈肌）的高强度力量训练之后，能够大幅提升姿势控制的能力。

太极拳在改善平衡性和预防跌倒方面的功效如何

目前，对于太极拳在改善平衡性和预防老年人跌倒方面的功效，已有大量研究。黄和刘（Huang & Liu, 2015）在一篇包括7项随机对照测试的综述性研究中指出，练习太极拳可显著提升老年人完成计时起立行走测试的速度，并能够改善单腿站立和伯格平衡量表测试表现。在一项研究中，老年人（60~80岁）以每周3天的频率，进行15分钟的太极拳运动、15分钟的平衡性训练、15分钟的力量训练和10分钟的拉伸训练，持续12周后，其平衡性得到了显著改善（Zhuang et al., 2014），其中，计时起立行走测试表现提升了17.6%，30秒坐姿起立测试表现提升了54.7%，星形偏移平衡性测

试中的各方向表现均有大幅提升。在一项包括18项前瞻性研究的综述性研究中，多项研究报告称经过太极拳训练后，老年人的静态平衡性（姿势平衡检查和单腿站立测试表现）及动态和功能平衡性（姿势平衡检查、功能性伸展、伯格平衡量表、迪奈蒂平衡性与步态量表、计时起立行走测试表现）均得到了改善（Liu & Frank, 2010）。在这项综述性研究中，刘和弗兰克（Liu & Frank, 2010）确定了太极拳较日常活动，能够更加有效地改善平衡性，但其并未显著优于功能平衡性训练或抗阻训练。

两个针对太极拳预防跌倒功效的综述性研究（Hamer & Li, 2008; Logghe et al., 2010）并未给出定论。尽管跌倒风险降低了21%~49%，但罗歇等人（Logghe et al., 2010）认为现有证据不足以证实太极拳在这方面的功效，他们认为二者之间可能存在剂量-反应关系。但随后的综述性研究均证实，老年人练习太极拳可以改善平衡性，减轻对跌倒的恐惧并减少跌倒的总次数（Lee & Ernst, 2012; Liu & Frank, 2010; Mat et al., 2015; Schleicher, Wedam & Wu, 2012）。李和恩斯特（Lee & Ernst, 2012）在一项综述性研究中指出，尽管太极拳带来的许多健康益处都未经证实，但太极拳具有"令人信服的证据"，证明它能够有效地预防跌倒。相较于单独进行预防跌倒的教育，太极拳无疑能够更有效地预防跌倒（Liu & Frank, 2010）。马特等人（Mat et al., 2015）在一项限定于膝关节骨关节炎患者的综述性研究中总结称，太极拳以及力量训练和有氧运动（不包括水上运动），都能改善此类患者的平衡性并降低跌倒风险。

哪类流派的太极拳能够最有效地改善平衡性

太极拳分为很多种流派（如杨氏、吴氏、陈氏、孙氏和郝氏），而有些研究中并没有说明受试者进行的太极拳运动的流派和形式，因此在改善平衡性方面，尚且无法确定哪类流派

的效果更好。施莱克尔、维代姆和吴（Schleicher, Wedam & Wu, 2012）在其综述性研究中，将杨氏、孙氏和陈氏太极拳确定为能有效改善平衡性的流派。各流派都有自己的动作和惯例练习时间，而在老年人中，较为流行的流派是杨氏太极拳（Liu & Frank, 2010）。其特点为动作缓慢、幅度较大且十分优雅，一个动作结合下一个动作；动作多以高位姿势（膝关节屈曲小于30度）和直立姿势完成，适合老年人。相比之下，陈氏太极拳表现得更具"武术"性质，老年人缓慢的运动节奏无法适应这一流派较低的身体姿势以及跺脚和爆发式动作。吴氏太极拳较为缓慢，郝氏太极拳有高位身体姿势。除了流派不同之外，各流派太极拳又分为各种不同的形式（各套动作）。刘和弗兰克（Liu & Frank, 2010）在他们的综述性研究中指出，杨氏24式太极拳是最常见的一种，而较短形式的太极拳（如杨氏6式太极拳）更适合身体虚弱或功能性能力较差的客户。

需要练习多少次太极拳才能达到改善平衡性的目的

已有研究明确表明，太极拳练习对平衡性的效果因训练期及训练次数而异。在施莱克尔、维代姆和吴（Schleicher, Wedam & Wu, 2012）的研究中，有些人仅用16小时的总练习时间就达到了改善平衡性的目的。不过，练习次数和改善效果之间确实存在剂量–反应关系，较长的练习时间能够更好地改善平衡性并降低跌倒风险。通常，需要40小时或更久的练习才能明显改善平衡性，而为降低跌倒风险，应至少将太极拳训练时长设为15周。人体体适能会随年龄增长而下降，老年人若要达到年轻成年人练习太极拳所实现的平衡性，可能需要更久的训练期以及更频繁的练习。与所有训练方案一样，在制定太极拳的运动处方时，应以客户的能力和目标为基础。目前尚无公认的太极拳运动处，但刘和弗兰

克（Liu & Frank, 2010）针对那些为改善平衡性而练习太极拳的老年人给出了以下建议。

- 频率：2~3天/周。
- 套式：12式或更少。
- 练习时间：至少45分钟。
- 持续时间：至少12周。

瑜伽运动是否能够有效地改善平衡性

相对于太极拳而言，瑜伽更受大众青睐，但针对瑜伽在改善平衡性方面的研究寥寥无几。在一项针对瑜伽改善健康人群（从青年到老年人）平衡性的综述性研究中，研究人员选择了15项符合其标准的研究，而其中仅有5项为随机对照测试（Jeter et al., 2014）。与太极拳一样，瑜伽也有各种流派，研究人员指出，他们的综述性研究中，研究结果均因流派、练习频率和持续时间不同而各有不同。尽管如此，15项研究中有11项至少表现出了一项积极的平衡性改善结果，这说明练习瑜伽能为平衡性带来有益的影响。尤克哈纳等人（Youkhana et al., 2016）在一项限定于老年人（60岁以上）的统合分析中，确定了练习瑜伽能为平衡性带来小幅改善，并能为身体移动能力带来中等程度的改善。尼克等人（Nick et al., 2016）将平衡性测试分数较低（伯格平衡量表得分<45分）且害怕跌倒的（经改良的跌倒效能量表得分<8分）老年人（60~74岁）划分为对照组和瑜伽组，在进行8周的瑜伽练习后（每周两次，1时/次），瑜伽组的伯格平衡量表和经改良的跌倒效能量表测试表现得到了显著提高，而对照组却没有变化。

尼等人（Ni et al., 2014）在一项有趣的随机对照测试中，对瑜伽、太极拳与传统平衡性训练进行了比照，他们将具有跌倒历史的老年人分为3组，分别进行为期12周的瑜伽、太极拳与传统平衡性训练。之后，3组受试者的现场测试（8英尺计时起立行走、单腿站立、功能性伸展和步态速度测试）以及动

态姿势测试表现均有所改善，且各组之间的改善结果并不存在显著差异。因此，尼等人（Ni et al., 2014）认为瑜伽能够改善姿势稳定性，可作为太极拳和传统平衡性训练的替代方案。同样，戈特和麦考利（Gothe & McAuley, 2016）报告称，在一项随机对照测试中，让55~79岁的老年人（曾经为久坐不动人群）以8周时间进行每周3天的瑜伽练习之后，其功能性体适能得到了改善，效果与遵循了美国疾病控制与预防中心和美国运动医学会指南的拉伸强化方案相同。这些研究均表明，瑜伽与其他运动模式一样有效，具有改善平衡性和功能性体适能的功效。

普拉提能够有效地改善平衡性吗

大部分针对普拉提进行的研究主要聚焦于腰背痛治疗方面（见第11章），但部分普拉提从业者声称普拉提是一种能够有效改善平衡性的运动模式。神冈等人（Kamioka et al., 2016）对基于随机对照测试的综述性研究进行了总结，并对普拉提运动在这方面的有效性进行了评估。除了能够短期缓解慢性腰背痛患者的疼痛并改善其身体功能之外（见第11章），已有证据表明健康人群练习普拉提可以改善动态平衡性、柔韧性和肌肉耐力。在进行了2个多月的普拉提练习（16次）之后，老年中心的老年人（61~87岁）计时起立行走时间减少了1.39秒，功能性伸展距离增加了1.13英寸（Pata, Lord & Lamb, 2014）；同时，这些老年人对跌倒的恐惧心理也有所减弱。在另一项研究中，受试者在进行了24期普拉提训练之后（每周3天，每次练习1小时，持续8周时间），显著改善了膝屈肌和膝伸肌的峰值扭矩及姿势稳定性（使用Biodex稳定系统测量）（Yu & Lee, 2012）。

与没有对照组或以非运动群体为对照组的积极研究结果相反，近期一项普拉提与其他运动模式的随机对照测试显示，普拉提在改善平衡性方面，并不存在任何优势（Donath et al., 2016；Mesquita et al., 2015）。梅斯基塔等人（Mesquita et al., 2015）将58名老年女性分为本体感觉神经肌肉促进拉伸组、普拉提组和对照组：在经过4周练习（每周50分钟）之后，进行本体感觉神经肌肉促进拉伸和普拉提练习的群体，计时起立行走和功能性伸展测试表现都得到了显著改善，但两项测试结果之间并没有显著差异。多纳特等人（Donath et al., 2016）将48名老年人分为普拉提练习组、传统平衡性训练组或对照组：在经过8周练习（每周两期训练）之后，传统平衡性训练组的Y平衡性和单腿站立测试表现均优于进行普拉提练习的群体。总之，以上结果均表明，尽管普拉提能够改善平衡性，但其并不比其他传统运动模式更为有效。

平衡性训练方案

针对运动康复（踝关节和膝关节损伤）和预防老年人跌倒的方案均已广泛采用了平衡性训练。通常，这些方案都会让受试者在睁眼和闭眼的情况下，站在稳定和不稳定的表面上进行静态和动态训练。尽管在采用这些传统方法的各类研究中，训练强度、频率和运动量之间的差别很大，但研究结果一般都能证明传统平衡性训练改善平衡性和姿势控制的能力（Granacher et al., 2011），无论是短期还是长期而言。在老年人中，30%~50%的跌倒事件均可归因于滑倒和绊倒，因此在最近，能够降低跌倒风险的干扰式平衡性训练已开始普及。这种干扰式平衡训练模拟了现实条件，相较于传统方法，似乎能够更有效地改善反应平衡性，这证明特异性原则同样适用于平衡性训练（Granacher et al., 2011）。

近期的两项综述性研究确定了健康年轻成年人（Lesinski et al., 2015）和老年人（Granacher et al., 2017）平衡性训练的剂量-

反应关系，针对这两组人群的剂量–反应关系和建议均相似。这两项研究均建议训练持续时间应保持在11~12周，每周进行3期训练，每次训练应持续21~40秒。对年轻成年人来说，各训练期保持在11~15分钟即可（Lesinski et al., 2015），但对老年人而言，则应保持31~45分钟（Granacher et al., 2017）。针对年轻成年人的建议仅适用于静态平衡性，对于反应平衡性，目前尚无足够的研究建议。相比之下，此类训练在改善老年人反应平衡性方面的作用较大，但对于老年人的静态平衡性则仅有微弱到中等的效果。

进阶式平衡性方案示例

训练	基础级别	中等级别 （动作任务[a] 或认知任务[b]）	高级级别 （动作任务或 认知任务）
坐在健身球上	• 坐位 • 围坐为一圈，传递（滚动）一个较大的球 • 围坐为一圈，踢球 • 以直线坐成一排，传递球 • 以直线坐成一排，滚动球（花式障碍[c]） • 坐在座椅上，双手合十轻推	• 坐位，增加一项动作任务或认知任务 • 围坐为一圈，传递（滚动）一个较大的球，一只脚踩在软垫上 • 围坐为一圈，踢球，脚或手臂置于不同位置 • 以直线坐成一排，传递球，一只脚置于软垫上 • 以直线坐成一排，滚动球（花式障碍），一只脚踩在软垫上 • 坐位，双臂呈拦挡姿势，轻推	• 坐位，同时增加动作任务和认知任务 • 围坐为一圈，传递（滚动）一个较大的球，双脚踩在软垫上 • 以直线坐成一排，传递球，双脚踩在软垫上 • 以直线坐成一排，滚动一个较大的球（花式障碍），双脚踩在软垫上
站立	• 站成一圈，座椅置于中间，传递（滚动）一个较大的球 • 站成一圈，传递一只大气球 • 以直线站成一排，传递一只小气球（花式障碍） • 以直线站成一排，传递（滚动）一个较大的球（花式障碍） • 前后脚站立 • 单腿站立 • 站立，双脚各踩一个平衡垫 • 站立，双脚踩在一个平衡垫上 • 站在柔软的泡沫垫上 • 两人一组相对站立，各抱一只球；在空中传球，一人抛出后另一人紧跟着抛出 • 两人一组相对站立，胸间抱球，轻推	• 站成一圈，在迈腿做弓步的同时击打气球 • 站成一圈，传递球，并在传递时做弓步 • 站成一圈，扔球，并在扔球时做弓步 • 站成一圈，以不同的支撑底面扔球（如变换脚的位置，换为其他垫子） • 站成一圈，传递一杯水，一只脚踩在平衡垫上 • 以直线站成一排，以不同的支撑底面传递一个较小的球（花式障碍） • 以直线站成一排，以不同的支撑底面传递（滚动）一个较大的球（花式障碍） • 站立，单手扶（支撑）在椅背上，一只脚踩在平衡垫上，并以另一只腿在不同方向做弓步 • 以不同的支撑底面站立，增加动作任务或认知任务	• 在中等级别的训练中添加认知任务 • 以不同的支撑底面站立，同时增加动作任务和认知任务

续表

训练	基础级别	中等级别 （动作任务[a]或认知任务[b]）	高级级别 （动作任务或 认知任务）
行走	• 在4~7个平衡垫上进行花式障碍行走 • 行走，一只脚踩在平衡垫上 • 在"凌乱"的环境中（如摆放有椅子、球、锥形桶）步行 • 以最快的速度向前走，并后退返回 • 以最快的速度向前走，上下两个台阶，并以正常速度返回 • 以最快的速度向前走，上下两个台阶，并后退返回 • 半前后脚行走或前后脚行走	• 花式障碍行走，增加动作任务或认知任务 • 行走，踩在排成一排且相互之间拉开距离的平衡垫上 • 在"凌乱"环境中行走，背诵或计数 • 四处走动，按照要求做弓步（如敲击左右肩时以左脚做弓步） • 以最快的速度向前走，并后退返回，增加动作任务或认知任务 • 以最快的速度向前走，上下两个台阶，并以正常速度返回，增加动作任务或认知任务 • 以最快的速度向前走，上下两个台阶，并后退返回，增加动作任务或认知任务 • 在柔软的泡沫垫上行走，增加运动或认知任务 • 前后脚行走，增加动作任务或认知任务	• 花式障碍行走，同时增加动作任务和认知任务 • 行走，踩在排成一排的平衡垫上 • 四处走动，扣住和解开衣服的扣子或在"凌乱"环境中行走并背诵或计数，按照要求做弓步 • 以最快的速度向前走，并后退返回，同时增加动作任务和认知任务 • 以最快的速度向前走，上下两个台阶，并以正常速度返回，同时增加动作任务和认知任务 • 以最快的速度向前走，上下两个台阶，并后退返回，同时增加动作任务和认知任务 • 在柔软的泡沫垫上行走，同时增加动作任务和认知任务 • 前后脚行走，同时增加动作任务和认知任务

[a]动作任务包括：移动手臂、腿部、头部或躯干（倾斜或转动）；扣住和解开衣服的扣子；接抛气球；投掷和接球；踢球；端着一杯水；在一个托盘上滚动一只乒乓球；闭眼等。
[b]认知任务包括：计数（以给定的起始数加减3或7）；读报纸；背诵花卉、动物类别和城市名称等。
[c]花式障碍：按编织图案或之字形摆放障碍物（如锥形桶或靠垫）。

[源自：A. Halvarsson, I-M Dohrn, and A. Stahle, "Taking Balance Training for Older Adults One Step Further: The Rationale for and Description of a Proven Balance Training Programme," *Clinical Rehabilitation* 29 (2015):417-425.]

由于平衡性涉及身体诸多方面，目前美国运动医学会（ACSM, 2018）提供的指南中尚无明确的平衡性运动处方。因此在制定运动处方时，建议以本章所述的一般准则为基础。制定个性化方案时，还应考虑客户的需求、目标、年龄和体力活动水平，但请牢记，平衡性训练应具有特定性。相较于全面化的训练方案，旨在改善单一、特定平衡性或步态障碍的特定任务训练方案，对于改善平衡性而言将更为有效。可将各类训练模式方法相结合，为客户提供一个全面的平衡性方案。进阶式平衡性方案示例展示了改善坐姿、站姿和运动平衡性的训练方法，进一步增加了改善平衡性训练的难度。在多模式平衡性训练方案示例中，改善老年人平衡性和活动能力的训练采用了太极拳、普拉提、敏捷性训练和弓步训练。

多模式平衡性训练方案示例

客户数据

年龄: 65岁
性别: 女性
体重: 145磅
方案目标: 改善静态平衡性和动态平衡性; 预防跌倒

方法: 太极拳、普拉提、弓步训练和敏捷性训练
频率: 3天/周或以上
持续时间: 各训练期45~60分钟

训练方法	原理	动作	进阶
太极拳	增大稳定限度 优化节律运动 增大关节活动度 控制身体重心	画圈: 缓慢、有节奏地转移重心, 手臂画大圈 猫步: 缓慢而果断地迈步, 沿身体对角线转移重心 云手: 缓慢向侧面迈步, 躯干保持直立 野马分鬃: 向前走时, 四肢同步 倒撵猴: 缓慢向后退, 沿身体对角线转移重心	每周学习一个动作, 从转移重心和迈步开始, 循序渐进地同步手臂和躯干动作
普拉提	改善姿势控制, 功能切换和序列动作	坐姿起立动作 地面转移和起桥动作 俯卧翻转 鸟犬式、猫式和骆驼式 半跪起立	在做动作的过程中, 逐渐改善表现和提高速度
弓步训练	迈步以进行姿势纠正 增大稳定限度 快速改变方向	姿势纠正: 倾斜身体直到重心超出支撑底面而需要迈步; 向所有方向倾斜 顺时针进行多方向迈步 动态弓步行走	从坚固的表面开始, 随后进阶为单脚踩在平衡垫上, 最后进阶为双脚踩在平衡垫上 先在光线充足的房间内进行训练, 随后进阶为戴着墨镜训练, 最后进阶为蒙住眼睛训练 在做弓步的同时进行手臂活动, 随后进阶为手持球并抬起手臂
敏捷性训练	改善协调性 快速改变方向 增强在狭小空间内活动的能力	高抬腿迈步, 并用手拍打膝盖 侧身迈步 轮胎动作: 尽可能大幅度地快速、高抬腿迈步和转弯	训练初期以自定的节奏开始, 随后逐渐提高速度 进阶为快速改变方向和步伐 添加双重任务, 如在移动时大声计数

已有许多可用的优秀资源供我们在制定客户的个性化平衡性训练方案时使用, 如*ABLE Bodies Balance Training*（Scott, 2008）一书中, 就为大家提供了为期16周的训练方案。书中的训练方式, 能够安全地改善老年人的平衡性和活动能力、柔韧性、姿势和核心稳定性,

增强力量以及心肺耐力。在制定改善老年人平衡性和功能性体适能的安全训练方案方面, 亦已有可用资源, 见罗斯（Rose, 2010）和斯科特（Scott, 2008）的相关研究; 格拉纳谢（Granacher, 2011）还为老年人训练方案提供了制定指南（见第373页的"老年人平衡性训

练方案制定指南"）。关于将普拉提和瑜伽运动纳入平衡性训练方案的意见，请参见伊萨科维茨（Isacowitz, 2014）和邵（Shaw, 2016）的研究。

- **模式**：太极拳；普拉提；瑜伽；静态平衡性训练、动态平衡性训练和反应平衡性训练；抗阻训练；多模式训练。
- **设备**：平衡盘、平衡垫、泡沫轴、平衡板、瑞士球，还可为方案增添具有多样性和挑战性的计算机化平衡系统和力板设备。

- **频率**：至少2天/周。
- **训练回合和持续时间**：3~8个回合；每回合20~40秒。
- **时间**：每次训练20~30分钟；2时/周。
- **方案持续时间**：3~6个月，取决于训练模式。

本章回顾

关键知识点

▶ 平衡性是老年人重要的功能性体适能。

▶ 为降低跌倒风险，应鼓励老年人每周至少进行2天的平衡性训练。

▶ 静态平衡性指在站立或坐下时，将身体重心维持在支撑底面内的能力。

▶ 动态平衡性指在身体重心和支撑底面发生移动，身体重心移至支撑底面之外时维持直立姿势的能力。

▶ 反应平衡性指在站立或行走时，对干扰进行代偿并从干扰中恢复平衡的能力。

▶ 功能平衡性指完成需要平衡性的日常活动的能力。

▶ 平衡性的动态系统模型认为平衡性控制具有自适应性和功能性。

▶ 视觉、本体感觉和前庭觉系统之间相互作用，以维持身体的平衡。

▶ 体形、足部尺寸、性别、年龄和体适能水平都会影响平衡性和跌倒风险。

▶ 间接平衡性测试对于现场和临床环境，均为有效、可靠且实用的方法。

▶ 直接平衡性测试可用于评估静态和动态平衡性及姿势的稳定性。由于测试设备成本高昂，此类测试可能更适用于研究。

▶ 普拉提、瑜伽、太极拳、舞蹈、步行和抗阻训练均为能有效改善平衡性的训练模式。

重要术语

请学习以下重要术语的定义，相关定义可在术语表中查找。

平衡性（Balance）

压力中心（Center of Pressure）

计算机动态姿势描记（Computerized Dynamic Posturography）

动态平衡性（Dynamic Balance）

功能平衡性（Functional Balance）

步态速度（Gait Velocity）

稳定限度（Limits of Stability）

重力线（Line of Gravity）

神经运动训练（Neuromotor Training）

反应平衡性（Reactive Balance）

静态平衡性（Static Balance）

问题回顾

除了能够对上面列出的重要术语进行定义，请回答以下问题来巩固并加深自己对本章内容的理解。

1. 功能性体适能测试组合中为什么会包括平衡性测试？

2. 请定义什么是神经运动训练。

3. 平衡性的构成十分复杂，请列举影响和控制平衡性表现的生物力学、神经和环境系统。

4. 请定义静态、动态和反应平衡性，并列举评估这些平衡性的测试。

5. 请列举通常用于评估老年人的功能平衡性，以及临床环境中，通常用来评估受伤运动员平衡性的间接平衡性测试。

6. 说明视觉、本体感觉和前庭觉系统如何相互作用，从而维持和控制平衡性。

7. 说明年龄增长对平衡性的影响。

8. 列举引发老年人跌倒风险的内在因素。

9. 列举可用来改善平衡性的运动模式。

10. 什么是压力中心和稳定限度，如何使用这些测量值来评估动态平衡性？

11. 简要说明改善老年人平衡性的一般运动处方。

健康与体适能评估

本附录包含健康预查时需要用到的表格和问卷，你可以复制并使用。大众体力活动准备情况问卷（见附录A.1）可用于确认客户在进行任一体适能测试或实施运动方案之前，是否需要先行取得医生开具的体检合格证。病历问卷（见附录A.2）可用于获取客户个人和家族的病历情况。此外，你需要询问客户是否有表格中"疾病的风险因素、体征和症状"（见附录A.3），这是健康预查的环节之

一。医生可用电子版体力活动准备情况医疗检查表（见附录A.4）来评估客户的体力活动参与度，从而决定是否为其开具体检合格证。

通过生活方式评估表（见附录A.5）或奇特生活方式检查表（见附录A.6），你可以获知客户的生活方式状况。在客户进行体适能测试或实施运动方案之前，确保其已经填写知情同意书（见附录A.7）。

附录A.1 大众体力活动准备情况问卷

2018 PAR-Q+

大众体力活动准备情况问卷

进行规律的体力活动带来的健康效益显而易见，应鼓励更多人每天进行体力活动。对大多数人来讲，进行体力活动是十分安全的。通过填写本问卷，您会了解自己在进一步参加体力活动前，是否需要寻求医生或有资格认证的运动专业人员的建议。

常规健康问题

请认真阅读以下7个问题并如实作答（在"是"或"否"处打钩）	是	否
1）曾有医生确诊您有心脏问题□或高血压□吗？	□	□
2）在休息、进行日常生活活动或体力活动时，您是否曾胸痛？	□	□
3）在过去一年里，是否曾因头晕而失衡**或**失去知觉？ 如果您头晕时大口喘气（包括进行体力活动时）请回答"否"。	□	□
4）除了心脏病或高血压外，您是否确诊过患有其他慢性疾病？ **如果有，请列于此处：**	□	□
5）您最近正在为慢性疾病服用处方药吗？ **如果有，请将症状和用药情况列于此处：**	□	□
6）您最近（或过去一年里）是否出现骨骼、关节、软组织问题，并且由于运动量增加，问题变得更加严重？如果过去曾发生，但现在身体运动功能已经恢复正常，请回答"否"。 **请将症状列于此处：**	□	□
7）您的医生告诫过你只能在医疗监督下进行体力活动吗？	□	□

☑ **如果对上述问题的回答全部为"否"，您完全可以参加体力活动。**
  请忽略本附录文件第2页和第3页的内容，直接签署参与承诺书。
◉ 增加运动量时遵循循序渐进的原则——缓慢开始，逐渐增加。
◉ 遵守相应年龄的国际体力活动指南。
◉ 可参加健康和体适能评估。
◉ 如果您的年龄在45岁以上，未进行过高强度或极量运动，请在进行相应强度的运动前咨询健身专业人员的建议。
◉ 更多问题，请咨询资深健身专业人员的建议。

参与承诺书
如果您尚未达到签署本承诺书要求的法定年龄，在签署时您的医护人员、父母、监护人等也需要在此承诺书上签字。

本人在签署承诺书之前，已在完全自愿的基础上填写本问卷。本人在此郑重承诺，此运动合格证自签署之日起，最长有效期为一年，如果个人情况有变，则该证明自动失效。经本人同意，社区/健身中心可保存一份本表格的复印件，以备留档。按照相关法律规定，本表格予以保密，特此声明。

姓名_____ 日期_____

签字_____ 公证人_____

父母/监护人/医护人员签名_____

◉ **如果您对以上任一问题回答"是"，请完成本附录文件第2页和第3页的填写。**

⚠ **出现以下情况时，推迟进行更多的运动。**
✓ 患感冒或发烧等短暂性疾病，最好等病情好转后再参加运动。
✓ 怀孕——请咨询护理人员、医生、资深运动专业人员的建议，或在进行更多运动前在相关网站上完成电子版体力活动准备情况医疗检查表。
✓ 健康状况发生变化——回答本附录第2页和第3页的问题，继续进行任一体力活动方案之前，咨询医生或资深健身专业人员的建议。

[源自：The PAR-Q+ Collaboration and the authors of the PAR-Q+ (Dr. Darren Warburton, Dr. Norman Gledhill, Dr. Veronica Jamnik, and Dr. Shannon Bredin).]

2018 PAR-Q+
关于医疗状况的后续问题

1. 是否患有关节炎、骨质疏松或腰背痛？
　　如果症状现在还在持续，请回答问题 1a~1c　　　　回答"否"□请跳转至第2题

1a.	用药或在医生嘱咐下接受其他治疗时，病情是否仍旧难以把控？ （目前并未服药或接受治疗时请回答"否"）	是□ 否□
1b.	您曾患有关节疼痛，最近或过去曾因骨质疏松、癌症、脊椎错位（腰椎间盘突出）、 脊椎脱位或局部问题而（腰背部脊椎骨断裂）发生骨折吗？	是□ 否□
1c.	是否曾定期注射激素或服用激素药物，且连续超过3个月？	是□ 否□

2. 目前患有癌症吗？
　　如果症状现在还在持续，请回答问题 2a~2b　　　　回答"**否**"□请跳转至第3题

2a.	您的癌症是否确诊为以下类型：肺癌、支气管癌、多发性骨髓瘤、脑癌或颈椎癌？	是□ 否□
2b.	您最近在接受癌症治疗（如化疗或放疗）吗？	是□ 否□

3. 您患有心脏病或心血管疾病吗？包括冠心病、心脏衰竭、心率异常。
　　如果症状现在还在持续，请回答问题 3a~3d　　　　回答"**否**"□请跳转至第4题

3a.	用药或在医生嘱咐下接受其他治疗时，病情是否仍旧难以把控？ （目前并未服药或接受治疗时请回答"否"）	是□ 否□
3b.	是否心跳异常，需要医疗干预？ （如心房颤动、室性期前收缩）	是□ 否□
3c.	您患有慢性心脏衰竭吗？	是□ 否□
3d.	您是否确诊患有冠心病或心血管疾病，并且在最近两个月内未进行规律的体力活动？	是□ 否□

4. 您是否患有高血压？
　　如果症状现在还在持续，请回答问题 4a~4b　　　　回答"**否**"□请跳转至第5题

4a.	用药或在医生嘱咐下接受其他治疗时，病情是否仍旧难以把控？ （目前并未服药或接受治疗时请回答"否"）	是□ 否□
4b.	静息血压是否等于或超过160/90毫米汞柱且未进行治疗？ （如果不知道自己的静息血压值，请回答"是"）	是□ 否□

5. 您有代谢问题吗？包括1型糖尿病、2型糖尿病和糖尿病前期。
　　如果症状现在还在持续，请回答问题 5a~5e　　　　回答"**否**"□请跳转至第6题

5a.	通过食疗、药物治疗或其他医疗手段仍无法调控自己的血糖水平？	是□ 否□
5b.	运动或进行日常生活活动时是否经常出现低血糖症状，且表现为颤抖、紧张、易怒、 冒汗、晕眩、轻度头痛、心慌、讲话障碍、体虚、贪睡等？	是□ 否□
5c.	是否出现糖尿病并发症的体征和症状，如心脏病、血管疾病或其并发症，影响到视力、 肾脏功能和下半身知觉？	是□ 否□
5d.	是否患有其他代谢疾病（如孕期糖尿病、慢性肾病或肝病）？	是□ 否□
5e.	您是否打算参加对于自身来讲强度过高的运动？	是□ 否□

[源自：The PAR-Q+ Collaboration and the authors of the PAR-Q (Dr. Darren Warburton, Dr. Norman Gledhill, Dr. Veronica Jamnik, and Dr. Shannon Bredin).]

6. **是否患有精神健康疾病或学习障碍？包括阿尔茨海默病、抑郁症、焦虑症、饮食紊乱、精神失常、智力缺陷、唐氏综合征。**

如果症状现在还在持续，请回答问题6a~6b 　　　　　　回答"**否**"□请跳转至第7题

6a. 用药或在医生嘱咐下接受其他治疗时，病情是否仍旧难以把控？　　　　　　　　　是□　否□
（目前并未服药或接受治疗时请回答"**否**"）

6b. 是否患有唐氏综合征和腰背部问题，且影响到神经和肌肉？　　　　　　　　　　　是□　否□

7. **是否患有呼吸系统疾病？包括慢性阻塞性肺疾病、哮喘、肺高血压。**

如果症状现在还在持续，请回答问题7a~7d 　　　　　　回答"**否**"□请跳转至第8题

7a. 用药或在医生嘱咐下接受其他治疗时，病情是否仍旧难以把控？　　　　　　　　　是□　否□
（目前并未服药或接受治疗时请回答"**否**"）

7b. 您的医生是否曾指出您在运动或静息时的血氧水平较低，需要接受氧气疗法？　　　是□　否□

7c. 如果患有哮喘，最近您是否有胸闷、打喷嚏、呼吸费力、重度咳嗽（多于每周两天）的症状，或最近一周内是否急性用药多于两次？　　　　　　　　　　　　　　　　　是□　否□

7d. 您的医生是否指出您的肺部血管内血压过高？　　　　　　　　　　　　　　　　　是□　否□

8. **是否发生过脊髓损伤？包括四肢麻痹或截瘫。**

如果症状现在还在持续，请回答问题8a~8c 　　　　　　回答"**否**"□请跳转至第9题

8a. 用药或在医生嘱咐下接受其他治疗时，病情是否仍旧难以把控？　　　　　　　　　是□　否□
（目前并未服药或接受治疗时请回答"**否**"）

8b. 是否经常静息血压过低，从而晕眩、轻度头痛或晕倒？　　　　　　　　　　　　　是□　否□

8c. 您的医生是否指出您患有急性高血压（自主神经反射异常）？　　　　　　　　　　是□　否□

9. **是否曾患有卒中？包括短暂性脑缺血发作或脑血管疾病。**

如果症状现在还在持续，请回答问题9a~9c 　　　　　　回答"**否**"□请跳转至第10题

9a. 用药或在医生嘱咐下接受其他治疗时，病情是否仍旧难以把控？　　　　　　　　　是□　否□
（目前并未服药或接受治疗时请回答"**否**"）

9b. 是否患有行动或行走功能障碍？　　　　　　　　　　　　　　　　　　　　　　　是□　否□

9c. 在过去6个月里是否患有卒中或神经或肌肉功能缺陷？　　　　　　　　　　　　　是□　否□

10. **是否出现过上面未提到的医疗症状，或出现两种或两种以上的症状？**

如果症状现在还在持续，请回答问题10a~10c 　　　　　　回答"**否**"□请阅读第4页的建议

10a. 在过去一年里是否曾因头部创伤导致短暂性失明、晕倒或失去知觉，或发生脑震荡？　是□　否□

10b. 是否出现过以上未提到的医疗症状（如癫痫、精神病或肾病）？　　　　　　　　　是□　否□

10c. 最近是否出现两种或两种以上的症状？　　　　　　　　　　　　　　　　　　　　是□　否□

请在此处列出所出现的症状：_____

请在此处写明用药状况：_____

请阅读本附录文件第4页获取对于您最近医疗状况的建议，并签署参与承诺书。

[源自：The PAR-Q+ Collaboration and the authors of the PAR-Q+ (Dr. Darren Warburton, Dr. Norman Gledhill, Dr. Veronica Jamnik, and Dr. Shannon Bredin).]

2018 PAR-Q+

☑ **如果对以上后续问题的回答全部为"否"**（本附录文件第 2 页和第 3 页），**您完全可以进行更多的体力活动，并直接签署参与承诺书。**

◉ 建议咨询资深健身专业人员来帮助您制定安全有效的体力活动计划，以满足健康需求。

◉ 增加运动量时遵循循序渐进的原则——缓慢开始，逐渐增加运动量和运动强度。每周 3~5 天，每天 20~60 分钟低到中强度体力活动，包括有氧训练和肌肉力量训练。

◉ 增加运动量时，应争取每周进行累计 150 分钟或以上的中等强度体力活动。

◉ 如果您的年龄在 45 岁以上，未进行过高强度或极量运动，请在进行相应强度的运动前咨询健身专业人员的建议。

◉ **如果您对任一以上后续问题的回答为"是"**：请在增加运动量或进行体适能评估之前了解更多信息。您需要通过相关网站完成为特殊需要设计的在线筛查和推荐训练方案——电子版体力活动准备情况医疗检查表，或通过和资深健身专业人员就这一检查表进行讨论，以获取更多信息。

⚠ **出现以下情况时，延缓增加运动量的时间。**

✓ 患感冒或发烧等短暂性疾病，最好等病情好转后再参加运动。

✓ 怀孕——请咨询护理人员、医生、资深运动专业人员的建议，或在增加运动量前，在相关网站上完成电子版体力活动准备情况医疗检查表。

✓ 健康状况发生变化——回答本附录文件第 2 页和第 3 页的问题，继续进行任一体力活动方案之前咨询医生或资深健身专业人员的建议。

● 建议您对体力活动准备情况问卷进行拍照留档。您可以对整个问卷内容拍照，且问卷内容不允许涂改。

● 制表人、体力活动准备情况问卷协会、合作单位及代理人对体力活动准备情况问卷和电子版体力活动准备情况医疗检查表的填写和使用方不负任何法律责任。如在表格填写过程中存在疑问，请在进行体力活动前咨询医生。

参与承诺书

● 填写体力活动准备情况问卷后，所有人都应阅读并签署下面的承诺书。

● 如果您尚未达到签署本承诺书要求的法定年龄，在签署时您的医护人员、父母、监护人等也需要在此承诺书上签字。

本人在签署本承诺书之前，已在完全自愿的基础上填写本问卷。本人在此郑重承诺，此运动合格证自签署之日起，最长有效期为一年，如果个人情况有变，则该证明自动失效。经本人同意，社区/健身中心可保存一份本表格的复印件，以备留档。按照相关法律规定，本表格予以保密，特此声明。

姓名＿＿＿＿＿＿＿＿＿＿＿＿＿＿＿＿＿＿＿＿　日期＿＿＿＿＿＿＿＿＿＿＿＿＿＿＿＿＿＿＿

签名＿＿＿＿＿＿＿＿＿＿＿＿＿＿＿＿＿＿＿＿　公证人＿＿＿＿＿＿＿＿＿＿＿＿＿＿＿＿＿＿

父母/监护人/医护人员签名＿＿＿＿＿＿＿＿＿＿＿＿＿＿＿＿＿＿＿＿＿＿＿＿＿＿＿＿＿＿＿＿

——————— 更多信息，请联系 ———————

PAR-Q+ 表格引用
Warburton DER, Jamnik VK, Bredin SSD, and Gledhill N on behalf of the PAR-Q+ Collaboration.
The Physical Activity Readiness Questionnaire for Everyone (PAR-Q+) and Electronic Physical ActivityReadiness Medical Examination (ePARmed-X+). Health & Fitness Journal of Canada 4(2): 3-23, 2011.

体力活动准备情况问卷的制定建立在大众普遍认知之上：（1）经过了体力活动准备情况问卷协会会长诺曼·格莱德希尔（Norman Gledhill）博士、韦罗妮卡·亚姆尼克（Veronica Jamnik）博士和唐纳德·C. 麦肯齐（Donald C. McKenzie）博士的审批。（2）本附录文件的发行受加拿大卫生部（Public Health Agency of Canada）和卑诗省卫生服务部（BC Ministryof Health Services）的资助。文中出现的观点并不一定代表加拿大卫生部和卑诗省卫生服务部的立场。

参考文献
1. Jamnik' VK, Warburton DER, Makarski J, McKenzie DC, Shephard RJ, Stone J, and Gldhill N. Enhancing the efftiveness of clearance for physical acivity paricipation; background and overall process. APNM 36(S1);S3-S13, 2011.
2. Warburton DER, Gledhill N,Jamnik VK, Bredin SsD, McKenzie DC, Stone J, Charlesworth S, and Shephard RJ. Evidence-based risk assesmemt and recommendations for physical acivity clearance; Consensus Document. APNM36(S1): S266-S298, 2011.
3. Chisholm DM, Colis ML, Kulak LL, DavenportW, and Gruber N. Physical acivity readiness. British Columbia Medical Journal.1975;17: 375-378.
4. Thomas S, Reading J, and Shephard RJ. Revision of the Physical Activity Readiness Questionnaire (PAR-Q). Canadian Journal of Sport Science 1992; 17: 4 338-345.

[源自：the PAR-Q+ Collaboration and the authors of the PAR-Q+ (Dr. Darren Warburton, Dr. Norman Gledhill, Dr. Veronica Jamnik, and Dr. Shannon Bredin).]

附录A.2 病历问卷

基本信息

姓名

出生日期   性别   家庭电话

地址   省，市   邮编

工作电话   家庭医生

第1部分

    1. 您最近一次进行身体检查是在什么时候？

    2. 如果您对药物、食物或其他成分过敏，请说明。

    3. 如果您患有任何慢性或严重疾病，请列出。

    4. 请提供您最近3次住院的相关信息。注：女性正常怀孕除外。

	第1次住院	第2次住院	第3次住院
住院原因			
住院年月			
医院名称			
医院所在地（省，市）			

第2部分
过去一年内

    1. 医生是否为您开具过任何处方药？ □是 □否

    2. 体重是否曾大幅波动？ □是 □否

    3. 是否曾通过饮食或运动来减重或增肥？ □是 □否

    4. 是否曾出现运动、轻度头痛、短暂性失明等情况？ □是 □否

    5. 是否偶尔出现睡眠问题？ □是 □否

    6. 是否曾视物模糊？ □是 □否

    7. 曾重度头疼吗？ □是 □否

    8. 是否曾出现慢性晨咳？ □是 □否

    9. 是否出现过暂时性的语言模式变化，如讲话含糊不清或失语？ □是 □否

    10. 是否曾无故紧张或焦虑？ □是 □否

    11. 是否曾心跳异常，如心律失常或心悸？ □是 □否

    12. 是否曾出现不明原因的心跳加速？ □是 □否

目前

1. 是否在和同伴一起步行的时候出现呼吸不畅或呼吸急促? □是 □否
2. 是否出现臂部、手部、腿部、足部、面部麻木或失去知觉? □是 □否
3. 是否注意到手脚部位的温度比身体其他部位要低? □是 □否
4. 是否曾足部或踝关节肿胀? □是 □否
5. 是否曾腿部疼痛或抽筋? □是 □否
6. 是否曾胸部疼痛或不适? □是 □否
7. 是否感到胸闷或胸部有压迫感? □是 □否
8. 血压是否正常? □是 □否
9. 血清胆固醇或甘油三酯水平是否偏高? □是 □否
10. 是否患有糖尿病? □是 □否

    如果有,如何调控病情?

    □饮食手段　　　□注射胰岛素
    □口服药物　　　□未采取措施

11. 您多久发现一次自己的压力水平偏高?

    □偶尔　　　　　□经常　　　　　□总是

12. 医生是否告知您患有以下疾病? □是 □否

    □心肌梗死　　　　　□骨质疏松　　　　□心脏病　　　　　□甲状腺疾病
    □冠状动脉血栓病　　□风湿性心脏病　　□突发性心脏病　　□心脏瓣膜疾病
    □冠状动脉阻塞　　　□心脏衰竭　　　　□心脏杂音
    □心脏传导阻滞　　　□血管瘤　　　　　□心绞痛

13. 是否接受过以下心脏手术? □是 □否

    □心脏手术　　　　　□心脏起搏器植入术
    □心脏导管术　　　　□心脏除颤手术
    □冠状动脉成形术　　□心脏移植

第3部分

在和您有直接血缘关系的家庭成员中是否有人出现以下症状? 请指出他们和您的关系(父亲、母亲、姐妹、兄弟等)。

A. 糖尿病

B. 心脏病

C. 卒中

D. 高血压

附录A.3 疾病的风险因素、体征和症状

说明：请询问客户是否出现以下症状和风险因素。如果有，请将他们转介给医生，在参加任何运动测试之前客户都需要取得体检合格证。相关术语的定义见术语表。

客户姓名：_____ 日期：_____

疾病的风险因素、体征和症状

症状	是	否	评价
风险因素			
男性年龄在45岁以上			
女性年龄在55岁以上，子宫切除或绝经			
近6个月内曾吸烟			
血压≥130/90毫米汞柱			
血压水平未知			
服用控血压药物			
血胆固醇＞200毫克/分升			
血胆固醇未知			
较近血亲在55岁（父亲或兄弟）或65岁（母亲或姐妹）之前有心脏病发作史或接受过心脏手术			
不常运动（每周运动少于3天，每次运动少于30分钟）			
超重20磅（约9.0千克）以上			
心血管系统*			
高血压			
高胆固醇血症			
心脏杂音			
心肌梗死（心脏病发作）			
晕倒或晕眩			
跛行			
胸痛			
心悸			
脑缺血			
心律失常			
踝关节水肿			
卒中			

续表

症状	是	否	评价
肺部			
哮喘			
支气管炎			
肺气肿			
夜间呼吸困难			
咯血症			
运动性哮喘			
轻度运动时或运动后呼吸困难			
代谢系统 *			
糖尿病			
肥胖症			
葡萄糖不耐受症			
麦卡德尔综合征			
低血糖			
甲状腺疾病			
肝硬化			
肌肉骨骼系统			
骨质疏松			
骨关节炎			
腰背痛			
有假体			
肌肉萎缩			
关节肿胀			
骨痛			
有人工关节			
肾脏 *			
尿蛋白异常			
肾小球滤过率偏低			
排尿频率、颜色、外观、难度变化			
贫血（疲劳、发冷、气短、头晕、虚弱）			
手部、脸周（一侧或两侧）水肿或积液			
代谢性口臭			
慢性瘙痒			
透析			

*如患有已知的心血管疾病、代谢疾病或肾病（或有以上三者的综合症状），客户应在运动前咨询医生。

附录A.4　电子版体力活动准备情况医疗检查表

本表主要分为3个部分。

第1部分：体力活动准备情况问卷和电子版体力活动准备情况医疗检查表填写过程的重要信息。

第2部分：客户的病历简介和基本信息。

第3部分：医生对客户增加运动量的建议。

在整个过程的最后，建议客户在增加运动量或进行体适能评估之前，将签了名的表格交给资深运动专业人员或其他医疗专业人员（正如本附录中的表建议）。

第1部分　体力活动准备情况问卷和电子版体力活动准备情况医疗检查表填写过程的重要信息

电子版体力活动准备情况医疗检查表是一份简单易用的互动调查项目表，用于确定客户体力活动准备情况或评估客户的体适能水平。此外，本表还增加了新版体力活动准备情况通用问卷的纸质版和电子版。

使用电子版体力活动准备情况医疗检查表的客户，应该积极填写体力活动准备情况问卷，并由具有资格认证的运动专业人员或其他健康医疗专业人员进行指导，检查当前需要解决的医疗问题。在填写本表的最后环节，客户需要咨询医生以获得增加运动量的建议。此时，客户需要从医生处获取允许增加运动量的体检合格证。在得到体检合格证前，客户只能进行低强度的体力活动。

在取得体力活动体检合格证的过程中，利用本附录中的表协助客户和医生的工作。

第2部分　个人信息

姓名：_____　　性别：□男　□女

地址：_____　　出生日期（年/月/日）：_____

　　　_____

　　　_____

电话：_____　　健康状况：_____

转介原因（可多选）

□资深健身专业人员转介

□专业医护人员转介

□电子版体力活动准备情况医疗检查表推荐

版本：2014年9月7日　　© PAR-Q+ Collaboration, 2014

[经PAR-Q+ Collaboration许可，源自：Electronic Physical Activity Readiness Medical Examination (ePARmed-X+).]

第3部分 体力活动准备情况转介表

基于（客户姓名）目前的健康状况，推荐采取以下措施。

□客户此时应避免进行体力活动。

□客户只能在资深健身专业人员（或其他训练有素的专业医护人员）和医生的监督下参加体力活动或训练方案。

□客户只能在资深健身专业人员指导下参加强度和模式合适的体力活动或训练方案。

□客户可在有限医护措施的情况下参加强度和模式合适的体力活动或训练方案。

当为以上客户制定训练方案时，需注意以下几点。

○避免：＿＿＿＿＿＿＿＿＿＿＿＿＿＿＿＿＿＿＿＿＿＿＿＿＿＿＿

＿＿＿＿＿＿＿＿＿＿＿＿＿＿＿＿＿＿＿＿＿＿＿＿＿＿＿＿＿＿＿

＿＿＿＿＿＿＿＿＿＿＿＿＿＿＿＿＿＿＿＿＿＿＿＿＿＿＿＿＿＿＿

＿＿＿＿＿＿＿＿＿＿＿＿＿＿＿＿＿＿＿＿＿＿＿＿＿＿＿＿＿＿＿

○推荐：＿＿＿＿＿＿＿＿＿＿＿＿＿＿＿＿＿＿＿＿＿＿＿＿＿＿＿

＿＿＿＿＿＿＿＿＿＿＿＿＿＿＿＿＿＿＿＿＿＿＿＿＿＿＿＿＿＿＿

＿＿＿＿＿＿＿＿＿＿＿＿＿＿＿＿＿＿＿＿＿＿＿＿＿＿＿＿＿＿＿

＿＿＿＿＿＿＿＿＿＿＿＿＿＿＿＿＿＿＿＿＿＿＿＿＿＿＿＿＿＿＿

医生签名：＿＿＿＿＿＿＿＿＿＿＿＿＿＿＿＿＿＿＿

地址：＿＿＿＿＿＿＿＿＿＿＿＿＿＿＿＿＿＿＿＿＿＿＿＿＿＿＿＿

电话：＿＿＿＿＿＿＿＿＿＿＿＿＿＿＿

体检合格证签发日期（年/月/日）：＿＿＿＿＿＿＿＿＿＿＿＿＿

医生/临床部门签章

注：本证明自签发之日起生效，有效期为两年。如果上述客户的医疗状况出现变化，本证明自动失效。

版本：2014年9月7日　© PAR-Q+ Collaboration, 2014

附录A.5 生活方式评估表

吸烟习惯

1. 您吸过香烟、雪茄或烟斗吗？　□是 □否

2. 您目前吸烟吗？　□是 □否

   每天_____支香烟

   每天_____支雪茄

   每天_____斗烟

3. 您几岁开始吸烟？ _____岁

4. 如果您已戒烟，戒烟至今有多久了呢？

饮酒习惯

1. 最近一个月内，您有多少天饮过酒？

2. 最近一个月内，您单次饮酒在5杯及以上的次数有几次？

3. 您每周平均喝几瓶啤酒、红酒或威士忌？

   _____瓶/罐啤酒

   _____瓶红酒

   _____瓶威士忌

   _____瓶其他

运动习惯

1. 您每周经常做高强度运动吗？　□是 □否

2. 您经常做哪些运动？

3. 如果您步行、快跑或慢跑，每次运动的距离是多少？　　　千米

4. 您每次平均运动多长时间？　分钟

5. 您每周平均运动多少次？　次

6. 您的工作为哪种类型？

   _____零体力劳动（如办公室文员）

   _____轻体力劳动（如家庭清洁工、手工艺人）

   _____重体力劳动（如木工、搬运工）

7. 请选择您希望在定期运动方案中参与的体育项目。

   □步行、快跑或慢跑　　　　　□手球、回力球或壁球

   □原地跑步　　　　　　　　　□篮球

   □跳绳　　　　　　　　　　　□游泳

   □骑行　　　　　　　　　　　□乒乓球

   □固定式自行车运动　　　　　□有氧舞蹈

   □健美操　　　　　　　　　　□爬楼梯

   　　　　　　　　　　　　　　□其他（请说明）

饮食习惯

1. 您目前的体重是多少? _____千克 身高是多少? _____厘米

2. 您的期望体重是多少? _____千克

3. 成年后, 您的体重最重时为多少? _____千克

4. 成年后, 您的体重最轻时为多少? _____千克

5. 您尝试过哪些减重方法?

6. 您哪一餐吃得最规律?

　□早餐　　　　　□午餐后小吃

　□早餐后小吃　　□晚餐

　□午餐　　　　　□晚餐后小吃

7. 您每周去外面吃几次饭? _____次

8. 您的饭量通常如何?

　□较小　□适中　□较大　□超大　□不固定

9. 您通常会多吃一份饭吗?

　□总是　□经常　□有时　□从不

10. 您吃一次饭通常花多长时间? _____分钟

11. 您吃饭时会做其他事情吗(如看电视、阅读或工作)? _____

12. 在非正餐时间, 以下食物您每周吃多少次?

饼干、蛋糕、派_____　　糖果_____　　　　无糖饮料_____

软饮料_____　　　　　甜甜圈_____　　　水果_____

牛奶或乳制品_____　　炸薯条、椒盐卷饼等_____

花生或其他坚果_____　冰激凌_____

芝士和苏打饼_____　　其他_____

13. 您多久吃一次甜点? 每天_____次/每周_____次

14. 您通常吃哪类甜点? _____

15. 您多久吃一次油炸食品? 每周_____次

16. 您吃饭时需要在饭菜里加盐吗?　　□是　□否

　　□品尝之前　□品尝之后

附录A.6　奇特生活方式检查表

说明：除非特别说明，请在最符合自己过去一个月行为状况的方框后填入"X"。相关问题和评分的详细说明见下页。

亲朋好友	有知己好友谈心	几乎从不	很少	有时	经常	总是
	感觉到爱与被爱	几乎从不	很少	有时	经常	总是
运动水平	做高强度运动，如跑步、骑行等，每次至少运动30分钟	每周少于1次	每周1~2次	每周3次	每周4次	每周5次及以上
	做中等强度的体力活动（园艺、爬楼梯、步行、做家务）	几乎从不	每周1~2次	每周3次	每周4次	每周5次及以上
营养摄入状况	我营养均衡（见注解）	几乎从不	很少	有时	经常	总是
	我经常摄取过量的 1）糖 2）盐 3）动物脂肪 4）垃圾食品	全部	其中3种	其中2种	其中1种	无
	我的体重变化在（ ）千克之内波动，属正常健康	多于8千克	8千克	6千克	4千克	2千克
吸烟状况	我吸香烟					
	我过度使用或服用药物	几乎每天	经常	偶尔	几乎不	从不
	我饮用含咖啡因的茶、咖啡或可乐等饮料	每天10杯	每天7~10杯	每天3~6杯	每天1~2杯	从不
饮酒状况	我每周平均饮酒____杯（见注解）	超过20杯	13~20杯	11~12杯	8~10杯	0~7杯
	每次饮酒超过4杯	几乎每天	经常	偶尔	几乎不	从不
睡眠、安全带、压力、安全性行为	我睡眠良好，状态极佳	几乎从不	很少	有时	经常	总是
	我使用安全带	从不	很少	有时	经常	总是
	我有能力处理生活中的压力	几乎从不	很少	有时	经常	总是
	我有闲暇时间进行放松和享受	几乎从不	很少	有时	经常	总是
	我进行安全的性行为	几乎从不	很少	有时	经常	总是
行为特点	我是急性子	几乎总是	经常	有时	很少	几乎从不
	我易怒或激愤	几乎总是	经常	有时	很少	几乎从不
人格倾向	我积极乐观	几乎从不	很少	有时	经常	总是
	我紧张拘谨	几乎总是	经常	有时	很少	几乎从不
	我悲观沮丧	几乎总是	经常	有时	很少	几乎从不
职业满意度	我对自己目前的工作或角色很满意	几乎从不	很少	有时	经常	总是

第1步　统计每列方框中X出现的次数　　→　□　□　□　□　□

第2步　将每列统计的次数乘以以下数字　→　×0　×1　×2　×3　×4
（在方框中写出计算结果）

第3步　将每列分数相加得到总得分　　　→　□ + □ + □ + □ = □
　　　　　　　　　　　　　　　　　　　　　　　　　　　　　　　总得分

[经道格 · M.C.威尔逊（Doug M.C. Wilson）许可使用。]

附录A.7　知情同意书

为了评估心肺适能、身体成分和其他体适能指标，客户自愿同意进行以下一项或多项测试（在选择的方框内打钩）。

　　□分级运动压力测试

　　□身体成分测试

　　□肌肉适能测试

　　□柔韧性测试

　　□平衡性测试

各项测试说明

分级运动测试可在功率自行车或动力跑步机上进行，运动负荷每隔几分钟会增加。在达到您的生理极限或测试过程中出现其他症状时，需要终止测试。如果任何时候您感到不适或疲倦，可随时终止测试。

通过水下称重来进行身体成分测试。您完全呼出肺部的气体后，将身体完全没入水箱或水桶的水面以下，然后在水下待3~5秒，这一过程中我们会测量您的水下体重。

进行肌肉适能测试时，您将使用哑铃或其他运动器材重复几组负重练习。本测试将对您身体大肌群的力量和耐力进行评估。

为了评估身体柔韧性，您需要做一系列测试。在这些测试期间，我们会测量您身体各个关节的活动度。

平衡性测试期间，我们将测量您身体保持特定站姿的时长或在平衡状态下运动的距离。

风险和不适症状

分级运动测试期间，您的体内会发生一系列变化。这些变化包括血压异常、晕倒、心跳不规律以及心脏病发作，应尽力将出现这些情况的可能性最小化。

进行水下称重时，您可能会出现一些不适，尤其是当排空肺部气体时。然而，这些不适是短暂的，仅持续3~5秒。如果本测试引起您非常明显的不适，可选择另一种替代方法（如皮褶厚度法或生物电阻抗分析法）来估测您的身体成分。

进行肌肉适能和柔韧性测试时，可能会拉伤肌肉或扭伤韧带。此外，测试后的24或48小时内您有可能会感到肌肉酸痛。在测试前进行热身运动，将会降低这些风险。如果出现肌肉酸痛，进行适当的拉伸运动，酸痛症状会得到缓解。

测试的预期成果

我们将采取以上测试来评估您的体力活动能力和体适能水平。测试的结果将用于为您制定安全合理的运动方案。未经过您同意，测试结果将严格保密。

问题咨询

您可以提出对有关体适能测试步骤的疑问。如果需要了解更多问题或相关信息，请在此提问，随后我们将安排工作人员为您解答。

知情同意自主权

您将在完全自愿的基础上同意进行以上体适能测试。您可根据自身意愿，随时终止测试。

我已经仔细阅读本表格，并已完全了解本测试的步骤和风险及可能出现的不适症状。在了解风险因素并向测试方提出问题，以及测试方的回答使我非常满意后，我同意参加以上测试。

    日期　　　　　　　　　　　　　　　客户签字

    日期　　　　　　　　　　　　　　　公证人签字

    日期　　　　　　　　　　　　　　　监护人签字

心肺适能评估

录B.1详细总结了第4章中的分级运动测
试和心肺适能现场测试方案。附录B.1
还包括了一些较为普遍的极量和亚极量运动
测试方案，如跑步机、功率自行车、台阶踏
步、爬楼梯、卧式踏步机、划船机测力计、椭
圆交叉训练机及长跑（步行）等测试。你可
以采用任一测试方案得到客户最大摄氧量的
估计值。

附录B.2为洛克波特体适能表，提供了不
同性别、不同年龄段的洛克波特步行测试的

常模标准，可用于评定客户的有氧适能水平。

附录B.3提供了一系列踏步测试方案。每
一方案都包含了相应的测试和评分步骤，可
用预测方程来估测客户的最大摄氧量。

附录B.4提供了儿童和成年人进行快跑、
步行、踏步、椭圆机训练和抗阻训练所用的
奥姆尼自感用力度量表，并提供了这些量表
的说明。

附录B.5提供了第5章案例研究中问题的
答案。

附录B.1　分级运动测试和心肺适能现场测试方案汇总

测试模式/方案	适用人群	测试类型	最大摄氧量评估方法	备注（本书页码）
跑步机				
鲍克方案	经常运动或久坐不动的男性或女性	极量/亚极量	预测方程 多阶段方程/图表	92
改良版鲍克方案	儿童	极量/亚极量	ACSM代谢方程（步行/快跑） 多阶段方程/图表	116
布鲁斯方案	经常运动或久坐不动的男性或女性	极量/亚极量	预测方程 多阶段方程/图表	92
	老年人	极量/亚极量	预测方程 多阶段方程/图表	
	心脏病患者	极量/亚极量	预测方程 多阶段方程/图表	
改良版布鲁斯方案	高危人群和老年人	极量/亚极量	ACSM步行代谢方程 多阶段方程/图表	93
艾伯林方案（单阶段步行）	健康成年人（20~59岁）	极量	预测方程	103
乔治方案（单阶段慢跑）	健康成年人（18~28岁）	极量	预测方程	103
诺顿方案	男性心脏病患者	极量/亚极量	预测方程 多阶段方程/图表	90
知觉调节运动测试	经常运动或久坐的成年人	极量/亚极量	多阶段图表	101
功率自行车				
奥斯特兰德方案	健康成年人	极量	ACSM腿部测力代谢方程	98
奥斯特兰德–赖明方案	健康成年人	亚极量	列线图	104
邦格尔斯方案	儿童和青少年	极量	预测方程	116
福克斯方案	健康成年人	极量/亚极量	ACSM腿部测力代谢方程 预测方程	98/108
YMCA方案	健康成年人	亚极量	多阶段方程/图表	105
麦克马斯特方案	儿童	极量/亚极量	ACSM腿部测力代谢方程 多阶段方程/图表	116
斯温方案	健康成年人	亚极量	ACSM腿部测力代谢方程	106
台阶踏步				
奥斯特兰德–赖明方案	健康成年人	亚极量	列线图	108
内格尔方案	健康成年人	极量	ACSM踏步代谢方程	99
皇后学院方案	健康成年人（大学）	极量	预测方程	108

续表

测试模式/方案	适用人群	测试类型	最大摄氧量评估方法	备注（本书页码）
台阶踏步				
STEP 工具方案	成年人（18~85岁）	亚极量	预测方程	108
韦布方案	健康成年人（大学）	亚极量	预测方程	110
自定步速式踏步方案	老年人	亚极量	预测方程	119
卡施脉搏恢复测试	儿童（6~12岁）	亚极量	心率常规值	119
爬楼梯				
豪利方案	健康成年人	亚极量	多阶段方程/图表	110
StairMaster 4000 PT 方案	经常运动和久坐不动的女性（20~25岁）	亚极量	多阶段方程/图表	110
卧式踏步机				
比林格方案	健康成年人	极量	多阶段方程	100
划船机测力计				
哈格曼方案	水平不高的划船者	亚极量	列线图	111
椭圆交叉训练机				
达莱克方案	健康青年人	亚极量	预测方程	111
长跑/步行				
1.0英里跑/步行测试	儿童（8~17岁）	亚极量	预测方程	113
1.0英里稳态慢跑测试	健康成年人（大学）	亚极量	预测方程	113
1.5英里跑/步行测试	健康成年人	亚极量	预测方程	113
步行测试	健康成年人	亚极量	预测方程	114
9分钟跑测试	健康成年人	亚极量	预测方程	113
12分钟跑测试	健康成年人	亚极量	预测方程	113
20米往返跑测试	儿童（8~19岁）	亚极量	预测方程	114
YYIR1C 16米往返跑测试	儿童（6~10岁）	亚极量	预测方程	118

附录B.2 洛克波特体适能表

不同性别、不同年龄的洛克波特步行测试的常模标准

相对体适能水平

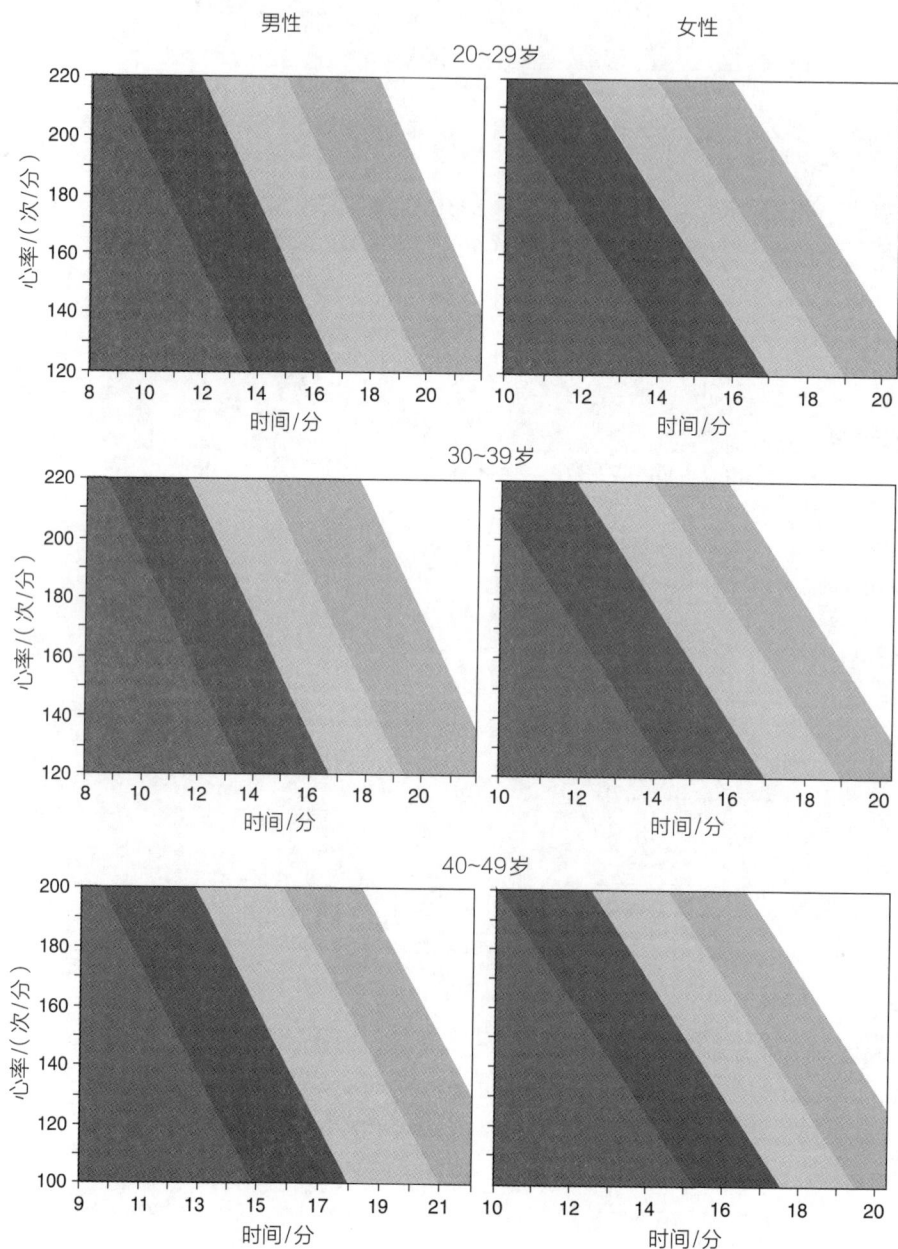

（经Rockport公司许可使用。）

不同性别、不同年龄的洛克波特步行测试的常模标准

相对体适能水平

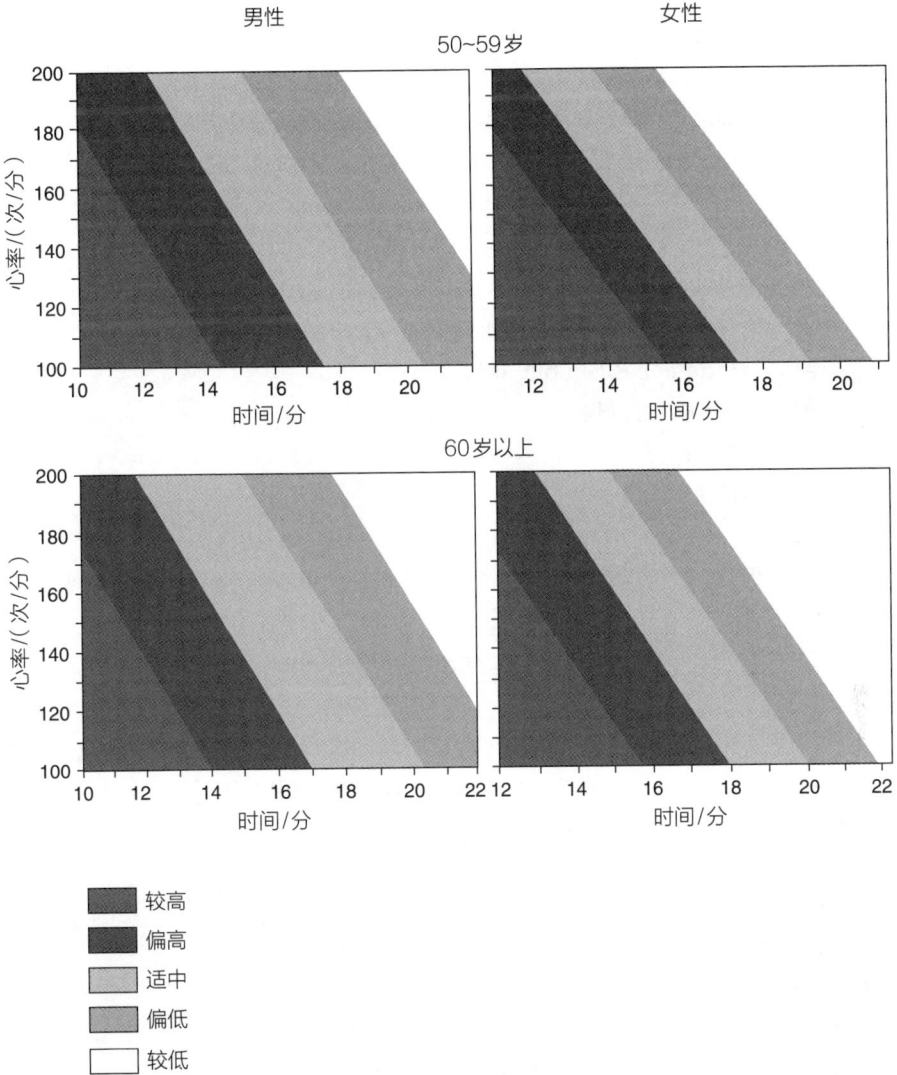

（经Rockport公司许可使用。）

附录B.3 踏步测试方案

哈佛踏步测试（Brouha, 1943）

年龄和性别：年轻男性

踏步速率：30步/分

台阶高度：20英寸

运动持续时间：5分钟

评分步骤：运动之后立即坐下，在测试后1分钟、2分钟和3分钟后测量30秒内的脉率。将3次测量的30秒内的脉搏数相加，结果用于下列方程来计算身体效率指数（PEI）。

$$PEI = \frac{运动持续时间（秒）\times 100}{2 \times 恢复心率总数}$$

你可以根据身体效率指数的分类标准，来评估大学男性的运动表现水平：小于55为较差，55~64为中低水平，65~79为平均水平，80~89为较好，大于89为极佳。

3分钟踏步测试（Hodgkins & Skubic, 1963）

年龄和性别：高中或大学女性

踏步速率：24步/分

台阶高度：18英寸

运动持续时间：3分钟

评分步骤：运动之后立即坐下，休息1分钟后测量一次30秒内的脉率。恢复期间的脉搏测量结果将用于下列方程。

$$心肺效率 = \frac{运动持续时间（秒）\times 100}{恢复心率 \times 5.6}$$

你可以根据心肺效率的分类标准，来评估大学女性的运动表现水平：0~27为极差，28~38为差，39~48为一般，49~59为良好，60~70为很好，71~100为极佳。

OSU踏步测试（Kurucz, Fox & Mathews, 1969）

年龄和性别：19~56岁的男性

踏步速率：24~30步/分

多级台阶高度：15~20英寸高，有可调控扶手

运动持续时间：50秒，18次

    阶段1：6次，24步/分，台阶高度为15英寸

    阶段2：6次，30步/分，台阶高度为15英寸

    阶段3：6次，30步/分，台阶高度为20英寸

    （每次包含30秒踏步和20秒休息）

评分步骤：将休息时间精确到5秒的倍数，选取10秒来测量脉率。当心率达到150次/分（25次×6）时，终止测试。当心率达到150次/分时，当次运动的得分为测试分数。

东密歇根大学踏步测试（Witten, 1973）

年龄和性别：大学女性

踏步速率：24~30步/分

台阶高度：3种高度，在14~20英寸

运动持续时间：50秒，20次

阶段1：5次，24步/分，台阶高度为14英寸

阶段2：5次，30步/分，台阶高度为14英寸

阶段3：5次，30步/分，台阶高度为17英寸

阶段4：5次，30步/分，台阶高度为20英寸

（每次包含30秒踏步和20秒休息）

评分步骤：将休息时间精确到5秒的倍数，选取10秒来测量脉率。当心率达到168次/分（28次×6）时，终止测试。当心率达到168次/分时，当次运动的得分为测试分数。

科滕修订的OSU踏步测试（Cotten, 1971）

年龄和性别：高中大学男性

踏步速率：24~36步/分

台阶高度：17英寸

运动持续时间：50秒，18次

阶段1：6次，24步/分，台阶高度为17英寸

阶段2：6次，30步/分，台阶高度为17英寸

阶段3：6次，36步/分，台阶高度为17英寸

（每次包含30秒踏步和20秒休息）

评分步骤：和未修订的OSU踏步测试一样，当心率达到150次/分（25次/10秒）时，当次运动的得分为测试分数。最大摄氧量［毫升/（千克·分）］可根据下列方程预测。

$$最大摄氧量 = (1.699\,78 \times 踏步测试分数) - [0.062\,52 \times 体重（磅）] + 47.125\,25$$

皇后学院踏步测试（McArdle et al., 1972）

年龄和性别：大学男性和女性

踏步速率：女性22步/分，男性24步/分

台阶高度：16.25英寸

运动持续时间：3分钟

评分步骤：运动后保持站立姿势，运动停止5秒后测量15秒内的脉率，并将测量结果乘以4，算出每分钟的心率（次/分）。最大摄氧量［毫升/（千克·分）］可根据下列方程预测。

$$女性：最大摄氧量 = 65.81 - (0.184\,7 \times 心率)$$

$$男性：最大摄氧量 = 111.33 - (0.42 \times 心率)$$

附录B.4 奥姆尼自感用力度量表

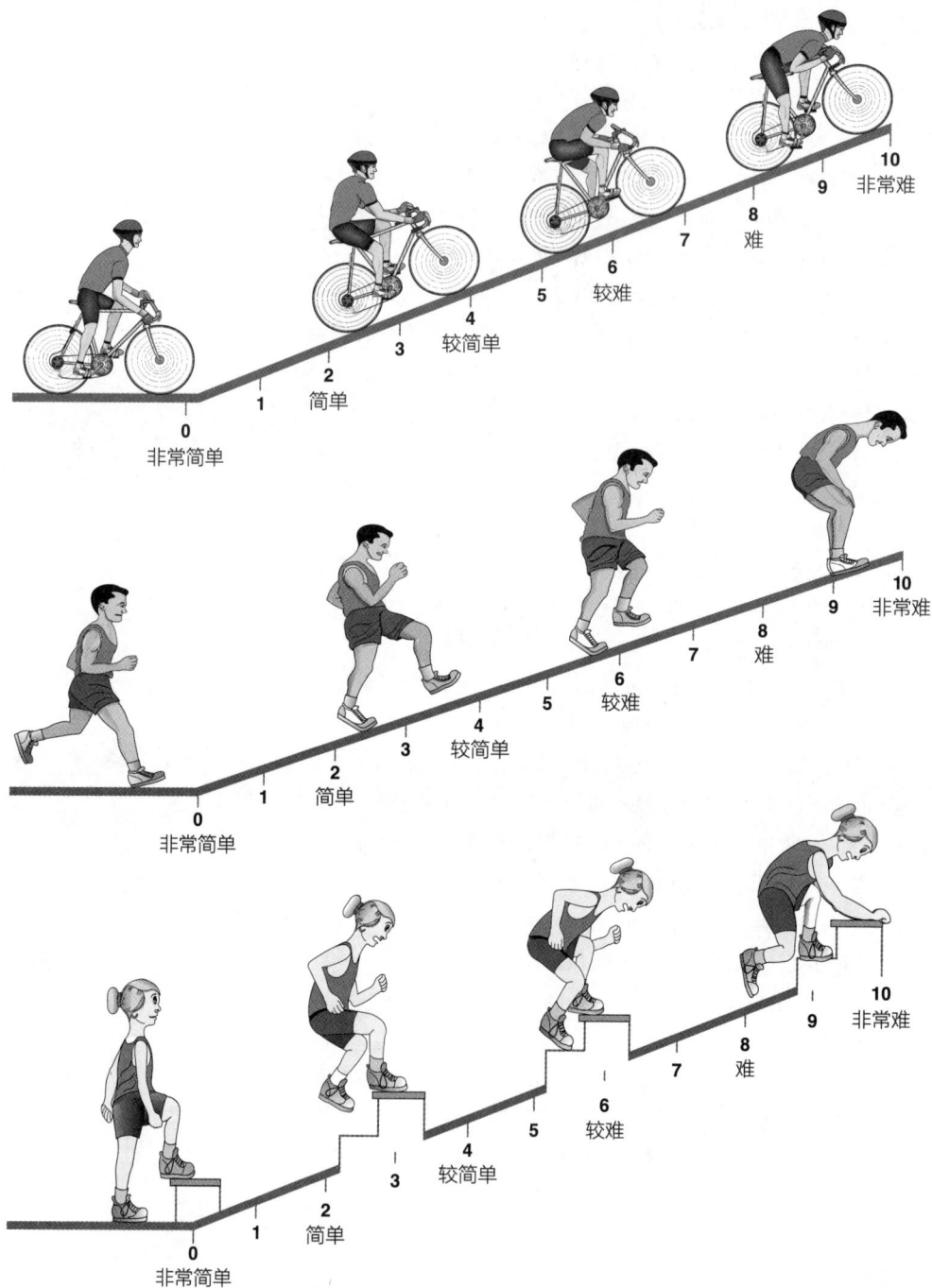

[源自: R. J. Robertson, *Perceived Exertion for Practitioners: Rating Effort With the OMNI Picture System* (Champaign, IL: Human Kinetics, 2004), 141.]

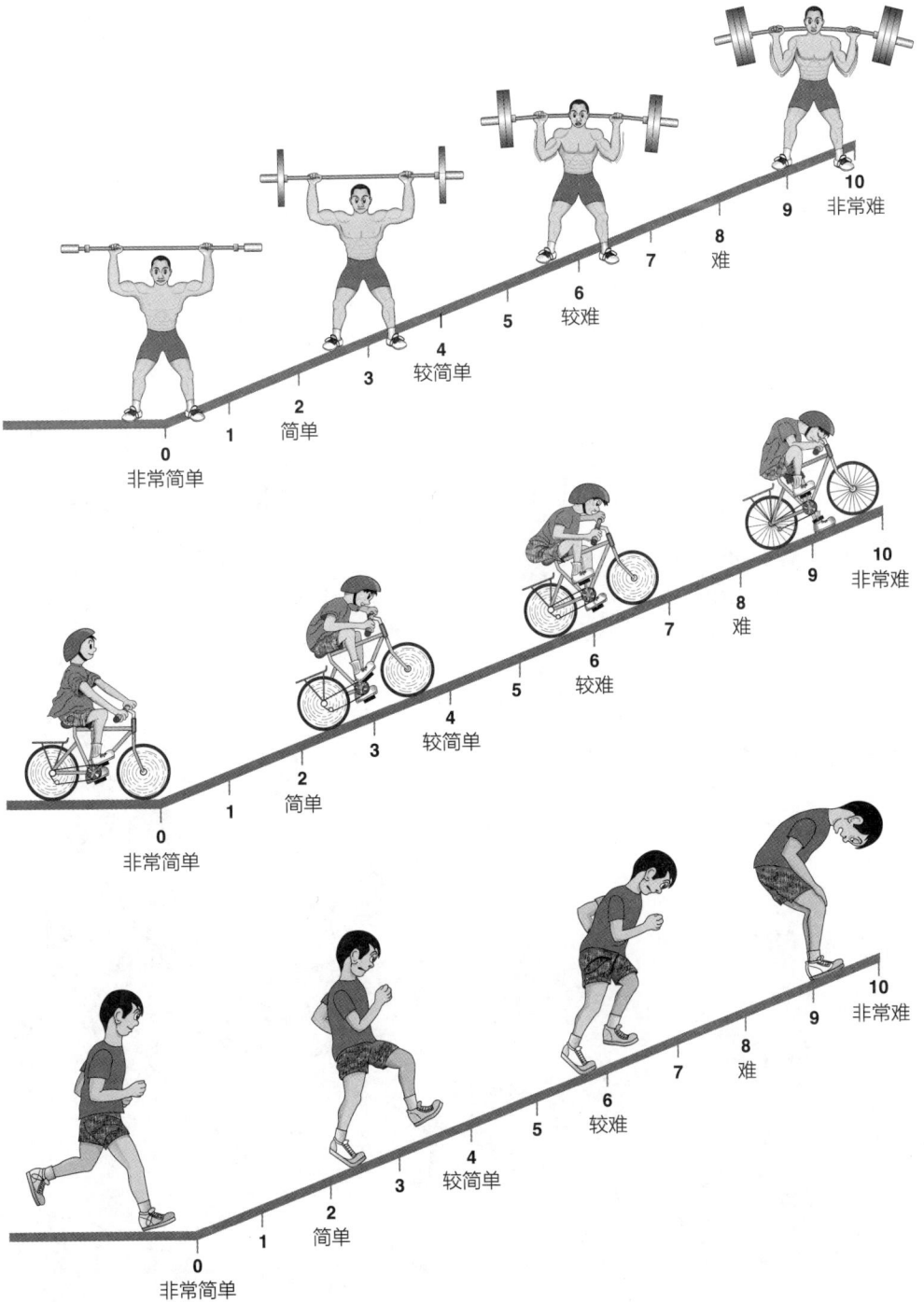

[源自: R. J. Robertson, *Perceived Exertion for Practitioners: Rating Effort With the OMNI Picture System* (Champaign, IL: Human Kinetics, 2004), 141.]

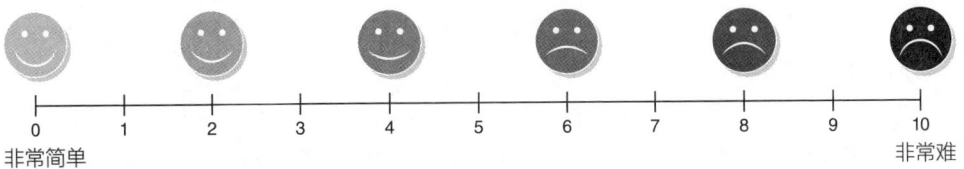

附录B.5 第5章案例研究分析

1. 体检合格证和冠心病风险状况的注意事项

客户在过去3个月之内并未按照每周不少于3天、每天不少于30分钟的要求，参与结构化的中等强度体力活动。病历上并未显示有任何心血管、代谢、肾脏方面的疾病。然而，在休息时，客户经常会感到头晕并伴有轻度头痛，这可能是某种疾病的体征或阳性症状，需要格外关注。由于无法定期进行运动且身体出现疾病的阳性症状，客户应在开始参与运动方案之前取得体检合格证。尽管这种情况与工作压力有关，医生在诊断时仍然不可忽视客户头痛和颈部的不适症状。

客户存在冠心病风险因素，其总胆固醇（220毫克/分升）处于临界高水平（200~230毫克/分升），血压为140/82毫米汞柱，属于2级高血压（140~159毫米汞柱）患者。同时，其高密度脂蛋白胆固醇（37毫克/分升）和总胆固醇/高密度脂蛋白胆固醇（5.9）也处于高风险水平（两者分别为<40毫克/分升以及>5.0）。3年前，她成功戒烟，向健康生活迈出了正确的一步。根据美国国家胆固醇教育计划的建议，你需要鼓励客户进行低密度脂蛋白胆固醇的评估，以决定其是否需要接受胆固醇治疗方案。参加有氧运动方案可以降低其收缩压。客户的甘油三酯和血糖水平正常，应鼓励其减少外出进餐的频率，一日三餐尽可能地均衡饮食。当出去吃饭时，客户应该选择饱和脂肪酸、胆固醇和钠含量较低的食品，有助于她降低血液胆固醇含量和血压。

客户处于高风险水平，原因如下。

- 较高的工作压力（警察局）和不良生活方式，离异，独自抚养两个孩子。
- 家族性心血管病史。
- 缺乏体力活动（在工作之外的闲暇时间未进行规律的体力活动）。

2. 特殊说明

客户在过去6个月内未进行有氧运动，这段时间内体重增加了15磅。在刚开始参加有氧运动方案时，她极有可能会感到一些不适。因此，应当在起始阶段指定较低的运动强度，以缓解身体的不适。

你需要考虑客户忙碌的日程安排，为其找一个合适的运动时间。客户反映自己饭后常感头晕。尽管这不在你的诊断范围之内，但应注意这很有可能是由于她每天只吃一餐，造成饭后胰岛素水平急速升高，血糖水平下降。为了避免这一问题，应说服其每天吃三餐。

3. 分级运动测试的心率、血压和自感用力度反应

客户对分级运动测试的心率反应正常。在运动测试的每个阶段，运动心率增加。实际最大心率非常接近其以年龄预测的最大心率（220−28=192次/分）。血压和自感用力度为正常水平。客户对分级运动测试的血压反应正常，舒张压相对稳定（78~82毫米汞柱），收缩压在运动测试的每个阶段逐级递增。自感用力度正常，随着运动强度增加，自感用力度呈线性增加，最高达18分。

4. 功能性有氧代谢能力

若医生允许客户参加分级运动测试，客户在感到疲惫时，可根据自身意愿结束测试。根据最大自感用力度（18分）和运动心率（190次/分），分级运动测试的最后阶段更像是极量运动测试。在测试的最后阶段，跑步机的速度和倾斜度分别为2.5英里/时和12%，相当于功能性有氧代谢能力达到7.0代谢当量或24.5毫升/（千克·分）。根据常模标准，客户年龄相对应的心肺适

能水平较低。

5. 训练心率

客户对分级运动测试的心率和自感用力度反应，见第404页的图。

心肺适能水平较低且缺乏规律的有氧运动，起始运动强度应设置为最低水平，为摄氧量储备的50%（4代谢当量），然后逐渐增加运动强度，达到最高水平，即摄氧量储备的75%（5.5代谢当量）。根据图B.5可推测对应的心率分别为152次/分（摄氧量储备的50%或4代谢当量）和174次/分（摄氧量储备的75%或5.5代谢当量）。根据图B.5推测下表中不同运动强度下对应的心率和自感用力度变化。

摄氧量储备百分比	代谢当量/MET	心率/（次/分）	自感用力度/分
50%	4.0	152	12
60%	4.6	165	14
70%	5.2	170	15
75%	5.5	174	16

6. 速度计算方法（美国运动医学会步行水平提升课程公式）

为计算客户摄氧量储备达60%｛[0.60×(7-1)+1]=4.6代谢当量｝时的步行速度。

a. 将代谢当量换算成毫升/（千克·分）。

$$4.6代谢当量 \times 3.5毫升/（千克·分）=16.1毫升/（千克·分）$$

b. 将上一步的答案代入美国运动医学会步行方程得到速度（米/分）。

$$摄氧量储备=（速度×0.1）+（1.8×速度×自感用力度）+静息摄氧量$$

$$16.1毫升/（千克·分）=（速度×0.1）+（1.8×速度×自感用力度）+3.5毫升/（千克·分）$$

经计算可得：速度=126米/分。

c. 将速度单位（米/分）换算成英里/时（26.8米/分≈1英里/时）。

$$\frac{126米/分}{26.8米/分}≈4.7英里/时$$

d. 将步行速度的单位"英里/时"换算成"分/英里"。

$$\frac{60分/时}{4.7英里/时}≈12.8分/英里$$

用同样步骤来计算摄氧量储备达到70%和75%时对应的步行速度。

（答案：摄氧量储备的70%≈5.5英里/时；摄氧量储备的75%≈5.9英里/时）

7. 生活方式调整

- 一日三餐，均衡饮食。
- 避免食用饱和脂肪、胆固醇和钠含量较高的食品。
- 减少外出用餐次数，选择提供健康食品的餐厅用餐（如沙拉条、去皮烤鸡或鱼等）。
- 每周至少3天进行有氧运动。
- 晚上尝试使用放松技巧（如拉伸、渐进式放松、心理想象等），而非喝红酒。

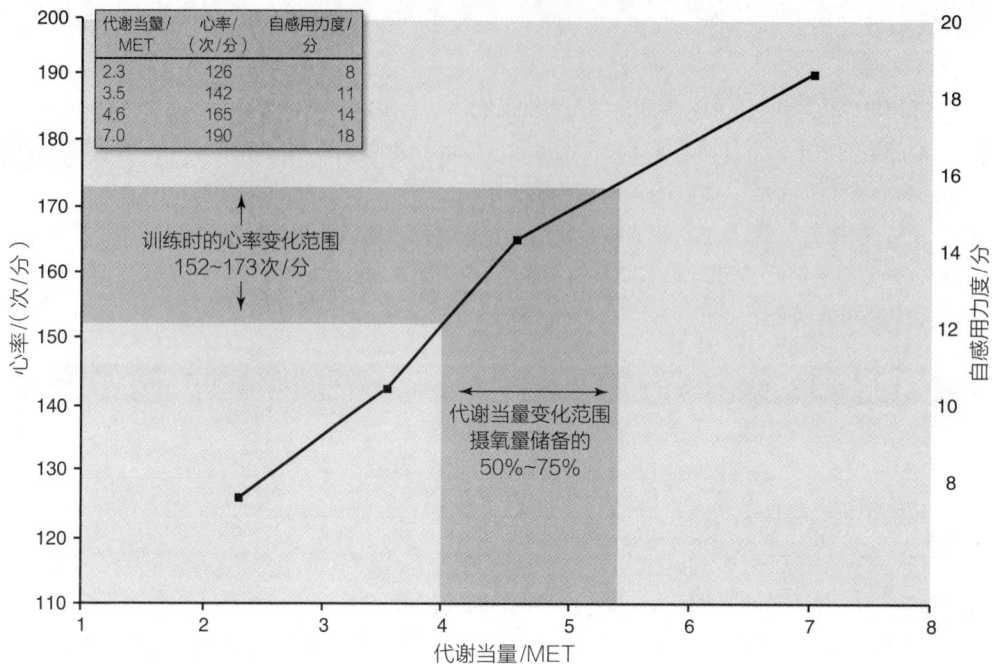

代谢当量/ MET	心率/ （次/分）	自感用力度/ 分
2.3	126	8
3.5	142	11
4.6	165	14
7.0	190	18

训练时的心率变化范围
152~173次/分

代谢当量变化范围
摄氧量储备的
50%~75%

分级运动测试的心率与代谢当量分布图

肌肉适能训练及标准

附录C.1介绍了用手持数字式测力计,对11组肌群进行标准化测试的方案。

附录C.2为从未经训练的客户到专业举重运动员,根据年龄和性别所制定的深蹲和卧推标准。

附录C.3介绍并说明了针对各个肌群的基础等长训练示例。

附录C.4提供了多种动态抗阻训练。按照身体部位(如胸部、上臂、大腿等)来组织上肢和下肢训练。每种训练都列出了器材、身体姿势、关节动作、主动肌及身体动作变化。

附录C.1　手持数字式测力计标准化测试方案

肌肉	体位	四肢/关节动作	测力计放置位置
肘屈肌	仰卧	肩部外转30度，肘关节屈曲90度，前臂后旋	位于前臂屈曲面靠近腕部的位置
肘伸肌	仰卧	肩部外转30度，肘关节屈曲90度，前臂后旋	位于前臂外翻面靠近腕部的位置
肩伸肌	仰卧	肩部前屈90度，肘部外转	位于手臂伸展面靠近肘部的位置
肩外展肌	仰卧	肩部外转45度，肘部外转	靠近股骨外上髁
腕伸肌	坐姿	肘关节屈曲90度，前臂外转，并用肘关节进行支撑，腕部处于自然状态，指关节屈曲	靠近第3根掌骨上端
髋屈肌	仰卧	髋关节屈曲90度，膝部放松，测试者支撑客户踝部	位于大腿前表面靠近膝部的位置
髋伸肌	仰卧	髋关节屈曲90度，膝部放松	位于大腿后表面靠近膝部的位置
髋外展肌	仰卧	髋关节屈曲45度，膝关节屈曲90度，借助测试者胸部支撑对侧膝部	膝部外上髁
膝屈肌	坐姿	膝关节屈曲90度	位于腿部后表面靠近脚踝的位置
膝伸肌	坐姿	膝关节屈曲90度	位于腿部前表面靠近脚踝的位置
踝背屈肌	坐姿	膝关节屈曲90度，双脚自然分开	位于足部背面靠近跖趾关节的位置

（源自：van den Beld et al., 2006.）

附录C.2　成年人1RM深蹲和卧推标准

成年男性（40岁以下）1RM深蹲标准

体重	未经训练	初级	中级	高级	专业
114	77	143	176	237	320
123	83	154	193	259	347
132	88	171	204	281	369
148	99	187	231	314	408
165	110	204	248	342	446
181	121	220	270	369	480
198	127	231	287	391	507
220	132	243	298	408	529
242	138	254	309	424	551
275	143	259	320	435	568
319	149	270	325	446	579

注：测量单位为磅。
为了采用以上标准，深蹲时大腿需低于水平位置。
（© Lon Kilgore PhD & Killustrated.）

成年女性（40岁以下）1RM深蹲标准

体重	未经训练	初级	中级	高级	专业
97	44	83	99	132	165
106	50	88	105	143	176
115	53	99	116	149	193
123	55	105	121	160	198
132	61	110	132	171	209
148	66	121	138	187	231
165	72	127	149	198	254
181	77	138	165	215	270
198	83	149	176	231	292
212	88	160	187	243	303

注：测量单位为磅。
为了采用以上标准，深蹲时大腿需低于水平位置。
（© Lon Kilgore PhD & Killustrated.）

成年男性（40 岁以下）1RM 卧推标准

体重	未经训练	初级	中级	高级	专业
114	83	110	132	182	220
123	88	116	138	198	243
132	99	127	154	209	259
148	110	143	171	237	292
165	121	154	187	254	320
181	132	165	198	276	347
198	138	176	215	292	358
220	141	182	226	303	380
242	143	187	231	314	397
275	149	193	237	325	408
319	154	198	248	336	419

注：测量单位为磅。
为了采用以上标准，横杠必须接触胸骨下端以上的胸部区域并短暂停留，然后推至肘关节完全伸直。
（© Lon Kilgore PhD & Killustrated.）

成年女性（40 岁以下）1RM 卧推标准

体重	未经训练	初级	中级	高级	专业
97	50	66	77	94	116
106	55	72	82	99	127
115	61	77	84	110	138
123	66	83	88	116	143
132	72	88	95	127	149
148	77	90	106	138	165
174	82	95	117	143	187
181	83	110	121	160	198
198	88	117	132	165	209
212	94	121	139	176	220

注：测量单位为磅。
为了采用以上标准，横杠必须接触胸骨下端以上的胸部区域并短暂停留，然后推至肘关节完全伸直。
（© Lon Kilgore PhD & Killustrated.）

附录 C.3 等长训练

训练 1：胸部前推

视频
C.3.1

肌肉：肩屈肌和肘屈肌

器材：无

步骤说明：

1. 双手相扣；
2. 双臂平行于地面，双手向胸部靠近；
3. 双手前推。

训练 2：肩部拉伸

视频
C.3.2

肌肉：肩伸肌和肘伸肌

器材：无

步骤说明：

同样采取胸部前推的姿势，试图用力将双手分开。

训练 3：肱三头肌拉伸

视频
C.3.3

肌肉：肘伸肌

器材：毛巾或绳子

步骤说明：

1. 将右手放在肩上部，左手放在后腰，双手拉住后背的毛巾或绳子；
2. 右手用力上拉毛巾或绳子；
3. 双手换位。

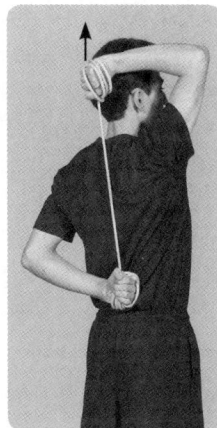

训练4：手臂屈曲

肌肉：肘屈肌

器材：毛巾或绳子

步骤说明：

    1. 膝关节屈曲45度；

    2. 将绳子或毛巾放在大腿后，双手分开，与肩同宽，抓紧绳子或毛巾两端；

    3. 用力屈曲肘关节。

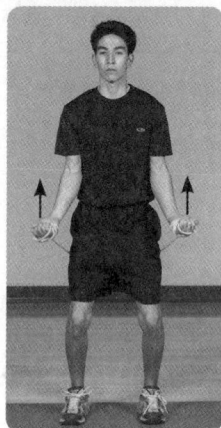

训练5：小球挤压

肌肉：腕屈肌和指屈肌

器材：网球

步骤说明：

    紧握网球于掌中，尽最大力气挤压。

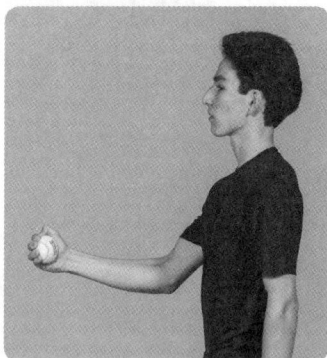

训练6：大小腿伸展

肌肉：髋伸肌和膝伸肌

器材：绳子

步骤说明：

    1. 膝关节屈曲，站在绳上；

    2. 肘关节完全伸展，双手在体侧分别抓紧绳子两端；

    3. 保持躯干直立，上拉绳子并用力伸展双腿。

训练 7：腿推

肌肉：髋伸肌和膝伸肌

器材：门框

步骤说明：

1. 如图所示，坐在门处，用身体顶住两边的门框；
2. 抓住头部后方门框外的墙壁，用脚用力蹬门框，并伸展双腿。

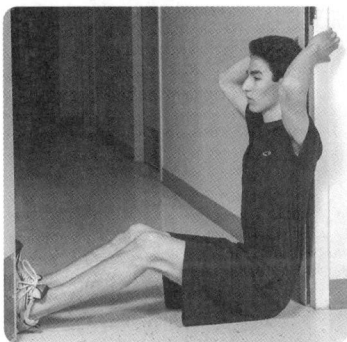

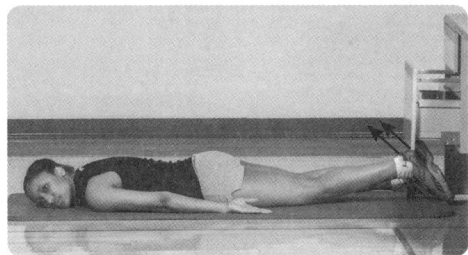

训练 8：双腿屈曲

肌肉：膝屈肌

器材：梳妆台或书桌

步骤说明：

1. 轻拉出梳妆台底部的抽屉；
2. 俯卧在地，膝关节屈曲，脚跟放在抽屉下方；
3. 用力使脚跟接近头部。

训练 9：膝部挤压或拉伸

肌肉：髋内收肌或髋外展肌

器材：椅子

步骤说明：

1. 坐于椅子上，双臂交叉，双手放在膝盖内侧，用力将膝盖挤在一起（髋内收肌）；
2. 采取同样姿势，双手放在膝盖外侧；用力将膝盖分开（髋外展肌）。

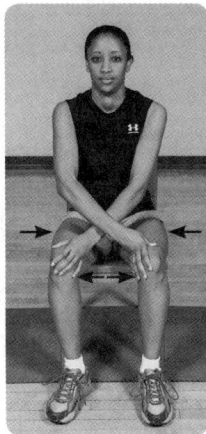

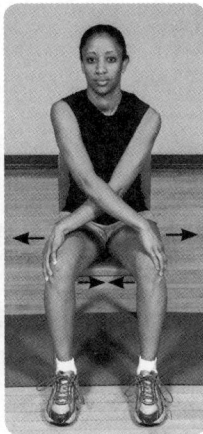

训练10：骨盆倾斜

肌肉：腹肌

器材：无

步骤说明：

    1. 仰卧在地，膝关节屈曲，双臂举过头顶；

    2. 收紧腹部肌肉，同时下压腹部使其紧贴地面。

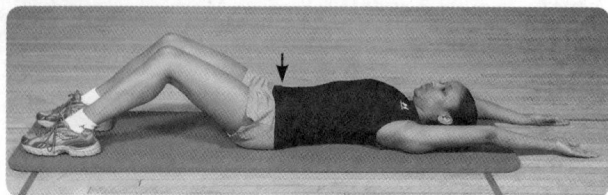

训练11：臀肌挤压

肌肉：髋伸肌或髋外展肌

器材：无

步骤说明：

    1. 俯卧在地，双腿并拢并完全伸展；

    2. 收紧并挤压臀部。

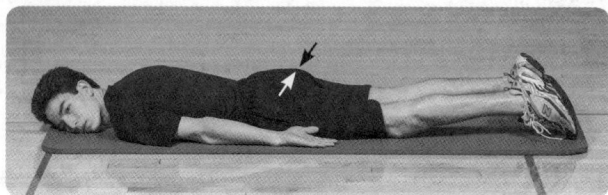

附录C.4　动态抗阻训练

训练	类型[a]	变式	器材[b]	身体姿势	关节动作	主动肌
上肢						
胸部						
卧推	M-J	水平	B, D, M	仰卧在水平长凳上	肩关节水平内收，肘关节伸展	胸大肌（胸肋部），肱三头肌
		上斜	B, D, M	坐在上斜的长凳上	肩关节屈曲，肘关节伸展	胸大肌（锁骨部），肱三头肌
		下斜	B, D	仰卧在下斜的长凳上	肩关节屈曲，肘关节伸展	胸大肌（腹部），肱三头肌
俯卧撑	M-J	双手间距大于肩宽	无	俯卧，用手和脚支撑身体	肩关节水平内收，肘关节伸展	胸大肌（胸肋部），肱三头肌
		双手间距小于肩窄	无	俯卧，用手和脚支撑身体	肩关节屈曲，肘关节外展	胸大肌（锁骨部），三角肌前束，肱三头肌
双杠双臂屈伸	M-J	对握	双杆	用双杠支撑身体	肩关节屈曲，肘关节伸展	胸大肌（锁骨部），三角肌前束，肱三头肌
		正握		用双杠支撑身体	肩关节内收，肘关节伸展	胸大肌（胸肋部），肱三头肌
飞鸟	S	水平	D	仰卧在水平长凳上	肩关节内收	胸大肌（胸肋部）
上拉（屈臂）	S	水平	B, D	仰卧在水平长凳上	肩关节伸展	胸大肌（胸肋部），三角肌后束，背阔肌
肩部						
肩部推举	M-J	军事肩推	B, D, M	坐姿或站姿	肩关节屈曲，肘关节伸展	胸大肌（锁骨部），三角肌前束，肱三头肌
		头部后方	B	坐姿	肩关节内收，肘关节伸展	三角肌前束、中束，冈上肌
直立划船	M-J		B, D	站姿	肩关节外展，肩胛骨向上旋转，肘关节屈曲	三角肌中束，冈上肌，斜方肌（上部），肱肌
前平举	S		B, C, D	站姿	肩关节屈曲	胸大肌（锁骨部），三角肌前束
侧平举	S		C, D, M	坐姿或站姿	肩关节外展	三角肌中束，冈上肌，胸大肌（锁骨部）
反向飞鸟	S		C, D	站姿	肩关节水平伸展	三角肌后束、冈下肌、小圆肌

训练	类型	变式	器材	身体姿势	关节动作	主动肌
上臂						
臂弯举	S	反握	B，D，M	站立或坐在倾斜的长凳上	肘关节屈曲	肱二头肌，肱肌
	S	对握	B，D，M		肘关节屈曲	肱桡肌，肱肌，肱二头肌
	S	正握	B，D，M		肘关节屈曲	肱肌
肱三头肌下压	M-J		M	坐姿	肩关节屈曲，肘关节伸展	三角肌前束，胸大肌（锁骨部），肱三头肌
肱三头肌伸展	S		B	仰卧在水平长凳上	肘关节伸展	肱三头肌
肱三头肌下压	S	V形杆或强钢棍	C	站姿	肘关节伸展	肱三头肌
颈后臂屈伸	S		D	坐姿或站姿	肘关节伸展	肱三头肌（内侧头）
过头推举	S		C，R	站立，身体屈曲45度	肘关节伸展	肱三头肌
俯身臂屈伸	S		D	单膝和单手撑于水平长凳上，躯干与地面平行	肘关节伸展	肱三头肌（长头）
前臂						
桡尺旋转	S		D	用长凳支撑前臂/肘，双手悬空	旋前和旋后	旋后肌，旋前圆肌，肱二头肌，肱桡肌
腕屈曲	S		D	用长凳支撑前臂/肘，双手悬空	腕关节屈曲	尺侧腕屈肌，桡侧腕屈肌
腕反向屈曲	S		D	用长凳支撑前臂/肘，双手悬空	腕关节伸展	尺侧腕伸肌，桡侧腕伸肌（长，短）
桡尺屈曲	S		D	站立，双手放于身体两侧	桡屈，尺屈	桡侧腕屈肌，桡侧腕伸肌，尺侧腕屈肌，尺侧腕伸肌
后背中上部						
背部下拉	M-J	宽正握	M	坐姿	肩关节内收，肩胛骨内收	背阔肌（上部），大圆肌，胸大肌（锁骨部），斜方肌，菱形肌
	M-J	窄对握	M	坐姿	肩关节伸展，肘关节屈曲	背阔肌（下部），胸大肌（腹部），肱二头肌

续表

训练	类型	变式	器材	身体姿势	关节动作	主动肌
背中上部						
坐姿划船	M-J	对握	M	坐姿	肩关节伸展，肘关节屈曲	背阔肌（下部）、肱二头肌
	M-J	正握	M	坐姿，肘部与地面平行	肩关节水平外展，肘关节屈曲	三角肌后束、背阔肌（上部）、冈下肌、肱肌
俯身划船	M-J	对握	D	站姿，身体屈曲90度	肩关节伸展，肘关节屈曲	背阔肌，肱二头肌
	M-J	正握	D	站姿，身体屈曲90度，抬肘	肩关节水平外展，肘关节屈曲	三角肌后束、冈下肌，背阔肌，肱肌
引体向上	M-J	正握	提拉双杆	身体垂直于双杆	肩关节内收，肘关节屈曲	背阔肌（上部）、胸大肌（胸肋部）、肱肌
引体向上	M-J	反握或对握	提拉双杆	身体垂直于双杆	肩关节外展，肘关节屈曲	背阔肌（下部）、胸大肌（胸肋部）、肱二头肌
耸肩	S	常规	B，D，M	站姿	肩带（肩胛骨和锁骨）上提	斜方肌（上部）、肩胛提肌、菱形肌
	S	肩部旋转，身体上升		站姿	肩带上提，肩胛骨内收	斜方肌（中部）、菱形肌
腰背部						
躯干伸展	M-J		M	坐姿，骨盆/大腿稳定	脊柱伸展	竖脊肌
背部上举	M-J		臀肌训练器	俯卧，骨盆支撑身体；躯干屈曲	脊柱伸展	竖脊肌
侧屈	M-J		D	站姿	脊柱侧屈	腰方肌
等长侧支撑（侧桥）	M-J		无	侧卧，由前臂和脚支撑体重	无	腰方肌，腹内斜肌，腹外斜肌
单腿外展	M-J		无	手部和膝部	脊柱伸展，髋关节伸展	竖脊肌、臀大肌、腘绳肌（上部）
腹部						
卷腹	M-J	屈膝	无	仰卧，膝关节屈曲	脊柱屈曲	腹直肌
	M-J	旋转	无	仰卧，膝关节屈曲	脊柱屈曲	腹内斜肌
仰卧起坐	M-J		M	坐下	脊柱屈曲	腹直肌
反向卷腹	M-J		无	仰卧，膝关节屈曲	脊柱屈曲	腹直肌（下部）

续表

训练	类型	变式	器材	身体姿势	关节动作	主动肌
下肢						
髋部						
半蹲	M-J		B, M	站姿	髋关节伸展，膝关节伸展	臀大肌、腘绳肌（上部）、股四头肌
腿部推举	M-J		M	坐姿	髋关节伸展，膝关节伸展	臀大肌、腘绳肌（上部）、股四头肌
弓箭步	M-J		B, D	站姿	髋关节伸展，膝关节伸展	臀大肌、腘绳肌（上部）、股四头肌
臀腿上举	M-J		臀肌训练器	俯卧，用大腿支撑体重，躯干屈曲	髋关节伸展，膝关节屈曲	臀大肌、腘绳肌
髋屈曲	S		C, M	站姿	髋关节屈曲	髂腰肌、股直肌（上部）
髋伸展	S		C, M	站姿	髋关节伸展	臀大肌、腘绳肌（上部）
髋内收	S		M	站姿或仰卧	髋关节内收	长收肌、短收肌和大收肌；股薄肌
髋外展	S		M	站姿或仰卧	髋关节外展	臀中肌
单腿上举	S		无	侧卧	髋关节外展	臀中肌、腘绳肌（上部）
早操	S		B, D	站姿	髋关节伸展	臀大肌、腘绳肌（上部）
大腿						
腿伸展	S		M	坐姿	膝关节伸展	股四头肌
腿屈曲	S		M	仰卧，坐姿，站姿	膝关节屈曲	腘绳肌（下部）
	S	膝关节外旋	M	仰卧，坐姿，站姿	膝关节屈曲	股二头肌
	S	膝关节内旋	M	仰卧，坐姿，站姿	膝关节屈曲	半腱肌、半膜肌
小腿						
提踵	S	站姿	D, M	站姿	踝关节跖屈	腓肠肌
	S	坐姿	M	坐姿	踝关节跖屈	比目鱼肌
脚趾上抬	S		力量双杠	坐姿	踝关节背屈	胫骨前肌、第三腓骨肌、趾长伸肌

[a] 运动类型：M-J代表多关节训练；S代表单关节训练。
[b] 器材编码：B代表杠铃；C代表绳索；D代表哑铃；M代表训练器；R代表绳子。

身体成分评估

附录D.1提供了余气量的预测方程。在无法直接测量时，请用此方程来预测客户的余气量。

附录D.2说明了皮褶厚度测量的标准位点，并提供了示例。

附录D.3提供了杰克逊通用皮褶厚度方程及其测量位点和方法，该方程适用于男性和女性。

附录D.4和附录D.5分别提供了围长和骨骼直径的标准测量位点。请根据其中方法测量身体不同部位的围长或骨骼直径。

附录D.6包含了阿什韦尔体形图。请用此图对客户的腰围与站立身高进行比较，以评估客户体形。

附录 D.1 余气量的预测方程

性别	吸烟史[a]	样本量	方程[b]
男性			
博伦、科里和塞纳（Boren, Kory & Syner, 1966）	M	422	余气量=0.011 5×年龄+0.019×身高−2.24 r=0.57，SEE=0.53升
戈德曼和贝克莱克（Goldman & Becklake, 1959）			余气量=0.017×年龄+0.027×身高−3.477
伯格伦德等人（Berglund et al., 1963）			余气量=0.022×年龄+0.019 8×身高−0.015×体重−1.54
女性			
奥布赖恩和德里兹（O'Brien & Drizd, 1983）	无	926	余气量=0.03×年龄+0.038 7×身高−0.73×体表面积−4.78 r=0.66，SEE=0.49升
布莱克、奥福德和海厄特（Black, Offord & Hyatt, 1974）	M	110	余气量=0.021×年龄+0.023×身高−2.978 r=0.70，SEE=0.46升
戈德曼和贝克莱克（Goldman & Becklake, 1959）			余气量=0.009×年龄+0.032×身高−3.9
伯格伦德等人（Berglund et al., 1963）			余气量=0.007×年龄+0.026 8×身高−3.42

[a] M代表样本中既有吸烟者，也有不吸烟者。

[b] 年龄以岁为单位，身高以厘米为单位，体表面积以平方米为单位，体重以千克为单位。

附录 D.2　皮褶厚度测量的标准位点

位点	皮褶方向	解剖学位点参考	测量方法
胸部	对角线	腋窝和乳头	皮褶位于腋窝和乳头之间，高度约与腋前襞齐平，卡尺位于手指下方1厘米处
肩胛下方	对角线	肩胛下方	皮褶位于肩胛下方，沿着皮肤的自然纹理线，卡尺位于手指下方1厘米处
腋下中部	水平	第5~6肋软骨与胸骨关节连接处，稍高于剑突下端	皮褶位于腋中线，与胸骨剑突同高
髂骶	倾斜	髂骨	皮褶位于腋中线后部、髂骨上方，沿着皮肤的自然纹理线，卡尺位于手指下方1厘米处
腹部	水平	肚脐	皮褶位于肚脐中心下方1厘米、一侧3厘米处
肱三头肌	垂直（中线）	肩胛骨突和尺骨突	肘关节屈曲90度，用卷尺测量手臂外侧肩胛骨突外侧投影与尺骨下缘的距离，并在手臂外侧的中点做标记。皮褶位于手臂后方标记线上方1厘米处，卡尺与标记持平
肱二头肌	垂直（中线）	肱二头肌	皮褶位于肱二头肌肌腹，肱三头肌水平标记位置处，与肩峰突、肘前窝的前缘成一条直线，卡尺位于手指下方1厘米处
大腿	垂直（中线）	腹股沟折痕和膝盖骨处	皮褶位于大腿前侧，腹股沟折痕和膝盖骨近端边界中间。测量时，身体重心位于左腿，卡尺位于手指下方1厘米处
小腿	垂直（内侧）	小腿腿围最大处	皮褶位于小腿内侧腿围最大处，测量时膝关节和髋关节屈曲90度

（源自：Harrison et al., 1988.）

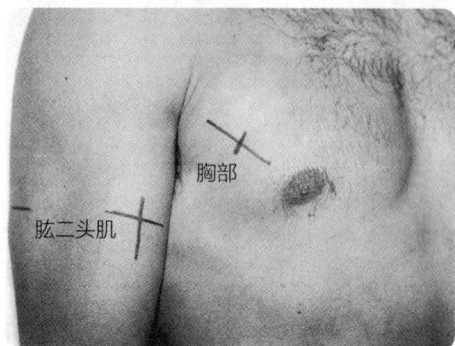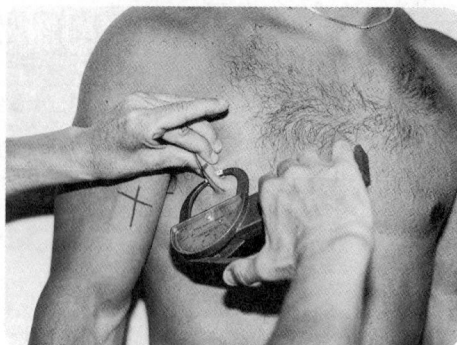

a　　　　　　　　　　　　　　　　　b

图 D.2.1　胸部皮褶厚度测量：a. 位置；b. 方法

视频
D.2.1

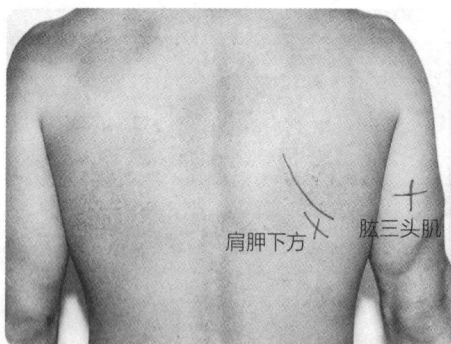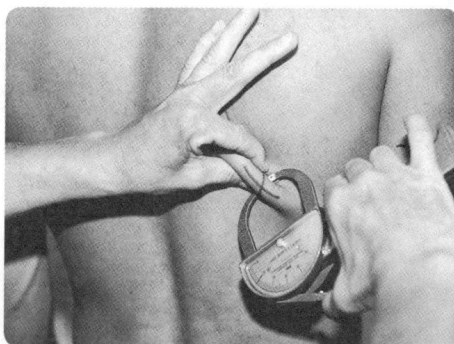

a　　　　　　　　　　　　　　　　　b

图 D.2.2　肩胛下方皮褶厚度测量：a. 位置；b. 方法

视频
D.2.2

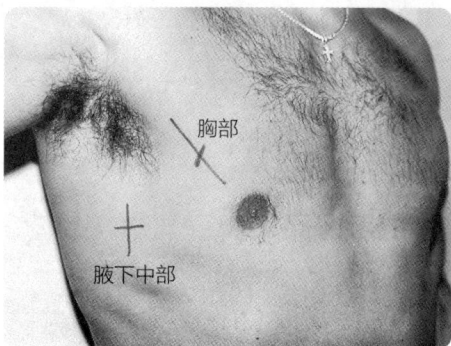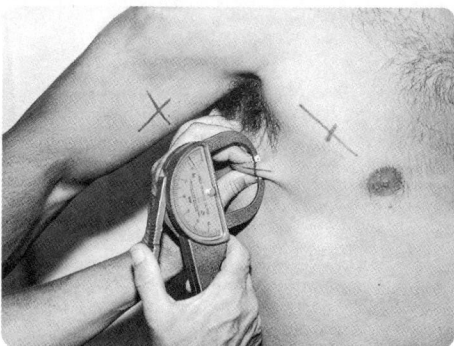

a　　　　　　　　　　　　　　　　　b

图 D.2.3　腋下中部皮褶厚度测量：a. 位置；b. 方法

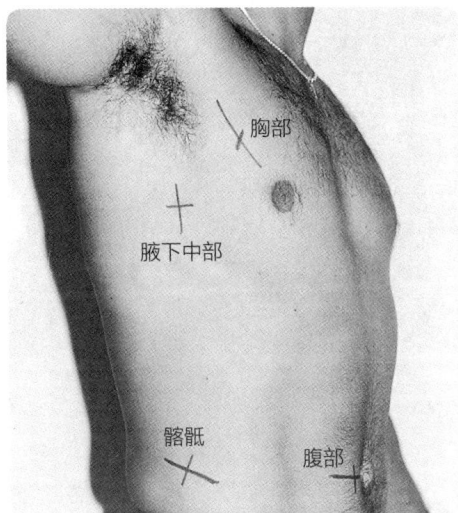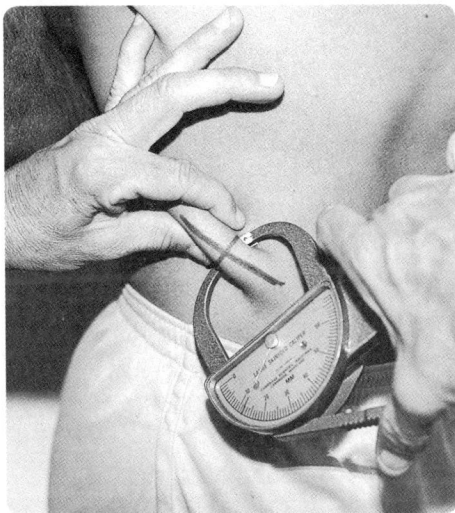

a

b

图 D.2.4　髂骶皮褶厚度测量：a. 位置；b. 方法

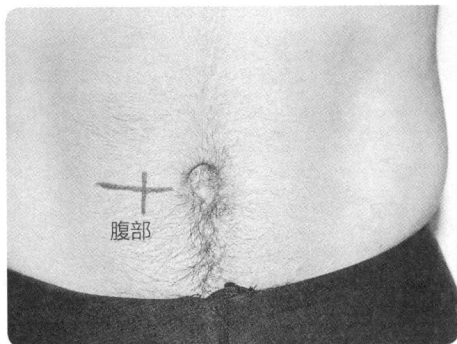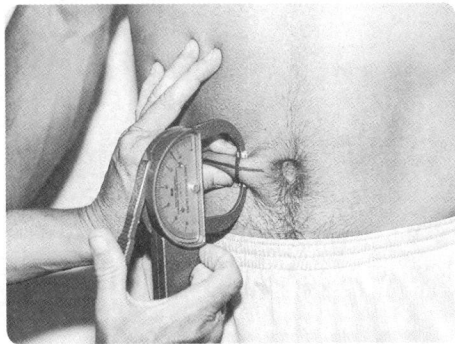

a

b

图 D.2.5　腹部皮褶厚度测量：a. 位置；b. 方法

视频
D.2.3

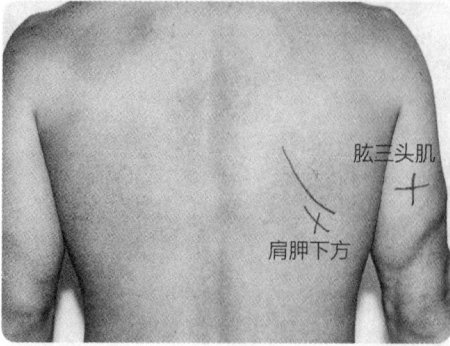

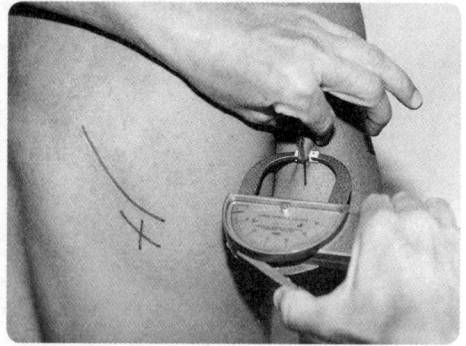

a

b

图D.2.6 肱三头肌皮褶厚度测量：a. 位置；b. 方法

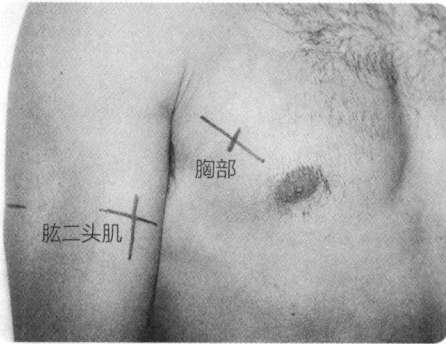

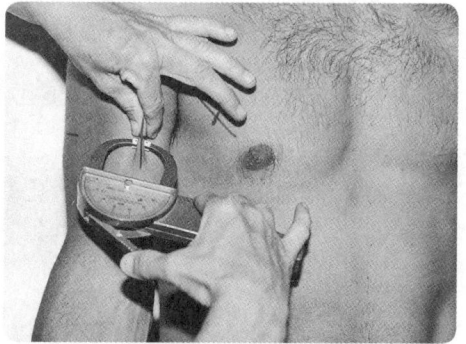

a

b

图D.2.7 肱二头肌皮褶厚度测量：a. 位置；b. 方法

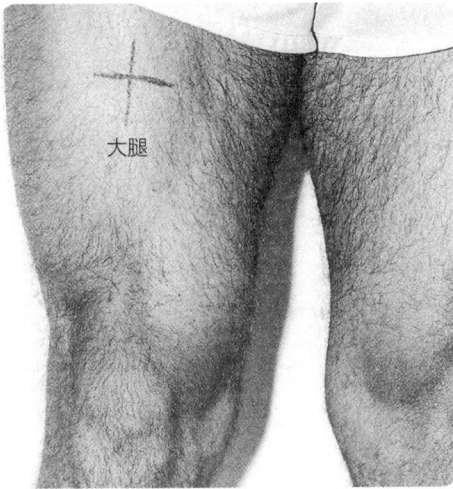
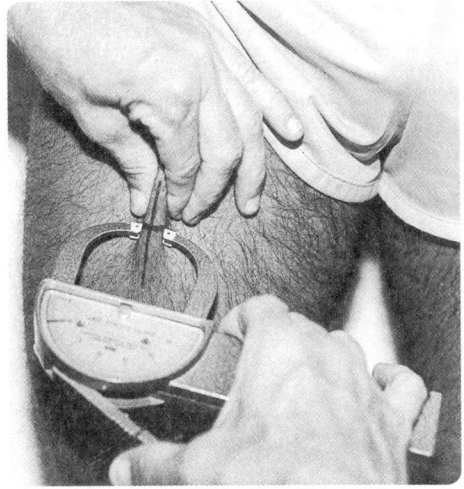

a   b

图 D.2.8　大腿皮褶厚度测量：a. 位置；b. 方法

视频
D.2.4

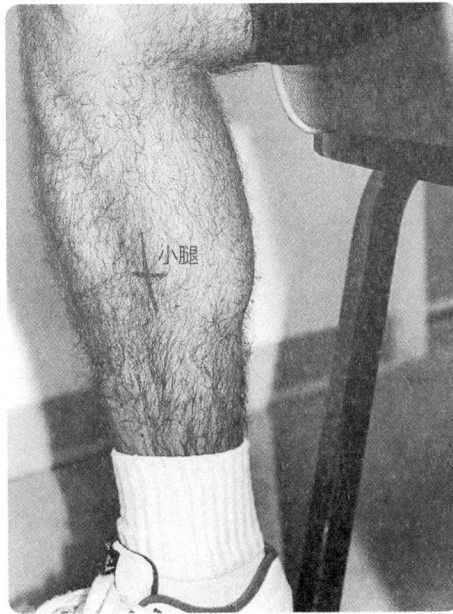
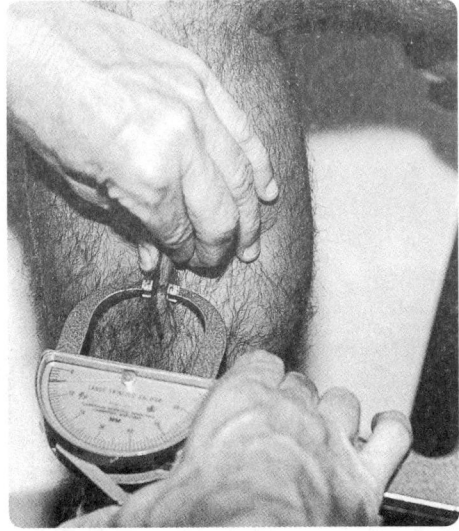

a   b

图 D.2.9　小腿皮褶厚度测量：a. 位置；b. 方法

视频
D.2.5

附录 D.3　杰克逊通用皮褶厚度方程的皮褶位点

位点	皮褶方向	解剖学位点参考	测量方法
胸部	对角线	腋窝和乳头	皮褶位于男性腋前线和乳头的中间，女性腋前线和乳头之间的 1/3 距离处
肩胛下方	倾斜	肩胛骨边缘及下角	皮褶位于以肩胛骨椎缘为起点的对角线上，肩胛骨下角 1~2 厘米处
腋下中部	垂直	胸骨剑突	皮褶位于胸骨剑突处，沿腋中线方向
髂上	对角线	髂嵴	皮褶位于髂嵴上方对角线处，沿腋前线方向
腹部	垂直	肚脐	皮褶位于肚脐一侧垂直方向 2 厘米处

（源自：Jackson and Pollock, 1978; Jackson, Pollock and Ward, 1980.）

附录D.4 围长测量的标准位点

位点	解剖学位点参考	方向	测量方法
颈部	喉结	垂直于颈部长轴	将卷尺放在喉结前方，轻轻测量脖颈围长
肩部	三角肌与肩胛骨突	水平	将卷尺紧贴在三角肌最大凸起处，肩胛骨突下方，正常呼气结束时进行读数
胸部	第4胸肋关节	水平	将卷尺紧贴在躯干的第4胸肋关节处，正常呼气结束时进行读数
腰部	躯干最细处，肋骨和髂嵴之间的腰部	水平	将卷尺紧贴在躯干最细处。需要助手帮助定位，将卷尺拉到客户的背后进行测量。正常呼气结束时进行读数
腹部	腹部最凸起处，通常在肚脐位置	水平	将卷尺紧贴在腹部最凸起处。在助手的帮助下将卷尺拉到客户的背后进行测量。正常呼气结束时进行读数
髋部（臀部）	臀部最凸起处	水平	将卷尺紧绕臀部。需要助手帮助定位，将卷尺拉到客户身后进行测量
大腿（近端）	臀折线	水平	将卷尺紧绕大腿，臀折线下
大腿（中部）	腹股沟折痕与髌骨近端缘	水平	客户膝关节屈曲90度（右脚放于长凳上），将卷尺放置在腹股沟折痕与髌骨近端缘的中间
大腿（远端）	股骨上髁	水平	将卷尺放置在股骨上髁的上方
膝盖	髌骨	水平	膝关节微微屈曲，卷尺围绕膝盖，放置在髌骨中部水平
小腿	小腿肌肉最凸起处	垂直于腿部长轴	客户坐在检查台的一端，双腿自由悬垂，将卷尺平行放置在小腿肌肉最凸起处
脚踝	胫腓骨内踝	垂直于腿部长轴	卷尺紧绕腿部最细处，约位于脚踝的上方
上臂（肱二头肌）	肩胛骨突和尺骨突	垂直于手臂长轴	客户手臂自由悬垂在身体两侧，手掌放在大腿上，将卷尺紧贴在肩胛骨突和尺骨突的中间位置（同肱三头肌和肱二头肌皮褶厚度测量的标记位置）
前臂	前臂最凸起处	垂直于前臂长轴	客户手臂离开身体，自然下垂，前臂后旋，将卷尺紧贴在前臂近端最凸起处进行测量
腕部	桡骨、尺骨茎突	垂直于前臂长轴	客户肘关节屈曲，前臂后旋，将卷尺紧绕腕部，桡骨、尺骨茎突的远端

（源自：Callaway et al., 1988.）

视频
D.4.1

视频
D.4.2

附录 D.5　骨骼直径测量的标准位点

位点	解剖学位点参考	方向	测量方法
肩峰（肩部）	肩峰外侧缘肩胛骨突	水平	客户保持站立，手臂垂直悬放，肩部放松并微微向前下方移动，将人体骨骼测量仪的量脚放置于肩峰外侧缘肩胛骨突处。从身体后方开始测量
胸部	腋中线的第6肋骨处或第4胸肋关节前方	水平	客户保持站立，手臂微微外展，将大弯角规的弯脚端放在腋中线的第6肋骨处。正常呼气结束时进行读数
髂骨	髂骨	45度向下	客户保持站立，手臂交叉放于胸前，将人体骨骼测量仪的量脚向下倾斜45度，放置于髂骨最宽处。从身体后方开始测量
股骨大转子	股骨大转子	水平	客户保持站立，手臂交叉放于胸前，将人体骨骼测量仪的固定臂重压在软组织上方。从身体后方测量两个股骨转子之间的间距
膝盖	股骨上髁	对角线或水平	客户坐下，膝关节屈曲90度，人体骨骼测量仪的量脚放在股骨上髁的内外侧
脚踝	胫骨和腓骨内踝	倾斜	客户自然站立，将人体骨骼测量仪的量脚放置于外踝最外侧和内踝最内侧。从身体后方测量，量具倾斜
肘部	肱骨上髁	倾斜	客户肘关节屈曲90度，上臂举平，前臂旋后，将人体骨骼测量仪的量脚以将肘部直角一分为二的角度放在肱骨上髁的内外侧
腕部	桡骨、尺骨茎突和解剖鼻烟壶处（解剖学术语）	倾斜	客户肘关节屈曲90度，上臂悬垂并接近躯干，前臂旋前，将人体骨骼测量仪的量脚以倾斜的角度固定在桡骨、尺骨茎突（解剖鼻烟壶附近）处

视频 D.5.1

视频 D.5.2

（源自：Wilmore et al., 1988.）

附录 D.6　阿什韦尔体形图

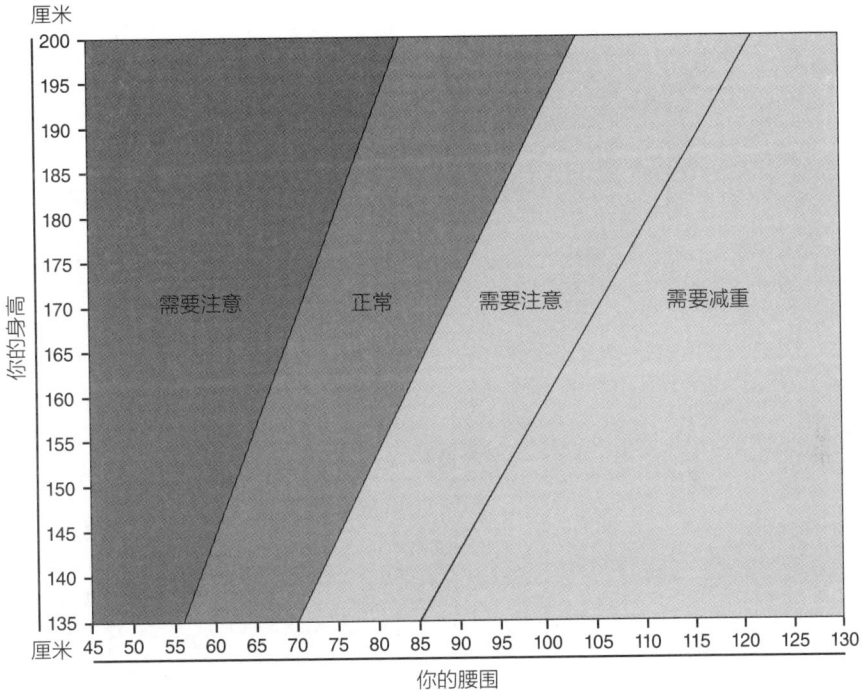

厘米

你的身高

需要注意　　正常　　需要注意　　需要减重

厘米

你的腰围

能量摄入与消耗

你可以使用饮食记录和推荐每日摄取量状况表（见附录E.1），来获得客户的营养摄入和每日能量需求的相关信息。

客户也可使用体力活动日志（见附录E.2）来记录每天运动的类型和持续时间。这可以提供客户每日运动的能量消耗估计值。附录E.3提供身体训练、运动及娱乐性活动的总能量消耗（代谢当量）估计值。你可以使用这些估计值来计算客户做不同运动时的能量消耗（千卡/分）。

附录E.1　饮食记录和推荐每日摄取量状况表

食物代码	食用量	食物说明

（源自：ESHA Research, Salem, OR.）

　　食物代码：通常为商用。如果有食物代码信息，请用此列进行更精确的记录。

　　食用量：可使用常规方法（杯、片等）或称重等方式来测量。

　　食物说明：应尽可能详细。例如，软面包和硬面包，新鲜、煮熟、冰冻或罐装的蔬菜，纯瘦肉或肥瘦肉，鲜榨、冰镇或罐装果汁，奶油、脱脂奶酪、软奶酪、硬奶酪或农家干酪。

推荐每日摄取量状况信息

姓名：_____

年龄：_____　　身高：_____

性别：　男性_____　　体重：_____

　　　　女性_____　　运动水平：_____

（填入与下文选项对应的数字）

　　　　怀孕_____

　　　　哺乳_____

　　许多人在连续的24小时内可进行各种运动，且每种运动所消耗的能量各不相同。因此，应根据各种运动的平均水平来制定相关运动水平的表格。请选择最契合您的每日正常平均运动水平。

1. 久坐不动：缺乏体力活动，有时需要其他人照料自己的饮食起居。能量消耗水平约为基础代谢水平加上最低运动能量代谢水平的15%。

2. 体力活动水平较低：许多专业人员（律师、医生、会计、建筑师等）、办公室人群、店员、教师、使用机器替代劳动的家庭主妇、失业人员。

3. 体力活动水平中等：从事轻工业的大多数人员、建筑工人（不包括重体力劳动者）、大多数农场工人、体力活动较多的学生、百货公司员工、非现役军人、渔商、不使用家用电器替代劳动的家庭主妇。

4. 体力活动水平较高：职业运动员、舞者、非熟练工人，一些农业工作者（尤其使用小农耕作方式的）、林业工人、新兵和现役军人、矿工、钢铁工人。

5. 体力活动水平非常高：伐木工人、铁匠、人力车夫。

附录E.2 体力活动日志

姓名:_____ 日期:_____

日期	运动类型	持续时间/分	×	千卡/分	=	总能量消耗/千卡

附录E.3 身体训练、运动及娱乐性活动的总能量消耗

代谢当量/ MET	描述	代谢当量/ MET	描述
		身体训练	
5.0	有氧舞蹈：低强度	12.5	直排轮滑：高强度
8.5	有氧踏步：每步6~8英寸	8.0	跳绳：慢速
10.0	有氧踏步：每步10~12英寸	10.0	跳绳：中速
3.0	骑行：固定式，50瓦，极低强度	12.0	跳绳：快速
5.5	骑行：固定式，100瓦，低强度	9.5	滑雪：北欧（机器式）
7.0	骑行：固定式，150瓦，中等强度	6.0	减肥操、爵士舞
10.5	骑行：固定式，200瓦，高强度	9.0	爬楼梯（爬楼机）
12.5	骑行：固定式，250瓦，极高强度	2.5	拉伸运动，哈他瑜伽
8.0	健美操（如俯卧撑、引体向上、开合跳、仰卧起坐）：高强度	10.0	游泳：往返式，自由泳，快速且高强度
3.5	健美操：低或中等强度	7.0	游泳：往返式，自由泳，慢速且中等或低强度
8.0	循环抗阻训练：包括一些有氧运动和短时休息（如超级循环式抗阻训练）	7.0	游泳：仰泳
8.0	椭圆机训练：125转/分，并设置阻力	10.0	游泳：蛙泳
3.5	划船（划船机）：50瓦，低强度	11.0	游泳：蝶泳
7.0	划船（划船机）：100瓦，中等强度	11.0	游泳：爬泳，快速且高强度
8.5	划船（划船机）：150瓦，高强度	8.0	游泳：爬泳，慢速且中等或低强度
12.0	划船（划船机）：200瓦，极高强度	8.0	游泳：侧泳
8.0	快跑：5英里/时（12分/英里）	4.0	游泳：踩水，中等强度
9.0	快跑：5.2英里/时（11.5分/英里）	4.0	太极拳
10.0	快跑：6.0英里/时（10分/英里）	5.0	跑步机：步行，变速，2.5~4.0英里/时，倾斜度为0~10%
11.0	快跑：6.7英里/时（9分/英里）	11.0	跑步机：跑步，变速，5.8~7.5英里/时，倾斜度为0~10%
11.5	快跑：7.0英里/时（8.5分/英里）	2.5	步行：2.0英里/时
12.5	快跑：7.5英里/时（8分/英里）	3.0	步行：2.5英里/时
13.5	快跑：8英里/时（7.5分/英里）	3.3	步行：3.0英里/时
14.0	快跑：8.6英里/时（7分/英里）	3.8	步行：3.5英里/时
15.0	快跑：9英里/时（6.5分/英里）	5.0	步行：4.0英里/时
16.0	快跑：10英里/时（6分/英里）	6.3	步行：4.5英里/时
18.0	快跑：10.9英里/时（5.5分/英里）	4.0	水中有氧运动、水中健美操
9.0	快跑：越野	8.0	水中慢跑
7.0	慢跑：常规	3.0	举重（自由重量/举重机）：低或中等强度
6.0	慢跑/步行结合（慢跑少于10分钟）	6.0	举重（自由重量/举重机）：力量举重，健身，高强度
4.5	在迷你蹦床上慢跑		

续表

代谢当量/ MET	描述	代谢当量/ MET	描述
	运动及娱乐性活动		
7.0	皮划艇：4.0~5.9英里/时，中等强度	3.5	高尔夫球：推车
12.0	皮划艇：≥6.0英里/时，高强度	4.0	体操：常规
5.0	儿童游戏：跳房子、躲避球、软式垒球、绳球、游乐场	4.0	沙包球
5.0	板球（击球和投球）	12.0	手球：常规
2.5	门球	8.0	手球：团队
3.5	射箭（非狩猎）	4.0	冰壶
7.0	羽毛球：竞技	4.8	舞蹈：芭蕾舞或现代舞、扭扭舞、爵士乐、踢踏舞、吉特巴舞
4.5	羽毛球：单打或双打	4.5	舞蹈：希腊舞、阿拉伯舞、肚皮舞、呼啦舞、弗拉门科舞、摇摆舞
5.0	篮球：常规	4.5	舞蹈：交际舞、快舞、迪斯科、民族舞、广场舞、队列舞、爱尔兰步舞、波尔卡舞、行列舞、乡村舞
8.0	篮球：比赛	3.0	舞蹈：慢舞、华尔兹、狐步舞、桑巴舞、探戈、曼波舞、恰恰舞
4.5	篮球：投篮	5.5	舞蹈：美国民间舞蹈
6.5	篮球：轮椅篮球	2.5	标枪：墙壁或草坪
8.5	骑行：越野或山地	3.0	跳水：跳板或平台
4.0	骑行：小于10英里/时，休闲	6.0	击剑
6.0	骑行：10~11.9英里/时	4.0	钓鱼和打猎：岸边走动
8.0	骑行：12~13.9英里/时	2.5	钓鱼和打猎：坐在船上
10.0	骑行：14~15.9英里/时	6.0	捕鱼：穿胶靴在溪流中
12.0	骑行：16~19英里/时	2.0	钓鱼：坐在冰上
16.0	骑行：不小于20英里/时	2.5	捕鱼和打猎：使用弓箭
5.0	骑行：单轮	2.5	捕鱼和打猎：站立手枪射击、飞碟射击
2.5	台球：台式足球	9.0	美式橄榄球：竞技
2.5	观鸟	2.5	美式橄榄球或棒球：练习接球
3.0	保龄球	8.0	美式橄榄球：触身式橄榄球，腰旗橄榄球
3.0	保龄球：草地	3.0	投掷飞盘：练习，常规
12.0	拳击：在拳击场	8.0	投掷飞盘：高级
6.0	拳击：沙袋	3.0	园艺：修剪草坪，常规
9.0	拳击：对打	4.5	高尔夫球：步行，搬球杆
7.0	曲棍球	3.0	高尔夫球：微型，练球场
3.0	皮划艇：2.0~3.9英里/时，低强度	4.3	高尔夫球：步行，拉球杆
3.5	悬挂滑翔	14.0	滑雪：越野，>8.0英里/时，竞赛
6.0	远足：越野	5.0	滑雪：高山，低强度

代谢当量/MET	描述	代谢当量/MET	描述
		运动及娱乐性活动	
8.0	曲棍球	6.0	滑雪：高山，中等强度
8.0	冰球	8.0	滑雪：高山，高强度或竞赛
4.0	骑马：常规	6.0	水上滑行
3.0	套马蹄铁，投环	7.0	雪橇摩托
12.0	回力球	3.5	跳伞
10.0	柔道，柔术，踢拳，跆拳道	7.0	雪橇：平底雪橇，双连雪橇，无舵雪橇
4.0	杂技	5.0	浮潜
5.0	皮划艇、白水漂流	8.0	雪鞋行走
7.0	踢球	10.0	足球：竞技
8.0	长曲棍球	7.0	足球：普通或常规
4.0	摩托车越野赛	5.0	垒球：快速或慢速接球
9.0	定向越野	6.0	垒球：接球
10.0	板手球：竞技	12.0	壁球
6.0	板手球：普通或常规	3.0	冲浪：用身体或冲浪板
4.0	划船	6.0	游泳：放松且非往返
8.0	马球	8.0	花样游泳
6.5	竞走	4.0	乒乓球
10.0	美式壁球：竞技	7.0	网球：常规
7.0	美式壁球：普通或常规	5.0	网球：双打
11.0	攀岩：上攀	8.0	网球：单打
8.0	攀岩：绳索下降	4.0	田径：铅球、铁饼、链球
12.5	直排轮滑	6.0	田径：跳高、跳远、三级跳远、标枪、撑竿跳
3.0	帆船和帆板	10.0	田径：障碍赛跑、跨栏
7.0	水肺潜水，徒手潜水	3.5	蹦床
3.0	沙壶球	8.0	排球：竞技
5.0	滑板	8.0	沙滩排球
7.0	轮滑：旱地、冰上	3.0	排球：非竞技
15.0	轮滑：速度滑	10.0	水球
7.0	滑雪：越野，2.5英里/时，低强度	3.0	水上排球
8.0	滑雪：越野，4.0~4.9英里/时，中等强度	7.0	壁排球
9.0	滑雪：越野，5.0~7.9英里/时，高强度	6.0	摔跤

柔韧性和腰背部护理训练

附录F.1介绍并说明了所选的部分可增强身体柔韧性的静态拉伸运动。以针对的身体部位和肌群对这些运动进行组织和介绍。附录F.2总结了训练勿做事项和应做事项。对于每一个有禁忌证的训练，都提供了一个安全的替代方案。

本书推荐的腰背部护理练习，见附录F.3。该附录为每一种方案提供了训练说明并介绍了所涉及的肌群。

附录F.1　柔韧性训练（节选）

大腿前侧

肌肉：股四头肌和髋屈肌

训练1

说明：保持站立姿势，单脚向髋部抬起，用手抓住踝部。向臀部拉腿。

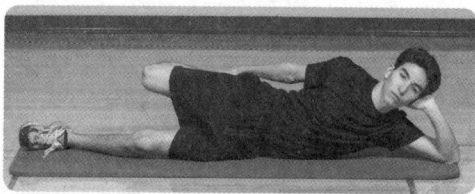

训练2

说明：侧卧，单膝屈曲，单手握住脚踝，脚与手对抗，向前挤压骨盆。不要拉脚。

训练3

说明：俯卧，单膝屈曲，双手握住脚踝或足部。不要用力拉脚，双膝触地，背部不要拱起。

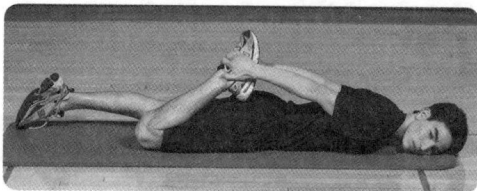

大腿后侧

肌肉：腘绳肌和髋伸肌

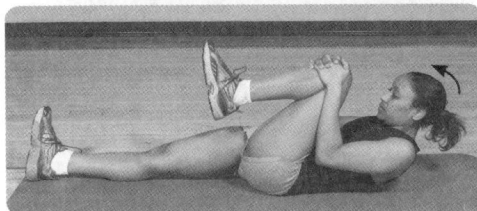

视频
F.1.1

训练1

说明：仰卧，双手抱住一侧膝关节并拉向胸部，让头部向膝关节方向屈曲。

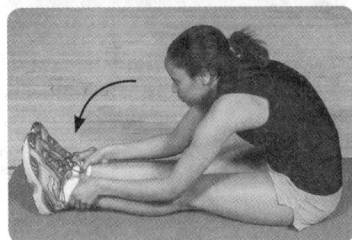

训练2

说明：从直腿坐姿开始，握住踝部，上半身向腿部屈曲。

训练3

说明：从站姿开始，单脚放在一张板凳上，膝关节略微屈曲，然后髋关节屈曲，直到感觉到身体被拉伸。

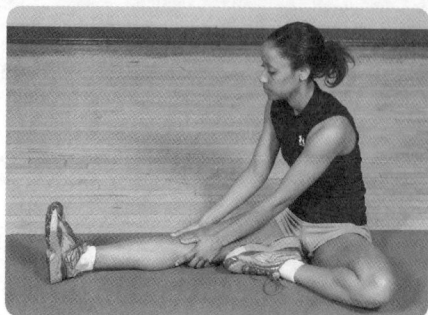

训练4

说明：从坐姿开始，单膝屈曲，屈曲上半身，保持脊柱伸展，直到感到有明显的紧绷感。

训练5

说明：从仰卧开始，单腿伸直，另一条腿屈曲，双手抱住屈曲腿，拉向躯干。

腹股沟区域（大腿内侧）

肌肉：髋内收肌

训练 1

说明：从盘腿坐姿开始，双脚脚底并拢，将双手放在两膝内侧，并略微下推。

训练 2

说明：跨步站姿，单膝及髋部屈曲，降低身体重心，接近地面。

训练 3

说明：单腿站立，用墙壁或椅背来支撑身体，另一侧髋外展，保持腿部伸直。如果可能，让同伴握住你的脚踝，以使肌肉被动拉伸。

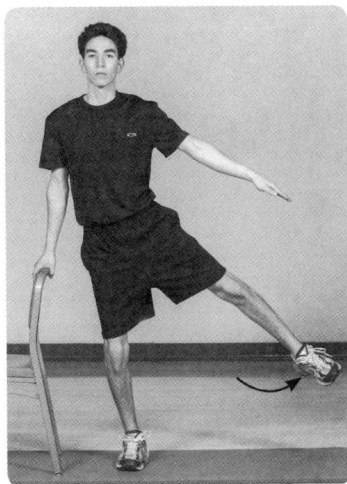

大腿 - 躯干外侧

肌肉：髋外展肌和躯干侧屈肌

训练 1

说明：从站姿开始，双手举过头顶并握在一起，躯干向一侧屈曲，不超过20度。

训练 2

说明：双腿交叉盘坐，向右旋转上半身。将左手放在大腿右侧并与之对抗。动作完成后，在左侧重复以上动作。

小腿后侧

肌肉：踝跖屈肌

训练 1

说明：单脚向前弓步，身体向前倾斜，靠着一面墙或一把椅子。屈曲髋关节、膝关节、踝关节以降低身体重心，接近地面，双脚平放在地面上。

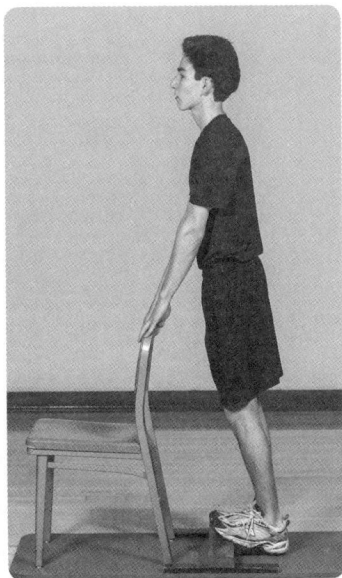

训练 2

说明：双脚前脚掌站在楼梯、道沿或木块上，脚跟降低、触地。

小腿前侧

肌肉：踝背屈肌

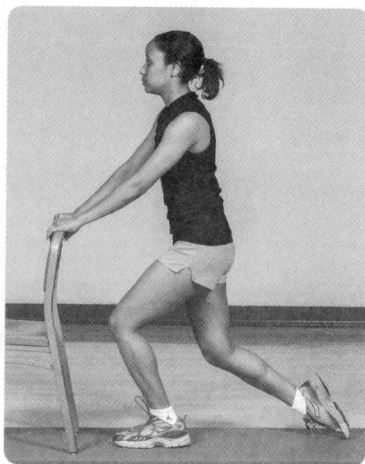

训练

说明：站姿，非承重腿的脚踝完全跖屈，缓慢屈曲承重腿的膝关节，以拉伸踝背屈肌。

上背部和腰背部

肌肉：躯干伸肌

训练1

说明：双腿交叉盘坐，手臂放松。下巴内收，上半身向前屈曲，尝试用前额触及膝盖。

训练2

说明：仰卧，双膝屈曲，抱住膝盖骨下方的大腿部位，将膝部向胸部提拉，腰部贴地。

训练3

说明：从跪姿开始，下巴靠向胸部。收缩腹部和臀部肌肉，背部拱起。

胸部、肩部和腹部前侧

肌肉：肩屈肌、肩内收肌和躯干屈肌

训练1

说明：俯卧，双肘上推，直到肘关节充分伸展。骨盆和髋部贴地。

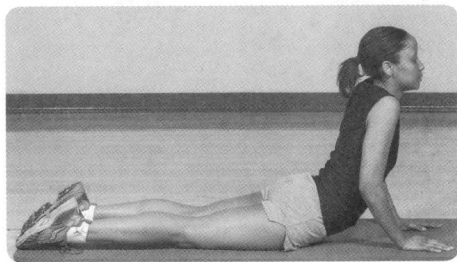

训练 2

说明：双手握住毛巾或绳子，向上旋转手臂过头，直到双臂转到身后。

视频
F.1.2

训练 3

说明：肘关节拉伸，双手在身后相握，双肘伸展，然后慢慢将手臂向上抬起。

附录F.2　训练勿做事项与应做事项

勿：颈部过度伸展

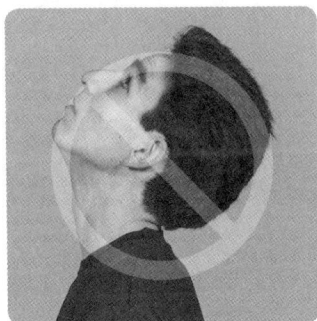

应：颈部侧屈

勿：双手紧抱头部

应：半仰卧起坐

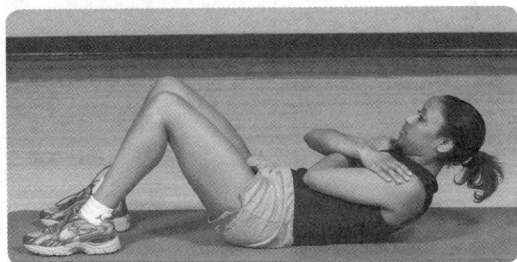

勿：无支撑髋部/躯干屈曲

应：坐姿髋部/躯干屈曲

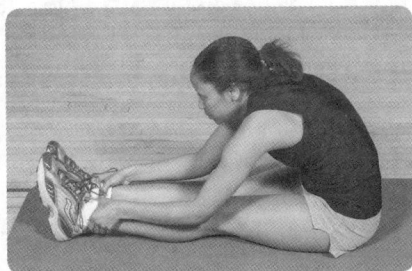

勿：翻跟头

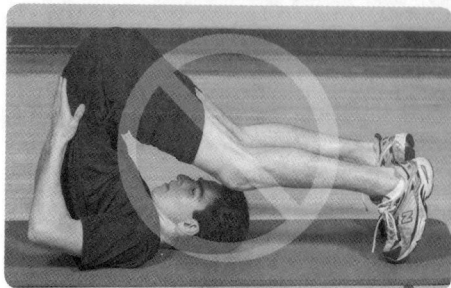

应：骆驼式

勿：天鹅上举

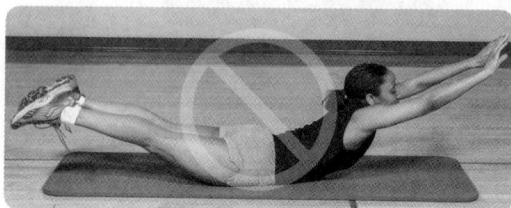

应：躯干拉伸

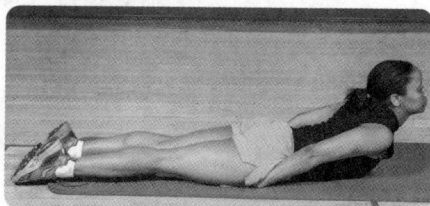

勿：V式坐姿

应：半仰卧起坐

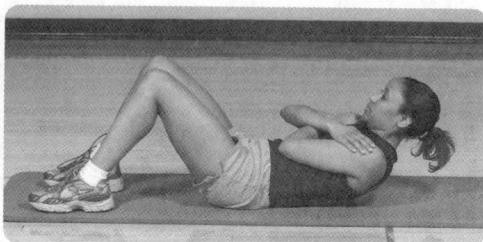

勿：腿部上举，躯干过度拉伸

应：腿部上举，和躯干保持在一条直线上

勿：腘绳肌拉伸——腿部上杠

应：腘绳肌拉伸——将膝部拉向胸部

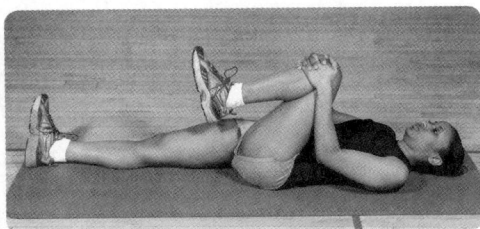

勿：跨栏式拉伸

应：股四头肌拉伸

勿：下蹲，深屈膝　　　　　　　　　应：半蹲

应：弓步（脚跟承重，和膝部在一条直线上）

勿：弓步（脚部承重，膝部前倾）

勿：转身时速度过快或跳起离地　　　　　　　应：跳起时勿转身

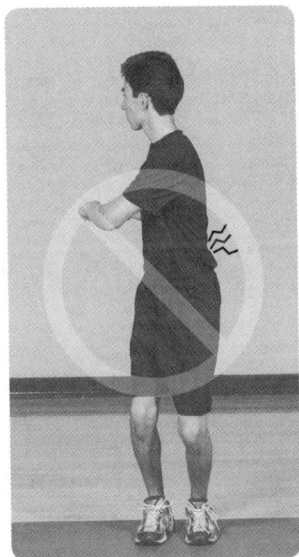

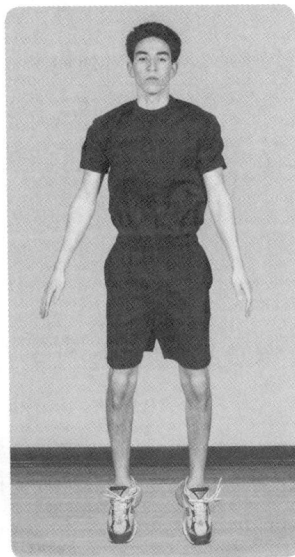

附录F.3 腰背部护理练习

骨盆倾斜（拉伸腹部肌肉）

仰卧，双膝屈曲，双脚平放在地面上，手臂放在身体两侧。腰部放平贴地。（骨盆向上倾斜。）保持这一姿势。

双膝触胸（拉伸髋部、臀部和腰背部肌肉）

仰卧，膝关节屈曲，双脚平放在地面上，手臂放在身体两侧。双膝轮流向胸部抬高，然后用双手抱住，保持这一姿势。依次将双腿放在地面上，休息片刻。

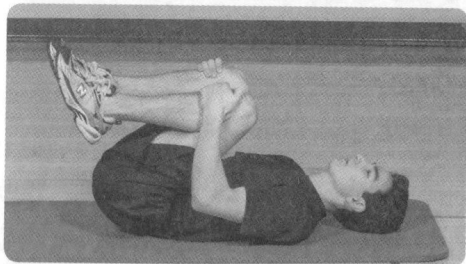

躯干屈曲（拉伸背部、腹部和腿部肌肉）

双手和膝盖着地，下巴收拢，背部拱起。臀部慢慢地坐回脚跟，双肩向地面下降。保持这一姿势。

猫式与骆驼式（强化背部和腹部肌肉）

　　双手和膝盖着地，头部和躯干与地面平行，背部拱起后慢慢地垂向地面。保持手臂伸直。

半仰卧起坐（强化腹部肌肉）

　　仰卧，膝关节屈曲，双脚平放在地面，手臂在胸前交叉。保持中背部和腰背部平放在地板上，头部和肩膀抬高，离开地板，保持这一姿势。然后逐渐增加姿势保持的时间。

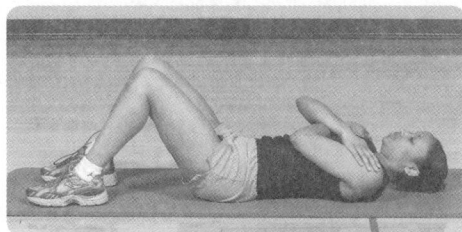

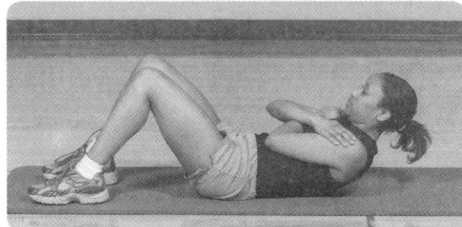

单腿伸展（强化髋部和臀部肌肉，拉伸腿部肌肉）

俯卧，腹部着地，双臂交叉放在下巴下方。慢慢抬起一条腿——不要太高，不要屈曲，同时保持骨盆平放在地面上。慢慢放下这条腿，另一条腿重复这个动作。

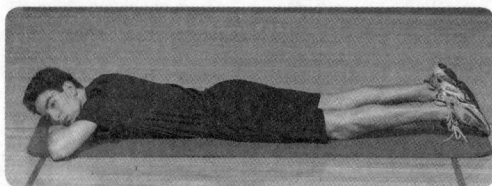

单腿伸展保持（强化躯干伸肌）

双手和单膝着地，身体平行于地面。伸展大腿，并保持这一姿势。同时抬起对侧手臂会变得有点困难，这增加了躯干伸肌活动和脊柱压缩。

单腿屈膝卷腹-静态（强化腹部肌肉）

仰卧，单膝屈曲（脚平放在地面上），另一条腿的膝关节伸展。双手放在腰椎下方，以保持脊柱中立。慢慢抬起头部和肩部，离开地板。

等长侧支撑或侧桥
（**强化躯干侧肌和腹部两侧肌肉**）

　　膝关节、大腿和前臂屈曲90度（等长侧支撑姿势），并保持这个姿势。用脚支撑身体，而非膝关节和大腿，增加肌肉活动和脊柱负荷。

站姿猫式与骆驼式（**强化背部和腹部肌肉**）

　　站姿，双脚分开与肩同宽，双手放在膝关节上。背部伸直，保持这个姿势，重复10~20次。

单腿屈膝卷腹－动态（**强化腹部肌肉**）

　　仰卧，单膝屈曲，背部着地，脚平放在地面上，手臂交叉放在胸前。肩部上提，离开地面，保持这个姿势片刻，然后重复10~20次。

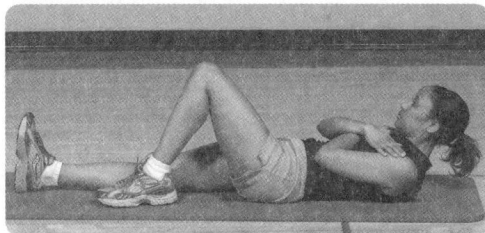

前桥变式（强化背部和腹部肌肉）

用前臂（肘关节屈曲90度）、双膝和双脚支撑身体，形成前桥，保持这个姿势片刻（数10~20下）。

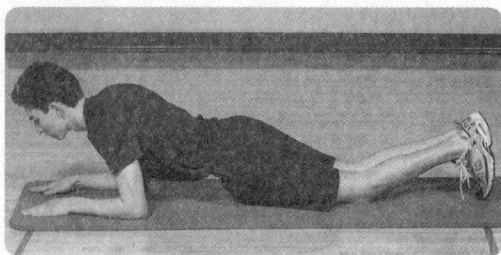

鸟狗式变式（强化髋伸肌）

用双手（双手分开与肩同宽，双肘伸展）、单膝、单脚支撑身体，形成前支撑姿势。伸展非承重腿，使大腿与躯干在同一条线上，保持这一姿势片刻。每条腿重复10次。尝试用单臂支撑身体，以增加训练的难度。

麦肯齐站立训练（拉伸腹部肌肉，强化背伸肌）

站姿，双脚分开与肩同宽，双手放在髋部。拉伸躯干，并保持该姿势片刻。重复10次。

术语表

绝对摄氧量（Absolute VO₂）：测量无负重活动过程中人体耗氧率和能量消耗时用到的概念，测量单位为升/分或毫升/分。

加速度计（Accelerometer）：用于记录人体运动加速度的设备，可提供运动频率、运动持续时间、运动强度和运动模式方面的详细信息。

适应性抗阻运动（Accommodating-Resistance Exercise）：一种运动类型，当肢体运动速度保持恒定时，整个运动涉及的肌肉力量波动被相等的反作用力抵消；等速运动的一种。

获得性免疫缺陷综合征（艾滋病）（Acquired Immune Deficiency Syndrome, AIDS）：人体免疫系统缺陷疾病，由人类免疫缺陷病毒（HIV）引起。

主动辅助拉伸（Active-Assisted Stretching）：包括将身体部位自主移动到其主动活动度的末端，然后请他人协助将身体部位移动到其主动活动度之外。

主动拉伸（Active Stretching）：无须借助外力而拉动身体部位的拉伸技巧；随意肌收缩。

日常生活活动（Activities of Daily Living, ADL）：正常的日常活动，如下车、爬楼梯、购物、穿衣服和洗澡等。

急性肌肉酸痛（Acute-Onset Muscle Soreness）：运动中或运动后随即发生的酸痛或疼痛，由肌肉缺血和代谢废物积聚引起。

有氧间歇训练（Aerobic Interval Training, AIT）：高强度间歇训练的一种细分，包括4分钟接近最大强度（摄氧储备量的80%~95%）的运动和类似时长的休息或恢复期的重复组合。

空气置换体积描记术（Air Displacement Plethysmography, ADP）：利用空气置换和压力与体积之间的关系来估算身体体积的密度测量法。

等位基因（Allele）：在特定染色体上占据特定位置的一对或一组基因之一。

男性型肥胖（Android Obesity）：上半身肥胖，身体脂肪过多集中在上半身；苹果形身材。

动脉瘤（Aneurysm）：会使血管壁扩张，造成血管壁薄弱；通常由动脉粥样硬化和高血压引起。

心绞痛（Angina Pectoris）：胸部疼痛。

关节强直（Ankylosis）：关节活动度受到限制。

神经性厌食症（Anorexia Nervosa）：以过度减重为特征的进食障碍。

人体测量（Anthropometry）：测量身体尺寸和比例，包括皮褶厚度、围长、骨骼直径和长度、身高和体重。

主动脉狭窄（Aortic Stenosis）：主动脉瓣变窄，阻塞了从左心室流入主动脉的血流。

阿基米德原理（Archimedes' Principle）：阿基米德指出，物体在水下减小的重量与物体排水量成正比。

心律失常（Arrhythmia）：心跳的频率或节律异常。

动脉硬化（Arteriosclerosis）：动脉硬化或动脉壁增厚并失去弹性，血液流动受阻，由脂肪、胆固醇和其他物质沉积引起。

哮喘（Asthma）：以支气管痉挛导致呼吸困难和喘鸣为特征的呼吸障碍。

共济失调（Ataxia）：运动协调能力受损，其特征是步态或运动姿势不协调。

动脉粥样硬化（Atherosclerosis）：脂肪和纤维斑块在冠状动脉内壁堆积。

心房颤动（Atrial Fibrillation, AF）：心律失常，心房纤维性颤动。

心房扑动（Atrial Flutter）：房性心动过速，心房收缩速度为230~380次/分。

萎缩（Atrophy）：身体某一部位体积缩小。

衰减（Attenuation）：X射线通过脂肪、肌肉和骨骼时能量减弱。

加压单极导联（Augmented Unipolar Leads）：三根心电图导联（aVF、aVL、aVR），用于将每根肢体导联的电压与两个相反电极的平均电压进行比较。

听诊法（Auscultation）：通过听心脏和血液的声音

来测量心率或血压。

自生抑制（Autogenic Inhibition）：一种解释本体感觉神经肌肉促进（PNF）拉伸效度的理论，认为在PNF静态收缩期间，由于受到来自高尔基肌腱器官（神经腱梭）的抑制信号，靶肌肉的兴奋性降低。

细胞自噬（Autophagy）：一种细胞级的循环程序，将受损的细胞器和错误折叠的蛋白质隔离开来，并将其分解成更小的碎片，再利用这些碎片的成分来维持细胞的生存。

紧张性肌肉动作（Auxotonic Muscle Action）：一种动态肌肉动作，由于速度和关节角度的变化而导致肌肉张力变化。

平衡性（Balance）：构成复杂，涉及生物力学、神经和环境等多个系统。

弹震拉伸（Ballistic Stretching）：拉伸运动之一，利用快速弹跳运动拉伸身体并增加关节活动度。

基础代谢率（Basal Metabolic Rate，BMR）：维持人体最基本的生理功能所需的最小能量代谢率。

行为矫正模型（Behavior Modification Model）：心理理论模型，客户通过设定短期和长期的目标，积极参与矫正过程。

β-羟基β-甲基丁酸盐（β-Hydroxy β-Methyl-butyrate，HMβ）：已知的膳食补充剂，可增加参与抗阻训练个体的体重和力量。

偏差（Bias）：也称误差；在回归分析中，由于原始验证样本和交叉验证样本之间的技术误差或生物变异性，导致实际分数系统性高估或低估；恒定误差。

双轴关节（Biaxial Joint）：可在两个平面上移动的关节；髁状关节和鞍形关节。

生物电阻抗分析法（Bioelectrical Impedance Analysis，BIA）：通过测量流经身体的电流的阻抗，来估算身体总水分或去脂体重的现场测量方法。

生物电阻抗谱（Bioimpedance Spectroscopy，BIS）：一种结合上半身、下半身和全身生物电阻抗来估计去脂体重和体脂百分比的生物电阻抗分析方法；利用一系列不同频率的电流，测定细胞外（低频率）和细胞内（高频率）的含水量。

一致性检验法（Bland and Altman Method）：通过计算95%一致性界限和置信区间，来评估不同方法的信度，用于判断预测公式或实验中个体测量方法的准确性。

身体成分（Body Composition）：体适能的一个组成部分，即构成身体的肌肉、骨骼和脂肪组织的绝对和相对含量。

身体密度（Body Density，DB）：人体脂肪、水、矿物质和蛋白质成分的总密度，与身体总体积和总体重有关。

体重（Body Mass，BM）：用于衡量身体尺寸。

体重指数（Body Mass Index，BMI）：评估体重的粗略指标；体重（千克）除以身高（米）的二次方。

体表面积（Body Surface Area）：根据客户身高和体重来估算。

身体体积（Body Volume，BV）：可通过水或空气置换法来估计身体体积。

体重（Body Weight）：身体的质量。

骨骼强度（Bone Strength）：与骨组织的矿物质含量和密度有关，可用于预测骨折风险。

玻意耳定律（Boyle's Law）：等温气体定律，指出体积和压力成反比关系。

心动过缓（Bradycardia）：静息心率 <60次/分。

支气管炎（Bronchitis）：肺部支气管的急性或慢性炎症。

能量阈值（Caloric Threshold）：根据运动的能量消耗估计运动持续时间，来预测为获得健身收益每周所需的总运动量。

心脏停搏（Cardiac Arrest）：通常指由心室颤动引起的心脏功能突然丧失。

心肌病（Cardiomyopathy）：影响心脏结构和功能的所有疾病。

心肺耐力（Cardiorespiratory Endurance）：心脏、肺和循环系统高效地为运动肌肉提供氧气和营养成分的能力。

心血管疾病（Cardiovascular Disease，CVD）：心脏、血管或两者兼有的疾病，类型包括动脉粥样硬化、高血压、冠心病、充血性心力衰竭和卒中等。

压力中心（Center of Pressure）：坐下或站立时垂直施加在支撑底面或受力面上的力。

胸部导联（Chest Leads）：六根心电图导联（V1

至 V_6)，用于测量胸部特定区域的电压。

胆固醇（Cholesterol）：蜡状、脂肪状物质，存在于所有动物产品（如肉类、乳制品和鸡蛋）中。

乳糜微粒（Chylomicron）：一种脂蛋白，来源于肠道对甘油三酯的吸收。

围长（Circumference，C）：身体各部分周长。

肝硬化（Cirrhosis）：慢性肝脏退行性疾病，肝叶被纤维组织覆盖，与长期酗酒有关。

跛行（Claudication）：由小腿肌肉血液循环变差导致的小腿疼痛等障碍引发的异常步态。

复合组（Compound Sets）：先进的抗阻训练系统，其中同一肌群连续进行两组练习，两组之间进行短暂休息或不休息。

计算机动态姿势描记（Computerized Dynamic Posturography）：用于评估人体单个或复合功能（如平衡性、运动和生物力学方面）的技术。

向心肌肉动作（Concentric Muscle Action）：动态肌肉动作；在施加张力时，肌肉收缩。

充血性心力衰竭（Congestive Heart Failure）：由心肌梗死、缺血性心脏病或心肌病引起的心脏泵血功能受损。

恒定误差（Constant Error，CE）：实际值和交叉验证组预测值之间的平均差值；偏差的一种。

恒定抗阻运动（Constant-Resistance Exercise）：在整个运动过程中范围内（如自由重量）外阻力保持不变。

持续运动测试（Continuous Exercise Test）：持续增加运动负荷增量期间不休息的分级运动测试。

持续训练（Continuous Training）：一种由低强度逐渐过渡到中等强度的持续有氧运动。

收缩−放松−再收缩（Contract-Relax Agonist Contract，CRAC）：一种本体感觉神经肌肉促进技术；使用该技术的过程中靶肌肉等长收缩，然后缓慢地被动拉伸靶肌肉。

收缩−放松（Contract-Relax，CR）：一种本体感觉神经肌肉促进技术，使用该技术的过程中靶肌肉等长收缩然后拉伸。

挛缩（Contracture）：由于不经常使用或不运动而导致的肌肉长度缩短。

核心稳定性（Core Stability）：在运动时保持颈部、脊柱、肩胛骨和骨盆对齐的能力。

核心强化（Core Strengthening）：强化核心肌群（竖脊肌、腹部主动肌和稳定肌），用于提高核心稳定性。

冠心病（Coronary Heart Disease，CHD）：由冠状动脉硬化引起的心肌供血不足、缺氧导致的心脏病。

下蹲垂直跳（Countermovement Jump，CMJ）：常用的跳跃技术，包括快速的离心运动（髋关节和膝关节屈曲，手臂向后摆动），然后立即进行爆发性的向心运动，以推动身体向上或前倾。

计数型对话测试（Counting Talk Test，CTT）：监测运动强度的方法之一；能评估测试对象在运动时轻松大声计数的能力，反映了运动强度与肺通气量之间的关系。

标准方法（Criterion Method）：金标准或参考方法；通常用于直接验证其他测试的一部分。

交叉训练（Cross-Training）：客户参与多种运动模式，以确定一个或多个合适的体适能训练运动类型。

袖带高血压（Cuff Hypertension）：测量时因袖带内的气囊相对上臂围过小导致血压测量值偏高。

发绀（Cyanosis）：由于血液中缺乏含氧血红蛋白而引起的皮肤呈青紫色的现象。

阻尼技术（Damping Technique）：用于减少水下称重秤臂在水下体重测量过程中的移动。

决策理论（Decision-Making Theory）：决策理论认为，个体通过权衡获得的收益和支出的成本来决定是否采取行动。

延迟性肌肉酸痛（Delayed-Onset Muscle Soreness，DOMS）：运动后24~48小时发生的肌肉酸痛。

密度测量法（Densitometry）：测量身体体积有助于计算人体总密度；包括液体密度测量和空气置换体积描记术等。

糖尿病（Diabetes）：由于缺乏胰岛素分泌（1型）或胰岛素受体缺陷（2型）引起的糖类、脂肪和蛋白质代谢紊乱。

舒张压（Diastolic Blood Pressure，DBP）：心动周期内动脉的最低压力。

饮食产热（Dietary Thermogenesis）：消化、吸收、运输和代谢所需的能量。

收益递减原则（Diminishing Returns Principle）： 训练原则之一；随着个体接近遗传上限，体适能的提升速度会减慢甚至为0。

断续运动测试（Discontinuous Exercise Test）： 一种分级运动测试，在每组之间休息5~10分钟。

断续训练（Discontinuous Training）： 从低强度过渡到高强度的间断性有氧运动，有组间休息或放松时间。

剂量－反应关系（Dose-Response Relationship）： 身体运动量与健身效果之间的直接关系。

双能X射线吸收法（Dual-Energy X-Ray Absorp-tiometry，DXA）： 用于测量全身骨密度和骨矿物质含量，以及脂肪和无脂肪软组织质量。

动态平衡性（Dynamic Balance）： 在身体重心和支撑底面发生移动，身体重心移至支撑底面之外时保持身体直立的能力。

动态柔韧性（Dynamic Flexibility）： 测量在全关节活动度内拉伸的过程中扭矩或阻力产生的速率。

动态肌肉动作（Dynamic Muscle Action）： 产生明显关节活动的肌肉收缩类型，包括向心、离心或等速收缩。

动态拉伸（Dynamic Stretching）： 一种拉伸运动，动作较为缓慢且受到约束，练习时通常会重复几次以产生实际拉伸效果并可增加关节活动度。

肌力减退（Dynapenia）： 与年龄相关的肌肉力量损失。

血脂异常（Dyslipidemia）： 血脂状况异常。

呼吸困难（Dyspnea）： 由某些心脏病、焦虑或剧烈运动等引起。

离心肌肉动作（Eccentric Muscle Action）： 一种肌肉收缩现象，肌肉在产生张力以抵抗重力或使身体运动减速时会伸长。

离心训练（Eccentric Training）： 抗阻训练手段之一，强调离心肌肉动作，通常使用专门的机器来监测离心负荷。

水肿（Edema）： 又称浮肿；指心包膜囊、关节囊等组织的组织间液积累。

弹性形变（Elastic Deformation）： 肌肉肌腱单元的弹性形变，其程度与拉伸过程中施加的负荷或力成正比。

心电图（Electrocardiogram，ECG）： 心动周期内心脏电事件的复合记录。

电测角仪（Electrogoniometer）： 穿过关节测量运动范围的应变计；能够同时测量两个平面的运动范围。

血压偏高（Elevated Blood Pressure）： 收缩压在120~129毫米汞柱，舒张压低于80毫米汞柱。

栓塞（Embolism）： 组织在血液循环系统中淤积，直至阻塞血管。

肺气肿（Emphysema）： 引起肺泡损伤和肺弹性降低或丧失的肺疾病。

运动性活动产热（Exercise Activity Thermogen-esis，EAT）： 运动引起的身体能量消耗。

运动缺乏症（Exercise Deficit Disorder，EDD）： 与儿童每天中、高强度运动少于60分钟有关的一个名词。

运动诱导性肌肉肥大（Exercise-Induced Hyper-trophy）： 由运动引起的肌肉肥大。

运动诱导性肌肉损伤（Exercise-Induced Muscle Damage，EIMD）： 运动引起的骨骼肌损伤。

运动游戏（Exergaming）： 交互式活动类视频游戏，玩家通过进行运动得分。

析因法（Factorial Method）： 用于评估能量需求的方法；包括静息代谢率及工作、家务、个人日常活动和锻炼期间消耗的能量。

假阴性（False Negative）： 一种误差，个体存在的风险因素未被识别出来。

假阳性（False Positive）： 一种误差，无风险因素的个体被错误地认定为有风险因素。

去脂身体成分（Fat-Free Body，FFB）： 身体中所有无脂的化学物质和组织，包括肌肉、水、骨骼、结缔组织和内脏。

去脂体重（Fat-Free Mass，FFM）： 去脂身体成分的质量。

脂肪量（Fat Mass，FM）： 脂肪和身体其他组织中的所有脂质的量。

FITT-VP原则（FITT-VP Principle）： 描述运动处方的6个组成部分：运动频率、运动强度、运动持续时间、运动类型、运动量和运动进度。

柔韧性（Flexibility）： 在全关节活动度内流畅地移动单个或多个关节的能力。

柔韧性训练（Flexibility Training）： 系统性的拉伸

运动计划，循序渐进地增加关节的活动度。

挠度计（Flexometer）：使用加重360度刻度盘和指针测量关节活动度的装置。

自由式运动器材（Free-Motion Machines）：一种抗阻训练机器，有可调节的座椅、杠杆臂和电缆滑轮，用于在多个平面上锻炼肌群。

功能平衡性（Functional Balance）：进行日常活动（例如，弯腰捡起地上的物体）时保持身体平衡的能力。

功能性体适能（Functional Fitness）：能够安全独立地进行日常活动，而不会产生疲劳感；包括有氧耐力、柔韧性、平衡性、灵活性和肌肉力量。

功能性训练（Functional Training）：针对特定肌群的运动进阶体系，逐步提高进行每项运动的难度水平（力量）和技能水平（平衡性和协调性）。

步态速度（Gait Velocity）：步行的速度；步态速度测试可用于间接测量行走时人体的动态平衡性，检测运动障碍和跌倒风险。

广义预测公式（Generalized Prediction Equations）：适用于不同、异质群体的预测公式。

全基因组关联分析（Genome-Wide Association Studies，GWAS）：对人类基因组进行的一项研究，比较一种疾病或性状表现不同的个体的DNA变异；通常涉及对照组（无疾病或性状）和具有该疾病或性状的实验组。

全球定位系统（Global Positioning System，GPS）：使用24个卫星和地面站计算地理位置并准确跟踪特定活动的系统。

葡萄糖不耐受症（Glucose Intolerance）：身体无法代谢葡萄糖。

测角仪（Goniometer）：一种类似量角器的装置，用于在关节活动度的末端处测量关节角度。

分级运动测试（Graded Exercise Test，GXT）：要求客户进行多阶段的极量或亚极量运动测试，并逐级增加运动负荷；可能是持续或断续的；可用于估计最大摄氧量。

格雷夫斯病（Graves' Disease）：与甲状腺过度活跃有关，甲状腺分泌的甲状腺激素高于正常水平；也被称为甲状腺功能亢进或甲状腺毒症。

总摄氧量（Gross VO₂）：氧气消耗总量，反映运动和静息时的能量消耗。

女性型肥胖（Gynoid Obesity）：仅下半身脂肪过多的肥胖；下半身肥胖；梨形身材。

糖化血红蛋白（HbA1c）：衡量过去2~3个月内平均血糖的指标。

高密度脂蛋白胆固醇（HDL-Cholesterol，HDL-C）：高密度脂蛋白在血液中运输的胆固醇。

健康信念模型（Health Belief Model）：该模型表明，如果个体感知到疾病的威胁，他们会改变自身行为。

健康体重（Healthy Body Weight）：体重指数在18.5~25千克/米²。

心脏传导阻滞（Heart Block）：控制心肌正常收缩的电脉冲传导受到干扰；可能发生在窦房结、房室结、希氏束或同时发生在其中一些部位。

心率监测器（Heart Rate Monitor）：用于评估心率和监测运动强度的装置。

心率储备（Heart Rate Reserve，HRR）：最大心率与静息心率之间的差值。

心率变异性（Heart Rate Variability，HRV）：连续静息心率之间时间间隔有差异；能反映自主神经系统功能状况。

半身扫描程序（Hemiscan Procedure）：用DXA扫描仪无法完全扫描的客户可使用此设备；客户位于DXA扫描仪的中心位置，以便使身体的一侧完全处于扫描范围内。

肝炎（Hepatitis）：以黄疸和胃肠不适为特征的肝脏炎症。

高血压（High Blood Pressure）：慢性血压升高。

高密度脂蛋白（High-Density Lipoprotein，HDL）：一种参与胆固醇反向转运到肝脏的脂蛋白。

高强度间歇训练（High-Intensity Interval Training，HIT）：一种间歇训练，基于高强度运动和休息或恢复期的重复组合；通常以有氧运动方式进行；可以通过调整运动和休息的组合方式，使训练集中于特定的代谢途径。

高强度-低重复次数（High Intensity-Low Repetition）：增加力量的最佳训练刺激；85%~100% 1RM或1~6RM。

复合血压计（Hybrid Sphygmomanometer）：用于测量血压的混合式血压计装置，结合了电子和听诊装置的特点。

水下称重（Hydrodensitometry）： 通过测量身体被水完全浸没时减小的重量来估计身体体积。

静水称重（Hydrostatic Weighing，HW）： 见水下称重。

高胆固醇血症（Hypercholesterolemia）： 血液中总胆固醇、低密度脂蛋白胆固醇或两者都过高。

高脂血症（Hyperlipidemia）： 血液中脂质过多。

活动过度（Hypermobility）： 会导致关节的活动范围过大。

增生（Hyperplasia）： 细胞数目增多。

高血压（Hypertension）： 血压慢性升高。

甲状腺功能亢进（Hyperthyroidism）： 甲状腺激素含量超过正常水平。

肥大（Hypertrophy）： 细胞或组织体积增大。

低血糖（Hypoglycemia）： 血糖水平偏低。

低钾血症（Hypokalemia）： 血液中钾含量不足，通常表现为心电图异常、身体虚弱、松弛性麻痹。

低镁血症（Hypomagnesemia）： 血液中镁含量不足，导致恶心、呕吐、震颤。

甲状腺功能减退（Hypothyroidism）： 甲状腺激素含量低于正常水平，也称为黏液水肿。

低氧血症（Hypoxia）： 细胞氧供应不足。

阻抗（Impedance，Z）： 对流经身体的电流的阻碍作用的量度；是电阻和电抗的函数。

改善阶段（Improvement Stage）： 在这一阶段，客户的进步最快；运动频率、运动强度、运动持续时间缓慢地调整；通常持续4~8个月。

测斜仪（Inclinometer）： 测量重力的测角仪，用于测量移动部位长轴与重力线之间的角度。

初始调节阶段（Initial Conditioning Stage）： 运动方案的阶段之一，用于让客户熟悉训练，通常持续1~6周。

初始值原则（Initial Values Principle）： 训练原则之一；运动训练中，某一要素的初始值越低，该要素的相对收益越大，提升速度也越快；初始值越高，提升速度越慢。

胰岛素依赖型糖尿病（Insulin-Dependent Diabetes Mellitus，IDDM）： 1型糖尿病，由内源性胰岛素缺乏而引起。

个体差异原则（Interindividual Variability Principle）： 训练原则之一；个体对训练刺激的反应是不同的，这取决于年龄、初始体适能水平和健康状况。

间歇训练（Interval Training）： 一系列重复的运动组合，有组间休息或放松时间。

缺血（Ischemia）： 身体某一部位或器官的含氧血供应减少；由血液流动受阻或受限制引起。

缺血性心脏病（Ischemic Heart Disease）： 心肌缺氧引起的病理状态。

等速肌肉动作（Isokinetic Muscle Action）： 肌肉群在整个运动范围内以恒定速度进行最大收缩。

等长肌肉动作（Isometric Muscle Action）： 没有明显关节活动的肌肉收缩类型；属于静态肌肉动作。

等张肌肉动作（Isotonic Muscle Action）： 有可见关节活动的肌肉收缩类型；属于动态肌肉动作。

关节松弛（Joint Laxity）： 关节松动或不稳定，会增加肌肉骨骼损伤的风险。

卡氏法（Karvonen Method）： 运动强度等于心率储备百分比与静息心率之和；也称心率储备百分比法。

壶铃训练（Kettlebell Training）： 一种使用铸铁制成的器材（类似于石锁）进行训练的抗阻训练；可提高力量、心肺适能和柔韧性。

千卡（kilocalorie，kcal）： 使1千克水的温度升高1摄氏度所需的热量；用于衡量能量需求和消耗。非法定计量单位。

乳酸阈（Lactate Acid Threshold）： 在相应运动强度下，血乳酸产生量超过血乳酸消耗量；表现在两个连续运动阶段之间血乳酸产生量和消耗量的差值增加了1毫摩尔/升；达到乳酸阈值时，主要代谢方式从有氧代谢转变为无氧代谢（糖酵解）。

低密度脂蛋白胆固醇（LDL-Cholesterol，LDL-C）： 通过低密度脂蛋白在血液中运输的胆固醇。

肢体导联（Limb Leads）： 3个心电图导联（Ⅰ、Ⅱ、Ⅲ），用于测量左臂和右臂（Ⅰ）之间以及左腿和右臂（Ⅱ）和左臂（Ⅲ）之间的电压差。

一致性界限（Limits of Agreement）： 用于评估不同方法的信度的统计方法；也称为一致性检验法方法。

稳定限度（Limits of Stability）： 在固定的支撑底面上保持平衡的情况下对重心最大偏移量的量度。

线性周期化（Linear Periodization，LP）：随着小周期之间训练量的减少，逐渐增加训练强度的力量训练方法。

最佳拟合直线（Line of Best Fit）：描述了方程中参考测量值和预测变量之间的关系；也称回归直线。

重力线（Line of Gravity）：身体重心与其在支撑底面上的垂直投影形成的直线。

恒等线（Line of Identity）：斜率等于1且纵截距等于0的直线；用于在散点图中说明交叉实验样本测量值和预测值的差异。

脂蛋白（Lipoprotein）：一种在肝、肠和周围组织之间进行脂质运输和交换的分子。

腰背痛（Low Back Pain）：由肌肉乏力、缺乏体力活动或平衡性较差而引起的腰背痛。

低密度脂蛋白（Low-Density Lipoprotein，LDL）：血液中胆固醇的主要转运蛋白，是极低密度脂蛋白的代谢产物。

下半身肥胖（Lower Body Obesity）：一种肥胖类型，身体脂肪过多集中在下半身；女性型肥胖；梨形身材。

低强度－高重复次数（Low Intensity-High Repetition）：可促进肌肉耐力提升的最佳训练刺激；≤60% 1RM或15~20RM。

腰椎稳定（Lumbar Stabilization）：在运动过程中，通过等距收缩腹壁和腰背部肌肉来保持腰椎不动。

大循环（Macrocycle）：周期性抗阻训练方案的阶段之一，通常持续9~12个月；由中循环组成。

维持阶段（Maintenance Stage）：运动方案的3个阶段之一，旨在维持改善阶段结束时达到的体适能水平；在此阶段应定期、长期持续进行运动。

隐性高血压（Masked Hypertension）：指个体在其他情况下血压偏高，但在医生办公室测量时血压值正常的情况。

隐性肥胖（Masked Obesity）：指个体体重指数正常，但体内脂肪过多。

极量运动测试（Maximal Exercise Test）：分级运动测试的一种，测试中运动强度逐渐增加，直至摄氧量达到高原期或随着运动负荷增加而达到最高水平。

最大耗氧量（Maximum Oxygen Consumption，VO₂max）：运动时肌肉对氧气的最高利用率。

最大摄氧量（Maximum Oxygen Uptake，VO₂max）：有氧运动期间，肌肉的最大耗氧量。

最大随意收缩力（Maximum Voluntary Contraction，MVC）：为对抗阻力进行的单次收缩中施加的最大力气。

麦卡德尔综合征（McArdle's Syndrome）：一种遗传性代谢疾病，其特征是无法代谢肌糖原，导致骨骼肌中储存的糖原过多。

中循环（Mesocycle）：周期性抗阻训练方案中的阶段之一，通常持续3~4个月；由小循环组成。

代谢当量（Metabolic Equivalents，MET）：人的做功（运动）代谢率与静息代谢率之比。

代谢综合征（Metabolic Syndrome，MetS）：可导致高血压、血脂异常、胰岛素抵抗和腹部肥胖等与心血管疾病相关的危险因素。

梅脱·分（MET·min）：衡量能量消耗的指标，即运动强度（MET）与运动持续时间（min）的乘积。

小循环（Microcycle）：周期性抗阻训练方案的阶段之一，通常持续1~4周。

血压袖带使用不当（Miscuffing）：血压测量错误来源，由于选择使用的血压袖带的臂围不适合而导致血压测量误差。

多成分模型（Multicomponent Model）：身体成分模型，涉及体内脂肪除外的水、蛋白质和矿物质含量的个体间变化。

多模式运动方案（Multimodal Exercise Program）：采用多种运动模式的运动方案类型。

复相关系数（Multiple Correlation Coefficient，R_{mc}）：表示预测公式中参考测量值和预测变量之间的相关性。

杂音（Murmur）：低沉的震颤或嗡嗡声。

肌肉平衡（Muscle Balance）：相对肌群、对侧肌群和上下半身肌群之间的强度对比。

肌肉耐力（Muscular Endurance）：肌肉长时间保持次最大力的能力。

肌肉爆发力（Muscular Power）：肌肉在最短时间内产生最大肌力的能力；肌肉做的功与所用时间之比。

肌肉力量（Muscular Strength）：肌肉或肌群产生

的最大力或张力。

肌肉骨骼适能（Musculoskeletal Fitness）：骨骼和肌肉系统进行运动的能力。

心肌梗死（Myocardial Infarction）：心脏病发作。

心肌缺血（Myocardial Ischemia）：心肌供血不足。

心肌炎（Myocarditis）：由病毒、细菌或真菌感染引起的心肌炎症。

黏液水肿（Myxedema）：甲状腺激素含量低于正常水平，与甲状腺功能减退有关。

负能量平衡（Negative Energy Balance）：能量消耗多于能量摄入。

净摄氧量（Net VO$_2$）：超过静息摄氧量的氧气消耗速率；通常用于描述运动时的能量消耗。

神经运动训练（Neuromotor Training）：以改善平衡性、敏捷性、步态、协调性和本体感觉为目的；常作为老年人综合运动方案的一部分。

无轴关节（Nonaxial Joint）：只能进行滑动或扭转而无法绕旋转轴运动的关节；滑动关节，平面关节。

非传染性疾病（Noncommunicable Diseases，NCD）：无法由一个人传染给另一个人的疾病，包括心血管疾病、糖尿病、慢性呼吸系统疾病和大多数癌症。

非运动性活动产热（Non-Exercise Activity Thermogenesis，NEAT）：非特定运动（如坐立不安、日常生活活动）产生的运动能量消耗。

非胰岛素依赖型糖尿病（Non-Insulin-Dependent Diabetes Mellitus，NIDDM）：2型糖尿病；由胰岛素受体敏感性降低引起。

血压正常（Normotensive）：指血压水平正常，血压值低于120/80毫米汞柱。

肥胖（Obesity）：相对于体重，体脂过多；体重指数为30千克/米^{2}及以上。

肥胖悖论（Obesity Paradox）：肥胖在产生健康害处（即增加某些疾病的风险）的同时具有保护作用（即与非肥胖个体相比生存率提高）的假说。

客观性（Objectivity）：不同的技术人员对特定个体进行同一项测试时，得出的特定个体的分数越相似，客观性越高。

客观性系数（Objectivity Coefficient）：表示两名不同技术人员在为同一个体进行测量时给出的分数之间的相关性。

阻塞（Occlusion）：身体某一部位或器官的血液流动受阻或受限制。

一次重复最大力量（One-Repetition Maximum，1RM）：做一次完整的重复动作时，可以在保持正常姿势下举起的最大重量。

示波法（Oscillometry）：测量血压的方法，使用自动电子压力计测量袖带放气时的血压波动。

骨关节炎（Osteoarthritis）：关节退行性疾病，主要表现为关节中的骨和软骨过多。

骨量减少（Osteopenia）：骨矿物质含量偏低；骨质疏松症的前兆。

骨质疏松（Osteoporosis）：以骨矿物质含量和骨密度偏低为特征；常见于更年期后妇女和久坐者。

袖带缠臂过松（Overcuffing）：血压计袖带长度相对于手臂围长过长，缠臂时过松，导致血压测量值偏低。

超负荷原则（Overload Principle）：训练原则之一；为了达到健身效果，运动水平需要超过人体的生理极限。

超重（Overweight）：成人体重指数在25~29.9千克/米^2；儿童体重指数大于或等于相应年龄和性别预测值的95%。

苍白（Pallor）：肤色不自然地灰白或没有肤色。

触诊法（Palpation）：通过触摸特定解剖学部位的脉搏来测量心率。

心悸（Palpitations）：心脏跳动过快或过强。

被动拉伸（Passive Stretching）：当客户放松目标肌群时，由助手移动其身体部位。

计步器（Pedometer）：一种用来计算一天中所走步数的装置。

骨盆稳定（Pelvic Stabilization）：在进行腰背部拉伸肌运动时保持骨盆不动。

体脂百分比（Percent Body Fat，%BF）：脂肪组织质量与体重的比值；也称体脂含量。

最大心率百分比法（Percent Heart Rate Maximum，%HRmax）：以测得的或根据年龄预测的最大心率的百分比来规定运动强度的方法。

心率储备百分比法（Percent Heart Rate Reserve，%HRR）：规定运动强度等于心率储备（心率储备＝最大心率－静息心率）百分比与静息心率之和的方法；也称卡氏法。

摄氧量储备百分比法（Percent VO₂ Reserve，%VO₂R）：规定运动强度为摄氧量储备百分比（摄氧量储备＝最大摄氧量－静息摄氧量）与静息摄氧量之和的方法。

知觉调节运动测试（Perceptually Regulated Exercise Test，PRET）：分级运动测试的一种，运动负荷每3分钟递增一次，客户的自感用力度相当于博格自感用力度量表（6~20分）的9分、11分、13分、15分。当自感用力度外推至19和20分时，可通过线性回归法来估测摄氧量峰值。

心包炎（Pericarditis）：心包膜由创伤、感染、尿毒症或心脏病发作引起的炎症。

周期化（Periodization）：高级训练形式的一种，训练的运动量和运动强度有系统性的变化。

劝导技术（Persuasive Technology）：一种旨在改变一个人态度或行为的计算机系统、设备或应用程序。

光体积描记法（Photoplethysmography，PPG）：一种应用于脉搏血氧计和智能手表中的技术；通过利用光检测毛细血管床中的血容量和血流的变化来确定心率。

体力活动水平（Physical Activity Level，PAL）：总能量消耗与基础代谢率之比；PAL=TEE/BMR。

体适能（Physical Fitness）：在体力未透支的情况下进行工作、娱乐和日常活动的能力。

普拉提（Pilates）：由约瑟夫·普拉提（Joseph Pilates）引进的一种锻炼方法，融合了体操、瑜伽和武术等，以强调身体运动的精确性。

特定团体公式（Population-Specific Equations）：仅适用于特定同质群体中的个体的预测公式。

正能量平衡（Positive Energy Balance）：能量摄入大于能量消耗。

糖尿病前期（Prediabetes）：空腹血糖或糖化血红蛋白水平高于正常值，但低于糖尿病诊断阈值。

PR间期（PR Interval）：心电图描记的PR间期部分，表示房室结脉冲延迟。

渐进性原则（Progression Principle）：训练原则之一；运动训练过程中，必须逐步增加训练量、超负荷量，以刺激体适能进一步改善。

本体感觉神经肌肉促进（Proprioceptive Neuro-muscular Facilitation，PNF）：通过脊髓反射机制（如相互抑制）来增加关节活动度的拉伸模式。

假肢（Prosthesis）：身体缺失部分的人工替换物，如假肢或人工关节。

肺通气（Pulmonary Ventilation）：肺与外界环境之间的气体交换过程。

脉压（Pulse Pressure）：收缩压和舒张压之间的差。

P波（P Wave）：心电图中反映心房去极化的波段部分。

金字塔式（Pyramiding）：高级抗阻训练系统的一种，在第一组中施加的阻力相对较小，在随后的组中阻力逐步加大；负荷由轻到重的训练系统。

QRS波群（QRS Complex）：心电图的此部分反映了心室的去极化和收缩。

斜坡方案（Ramp Protocol）：一种个性化的分级运动测试，运动负荷频繁增加（每10~20秒增加一次），摄氧量线性增加。

关节活动度（Range of Motion，ROM）：关节可以活动的范围；反映人体的静态柔韧性。

自感用力度（Rating of Perceived Exertion，RPE）：一种用于衡量客户对运动强度的主观感受的尺度标准。

电抗（Reactance，X꜀）：对流经身体的电流受细胞膜电容的阻碍作用的量度；是阻抗的虚数部分。

反应平衡性（Reactive Balance）：在站立或行走时，从干扰中代偿并恢复平衡的能力。

交互抑制（Reciprocal Inhibition）：当主动肌随意收缩时，拮抗肌也随之收缩的相互抑制机制。

参考方法（Reference Method）：金标准或标准方法；通常是对用于验证其他测试的某一分量的直接量度。

最佳拟合回归线（Regression Line）：描述参考测量值和预测变量之间的关系的回归线。

体脂含量（Relative Body Fat，%BF）：以总体重百分比表示的脂肪量；也称体脂百分比。

相对力量（Relative Strength）：与体重或肌肉质量相关的肌肉力量；1RM/BM。

相对最大摄氧量（Relative VO₂max）：相对于体重［毫升/（千克·分）］或去脂体重［毫升/（千

克$_{FFM}$·分）] 的耗氧比率。

信度（Reliability）：体现测试的可靠性，以不同测试和是否随时间产生一致稳定的分数为衡量标准。

信度系数（Reliability Coefficient）：描述测试1和测试2得分或测试的第1天和第2天得分之间的关系。

重复最大力量（Repetition Maximum, RM）：用于衡量抗阻运动强度，表示完成规定重复次数的动作时可以举起的最大重量。

重复（Repetition）：某一特定运动的每组重复次数。

残差分数（Residual Score）：实际分数和预测分数之间的差值（y-y'）。

余气量（Residual Volume, RV）：最大限度地呼气后肺中剩余的气体量。

电阻（Resistance, R）：对流经身体的电流受到的直接阻力作用的度量；是阻抗的实数部分。

电阻指数（Resistance Index, ht^2/R）：一些BIA回归方程中的预测变量，用身高除以阻力来算得。

换气比值（Respiratory Exchange Ratio, RER）：呼出的二氧化碳与吸入的氧气的比值。

静息能量消耗（Resting Energy Expenditure, REE）：人体休息时维持基本生理过程所需的能量；静息代谢。

静息代谢率（Resting Metabolic Rate, RMR）：在放松、清醒和斜倚状态下维持基本生理过程所需的能量；静息能量消耗。

反向线性周期化（Reverse Linear Periodization, RLP）：一种力量训练方法，随着小循环之间训练量的增加，训练强度逐渐降低。

可逆性原则（Reversibility Principle）：训练原则之一；当一个人停训时，从训练中获得的生理益处会消失。

风湿性心脏病（Rheumatic Heart Disease）：心脏瓣膜因风湿热而受损的心脏疾病，由链球菌感染（链球菌性咽喉炎）引起。

类风湿性关节炎（Rheumatoid Arthritis）：关节的慢性疾病，对关节具有破坏性，特征是滑膜发炎、增厚和关节肿胀。

自感用力度钳夹方案（RPE-Clamped Protocol）：与自感用力度测试相似，客户调整运动负荷，以使运动的每一阶段都能产生相应的自感用力度反应；最后一个阶段需要使得运动负荷等于给定范围内自感用力度的最高级别（例如，0~10分自感用力度量表的10分，或0~20分自感用力度量表的20分）。

腹部矢状面直径（Sagittal Abdominal Diameter, SAD）：在肚脐高度对前后腹部厚度的量度。

肌少症（Sarcopenia）：与年龄相关的肌肉质量损失。

久坐行为（Sedentarism）：一种缺乏运动的生活方式，主要特征为坐着的时间过长。

自我决定理论（Self-Determination Theory）：描述特定心理需求的存在或不存在对个人行为产生的影响的理论。

自我效能感（Self-Efficacy）：个体对自己任务完成能力的感知及做出特定行为改变的信心。

自定步速式方案（Self-Paced Protocol）：一种自由的跑步机分级运动测试方案，客户定期调整（仅增大）速度和倾斜度，规定客户必须在8~12分钟内达到自己的意志力极限。

灵敏度（Sensitivity）：一项测试能够正确识别个体具有特定疾病风险因素的概率。

组（Set）：某种训练连续重复规定的次数即为一组；有单组和多组方案。

骨骼直径（Skeletal Diameter, D）：用于衡量骨骼宽度。

皮褶（Skinfold）：用于测量两层皮肤及其皮下脂肪的厚度。

社会认知模型（Social Cognitive Model）：行为改变的心理学理论；基于自我效能感和结果期望两个概念。

特异性（Specificity）：一项测试能够正确识别个体不具有特定疾病风险因素的概率。

特异性原则（Specificity Principle）：训练原则；对运动训练的生理和代谢反应以及适应性，是针对运动类型和所涉及的肌群而言的。

血压计（Sphygmomanometer）：手动测量血压的装置，由袖带和压力计组成。

动感单车（Spinning）：以集体为主导的运动，包括不同节奏和阻力的固定式自行车运动。

分段式方案（Split Routine）：高级抗阻训练系统的一种，连续几天针对不同的肌群进行训练，以避免因单个肌群训练过度而产生损伤。

短冲间歇训练（Sprint Interval Training，SIT）：高强度间歇训练的一种细分；基于短时（如30秒）冲刺和延时（如4分钟）休息或恢复间隔的重复组合。

1级高血压（Stage 1 Hypertension）：收缩压在130毫米汞柱~139毫米汞柱，或舒张压在80毫米汞柱~89毫米汞柱。

2级高血压（Stage 2 Hypertension）：收缩压≥140毫米汞柱，或舒张压≥90毫米汞柱。

改变的动机准备阶段模型（Stages of Motivational Readiness for Change Model）：行为改变的心理学理论之一；基于个体的情感和智力发展情况，评估其改变长期行为的能力；改变阶段分为思考前期阶段、思考阶段、准备阶段、行动阶段和维持阶段。

估计标准误差（Standard Error of Estimate，*SEE*）：可度量预测公式的误差；用于量化最佳拟合直线周围单个数据点的平均偏差程度。

静态平衡性（Static Balance）：在站立或坐下时将身体重心保持在支撑底面内的能力。

静态肌肉动作（Static Muscle Action）：没有明显关节活动的肌肉收缩类型；等长收缩。

静态柔韧性（Static Flexibility）：用于衡量关节活动的总范围。

静态拉伸（Static Stretching）：运动模式之一，通过把关节放在活动度的末端，慢慢地向肌肉施加力，使其进一步拉伸，来增加关节活动度。

斜坡自行车方案（Steep Ramp Cycling Protocol，SRP）：极量自行车方案的一种，运动负荷每10秒递增一次；阶段增量的大小视骑手的身高而定。

应力松弛（Stress Relaxation）：在静态拉伸过程中，应力松弛使肌肉肌腱单元内的张力减小。

拉伸耐受力（Stretch Tolerance）：指在感到疼痛之前，个体可耐受的拉伸目标肌肉的阻力大小。

卒中（Stroke）：由动脉瘤、血凝块或其他颗粒等引起的脑部血管破裂或血流阻塞所致的疾病。

ST段（ST Segment）：心电图中反映心室复极化的部分；用于检测冠状动脉阻塞和心肌梗死。

皮下脂肪组织（Subcutaneous Adipose Tissue，SAT）：位于皮肤下方和肌肉上方的脂肪。

亚极量运动测试（Submaximal Exercise Test）：分级运动测试类型之一，当达到预先设定的次最大心率或运动负荷时，测试终止；用于估计最大摄氧量。

超级循环抗阻训练（Super Circuit Resistance Training）：循环抗阻训练类型之一；在每个抗阻训练站点之间穿插一个持续时间较短的有氧运动。

超级组（Supersetting）：高级抗阻训练系统之一；在该系统中，拮抗肌与主动肌连续运动，无须休息。

晕厥（Syncope）：由于大脑缺氧而导致短暂的意识丧失。

收缩压（Systolic Blood Pressure，SBP）：心脏收缩时动脉受到的最大压力。

心动过速（Tachycardia）：静息心率大于100次/分。

对话测试（Talk Test）：根据运动强度与肺通气量的关系，监测运动强度；测量测试对象在运动时进行舒适交谈的能力。

皮重（Tare Weight）：用于水下称重的椅子或平台及其支撑器材的重量。

端粒（Telomeres）：决定染色体结构和功能的重复DNA序列。

终端数字偏差（Terminal Digit Bias）：医护人员倾向于将血压值四舍五入到最接近的0或5毫米汞柱而引起的偏差。

计划行为理论（Theory of Planned Behavior）：理性行为理论的延伸，考虑了个人对行为控制的感知。

理性行为理论（Theory of Reasoned Action）：理解和预测个人行为的方法；认为目的是行为最重要的决定性因素。

胸内气体容量（Thoracic Gas Volume，TGV）：肺部和胸部的气体量。

血栓（Thrombus）：血液中附在动脉或静脉内壁的细胞成分，有时会阻塞血管中的血液流动。

甲状腺毒症（Thyrotoxicosis）：甲状腺激素含量超过正常水平；也被称为格雷夫斯病或甲状腺功能亢进。

强直性振动反射（Tonic Vibration Reflex）：用振动负荷刺激肌梭和α运动神经元产生的反射。

总胆固醇（Total Cholesterol，TC）：血液中胆固醇的绝对含量。

总能量消耗（Total Energy Expenditure，TEE）：静息能量消耗、饮食产热和体力活动的能量消耗总和。

总能量消耗方法（Total Energy Expenditure Method）：用于确定用双标记水测量法或由预测方程计算而得的能量消耗。

总误差（Total Error，*TE*）：体现交叉验证样本的各个数据点围绕恒等线的平均偏差程度。

训练量（Training Volume）：单个肌群在相应训练强度、训练频率下进行多组或多项训练的训练总量。

经颅磁刺激（Transcranial Magnetic Stimulation，TMS）：用于研究中枢神经系统对力量训练的适应性的方法。

抗阻训练的转录组特征（Transcriptome Signature of Resistance Exercise）：人体中能受到抗阻训练影响的基因，共约660个。

跨理论模型（Transtheoretical Model）：描述客户改变健身行为过程的模型。

跑步机运动（Treading）：一种以集体为主导的间歇训练，包括步行、慢跑和在跑步机上以不同速度和倾斜度跑步，组间穿插有休息时间。

三轴关节（Triaxial Joint）：能够进行三维移动的关节类型；球窝关节。

三组式（Tri-Sets）：高级的抗阻训练系统之一，同一肌群连续进行三种不同的运动，运动之间很少或不休息。

T波（T Wave）：心电图的这一部分对应心室复极。

双成分模型（Two-Component Model）：身体成分模型的一种，将身体成分分为脂肪和无脂肪两种。

A类运动（Type A Activity）：体适能水平要求较低，动作难度小的耐力运动（如散步）。

B类运动（Type B Activity）：体适能水平要求适中，动作难度小的耐力运动（如慢跑）。

C类运动（Type C Activity）：对体适能和动作技巧都有一定要求的运动（如游泳）。

D类运动（Type D Activity）：可以提高体适能水平的娱乐性体力活动（如篮球）。

1型糖尿病（Type 1 Diabetes）：胰岛素依赖型糖尿病，由胰腺胰岛素分泌不足引起。

2型糖尿病（Type 2 Diabetes）：非胰岛素依赖型糖尿病，由胰岛素受体敏感性降低引起。

超声（Ultrasound）：一种非穿刺性的皮褶厚度法替代方案，用于评估特定部位的皮下脂肪；根据手持探头（手持棒）发送和接收的声音频率来确定组织边界，从而确定特定部位各种组织的深度（例如，从皮肤基底层开始，测量皮下脂肪组织层的厚度，再从底层的骨骼肌开始测量）；相关计算机软件也可以精确计算并显示组织厚度。

袖带缠臂过紧（Undercuffing）：血压计袖带长度相对于臂围长度过短，缠臂时过紧，导致测得的血压值偏高。

体重不足（Underweight）：体重指数低于18.5千克/米^2。

波状周期化（Undulating Periodization，UP）：每周甚至每天改变训练强度和训练量的力量训练方法。

单轴关节（Uniaxial Joint）：只能在一个平面上移动的关节；包括屈戌关节和车轴关节。

上半身肥胖（Upper Body Obesity）：一种肥胖类型，通常只上半身脂肪过多；机器人形肥胖；苹果形身材。

尿毒症（Uremia）：血液中的尿素和其他氮废物过量，与肾衰竭有关。

效度（Validity）：体现一项测试的有效性；准确性越高，误差越小，则效度越高。

效度系数（Validity Coefficient）：体现参考测量值和预测值的相关性。

瓣膜性心脏病（Valvular Heart Disease）：以血流阻塞、瓣膜变性、瓣膜狭窄和血液反流为特征的先天性心脏瓣膜疾病。

可变抗阻运动（Variable-Resistance Exercise）：在关节活动度内由杠杆、滑轮和凸轮引起的阻力变化的运动类型。

通气阈（Ventilatory Threshold）：肺通气量相对于运动强度和耗氧率呈指数级增长的拐点。

心室异位（Ventricular Ectopy）：室性期前收缩（节律失调）。

心室颤动（Ventricular Fibrillation）：以快速、不协调和不同步心室收缩为特征的心律失常，会导致心脏泵血停止。

验证实验（Verification Bout）：在一个恒定的运动负荷下进行，约比极量斜坡分级运动测试中的最高负荷高10%；用于证实在极量分级运动测试未达到高原期耗氧量标准时，人体所能达到的最大摄氧量水平。

眩晕（Vertigo）：无法保持站立或就座时的正常平衡。

极低密度脂蛋白（Very Low-Density Lipoprotein，VLDL）：用于运输甘油三酯的脂蛋白，源于肝脏。

内脏脂肪组织（Visceral Adipose Tissue，VAT）：位于内脏器官周围的脂肪。

黏弹性蠕变（Viscoelastic Creep）：在恒定扭矩拉伸过程中，由于肌肉肌腱单元伸长，关节角度略有增加。

黏弹性（Viscoelastic Property）：拉伸过程中施力时，由于肌肉肌腱单元的弹性和黏弹性形变而引起的肌肉肌腱单元内的张力增加。

黏性形变（Viscous Deformation）：肌肉肌腱单元形变，与拉伸过程中施加张力的速度成正比。

运动量（Volume of Exercise）：由运动频率、运动强度和运动持续时间等决定。

最大摄氧量（VO₂max）：运动期间肌肉的最大氧气利用率。

摄氧量峰值（VO₂ peak）：用于衡量运动测试期间的最高耗氧率，无论是否达到高原期。

摄氧量储备（VO₂reserve，VO₂R）：最大摄氧量与静息摄氧量之间的差值。

腰围身高比（Waist-to-Height Ratio，WHTR）：腰围除以身高；用于衡量个体腹部是否肥胖。

腰臀比（Waist-to-Hip Ratio，WHR）：腰围除以臀围；用于衡量个体是否存在腹部或上半身肥胖。

可穿戴设备（Wearable Technology）：数据收集或监控设备，可在运动时佩戴（例如，心率监测器、计步器、加速度计）；这些设备不会限制人体运动，有助于人们了解运动和日常活动时的生理反应。

白大衣效应（White Coat Effect）：尽管降压药服用状况正常，在诊室由医生测量时，血压急性升高；而在其他环境下测量时，血压正常。

白大衣性高血压（White Coat Hypertension）：白大衣性高血压患者血压正常，且无须服用任何降血压药物，但当由医务人员测量血压时，血压偏高。

全身振动训练（Whole-Body Vibration Training）：使用全身振动器材进行训练，以增加力量、平衡性和骨骼完整性。

参考文献

Aagaard, P., Andersen, J.L., Bennekou, M., Larsson, B., Olesen, J.L., Crameri, R., Magnusson, S.P., and Kjaer, M. 2011. Effects of resistance training on endurance capacity and muscle fiber composition in young top-level cyclists. *Scandinavian Journal of Medicine and Science in Sports* 21(6): e298–e307.

Abercromby, A.F.J., Amonette, W.E., Layne, C.S., McFarlin, B.K., Hinman, M.R., and Paloski, W.H. 2007. Vibration exposure and biodynamic responses during whole-body vibration training. *Medicine & Science in Sports & Exercise* 39: 1794–1800.

Abraham, P., Noury-Desvaux, B., Gernigon, M., Mahe, G., Sauvaget, T., Leftheriotis, G., and LeFaucheur, A. 2012. The interand intraunit variability of a low-cost GPS data logger/ receiver to study human outdoor walking in view of health and clinical studies. *PLoS One* 7: e31338.

Abraham, W.M. 1977. Factors in delayed muscle soreness. *Medicine and Science in Sports* 9: 11–20.

Adams, J., Mottola, M., Bagnall, K.M., and McFadden, K.D. 1982. Total body fat content in a group of professional football players. *Canadian Journal of Applied Sport Sciences* 7: 36–44.

Ades, P.A., Savage, P.D., Marney, A.M., Harvey, J., and Evans, K.A. 2015. Remission of recently diagnosed type 2 diabetes mellitus with weight loss and exercise. *Journal of Cardiopulmonary Rehabilitation Prevention* 35: 193–197.

Ahlback, S.O., and Lindahl, O. 1964. Sagittal mobility of the hip-joint. *Acta Orthopaedica Scandinavica* 34: 310–313.

Ahluwalia, N., Dalmasso, P., Rasmussen, M., Lipsky, L., Currie, C., Haug, E., Kelly, C., Damsgaard, M.T., Due, P., Tabak, I., Ercan, O., Maes, L., Aasvee, K., and Cavallo, F. 2015. Trends in overweight prevalence among 11-, 13- and 15-year-olds in 25 countries in Europe, Canada and USA from 2002 to 2010. *European Journal of Public Health* 25(Suppl. 2): 28–32.

Ainsworth, B.E., Haskell, W.L., Whitt, M.C., Irwin, M.L., Swartz, A.M., Strath, S.J., O'Brien, W.L., Bassett, D.R. Jr., Schmitz, K.H., Emplaincourt, P.O., Jacobs, D.R., and Leon, A.S. 2000. Compendium of physical activities: An update of activity codes and MET intensities. *Medicine & Science in Sports & Exercise* 32(Suppl.): S498–S516.

Akuthota, V., Ferreiro, A., Moore, T., and Fredericson, M. 2008. Core stability exercise principles. *Current Sports Medicine Reports* 7: 39–44.

Albasini, A., Krause, M., and Rembitzki, I. 2010. *Using WBV therapy in physical therapy and sport*. London: Churchill Livingstone.

Alberti, K.G., Eckel, R.H., Grundy, S.M., Zimmet, P.Z., Cleeman, J.I., Donato, K.A., Fruchart, J-C., James, W.P., Loria, C.M., and Smith, S.C. Jr. 2009. Harmonizing the metabolic syndrome: A joint interim statement of the International Diabetes Federation Task Force on Epidemiology and Prevention; National Heart, Lung, and Blood Institute; American Heart Association; World Heart Federation; International Atherosclerosis Society; and International Association for the Study of Obesity. *Circulation* 120: 1640–1645.

Alcaraz, A.B., Perez-Gomez, J., Chavarrias, M., and Blazevich, A.J. 2011. Similarity in adaptations to high-resistance circuit vs. traditional strength training in resistance-trained men. *Journal of Strength and Conditioning Research* 25: 2519–2527.

Allen, L., Williams, J., Townsend, N., Mikkelsen, B., Roberts, N., Foster, C., and Wickramasinghe, K. 2017. Socioeconomic status and non-communicable disease behavioural risk factors in low-income and lower-middle-income countries: A systematic review. *Lancet Global Health 2017* 5: e277–e289.

Allison, M.K., Baglole, J.H., Martin, B.J., Macinnis, M.J., Gurd, B.J., and Gibala, M.J. 2017. Brief intense stair climbing improves cardiorespiratory fitness. *Medicine & Science in Sports & Exercise* 49: 298–307.

Allison, K.F., Keenan, K.A., Sell, T.C., Abt, J.P., Nagai, T., Deluzio, J., McGrail, M., and Lephart, S.M. 2015. Musculoskeletal, biomechanical, and physiological gender differences in the U.S. military. *U.S. Army Medical Department Journal* April–June: 22–32.

Al Kandari, J.R., Mohammad, S., Al-Hashem, R., Telahoun, G., and Barac-Nieto, M. 2016. Practical use of stairs to assess fitness, prescribe and perform physical activity training. *Health* 8: 1402–1410.

Almoallim, H., Alwafi, S., Albazli, K., Alotaibi, M., and Bazuhair, T. 2014. A simple approach of low back pain. *International Journal of Clinical Medicine* 5: 1087–1098.

Almuzaini, K.S., and Fleck, S.J. 2008. Modification of the standing long jump test enhances ability to predict anaerobic performance. *Journal of Strength and Conditioning Research* 22: 1265–1272.

Alter, M.J. 2004. *Science of flexibility*, 3rd ed. Champaign, IL: Human Kinetics.

Alves, A.R., Marta, C.C., Neiva, H.P., Izquierdo, M., and Marques, M.C. 2016. Does intrasession concurrent strength and aerobic training order influence training-induced explosive strength and VO$_2$max in prepubescent children? *Journal of Strength and Conditioning Research* 30: 3267–3277.

Alway, S.E., Grumbt, W.H., Gonyea, W.J., and Stray-Gundersen, J. 1989. Contrasts in muscle and myofibers of elite male and female bodybuilders. *Journal of Applied Physiology* 67: 24–31.

Amaral, T.F., Restivo, M.T., Guerra, R.S., Marques, E., Chousal, M.F., and Mota, J. 2011. Accuracy of a digital skinfold system for measuring skinfold thickness and estimating body fat. *British Journal of Nutrition* 105: 478–484.

American Alliance for Health, Physical Education, Recreation and Dance. 1988. *The AAHPERD physical best program*. Reston, VA: Author.

American Cancer Society. 2017. ACS guidelines for nutrition and physical activity.

American College of Sports Medicine. 2004. NCCA accreditation. *ACSM's Certified News* 14(3): 1.

American College of Sports Medicine. 2006. *ACSM's guidelines for exercise testing and prescription*, 7th ed. Philadelphia: Lippincott Williams & Wilkins.

American College of Sports Medicine. 2009. Appropriate physical activity intervention strategies for weight loss and prevention of weight regain for adults. *Medicine & Science in Sports & Exercise* 41: 459–471.

American College of Sports Medicine. 2014. *ACSM's guidelines for exercise testing and prescription*, 9th ed. Philadelphia: Lippincott Williams & Wilkins.

American College of Sports Medicine. 2018. *ACSM's guidelines for exercise testing and prescription*, 10th ed. Philadelphia: Lippincott Williams & Wilkins.

American Council on Exercise. 1997. Absolute certainty: Do abdominal trainers work any better than the average crunch? *ACE Fitness Matters* 3(2): 1–2.

American Diabetes Association. 2017. *Statistics about diabetes*.

American Dietetic Association. 2000. Position of the American Dietetic Association, Dietitians of Canada, and the American College of Sports Medicine: Nutrition and athletic performance. *Journal of American Dietetic Association* 100: 1543–1556.

American Dietetic Association. 2003. *Let the evidence speak: Indirect calorimetry and weight management guides*. Chicago: Author.

American Fitness Professionals and Associates. 2004. AFPA news flash: What is the National Board of Fitness Examiners (NBFE) and how does it work?

American Heart Association. 2001. *International cardiovascular disease statistics*. Dallas: Author.

American Heart Association. 2004. *Heart disease and stroke statistics—2004 update*. Dallas: Author.

American Heart Association. 2012. Heart disease and stroke statistics 2012 update: A report from the American Heart Association Statistics Committee and Stroke Statistics Subcommittee. *Circulation* 125: e2–e220.

American Heart Association. 2017. Heart disease and stroke statistics 2017 update. *Circulation* 135.

American Medical Association. 1988. *Guides to the evaluation of permanent impairment*, 3rd ed. Chicago, IL: Author.

American Society of Exercise Physiologists. 2018. Standards of practice.

American Society of Hand Therapists. 1992. *Clinical assessment recommendations*, 2nd ed. Chicago, IL: Author.

Aminian-Far, A., Hadian, M.R., Olyaei, G., Talebian, S., and Bakhtiary, A.H. 2011. Wholebody vibration and the prevention and treatment of delayedonset muscle soreness. *Journal of Athletic Training* 46: 43–49.

Andersen, J.L., and Aagaard, P. 2000. Myosin heavy chain IIX overshooting in human skeletal muscle. *Muscle and Nerve* 23: 1095–1104.

Andersen, J.L., and Aagaard, P. 2010. Effects of strength training on muscle fiber types and size: Consequences for athletes training for high-intensity sport. *Scandinavian Journal of Medicine and Science in Sports* 20(Suppl. 2): S32–S38.

Anderson, G.S. 1992. The 1600 m and multistage 20 m shuttle run as predictive tests of aerobic capacity in children. *Pediatric Exercise Science* 4: 312–318.

Anderson, L.J., Erceg, D.N., and Schroeder, E.T. 2012. Utility of multifrequency bioelectrical impedance compared with dualenergy X-ray absorptiometry for assessment of total and regional body composition varies between men and women. *Nutrition Research* 32: 479–485.

Andres, S., Ziegenhagen, R., Trefflich, I., Pevny, S., Schultrich, K., Braun, H., Schänzer, W., Hirsch-Ernst, K.I., Schäfer, B., and Lampen, A. 2017. Creatine and creatine forms intended for sports nutrition. *Molecular Nutrition and Food Research* 61(6): article 1600772.

Andrews, A.W., Thomas, M.W., and Bohannon, R.W. 1996. Normative values for isometric muscle force measurements obtained with hand-held dynamometers. *Physical Therapy* 76: 248–259.

Androutsos, O., Gerasimidis, K., Karanikolou, A., Reilly, J.J., and Edwards, C.A. 2015. Impact of eating and drinking on body composition measurements by bioelectrical impedance. *Journal of Human Nutrition and Dietetics* 28: 165–171.

Ansai, J.H., Aurichio, T.R., Goncalves, R., and Rebelatto, J.R. 2016. Effects of two physical exercise protocols on physical performance related to falls in the oldest old: A randomized controlled trial. *Geriatrics and Gerontology International* 16: 492–499.

Antoine-Jonville, S., Sinnapah, S., and Hue, O. 2012. Relationship between body mass index and body composition in adolescents of Asian Indian origin and their peers. *European Journal of Public Health* 22: 887–889.

Antonio, J., and Gonyea, W.J. 1993. Skeletal muscle fiber hyperplasia. *Medicine & Science in Sports & Exercise* 25: 1333–1345.

Aragon, A.A., Schoenfeld, B.J., Wildman, R., Kleiner, S., VanDusseldorp, T., Taylor, L., Earnest, C.P., Arciero, P.J., Wilborn, C., Kalman, D.S., Stout, J.R., Willoughby, D.S., Campbell, B., Arent, S.M., Bannock, L., Smith-Ryan, A.E., and Antonio, J.

2017. International society of sports nutrition position stand: Diets and body composition. *Journal of the International Society of Sports Nutrition* 14: 16.

Ardern, C.I., Katzmarzyk, P.T., and Ross, R. 2003. Discrimination of health risk by combined body mass index and waist circumference. *Obesity Research* 11: 135–142.

Arem, H., Moore, S.C., Patel, A., Hartge, P., Berrington de Gonzalez, A., Visvanathan, K., Campbell, P.T., Freeman, M., Weiderpass, E., Adami, H.O., Linet, M.S., Lee, I–M., and Matthews, C.E. 2015. Leisure time physical activity and mortality: A detailed pooled analysis of the dose–response relationship. *JAMA Internal Medicine* 175: 959–967.

Arena, S.K., Simon, L., and Peterson, E.L. 2016. Aneroid blood pressure manometer calibration rates in physical therapy curricula: A descriptive study. *Cardiopulmonary Physical Therapy Journal* 27: 56–61.

Armstrong, R.B. 1984. Mechanisms of exercise–induced delayed onset muscular soreness: A brief review. *Medicine & Science in Sports & Exercise* 16: 529–538.

Artero, E.G., Espada–Fuentes, J.C., Arguelles–Cienfuegos, J., Roman, A., Gomez–Lopez, P.J., and Gutierrez, A. 2012. Effects of whole–body vibration and resistance training on knee extensors muscular performance. *European Journal of Applied Physiology* 112: 1371–1378.

Artero, E.G., España–Romero, V., Castro–Piñero, J., Ruiz, J.R., Jiménez–Pavón, D., Aparicio, V., Gatto–Cardia, M., Baena, P., Vicente–Rodríguez, G., Castillo, M.J., and Ortega, F.B. 2012. Criterion–related validity of field–based muscular fitness tests in youth. *Journal of Sports Medicine and Physical Fitness* 52(3): 263–272.

Asayama, K., Ohkubo, T., Hoshide, S., Kario, K., Ohya, Y., Rakugi, H., and Umemura, S., on behalf of the Japanese Society of Hypertension Working Group on Mercury Sphygmomanometer and Minamata Convention on Mercury. 2016. From mercury sphygmomanometer to electric device on blood pressure measurement: Correspondence of Minamata Convention on Mercury. *Hypertension Research* 39: 179–182.

Ashford, S., Edmunds, J., and French, D.P. 2010. What is the best way to change self–efficacy to promote lifestyle and recreational physical activity? A systematic review with meta–analysis. *British Journal of Health Psychology* 15: 265–280.

Ashwell, M., Gunn, P., and Gibson, S. 2011. Waist–to–height ratio is a better screening tool than waist circumference and BMI for adult cardiometabolic risk factors: Systematic review and meta–analysis. *Obesity Reviews.*

Ashwell, M., and Hsieh, S.D. 2005. Six reasons why the waist–to–height ratio is a rapid and effective global indicator for health risks of obesity and how its use could simplify the international public health message on obesity. *International Journal of Food Sciences and Nutrition* 56: 303–307.

Ashwell, M., Mayhew, L., Richardson, J., and Rickayzen, B. 2014. Waist–to–height ratio is more predictive of years of life lost than body mass index. *PLoS One* 9(9): e103483.

Ashwell, M., McCall, S.A., Cole, T.J., and Dixon, A.K. 1985. Fat distribution and its metabolic complications: Interpretations. In *Human body composition and fat distribution,* ed. N.G. Norgan, 227–242. Wageningen, Netherlands: Euronut.

Åstrand, I. 1960. Aerobic capacity in men and women with special reference to age. *Acta Physiologica Scandinavica* 49(Suppl. 169): S1–S92.

Åstrand, P.O. 1956. Human physical fitness with special reference to age and sex. *Physiological Reviews* 36: 307–335.

Åstrand, P.O. 1965. *Work tests with the bicycle ergometer.* Varberg, Sweden: AB Cykelfabriken Monark.

Åstrand, P.O., and Rodahl, K. 1977. *Textbook of work physiology.* New York: McGraw–Hill.

Åstrand, P.O., and Ryhming, I. 1954. A nomogram for calculation of aerobic capacity (physical fitness) from pulse rate during submaximal work. *Journal of Applied Physiology* 7: 218–221.

Atterhog, J.H., Jonsson, B., and Samuelsson, R. 1979. Exercise testing: A prospective study of complication rates. *American Heart Journal* 98: 572–580.

Aune, K.T., and Powers, J.M. 2017. Injuries in an extreme conditioning program. *Sports Health* 9: 52–58.

Avila, J.J., Gutierres, J.A., Sheehy, M.E., Lofgren, I.E., and Delmonico, M.J. 2010. Effect of moderate intensity resistance training during weight loss on body composition and physical performance in overweight older adults. *European Journal of Applied Physiology* 109: 517–525.

Axler, C.T., and McGill, S.M. 1997. Low back loads over a variety of abdominal exercises: Searching for the safest abdominal challenge. *Medicine & Science in Sports & Exercise* 29: 804–810.

Azevedo, L.F., Perlingeiro, P.S., Brum, P.C., Braga, A.M.W., Negrao, C.E., and de Matos, L.D.N.J. 2011. Exercise intensity optimization for men with high cardiorespiratory fitness. *Journal of Sports Sciences* 29: 555–561.

Bacon, A.P., Carter, R.E., Ogle, E.A., and Joyner, M.J. 2013. VO$_2$max trainability and high intensity interval training in humans: A meta–analysis. *PLoS One* 8(9): e73182.

Baechle, T.R., Earle, R.W., and Wathen, D. 2000. Resistance training. In *Essentials of strength training and conditioning,* ed. T.R. Baechle and R.W. Earle. Champaign, IL: Human Kinetics.

Bahk, J., and Khang, Y–H. 2016. Trends in measures of childhood obesity in Korea from 1998 to 2012. *Journal of Epidemiology* 26: 199–207.

Bahr, R., Ingnes, I., Vaage, O., Sjersted, O.M., and Newsholme, E.A. 1987. Effect of duration of exercise on excess post–exercise O2 consumption. *Journal of Applied Physiology* 62: 485–490.

Bai, Y., Welk, G.J., Nam, Y.H., Lee, J.A., Lee, J–M.,

Kin, Y., Meier, N.F., and Dixon, P.M. 2016. Comparison of consumer and research monitors under semistructured settings. *Medicine & Science in Sports & Exercise* 48(1): 151–158.

Bailey, B.W., and McInnis, K. 2011. Energy cost of exergaming: A comparison of the energy cost of 6 forms of exergaming. *Archives of Pediatric and Adolescent Medicine* 165: 597–602.

Baker, D., Wilson, G., and Carlyon, R. 1994. Periodization: The effect on strength of manipulating volume and intensity. *Journal of Strength and Conditioning Research* 8: 235–242.

Balachandran, A., Martins, M.M., De Faveri, F.G., Alan, O., Cetinkaya, F., and Signorile, J.F. 2016. Functional strength training: Seated machine vs standing cable training to improve physical function in elderly. *Experimental Geron-tology* 82: 131–138.

Balady, G.J., Arena, R., Sietsema, K., Myers, J., Coke, L., Fletcher, G.F., Forman, D., Franklin, B., Guazzi, M., Gulati, M., Keteyian, S.J., Lavie, C.J., Macko, R., Mancini, D., and Milani, R.V. 2010. Clinician's guide to cardiopulmonary exercise testing in adults: A scientific statement from the American Heart Association. *Circulation* 122: 191–225.

Balke, B. 1963. A simple field test for the assessment of physical fitness. *Civil Aeromedical Research Institute Report,* 63–18. Oklahoma City: Federal Aviation Agency.

Balke, B., and Ware, R. 1959. An experimental study of physical fitness of Air Force personnel. *US Armed Forces Medical Journal* 10: 675–688.

Ball, T.E., and Rose, K.S. 1991. A field test for predicting maximum bench press lift of college women. *Journal of Applied Sport Science Research* 5: 169–170.

Ballor, D.L., and Keesey, R.E. 1991. A meta-analysis of the factors affecting exercise-induced changes in body mass, fat mass, and fat-free mass in males and females. *International Journal of Obesity* 15: 717–726.

Balsamo, S., Tibana, R.A., Nascimento, D., de Farias, G.L., Petruccelli, Z., de Santana, F., Martins, O.V., de Aguiar, F., Pereira, G.B., de Souza, J.C., and Prestes, J. 2012. Exercise order affects the total training volume and the ratings of perceived exertion in response to a superset resistance training session. *International Journal of General Medicine* 5: 123–127.

Bandura, A. 1982. Self-efficacy mechanism in human agency. *American Psychologist* 37: 122–147.

Bankoski, A., Chen, K.Y., Harris, T.B., Berrigan, D., McClain, J.J., Troiano, R.P., Brychta, R.J., Koster, A., and Caserotti, P. 2011. Sedentary activity associated with metabolic syndrome independent of physical activity. *Diabetes Care* 34: 497–503.

Baranauskas, M.N., Johnson, K.E., Juvancic-Heltzel, J.A., Kappler, R.M., Richardson, L., Jamieson, S., and Otterstetter, R. 2017. Seven-site versus three-site method of body composition using BodyMetrix ultrasound compared to dualenergy X-ray absorptiometry. *Clinical Physiology and Functional Imaging* 37: 317–321.

Barbieri, E., Agostini, D., Polidori, E., Potenza, L.,

Guescini, M., Lucertini, F., Annibalini, G., Stocchi, L., DeSanti, M., and Stocchi, B. 2015. The pleiotropic effect of physical exercise on mitochondrial dynamics in aging skeletal muscle. *Oxidative Medicine and Cellular Longevity.*

Barbosa, T.M., Marinho, D.A., Reis, V.M., Silva, A.J., and Bragada, J.A. 2009. Physiological assessment of heat-out aquatic exercises in healthy subjects: A qualitative review. *Journal of Sports Science and Medicine* 8: 179–189.

Bergamin, M., Zanuso, S., Alvar, B.A., Ermolao, A., and Zaccaria, M. 2012. Is water-based exercise training sufficient to improve physical fitness in the elderly? *European Review of Aging and Physical Activity* 9: 129–141.

Barker, A.R., Williams, C.A., Jones, A.M., and Armstrong, N. 2011. Establishing maximal oxygen uptake in young people during a ramp cycle test to exhaustion. *British Journal of Sports Medicine* 45: 498–503.

Barnes, J.N. 2015. Exercise, cognitive function, and aging. *Advances in Physiology Education* 39: 55–62.

Barry, G., van Schaik, P., MacSween, A., Dixon, J., and Martin, D. 2016. Exergaming (XBOX Kinect™) versus traditional gym-based exercise for postural control, flow and technology acceptance in healthy adults: A randomised controlled trial. *BMC Sports Science, Medicine and Rehabilitation* 8: 25.

Bartlett, J.D., Close, G.L., Maclaren, D.P.M., Gregson, W., Drust, B., and Morton, J.P. 2011. High-intensity interval running is perceived to be more enjoyable than moderate-intensity continuous exercise: Implications for exercise adherence. *Journal of Sports Sciences* 29: 547–553.

Barquera, S., Pedroza-Tobias, A., Medina, C., Hernandez-Barrera, L., Bibbins-Domingo, K., Lozano, R., and Moran, A.E. 2015. Global overview of the epidemiology of atherosclerotic cardiovascular disease. *Archives of Medical Research* 46: 328–338.

Baumert, P., Lake, M.J., Stewart, C.E., Drust, B., and Erskine, R.M. 2016. Genetic variation and exercise-induced muscle damage: Implications for athletic performance, injury and ageing. *European Journal of Applied Physiology* 116: 1595–1625.

Baumgartner, R.N., Heymsfield, S.B., and Roche, A.F. 1995. Human body composition and the epidemiology of chronic disease. *Obesity Research* 3: 73–95.

Baumgartner, R.N., Heymsfield, S.B., Lichtman, S., Wang, J., and Pierson, R.N. 1991. Body composition in elderly people: Effect of criterion estimates on predictive equations. *American Journal of Clinical Nutrition* 53: 1–9.

Baumgartner, T.A. 1978. Modified pull-up test. *Research Quarterly* 49: 80–84.

Baumgartner, T.A., and Jackson, A.S. 1975. *Measurement for evaluation in physical education.* Boston: Houghton Mifflin.

Baumgartner, T.A., East, W.B., Frye, P.A., Hensley, L.D., Knox, D.F., and Norton, C.J. 1984. Equipment improvements and additional norms for the modified pull–up test. *Research Quarterly for Exercise and Sport* 55: 64–68.

Baun, W.B., Baun, M.R., and Raven, P.B. 1981. A nomogram for the estimate of percent body fat from generalized equations. *Research Quarterly for Exercise and Sport* 52: 380–384.

Baxter, C., McNaughton, L.R., Sparks, A., Norton, L., and Bentley, D. 2017. Impact of stretching on the performance and injury risk of long–distance runners. *Research in Sports Medicine* 25: 78–90.

Bazzocchi, A., Filonzi, G., Ponti, F., Albisinni, U., Guglielmi, F., and Battista, G. 2016. Ultrasound: Which role in body composition? *European Journal of Radiology* 85: 1469–1480.

Bazzocchi, A., Ponti, F., Albisinni, U., Battista, G., and Guglielmi, G. 2016. DXA: Technical aspects and application. *European Journal of Radiology* 85: 1481–1492.

Beardsley, C., and Contreras, B. 2014. The role of kettlebells in strength and conditioning: A review of the literature. *Strength and Conditioning Journal* 36(3): 64–70.

Beaulieu, J.E. 1980. *Stretching for all sports*. Pasadena, CA: Athletic Press.

Beenakker, E.A.C., van der Hoeven, J.H., Fock, J.M., and Maurits, N.M. 2001. Reference values of maximum isometric muscle force obtained in 270 children aged 4–16 years by hand–held dynamometry. *Neuromuscular Disorders* 11: 441–446.

Behm, D.G., Bambury, A., Farrell, C., and Power, K. 2004. Effect of acute static stretching on force, balance, reaction time and movement time. *Medicine & Science in Sports & Exercise* 36: 1397–1402.

Behm, D.G., Blazevich, A.J., Kay, A.D., and McHugh, M. 2016. Acute effects of muscle stretching on physical performance, range of motion, and injury incidence in healthy active individuals: A systematic review. *Applied Physiology, Nutrition, and Metabolism* 41: 1–11.

Behm, D.G., Drinkwater, E.J., Willardson, J.M., and Cowley, P.M. 2010a. The use of instability to train the core musculature. *Applied Physiology, Nutrition and Metabolism* 35: 91–108.

Behm, D.G., Drinkwater, E.J., Willardson, J.M., and Cowley, P.M. 2010b. Canadian Society for Exercise Physiology position stand: The use of instability to train the core in athletic and nonathletic conditioning. *Applied Physiology, Nutrition and Metabolism* 35: 109–112.

Behm, D.G., Faigenbaum, A.D., Falk, B., and Klentrou, P. 2008. Canadian Society for Exercise Physiology position paper: Resistance training in children and adolescents. *Applied Physiology, Nutrition, and Metabolism* 33: 547–561.

Behm, D.G., Young, J.D., Whitten, J.H.D., Reid, J.C., Quigley, P.J., Low, J., Li, Y., Lima, C.D., Hodgson, D.D., Chaouachi, A., Prieske, O., and Granacher, U. 2017. Effectiveness of traditional strength vs. power training on muscle strength, power and speed with youth: A systematic review and meta–analysis.

Frontiers in Physiology 8: 423.

Behnke, A.R. 1961. Quantitative assessment of body build. *Journal of Applied Physiology* 16: 960–968.

Behnke, A.R., and Wilmore, J.H. 1974. *Evaluation and regulation of body build and composition*. Englewood Cliffs, NJ: Prentice Hall.

Beime, B., Deutsch, C., Gomez, T., Zwingers, T., Mengden, T., and Bramlage, P. 2016. Validation protocols for blood pressure–measuring devices: Status quo and development needs. *Blood Pressure Monitoring* 21: 1–8.

Bell, D.R., Guskiewicz, K.M., Clark, M.A., and Padua, D.A. 2011. Systematic review of the balance error scoring system. *Sports Health* 3: 287–295.

Beltz, N.M., Gibson, A.L., Janot, J.M., Kravitz, L., Mermier, C.M., and Dalleck, L.C. 2016. Graded exercise testing protocols for the determination of VO_2max: Historical perspectives, progress, and future considerations. *Journal of Sports Medicine* 2016:article 3968393.

Beltz, N., Erbes, D., Porcari, J.P., Martinez, R., Doberstein, S., and Foster, C. 2013. Effects of kettlebell training on aerobic capacity, muscular strength, balance, flexibility, and body composition. *Journal of Fitness Research* 2: 4–13.

Bemben, D.A., Palmer, I.J., Bemben, M.G., and Knehans, A.W. 2010. Effects of combined whole-body vibration and resistance training on muscular strength and bone metabolism in postmenopausal women. *Bone* 47: 650–656.

Bendiksen, M., Ahler, R., Clausen, H., Wedderkopp, N., and Krustrup, P. 2012. The use of Yo-Yo IR1 and Andersen testing for fitness and maximal heart rate assessments of 6–10 yr old school children. *Journal of Strength and Conditioning Research* [Epub ahead of print].

Benatti, F.B., and Ried–Larsen, M. 2015. The effects of breaking up prolonged sitting time: A review of experimental studies. *Medicine & Science in Sports & Exercise* 47: 2053–2061.

Benson, A.C., Bruce, L., and Gordon, B.A. 2015. Reliability and validity of a GPS–enabled iPhone™ "app" to measure physical activity. *Journal of Sports Sciences* 22: 1421–1428.

Bentzur, K.M., Kravitz, L., and Lockner, D.W. 2008. Evaluation of the Bod Pod for estimating percent body fat in collegiate track and field female athletes: A comparison of four methods. *Journal of Strength and Conditioning Research* 22: 1985–1991.

Berg, K.O., Wood–Dauphinee, S.L., Williams, J.I., and Maki, B. 1992. Measuring balance in the elderly: Validation of an instrument. *Canadian Journal of Public Health* 83(2): S7–S11.

Bergamin, M., Zanuso, S., Alvar, B.A., Ermolao, A., and Zaccaria, M. 2012. Is water–based exercise training sufficient to improve fitness in the elderly? *European Review of Aging and Physical Activity* 9: 129–141.

Bergen, G., Stevens, M.R., and Burns, E.R. 2016. Falls and fall injuries among adults aged =65 years— United States, 2014. *Morbidity and Mortality Weekly*

Report 65: 993–998.

Bergeron, M.F., Nindl, B.C., Deuster, P.A., Baumgartner, N., Kane, S.F., Kraemer, W.J., Sexauer, L.R., Thompson, W.R., and O'Connor, F.G. 2011. Consortium for health and military performance and American College of Sports Medicine consensus paper on extreme conditioning programs in military personnel. *Current Sports Medicine Reports* 10(6): 383–389.

Berglund, E., Birath, G., Bjure, J., Grimby, G., Kjellmar, I., Sandvist, L., and Soderholm, B. 1963. Spirometric studies in normal subjects. I. Forced expirograms in subjects between 7 and 70 years of age. *Acta Medica Scandinavica* 173: 185–192.

Bergouignan, A., Legget, K.T., DeJong, N., Kealey, E., Nikolovski, J., Groppel, J.L., Jordan, C., O'Day, R., Hill, J.O., and Bessesen, D.H. 2016. Effect of frequent interruptions of prolonged sitting on self-perceived levels of energy, mood, food cravings and cognitive function. *International Journal of Behavioral Nutrition and Physical Activity* 13: 113.

Bergsma-Kadijk, J.A., Baumeister, B., and Deu-renberg, P. 1996. Measurement of body fat in young and elderly women: Comparison between a four-compartment model and widely used reference me-thods. *British Journal of Nutrition* 75: 649–657.

Berry, M.J., Cline, C.C., Berry, C.B., and Davis, M. 1992. A comparison between two forms of aerobic dance and tread-mill running. *Medicine & Science in Sports & Exercise* 24: 946–951.

Best, J.R. 2011. Exergaming immediately enhances children's executive function. *Developmental Psychology* 48: 1501–1510.

Bielinski, R., Schultz, Y., and Jequier, E. 1985. Energy metabolism during the postexercise recovery in man. *American Journal of Clinical Nutrition* 42: 69–82.

Biering-Sorensen, F. 1984. Physical measurements as risk indicators for low-back trouble over a one-year period. *Spine* 9: 106–119.

Billinger, S.A., Loudon, J.K., and Gajewski, B.J. 2008. Validity of a total body recumbent stepper exercise test to assess cardiorespiratory fitness. *Journal of Strength and Conditioning Research* 22: 1556–1562.

Billinger, S.A., van Swearingen, E., McClain, M., Lentz, A.A., and Good, M.B. 2012. Recumbent stepper submaximal exercise test to predict peak oxygen uptake. *Medicine & Science in Sports & Exercise* 44: 1539–1544.

Biswas, A., Oh, P.I., Faulkner, G.E., Bajaj, R.R., Silver, M.A., Mitchell, M.S., and Alter, D.A. 2015. Sedentary time and its association with risk for disease incidence, mortality, and hos-pitalization in adults: A systematic review and meta-analysis. *Annals of Internal Medicine* 162: 123–132.

Bjorntorp, P. 1988. Abdominal obesity and the deve-lopment of noninsulin diabetes mellitus. *Diabetes and Metabolism Reviews* 4: 615–622.

Black, D.M., and Rosen, C.J. 2016. Postmenopausal osteoporosis. *New England Journal of Medicine* 374: 254–262.

Black, L.F., Offord, K., and Hyatt, R.E. 1974. Variability in the maximum expiratory flow volume curve in asymptomatic smokers and nonsmokers. *American Review of Respiratory Diseases* 110: 282–292.

Blair, D., Habricht, J.P., Sims, E.A., Sylwester, D., and Abraham, S. 1984. Evidence of an increased risk for hypertension with centrally located body fat, and the effect of race and sex on this risk. *American Journal of Epidemiology* 119: 526–540.

Blair, S.N. 2009. Physical inactivity: The biggest public health problem of the 21st century. *British Journal of Sports Med-icine* 43: 1–2.

Bland, J.M., and Altman, D.G. 1986. Statistical methods for assessing agreement between two methods of clinical measurement. *Lancet* 12: 307–310.

Bleakley, C., McDonough, S., Gardner, E., Baxter, G.D., Hop-kins, J.T., and Davison, G.W. 2012. Coldwater immersion (cryotherapy) for preventing and treating muscle soreness after exercise. *Cochrane Database of Systematic Reviews* [online] 2: CD008262.

Bleakley, C.M., Charles, D., Porter-Armstrong, A., McNeill, M.D.J., McDonnough, S.M., and McCormack, B. 2015. Gaming for health: A systematic review of the physical and cognitive effects of interactive computer games in older adults. *Journal of Applied Gerontology* 34: NP166–NP189.

Blum, V., Carriere, E.G.J., Kolsters, W., Mosterd, W.L., Schiereck, P., and Wesseling, K.H. 1997. Aortic and peripheral blood pressure during isometric and dynamic exercise. *International Journal of Sports Medicine* 18: 30–34.

Bogaerts, A., Ameye, L., Bijlholt, M., Amuli, K., Heynickx, D., and Devlieger, R. 2017. INTER-ACT: Prevention of pregnancy complications through an ehealth driven interpregnancy lifestyle intervention—study protocol of a multicentre randomized controlled trial. *BMC Pregnancy and Childbirth* 17: article 154.

Bogaerts, A.C.G., Delecluse, C., Claessens, A.L., Troo-sters, T., Boonen, S., Verschueren, S.M.P. 2009. Effects of whole body vibration training on cardio-respiratory fitness and muscle strength in older individuals (A 1-year randomized controlled trial). 2009. *Age and Ageing* 38: 448–454.

Bohannon, R.W. 1997. Reference values for extremity muscle strength obtained by hand-held dynamometry from adults aged 20 to 79 years. *Archives of Physical Medicine and Rehabilitation* 78: 26–32.

Bohannon, R.W. 2006a. Reference values for the timed up and go test: A descriptive meta-analysis. *Journal of Geriatric Physical Therapy* 29(2): 64–68.

Bohannon, R.W. 2006b. Single leg stance times. A descriptive meta-analysis of data from individuals at least 60 years of age. *Topics in Geriatric Rehabilitation* 22: 70–77.

Bohannon, R.W., Peolsson, A., Massy-Westropp, N., Desrosiers, J., and Bear-Lehman, J. 2006. Reference values for adult grip strength measured with a Jamar dynamometer: A descriptive meta-analysis. *Physiotherapy* 92: 11–15.

Bolam, K.A., Van Uffelen, J.G.Z., and Taaffe, D.R. 2013. The effect of physical exercise on bone density in middle-aged and older men: A systematic review. *Osteoporosis International* 24: 2749–2762.

Bompa, T.O., DiPasquale, M.D., and Cornacchia, L.J. 2003. *Serious strength training*, 2nd ed. Champaign, IL: Human Kinetics.

Bonge, D., and Donnelly, J.E. 1989. Trials to criteria for hydrostatic weighing at residual volume. *Research Quarterly for Exercise and Sport* 60: 176–179.

Bongers, B.C., de Vries, S.I., Helders, P.J.M., and Takken, T. 2013. The Steep Ramp Test in healthy children and adolescents: Reliability and validity. *Medicine & Science in Sports & Exercise* 45: 366–371.

Borde, R., Hortobagyi, T., and Granacher, U. 2015. Dose-response relationships of resistance training in healthy old adults: A systematic review and meta-analysis. *Sports Med-icine* 45: 1693–1720.

Boren, H.G., Kory, R.C., and Syner, J.C. 1966. The Veteran's Administration–Army cooperative study of pulmonary function: II. The lung volume and its subdivisions in normal men. *American Journal of Medicine* 41: 96–114.

Borg, G. 1998. *Borg's perceived exertion and pain scales*. Champaign, IL: Human Kinetics.

Bouaziz, W., Lang, P.O., Schmitt, E., Kaltenbach, G., Geny, B., and Vogel, T. 2016. Health benefits of multicomponent training programmes in seniors: A systematic review. *International Journal of Clinical Practice* 70: 520–536.

Bouchard, C. 2008. Gene-environment interactions in the etiology of obesity: Defining the fundamentals. *Obesity* 16(Suppl.): S5–S10.

Bouchard, C., Blair, S.N., and Katzmarzyk, P.T. 2015. Less sitting, more physical activity, or more fitness? *Mayo Clinic Proceedings* 90: 1533–1540.

Bouchard, C., Perusse, L., Leblanc, C., Tremblay, A., and Theriault, G. 1988. Inheritance of the amount and distribution of human body fat. *International Journal of Obesity* 12: 205–215.

Bouchard, C., Tremblay, A., Despres, J.P., Nadeau, A., Lupien, P.J., Theriault, G., Dussault, J., Moorjani, S., Pinault, S., and Fournier, G. 1990. The response of long-term overfeeding in identical twins. *New England Journal of Medicine* 322: 1477–1482.

Bracko, M.R. 2004. Can we prevent back injuries? *ACSM's Health & Fitness Journal* 8(4): 5–11.

Brahler, C.J., and Blank, S.E. 1995. VersaClimbing elicits higher VO_2max than does treadmill running or rowing ergometry. *Medicine & Science in Sports & Exercise* 27: 249–254.

Braith, R.W., Graves, J.E., Leggett, S.H., and Pollock, M.L. 1993. Effect of training on the relationship between maximal and submaximal strength. *Medicine & Science in Sports & Exercise* 25: 132–138.

Branch, J.D. 2003. Effect of creatine supplementation on body composition and performance: A meta-analysis. *Interna-tional Journal of Sport Nutrition and Exercise Metabolism* 13: 198–226.

Bray, G.A. 1978. Definitions, measurements and classifications of the syndromes of obesity. *International Journal of Obesity* 2: 99–113.

Bray, G.A. 2004. The epidemic of obesity and changes in food intake: The fluoride hypothesis. *Physiological Behavior* 82: 115–121.

Bray, G.A., Frühbeck, G., Ryan, D.H., and Wilding, J.P.H. 2016. Management of obesity. *Lancet* 387: 1947–1956.

Bray, G.A., and Gray, D.S. 1988a. Anthropometric measurements in the obese. In *Anthropometric standardization reference manual,* ed. T.G. Lohman, A.F. Roche, and R. Martorell, 131–136. Champaign, IL: Human Kinetics.

Bray, G.A., and Gray, D.S. 1988b. Obesity. Part I—Pathogenesis. *Western Journal of Medicine* 149: 429–441.

Brehm, B.A. 1988. Elevation of metabolic rate following exercise—implications for weight loss. *Sports Medicine* 6: 72–78.

British Heart Foundation. 2006. Diet, physical activity, and obesity statistics, 2006 edition.

British Heart Foundation. 2015a. *Physical activity statistics 2015.*

British Heart Foundation. 2015b. Cardiovascular disease statistics, 2015.

Broadbent, S., Rousseau, J.J., Thorp, R.M., Choate, S.L., Jackson, F.S., and Rowlands, D.S. 2010. Vibration therapy reduces plasma IL6 and muscle soreness after downhill running. *British Journal of Sports Medicine* 44: 888–894.

Brogan, M., Ledesma, R., Coffino, A., and Chander, P. 2017. Freebie rhabdomyolysis: A public health concern. Spin class-induced rhabdomyolysis. *American Journal of Med-icine* 130: 484–487.

Bronner, S., Agraharasamakulam, S., and Ojofeitimi, S. 2010. Reliability and validity of electrogoniometry measurement of lower extremity movement. *Journal of Medical Engineering & Technology* 34: 232–242.

Bronner, S., Pinsker, R., and Noah, J.A. 2015. Physiological and psychophysiological responses in experienced players while playing different dance exergames. *Computers in Human Behavior* 51: 34–41.

Brooks, G.A., Butte, N.F., Rand, W.M., Flatt, J.P., and Caballero, B. 2004. Chronicle of the Institute of Medicine physical activity recommendation: How a physical activity recommendation came to be among dietary recommendations. *American Journal of Clinical Nutrition* 79(Suppl.): 921S–930S.

Brose, A., Parise, G., and Tarnopolsky, M.A. 2003. Creatine supplementation enhances isometric strength and body composition improvements following strength exercise training in older adults. *Journals of Gerontology, Series A: Biological Sciences and Medical Sciences* 58: 11–19.

Brouha, L. 1943. The step test: A simple method of measuring physical fitness for muscular work in young men. *Research Quarterly* 14: 31–36.

Brown, D.A., and Miller, W.C. 1998. Normative data for strength and flexibility of women throughout life. *European Journal of Applied Physiology* 78: 77–82.

Brown, G.A., Cook, C.M., Krueger, R.D., and Heelan, K.A. 2010. Comparison of energy expenditure on a treadmill vs. an elliptical device at a self–selected exercise intensity. *Journal of Strength and Conditioning Research* 24: 1643–1649.

Brozek, J., Grande, F., Anderson, J.T., and Keys, A. 1963. Densiometric analysis of body composition: Revision of some quantitative assumptions. *Annals of the New York Academy of Sciences* 110: 113–140.

Bruce, R.A., Kusumi, F., and Hosmer, D. 1973. Maximal oxygen intake and nomographic assessment of functional aerobic impairment in cardiovascular disease. *American Heart Journal* 85: 546–562.

Brzycki, M. 1993. Strength testing—predicting a one–rep maxfrom reps–to–fatigue. *Journal of Physical Education, Recreation and Dance* 64 (1): 88–90.

Brzycki, M. 2000. Assessing strength. *Fitness Management* 16(7): 34–37.

Buch, A., Kis, O., Carmeli, E., Keinan–Boker, L., Berner, Y., Barer, Y., Shefer, G., Marcus, Y., and Stern, N. 2017. Circuit resistance training is an effective means to enhance muscle strength in older and middle aged adults: A systematic review and meta–analysis. *Ageing Research Reviews* 37: 16–27.

Buckthorpe, M., Morris, J., and Folland, J.P. 2012. Validity of vertical jump measurement devices. *Journal of Sports Sciences* 30: 63–69.

Bunt, J.C., Lohman, T.G., and Boileau, R.A. 1989. Impact of total body water fluctuations on estimation of body fat from body density. *Medicine & Science in Sports & Exercise* 21: 96–100.

Buresh, R., and Berg, K. 2002. Scaling oxygen uptake to body size and several practical applications. *Journal of Strength and Conditioning Research* 16: 461–465.

Burns, R.D., Hannon, J.C., Brusseau, T.A., Eisenman, P.A., Shultz, B.B., Saint–Maurice, P.F., Welk, G.J., and Mahar, M.T. 2016. Development of an aerobic capacity prediction model from one–mile run/walk performance in adolescents aged 13–15 years. *Journal of Sports Sciences* 34: 18–26.

Bushman, B., ed. 2011. *Complete guide to fitness & health*. Champaign, IL: Human Kinetics.

Bushman, B. 2012. Neuromotor exercise training. *ACSM's Health & Fitness Journal* 16(6): 4–7.

Byrne, J.M., Bishop, N.S., Caines, A.M., Crane, K.A., Feaver, A.M., and Pearcey, G.E.P. 2014. Effect of using a suspension training system on muscle activation during the performance of a front plank. *Journal of Strength and Conditioning Research* 28: 3049–3055.

Byrnes, W.C., Clarkson, P.M., and Katch, F.I. 1985. Muscle soreness following resistive exercise with and without eccentric contraction. *Research Quarterly for Exercise and Sport* 56: 283–285.

Cable, A., Nieman, D.C., Austin, M., Hogen, E., and Utter, A.C. 2001. Validity of leg–to–leg bioelectrical impedance measurement in males. *Journal of Sports Medicine and Physical Fitness* 41: 411–414.

Cadore, E.L., González–Izal, M., Pallarés, J.G.,

Rodriguez–Falces, J., Häkkinen, K., Kraemer, W.J., Pinto, R.S., and Izquierdo, M. 2014. Muscle conduction velocity, strength, neural activity, and morphological changes after eccentric and concentric training. *Scandinavian Journal of Medicine and Science in Sports* 24(5): e343–e352.

Cadore, E.L., Rodriguez–Manas, L., Sinclair, A., and Izquierdo, M. 2013. Effects of different exercise interventions on risk of falls, gait ability, and balance in physically frail older adults: A systematic review. *Rejuvenation Research* 16: 105–114.

Callaway, C.W., Chumlea, W.C., Bouchard, C., Himes, J.H., Lohman, T.G., Martin, A.D., Mitchell, C.D., Mueller, W.H., Roche, A.F., and Seefeldt, V.D. 1988. Circumferences. In *Anthropometric standardization reference manual,* ed. T.G. Lohman, A.F. Roche, and R. Martorell, 39–54. Champaign, IL: Human Kinetics.

Camhi, S.M., Bray, G.A., Bouchard, C., Greenway, F.L., Johnson, W.D., Newton, R.I., Ravussin, E., Ryan, D.H., Smith, S.R., and Katzmarzyk, P.T. 2011. The relationship of waist circumference and BMI to visceral, subcutaneous, and total body fat: Sex and race differences. *Obesity* 19: 402–408.

Campbell, N.R.C., Gelfer, M., Stergiou, G.S., Alpert, B.S., Myers, M.G., Rakotz, M.K., Padwal, R., Schutte, A.E., O'Brien, E., Lackland, D.T., Niebylski, M.L., Nilsoson, P.M., Redburn, K.A., Zhang, X–H., Prabhakaran, D., Ramirez, A.J., Schiffrin, E.L., Touyz, R.M., Wang, J–G., and Weber, M.A. 2016. A call to regulate manufacture and marketing of blood pressure devices and cuffs: A position statement from the World Hypertension League, International Society of Hypertension and supporting hypertension organizations. *Journal of Clinical Hypertension* 18: 378–379.

Canadian Society for Exercise Physiology. 2013. *Physical activity training for health (CSEP-PATH) resource manual*. Ottawa, ON: Author.

Candow, D.G., Chilibeck, P.D., Abeysekara, S., and Zello, G.A. 2011. Short–term heavy resistance training eliminates age–related deficits in muscle mass and strength in healthy older males. *Journal of Strength and Conditioning Research* 25: 326–333.

Cao, C., Liu, Y., Zhu, W., and Ma, J. 2016. Effect of active workstation on energy expenditure and job performance: A systematic review and meta–analysis. *Journal of Physical Activity and Health* 13: 562–571.

Cardinal, B.J., Park, E.A., Kim, M.S., and Cardinal, M.K. 2015. If exercise is medicine, where is exercise in medicine? Review of U.S. medical education curricula for physical–activity–re–lated content. *Journal of Physical Activity and Health* 12: 1336–1342.

Carey, M.A., Laird, D.E., Murray, K.A., and Stevenson, J.R. 2010. Reliability, validity, and clinical usability of a digital goniometer. *Work* 36: 55–66.

Carneiro, N.H., Ribeiro, A.S., Nascimento, M.A., Gobbo, L.A., Schoenfeld, B.J., Achour Júnior, A., Gobbi, S., Oliveira, A.R., and Cyrino, E. 2015.

Effects of different resistance training frequencies on flexibility in older women. *Clinical Interventions in Aging* 10: 531–538.

Carns, M.L., Schade, M.L., Liba, M.R., Hellebrandt, F.A., and Harris, C.W. 1960. Segmental volume reduction by localized and generalized exercise. *Human Biology* 32: 370–376.

Carpenter, D.M., and Nelson, B.W. 1999. Low back strengthening for the prevention and treatment of low back pain. *Medicine & Science in Sports & Exercise* 31: 18–24.

Carrick-Ranson, G., Hastings, J.L., Bhella, P.S., Shibata, S., Fujimoto, N., Palmer, D., Boyd, K., and Levine, B.D. 2012. The effect of age-related differences in body size and composition on cardiovascular determinants of VO$_2$max. *Journal of Gerontology*.

Carroll, T.J., Barton, J., Hsu, M., and Lee, M. 2009. The effect of strength training on the force of twitches evoked by corticospinal stimulation in humans. *Acta Physiologica* 197: 161–173.

Carter, B.D., Abnet, C.C., Feskanich, D., Freedman, N.D., Hartge, P., Lewis, C.E., Ockene, J.K., Prentice, R.L., Speizer, F.E. Thun, M.J., and Jacobs, E.J. 2015. Smoking and mortality: Beyond established causes. *New England Journal of Medicine* 372: 631–640.

Carter, N.D., Kannus, P., and Khan, K.M. 2001. Exercise in the prevention of falls in older people. A systematic literature review examining the rationale and the evidence. *Sports Medicine* 31: 427–438.

Carter, S., Hartman, Y., Holder, S., Thijssen, D.H., and Hopkins, N.D. 2017. Sedentary behavior and cardiovascular disease risk: Mediating mechanisms. *Exercise and Sports Sciences Reviews* 45: 80–86.

Casanova, C., Ceili, B.R., Barria, P., Casas, A., Cote, C., de Torres, J.P., Jardim, J., Lopez, M.V., Marin, J.M., Montes de Oca, M., Pinto-Plata, V., and Aguirre-Jaime, A. 2011. The 6 min walk distance in healthy subjects: Reference standards from seven countries. *European Respiratory Journal* 37: 150–156.

Casartelli, N., Muller, R., and Maffiuletti, N.A. 2010. Validity and reliability of the Myotest accelerometric system for the assessment of vertical jump height. *Journal of Strength and Conditioning Research* 24: 3186–3193.

Casiglia, E., Tikhonoff, V., Albertini, F., and Palatini, P. 2016. Poor reliability of wrist blood pressure self-measurement at home: A population-based study. *Hypertension*.

Cataldo, D., and Heyward, V. 2000. Pinch an inch: A comparison of several high-quality and plastic skinfold calipers. *ACSM's Health & Fitness Journal* 4(3): 12–16.

Catenacci, V.A., Grunwald, G.K., Ingebrigtsen, J.P., Jakicic, J.M., McDermott, M.D., Phelan, S., Wing, R.R., Hill, J.O., and Wyatt, H.R. 2011. Physical activity patterns using accelerometry in the National Weight Control Registry. *Obesity* 19(6): 1163–1170.

Catley, M.J., and Tomkinson, G.R. 2013. Normative health-related fitness values for children: Analysis of 85347 test results on 9–17-year-old Australians

since 1985. *British Journal of Sports Medicine* 47: 98–108.

Caton, J.R., Mole, P.A., Adams, W.C., and Heustis, D.S. 1988. Body composition analysis by bioelectrical impedance: Effect of skin temperature. *Medicine & Science in Sports & Exercise* 20: 489–491.

Cavallo, D.N., Tate, D.F., Ries, A.V., Brown, J.D., DeVellis, R.F., and Ammerman, A.S. 2012. A social media-based physical activity intervention: A randomized controlled trial. *American Journal of Preventive Medicine* 43: 527–532.

Cayir, Y., Menekse, S., and Akturk, Z. 2015. The effect of pedometer use on physical activity and body weight in obese women. *European Journal of Sport Science* 15: 351–356.

Centers for Disease Control and Prevention. 2013. National Health and Nutrition Examination Survey (NHANES): Body composition procedures manual.

Centers for Disease Control and Prevention. 2014. National diabetes statistics report, 2014.

Centers for Disease Control and Prevention. 2015a. Heart disease facts.

Centers for Disease Control and Prevention. 2015b. *Health, United States, 2015.*

Centers for Disease Control and Prevention. 2016. High Blood Pressure Facts.

Chalmers, G. 2004. Re-examination of the possible role of Golgi tendon organ and muscle spindle reflexes in proprioceptive neuromuscular facilitation muscle stretching. *Sports Biomechanics* 3: 159–183.

Chamberlin, B., and Gallagher, R. 2008. Exergames: Using video games to promote physical activity. Paper presented at Children, Youth and Families at Risk (CYFAR) Conference, San Antonio, TX.

Chandler, J.M., Duncan, P.W., and Studenski, S.A. 1990. Balance performance on the postural stress test: Comparison of young adults, healthy elderly, and fallers. *Physical Therapy* 70: 410–415.

Chapman, E.A., deVries, H.A., and Swezey, R. 1972. Joint stiffness: Effects of exercise on young and old men. *Journal of Gerontology* 27: 218–221.

Charlton, P.C., Mentiplay, B.F., Pua, Y-H., Clark, R.A. 2015. Reliability and concurrent validity of a smartphone, bubble inclinometer and motion analysis system for measurement of hip joint range of motion. *Journal of Science and Medicine in Sport* 18: 262–267.

Charro, M.A., Aoki, M.S., Coutts, A.J., Araujo, R.C., and Bacurau, R.F. 2010. Hormonal, metabolic and perceptual responses to different resistance training systems. *Journal of Sports Medicine and Physical Fitness* 50: 229–234.

Chen, C-H., Chen, T.C., Jan, M-H., and Lin, J-J. 2015. Acute effects of static active or dynamic active stretching on eccentric-exercise-induced hamstring muscle damage. *International Journal of Sports Physiology and Performance* 10: 346–352.

Chen, C., Nosaka, K., Chen, H., Lin, M., Tseng, K., and Chen, T.C. 2011. Effects of flexibility training on eccentric exercise-induced muscle damage. *Medicine*

& Science in Sports & Exercise 43: 491–500.

Chen, G., Doumatey, A.P., Zhou, J., Lei, L., Bentley, A.B. Tekola–Ayele, F., Adebamowo, S.N., Baker, J.L., Fasanmade, O., Okafor, G., Eghan, B. Jr., Agyenum–Boateng, K., Amoult, A., Adebamowo, C., Acheampong, J., Johnson, T., Oli, J., Shriner, D., Adeyemo, A.A., and Rotimi, C.N. 2017. Genome–wide analysis identifies an African–specific variant in SEMA4D associated with body mass index. Obesity 25: 794–800.

Chen, Y–L., Chiou, W–K, Tzeng, Y–T., Lu, C–Y., and Chen, S–C. 2017. A rating of perceived exertion scale using facial expressions for conveying exercise intensity for children and young adults. Journal of Science and Medicine in Sport 20: 66–69.

Cherkas, L.F., Hunkin, J.L., Kato, B.S., Richards, J.B., Gardner, J.P., Surdulescu, G.L., Kimura, M., Lu, X., Spector, T.D., and Aviv, A. 2008. The association between physical activity in leisure time and leukocyte telomere length. Archives of Internal Medicine 168(2): 154–158.

Cheung, A.M., and Giangregorio, L. 2012. Mechanical stimuli and bone health: What is the evidence? Current Opinions in Rheumatology 24: 561–566.

Cheung, A.S., de Rooy, C., Hoermann, R., Gianatti, E.J., Hamilton, E.J., Roff, G., Zajac, J.D., and Grossmann, M. 2016. Correlation of visceral adipose tissue measured by Lunar Prodigy dual X–ray absorptiometry with MRI and CT in older men. International Journal of Obesity 40(8): 1325–1328.

Chidnok, W., DiMenna, F.J., Bailey, S.J., Burnley, M., Wilderson, D.P., and Vanhatalo, A. 2013. V.O2max is not altered by self–pacing during incremental exercise. European Journal of Applied Physiology 113: 529–539.

Chillon, P., Castro–Pinero, J., Ruiz, J.R., Soto, V.M., Carbonell–Baeza, A., Dafos, J., Vincente–Rodriguez, G., Castillo, M.J., and Ortega, F.B. 2010. Hip flexibility is the main deter–minant of the back–saver sit–and–reach test in adolescents. Journal of Sport Sciences 28: 641–648.

Cho, G–H., Rodriguez, D.A., and Evenson, K.R. 2011. Identifying walking trips using GPS data. Medicine & Science in Sports & Exercise 43: 365–372.

Cho, K., Tian, M., Lan, Y., Zhao, X., and Yan, L.L. 2013. Validation of the Omron HEM–7201 upper arm blood pressure monitor, for self–measurement in a high–altitude environment, according to the European Society of Hypertension International Protocol revision 2010. Journal of Human Hypertension 27: 487–491.

Chodzko–Zajko, W.J., Proctor, D.N., Fiatarone, S., Maria, A., Minson, C.T., Nigg, C.R., Claudio, R., Salem, G.J., and Skinner, J.S. 2009. Exercise and physical activity for older adults. ACSM position stand. Medicine & Science in Sports & Exercise 41: 1510–1530.

Christie, A., and Kamen, G. 2014. Cortical inhibition is reduced following short–term training in young and older adults. Age 36(2): 749–758.

Churchward–Venne, T.A., Murphy, C.H., Longland, T.M., and Phillips, S.M. 2013. Role of protein and amino acids in promoting lean mass accretion with resistance exercise and attenuating lean mass loss during energy deficit in humans. Amino Acids 45: 231–240.

Cipriani, D., Abel, B., and Pirrwitz, D. 2003. A com–parison of two stretching protocols on hip range of motion: Implications for total daily stretch duration. Journal of Strength and Conditioning Research 17: 274–278.

Clark, B.C., and Manini, T.M. 2008. Sarcopenia ≠ dynapenia. Journal of Gerontology 63A: 829–834.

Clark, R.A., Bryant, A.L., Pua, Y., McCrory, P., Bennell, K., and Hunt, M. 2010. Validity and reliability of the Nintendo Wii balance board for assessment of standing balance. Gait & Posture 31: 307–310.

Clark, S., Iltis, P.W., Anthony, C.J., and Toews, A. 2005. Comparison of older adult performance during the functional–reach and limits–of–stability tests. Journal of Aging and Physical Activity 13: 266–275.

Clark, S., Rose, D.J., and Fujimoto, K. 1997. Gener–alizability of the limits of stability test in the eval–uation of dynamic balance among older adults. Archives of Physical Medicine and Rehabilitation 78: 1078–1084.

Clarkson, P.M., Byrnes, W.C., McCormick, K.M., Turcotte, L.P., and White, J.S. 1986. Muscle soreness and serum creatine kinase activity following isometric, eccentric and concentric exercise. International Journal of Sports Medicine 7: 152–155.

Clarys, J.P., Martin, A.D., Drinkwater, D.T., and Marfell–Jones, M.J. 1987. The skinfold: Myth and reality. Journal of Sports Sciences 5: 3–33.

Cleary, M.A., Hetzler, R.K., Wages, J.J., Lentz, M.A., Stickley, C.D., and Kimura, I.F. 2011. Comparisons of age–predicted maximum heart rate equations in college–aged subjects. Journal of Strength and Conditioning Research 25: 2591–2597.

Clemons, J.M., Duncan, C.A., Blanchard, O.E., Gatch, W.H., Hollander, D.B., and Doucer, J.L. 2004. Relationships between the flexedarm hang and select measures of muscular fitness. Journal of Strength and Conditioning Research 18: 630–636.

Clinical Exercise Physiology Association. 2013. State Updates.

Cloutier, L., Daskalopoulou, S.S., Padwal, R.S., Lamarre–Cliché, M., Bolli, P., McLean, D., Milot, A., Tobe, S.W., Tremblay, G., McKay, D.W., Townsend, R., Campbell, N., and Gelfer, M. 2015. A new algorithm for the diagnosis of hypertension in Canada. Canadian Journal Cardiology 31: 620–630.

Cobb, N.K., and Graham, A.L. 2012. Health behavior interventions in the age of Facebook. American Journal of Preventive Medicine 43: 571–572.

Cochrane, D. 2013. The sports performance application of vibration exercise for warm–up, flexibility and sprint speed. European Journal of Sport Science 13: 256–271.

Cohen, A. 2004. It's getting personal. Athletic Business July: 52–54, 56, 58, 60.

Cohen, A., Baker, J., and Ardern, C.I. 2016. Association between body mass index, physical activity, and health–related quality of life in Canadian adults. *Journal of Aging and Physical Activity*. 24: 32–38.

Colberg, S.R., Rubin, R.R., Sigal, R.J., Chasa–Taber, L., Fernall, B., Albright, A.L., Regensteiner, J.G., Braun, B., and Blissmer, B.J. 2010. Exercise and type 2 diabetes. *Diabetes Care*. 33: 2692–2696.

Cole, T.J., Bellizzi, M.C., Flegal, K.M., and Dietz, W.H. 2000. Establishing a standard definition for child overweight and obesity worldwide: International survey. *British Medical Journal* 320: 1240–1245.

Collins, M., Millard–Stafford, M., Sparling, P., Snow, T., Rosskopf, L., Webb, S., and Omer, J. 1999. Evaluation of the Bod Pod for assessing body fat in collegiate football players. *Medicine & Science in Sports & Exercise* 31: 1350–1356.

Collora, C. 2017. Exercise physiologist: Career overview.

Comstock, B.A., Solomon–Hill, G., Flanagan, S.D., Earp, J.E., Luk, H.Y., Dobbins, K.A., Dunn–Lewis, C., Fragala, M.S., Ho, J.Y., Hatfield, D.L., Vingren, J.L., Denegar, C.R., Volek, J.S., Kupchak, B.R., Maresh, C.M., and Kraemer, W.J. 2011. Validity of the Myotest in measuring force and power production in the squat and bench press. *Journal of Strength and Conditioning Research* 25: 2293–2297.

Conley, D., Cureton, K., Dengel, D., and Weyand, P. 1991. Validation of the 12–min swim as a field test of peak aerobic power in young men. *Medicine & Science in Sports & Exercise* 23: 766–773.

Conley, D., Cureton, K., Hinson, B., Higbie, E., and Weyand, P. 1992. Validation of the 12–minute swim as a field test of peak aerobic power in young women. *Research Quarterly for Exercise and Sport* 63: 153–161.

Conlon, J.A., Newton, R.U., Tufano, J.J., Banyard, H.G., Hopper, A.J., Ridge, A.J., and Haff, G.G. 2016. Periodization strategies in older adults: Impact on physical function and health. *Medicine & Science in Sports & Exercise* 48: 2426–2436.

Conroy, R.M., Pyörälä, K., Fitzgerald, A.P., Sans, S., Menotti, A., DeBacker, G., DeBacquer, D., Ducimetière, P., Jousilahti, P., Keil, U., Njølstad, I., Oganov, R.G., Thomsen, T., Turnstall–Pedoe, H., Tverdal, A., Wedel, H., Whincup, P., Wilhelmsen, L., and Graham, I.M., on behalf of the SCORE project group. 2003. Estimation of ten–year risk of fatal cardiovascular disease in Europe: The SCORE project. *European Heart Journal* 24: 987–1003.

Coombes, J.S., Law, J., Lancashire, B., and Fassett, R.G. 2015. "Exercise is medicine": Curbing the burden of chronic disease and physical inactivity. *Asia-Pacific Journal of Public Health* 27: NP600–NP605.

Cooper Institute for Aerobics Research. 1992. *The Prudential FitnessGram test administration manual*. Dallas: Author.

Cooper Institute for Aerobics Research. 1994. *Fitness Gram user's manual*. Dallas: Author.

Cooper Institute for Aerobics Research. 2005. *The fitness specialist certification manual*. Dallas: Author.

Cooper, K.H. 1968. A means of assessing maximal oxygen intake. *Journal of the American Medical Association* 203: 201–204.

Cooper, K.H. 1977. *The aerobics way*. New York: Evans.

Cooper, R., Naclerio, F., Allgrove, J., and Jimenez, A. 2012. Creatine supplementation with specific view to exercise/sports performance: An update. *Journal of the International Society of Sports Nutrition* 9: article 33.

Coquart, J., Tabben, M., Farooq, A., Tourney, C., and Eston, R. 2016. Submaximal, perceptually regulated exercise testing predicts maximal oxygen uptake: A meta–analysis study. *Sports Medicine* 46: 885–897.

Corbin, C.B., Dowell, L.J., Lindsey, R., and Tolson, H. 1978. *Concepts in physical education*. Dubuque, IA: Brown.

Costa, P.B., Graves, B.S., Whitehurst, M., and Jacobs, P.L. 2009. The acute effects of different durations of static stretching on dynamic balance performance. *Journal of Strength and Conditioning Research* 23: 141–147.

Costill, D.L., Coyle, E.F., Fink, W.F., Lesmes, G.R., and Witzmann, F.A. 1979. Adaptations in skeletal muscle following strength training. *Journal of Applied Physiology* 46: 96–99.

Costill, D.L., and Fox, E.L. 1969. Energetics of mara–thon running. *Medicine and Science in Sports* 1: 81–86.

Costill, D.L., Thomason, H., and Roberts, E. 1973. Fractional utilization of the aerobic capacity during distance running. *Medicine and Science in Sports* 5: 248–252.

Cote, D.K., and Adams, W.C. 1993. Effect of bone density on body composition estimates in young adult black and white women. *Medicine & Science in Sports & Exercise* 25: 290–296.

Cotten, D.J. 1971. A modified step test for group cardiovascular testing. *Research Quarterly* 42: 91–95.

Cotten, D.J. 1972. A comparison of selected trunk flexibility tests. *American Corrective Therapy Journal* 26: 24.

Coughlan, G.F., Fullam, K., Delahunt, E., Gissane, C., and Caulfield, B.M. 2012. A comparison between performance on selected directions of the star excursion balance test and the Y balance test. *Journal of Athletic Training* 47: 366–371.

Cowell, J.F., Cronin, J., and Brughelli, M. 2012. Eccentric muscle actions and how the strength and conditioning specialist might use them for a variety of purposes. *Strength and Conditioning Journal* 34: 33–48.

Coyle, E.F. 1995. Fat metabolism during exercise. *Sports Science Exchange* 8(6).

Coyle, E.F., Feiring, D.C., Rotkis, T.C., Cote, R.W. III, Roby, F.B., Lee, W., and Wilmore, J.H. 1981. Specificity of power improvements through slow and fast isokinetic training. *Journal of Applied Physiology* 51: 1437–1442.

Crandall, C.J., Hovey, K.M., Cauley, J.A., Andrews,

C.A., Curtis, J.R., Wactawski–Wende, J., Wright, N.C., Li, W., and LeBoff, M.S. 2015. Wrist fracture and risk of subsequent fracture: Findings from the Women's Health Initiative Study. *Journal of Bone and Mineral Research* 11: 2086–2095.

Crandall, K.J., Zagdsuren, B., Schafer, M.A., and Lyons, T.S. 2016. Static and active workstations for improving workplace physical activity and sitting time. *International Journal of Human Movement and Sports Sciences* 4: 20–25.

Crewther, B.T., Kilduff, L.P., Cunningham, D.J., Cook, C., Owen, N., and Yang, G.Z. 2011. Validating two systems for estimating force and power. *International Journal of Sports Medicine* 32: 254–258.

Cribb, P.J., Williams, A.D., and Hayes, A. 2007. A creatine–carbohydrate supplement enhances responses to resistance training. *Medicine & Science in Sports & Exercise* 39: 1960–1968.

Cribb, P.J., Williams, A.D., Hayes, A., and Carey, M.F. 2006. The effect of whey isolate on strength, body composition, and plasma glutamine. *International Journal of Sports Nutrition and Exercise Metabolism* 16: 494–509.

Cribb, P.J., Williams, A.D., Stathis, C.G., Carey, M.F., and Hayes, A. 2007. Effect of whey isolate, creatine, and resistance training on muscle hypertrophy. *Medicine & Science in Sports & Exercise* 39: 298–307.

Critoph, C.H., Patel, V., Mist, B., Thomas, M.D., and Elliott, P.M. 2013. Noninvasive assessment of cardiac output at rest and during exercise by finger plethysmography. *Clinical Physiology and Functional Imaging* 33: 338–343.

Crommett, A., Kravitz, L., Wongsathikun, J., and Kemerly, T. 1999. Comparison of metabolic and subjective response of three modalities in college–age subjects. *Medicine & Science in Sports & Exercise* 31(Suppl.): S158 [abstract].

Crook, T.A., Armbya, N., Cleves, M.A., Badger, T.M., and Andres, A. 2012. Air displacement plethys-mography, dualenergy X–ray absorptiometry, and total body water to evaluate body composition in preschool–age children. *Journal of the Academy of Nutrition and Dietetics* 112: 1993–1998.

Cug, M. 2017. Stance foot alignment and hand posi-tioning alter star excursion balance test scores in those with chronic ankle instability: What are we really assessing? *Physiotherapy Theory and Practice* 33: 316–322.

Cullinen, K., and Caldwell, M. 1998. Weight training increases fat–free mass and strength in untrained young women. *Journal of the American Dietetic Association* 98(4): 414–418.

Curb, J.D., Ceria–Ulep, C.D., Rodriquez, B.L., Grove, J., Guralnik, J., Willcox, B.J., Donlon, T.A., Masaki, K.H., and Chen, R. 2006. Performance–based measures of physical function for high–function populations. *Journal of the American Geriatrics Society* 54: 737–742.

Cureton, K.J., Collins, M.A., Hill, D.W., and McElhannon, F.M. Jr. 1988. Muscle hypertrophy in men and women. *Medicine & Science in Sports & Exercise* 20: 338–344.

Cureton, K.J., Sloniger, M., O'Bannon, J., Black, D., and McCormack, W. 1995. A generalized equation for prediction of VO$_2$peak from 1–mile run/walk performance. *Medicine & Science in Sports & Exercise* 27: 445–451.

Cureton, K.J., Sparling, P.B., Evans, B.W., Johnson, S.M., Kong, U.D., and Purvis, J.W. 1978. Effect of experimental alterations in excess weight on aerobic capacity and distance running performance. *Medicine and Science in Sports* 10: 194–199.

Cureton, T.K., and Sterling, L.F. 1964. Interpretation of the cardiovascular component resulting from the factor analysis of 104 test variables measured in 100 normal young men. *Journal of Sports Medicine and Physical Fitness* 4: 1–24.

Cuthbertson, D.J., Steele, T., Wilding, J.P., Halford, J.C., Harrold, J.A., Hamer, M., and Karpe, F. 2017. What have human experimental overfeeding studies taught us about adipose tissue expansion and susceptibility to obesity and metabolic complications? *International Journal of Obesity* 41: 853–865.

Cyrino, E.S., Okano, A.H., Glaner, M.F., Ramanzini, M., Gobbo, A., Makoski, A., Bruna, N., Cordeiro de Melo, J., and Tassi, G.N. 2003. Impact of the use of different skinfold calipers for the analysis of the body composition. *Revista Brasileira de Medicina do Esporte* 9: 150–153.

dabl® Educational Trust. 2017. Classification of sphy-gmoma–nometers.

da Silva, D.F., Bianchini, J.A.A., Lopera, C.A., Capelato, D.A., Hintze, L.J., Narido, C.C.S., Ferraro, Z.M., and Junior, N.N. 2015. Impact of readiness to change behavior on the effects of a multidisciplinary intervention in obese Brazilian children and adolescents. *Appetite* 87: 229–235.

Dalleck, L.C., Kravitz, L., and Roberg, R.A. 2006. Development of a submaximal test to predict elliptical cross–trainer VO$_2$max. *Journal of Strength and Conditioning Research* 20: 278–283.

Dalleck, L.C., Roos, K.A., Byrd, B.R., and Weatherwax, R.M. 2015. Zumba Gold®: Are the physiological responses sufficient to improve fitness in middle-age to older adults? *Journal of Sports Science and Medicine* 14: 689–690.

Daly, R.M. 2017. Exercise and nutritional approaches to prevent frail bones, falls and fractures: An update. *Climacteric* 20: 119–124.

Danaei, G., Finucane, M.M., Lu, Y., Singh, G.M., Cowan, M.J., Paciorek, C.J., Lin, J.K, Farzadfar, F., Khang, Y–H., Stevens, G.A., Rao, M., Ali, M.K., Riley, L.M., Robinson, C.A., and Ezzati, M. 2011. National, regional, and global trends in fasting plasma glucose and diabetes prevalence since 1980: Systematic analysis of health examination surveys and epidemiological studies with 370 country–years and 2.7 million participants. *Lancet* 378: 31–40.

Davin, J., and Callaghan, M. 2016. BET2: Core stability versus conventional exercise for treating non–

specific low back pain. *Emergency Medicine Journal* 33: 162–163.

Davis, D.S., Quinn, R.O., Whiteman, C.T., Williams, J.D., and Young, C.R. 2008. Concurrent validity of four clinical tests to measure hamstring flexibility. *Journal of Strength and Conditioning Research* 22: 583–588.

Davis, J.A., Dorado, S., Keays, K.A., Reigel, R.A., Valencia, K.S., and Pham, P.H. 2007. Reliability and validity of the lung volume measurement made by the Bod Pod body composition system. *Clinical Physiology and Functional Imaging* 27: 42–46.

Dawes, J. 2017. *Complete guide to TRX suspension training*. Champaign, IL: Human Kinetics.

Day, J.R., Rossiter, H.B., Coats, E.M., Skasick, A., and Whipp, B.J. 2003. The maximally attainable VO_2 during exercise in humans: The peak vs. maximum issue. *Journal of Applied Physiology* 95: 1901–1907.

de Bruin, E.D., Swanenburg, J., Betschon, E., and Murer, K. 2009. A randomized controlled trial investigating motor skill training as a function of attentional focus in old age. *BMC Geriatrics* 9: 15–24.

Deci, E.L., and Ryan, R.M. 2000. The "what" and "why" of goal pursuits: Human needs and the self-determination of behavior. *Psychological Inquiry* 11(4): 227–268.

deJong, A. 2010. Active video gaming: An opportunity to increase energy expenditure throughout aging. *ACSM's Health & Fitness Journal* 14: 44–46.

del Consuelo Velazquez–Alva, M., Irogyen–Camacho, M.E., Huerta–Huerta, R., and Delgadillo–Velazquez, J. 2014. A comparison of dual energy X–ray absorptiometry and two bioelectrical impedance analyzers to measure body fat percentage and fat–free mass index in a group of Mexican young women. *Nutrición Hospitalaria* 29: 1038–1046.

Delecluse, C., Roelants, M., and Verschueren, S. 2003. Strength increase after whole–body vibration compared with resistance training. *Medicine & Science in Sports & Exercise* 35: 1033–1041.

Demerath, E.W., Guo, S.S., Chumlea, W.C., Towne, B., Roche, A.F., and Siervogel, R.M. 2002. Comparison of percent body fat estimates using air displacement plethysmography and hydrodensitometry in adults and children. *International Journal of Obesity and Related Metabolic Disorders* 26: 389–397.

de Melo dos Santos, R., Costa e Costa, F., Saraiva, T.S., Maniglia de Resende, M., Carvalho, N.C.S., Beda, A., and Callegari, B. 2015. Short–term adaptations in sedentary individuals during indoor cycling classes. *Archives of Sports Medicine* 32: 374–381.

Demont, R.G., Lephart, S.M., Giraldo, J.L., Giannantonio, F.P., Yuktanandana, P., and Fu, F.H. 1999. Comparison of two abdominal training devices with an abdominal crunch using strength and EMG measurements. *Journal of Sports Medicine and Physical Fitness* 39: 253–258.

Dempster, P., and Aitkens, S. 1995. A new air displacement method for the determination of human body composition. *Medicine & Science in Sports & Exercise* 27: 1692–1697.

Demura, S., Yamaji, S., Goshi, F., Kobayashi, H., Sato, S., and Nagasawa, Y. 2002. The validity and reliability of relative body fat estimates and the construction of new prediction equations for young Japanese adult males. *Journal of Sports Sciences* 20: 153–164.

Deschenes, M.R., and Kraemer, W.J. 2002. Performance and physiologic adaptations to resistance training. *American Journal of Physical Medicine and Rehabilitation* 8(Suppl.): S3–S16.

Desgorces, F.D., Berthelot, G., Dietrich, G., and Testa, M.S.A. 2010. Local muscular endurance and prediction of 1 repetition maximum for bench in 4 athletic populations. *Journal of Strength and Conditioning Research* 24: 394–400.

Despres, J.P., and Lamarche, B. 1994. Low–intensity endurance training, plasma lipoproteins, and the risk of coronary heart disease. *Journal of Internal Medicine* 236: 7–22.

Despres, J.P., Bouchard, C., Tremblay, A., Savard, R., and Marcotte, M. 1985. Effects of aerobic training on fat distribution in male subjects. *Medicine & Science in Sports & Exercise* 17: 113–118.

Deurenberg, P. 2001. Universal cut–off BMI points for obesity are not appropriate. *British Journal of Nutrition* 85: 135–136.

Deurenberg, P., and Deurenberg–Yap, M. 2001. Differences in body–composition assumptions across ethnic groups: Practical consequences. *Current Opinion in Clinical Nutrition and Metabolic Care* 4: 377–383.

Deurenberg, P., and Deurenberg–Yap, M. 2002. Validation of skinfold thickness and hand–held impedance measurements for estimation of body fat percentage among Singaporean Chinese, Malay and Indian subjects. *Asia Pacific Journal of Clinical Nutrition* 11: 1–7.

Deurenberg, P., van der Kooy, K., Evers, P., and Hulshof, T. 1990. Assessment of body composition by bioelectrical impedance in a population aged>60y. *American Journal of Clinical Nutrition* 51: 3–6.

Deurenberg, P., van der Kooy, K., and Leenan, R. 1989. Differences in body impedance when measured with different instruments. *European Journal of Clinical Nutrition* 43: 885–886.

Deurenberg, P., Weststrate, J.A., Paymans, I., and van der Kooy, K. 1988. Factors affecting bioelectrical impedance measurements in humans. *European Journal of Clinical Nutrition* 42: 1017–1022.

Deurenberg, P., Yap, M., and van Staveren, W.A. 1998. Body mass index and percent body fat: A meta analysis among different ethnic groups. *International Journal of Obesity* 22: 1164–1171.

Deurenberg–Yap, M., Schmidt, G., van Staveren, W.A., Hautvast, J.G.A.J., and Deurenberg, P. 2001. Body fat measurement among Singaporean Chinese, Malays and Indians: A comparative study using a four–compartment model and different two–compartment models. *British Journal of Nutrition* 85: 491–498.

deVries, H.A. 1961. Prevention of muscular distress

after exercise. *Research Quarterly* 32: 177–185.

deVries, H.A. 1962. Evaluation of static stretching procedures for improvement of flexibility. *Research Quarterly* 33: 222–229.

deVries, H.A., and Klafs, C.E. 1965. Prediction of maximal oxygen intake from submaximal tests. *Journal of Sports Medicine and Physical Fitness* 5: 207–214.

deVries, R.A.J., Truong, K.P., Swint, S., Drossaert, C.H.C., and Evers, V. 2016. Crowd-designed motivation: Motivational messages for exercise adherence based on behavior change theory. *Persuasive Technology*.

deWeijer, V.C., Gorniak, G.C., and Shamus, E. 2003. The effect of static stretch and warm-up exercise on hamstring length over the course of 24 hours. *Journal of Orthopaedic and Sports Physical Therapy* 33: 727–733.

Dewit, O., Fuller, N.J., Fewtrell, M.S., Elia, M., and Wells, J.C.K. 2000. Whole body air displacement plethysmography compared with hydrodensitometry for body composition analysis. *Archives of Disease in Childhood* 82: 159–164.

Dickin, D.C. 2010. Obtaining reliable performance measures on the sensory organization test: Altered testing sequence in young adults. *Clinical Journal of Sport Medicine* 20: 278–285.

Dickin, D.C., and Clark, S. 2007. Generalizability of the sensory organization test in college-aged males: Obtaining a reliable performance measure. *Clinical Journal of Sport Medicine* 17: 109–115.

Dickinson, R.V. 1968. The specificity of flexibility. *Research Quarterly* 39: 792–793.

Disch, J., Frankiewicz, R., and Jackson, A. 1975. Construct validation of distance run tests. *Research Quarterly* 46: 169–176.

Dishman, R.K. 1994. Prescribing exercise intensity for healthy adults using perceived exertion. *Medicine & Science in Sports & Exercise* 26: 1087–1094.

Dishman, R.K., Jackson, A.S., and Bray, M.S. 2014. Self-regulation of exercise behavior in the TIGER Study. *Annals of Behavioral Medicine* 48: 80–91.

Dishman, R.K., Sallis, J.F., and Orenstein, D.R. 1985. The determinants of physical activity and exercise. *Public Health Reports* 100: 158–171.

Dolezal, B.A., and Potteiger, J.A. 1998. Concurrent resistance and endurance training influence basal metabolic rate in nondieting individuals. *Journal of Applied Physiology* 85: 695–700.

Domene, P.A., Moir, J.J., Pummell, E., and Easton, C. 2016. Salsa dance and Zumba fitness: Acute responses during community-based classes. *Journal of Sport and Health Science* 5: 190–196.

Donahue, B., Turner, D., and Worrell, T. 1994. The use of functional reach as a measurement of balance in boys and girls without disabilities ages 5 to 15 years. *Pediatric Physical Therapy* 6: 189–193.

Donahue, C.P., Lin, D.H., Kirschenbaum, D.S., and Keesey, R.E. 1984. Metabolic consequence of dieting and exercise in the treatment of obesity. *Journal of Counseling and Clinical Psychology* 52: 827–836.

Donath, L., Rossler, R., and Faude, O. 2016. Effects of virtual reality training (exergaming) compared to alternative exercise training and passive control on standing balance and functional mobility in healthy community-dwelling seniors: A meta-analytical review. *Sports Medicine* 46: 1293–1309.

Donath, L., Roth, R., Hürlimann, C., Zahner, L., and Faude, O. 2016. Pilates vs. balance training in healthy community-dwelling seniors: A 3-arm, randomized controlled trial. *International Journal of Sports Medicine* 37: 202–210.

Donnelly, J.R., Brown, T.E., Israel, R.G., Smith-Sintek, S., O'Brien, K.F., and Caslavka, B. 1988. Hydrostatic weighing without head submersion: Description of a method. *Medicine & Science in Sports & Exercise* 20: 66–69.

Dourado, V.Z., and McBurnie, M.A. 2012. Allometric scaling of 6 min walking distance by body mass as a standardized measure of exercise capacity. *European Journal of Applied Physiology* 112: 2503–2510.

Downs, D.S. 2006. Understanding exercise intention in an ethnically diverse sample of postpartum women. *Journal of Sport and Exercise Psychology* 28: 159–180.

Drenowatz, C., Hand, G.A., Sagner, M., Shook, R.P., Burgess, S., and Blair, S.N. 2015. The prospective association between different types of exercise and body composition. *Medicine & Science in Sports & Exercise* 47: 2535–2541.

Drenowatz, C., Hill, J.O., Peters, J.C., Soriano-Maldonado, A., and Blair, S.N. 2017. The association of change in physical activity and body weight in the regulation of total energy expenditure. *European Journal of Clinical Nutrition* 71: 377–382.

Drystad, S.M., Edvardsen, E., Hansen, B.H., and Anderssen, S.A. 2017. Waist circumference thresholds and cardiorespiratory fitness. *Journal of Sport and Health Science* [Epub ahead of print].

Dubin, D. 2000. *Rapid interpretation of EKGs: An interactive course,* 6th ed. Tampa: Cover.

Dubow, J., and Fink, M.E. 2011. Impact of hypertension on stroke. *Current Atherosclerosis Reports* 13: 298–305.

Ducimetier, P., Richard, J., and Cambien, F. 1989. The pattern of subcutaneous fat distribution in middle-aged men and the risk of coronary heart disease: The Paris prospective study. *International Journal of Obesity* 10: 229–240.

Duncan, P.W., Studenski, S., Chandler, J., and Prescott, B. 1992. Functional reach: Predictive validity in a sample of elderly male veterans. *Journal of Gerontology* 47(3): M93–M98.

Duncan, P.W., Weiner, D.K., Chandler, J., and Studenski, S. 1990. Functional reach: A new clinical measure of balance. *Journal of Gerontology* 45: M192–M197.

Eather, N., Morgan, P.J., and Lubans, D.R. 2016. Improving health-related fitness in adolescents: The CrossFit Teens™ randomized controlled trial. *Journal of Sports Sciences* 34: 209–223.

Ebbeling, C., Ward, A., Puleo, E., Widrick, J., and Rippe, J. 1991. Development of a single–stage submaximal treadmill walking test. *Medicine & Science in Sports & Exercise* 23: 966–973.

Eckert, S., and Horstkotte, D. 2002. Comparison of Portapres noninvasive blood pressure measurement in the finger with intraaortic pressure measurement during incremental bicycle exercise. *Blood Pressure Monitoring* 7: 179–183.

Edgerton, V.R. 1970. Morphology and histochemistry of the soleus muscle from normal and exercised rats. *American Journal of Anatomy* 127: 81–88.

Edgerton, V.R. 1973. Exercise and the growth and development of muscle tissue. In *Physical activity, human growth and development,* ed. G.L. Rarick, 1–31. New York: Academic Press.

Edinborough, L., Fisher, J.P., and Steele, J. 2016. A comparison of the effect of kettlebell swings and isolated lumbar extension training on acute torque production of the lumbar extensors. *Journal of Strength and Conditioning Research* 30: 1189–1195.

Edvardsen, E., Hem, E., and Anderssen, S.A. 2014. End criteria for reaching maximal oxygen uptake must be strict and adjusted to sex and age: A cross–sectional study. *PLOS One* 9: 1 e85276.

Edwards, D.A., Hammond, W.H., Healy, M.J., Tanner, J.M., and Whitehouse, R.H. 1955. Design and accu-racy of calipers for measuring subcutaneous tissue thickness. *British Journal of Nutrition* 9: 133–143.

Edwards, H.L., Simpson, J.A.R., and Buchholz, A.C. 2011. Air displacement plethysmography for fatmass measurement in healthy young women. *Canadian Journal for Dietetic Practice and Research* 72: 85–87.

Edwards, M.K., Addoh, O., and Loprinzi, P.D. 2016. Predictive validity of the ACC/AHA pooled cohort equations in predicting residual–specific mortality in a national prospective cohort study of adults in the United States. *Postgraduate Medicine* 128: 865–868.

Egaña, M., and Donne, B. 2004. Physiological changes following a 12 week gym based stair–climbing, elliptical trainer and treadmill running program in females. *Journal of Sports Medicine and Physical Fitness* 44: 141–146.

Egli, T., Bland, H.W., Melton, B.F., and Czech, D.R. 2011. Influence of age, sex, and race on college students' exercise motivation of physical activity. *Journal of American College Health* 59: 399–406.

Ehrampoush, E., Arasteh, P., Homayounfar, R., Cheraghpour, M., Alipour, M., Naghizadeh, M.M., Hadibarhaghtalab, M., Daboodi, S.H., Askari, A., and Razaz, J.M. 2016. New anthropometric indices or old ones: Which is the better predictor of body fat? *Diabetes & Metabolic Syndrome: Clini-cal Research Reviews* [Epub ahead of print].

Ehrler, F., Weber, C., and Lovis, C. 2016. Influence of pedometer position on pedometer accuracy at various walking speeds: A comparative study. *Journal of Medical Internet Research* 18: e268.

Eickhoff–Shemek, J., and Herbert, D.L. 2007. Is lice-

nsure in your future? Issues to consider—part 1. *ACSM's Health & Fitness Journal* 11(5): 35–37.

Eickhoff–Shemek, J., and Herbert, D.L. 2008a. Is licensure in your future? Issues to consider—part 2. *ACSM's Health & Fitness Journal* 12 (1): 36–38.

Eickhoff–Shemek, J., and Herbert, D.L. 2008b. Is licensure in your future? Issues to consider—part 3. *ACSM's Health & Fitness Journal* 12 (3): 36–38.

Eijsvogels, T.M.H., and Thompson, P.D. 2015. Exercise is Medicine: At any dose? *Journal of the American Medical Association* 314: 1915–1916.

Ekelund, U., Steene–Johannessen, J., Brown, W.J., Fagerland, M.W., Owen, N., Powell, K.E., Bauman, A., and Lee, I–M. 2016. Does physical activity attenuate, or even eliminate, the detrimental association of sitting time with mortality? A harmonized meta–analysis of data from more than 1 million men and women. *Lancet* 388: 1302–1310.

El–Amrawy, F., Pharm, B., and Nounou, M.I. 2015. Are currently available wearable devices for activity tracking and heart rate monitoring accurate, precise, and medically beneficial? *Health Informatics Res-earch* 21: 315–320.

Ellis, K.J., Bell, S.J., Chertow, G.M., Chumlea, W.C., Knox, T.A., Kotler, D.P., Lukaski, H.C., and Schoeller, D.A. 1999. Bioelectrical impedance methods in clinical research: A follow–up to the NIH technology assessment conference. *Nutrition* 15: 874–880.

Elsen, R., Siu, M.L., Pineda, O., and Solomons, N.W. 1987. Sources of variability in bioelectrical impedance determinations in adults. In *In vivo body composition studies,* ed. K.J. Ellis, S. Yasamura, and W.D. Morgan, 184–188. London: Institute of Physical Sciences in Medicine.

Emery, C.A. 2003. Is there a clinical standing balance measurement appropriate for use in sports medicine? A review of the literature. *Journal of Science and Medicine in Sport* 6: 492–504.

Emery, C.A., Cassidy, J.D., Klassen, T.P., Rosychuk, R.J., and Rowe, B.H. 2005. Development of a clinical static and dynamic standing balance measurement tool appropriate for use in adolescents. *Physical Therapy* 85(6): 502–514.

Emmanuel, J. 2013. Guidance on maintaining and calibrating nonmercury clinical thermometers and sphygmomanometers. UNDP GEF Global Healthcare Waste Project.

Englund, D.A., Sharp, R.L., Selsby, J.T., Ganesan, S.S., and Franke, W.D. 2017. Resistance training performed at distinct angular velocities elicits velocity–specific alterations in muscle strength and mobility status in older adults. *Experimental Gerontology* 91: 51–56.

Enwemeka, C.S. 1986. Radiographic verification of knee goniometry. *Scandinavian Journal of Rehabilitation Medicine* 18: 47–49.

Epstein, L.H., Beecher, M.D., Graf, J.L., and Roemmich, J.L. 2007. Choice of interactive dance and bicycle games in overweight and non–overweight youth. *Annals of Behavioral Medicine* 33: 124–131.

Esco, M.R., Olson, M.S., Williford, H.N., Lizana, S.N., and Russell, A.R. 2011. The accuracy of hand–to–hand bioelectrical impedance analysis in predicting body composition in college–age female athletes. *Journal of Strength and Conditioning Research* 25: 1040–1045.

Esco, M.R., Snarr, R.L., Leatherwood, M.D., Chamberlain, N.A., Redding, M.L., Flatt, A.A., Moon, J.R., and Williford, H.N. 2015. Comparison of total and segmental body composition using DXA and multifrequency bioimpedance in collegiate female athletes. *Journal of Strength and Conditioning Research* 29: 918–925.

Esmarck, B., Andersen, J.L., Olsen, S., Richter, E.A., Mizuno, M., and Kjaer, M. 2001. Timing of postexercise protein intake is important for muscle hypertrophy with resistance training in elderly humans. *Journal of Physiology* 535: 301–311.

Eston, R., Evans, H., Faulkner, J., Lambrick, D., Al–Rahamneh, H., and Parfitt, G. 2012. A perceptually regulated, graded exercise test predicts peak oxygen update during treadmill exercise in active and sedentary participants. *European Journal of Applied Physiology* 112: 3459–3468.

Evans, E.M., Rowe, D.A., Misic, M.M., Prior, B.M., and Arngrimsson, S.A. 2005. Skinfold prediction equation for athletes developed using a four–component model. *Medicine & Science in Sports & Exercise* 37: 2006–2011.

Evans, H., Parfitt, G., and Eston, R. 2014. Use of a perce–ptually–regulated test to measure maximal oxygen uptake is valid and feels better. *European Journal of Sport Science*. 14: 452–458.

Evans, H.J.L., Ferrar, K.E., Smith, A.E., Parfitt, F., and Eston, R.G. 2015. A systematic review of methods to predict maximal oxygen uptake from submaximal, open circuit spirometry in healthy adults. *Journal of Science and Medicine in Sport* 18: 183–188.

Evans, W., and Rosenberg, I. 1992. *Biomarkers.* New York: Simon & Schuster.

Fahey, T.D., Rolph, R., Moungmee, P., Nagel, J., and Mortara, S. 1976. Serum testosterone, body com–position, and strength of young adults. *Medicine and Science in Sports* 8: 31–34.

Falatic, J.A., Plato, P.A., Holder, C., Fiinch, D., Han, K., and Cisar, C.J. 2015. Effects of kettlebell training on aerobic capacity. *Journal of Strength and Conditioning Research* 29: 1943–1947.

Faigenbaum, A.D., Kraemer, W.J., Blimkie, C.J.R., Jeffreys, I., Micheli, L.J., Nitka, M., and Rowland, T.W. 2009. Youth resistance training: Updated position statement paper from the National Strength and Conditioning Association. *Journal of Strength & Conditioning Research* 23: S60–S79.

Faigenbaum, A.D., Milliken, L.A., and Westcott, W.L. 2003. Maximal strength testing in healthy children. *Journal of Strength and Conditioning Research* 17: 162–166.

Faigenbaum, A.D., and Myer, G.D. 2011. Exercise deficit disorder: Play now or pay later. *Current Sports Medicine Reports* 11: 196–200.

Faigenbaum, A.D., Westcott, W.L., Loud, R.L., and Long, C. 1999. The effects of different resistance training protocols on muscular strength and endurance development in children. *Pediatrics* 104(1): e5.

Fairbarn, M.S., Blackie, S.P., McElvaney, N.G., Wiggs, B.R., Pare, P.D., and Purdy, R.L. 1994. Prediction of heart rate and oxygen uptake during incremental and maximal exercise in healthy adults. *Chest* 105: 1365–1369.

Farrar, R.E., Mayhew, J.L., and Koch, A.J. 2010. Oxygen cost of kettlebell swings. *Journal of Strength and Conditioning Research* 24: 1034–1036.

Farthing, J.P., and Chilibeck, P.D. 2003. The effects of eccentric and concentric training at different velocities on muscle hypertrophy. *European Journal of Applied Physiology* 89: 578–586.

Faulkner, S.H., Pugh, J.K., Hood, T.M., Menon, K., King, J.A., Nimmo, M.A. 2015. Group studio cycling: An effective intervention to improve cardiometabolic health in overweight physically inactive individuals. *Journal of Fitness Research* 4: 16–25.

Feigenbaum, M.S., and Pollock, M.L. 1999. Prescription of resistance training for health and disease. *Medicine & Science in Sports & Exercise* 31: 38–45.

Feland, J.B., and Marin, H.N. 2004. Effect of subma–ximal contraction intensity in contract–relax proprio–ceptive neuromuscular facilitation stretching. *British Journal of Sports Medicine* 38: e18.

Femina, H.A., Beevi, M.E., Miranda, J., Pedersen, C.F., and Wagner, S. 2016. An evaluation of commercial pedometers for monitoring slow walking speed populations. *Telemedicine and e-Health* 22: 441–449.

Fenstermaker, K., Plowman, S., and Looney, M. 1992. Validation of the Rockport walking test in females 65 years and older. *Research Quarterly for Exercise and Sport* 63: 322–327.

Ferber, R., Osternig, L., and Gravelle, D. 2002. Effect of PNF stretch techniques on knee flexor muscle EMG activity in older adults. *Journal of Electro–myography and Kinesiology* 12: 391–397.

Ferguson, T., Rowlands, A.V., Olds, T., and Maher, C. 2015. The validity of consumer–level activity monitors in healthy adults worn in free–living conditions: A cross–sectional study. *International Journal of Behavioral Nutrition and Physical Activity* 12: 42.

Ferland, M., Despres, J.P., Tremblay, A., Pinault, S., Nadeau, A., Moorjani, S., Lupien, P.J., Theriault, G., and Bouchard, C. 1989. Assessment of adipose distribution by computed axial tomography in obese women: Association with body density and anthropometric measurements. *British Journal of Nutrition* 61: 139–148.

Ferrar, K., Evans, H., Smith, A., Parfitt, G., and Eston, R. 2014. A systematic review and meta–analysis of submaximal exercise–based equations to predict maximal oxygen uptake in young people. *Pediatric Exercise Science* 26: 342–357.

Ferreira, H.R., Gill, P., Filho, J.F., and Fernandes, L.C. 2015. Effects of 12–weeks of supplementation with β –hydroxy– β –methylbutyrate–ca (HMB–Ca) on athletic performance. *Journal of Exercise Physiology Online* 18(2): 85–94.

Ferreira, H.R., Rodacki, A.L.F., Gill, P., Tanhoffer, R., Filho, J.F., and Fernandes, L.C. 2013. The effects of supplementation of β –hydroxy– β –melthylbutyrate on inflammatory markers in high performance athletes. *Journal of Exercise Physiology Online* 16(1): 53–63.

Fess, E.E. 1992. Grip Strength. In *Clinical assessment recommendations,* American Society of Hand Therapists, 41–45, Chicago, IL: American Society of Hand Therapists.

Fields, D.A., and Allison, D.B. 2012. Air–displacement plethysmography pediatric option in 2–6 year olds using the four–compartment model as a criterion method. *Obesity* 20: 1732–1737.

Fields, D.A., and Goran, M.I. 2000. Body composition techniques and the four–compartment model in children. *Journal of Applied Physiology* 89: 613–620.

Fields, D.A., Goran, M.I., and McCrory, M.A. 2002. Body–composition assessment via air–displacement plethysmography in adults and children: A review. *American Journal of Clinical Nutrition* 75: 453–467.

Fields, D.A., Hunter, G.R., and Goran, M.I. 2000. Validation of the Bod Pod with hydrostatic weighing: Influence of body clothing. *International Journal of Obesity* 24: 200–205.

Fields, D.A., Wilson, G.D., Gladden, L.B., Hunter, G.R., Pascoe, D.D., and Goran, M.I. 2001. Comparison of the Bod Pod with the four–compartment model in adult females. *Medicine & Science in Sports & Exercise* 33: 1605–1610.

Fisher, G., Brown, A.W., Brown, M.M.B., Alcorn, A., Noles, C., Winwood, L., Resuehr, H., George, B., Jeansonne, M.M., and Allison, D.B. 2015. High intensity interval– vs. moderate intensity–training for improving cardiometabolic health in overweight or obese males: A randomized controlled trial. *PLoS One* 10: e0138853.

Fitzmaurice, C., and the Global Burden of Disease Cancer Collaboration. 2017. Global, regional, and national cancer incidence, mortality, years of life lost, years lived with disability, and disability–adjusted life–years for 32 cancer groups, 1990 to 2015: A systematic analysis for the Global Burden of Disease study. *JAMA Oncology* 3: 524–548.

Fleck, S.J. 1999. Periodized strength training: A critical review. *Journal of Strength and Conditioning Research* 13(1): 82–89.

Fleck, S.J., and Falkel, J.E. 1986. Value of resistance training for the reduction of sports injuries. *Sports Medicine* 3: 61–68.

Fleck, S.J., and Kraemer, W.J. 2014. *Designing resistance training programs,* 4th ed. Champaign, IL: Human Kinetics.

Flegal, K.M., Carroll, M.D., Kit, B.K., and Ogden, C.L. 2012. Prevalence of obesity and trends in the distribution of body mass index among US adults, 1999–2010. *Journal of the American Medical Association* 307: 491–497.

Flegal, K.M., Kruszon–Moran, D., Carroll, M.D., Fryar, C.D., and Ogden, C.L. 2016. Prevalence of obesity and trends in the distribution of body mass index among US adults, 2005 to 2014. *Journal of the American Medical Association* 315: 2284–2291.

Flegal, K.M., Shepherd, J.A., Looker, A.C., Graubard, B.I., Borrud, L.G., Ogden, C.L., Harris, T.B., Everhart, J.E., and Schenker, N. 2009. Comparisons of percentage body fat, body mass index, waist circumference, and waist–stature ratio in adults. *American Journal of Clinical Nutrition* 89: 500–508.

Fletcher, G.F., Ades, P.A., Kligfield, P., Arena, R., Balacy, G.J., Bittner, V.A., Coke, L.A., Fleg, J.L., Forman, D.E., Gerber, T.C., Gulati, M., Madan, K., Rhodes, J., Thompson, P.D., Williams, M.A., on behalf of the American Heart Association Exercise, Cardiac Rehabilitation, and Prevention Committee of the Council on Clinical Cardiology, Council on Nutrition, Physical Activity and Metabolism, Council on Cardiovascular and Stroke Nursing, and Council on Epidemiology and Prevention. 2013. Exercise standards for testing and training: A scientific statement from the American Heart Association. *Circulation* 128: 873–934.

Fogelholm, G.M., Sievanan, H.T., Kukkonen–Harjula, K., Oja, P., and Vuori, I. 1993. Effects of a meal and its electrolytes on bioelectrical impedance. In *Human body composition: In vivo methods, models and assessment,* ed. K.J. Ellis and J.D. Eastman, 331–332. New York: Plenum Press.

Fogg, B.J. 2003. *Persuasive technology: Using computers to change what we think and do.* New York: Morgan Kaufmann.

Fogg, B.J., and Eckles, D., eds. 2007. *Mobile persuasion: 20 perspectives on the future of behavior change.* Palo Alto, CA: Stanford University.

Fohlin, L. 1977. Body composition, cardiovascular and renal function in adolescent patients with anorexia nervosa. *Acta Paediatrica Scandinavica* 268(Suppl.): S7–S20.

Forbes, G.B. 1976. Adult decline in the lean body mass. *Human Biology* 48: 151–173.

Forbes, S.C., Little, J.P., and Candow, D.G. 2012. Exercise and nutritional interventions for improving aging muscle health. *Endocrine* 42: 29–38.

Ford, G.S., Mazzone, M.A., and Taylor, K. 2005. The effect of 4 different durations of static hamstring stretching on passive knee–extension range of motion. *Journal of Sport Rehabilitation* 14: 95–107.

Fornetti, W.C., Pivarnik, J.M., Foley, J.M., and Fiechtner, J.J. 1999. Reliability and validity of body composition measures in female athletes. *Journal of Applied Physiology* 87: 1114–1122.

Fort, A., Romero, D., Bagur, C., and Guerra, M. 2012. Effects of whole–body vibration training on explosive strength and postural control in young female athletes. *Journal of Strength and Conditioning Research* 26: 926–936.

Foster, C., Jackson, A.S., Pollock, M.L., Taylor,

M.M., Hare, J., Sennett, S.M., Rod, J.L., Sarwar, M., and Schmidt, D.H. 1984. Generalized equations for predicting functional capacity from treadmill performance. *American Heart Journal* 107: 1229–1234.

Foster, C., Pollock, M.L., Rod, J.L., Dymond, D.S., Wible, G., and Schmidt, D.H. 1983. Evaluation of functional capacity during exercise radionuclide angiography. *Cardiology* 70: 85–93.

Forouzanfar, M., Dajani, H.R., Groza, V.Z., Bolic, M., Rajan, S., and Batkin, I. 2015. Oscillometric blood pressure estimation: Past, present, and future. *IEEE Reviews in Biomedical Engineering* 8: 44–63.

Fox, E.L. 1973. A simple, accurate technique for predicting maximal aerobic power. *Journal of Applied Physiology* 35: 914–916.

Franchignoni, F., Tesio, L., Martino, M.T., and Ricupero, C. 1998. Reliability of four simple, quantitative tests of balance and mobility in healthy elderly females. *Aging* 10(1): 26–31.

Francis, P.R., Kolkhorst, F.W., Pennuci, M., Pozos, R.S., and Buono, M.J. 2001. An electromyographic approach to the evaluation of abdominal exercises. *ACSM's Health & Fitness Journal* 5(4): 8–14.

Franklin, S.S., Thijs, L., Asayama, K., Li, Y., Hansen, T.W., Boggia, J., Jacobs, L., Zhang, Z., Kikuya, M., Björklund-Bo-degård, K., Ohkubo, T., Yang, W–Y., Jeppesen, J., Dolan, E., Kuznetsova, T., Stolarz–Skrzpek, K., Tikhonoff, V., Malyutina, S., Casiglia, E., Nikitin, Y., Lind, L., Sandoya, E., Kawecka–Jaszcz, K., Filipovsky, J., Imai, Y., Wang, J–G., O–Brien, E., and Staessen, J.A., on behalf of the IDACCO Investigators. 2016. The cardiovascular risk of white–coat hypertension. *Journal of the American College of Cardiology* 68: 2033–2043.

Frederick, A., and Frederick, C. 2017. *Stretch to win*, 2nd ed. Champaign, IL: Human Kinetics.

Freedman, D.S., Blanck, J.M., Dietz, W.H., DasMahapatra, P., Srinivasan, S.R., and Berenson, G.S. 2012. Is the body adiposity index (hip circum-ference/height1.5) more related to skinfold thick-nesses and risk factor levels than is BMI? The Bogalusa Heart Study. *British Journal of Nutrition.*

Freedman, D.S., and Ford, E.S. 2015. Are the recent secular increases in the waist circumferences inde-pendent of changes in BMI? *American Journal of Clinical Nutrition* 101: 425–431.

Freitas, S.R., Vilarinho, D., Vaz, J.R., Bruno, P.M., Costa, P.B., and Milhomens, P. 2015. Responses to static stretching are dependent on stretch intensity and duration. *Clinical Physiology and Functional Imaging* 35: 478–484.

Friden, J. 2002. Delayed onset muscle soreness. *Scand-inavian Journal of Medicine and Science in Sports* 12: 327–328.

Friden, J., Sjostrom, M., and Ekblom, B. 1983. Myo-fibrillar damage following intense eccentric exercise in man. *International Journal of Sports Medicine* 4: 170–176.

Friedl, K.E., DeLuca, J.P., Marchitelli, L.J., and Vogel, J.A. 1992. Reliability of body–fat estimations from a four–compartment model by using density, body water, and bone mineral measurements. *American Journal of Clinical Nutrition* 55: 764–770.

Frisancho, A.R. 1984. New standard of weight and body composition by frame size and height for assessment of nutritional status of adults and the elderly. *American Journal of Clinical Nutrition* 40: 808–819.

Frohlich, M., Emrich, E., and Schmidtbleicher, D. 2010. Outcome effects of single–set versus multiple–set training—An advanced replication study. *Research in Sports Medicine* 18: 157–175.

Fry, A.C. 2004. The role of resistance exercise intensity on muscle fibre adaptations. *Sports Medicine* 34: 663–679.

Fullam, K., Caulfield, B., Coughlan, G.F., and Delahunt, E. 2014. Kinematic analysis of selected reach directions of the star excursion balance test compared with the Y–balance test. *Journal of Sport Rehabilitation* 23: 27–35.

Gába, A., Kapu, O., Cuberek, R., and Botek, M. 2015. Comparison of multi– and single–frequency bioelectrical impedance analysis with dualenergy X–ray absorptiometry for assessment of body composition in post–menopausal women: Effects of body mass index and accelerometer–determined physical activity. *Journal of Nutrition and Human Dietetics* 28: 390–400.

Gajdosik, R.L., Vander Linden, D.W., and Williams, A.K. 1999. Influence of age on length and passive elastic stiffness characteristics of the calf muscle-tendon unit of women. *Physical Therapy* 79: 827–838.

Gallagher, D., Visser, M., Sepulveda, D., Pierson, R.N., Harris, T., and Heymsfield, S.B. 1996. How useful is body mass index for comparison of body fatness across age, sex, and ethnic groups? *American Journal of Epidemiology* 143: 228–239.

Gallagher, M.R., Walker, K.Z., and O'Dea, K. 1998. The influence of a breakfast meal on the assessment of body composition using bioelectrical impedance. *European Journal of Clinical Nutrition* 52: 94–97.

Garatachea, N., Pareja–Galeano, H., Sanchis–Gomar, F., Santos–Lozano, A., Fiuza–Luces, C., Morán, M., Emanuele, E., Joyner, M.J., and Lucia, A. 2015. Exercise attenuates the major hallmarks of aging. *Rejuvenation Research* 18: 57–89.

Garber, C.E., Blissmer, B., Deschenes, M.R., Franklin, B.A., Lamonte, M.J., Lee, I., Nieman, D.C., and Swain, D.P. 2011. Quantity and quality of exercise for developing and main–taining cardiorespiratory, musculoskeletal, and neuromotor fitness in apparently healthy adults: Guidance for prescribing exercise. *Medicine & Science in Sports & Exercise* 43: 1334–1359.

Garcia, T.B. 2015. *12-lead ECG: The art of interpretation.* Burlington, MA: Jones and Bartlett Learning.

Garnacho–Castano, M.V., Lopez–Lastra, S., and Mate–Munoz, J.L. 2015. Reliability and validity asse-ssment of a linear position transducer. *Journal of Sports Science and Medicine* 14: 128–136.

GBD 2015 Mortality and Causes of Death Collaborators. 2016.

Global, regional, and national life expectancy, all-cause mortality, and cause–specific mortality for 249 causes of death, 1980–2015: A systematic analysis for the Global Burden of Disease Study 2015. *Lancet* 388: 1459–1544.

Gellish, R.L., Goslin, B.R., Olson, R.E., McDonald, A., Russi, G.D., and Moudgil, V.K. 2007. Longitudinal modeling of the relationship between age and maximal heart rate. *Medicine & Science in Sports & Exercise* 39: 822–829.

Gennuso, K.P., Gangnon, R.E., Thraen–Borowski, K.M., and Colbert, L.H. 2015. Dose–response relationships between sedentary behavior and the metabolic syndrome and its components. *Diabetologia* 58: 485–492.

Gentil, P., de Lira, C.A.B., Filho, S.G.C., La Scala Teixeira, C.V., Steele, J., Fisher, J., Carneiro, J.A., and Campos, M.H. 2017. High intensity interval training does not impair strength gains in response to resistance training in premenopausal women. *European Journal of Applied Physiology* 117: 1257–1265.

Genton, L., Hans, D., Kyle, U.G., and Pichard, C. 2002. Dualenergy X–ray absorptiometry and body composition: Differences between devices and comparison with reference methods. *Nutrition* 18: 66–70.

George, J.D., Stone, W.J., and Burkett, L.N. 1997. Non-exercise VO_2max estimation for physically active students. *Medicine & Science in Sports & Exercise* 29: 415–423.

George, J., Vehrs, P., Allsen, P., Fellingham, G., and Fisher, G. 1993. VO_2max estimation from a submaximal 1–mile track jog for fit college–age individuals. *Medicine & Science in Sports & Exercise* 25: 401–406.

Gesche, H., Grosskaurth, D., Kuchler, G., and Patzak, A. 2012. Continuous blood pressure measurement by using the pulse transit time: Comparison to a cuffbased method. *European Journal of Applied Physiology* 112: 309–315.

Gettman, L.R., Ayres, J.J., Pollock, M.L., and Jackson, A. 1978. The effect of circuit weight training on strength, cardiorespiratory function, and body composition of adult men. *Medicine and Science in Sports* 10: 171–176.

Gettman, L.R., and Pollock, M.L. 1981. Circuit weight training: A critical review of its physiological benefits. *The Physician and Sportsmedicine* 9: 44–60.

Gibbons, R.J., Balady, G.J., Bricker, J.T., Chaitman, B.R., Fletcher, G.F., Froelicher, V.F., Mark, D.B., McCallister, B.D., Mooss, A.N., O'Reilly, M.G., and Winters, W.L. Jr. 2002. *ACC/AHA* 2002 guideline update for exercise testing: A report of the American College of Cardiology/American Heart Association Task Force on Practice Guidelines (Committee on Exercise Testing).

Gibby, J.T., Njeru, D.K., Cvetko, S.T., Heiny, E.L., Creer, A.R., and Gibby, W.A., 2017. Whole–body computed tomography–based body mass and body fat quantification: A comparison to hydrostatic weighing and air displacement plethysmography. *Journal of Computer Assisted Tomography* 41: 302–308.

Gibson, A., Heyward, V., and Mermier, C. 2000. Predictive accuracy of Omron Body Logic Analyzer in estimating relative body fat of adults. *International Journal of Sport Nutrition and Exercise Metabolism* 10: 216–227.

Gibson, A.L., Beam, J.R., Alencar, M.K., Zuhl, M.N., and Mermier, C.M. 2015. Time course of supine and standing shifts in total body, intracellular and extracellular water for a sample of healthy adults. *European Journal of Clinical Nutrition* 69: 14–19.

Gibson, A.L., Holmes, J.C., Desautels, R.L., Edmonds, L.B., and Nuudi, L. 2008. Ability of new octapolar bioimpedance spectroscopy analyzers to predict 4–component–model percentage body fat in Hispanic, black, and white adults. *American Journal of Clinical Nutrition* 87: 332–338.

Gibson, A.L., Roper, J.L., and Mermier, C.M. 2016. Intraindividual variability in testretest air displacement plethysmography measurements of body density for men and women. *Interna-tional Journal of Sport Nutrition and Exercise Metabolism* 26: 404–412.

Gillespie, B.D., McCormick, J.J., Mermier, C.M., and Gibson, A.L. 2015. Talk test as a practical method to estimate exercise intensity in highly trained competitive male cyclists. *Journal of Strength and Conditioning Research* 29: 894–898.

Gillen, J.G., Martin, B.J. MacInnis, M.J., Skelly, L.E., Tarnopolsky, M.A., and Gibala, M.J. 2016. Twelve weeks of sprint interval training improves indices of cardiometabolic health similar to traditional endurance training despite a five–fold lower exercise volume and time commitment. *PLoS One* 11: e0154075.

Gillman, M.W. 2008. The first months of life: A critical period for development of obesity. *American Journal of Clinical Nutrition* 87: 1587–1589.

Girouard, C.K., and Hurley, B.F. 1995. Does strength training inhibit gains in range of motion from flexibility training in older adults? *Medicine & Science in Sports & Exercise* 27: 1444–1449.

Gledhill, N., and Jamnik, R. 1995. Determining power outputs for cycle ergometers with different sized flywheels. *Medicine & Science in Sports & Exercise* 27: 134–135.

Gleichauf, C.N., and Rose, D.A. 1989. The menstrual cycle's effect on the reliability of bioimpedance measurements for assessing body composition. *American Journal of Clinical Nutrition* 50: 903–907.

Glowacki, S.P., Martin, S.E., Maurer, A., Baek, W., Green, J.S., and Crouse, S.F. 2004. Effects of resistance, endurance, and concurrent exercise on training outcomes in men. *Medicine & Science in Sports & Exercise* 36: 2119–2127.

Goble, D.J., Cone, B.L., and Fling, B.W. 2014. Using the Wii Fit as a tool for balance assessment and neurorehabilitation: The first half decade of "Wii–search." *Journal of NeuroEn-gineering and*

Rehabilitation 11: 12.

Gökbayrak, N.S., Paiva, A.L., Blissmer, B.J., and Prochaska, J.O. 2015. Predictors of relapse among smokers: Transtheoretical effort variables, demographics, and smoking severity. *Addictive Behaviors* 42: 176–179.

Goldberg, A., Etlinger, J., Goldspink, D., and Jablecki, C. 1975. Mechanism of work–induced hypertrophy of skeletal muscle. *Medicine and Science in Sports* 7: 185–198.

Goldenberg, L., and Twist, P. 2016. *Strength ball training, 3rd ed.* Champaign, IL: Human Kinetics.

Golding, L. 2000. *The Y's way to physical fitness.* Champaign, IL: Human Kinetics.

Goldman, H.I., and Becklake, M.R. 1959. Respiratory function tests: Normal values at medium altitudes and the prediction of normal results. *American Review of Tuberculosis and Respiratory Diseases* 79: 457–467.

Gonyea, W.J., Ericson, G.C., and Bonde–Petersen, F. 1977. Skeletal muscle fiber splitting induced by weight–lifting exercise in cats. *Acta Physiologica Scandinavica* 99: 105–109.

Goode, A.P., Hall, K.S., Batch, B.C., Huffman, K.M., Hastings, S.N., Allen, K.D., Shaw, R.J., Kanach, F.A., McDuffie, J.R., Kosinski, A.S., Williams, J.W. Jr., and Gierisch, J.M. 2017. The impact of interventions that integrate accelerometers on physical activity and weight loss: A systematic review. *Annals of Behavioral Medicine* 51(1): 79–93.

Goodman, J.M., Thomas, S.G., and Burr, J. 2011. Evidence–based risk assessment and recommendations for exercise testing and physical activity clearance in apparently healthy individuals. *Applied Physiology, Nutrition, and Metabolism* 36: S14–S32.

Goran, M.I., Allison, D.B., and Poehlman, E.T. 1995. Issues relating to normalization of body fat content in men and women. *International Journal of Obesity* 19: 638–643.

Goran, M.I., Toth, M.J., and Poehlman, E.T. 1998. Assessment of research–based body composition techniques in healthy elderly men and women using the 4–component model as a criterion method. *International Journal of Obesity* 22: 135–142.

Gordon, D.J., Probstfield, J.L., Garrison, R.J., Neaton, J.D., Castelli, W.P., Knoke, J.D., Jacobs, D.R., Bangdiwala, S., and Tyroler, H.A. 1989. High–density lipoprotein cholesterol and cardiovascular disease: Four prospective American studies. *Circulation* 79: 8–15.

Gordon–Larsen, P., Hou, N., Sidney, S., Sternfeld, B., Lewis, C., Jacobs, D. Jr., and Popkin, B. 2009. Fifteen–year longitudinal trends in walking patterns and their impact on weight change. *American Journal of Clinical Nutrition* 89: 19–26.

Gordon, C.M., Zemel, B.S., Wren, T.A.L., Leonard, M.B., Bachrach, L.K., Rauch, F., Gilsanz, V., Rosen, C.J, and Winer, K.K. 2017. The determinants of peak bone mass. *Journal of Pediatrics* 180: 261–269.

Gordon, R., and Bloxham, S. 2016. A systematic review of the effects of exercise and physical activity on non–specific chronic low back pain. *Healthcare* 4: 22.

Gosselin, L.E., Kozlowski, K.F., de Vinney–Boymel, L., and Hambridge, C. 2012. Metabolic response of different high–intensity aerobic interval exercise protocols. *Journal of Strength and Conditioning Research* 26: 2866–2871.

Gothe, N.P., and McAuley, E. 2016. Yoga is as good as stretching–strengthening exercises in improving functional fitness outcomes: Results from a randomized controlled trial. *Journals of Gerontology, Series A: Biological Sciences and Medical Sciences* 71: 406–411.

Granacher, U. 2011. *Balance and strength performance in children, adolescents, and seniors.* Hamburg, Germany: Verlag Dr. Kovac.

Granacher, U., Gollhofer, A., Hortobagyi, T., Kressig, R.W., and Muehlbauer, T. 2013. The importance of trunk muscle strength for balance, functional performance, and fall prevention in seniors: A systematic review. *Sports Medicine* 43: 627–641.

Granacher, U., Gruber, M., and Gollhofer. 2010. Force production capacity and functional reflex activity in young and elderly men. *Aging Clinical and Experimental Research* 22: 374–382.

Granacher, U., Kressig, R.W., Borde, R., Lesinski, M., Bohm, S., Mersmann, F., and Arampatzis, A. 2017. Muscular strength and balance in old age: Effects and dose–response relation–ships following resistance and balance training. *Neurologie und Rehabilitation* 23: 61–76.

Granacher, U., Muehlbauer, T., Zahner, L., Gollhofer, A., and Kressig, R.W. 2011. Comparison of traditional and recent approaches in the promotion of balance and strength in older adults. *Sport Medicine* 41: 377–400.

Granacher, U., Muehlbauer, T., and Gruber, M. 2012. A qualitative review of balance and strength performance in healthy older adults: Impact for testing and training. *Journal of Aging Research* 2012: 708–905.

Gras, L.Z., Ganley, K.J., Bosch, P.R., Mayer, J.E., and Pohl, P.S. 2017. Convergent validity of the sharpened Romberg. *Physical and Occupational Therapy in Geriatrics* [Epub ahead of print].

Graversen, P., Abildstrøm, S.Z., Jespersen, L., Borglykke, A., and Prescott, E. 2016. Cardiovascular risk prediction: Can Systematic COronary Risk Evaluation (SCORE) be improved by adding simple risk markers? Results from the Copenhagen City Heart Study. *European Journal of Preventive Cardiology* 23: 1546–1556.

Graves, J.D., Webb, M., Pollock, M.L., Matkozich, J., Leggett, S.H., Carpenter, D.M., Foster, D.N., and Cirulli, J. 1994. Pelvic stabilization during resistance training: Its effect on the development of lumbar extension strength. *Archives of Physical Medicine and Rehabilitation* 75: 211–215.

Graves, J.E., Pollock, M.L., Colvin, A.B., Van Loan, M., and Lohman, T.G. 1989. Comparison of different bioelectrical impedance analyzers in the prediction of body composition. *American Journal of Human Biology* 1: 603–611.

Graves, L., Stratton, G., Ridgers, N.D., and Cable, N.T. 2007. Comparison of energy expenditure in adolescents when playing new generation and sedentary computer games: Cross–sectional study. *British Medical Journal* 335: 1282–1284.

Gray, D.S., Bray, G.A., Gemayel, N., and Kaplan, K. 1989. Effect of obesity on bioelectrical impedance. *American Journal of Clinical Nutrition* 50: 255–260.

Gray, M., and Paulson, S. 2014. Developing a measure of muscular power during a functional task for older adults. *BMC Geriatrics* 14: 145.

Green, J.M., Crews, T.R., Pritchett, R.C., Mathfield, C., and Hall, L. 2004. Heart rate and ratings of perceived exertion during treadmill and elliptical exercise training. *Perceptual and Motor Skills* 98: 340–348.

Greene, P.F., Durall, C.J., and Kernozek, T.W. 2012. Intersession reliability and concurrent validity of isometric endurance tests for the lateral trunk muscles. *Journal of Sport Rehabilitation* 21: 161–166.

Greene, W.B., and Heckman, J.D. 1994. *The clinical measurement of joint motion.* Rosemont, IL: American Academy of Orthopaedic Surgeons.

Grembowski, D., Patrick, D., Diehr, P., Durham, M., Beresford, S., Kay, E., and Hecht, J. 1993. Self-efficacy and health behavior among older adults. *Journal of Health and Social Behavior* 34(6): 89–104.

Grenier, S.G., Russell, C., and McGill, S.M. 2003. Relationships between lumbar flexibility, sit–and–reach test, and a previous history of low back discomfort in industrial workers. *Canadian Journal of Applied Physiology* 28: 165–177.

Gribble, P.A., and Hertel, J. 2003. Considerations for normalizing measures of the star excursion balance test. *Measurement in Physical Education and Exercise Science* 7: 89–100.

Grier, T., Canham–Chervak, M., McNulty, V., and Jones, B.H. 2013. Extreme conditioning programs and injury risk in a US Army Brigade Combat Team. *U.S. Army Medical Depart-ment Journal* (1 October): 36–47.

Griffin, S., Robergs, R., and Heyward, V. 1997. Assessment of exercise blood pressure: A review. *Medicine & Science in Sports & Exercise* 29: 149–159.

Grossman, J.C., and Deitrick, R.W. 2015. Air displacement plethysmography and resistance exercise. *Internet Journal of Allied Health Sciences and Practice.*

Gruber, J.J., Pollock, M.L., Graves, J.E., Colvin, A.B., and Braith, R.W. 1990. Comparison of Harpenden and Lange calipers in predicting body composition. *Research Quarterly for Exercise and Sport* 61: 184–190.

Guariglia, D.A., Pereira, L.M., Dias, J.M., Pereira, H.M., Menacho, M.O., Silva, D.A., Ayrino, E.S., and Cardoso, J.R. 2011. Time–of–day effect on hip flexibility associated with the modified sit–and–reach test in males. *International Journal of Sports Medicine* 32: 947–952.

Gudivaka, R., Schoeller, D., and Kushner, R.F. 1996. Effect of skin temperature on multifrequency bioelectrical impedance analysis. *Journal of Applied Physiology* 81: 838–845.

Guglani, R., Shenoy, S., and Singh, J. 2014. Effect of progressive pedometer based walking intervention on quality of life and general well being among patients with type 2 diabetes. *Journal of Diabetes & Metabolic Disorders* 13: 110–120.

Guidetti, L., Sgadari, A., Buzzachera, C.F., Broccatelli, M., Utter, A.C., Goss, F.L., and Baldari, C. 2011. Validation of the OMNI–cycle scale of perceived exertion in the elderly. *Journal of Aging and Physical Activity* 19: 214–224.

Guimaraes, R.M., and Isaacs, B. 1980. Characteristics of gait in old people who fall. *International Rehabilitation Medicine* 2: 177–180.

Guimarães–Ferreira, L., Cholewa, J.M., Naimo, M.A., Zhi, X.I., Magagnin, D., de S á, R.B., Streck, E.L., Teixeira Tda, S., and Zanchi, N.E. 2014. Synergistic effects of resistance training and protein intake: Practical aspects. *Nutrition* 30(10): 1097–1103.

Guralnik, J.M., Seeman, T.E., Tinetti, M.E., Nevitt, M.C., and Berkman, L.F. 1994. Validation and use of performance measures of functioning in a non–disabled older population: MacArthur studies of successful aging. *Aging Clinical and Experimental Research* 6: 410–419.

Guskiewicz, K.M. 2011. Balance assessment in the management of sport–related concussion. *Clinics in Sports Medicine* 30: 89–102.

Guskiewicz, K.M., and Perrin, D.H. 1996. Research and clinical applications of assessing balance. *Journal of Sport Rehabil-itation* 5: 45–63.

Gustavsen, P.H., Hoegholm, A., Bang, L.E., and Kristensen, K.S. 2003. White coat hypertension is a cardiovascular risk factor. A 10–year follow–up study. *Journal of Human Hypertension* 17: 811–817.

Guy, J.A., and Micheli, L.J. 2001. Strength training for children and adolescents. *Journal of the American Academy of Ortho-paedic Surgeons* 9: 29–36.

Habash, D. 2002. Tactile and interpersonal techniques for fatfold anthropometry. School of Medicine. Ohio State University. Unpublished paper.

Habib, Z., and Westcott, S. 1998. Assessment of anthropometric factors on balance tests in children. *Pediatric Physical Therapy* 10: 101–109.

Haff, G.G. 2016. Periodization. In *Essentials of strength training and conditioning, 4th ed.,* ed. G.G. Haff and N.T. Triplett, 583–604. Champaign, IL: Human Kinetics.

Hagerman, F. 1993. *Concept II rowing ergometer nomogram for prediction of maximal oxygen consumption* [abstract]. Morrisville, VT: Concept II.

Hall, K.D., Sacks, G., Chandramohan, D., Chow, C.C., Wang, C., Gortmaker, S.L., and Swinburn, B.A. 2011. Quantification of the effect of energy imbalance on bodyweight. *Lancet* 378(9793): 826–837.

Halvarsson, A., Dohrn, I-M., and Stahle, A. 2015. Taking balance training for older adults one step further: The rationale for and description of a proven balance training programme. *Clinical Rehabilitation* 29: 417–425.

Han, L., and Yang, F. 2015. Strength or power, which is more important to prevent slip–related falls? *Human Movement Science* 44: 192–200.

Handelsman, Y., Bloomgarden, Z.T., Grungerger, G., Umpierrrez, G., Zimmerman, R.S., Bailey, T.S., Blonde, L., Bray, G.A., Cohen, A.J., Dagogo–Jack, S., Davidson, J.A., Einhorn, D., Ganda, O.P., Garber, A.J., Garvey, W.T., Henry, R.R., Hirsch, I.B., Horton, E.S., Hurley, D.L., Jellinger, P.S., Jova–novic, L., Lebovitz, H.E., LeRoith, D., Levy, P., McGill, J.G., Mechanick, J.I., Mestman, J.H., Moghissi, E.S., Orzeck, E.A., Pessah–Pollack, R., Rosenblit, P.D., Vinik, A.I., Wyne, K., and Zzangeneh, F. 2015. American Association of Clinical Endocrinologists and American College of Endocrinology: Clinical practice guidelines for developing a diabetes mellitus comprehensive care plan—2015. *Endocrine Practice* 21(Suppl. 1): 1–87.

Hansen, D., Jacobs, N., Bex, S., D'Haene, G., Dendale, P. and Claes, N., 2011. Are fixed–rate step tests medically safe for assessing physical fitness? *European Journal of Applied Physiology* 111: 2593–2599.

Harmer, P., and Li, F. 2008. Tai chi and falls prevention in older people. *Medicine and Sport Science* 52: 124–134.

Harridge, S.D. 2007. Plasticity of human skeletal muscle: Gene expression to in vivo function. *Experimental Physiology* 92: 783–797.

Harries, S.K., Lubans, D.R., and Callister, R. 2015. Systematic review and meta–analysis of linear and undulating periodized resistance training programs on muscular strength. *Journal of Strength and Conditioning Research* 29: 1113–1125.

Harris, J.A., and Benedict, F.G. 1919. *A biometric study of basal metabolism in man* (publication no. 279). Washington, D.C.: Carnegie Institute.

Harris, M.L. 1969. A factor analytic study of flexibility. *Research Quarterly* 40: 62–70.

Harrison, G.G., Buskirk, E.R., Carter, L.J.E., Johnston, F.E., Lohman, T.G., Pollock, M.L., Roche, A.F., and Wilmore, J.H. 1988. Skinfold thicknesses and measurement technique. In *Anthropometric standardization reference manual*, ed. T.G. Lohman, A.F. Roche, and R. Martorell, 55–70. Champaign, IL: Human Kinetics.

Harrop, B.J., and Woodruff, S.J. 2015. Effects of acute and 2–hour postphysical activity on the estimation of body fat made by the Bod Pod. *Journal of Strength and Conditioning Research* 29: 1527–1533.

Hartley, L.H. 1975. Growth hormone and catecholamine response to exercise in relation to physical training. *Medicine and Science in Sports* 7: 34–36.

Hartley, L.H., Mason, J.W., Hogan, R.P., Jones, L.G., Kotchen, T.A., Mougey, E.H., Wherry, R., Pennington, L., and Ricketts, P. 1972. Multiple hormonal responses to graded exercise in relation to physical conditioning. *Journal of Applied Physiology* 33: 602–606.

Hartley–O'Brien, S.J. 1980. Six mobilization exercises for active range of hip flexion. *Research Quarterly for Exercise and Sport* 51: 625–635.

Hasanpour–Dehkordi, A., Dehghani, A., and Solati, K. 2017. A comparison of the effects of Pilates and McKenzie training on pain and general health in men with chronic low back pain: A randomized trial. *Indian Journal of Palliative Care* 23: 36–40.

Haskell, W.L., Lee, I.M., Pate, R.R., Powell, K.E., Blair, S.N., Franklin, B.A., Macera, C.A., Heath, G.W., Thompson, P.D., and Bauman, A. 2007. Physical activity and public health: Updated recommendation for adults from the American College of Sports Medicine and the American Heart Association. *Medicine & Science in Sports & Exercise* 39(8): 1423–1434.

Hass, C.J., Garzarella, L., De Hoyas, D., and Pollock, M. 2000. Single versus multiple sets in long–term recreational weight–lifters. *Medicine & Science in Sports & Exercise* 32: 235–242.

Hastuti, J., Kagawa, M., Byrne, N.M., and Hills, A.P. 2016. Proposal of new body composition prediction equations from bioelectrical impedance for Indonesian men. *European Journal of Clinical Nutrition* 70: 1271–1277.

Hawk, C., Hyland, J.K., Rupert, R., Colonvega, M., and Hall, S. 2006. Assessment of balance and risk for falls in a sample of community–dwelling adults aged 65 and older. *Chiropractic & Osteology* 14: 3–10.

Hawkins, M.N., Raven, P.B., Snell, P.G., Stray–Gundersen, J., and Levine, B.D. 2007. Maximal oxygen uptake as a parametric measure of cardiorespiratory capacity. *Medicine & Science in Sports & Exercise* 39: 103–107.

Hayes, A., and Cribb, P.J. 2008. Effect of whey protein isolate on strength, body composition, and muscle hypertrophy during resistance training. *Current Opinion in Clinical Nutrition and Metabolic Care* 11: 40–44.

Hayes, P.A., Sowood, P.J., Belyavin, A., Cohen, J.B., and Smith, F.W. 1988. Subcutaneous fat thickness measured by magnetic resonance imaging, ultrasound, and calipers. *Medicine & Science in Sports & Exercise* 20: 303–309.

Health Canada. 2003. *Canada's physical activity guide to healthy active living.* Version 9.

Hebden, L., Balestracci, K., McGeechan, K., Denney–Wilson, E., Harris, M., Bauman, A., and Allman–Farnelli, M. 2013. "TXT2BFIT" a mobile phone–based healthy lifestyle program for preventing unhealthy weight gain in young adults: Study protocol for a randomized controlled trial. *Trials* 14: 75.

Hegedus, E.J., McDonough, S.M., Bleakley, C., Baxter, D., and Cook, C.E. 2015. Clinician–friendly lower extremity physical performance tests in athletes: A systematic review of mea–surement properties and correlation with injury. Part 2—the tests for hip, thigh, foot and ankle including the star excursion balance test. *British Journal of Sports Medicine* 49: 649–656.

Heil, D.P. 1997. Body mass scaling of peak oxygen uptake in 20– to 79–year–old adults. *Medicine & Science in Sports & Exercise* 29: 1602–1608.

Heinrich, K.M., Patel, P.M., O'Neal, J.L., and Heinrich, B.S. 2014. High–intensity compared to moderate–intensity training for exercise initiation, enjoyment, adherence, and intentions: An intervention study. *BMC Public Health* 14: article 789.

Henschke, N., and Lin, C.C. 2011. Stretching before or after exercise does not reduce delayed–onset muscle soreness. *British Journal of Sport Medicine* 45: 1249–1250.

Henwood, T.R., and Taaffe, D.R. 2003. Beneficial effects of high–velocity resistance training in older adults. *Medicine & Science in Sports & Exercise* 35(Suppl.): S292 [abstract]. Herbert, D.L. 1995. First state licenses exercise physiologists. *Fitness Management* October: 26–27.

Herbert, D.L. 2004. New law to regulate personal trainers proposed in Oregon. *The Exercise Standards and Malpractice Reporter* 18(2): 17, 20–24.

Herbert, R.D., de Noronha, M., and Kamper, S.J. 2011. Stretching to prevent or reduce muscle soreness after exercise. *Cochrane Database of Systematic Reviews* [online] 7: CD004577.

Herda, T.J., Costa, P.B., Walter, A.A., Ryan, E.D., Hoge, K.M., Kerksick, C.M., Stout, J.R., and Cramer, J.T. 2011. Effects of two modes of static stretching on muscle strength and stiffness. *Medicine & Science in Sports & Exercise* 43: 1777–1784.

Herda, T.J., Herda, N.D., Costa, P.B., Walter–Herda, A.A., Valdez, A.M., and Cramer, J.T. 2013. The effects of dynamic stretching on the passive properties of the muscletendon unit. *Journal of Sports Sciences* 31: 479–487.

Herman, T., Giladi, N., and Hausdorff, J.M. 2011. Properties of the "timed up and go" test: More than meets the eye. *Gerontology* 57: 203–210.

Hermansen, L., and Saltin, B. 1969. Oxygen uptake during maximal treadmill and bicycle exercise. *Journal of Applied Physiology* 26: 31–37.

Hertel, J., Braham, R.A., Hale, S.A., and Olmsted–Kramer, L.C. 2006. Simplifying the star excursion balance test: Analyses of subjects with and without chronic ankle instability. *Journal of Orthopaedic & Sports Physical Therapy* 36: 131–137.

Hertel, J., Miller, S.J., and Denegar, C.R. 2000. Intratester and intertester reliability during the star excursion balance tests. *Journal of Sport Rehabilitation* 9: 104–116.

Hess, J.A., and Woollacott, M. 2005. Effect of high–intensity strength–training on functional measures of balance ability in balance–impaired older adults. *Journal of Manipulative and Physiological Therapeutics* 28: 582–590.

Hettinger, T., and Muller, E.A. 1953. Muskelleistung und muskeltraining. *European Journal of Applied Physiology* 15: 111–126.

Heymsfield, S.B., Peterson, C.M., Thomas, D.M., Heo, M., and Schuna, J.M. Jr. 2016. Why are there race/ethnic differences in adult body mass index–adiposity relationships? A quantitative critical review. *Obesity Reviews* 17: 262–275.

Heymsfield, S.B., Wang, J., Lichtman, S., Kamen, Y., Kehayias, J., and Pierson, R.N. 1989. Body composition in elderly subjects: A critical appraisal of clinical methodology. *American Journal of Clinical Nutrition* 50: 1167–1175.

Heyward, V.H., and Wagner, D.R. 2004. *Applied body composition assessment,* 2nd ed. Champaign, IL: Human Kinetics.

Hickson, R.C., and Rosenkoetter, M.A. 1981. Reduced training frequencies and maintenance of increased aerobic power. *Medicine & Science in Sports & Exercise* 13: 13–16.

Higgins, P.B., Fields, D.A., Hunter, G.R., and Gower, B.A. 2001. Effect of scalp and facial hair on air displacement plethysmography estimates of percentage of body fat. *Obesity Research* 9: 326–330.

Hill, J.O., and Melanson, E.L. 1999. Overview of the determinants of overweight and obesity: Current evidence and research issues. *Medicine & Science in Sports & Exercise* 31(Suppl.): S515–S521.

Hillsdon, M., Coombes, E., Griew, P., and Jones, A. 2015. An assessment of the relevance of the home neighbourhood for understanding environmental influences on physical activity: How far from home do people roam? *International Journal of Behavioral Nutrition* 12: 100.

Himes, J.H., and Frisancho, R.A. 1988. Estimating frame size. In *Anthropometric standardization reference manual,* ed. T.G. Lohman, A.F. Roche, and R. Martorell, 121–124. Champaign, IL: Human Kinetics.

Hindle, K.B., Whitcomb, T.J., Briggs, W.O., and Hong, J. 2012. Proprioceptive neuromuscular facilitation (PNF): Its mechanisms and effects on range of motion and muscular function. *Journal of Human Kinetics* 31: 105–113.

Hirsh, J. 1971. Adipose cellularity in relation to human obesity. *Advances in Internal Medicine* 17: 289–300.

Ho, M., Garnett, S.P., Baur, L.A., Burrows, T., Stewart, L., Neve, M., and Collins, C. 2013. Impact of dietary and exercise interventions on weight change and metabolic outcomes in obese children and adolescents: A systematic review and meta–analysis of randomized trials. *JAMA Pediatrics* 167: 759–768.

Ho, N–T–V.S., Olds, T., Schranz, N., and Maher, C. 2017. Secular trends in the prevalence of childhood overweight and obesity across Australian states: A meta–analysis. *Journal of Science and Medicine in Sport* 20: 480–488.

Hodgkins, J., and Skubic, V. 1963. Cardiovascular efficiency test scores for college women in the United States. *Research Quarterly* 34: 454–461.

Hoeger, W.W.K. 1989. *Lifetime physical fitness and*

wellness. Englewood Cliffs, NJ: Morton.

Hoeger, W.W.K., and Hopkins, D.R. 1992. A comparison of the sit–and–reach and the modified sit–and–reach in the measurement of flexibility in women. *Research Quarterly for Exercise and Sport* 63: 191–195.

Hoeger, W.W.K., Hopkins, D.R., Button, S., and Palmer, T.A. 1990. Comparing the sit and reach with the modified sit and reach in measuring flexibility in adolescents. *Pediatric Exercise Science* 2: 156–162.

Hofsteenge, G.H., Chinapaw, M.J.M., Delemarrevan de Waal, H.A., and Weijs, P.J.M. 2010. Validation of predictive equations for resting energy expenditure in obese adolescents. *American Journal of Clinical Nutrition* 91: 1244–1254.

Hogrel, J–Y. 2015. Grip strength measured by high precision dynamometry in healthy subjects from 5 to 80 years. *BMC Musculoskeletal Disorders.* 16: 139.

Hoppeler, H. 2016. Moderate load eccentric exercise: A distinct novel training modality. *Frontiers in Physiology* 7: article 483.

Hoshang Bakhtiary, A., Aminian–Far, A., and Hedayati, R. 2013. Acute effects of static stretch on the static and dynamic balance indices in the young healthy nonathletic females. *Koomesh* 14: 431–438.

Houtkooper, L.B., Going, S.G., Lohman, T.G., Roche, A.F., and VanLoan, M. 1992. Bioelectrical impedance estimation of fat–free body mass in children and youth: A cross–validation study. *Journal of Applied Physiology* 72: 366–373.

Houtkooper, L.B., Going, S.B., Westfall, C.H., Lohman, T.G. 1989. Prediction of fat–free body corrected for bone mass from impedance and anthropometry in adult females. *Medicine & Science in Sports & Exercise* 21: 539 [abstract].

Howatson, G., and van Someren, K.A. 2008. The prevention and treatment of exercise–induced muscle damage. *Sports Medicine* 38: 483–503.

Howe, T.E., Rochester, L., Jackson, A., and Blair, V.A. 2007. Exercise for improving balance in older people (review). *Cochrane Database of Systematic Reviews* 4: CD004963.

Howe, T.E., Rochester, L., Neil, F., Skelton, D.A., and Ballinger, C. 2011. Exercise for improving balance in older people (review). *Cochrane Database of Systematic Reviews* 11: CD004963.

Howley, E.T. 2007. V.O2max and the plateau—needed or not? *Medicine & Science in Sports & Exercise* 39: 101–102.

Howley, E. 2008. Physical activity guidelines for Americans. *President's Council on Physical Fitness and Sports Research Digest Series* 9(4): December.

Howley, E.T., Colacino, D.L., and Swensen, T.C. 1992. Factors affecting the oxygen cost of stepping on an electronic stepping ergometer. *Medicine & Science in Sports & Exercise* 24: 1055–1058.

Hoxie, R.E. Rubenstein, L.Z., Hoenig, H., and Gallagher, B.R. 1994. The older pedestrian. *Journal of the American Geri-atrics Society* 42: 444–450.

Hsieh, S.D., Yoshinaga, H., and Muto, T. 2003. Waist–to–height ratio, a simple and practical index for assessing central fat distribution and metabolic risk in Japanese men and women. *International Journal of Obesity* 27: 610–616.

Huang, Y., Cai, X., Liu, C., Zhu, D., Hua, J., Hu, Y., Peng, J., and Xu, D. 2015. Prehypertension and the risk of coronary heart disease in Asian and Western populations: A meta–analysis. *Journal of the American Heart Association.*

Huang, Y., and Liu, X. 2015. Improvement of balance control ability and flexibility in the elderly tai chi chuan (TCC) practitioners: A systematic review and meta–analysis. *Archives of Gerontology and Geriatrics* 60: 233–238.

Hubley–Kozey, C.L. 1991. Testing flexibility. In *Physiological testing of the high-performance athlete,* ed. J.D. MacDougall, H.A. Wenger, and H.J. Green, 309–359. Champaign, IL: Human Kinetics.

Hübscher, M., Zech, A., Pfeifer, K., Hänsel, F., Vogt, L., and Banzer, W. 2010. Neuromuscular training for sports injury prevention: A systematic review. *Medicine & Science in Sports & Exercise* 42: 413–421.

Hudson, J., Hiripi, E., Pope, H., and Kessler, R. 2007. The prevalence and correlates of eating disorders in the National Comorbidity Survey Replication. *Biological Psychiatry* 61(3): 348–358.

Hui, S.C., and Yuen, P.Y. 2000. Validity of the modified backsaver sit–and–reach test: A comparison with other protocols. *Medicine & Science in Sports & Exercise* 32: 1655–1659.

Hui, S.C., Yuen, P.Y., Morrow, J.R., and Jackson, A.W. 1999. Comparison of the criterion–related validity of sit–and–reach tests with and without limb length adjustment in Asian adults. *Research Quarterly for Exercise and Sport* 70: 401–406.

Hui, S.S–C., Xie, Y.J., Woo, J., and Kwok, T.C–Y. 2015. Effects of tai chi and walking exercises on weight loss, metabolic syndrome parameters, and bone mineral density: A cluster randomized controlled trial. *Evidence-Based Complementary and Alternative Medicine.*

Hulsey, C.R., Soto, D.T., Koch, A.J., and Mayhew, J.L. 2012. Comparison of kettlebell swings and treadmill running at equivalent rating of perceived values. *Journal of Strength and Conditioning Research* 26: 1203–1207.

Human Kinetics. 1995. *Practical body composition kit.* Champaign, IL: Author.

Hunt, T.N., Ferrara, M.S., Bornstein, R.A., and Baumgartner, T.A. 2009. The reliability of the modified balance error scoring system. *Clinical Journal of Sports Medicine* 19: 471–475.

Hunter, G.R., Brock, D.W., Byrne, N.M., Chandler-Laney, P.C., Del Corral, P., and Gower, B.A. 2010. Exercise training prevents regain of visceral fat for 1 year following weight loss. *Obesity* 18: 690–695.

Hunter, G.R., Wetzstein, C.J., McLafferty, C.L., Zuckerman, P.A., Landers, K.A., and Bamman, M.M. 2001. High–resistance versus variable–resistance training in older adults. *Medicine & Science in Sports & Exercise* 33: 1759–1764.

Hurkmans, H.L., Ribbers, G.M., Streur–Kranenburg, M.F., Stam, H.J., and van den Berg–Emons, R. 2011. Energy expenditure in chronic stroke patients playing Wii Sports: A pilot study. *Journal of Neuro Engineering and Rehabilitation* 8: 38–44.

Hurst, P.R., Walsh, D.C.I., Conlon, C.A., Ingram, M., Kruger, R., and Stonehouse, W. 2016. Validity and reliability of bioelectrical impedance analysis to estimate body fat percentage against air displacement plethysmography and dualenergy X–ray absorptiometry. *Nutrition and Dietetics* 73: 197–204.

Husu, P., and Suni, J. 2012. Predictive validity of health–related fitness tests on back pain and related disability: A 6–year follow–up study among high-functioning older adults. *Journal of Physical Activity and Health* 9: 249–258.

Hyldahl, R.D., and Hubal, M.J. 2014. Lengthening our perspective: Morphological, cellular, and molecular responses to eccentric exercise. *Muscle and Nerve* 49: 155–170.

Idema, R.N., van den Meiracker, A.H., and Imholz, B.P.M. 1989. Comparison of Finapres noninvasive beat–to–beat finger blood pressure with intrabrachial artery pressure during and after bicycle ergometry. *Journal of Hypertension* 7(Suppl. 6): S58–S59.

Ikai, M., and Fukunaga, T. 1968. Calculation of muscle strength perunit cross–sectional area of human muscle by means of ultrasonic measurement. *European Journal of Applied Physiology* 26: 26–32.

Imboden, M.T., Nelson, M.B., Kaminsky, L.A., and Montoye, A.H.K. 2017. Comparison of four Fitbit and Jawbone activity monitors with a research–grade ActiGraph accelerometer for estimating physical activity and energy expenditure. *British Journal of Sports Medicine* 0:1.

Imtiyaz, S., Veqar, Z., and Shareef, M.Y. 2014. To compare the effect of vibration therapy and massage in prevention of delayed onset muscle soreness (DOMS). *Journal of Clinical and Diagnostic Research* 8: 133–136.

Instebo, A., Helgheim, V., and Greve, G. 2012. Repeatability of blood pressure measurements during treadmill exercise. *Blood Pressure Monitoring* 17: 69–72.

Institute of Medicine. 2002/2005. *Dietary reference intakes for energy, carbohydrates, fiber, fat, fatty acids, cholesterol, protein, and amino acids.* Washington, D.C.: National Academies Press.International Association for the Study of Obesity. 2012. Estimates of relative risk of disease per unit of BMI above 22 kg/m².

International Atomic Energy Association. 2010. Dual energy X–ray absorptiometry for bone mineral density and body composition assessment. *IAEA Human Health Series* number 15, Vienna.

International Diabetes Foundation. 2006. IDF consensus worldwide definition of the metabolic syndrome.

International Osteoporosis Foundation. 2015. Epidemiology.

Invergo, J.J., Ball, T.E., and Looney, M. 1991.

Relationship of pushups and absolute muscular endurance to bench press strength. *Journal of Applied Sport Science Research* 5: 121–125.

Irving, B.A., Davis, C.K., Brock, D.W., Weltman, J.Y., Swift, D., Barrett, E.J., Gaesser, G.A., and Weltman, A. 2008. Effect of exercise training intensity on abdominal visceral fat and body composition. *Medicine & Science in Sports & Exercise* 40: 1863–1872.

Isacowitz, R. 2014. *Pilates, 2nd ed.* Champaign, IL: Human Kinetics.

Ishikawa, J., Ishikawa, Y., Edmondson, D., Pickering, T.G., and Schwartz, J.E. 2011. Age and the difference between awake ambulatory blood pressure and office blood pressure: A meta–analysis. *Blood Pressure Monitoring* 16: 159–167.

Ishikawa, S., Kim, Y., Kang, M., and Morgan, D.W. 2013. Effects of weight–bearing exercise on bone health in girls: A meta–analysis. *Sports Medicine* 43: 875–892.

Ismail, I., Keating, S.E., Baker, M.K., and Johnson, N.A. 2012. A systematic review and meta–analysis of the effect of aerobic vs. resistance exercise training on visceral fat. *Obesity Reviews* 13: 68–91.

Ito, T., Shirado, O., Suzuki, H., Takahaski, M., Kaneda, K., and Strax, T.E. 1996. Lumbar trunk muscle endurance testing: An expensive alternative to a machine for evaluation. *Archives of Physical Medicine and Rehabilitation* 77: 75–79.

Jackson, A. 1984. Research design and analysis of data procedures for predicting body density. *Medicine & Science in Sports & Exercise* 16: 616–620.

Jackson, A.S., Ellis, K.J., McFarlin, B.K., Sailors, M.H., and Bray, M.S. 2009. Cross–validation of generalized body composition equations with diverse young men and women: The Training Intervention and Genetics of Exercise Response (TIGER) Study. *British Journal of Nutrition* 101: 871–878.

Jackson, A.S., and Pollock, M.L. 1976. Factor analysis and multivariate scaling of anthropometric variables for the assessment of body composition. *Medicine & Science in Sports & Exercise* 8: 196–203.

Jackson, A.S., and Pollock, M.L. 1978. Generalized equations for predicting body density of men. *British Journal of Nutrition* 40: 497–504.

Jackson, A.S., and Pollock, M.L. 1985. Practical assessment of body composition. *The Physician and Sportsmedicine* 13: 76–90.

Jackson, A.S., Pollock, M.L., Graves, J.E., and Mahar, M.T. 1988. Reliability and validity of bioelectrical impedance in determining body composition. *Journal of Applied Physiology* 64: 529–534.

Jackson, A.S., Pollock, M.L., and Ward, A. 1980. Generalized equations for predicting body density of women. *Medicine & Science in Sports & Exercise* 12: 175–182.

Jackson, A.W., and Langford, N.J. 1989. The criterion-related validity of the sit–and–reach test: Replication and extension of previous findings. *Research Quarterly for Exercise and Sport* 60: 384–387.

Jackson, A.W., Morrow, J.R., Brill, P.A., Kohl, H.W.,

Gordon, N.F., and Blair, S.N. 1998. Relations of sit–up and sit–and–reach tests to low back pain in adults. *Journal of Orthopaedic and Sports Physical Therapy* 27: 22–26.

Jäger, R., Kerksick, C.M., Campbell, B.I., Cribb, P.J., Wells, S.D., Skwiat, T.M., Purpura, M., Ziegenfuss, T.N., Ferrando, A.A., Arent, S.M., Smith–Ryan, A.E., Stout, J.R., Arciero, P.J., Ormsbee, M.J., Taylor, L.W., Wilborn, C.D., Kalman, D.S., Kreider, R.B., Willoughby, D.S., Hoffman, J.R., Krzykowski, J.L., and Antonio, J. 2017. International society of sports nutrition position stand: Protein and exercise. *Journal of the International Society of Sports Nutrition* 14: 20.

Jahnke, R., Larkey, L., Rogers, C., Etnier, J., and Lin, F. 2010. A comprehensive review of health benefits of qigong and tai chi. *American Journal of Health Promotion* 24: e1–e25.

Jakicic, J.M., Davis, K.K., Rogers, R.J., King, W.C., Marcus, M.D., Helsel, D., Rickman, A.D., Wahed, A.S., and Belle, S.H. 2016. Effect of wearable technology combined with a lifestyle intervention on long–term weight loss: The IDEA randomized clinical trial. *Journal of the American Medical Association* 316(11): 1161–1171.

James, P.A., Oparil, S., Carter, B.L., Cushman, W.C., Dennison–Himmelfarb, C., Handler, J., Lackland, D.T., LeFevre, M.L., MacKenzie, T.D., Ogedegbe, O., Smith, S.C. Jr., Svet–key, L.P., Taler, S.J., Townsend, R.R., Wright, J.T. Jr., Narva, A.S., and Ortiz, E. 2014. 2014 Evidence–based guideline for the management of high blood pressure in adults: Report from the panel members appointed to the Eighth Joint National Committee (JNC8). *Journal of the American Medical Asso-ciation* 311: 507–520.

Jankowska, M.M., Schipperijn, J., and Kerr, J. 2015. A framework for using GPS in physical activity and sedentary behavior studies. *Exercise and Sport Sciences Reviews* 43: 48–56.

Jankowski, M., Niedzielska, A., Brzezinski, M., and Drabik, J. 2015. Cardiorespiratory fitness in children: A simple screening test for population studies. *Pediatric Cardiology* 36(1): 27–32.

Janssen, P. 2001. *Lactate Threshold Training.* Champaign, IL: Human Kinetics.

Jay, K., Frisch, D., Hansen, K., Zebis, M.K., Andersen, C.H., Mortensen, O.S., and Andersen, L.L. 2011. Kettlebell training for musculoskeletal and cardiovascular health: A randomized controlled trial. *Scandinavian Journal of Work, Environment and Health* 37: 196–203.

Jdanov, D.A., Deev, A.D., Jasilionis, D., Shalnova, S.A., Shkolnikova, M.A., and Shkolnikov, V.M. 2014. Recalibration of the SCORE risk chart for the Russian population. *European Journal of Epide-miology* 29: 621–628.

Jeans, E.A., Foster, C., Porcari, J.P., Gibson, M., and Doberstein, S. 2011. Translation of exercise testing to exercise prescription using the Talk Test. *Journal of Strength and Conditioning Research* 25: 590–596.

Jenkins, W.L., Thackaberry, M., and Killian, C. 1984. Speed–specific isokinetic training. *Journal of Ortho-paedic and Sports Physical Therapy* 6: 181–183.

Jeter, P.E., Nkodo, A–F., Moonaz, S.H., and Dagnelie, G. 2014. A systematic review of yoga for balance in a healthy population. *Journal of Alternative and Complementary Medicine* 20: 221–232.

Johansson, J., Nordström, A., and Nordström, P. 2015. Objectively measured physical activity is associated with parameters of bone in 70–year–old men and women. *Bone* 81: 72–79.

Johns, R.J., and Wright, V. 1962. Relative importance of various tissues in joint stiffness. *Journal of Applied Physiology* 17: 824–828.

Johnson, A.W., Mitchell, U.H., Meek, K., and Feland, J.B. 2014. Hamstring flexibility increases the same with 3 or 9 repetitions of stretching held for a total time of 90s. *Physical Therapy in Sport* 15: 101–105.

Johnson, B.L., and Nelson, J.K., eds. 1986. *Practical measurements for evaluation in physical education.* Minneapolis: Burgess.

Jones, B.H., and Knapik, J.J. 1999. Physical training and exercise–related injuries. *Sports Medicine* 27: 111–125.

Jones, C.J., Rikli, R.E., Max, J., and Noffal, G. 1998. The reliability and validity of a chair sit–and–reach test as a measure of hamstring flexibility in older adults. *Research Quarterly for Exercise and Sport* 69: 338–343.

Jones, D.W., Frohlich, E.D., Grim, C.M., Grim, C.E., and Taubert, K.A. 2001. Mercury sphygmomano–meters should not be abandoned: An advisory statement from the Council for High Blood Pressure Research, American Heart Association. *Hyper-tension* 37: 185–186.

Jones, H.A., Putt, G.E., Rabinovitch, A.E., Hubbard, R., and Snipes, D. 2017. Parenting stress, readiness to change, and child externalizing behaviors in families of clinically referred children. *Journal of Child and Family Studies* 26: 225–233.

Jones, M.T., and Lorenzo, D.C. 2013. Assessment of power, speed, and agility in athletic, preadolescent youth. *Journal of Sports Medicine and Physical Fitness* 53: 693–700.

Jørstad, J.T., Boekholdt, S.M., Wareham, N.J., Khaw, K.T., and Peters, R.J.G. 2017. The Dutch SCORE–based risk charts seriously underestimate the risk of cardiovascular disease. *Netherlands Heart Journal* 25: 173–180.

Joshua, A.M., D'Souza, V., Unnikrishnan, B., Mithra, P., Kamath, A., Acharya, V., and Venugopal, A. 2014. Effectiveness of progressive resistance training versus traditional balance exercise in improving balance among the elderly—a randomized controlled trial. *Journal of Clinical and Diag-nostic Research* 8: 98–102.

Jowko, E., Ostaszewski, P., and Jank, M. 2001. Creatine and β–hydroxy–β–methylbutyrate (HMB) additively increase lean body mass and muscle strength during weight–training program. *Nutrition*

17: 558–566.

Judex, S., and Rubin, C.T. 2010. Is bone formation induced by high–frequency mechanical signals modulated by muscle activity? 2010. *Journal of Musculoskeletal and Neuronal Interactions* 10: 3–11.

Juker, D., McGill, S., Kropf, P., and Steffen, T. 1998. Quantitative intramuscular myoelectric activity of lumbar portions of psoas and the abdominal wall during a wide variety of tasks. *Medicine & Science in Sports & Exercise* 30: 301–310.

Kahn, H.S., Gu, Q., Bullard, K.M., Freedman, D.S., Ahluwalia, N., and Ogden, C.L. 2014. Population distribution of the sagittal abdominal diameter (SAD) from a representative sample of US adults: Comparison of SAD, waist circumference and body mass index for identifying dysglycemia. *PLoS One* 9(10): e108707.

Kahraman, B.O., Sengul, Y.S., Kahraman, T., and Kalemci, O. 2016. Developing a reliable core stability assessment battery for patients with nonspecific low back pain. *Spine* 41: E844–E850.

Kallioinen, N., Hill, A., Horswill, M.S., Ward, H.E., and Watson, M.O., 2017. Sources of inaccuracy in the measurement of adult patients' resting blood pressure in clinical settings: A systematic review. *Journal of Hypertension* 35: 421–441.

Kalisch, T., Kattenstroth, J.C., Noth, S., Tegenthoff, M., and Dinse, H.R. 2011. Rapid assessment of age-related differences in standing balance. *Journal of Aging Research* 2011: 160490.

Kametas, N.A., McAuliffe, F., Krampl, E., Nicolaides, K.H., and Shennan, A.H. 2006. Can aneroid sphyg-momanometers be used at altitude? *Journal of Human Hypertension* 20: 517–522.

Kaminsky, L.A., and Whaley, M.H. 1998. Evaluation of a new standardized ramp protocol: The BSU/Bruce ramp protocol. *Journal of Cardiopulmonary Rehabilitation* 18: 438–444.

Kamioka, H., Tsutani, K., Katsumata, Y., Yoshizaki, T., Okuizumi, H., Okada, S., Park, S.J., Kitayuguchi, J., Abe, T., and Mutoh, Y. 2016. Effectiveness of Pilates exercise: A quality evaluation and summary of systematic reviews based on randomized controlled trials. *Complementary Therapies in Medicine* 25: 1–19.

Kanis, J.A., Borgstrom, F., De Laet, C., Johansson, H., Johnell, O., Jonsson, B., Oden, A., Zethraeus, N., Pfleger, B., and Khaltaev, N. 2005. Assessment of fracture risk. *Osteoporosis International* 16: 581–589.

Kanis, J.A., Oden, A., McCloskey, E.V., Johansson, H., Wahl, D.A., and Cooper, C. 2012. A systematic review of hip fracture incidence and probability of fracture.

Katanista, A., Król–Zielinska, M., Borowiec, J., Glapa, A., Lisowski, P., and Bronikowski, M. 2015. Physical activity of female children and adolescents based on step counts: Meeting the recommendation and relation to VMI. *Biomedical Human Kinetics* 7: 66–72.

Katch, F.I., Clarkson, P.M., Kroll, W., McBride, T., and Wilcox, A. 1984. Effects of sit–up exercise training on adipose cell size and adiposity. *Research Quarterly for Exercise and Sport* 55: 242–247.

Katch, F.I., McArdle, W.D., Czula, R., and Pechar, G.S. 1973. Maximal oxygen intake, endurance running performance, and body composition in college women. *Research Quarterly* 44: 301–312.

Kattus, A.A., Hanafee, W.N., Longmire, W.P., MacAlpin, R.N., and Rivin, A.U. 1968. Diagnosis, medical and surgical management of coronary insufficiency. *Annals of Internal Medicine* 69: 115–136.

Kaur, J. 2014. A comprehensive review on metabolic syndrome. *Cardiology Research and Practice.*

Kay, A.D., Dods, S., and Blazevich, A.J. 2016. Acute effects of contractrelax (CR) stretch versus a modified CR technique. *European Journal of Applied Physiology* 116: 611–621.

Keim, N.L., Blanton, C.A., and Kretsch, M.J. 2004. America's obesity epidemic: Measuring physical activity to promote an active lifestyle. *Journal of the American Dietetic Association* 104: 1398–1409.

Kell, A.B. 2011. The influence of periodized resistance training on strength changes in men and women. *Journal of Strength and Conditioning Research* 25: 735–744.

Kelley, G.A., and Kelley, K.S. 2006. Aerobic exercise and lipids and lipoproteins in men: A meta–analysis of randomized controlled trials. *Journal of Men's Health & Gender* 3(1): 61–70.

Kendall, K.L., Fukuda, D.H., Hyde, P.N., Smith–Ryan, A.E., Moon, J.R., and Stout, J.R. 2017. Esti-mating fat–free mass in elitelevel male rowers: A four–compartment model validation of laboratory and field methods. *Journal of Sports Sciences* 35(7): 624–633.

Kendrick, D., Kumar, A., Carpenter, H., Zijlstra, G.A., Skelton, D.A., Cook, J.R., Stevens, Z., Belcher, C.M., Haworth, D., Gawler, S.J., Gage, H., Masud, T., Bowling, A., Pearl, M., Morris, R.W., Iliffe, S., and Delbaere, K. 2014. Exercise for reducing fear of falling in older people living in the community. *Cochrane Database of Systematic Reviews* 11: CD009848.

Kerr, A., Slater, G.J., Byrne, N., and Nana, A. 2016. Reliability of 2 different positioning protocols for dualenergy X–ray absorptiometry measurement of body composition in healthy adults. *Journal of Clinical Densitometry: Assessment & Management of Musculoskeletal Health* 19: 282–289.

Kesäniemi, A., Riddoch, C.J., Reeder, B., Blair, S.N., and Sorensen, T.I.A. 2010. Advancing the future of physical activity guidelines in Canada: An independent expert panel interpretation of the evidence. *International Journal of Behavioral Nutrition and Physical Activity* 7: 41.

Kessler, H.S., Sisson, S.B., and Short, K.R. 2012. The potential for high–intensity interval training to reduce cardiometabolic disease risk. *Sports Medicine* 42: 489–509.

Keys, A., and Brozek, J. 1953. Body fat in adult man. *Physiological Reviews* 33: 245–325.

Khaled, M.A., McCutcheon, M.J., Reddy, S., Pearman, P.L., Hunter, G.R., and Weinsier, R.L. 1988. Electrical impedance in assessing human body composition: The BIA method. *American Journal of Clinical Nutrition* 47: 789–792.

Kibar, S., Yardimci, F.O., Evcik, D., Ay, S., Alhan, A., Manco, M., and Ergin, E.S. 2016. Can a Pilates exercise program be effective on balance, flexibility and muscle endurance? A randomized controlled trial. *Journal of Sports Medicine and Physical Fitness* 56: 1139–1146.

Kibler, W.B., Press, J., and Sciascia, A. 2006. The role of core stability in athletic function. *Sports Medicine* 36: 189–198.

Kidgell, D.J., and Pearce, A.J. 2011. What has transcranial magnetic stimulation taught us about neural adaptations to strength training? A brief review. *Journal of Strength and Conditioning Research* 25: 3208–3217.

Kidgell, D.J., Stokes, M.A., Castricum, T.J., and Pearce, A.J. 2010. Neurophysiological responses after short-term strength training of the biceps brachii muscle. *Journal of Strength and Conditioning Research* 24: 3123–3132.

Kim, H.I., Kim, J.T., Yu, S.H., Kwak, S.H., Jang, H.C., Park, K.S., Kim, S.Y., Lee, H.K., and Cho, Y.M. 2011. Gender differences in diagnostic values of visceral fat and waist circumference for predicting metabolic syndrome in Koreans. *Journal of Korean Medicine and Science* 26: 906–913.

Kim, J.C., Chon, J., Kim, H.S., Lee, J.H., Yoo, S.D., Kim, D.H., Lee, S.A., Han, Y.J., Lee, H.S., Lee, B.Y., Soh, Y.S., and Won, C.W. 2017. The association between fall history and physical performance tests in the community-dwelling elderly: A cross-sectional analysis. *Annals of Rehabilitation Medicine* 41(2): 239–247.

Kim, J.H., Ko, J.H., Lee, D., Lim, I., and Bang, H. 2012. Habitual physical exercise has beneficial effects on telomere length in postmenopausal women. *Menopause* 19.

Kim, P.S., Mayhew, J.L., and Peterson, D.F. 2002. A modified bench press test as a predictor of 1 repetition maximum bench press strength. *Journal of Strength and Conditioning Research* 16: 440–445.

Kim, Y., and Welk, G.J. 2015. Criterion validity of competing accelerometry-based activity monitoring devices. *Medicine & Science in Sports & Exercise* 47: 2456–2463.

Kirby, R.L., Simms, F.C., Symington, V.J., and Garner, J.B. 1981. Flexibility and musculoskeletal symptomatology in female gymnasts and age-matched controls. *American Journal of Sports Medicine* 9: 160–164.

Klein, I.E., White, J.B., and Rana, S.R. 2016. Comparison of physiological variables between the elliptical bicycle and run training in experienced runners. *Journal of Strength and Conditioning Research* 30: 2998–3006.

Klein, P.J., Fiedler, R.C., and Rose, D.J. 2011. Rasch analysis of the Fullerton advanced balance (FAB) scale. *Physiotherapy Canada* 63: 115–125.

Klein, S., Allison, D.B., Heymsfield, S.B., Kelley, D.E., Leibel, R.L., Nonas, C., and Kahn, R. 2007. Waist circumference and cardiometabolic risk: A consensus statement from Shaping America's Health: Association for Weight Management and Obesity Prevention; NAASO, the Obesity Society; the American Society for Nutrition; and the American Diabetes Association. *American Journal of Clinical Nutrition* 85: 1197–1202.

Kline, G.M., Porcari, J.P., Hintermeister, R., Freedson, P.S., Ward, A., McCarron, R.F., Ross, J., and Rippe, J.M. 1987. Estimation of VO2max from a one-mile track walk, gender, age, and body weight. *Medicine & Science in Sports & Exercise* 19: 253–259.

Kloubec, J. 2011. Pilates: How does it work and who needs it? *Muscles, Ligaments and Tendons Journal* 1: 61–66.

Knapik, J.J. 2015. Extreme conditioning programs: Potential benefits and potential risks. *Journal of Special Operations Medicine* 15(3): 108–113.

Knight, A.C., Holmes, M.E., Chander, H., Kimble, A., and Stewart, J.T. 2016. Assessment of balance among adolescent track and field athletes. *Sports Biomechanics* 15: 169–179.

Knight, E., Stuckey, M.I., and Petrella, R.J. 2014. Validation of the step test and exercise prescription tool for adults. *Cana-dian Journal of Diabetes* 38: 164–171.

Knight, H., Stetson, B., Krishnasamy, S., and Mokshagundam, S.P. 2015. Diet self-management and readiness to change in underserved adults with type 2 diabetes. *Primary Care Diabetes* 9: 219–215.

Knudson, D. 2001. The validity of recent curl-up tests in young adults. *Journal of Strength and Conditioning Research* 15: 81–85.

Knudson, D., and Johnston, D. 1995. Validity and reliability of a bench trunk-curl test of abdominal endurance. *Journal of Strength and Conditioning Research* 9: 165–169.

Knudson, D.V. 1999. Issues in abdominal fitness: Testing and technique. *Journal of Physical Education, Recreation & Dance* 70(3): 49–55.

Knudson, D.V., Magnusson, P., and McHugh, M. 2000. Current issues in flexibility fitness. *President's Council on Physical Fitness and Sports Research Digest* 3(10): 1–8.

Knuttgen, H.G., and Kraemer, W.J. 1987. Terminology and measurement in exercise performance. *Journal of Applied Sport Science Research* 1: 1–10.

Knutzen, K.M., Brilla, L.R., and Caine, D. 1999. Validity of 1RM prediction equations for older adults. *Journal of Strength and Conditioning Research* 13: 242–246.

Komi, P.V., Viitasalo, J.T., Rauramaa, R., and Vihko, V. 1978. Effect of isometric strength training on mechanical, electrical, and metabolic aspects of muscle function. *European Journal of Applied Physiology* 40: 45–55.

Konrad, A., Stafilidis, S., and Tilp, M. 2017. Effects of

acute static, ballistic, and PNF stretching exercise on the muscle and tendon tissue properties. *Scandinavian Journal of Medicine & Science in Sports* 27(10): 1070–1080.

Kosek, D.J., Kim, J.S., Petrella, J.K., Cross, J.M., and Bamman, M.M. 2006. Efficacy of 3 days/wk resistance training on myofiber hypertrophy and myogenic mechanisms in young vs. older adults. *Journal of Applied Physiology* 101: 531–544.

Kostek, M.A., Pescatello, L.S., Seip, R.L., Angelopoulos, T.J., Clarkson, P.M., Gordon, P.M., Moyna, N.M., Visich, P.S., Zoeller, R.F., Thompson, P.D., Hoffman, R.P., and Price, T.B. 2007. Subcutaneous fat alterations resulting from an upper–body resistance training program. *Medicine & Science in Sports & Exercise* 39: 1177–1185.

Kotanidou, E.P., Grammatikopoulou, M.G., Spiliotis, B.E., Kanaka–Gantenbein, C., Tsigga, M., and Galli–Tsinopoulou, A. 2013. Ten–year obesity and overweight prevalence in Greek children: A systematic review and meta–analysis of 2001–2010. *Hormones* 12: 537–549.

Koulmann, N., Jimenez, C., Regal, D., Bolliet, P., Launay, J., Savourey, G., and Melin, B. 2000. Use of bioelectrical impedance analysis to estimate body fluid compartments after acute variations of the body hydration level. *Medicine & Science in Sports & Exercise* 32: 857–864.

Kraemer, W.J. 2003. Strength training basics. *The Physician and Sportsmedicine* 31(8): 39–45.

Kraemer, W.J., and Fleck, S.J. 2007. *Optimizing strength training.* Champaign, IL: Human Kinetics.

Kraemer, W.J., Fleck, S.J., and Evans, W.J. 1996. Strength and power training: Physiological mechanisms of adaptation. In *Exercise and Sport Sciences Reviews,* ed. J.O. Holloszy, 363–397. Baltimore: Williams & Wilkins.

Kraemer, W.J., Gordon, S.J., Fleck, S.J., Marchitelli, L.J., Mello, R., Dziados, J.E., Friedl, K., Harman, E., Maresh, C., and Fry, A.C. 1991. Endogenous anabolic hormonal and growth factor responses to heavy resistance exercise in males and females. *International Journal of Sports Medicine* 12: 228–235.

Kraemer, W.J., Häkkinen, K., Newton, R.U., Nindl, B.C., Volek, J.S., McCormick, M., Gotshalk, L.A., Gordon, S.E., Fleck, S.J., Campbell, W.W., Putukian, M., and Evans, W.J. 1999. Effects of heavy–resistance training on hormonal response patterns in younger vs. older men. *Journal of Applied Physiology* 87: 982–992.

Kraemer, W.J., Hooper, D.R., Szivak, T.K., Kupchak, B.R., Dunn–Lewis, C., Comstock, B.A., Flanagan, S.D., Looney, D.P., Sterczala, A.J., DuPont, W.H., Pryor, J.L., Luk, H.Y., Maladoungdock, J., McDermott, D., Volek, J.S., and Maresh, C.M. 2015. The addition of beta–hydroxy–beta–methylbutyrate and isomaltulose to whey protein improves recovery from highly demanding resistance exercise. *Journal of the American College of Nutrition* 34(2): 91–99.

Kraemer, W.J., Noble, B.J., Clark, M.J., and Culver, B.W. 1987. Physiologic responses to heavy–resistance exercise with very short rest periods. *International Journal of Sports Medicine* 8: 247–252.

Kraemer, W.J., and Ratamess, N.A. 2004. Fundamentals of resistance training: Progression and exercise prescription. *Medicine & Science in Sports & Exercise* 36: 674–688.

Kraemer, W.J., Volek, J.S., Clark, K.L., Gordon, S.E., Puhl, S.M., Koziris, L.P., McBride, J.M., Triplett–McBride, N.T., Putukian, M., Newton, R.U., Häkkinen, K., Bush, J.A., and Sabastianelli, W.J. 1999. Influence of exercise training on physiological and performance changes with weight loss in men. *Medicine & Science in Sports & Exercise* 31: 1320–1329.

Kravitz, L., Heyward, V., Stolarczyk, L., and Wilmerding, V. 1997a. Effects of step training with and without handweights on physiological profiles of women. *Journal of Strength and Conditioning Research* 11: 194–199.

Kravitz, L., and Heyward, V.H. 1995. Flexibility training. *Fitness Management* 11(2): 32–38.

Kravitz, L., Robergs, R., and Heyward, V. 1996. Are all aerobic exercise modes equal? *Idea Today* 14: 51–58.

Kravitz, L., Robergs, R.A., Heyward, V.H., Wagner, D.R., and Powers, K. 1997b. Exercise mode and gender comparisons of energy expenditure at self–selected intensities. *Medicine & Science in Sports & Exercise* 29: 1028–1035.

Kravitz, L., Wax, B., Mayo, J.J., Daniels, R., and Charette, K. 1998. Metabolic response of elliptical exercise training. *Medicine & Science in Sports & Exercise* 30(Suppl.): S169 [abstract].

Kraus, H. 1970. *Clinical treatment of back and neck pain.* New York: McGraw–Hill.

Krause, M.P., Goss, F.L., Robertson, R.J., Kim, K., Elsangedy, H.M., Keinski, K., and da Silva, S.G. 2012. Concurrent validity of an OMNI rating of perceived exertion scale for bench stepping exercise. *Journal of Strength and Conditioning Research* 26: 506–512.

Kreider, R.B., Wilborn, C.D., Taylor, L., Campbell, B., Almada, A.L., Collins, R., Cooke, M., Earnest, C.P., Greenwood, M., Kalman, D.S., Kersick, C.M., Kleiner, S.M., Leutholtz, B., Lopez, H., Lowery, L.M., Mendel, R., Smith, A., Spano, M., Wildman, R., Willoughby, D.S., Ziegenfuss, T.N., and Antonio, J. 2010. ISSN exercise & sport nutrition review: Research & recommendations. *Journal of the International Society of Sports Nutrition* 7: 6–43.

Krieger, J.W. 2010. Single vs. multiple sets of resistance exercise for muscle hypertrophy: A meta–analysis. *Journal of Strength and Conditioning Research* 24: 1150–1159.

Krishnan, S., Tokar, T.N., Boylan, M.M., Griffin, K., McMurry, L., Esperat, C., and Cooper, J.A. 2015. Zumba® dance improves health in overweight/obese or type 2 diabetic women. *American Journal of Health Behavior* 39: 109–120.

Kruger, J., Yore, M.M., and Kohl, H.W. 2007. Leisure–time physical activity patterns by weight control status: 1999–2002 NHANES. *Medicine & Science in Sports & Exercise* 39: 788–795.

Kubo, K., Kaneshisa, H., Takeshita, D., Kawakami, Y., Fukashiro, S., and Fukunaga, T. 2000. In vivo dynamics of human medial gastrocnemius muscle–tendon complex curing stretch–shortening cycle exercise. *Acta Physiologica Scandinavica* 170: 127–135.

Kubo, K., Kawakami, Y., and Fukunaga, T. 1999. Influence of elastic properties of tendon structures on jump performance in humans. *Journal of Applied Physiology* 87: 2090–2096.

Kumar, N., Khunger, M., Gupta, A., and Garg, N. 2015. A content analysis of smartphone–based applications for hypertension management. *Journal of the American Society of Hyperten-sion* 9: 130–136.

Kuramoto, A.K., and Payne, V.G. 1995. Predicting muscular strength in women: A preliminary study. *Research Quarterly for Exercise and Sport* 66: 168–172.

Kurucz, R., Fox, E.L., and Mathews, D.K. 1969. Con-struction of a submaximal cardiovascular step test. *Research Quarterly* 40: 115–122.

Kushner, R.F. 1992. Bioelectrical impedance analysis: A review of principles and applications. *Journal of the American College of Nutrition* 11: 199–209.

Kushner, R.F., Gudivaka, R., and Schoeller, D.A. 1996. Clinical characteristics influencing bioelectrical impedance analysis measurements. *American Journal of Clinical Nutrition* 64: 423S–427S.

Kushner, R.F., and Schoeller, D.A. 1986. Estimation of total body water in bioelectrical impedance analysis. *American Journal of Clinical Nutrition* 44: 417–424.

Kuukkanen, T., and Malkia, E. 2000. Effects of a three–month therapeutic exercise programme on flexibility in subjects with low back pain. *Physio-therapy Research International* 5: 46–61.

Kwak, D.H., and Ryu, Y.U. 2015. Applying proprio-ceptive neuromuscular facilitation stretching: Optimal contraction intensity to attain the maximum increase in range of motion in young males. *Journal of Physical Therapy Science* 27: 2129–2032.

Kwon, S., Janz, K.F., Letuchy, E.M., Burns, T.L., and Levy, S.M. 2015. Active lifestyle in childhood and adolescence prevents obesity development in young adulthood: Iowa Bone Development Study. *Obesity (Silver Springs)* 23: 2462–2469.

Kyle, U.G., Genton, L., Karsegard, L., Slosman, D.O., and Pichard, C. 2001. Single prediction equation for bioelectrical impedance analysis in adults aged 20–94 years. *Nutrition* 17: 248–253.

Lacour, J–R., and Bourdin, M. 2015. Factors affecting the energy cost of level running at submaximal speed. *European Journal of Applied Physiology* 115(4): 651–673.

Lake, J.P., and Lauder, M.A. 2012. Kettlebell swing training improves maximal and explosive strength.

Journal of Strength and Conditioning Research 26: 2228–2233.

Lakhal, K., Ehrmann, S., Martin, M., Faiz, S., Réminiac, F., Cinotti, R., Capdevila, X., Asehnoune, K., Blanloeil, Y., Rozec, B., and Boulain, T. 2015. Blood pressure monitoring during arrhythmia: Agreement between automatic brachial cuff and intraarterial measurements. *British Journal of Anaesthesia* 115: 540–549.

Lambrick, D., Jakeman, J., Grigg, R., Kaufmann, S., and Faulkner, J. 2017. The efficacy of a discontinuous graded exercise test in measuring peak oxygen update in children aged 8 to 10 years. *Biology of Sport* 34: 57–61.

Landram, M.J., Utter, A.C., Baldari, C., Guidetti, L., McAnulty, S.R., and Collier, S.R. 2016. Differential effects of continuous versus discontinuous aerobic training on blood pressure and hemodynamics.

Larsen, G.E., George, J.D., Alexander, J.L., Fell-ingham, G.W., Aldana, S.G., and Parcell, A.C. 2002. Prediction of maximum oxygen consumption from walking, jogging, or running. *Research Quarterly for Exercise and Sport* 73: 66–72.

LaStayo, P., Marcus, R., Dibble, L., Frajacomo, F., and Lindstedt, S. 2014. Eccentric exercise in reha-bilitation: Safety, feasibility, and application. *Journal of Applied Physiology* 116: 1426–1434.

Lau, R.W.K., Liao, L–R., Yu, F., Teo, T., Chung, R.C.K., and Pang, M.Y.C. 2011. The effects of whole body vibration therapy on bone mineral density and leg muscle strength in older adults: A systematic review and meta–analysis. *Clinical Rehabilitation* 25: 975–988.

Lauby–Secretan, B., Scoccianti, C., Loomis, D., Grosse, Y., Bianchini, F., and Straif, K. 2016. Body fatness and cancer—Viewpoint of the IARC Working Group. *New England Journal of Medicine* 375(8): 794–798.

Lavie, C.J., McAuley, P.A., Church, T.S., Milani, R.V., and Blair, S.N. 2014. Obesity and cardiovascular diseases: Implications regarding fitness, fatness, and severity in the Obesity Paradox. *Journal of the American College of Cardiology* 63: 1345–1354.

Law, R.Y.W., and Herbert, R.D. 2007. Warm–up reduces delayed–onset muscle soreness but cool–down does not: A randomized controlled trial. *Australian Journal of Physio-therapy* 53: 91–95.

Layne, J.E., and Nelson, M.E. 1999. The effects of progressive resistance training on bone density: A review. *Medicine & Science in Sports & Exercise* 31: 25–30.

Leahy, S., O'Neill, C., Sohun, R., and Jakeman, P. 2012. A comparison of dual energy X–ray absorptiometry and bioelectrical impedance analysis to measure total and segmental body composition in healthy young adults. *European Journal of Applied Physiology* 112: 589–595.

Leal, V.O., Moraes, C., Stockler–Pinto, M.B., Lobo, J.C., Farage, N.E., Velarde, L.G., Fouque, D., and Mafra, D. 2012. Is a body mass index of 23kg/m^2 a reliable marker of protein–energy wasting in hemodialysis patients? *Nutrition* 28: 973–977.

Leard, J.S., Cirillo, M.A., Katsnelson, E., Kimiatek, D.A., Miller, T.W., Trebincevic, K., and Garbalosa, J.C. 2007. Validity of two alternative systems for measuring vertical jump height. *Journal of Strength and Conditioning Research* 21: 1296–1299.

LeBoeuf, S.F., Aumer, M.E., Kraus, W.E., Johnson, J.L., and Duscha, B. 2014. Earbud–based sensor for the assessment of energy expenditure, HR, and VO₂max. *Medicine & Science in Sports & Exercise* 46: 1046–1052.

Lee, I–M., Shiroma, E.J., Lobelo, F., Puska, P., Blair, S.N., and Katzmarzyk, P.T. 2012. Impact of physical inactivity on the world's major non–communicable diseases. *Lancet* 380: 219–229.

Lee, J.A., Williams, S.M., Brown, D.D., and Laurson, K.R. 2015. Concurrent validation of the Actigraph gt3x+, Polar Active accelerometer, Omron HJ–720 and Yamax Digiwalker SW–701 pedometer step counts in labbased and free–living settings. *Journal of Sports Sciences*. 33: 991–1000.

Lee, M.S., and Ernst, E. 2012. Systematic reviews of t' ai chi: An overview. *British Journal of Sports Medicine* 46: 713–718.

Leger, L.A., Mercier, D., Gadoury, C., and Lambert, J. 1988. The multistage 20–metre shuttle run test for aerobic fitness. *Journal of Sports Sciences* 6: 93–101.

Leighton, J.R. 1955. An instrument and technique for measurement of range of joint motion. *Archives of Physical Medicine and Rehabilitation* 36: 571–578.

Leitzmann, M., Powers, H., Anderson, A.S., Scoccianti, C., Berrino, F., Boutron–Ruault, M–C., Cecchini, M., Espina, C., Key, T.I., Norat, T., Wiseman, M., and Romier, I., 2015. European code against cancer 4th edition: Physical activity and cancer. *Cancer Epidemiology* 39S: S46–S55.

Leonska–Duniec, A., Jastrzebski, Z., Zarebska, A., Maciejewska, A., Ficek, K., and Cieszczyk, P. 2017. Assessing effect of interaction between the FTO A/T polymorphism (rs9939609) and physical activity on obesity–related traits. *Journal of Sport and Health Science*. Advance online publication.

Lesinski, M., Hortobagyi, T., Muehlbauer, T., Gollhofer, A., and Granacher, U. 2015. Dose–response relationships of balance training in healthy young adults: A systematic review and meta–analysis. *Sports Medicine* 45: 557–576.

Lesmes, G.R., Costill, D.L., Coyle, E.F., and Fink, W.J. 1978. Muscle strength and power changes during maximal isokinetic training. *Medicine and Science in Sports* 10: 266–269.

Levine, B., Zuckerman, J., and Cole, C. 1998. Medical complications of exercise. In *ACSM's resource manual for guidelines for exercise testing and prescription*, ed. J.L. Roitman, 488–498. Philadelphia: Lippincott Williams & Wilkins.

Levine, J.A. 2015. Sick of sitting. *Diabetologia* 58: 1751–1758.

Lewis, P.B., Ruby, D., and Bush–Joseph, C.A. 2012. Muscle soreness and delayed–onset muscle soreness.

Clinics in Sports Medicine 31: 255–262.

Li, S., Zhao, X., Ba, S., He, G., Lam, C.T., Ke, L., Li, N., Yan, L.L., Li, X., and Wu, Y. 2012. Can electronic sphygmoma–nometers be used for measurement of blood pressure at high altitudes? *Blood Pressure Monitoring* 17: 62–68.

Liang, M.T.C., Su, H., and Lee, N. 2000. Skin temperature and skin blood flow affect bioelectrical impedance study of female fat–free mass. *Medicine & Science in Sports & Exercise* 32: 221–227.

Liang, M.Y., and Norris, S. 1993. Effects of skin blood flow and temperature on bioelectrical impedance after exercise. *Medicine & Science in Sports & Exercise* 25: 1231–1239.

Liebenson, C. 2011. Functional training with the kettlebell. *Journal of Bodywork and Movement Therapies* 15: 542–544.

Lim, S., Kim, J.H., Yoon, J.W., Kang, S.M., Choi, S.H., Park, Y.J., Kim, K.W., Cho, N.H., Shin, H., Park, K.S., and Jang, H.C. 2012. Optimal cut points of waist circumference (WC) and visceral fat area (VFA) predicting for metabolic syndrome (MetS) in elderly population in the Korean Longitudinal Study on Health and Aging (KLoSHA). *Archives of Gerontology and Geriatrics* 54: E29–E34.

Lin, H–T., Hung, W–C., Hung, J–L., Wu, P.S., Liaw, L–J., and Chang, J–H. 2016. Effects of Pilates on patients with chronic non–specific low back pain: A systematic review. *Journal of Physical Therapy Science* 28: 2961–2969.

Lin, X., Zhang, X., Guo, J., Roberts, C.K., McKenzie, S., Wu, W–C., Liu, S., and Song, Y. 2015. Effects of exercise training on cardiorespiratory fitness and biomarkers of cardiomet–abolic health: A systematic review and meta–analysis of randomized controlled trials. *Journal of the American Heart Association* 4: e002014.

Litchell, H., and Boberg, J. 1978. The lipoprotein lipase activity of adipose tissue from different sites in obese women and relationship to cell size. *International Journal of Obesity* 2: 47–52.

Liu, S., Brooks, D., Thomas, S., Eysenbach, G., and Nolan, R.P. 2015. Lifesource XL–18 pedometer for measuring steps under controlled and free–living conditions. *Journal of Sports Sciences* 33: 1001–1006.

Liu, H., and Frank, A. 2010. Tai chi as a balance impro–vement exercise for older adults: A systematic review. *Journal of Geriatric Physical Therapy* 33: 103–109.

Lixandrão, M.E., Damas, F., Chacon–Mikahil, M.P., Cavaglieri, C.R., Ugrinowitsch, C., Bottaro, M., Vechin, F.C., Conceição, M.S., Berton, R., and Libardi, C.A. 2016. Time course of resistance training–induced muscle hypertrophy in the elderly. *Journal of Strength and Conditioning Research* 30(1): 159–163.

Lockner, D., Heyward, V., Baumgartner, R., and Jenkins, K. 2000. Comparison of air–displacement plethysmography, hydrodensitometry, and dual X–ray absorptiometry for assessing body composition of children 10 to 18 years of age. *Annals of the New York Academy of Sciences* 904: 72–78.

Loenneke, J.P., Barnes, J.T., Wagganer, J.D., Wilson, J.M., Lowery, R.P., Green, C.E., and Pujol, T.J. 2014. Validity and reliability of an ultrasound system for estimating adipose tissue. *Clinical Physiology and Functional Imaging* 34: 159–162.

Löffler-Wirth, H., Willscher, E., Ahnert, P., Wirkner, K., Engel, C., Loeffler, M., and Binder, H. 2016. Novel anthropometry based on 3D-bodyscans applied to a large population based cohort. *PLoS One* 11(7): e0159887.

Logghe, I.H.J., Verhagen, A.P., Rademaker, A.C.H.J., Bierma-Zeinstra, S.M.A., van Rossum, E., Faber, M.J., and Koes, B.W. 2010. The effects of tai chi on fall prevention, fear of falling and balance in older people: A meta-analysis. *Preventive Medicine* 51: 222–227.

Lohman, T.G. 1981. Skinfolds and body density and their relation to body fatness: A review. *Human Biology* 53: 181–115.

Lohman, T.G. 1987. *Measuring body fat using skinfolds* [video-tape]. Champaign, IL: Human Kinetics.

Lohman, T.G. 1989. Bioelectrical impedance. In *Applying new technology to nutrition: Report of the ninth roundtable on medical issues,* 22–25. Columbus, OH: Ross Laboratories.

Lohman, T.G. 1992. *Advances in body composition assessment. Current issues in exercise science series.* Monograph no. 3. Champaign, IL: Human Kinetics.

Lohman, T.G. 1996. Dual energy X-ray absorptiometry. In *Human body composition,* ed. A.F. Roche, S.B. Heymsfield, and T.G. Lohman, 63–78. Champaign, IL: Human Kinetics.

Lohman, T.G., Boileau, R.A., and Slaughter, M.H. 1984. Body composition in children and youth. In *Advances in pediatric sport sciences,* ed. R.A. Boileau, 29–57. Champaign, IL: Human Kinetics.

Lohman, T.G., Harris, M., Teixeira, P.J., and Weiss, L. 2000. Assessing body composition and changes in body composition: Another look at dual-energy X-ray absorptiometry. *Annals of the New York Academy of Sciences* 904: 45–54.

Lohman, T.G., Pollock, M.L., Slaughter, M.H., Brandon, L.J., and Boileau, R.A. 1984. Methodological factors and the prediction of body fat in female athletes. *Medicine & Science in Sports & Exercise* 16: 92–96.

Lohman, T.G., Roche, A.F., and Martorell, R., eds. 1988. *Anthropometric standardization reference manual.* Champaign, IL: Human Kinetics.

Londeree, B., and Moeschberger, M. 1984. Influence of age and other factors on maximal heart rate. *Journal of Cardiac Rehabilitation* 4: 44–49.

Looker, A.C., Borrud, L.F., Dawson-Hughes, B., and Shepherd, J.A. 2012. Osteoporosis or low bone mass at the femur neck or lumbar spine in older adults: United States, 2005–2008. *NCHS Data Brief. No. 93.* Hyattsville, MD: National Center for Health Statistics.

Loose, B.D., Christiansen, A.M., Smolczyk, J.E., Roberts, K.L., Budziszewska, A., Hollatz, C.G., and Norman, J.F. 2012. Consistency of the counting talk test for exercise prescription. *Journal of Strength and Conditioning Research* 26: 1701–1707.

Loprinzi, P.D. 2015. Dose-response association of moderate-to-vigorous physical activity with cardiovascular biomarkers and all-cause mortality: Considerations by individual sports, exercise and recreational physical activities. *Preventive Medicine* 81: 73–77.

Loprinzi, P.D., Loenneke, J.P., and Blackburn, E.H. 2015. Movement-based behaviors and leukocyte telomere length among U.S. adults. *Medicine & Science in Sports & Exercise* 47: 2347–2352.

Lorant, V., Soto, V.E., Alves, J., Federico, B., Kinnunen, J., Kuipers, M., Moor, I., Perelman, J., Richter, M., Rimpelä, A., Robert, P-O., Roscillo, F., and Kunst, A. 2015. *BMC Research Notes* 8:91.

Loudon, J.K., Cagle, P.E., Figoni, S.F., Nau, K.L., and Klein, R.M. 1998. A submaximal all-extremity exercise test to predict maximal oxygen consumption. *Medicine & Science in Sports & Exercise* 30: 1299–1303.

Lounana, J., Campion, F., Noakes, T.D., and Medelli, J. 2007. Relationship between %HRmax, %HR reserve, %VO₂max, and %VO₂ reserve in elite cyclists. *Medicine & Science in Sports & Exercise* 39: 350–357.

Low, D.C., Walsh, G.S., and Arkesteijn, M. 2017. Effectiveness of exercise interventions to improve postural control in older adults: A systematic review and meta-analysis of centre of pressure measurements. *Sports Medicine* 47: 101–112.

Lowery, R.P., Joy, J.M., Rathmacher, J.A., Baier, S.M., Fuller, J.C. Jr., Shelley, M.C. Jr., Jäger, R., Purpura, M., Wilson, S.M., and Wilson, J.M. 2016. Interaction of beta-hydroxy-beta-methylbutyrate free acid and adenosine triphosphate on muscle mass, strength, and power in resistance trained individuals. *Journal of Strength and Conditioning Research* 30: 1843–1854.

Lowry, D.W., and Tomiyama, A.J. 2015. Air displacement plethysmography versus dualenergy X-ray absorptiometry in underweight, normal-weight, and overweight/obese individuals. *PLoS One* 10(1): e0115086.

Loy, S., Likes, E., Andrews, P., Vincent, W., Holland, G.J., Kawai, H., Cen, S., Swenberger, J., VanLoan, M., Tanaka, K., Heyward, V., Stolarczyk, L., Lohman, T.G., and Going, S.B. 1998. Easy grip on body composition measurements. *ACSM's Health & Fitness Journal* 2(5): 16–19.

Lozano, A., Rosell, J., and Pallas-Areny, R. 1995. Errors in prolonged electrical impedance measurements due to electrode repositioning and postural changes. *Physiological Measurement* 16: 121–130.

Lu, T.W., Chien, H.L., and Chen, H.L. 2007. Joint loading in the lower extremities during elliptical exercise. *Medicine & Science in Sports & Exercise* 39: 1651–1658.

Lu, Y.M., Lin, J.H., Hsiao, S.F., Liu, M.F., Chen, S.M., and Lue, Y.J. 2011. The relative and absolute reliability of leg muscle strength testing by a handheld dynamometer. *Journal of Strength and Conditioning Research* 25: 1065–1071.

Luettengen, M., Foster, C., Doberstein, S., Mikat, R., and Porcari, J. 2012. Zumba®: Is the "fitness–party" a good workout? *Journal of Sports Science and Medicine* 11: 357–358.

Lukaski, H.C. 1986. Use of the tetrapolar bioelectrical impedance method to assess human body composition. In *Human body composition and fat patterning*, ed. N.G. Norgan, 143–158. Wageningen, Netherlands: Euronut.

Lukaski, H.C., and Bolonchuk, W.W. 1988. Estimation of body fluid volumes using tetrapolar impedance measurements. *Aviation, Space, and Environmental Medicine* 59: 1163–1169.

Lukaski, H.C., Johnson, P.E., Bolonchuk, W.W., and Lykken, G.I. 1985. Assessment of fat–free mass using bioelectric impedance measurements of the human body. *American Journal of Clinical Nutrition* 41: 810–817.

Lundin–Olsson, L., Nyberg, L., and Gustafson, Y. 1997. "Stops walking when talking" as a predictor of falls in elderly people. *Lancet* 349: 617.

Lundqvist, S., Börjesson, M., Larsson, M.E.H., Hagberg, L., and Cider, Å. 2017. Physical activity on prescription (PAP), in patients with metabolic risk factors. A 6–month follow–up study in primary health care. *PLoS One* 12: e0175190.

Lyden, K., Keadle, S.K., Staudenmayer, J., and Freedson, P.S. 2017. The activpal accurately classifies activity intensity categories in healthy adults. *Medicine & Science in Sports & Exercise* 49: 1022–1028.

Lynch, E., and Barry, S. 2012. The effectiveness of ice water immersion in the treatment of delayed onset muscle soreness in the lower leg. *Physiotherapy Practice and Research* 33: 9–15.

Ma, W–Y., Liu, P–H., Yang, C–Y., Hua, C–H., Shih, S–R., Hsein, Y–C., Hsieh, H–J., Chuang, L–M., Hung, C.S., Lin, J–W., Chiu, F–C., Wei, J–N., Lin, M–S., and Li, H–Y. 2012. *Diabetes Care.*

MacDonald, E.Z., Vehrs, P.R., Fellingham, G.W., Eggett, D., George, J.D., and Hager, R. 2017. Validity and reliability of assessing body composition using a mobile application. *Medicine & Science in Sports & Exercise* [Epub ahead of print].

MacDougall, J.D., Sale, D.G., Moroz, J.R., Elder, G.C., Sutton, J.R., and Howalk, H. 1979. Mitochondrial volume density in human skeletal muscle following heavy resistance training. *Medicine and Science in Sports* 11: 164–166.

Macedonio, M.A., and Dunford, M. 2009. *The athlete's guide to making weight.* Champaign, IL: Human Kinetics.

Machado, A., Garcia–Lopez, D., Gonzalez–Gallego, J., and Garatachea, N. 2010. Whole–body vibration training increases muscle strength and mass in older women: A randomized–controlled trial. *Scandinavian Journal of Medicine & Science in Sports* 20: 200–207.

Mackey, A.L., Bojsen–Moller, J., Qvortrup, K., Langberg, H., Suetta, C., Kalliokoski, K.K., Kjaer, M., and Magnusson, S.P. 2008. Evidence of skeletal muscle damage following electrically stimulated isometric muscle contractions in humans. *Journal of Applied Physiology* 105: 1620–1627.

MacRae, I.F., and Wright, V. 1969. Measurement of back movement. *Annals of Rheumatic Diseases* 28: 584–589.

Maddigan, M.E., Peach, A.A., and Behm, D.G. 2012. A comparison of assisted and unassisted proprioceptive neuromuscular facilitation techniques and static stretching. *Journal of Strength and Conditioning Research* 26: 1238–1244.

Maddison, R., Foley, L., Mhurchu, C.N., Jiang, Y., Jull, A., Prapavessis, H., Hohepa, M., and Rodgers, A. 2011. Effects of active video games on body composition: A randomized controlled trial. *American Journal of Clinical Nutrition* 94: 156–163.

Magnan, R.E., Kwan, B.M., Ciccolo, J.T., Gurney, B., Mermier, C.M., and Bryan, A.D. 2013. Aerobic capacity testing with inactive individuals: The role of subjective experience. *Journal of Physical Activity and Health* 10: 271–279.

Magnusdottir, A., Porgilsson, B., and Karlsson, B. 2014. Comparing three devices for jump height measurement in a heterogeneous group of subjects. *Journal of Strength and Conditioning Research* 28: 2837–2844.

Magnusson, S.P. 1998. Passive properties of human skeletal muscle during stretch maneuvers. A review. *Scandinavian Journal of Medicine and Science in Sports* 8(2): 65–77.

Magnusson, S.P., Aagaard, P., Larsson, B., and Kjaer, M. 2000. Passive energy absorption by human muscletendon unit is unaffected by increase in intramuscular temperature. *Journal of Applied Physiology* 88: 1215–1220.

Magnusson, S.P., Simonsen, E.B., Aagaard, P., Bueson, J., Johannson, F., and Kjaer, M. 1997. Determinants of musculoskeletal flexibility: Viscoelastic properties, cross–sectional area, EMG and stretch tolerance. *Scandinavian Journal of Medicine and Science in Sports* 7: 195–202.

Magnusson, S.P., Simonsen, E.B., Aagaard, P., Dyhre–Poulsen, P., McHugh, M.P., and Kjaer, M. 1996. Mechanical and physiological responses to stretching with and without preisometric contraction in human skeletal muscle. *Archives of Physical Medicine and Rehabilitation* 77: 373–378.

Mahar, M.T., Guerieri, A.M., Hanna, M.S., and Kemble, D. 2011. Estimation of aerobic fitness from 20–M multistage shuttle run test performance. *American Journal of Preventive Medicine* 41: S117–S123.

Mahieu, N.N., McNair, P., DeMuynck, M., Stevens, V., Blanckaert, I., Smits, N., and Witvrouw, E. 2007. Effect of static and ballistic stretching on the muscle–tendon tissue properties. *Medicine & Science in Sports & Exercise* 39: 494–501.

Maksud, M.G., and Coutts, K.D. 1971. Comparison of a continuous and discontinuous graded treadmill test for maximal oxygen uptake. *Medicine and Science in Sports* 3: 63–65.

Malek, M.H., Nalbone, D.P., Berger, D.E., and Coburn, J.W. 2002. Importance of health science education for personal fitness trainers. *Journal of Strength and Conditioning Research* 16: 19–24.

Manini, T.M., and Clark, B.C. 2012. Dynapenia and aging: An update. *Journals of Gerontology, Series A: Biological Sciences and Medical Sciences* 67 A: 28–40.

Mansoubi, M., Pearson, N., Clemes, S.A., Biddle, S.J.H., Bodicoat, D.H., Tolfrey, K., Edwardson, C., and Yates, T. 2015. Energy expenditure during common sitting and standing tasks: Examining the 1.5 MET definition of sedentary behavior. *BMC Public Health* 15: 516.

Marcus, B.H., Rakowski, W., and Rossi, R.S. 1992. Assessing motivational readiness and decision-making for exercise. *Health Psychology* 11: 257–261.

Markland, D., and Ingledew, L. 1997. The measurement of exercise motives: Factorial validity and invariance across gender of a revised exercise motivation inventory. *British Journal of Health Psychology* 2: 361–376.

Markland, D., and Tobin, V.J. 2004. A modification of the Behavioral Regulation in Exercise Questionnaire to include an assessment of amotivation. *Journal of Sport and Exercise Psychology* 26: 191–196.

Marley, W., and Linnerud, A. 1976. A three-year study of the Åstrand–Ryhming step test. *Research Quarterly* 47: 211–217.

Marocolo, M., Marocolo, I.C., Cunha, F.S.B., Da Mota, G.R., and Maior, A.S. 2016. Influence of percentage of 1RM strength test repetition performance during resistance exercise of upper and lower limbs. *Archivos de Medicina del Deporte* 33: 387–392.

Marsh, C.E. 2012. Evaluation of the American College of Sports Medicine submaximal treadmill running equation for predicting VO_2max. *Journal of Strength and Conditioning Research* 26: 548–554.

Martin, A.D., Drinkwater, D.T., and Clarys, J.P. 1992. Effects of skin thickness and skinfold compressibility on skinfold thickness measurements. *American Journal of Human Biology* 4: 453–460.

Martin, A.D., Ross, W.D., Drinkwater, D.T., and Clarys, J.P. 1985. Prediction of body fat by skinfold caliper: Assumptions and cadaver evidence. *International Journal of Obesity* 9(Suppl. 1): S31–S39.

Martin, C.A., and McGrath, B.P. 2014. Ambulatory and home blood pressure measurement in the management of hypertension: White–coat hypertension. *Clinical and Experimental Pharmacology and Physiology* 41: 22–29.

Martin, S.B., Jackson, A.W., Morrow, J.R., and Liemohn, W. 1998. The rationale for the sit and reach test revisited. *Measurement in Physical Education and Exercise Science* 2: 85–92.

Martindale, J.L, and Brown, D.F.M. 2017. *A visual guide to ECG interpretation*. 2nd ed. Philadelphia: Wolters Kluwer.

Martuscello, J.M., Nuzzo, J.L., Ashley, C.D., Campbell, B.I., Orriola, J.J., and Mayer, J.M. 2013. Systematic review of core muscle activity during physical fitness exercises. *Journal of Strength and Conditioning Research* 27: 1684–1698.

Marx, J.O., Ratamess, N.A., Nindl, B.C., Gotshalk, L.A., Volek, J.S., Dohi, K., Bush, J.A., Gomez, A.L., Mazzetti, S.A., Fleck, S.J., Hakkinen, K., Newton, R.U., and Kraemer, W.J. 2001. Low–volume circuit versus high–volume periodized resistance training in women. *Medicine & Science in Sports & Exercise* 33: 635–643.

Mat, S., Tan, M.P., Kamaruzzaman, S.B., and Ng, C.T. 2015. Physical therapies for improving balance and reducing falls risk in osteoarthritis of the knee: A systematic review. *Age and Ageing* 44: 16–24.

Mauger, A.R., and Sculthorpe, N. 2012. A new VO_2max protocol allowing self–pacing in maximal incremental exercise. *British Journal of Sports Medicine* 46: 59–63.

Mayer, J. 1968. *Overweight: Causes, costs and control.* Englewood Cliffs, NJ: Prentice Hall.

Mayer, T.G., Tencer, A.F., and Kristoferson, S. 1984. Use of noninvasive technique for quantification of spinal range–of–motion in normal subjects and chronic low back dysfunction patients. *Spine* 9: 588–595.

Mayhew, J.L., Brechue, W.F., Smith, A.E., Kemmler, W., Lauber, D., and Koch, A.J. 2011. Impact of testing strategy on expression of upper–body work capacity and one–repetition maximum prediction after resistance training in college–aged men and women. *Journal of Strength and Conditioning Research* 25: 2796–2807.

Mayhew, J.L., Ball, T.E., Arnold, M.D., and Bowen, J.C. 1992. Relative muscular endurance performance as a predictor of bench press strength in college men and women. *Journal of Applied Sport Science Research* 6: 200–206.

Mayorga–Vega, D., Aguilar–Soto, P., and Viciana, J. 2015. Criterion–related validity of the 20–m shuttle run test for estimating cardiorespiratory fitness: A meta-analysis. *Journal of Sports Science and Medicine* 14: 536–547.

Mayorga–Vega, D., Bocanegra–Parrilla, R., Ornelas, M., and Viciana, J. 2016. Criterion–related validity of the distance and time–based walk/run field tests for estimating cardio–respiratory fitness: A systematic review and meta–analysis. *PLOS One.*

Mays, R.J., Boér, N.F., Mealey, L.M., Kim, K.H., and Goss, F.L. 2016. A comparison of practical assessment methods to determine treadmill, cycle and elliptical ergometer VO_2peak. *Journal of Strength and Conditioning Research* 24: 1325–1331.

Mays, R.J., Goss, F.L., Schafer, M.A., Kim, K.H., Nagle–Stilley, E.F., Robertson, R.J. 2010. Validation of adult OMNI perceived exertion scales for elliptical ergometry. *Perceptual and Motor Skills* 111: 848–862.

Mayson, D.J., Kiely, D.K., LaRose, S.I., and Bean, J.F. 2008. Leg strength or velocity of movement. Which is more influential on the balance of mobility limited elders? *American Journal of Physical Medicine and*

Rehabilitation 87: 969–976.

Mazess, R.B., Barden, H.S., and Ohlrich, E.S. 1990. Skeletal and body–composition effects of anorexia nervosa. *American Journal of Clinical Nutrition* 52: 438–441.

McArdle, W.D., Katch, F.I., and Katch, V.L. 1996. *Exercise physiology: Energy, nutrition and human performance*, 4th ed. Baltimore: Williams & Wilkins.

McArdle, W.D., Katch, F.I., and Pechar, G.S. 1973. Comparison of continuous and discontinuous treadmill and bicycle tests for VO₂max. *Medicine and Science in Sports* 5: 156–160.

McArdle, W.D., Katch, F.I., Pechar, G.S., Jacobson, L., and Ruck, S. 1972. Reliability and interrelationships between maximal oxygen intake, physical working capacity and step–test scores in college women. *Medicine and Science in Sports* 4: 182–186.

McAtee, R.E., and Charland, J. 2014. *Facilitated stretching*, 4th ed. Champaign, IL: Human Kinetics.

McBride, J.M., Nuzzo, J.L., Dayne, A.M., Israetel, M.A., Nieman, D.C., and Triplett, N.T. 2010. Effect of an acute bout of whole body vibration exercise on muscle force output and motor neuron excitability. *Journal of Strength and Condi-tioning Research* 24: 184–189.

McCarthy, J.P., Agre, J.C., Graf, B.K., Pozniak, M.A., and Vailas, A.C. 1995. Compatibility of adaptive responses with combining strength and endurance training. *Medicine & Science in Sports & Exercise* 27: 429–436.

McConnell, T., and Clark, B. 1987. Prediction of maximal oxygen consumption during handrail–supported treadmill exercise. *Journal of Cardiopulmonary Rehabilitation* 7: 324–331.

McCrory, M.A., Gomez, T.D., Bernauer, E.M., and Mole, P.A. 1995. Evaluation of a new displacement plethysmograph for measuring human body com-position. *Medicine & Science in Sports & Exercise* 27: 1686–1691.

McCrory, M.A., Mole, P.A., Gomez, T.D., Dewey, K.G., and Bernauer, E.M. 1998. Body composition by air displacement plethysmography using predicted and measured thoracic gas volumes. *Journal of Applied Physiology* 84: 1475–1479.

McCue, B.F. 1953. Flexibility of college women. *Research Quarterly* 24: 316–324.

McGill, S. 2016. *Low back disorders: Evidence-based prevention and rehabilitation*, 3rd ed. Champaign, IL: Human Kinetics.

McGill, S.M. 2001. Low back stability: From formal description to issues for performance and rehabilitation. *Exercise and Sport Sciences Reviews* 29(1): 26–31.

McGill, S.M., Childs, A., and Liebenson, D.C. 1999. Endurance times for low back stabilization exercises: Clinical targets for testing and training from a normal database. *Archives of Physical Medicine and Rehabilitation* 80: 941–944.

McGill, S.M., and Marshall, L.W. 2012. Kettlebell swing, snatch, and bottoms–up carry: Back and hip muscle activation, motion, and low back loads. *Journal of*

Strength and Conditioning Research 26: 16–27.

McGlory, C., Devries, M.C., and Phillips, S.M. 2017. Skeletal muscle and resistance exercise training: The role of protein synthesis in recovery and remodeling. *Journal of Applied Physiology* 122: 541–548.

McGrath, L.J., Hopkins, W.G., and Hinckson, E.A. 2015. Associations of objectively measured built–environment attributes with youth moderate–to–vigorous physical activity: A systematic review and meta–analysis. *Sports Medicine* 45: 841–865.

McHugh, M.P., and Cosgrave, C.H. 2010. To stretch or not to stretch: The role of stretching in injury prevention and performance. *Scandinavian Journal of Medicine and Science in Sports* 20: 169–181.

McHugh, M.P. Kremenic, I.J., Fox, M.B., and Gleim, G.W. 1998. The role of mechanical and neural restraints to joint range of motion during passive stretch. *Medicine & Science in Sports & Exercise* 30: 928–932.

McHugh, M.P., Magnusson, S.P., Gleim, G.W., and Nicholas, J.A. 1992. Viscoelastic stress relaxation in human skeletal muscle. *Medicine & Science in Sports & Exercise* 24: 1375–1382.

McInnis, K., and Balady, G. 1994. Comparison of submaximal exercise responses using the Bruce vs modified Bruce protocols. *Medicine & Science in Sports & Exercise* 26: 103–107.

McKeon, P.O., and Hertel, J. 2008. Systematic review of postural control and lateral ankle instability. Part II: Is balance training clinically effective? *Journal of Athletic Training* 43(3): 305–315.

McMurray, R.G., Butte, N.F., Crouter, S.E., Trost, S.G., Pfeiffer, K.A., Bassett, D.R., Puyau, M.R., Berrigan, D., Watson, K.B., and Fulton, J.E. 2015. Exploring metrics to express energy expenditure of physical activity in youth. *PLoS One*. 10: e0130869.

McRae, G., Payne, A., Zelt, J.G.E., Scribbans, T.D., Jung, M.E., Little, J.P., and Gurd, B.J. 2012. Extremely low volume, whole–body aerobic–resistance training improves aerobic fitness and muscular endurance in females. *Applied Physiology, Nutrition, and Metabolism* 37: 1124–1131.

Mears, J., and Kilpatrick, M. 2008. Motivation for exercise: Applying theory to make a difference in adoption and adherence. *ACSM's Health & Fitness Journal* 12(1): 20–26.

Menant, J.C., Schoene, D., Sarofim, M., and Lord, S.R. 2014. Single and dual task tests of gait speed are equivalent in the prediction of falls in older people: A systematic review and meta–analysis. *Ageing Research Reviews* 16: 83–104.

Mesquita, L.S.A., de Carvalho, F.T., Freire, L.S.A., Neto, O.P., and Zangaro, R.A. 2015. Effects of two exercise protocols on postural balance of elderly women: A randomized controlled trial. *BMC Geriatrics* 15: 61.

Messier, S.P., Royer, T.D., Craven, T.E., O'Toole, M.L., Burns, R., and Ettinger W.H. Jr. 2000. Long–term exercise and its effect on balance in older, osteoarthritic adults: Results from the Fitness, Arthritis, and Seniors Trial (FAST). *Journal of the American Geriatrics Society* 48: 131–138.

Metcalfe, L. 2010. The BEST strength training program for osteoporosis prevention. *ACSM's Certified News* 20(4): 7–8, 11.

Micozzi, M.S., Albanes, D., Jones, Y., and Chumlea, W.C. 1986. Correlations of body mass indices with weight, stature, and body composition in men and women in NHANES I and II. *American Journal of Clinical Nutrition* 44: 725–731.

Midgley, A.W., Bentley, D.J., Luttikholt, H., McNaughton, L.R., and Millet, G.P. 2008. Challenging a dogma of exercise physiology. Does an incremental exercise test for valid VO₂max determination really need to last between 8 and 12 minutes? *Sports Medicine* 38: 441–447.

Mier, C.M., Alexander, R.P., and Mageean, A.L. 2012. Achievement of VO₂max criteria during a continuous graded exercise test and a verification stage performed by college-aged athletes. *Journal of Strength and Conditioning Research* 26: 2648–2654.

Mier, C.M., and Feito, Y. 2006. Metabolic cost of stride rate, resistance, and combined use of arms and legs on the elliptical trainer. *Research Quarterly for Exercise and Sport* 77: 507–513.

Mifflin, M.D., St. Jeor, S.T., Hill, L.A., Scott, B.J., Daugherty, S.A., and Koh, Y.O. 1990. A new predictive equation for resting energy expenditure in healthy individuals. *American Journal of Clinical Nutrition* 51: 241–247.

Milani, P., Coccetta, C.A., Rabini, A., Sciarra, T., Massazza, G., and Ferriero, G. 2014. Mobile smartphone applications for body position measurement in rehabilitation: A review of goniometric tools. *PM&R* 6: 1038–1043.

Milanovin, Z., Spori, G., and Weston, M. 2015. Effectiveness of high-intensity interval training (HIT) and continuous endurance training for VO₂max improvements: A systematic review and meta-analysis of controlled trials. *Sports Medi-cine* 45: 1469–1481.

Millard-Stafford, M.L., Collins, M.A., Evans, E.M., Snow, T.K., Cureton, K.J., and Rosskopf, L.B. 2001. Use of air displacement plethysmography for estimating body fat in a four-component model. *Medicine & Science in Sports & Exercise* 33: 1311–1317.

Mills, K.T., Bundy, J.D., Kelly, T.N., Reed, J.E., Kearney, P.M., Reynolds, K., Chen, J., and He, J. 2016. Global disparities on hypertension prevalence and control. *Circulation* 134: 441–450.

Mingji, C., Onakpoya, I.J., Heneghan, C.J., and Ward, A.M. 2016. Assessing agreement of blood pressure-measuring devices in Tibetan areas of China: A systematic review. *Heart Asia* 8: 46–51.

Minkler, S., and Patterson, P. 1994. The validity of the modified sit-and-reach test in college-age students. *Research Quarterly for Exercise and Sport* 65: 189–192.

Miranda, A.B., Simao, F., Rhea, M., Bunker, D., Prestes, J., Leite, R.D., Miranda, H., de Salles, B.F., and Novaes, J. 2011. Effects of linear vs. daily undulating periodized resistance training on maximal and submaximal strength gains. *Journal of Strength and Conditioning Research* 25: 1824–1830.

Mitchell, J.A., Cousminer, D.L., Zemel, B.S., Grant, S.F.A., and Chesi, A. 2016. Genetics of pediatric bone strength. *BoneKEy Reports* 5: article 823.

Mitros, M., Gabriel, K.P., Ainsworth, B., Lee, C.M., Herrmann, S., Campbell, K., and Swan, P. 2011. Comprehensive evaluation of a single-stage submaximal treadmill walking protocol in healthy, middle-aged women. *European Journal of Applied Physiology* 111: 47–56.

Miyachi, M., Yamamoto, K., Ohkawara, K., and Tanaka, S. 2010. METs in adults while playing active video games: A metabolic chamber study. *Medicine & Science in Sports & Exercise* 42: 1149–1153.

Miyazaki, R., Kotani, K., Tszaki, K., Sakane, N., Yonei, Y., and Ishii, K. 2015. Effects of a year-long pedometer-based walking program on cardiovascular disease risk factors in active older people. *Asia-Pacific Journal of Public Health* 27: 155–163.

Mizumura, K., and Taguchi, T. 2016. Delayed onset muscle soreness: Involvement of neurotrophic factors. *Journal of Physiological Sciences* 66: 43–52.

Mizuno, T., and Umemura, Y. 2016. Dynamic stretching does not change the stiffness of the muscle-tendon unit. *International Journal of Sports Medicine* 37: 1044–1050.

Moffatt, R.J., Stamford, B.A., and Neill, R.D. 1977. Placement of triweekly training sessions: Importance regarding enhancement of aerobic capacity. *Research Quarterly* 48: 583–591.

Moffroid, M.T., and Whipple, R.H. 1970. Specificity of speed of exercise. *Physical Therapy* 50: 1699–1704.

Moholdt, T., Wisl* ff, U., Lydersen, S., and Nauman, J. 2014. Current physical activity guidelines for health are insufficient to mitigate long-term weight gain: More data in the fitness versus fatness debate (the HUNT study, Norway). *British Journal of Sports Medicine* 48: 1489–1496.

Mole, P.A., Oscai, L.B., and Holloszy, J.O. 1971. Adaptation of muscle to exercise: Increase in levels of palmityl CoA synthetase, carnitine palmityl-transferase, and palmityl CoA dehydrogenase and the capacity to oxidize fatty acids. *Journal of Clinical Investigation* 50: 2323–2329.

Molnar, D., Jeges, S., Erhardt, E., and Schutz, Y. 1995. Measured and predicted resting metabolic rate in obese and nonobese adolescents. *Journal of Pediatrics* 127: 571–577.

Montalvo, A.M., Shaefer, H., Rodriguez, B., Li, T., Epnere, K., and Myer, G.D. 2017. Retrospective injury epidemiology and risk factors for injury in CrossFit. *Journal of Sports Science and Medicine* 16: 53–59.

Montoye, H.J., and Faulkner, J.A. 1964. Determination of the optimum setting of an adjustable grip dynamometer. *Research Quarterly* 35: 29–36.

Moon, J.R., Stout, J.R., Walter, A.A., Smith, A.E., Stock, M.S., Herda, T.J., Sherk, V.D., Young,

K.C., Lockwood, C.M., Kendall, K.L., Fukuda, D.H., Graff, J.L., Cramer, J.T., Beck, T.W., and Esposito, E.N. 2011. Mechanical scale and load cell underwater weighing: A comparison of simultaneous measurements and the reliability of methods. *Journal of Strength and Conditioning Research* 25: 652–661.

Moon, J.R., Tobkin, S.E., Costa, P.B., Smalls, M., Mieding, W.K., O'Kroy, J.A., Zoeller, R.F., and Stout, J.R. 2008. Validity of the Bod Pod for assessing body composition in athletic high school boys. *Journal of Strength and Conditioning Research* 22: 263–268.

Mooney, V., Kron, M., Rummerfield, P., and Holmes, B. 1995. The effect of workplace based strengthening on low back injury rates: A case study in the strip mining industry. *Journal of Occupational Rehabilitation* 5: 157–167.

Moore, D.R., Young, M., and Phillips, S.M. 2012. Similar increases in muscle size and strength in young men after training with maximal shortening or lengthening contractions when matched for total work. *European Journal of Applied Physiology* 112: 1587–1592.

Moore, M.A., and Hutton, R.S. 1980. Electromyographic investigation of muscle stretching techniques. *Medicine & Science in Sports & Exercise* 12: 322–329.

Moore, S.C. 2009. Waist versus weight—which matters more for mortality? *American Journal of Clinical Nutrition* 89: 1003–1004.

Moore, S.C., Lee, I-M., Weiderpass, E., Campbell, P.T., Sampson, J.N., Kitahara, C.M., Keadle, S.K., Arem, J., Berrington de Bonzalez, A., Hartge, P., Adami, H–O, Blair, C.K., Borch, K.B., Boyd, E., Check, D.P., Fournier, A., Freedman, N.D., Gunter, M., Johannson, M., Khaw, K–T., Linet, M.S., Orsini, N., Park, Y., Riboli, E., Robien, K., Schairer, C., Sesso, H., Spriggs, M., Van Dusen, R., Wolk, A., Matthews, C.E., and Patel, A.V. 2016. Association of leisure–time physical activity with risk of 26 types of cancer in 1.44 million adults. *Journal of the American Medical Association: Internal Medicine* 176: 816–825.

Moran, S., Booker, H., Staines, J., and Williams, S. 2017. Rates and risk factors of injury in CrossFit™: A prospective cohort study. *Journal of Sports Medicine and Physical Fitness* 57: 1147–1153.

Morán–Navarro, R., Mora–Rodríguez, R., Rodríguez–Rielves, V., de la Fuente–Pérez, P., and Pallarés, J.G. 2016. Heart rate reserve at ventilator thresholds, maximal lactate steady state and maximal aerobic power in well–trained cyclists: Training application. *European Journal of Human Movement* 36: 150–162.

Morehouse, L.E. 1972. *Laboratory manual for physiology of exercise*. St. Louis: Mosby.

Moritani, T., and deVries, H.A. 1979. Neural factors versus hypertrophy in the time course of muscle strength gain. *American Journal of Physical Medicine* 58: 115–130.

Morrison, S.A., Petri, R.M., Hunter, H.L., Raju, D., and

Gower, B. 2016. Comparison of the Lunar Prodigy and iDXA dual–energy X–ray absorptiometers for assessing total and regional body composition. *Journal of Clinical Densitometry: Assessment & Measurement of Musculoskeletal Health* 19: 290–297.

Morrow, J.R., Jackson, A.S., Bradley, P.W., and Hartung, G.H. 1986. Accuracy of measured and predicted residual lung volume on body density measurement. *Medicine & Science in Sport & Exercise* 18: 647–652.

Motalebi, S.A., Iranagh, J.A., Abdollahi, A., and Lim, W.K. 2014. Applying of theory of planned behavior to promote physical activity and exercise behavior among older adults. *Journal of Physical Education and Sport* 14: 562–568.

Muehlbauer, A.B., Roth, T., Mueller, S., and Granacher, U. 2011. Intra and intersession reliability of balance measures during one–leg standing in young adults. *Journal of Strength and Conditioning Research* 25: 2228–2234.

Muir, S.W., Berg, K., Chesworth, B., and Speechley, M. 2008. Use of the Berg Balance Scale for predicting multiple falls in community–dwelling elderly people: A prospective study. *Physical Therapy* 88: 449–459.

Muller, M.J., Bosy–Westphal, A., Klaus, S., Kreymann, G., Luhrmann, P.M., Neuhauser–Berthold, M., Noack, R., Pirke, K.M., Platte, P., Selberg, O., and Steiniger, J. 2004. World Health Organization equations have shortcomings for predicting resting energy expenditure in persons from a modern, affluent population: Generation of a new reference standard from a retrospective analysis of a German database of resting energy expenditure. *American Journal of Clinical Nutrition* 80: 1379–1390.

Müller, W., Lohman, T.G., Stewart, A.D., Maughan, R.J., Meyer, N.L., Sardinha, L.B., Kirihennedige, N., Reguant–Closa, A., Risoul–Salas, V., Sundgot–Borgen, J., Ahammer, H., Ander–huber, F., Fürhapter–Rieger, A., Kainz, P., Matrna, W., Pilsl, U., Pirstinger, W., and Ackland, T.R. 2016. Subcutaneous fat patterning in athletes: Selection of appropriate sites and standardisation of a novel ultrasound measurement technique: Ad hoc working group on body composition, health and performance, under the auspices of the IOC Medical Commission. *British Journal of Sports Medicine* 50(1): 45–54.

Muñoz–Martinez, F.A., Rubio–Arias, J.Á., Ramos–Campo, D.J., and Alcaraz, P.E. 2017. Effectiveness of resistance cir–cuit–based training for maximum oxygen uptake and upper–body one–repetition maximum improvements: A systematic review and meta–analysis. *Sports Medicine* [in press].

Munroe, R.A., and Romance, T.J. 1975. Use of the Leighton flexometer in the development of a short flexibility test battery. *American Corrective Therapy Journal* 29: 22.

Murach, K.A., and Bagley, J.R. 2016. Skeletal muscle hypertrophy with concurrent exercise training: Contrary evidence for an interference effect. *Sports Medicine* 46: 1029–1039.

Murlasits, Z., Kneffel, Z., and Thalib, L. 2017. The

physiological effects of concurrent strength and endurance training sequence: A systematic review and meta-analysis. *Journal of Sports Sciences* [in press].

Murphy, E.C.S, Carson, L., Neal, W., Baylis, C., Donley, D., and Yeater, R. 2009. Effects of an exercise intervention using Dance Dance Revolution on endothelial function and other risk factors in overweight children. *International Journal of Pediatric Obesity* 4: 205–214.

Murphy, J.R., Di Santo, M.C., Alkanani, T., and Behm, D.G. 2010. Aerobic activity before and following short-duration static stretching improves range of motion and performance vs. a traditional warm-up. *Applied Physiology, Nutrition, and Metabolism* 35: 679–690.

Muyor, J.M., Vaquero-Cristobal, R., Alacid, F., and Lopez-Minarro, P.A. 2014. Criterion-related validity of sit-and-reach and toe-touch tests as a measure of hamstring extensibility in athletes. *Journal of Strength and Conditioning Research* 28: 546–555.

Myers, J., Forman, D.E., Balady, G.J., Franklin, B.A., Nelson-Worel, J., Martin, B-J. Herbert, W.G., Guazzi, M., and Arena, R. 2014. Supervision of exercise testing by nonphysicians: A scientific statement from the American Heart Association. *Circulation* 130: 1014–1027.

Myers, T.R., Schneider, M.G., Schmale, M.S., and Hazell, T.J. 2015. Whole-body aerobic resistance training circuit improves aerobic fitness and muscle strength in sedentary young females. *Journal of Strength and Conditioning Research* 29: 1592–1600.

Myers, M.G., Valdivieso, M., and Kiss, A. 2009. Use of automated office blood pressure measurement to reduce the white coat response. *Journal of Hypertension* 27: 280–286.

Naclerio, A.B., Rodriguez-Romo, G., Barriopedro-Moro, M.I., Jimenez, A., Alvar, B.A., and Triplett, N.T. 2011. Control of resistance training intensity by the OMNI perceived exertion scale. *Journal of Strength and Conditioning Research* 25: 1879–1888.

Nagle, F.S., Balke, B., and Naughton, J.P. 1965. Gradational step tests for assessing work capacity. *Journal of Applied Physiology* 20: 745–748.

Nakamura, M., Ikezoe, T., Takeno, Y., and Ichihashi, N. 2011. Acute and prolonged effect of static stretching on the passive stiffness of the human gastrocnemius muscle tendon unit in vivo. *Journal of Orthopedic Research* 29: 1759–1763.

Nana, A., Slater, G.J., Hopkins, W.G., and Burke, L.M. 2012. Effects of daily activities on dual-energy X-ray absorptiometry measurements of body composition in active people. *Medicine & Science in Sports & Exercise* 44(1): 180–189.

Nana, A., Slater, G.J., Stewart, A.D., and Burke, L.M. 2015. Methodology review: Using dualenergy X-ray absorptiometry (DXA) for assessment of body composition in athletes and active people. *International Journal of Sport Nutrition and Exercise Metabolism* 25(2): 198–215.

Napolitano, M.A., Lewis, B.A., Whitely, J.A., and

Marcus, B.H. 2010. Principles of health behavior change. In *ACSM's resource manual for guidelines for exercise testing and prescription,* 710–723. Philadelphia: Wolters Kluwer/Lippincott Williams & Wilkins.

Nashner, L.M. 1997. In *Handbook of balance function testing,* ed. G.P. Jacobson, C.W. Newman, and J.M. Kartush, 280–307. San Diego: Singular Publishing Group.

National Cholesterol Education Program. 2001. Executive summary of the third report of the National Cholesterol Education Program (NCEP) Expert Panel on detection, evaluation, and treatment of high blood cholesterol in adults (Adult Treatment Panel III). *Journal of the American Medical Association* 285(19): 2486–2497.

National Institutes of Health. 2012. Mad as a hatter campaign for a mercury-free NIH.

National Osteoporosis Foundation. 2004. America's bone health: The state of osteoporosis and low bone mass.

National Osteoporosis Foundation. 2017. Bone health basics: Get the facts.

National Strength and Conditioning Association. 2017. *Strength training,* 2nd ed. Champaign, IL: Human Kinetics.

National Strength and Conditioning Association. 2016. *Essentials of strength training and conditioning,* 4th ed. Champaign, IL: Human Kinetics.

Naughton, J., Balke, B., and Nagle, F. 1964. Refinement in methods of evaluation and physical conditioning before and after myocardial infarction. *American Journal of Cardiology* 14: 837.

NCD Risk Factor Collaboration. 2017. Worldwide trends in blood pressure from 1975 to 2015: A pooled analysis of 1479 population-based measurement studies with 19.1 million participants. *Lancet* 389: 37–55.

Nelson, A.G., and Kokkonen, J. 2014. *Stretching anatomy, 2nd ed.* Champaign, IL: Human Kinetics.

Nelson, A.G., Kokkonen, J., Arnall, D.A., and Li, L. 2012. Acute stretching increases postural stability in non-balance-trained individuals. *Journal of Strength and Conditioning Research* 26: 3095–3100.

Nelson, M.E., and Folta, S.C. 2009. Further evidence for the benefits of walking. *American Journal of Clinical Nutrition* 89: 15–16.

Nelson, M.E., Rejeski, W.J., Blair, S.N., Duncan, P.W., Judge, J.O., King, A.C., Macera, C.A., and Castaneda-Sceppa, C. 2007. Physical activity and public health in older adults: Recommendations from the American College of Sports Medicine and the American Heart Association. *Medicine & Science in Sports & Exercise* 39(8): 1435–1445.

Neuhauser, H.K., Ellert, U., Thamm, M., and Adler, C. 2015. Calibration of blood pressure data after replacement of the standard mercury sphygmomanometer by an oscillometric device and concurrent change of cuffs. *Blood Pressure Monitoring* 20: 39–42.

Ng, B.K., Hinton, B.J., Fan, B., Kanaya, A.M., and Shepherd, J.A. 2016. Clinical anthropometrics and body composition from 3D whole–body surface scans. *European Journal of Clinical Nutrition* 70: 1265–1270.

Ng, J.K., Kippers, V., Richardson, C.A., and Parni–anpour, M. 2001. Range of motion and lordosis of the lumbar spine: Reliability of measurement and normative values. *Spine* 26: 53–60.

Ng, M., Freeman, M.K., Fleming, T.D., Robinson, M., Dwyer–Lindgren, L., Thomson, B., Wollum, A., Sanman, E., Wulf, S., Lopez, A.D., Murray, C.J.L., and Gakidou, E. 2014. Smoking prevalence and cigarette consumption in 187 countries, 1980–2012. *Journal of the American Medical Association* 311: 183–192.

Ng, N. 1995. *Metcalc*. Champaign, IL: Human Kinetics. NHS Digital. Health survey for England, 2014: Trend tables.

Ni, M., Mooney, K., Richards, L., Balachandran, A., Sun, M., Harriell, K., Potiaumpai, M., and Signorile, J.F. 2014. Comparative impacts of tai chi, balance training, and a specially–designed yoga program on balance in older fallers. *Archives of Physical Medicine and Rehabilitation* 95(9): 1620–1628.

Nichols, D.L., Sanborn, C.F., and Love, A.M. 2001. Resistance training and bone mineral density in adolescent females. *Journal of Pediatrics* 139: 494–499.

Nichols, J.F., Sherman, C.L., and Abbott, E. 2000. Treading is new and hot: 30 minutes meets the ACSM recommendations for cardiorespiratory fitness and caloric expenditure. *ACSM's Health & Fitness Journal* 4(2): 12–17.

Nick, N., Petramfar, P., Ghodsbin, F., Keshavarzi, S., and Jahanbin, I. 2016. The effect of yoga on balance and fear of falling in older adults. *PM&R* 8: 145–151.

Nicklas, B.J., Wang, X., You, T., Lyles, M.F., Demons, J., Easter, L., Berry, M.J., Lenchik, L., and Carr, J.J. 2009. Effect of exercise intensity on abdominal fat loss during calorie restriction in overweight and obese postmenopausal women: A randomized, controlled trial. *American Journal of Clinical Nutrition* 89: 1043–1052.

Nicklas, J.M., Huskey, K.W., Davis, R.B., and Wee, C.C. 2012. Successful weight loss among obese U.S. adults. *American Journal of Preventive Medicine* 42: 481–485.

Nieman, D.C. 2003. *Exercise testing and prescription: A health related approach*. New York: McGraw–Hill.

Nissen, S.L., and Sharp, R.L. 2003. Effect of dietary supplements on lean mass and gains with resistance training: A meta–analysis. *Journal of Applied Physiology* 94: 651–659.

Noakes, T.D. 2008. How did A V Hill understand the VO$_2$max and the "plateau phenomenon"? Still no clarity? *British Journal of Sports Medicine* 42: 574–580.

Noland, M., and Kearney, J.T. 1978. Anthropometric

and densitometric responses of women to specific and general exercise. *Research Quarterly* 49: 322–328.

Noreen, E.E., and Lemon, P.W.R. 2006. Reliability of air displacement plethysmography in a large, hetero–geneous sample. *Medicine & Science in Sports & Exercise* 38: 1505–1509.

Norkin, C.C., and White, D.J. 1995. *Measurement of joint motion: A guide to goniometry*. Philadelphia: Davis.

Norris, C. 2000. *Back stability*. Champaign, IL: Human Kinetics.

Norris, R.A., Wilder, E., and Norton, J. 2008. The functional reach test in 3– to 5–year–old children without disabilities. *Pediatric Physical Therapy* 20: 47–52.

North American Spine Society. 2009. Exercise for a healthy back.

Northey, J.M., Cherbuin, N., Pumpa, K.L., Smee, D.J., and Rattray, B. 2017. Exercise interventions for cognitive function in adults older than 50: A systematic review with meta–analysis. *British Journal of Sports Medicine*.

Norton, K., Marfell–Jones, M., Whittingham, N., Kerr, D., Carter, L., Saddington, K., and Gore, C. 2000. Anthropometric assessment protocols. In *Physio–logical tests for elite athletes*, ed. C. Gore, 66–85. Champaign, IL: Human Kinetics.

Nunez, C., Kovera, A., Pietrobelli, A., Heshka, S., Horlick, M., Kehayias, J., Wang, Z., and Heymsfield, S. 1999. Body composition in children and adults by air displacement plethysmography. *European Journal of Clinical Nutrition* 53: 382–387.

Nuri, L., Ghotbi, N., and Faghihzadeh, S. 2013. Acute effects of static stretching, active warm up, or passive warm up on flexibility of the plantar flexors of Iranian professional female taekwondo athletes. *Journal of Musculoskeletal Pain* 21: 263–268.

Nuzzo, J.L., Anning, J.H., and Scharfenberg, J.M. 2011. The reliability of three devices used for measuring vertical jump height. *Journal of Strength and Conditioning Research* 25: 2580–2590.

Nye, N.S., Carnahan, D.H., Jackson, J.D., Covey, C.J., Zarazabal, L.A., Chao, S.Y., Bockhorst, A.D., and Crawford, P.F. 2014. Abdominal circumference is superior to body mass index in estimating musculo–skeletal injury risk. *Medicine & Science in Sports & Exercise* 46: 1951–1959.

O'Brien, E., Atkins, N., Stergiou, G., Karpettas, N., Parati, G., Asmar, R., Imai, Y., Want, J., Mengden, T., and Sheenan, A., on behalf of the Working Group on Blood Pressure Monitoring of the European Society of Hypertension. 2010. European Society of Hypertension International Protocol revision 2010 for the validation of blood pressure measuring devices in adults. *Blood Pressure Monitoring* 15: 23–38.

O'Brien, R.J., and Drizd, T.A. 1983. Roentgenographic determination of total lung capacity: Normal values from a national population survey. *American Review of Respiratory Diseases* 128: 949–952.

O'Connor, D.M., and Crowe, M.J. 2007. Effects of six weeks of β –hydroxy– β –methylbutyrate (HMB) and HMB/creatine supplementation on strength, power, and anthropometry of highly trained athletes. *Journal of Strength and Conditioning Research* 21: 419–423.

Ogawa, E.F., Leveille, S.G., Write, J.A., Shi, L., Cambi, S.M., and You, T. 2017. Physical activity domains/recommendations and leukocyte telomere length in U.S. adults. *Medicine & Science in Sports & Exercise.*

Ogden, C.L., Carroll, M.D., Fryar, C.D., and Flegal, K.M. 2015. Prevalence of obesity among adults and youth: United States, 2011–2014. NCHS Data Brief. No. 219. Hyattsville, MD: National Center for Health Statistics.

Ogden, C.L., Carroll, M.D., Kit, B.K., and Flegal, K.M. 2014. Prevalence of childhood and adult obesity in the United States, 2011–2012. *Journal of the American Medical Association* 311: 806–814.

Ogedegbe, G., and Pickering, T. 2010. Principles and techniques of blood pressure measurement. *Cardiology Clinics* 28: 571–586.

Ogedegbe, G., Agyemang, C., and Ravenell, J.E. 2010. Masked hypertension: Evidence of the need to treat. *Current Hyper-tension Reports* 12: 349–355.

Oh, K.Y., Kim, S.A., Lee, S.Y., and Lee, S.L. 2011. Comparison of manual balance and balance board tests in healthy adults. *Annals of Rehabilitation Medicine* 35: 873–879.

Ohkubo, T., Kikuya, M., Metoki, H., Asayama, K., Obara, T., Hashimoto, J., Totsune, K., Hoshi, H., Satoh, H., and Imai, Y. 2005. Prognosis of masked hypertension and "white–coat" hypertension detected by 24–h ambulatory blood pressure monitoring: A 10–year follow–up from the Ohasama study. *Journal of American College of Cardiology* 46: 508–515.

Ohrvall, M., Berglund, L., and Vessby, B. 2000. Sagittal abdominal diameter compared with other anthropometric measurements in relation to cardio–vascular risk. *International Journal of Obesity* 24: 497–501.

Oldroyd, B., Treadgold, L., and Hind, K. 2017. Cross calibration of the GE Prodigy and iDXA for the measurement of total and regional body composition in adults. *Journal of Clinical Densitometry: Assessment & Measurement of Musculoskeletal Health* [Epub ahead of print].

Oliveira, G.B.F., Avezum, A., and Roever, L. 2015. Cardiovascular disease burden: Evolving knowledge of risk factors in myocardial infarction and stroke through population–based research and perspectives in global prevention. *Frontiers in Cardiovascular Medicine* 2: article 32.

Olmsted, L.C., Carcia, C.R., Hertel, J., and Schultz, S.J. 2002. Efficacy of the star excursion balance tests in detecting reach deficits in subjects with chronic ankle instability. *Journal of Athletic Training* 37: 501–506.

O'Neill, D.C., Cronin, O., O'Neill, S.B., Woods, T.,

Keohane, D.M., Molloy, M.G., and Falvey, E.C. 2016. Application of a subset of skinfold sites for ultrasound measurement of subcutaneous adiposity and percentage body fat estimation in athletes. *International Journal of Sports Medicine* 37: 359–363.

O'Neill, S., and O'Driscoll, L. 2015. Metabolic syndrome: A closer look at the growing epidemic and its associated pathologies. *Obesity Reviews* 16: 1–12.

Opplert, J., Gentry, J.B., and Babault, N. 2016. Do stretch durations affect muscle mechanical and neuro–physiological properties? *International Journal of Sports Medicine* 37: 673–679.

Oppliger, R.A., Nielsen, D.H., and Vance, C.G. 1991. Wrestlers' minimal weight: Anthropometry, bioimpe–dance, and hydrostatic weighing compared. *Medicine & Science in Sports & Exercise* 23: 247–253.

O'Riordan, C.F., Metcalf, B.S., Perkins, J.M., and Wilkin, T.J. 2010. Reliability of energy expenditure prediction equations in the weight management clinic. *Journal of Human Nutrition and Dietetics* 23: 169–175.

Orr, R. 2010. Contribution of muscle weakness to postural instability in the elderly: A systematic review. *European Journal of Physical and Rehabilitation Medicine* 46: 183–220.

Orr, R., de Vos, N.J., Singh, N.A., Ross, D.A., Stavrinos, T.M., and Fiatarone–Singh, M.A. 2006. Power training improves balance in healthy older adults. *Journals of Gerontology, Series A: Biological Sciences and Medical Sciences* 61: 78–85.

Orr, R., Raymond, J., and Singh, M.F. 2008. Efficacy of progressive resistance training on balance perfor–mance in older adults. A systematic review of randomized controlled trials. *Sports Medicine* 38: 317–343.

Ortega, F.B., Cadenas–Sánchez, C., Sánchez–Delgado, G., Mora–González, J., Martinez–Téllez, B., Artero, E.G., Castro–Piñero, J., Labayen, I., Chillón, P., Löf, M., and Ruiz, J.R. 2015. Systematic review and proposal of a field–based physical fitness–test battery in preschool children: The PREFIT battery. *Sports Medicine* 45: 533–555.

Ortiz, O., Russell, M., Daley, T.L., Baumgartner, R.N., Waki, M., Lichtman, S., Wang, S., Pierson, R.N., and Heymsfield, S.B. 1992. Differences in skeletal muscle and bone mineral mass between black and white females and their relevance to estimates of body composition. *American Journal of Clinical Nutrition* 55: 8–13.

Osawa, Y., and Oguma, Y. 2013. Effects of vibration on flexibility: A meta–analysis. *Journal of Muscu–loskeletal Neuronal Interactions* 13: 442–453.

Ostchega, Y., Hughes, J.P., Prineas, R.J., Zhang, G., Nwankwo, T., and Chiappa, M.M. 2014. Mid–arm circumference and recommended blood pressure cuffs for children and adolescents aged between 3 and 19 years: Data from the National Health and Nutrition Examination Survey, 1999–2010. *Blood Pressure Monitoring* 19: 26–31.

Ostchega, Y., Prineas, R.J., Dillon, C., McDowell,

M., and Carroll, M. 2004. Estimating equations and tables for adult mid–arm circumference based on measured height and weight: Data from the third National Health and Nutrition Examination Survey (NHANES III) and NHANES 1999–2000. *Blood Pressure Monitoring* 9: 123–131.

Osternig, L.R., Robertson, R.N., Troxel, R.K., and Hansen, P. 1990. Differential responses to proprioceptive neuromuscular facilitation (PNF) stretch techniques. *Medicine & Science in Sports & Exercise* 22: 106–111.

Otto, W.H. III, Coburn, J.W., Brown, L.E., Spiering, B.A. 2012. Effects of weightlifting vs. kettlebell training on vertical jump, strength, and body composition. *Journal of Strength and Conditioning Research* 26: 1199–1202.

Page, P., and Ellenbecker, T. 2011. *Strength band training, 2nd ed.* Champaign, IL: Human Kinetics.

Pajala, S., Era, P., Koskenvuo, M., Kaprio, J., Tormakangas, T., and Rantanen, T. 2008. Force platform balance measures as predictors of indoor and outdoor falls in community–dwelling women 63–76 years. *Journal of Gerontology* 63: 171–178.

Pajunen, P., Heliovaara, M., Rissanen, H., Reunanen, A., Laaksonen, M.A., and Knekt, P. 2013. Sagittal abdominal diameter as a new predictor for incident diabetes. *Diabetes Care* 36(2): 283–288.

Palatini, P., Benetti, E., Fania, C., Malipiero, G., and Saladini, F. 2012. Rectangular cuffs may overestimate blood pressure in individuals with large conical arms. *Journal of Hypertension* 30: 530–536.

Panagiotakos, D.B., Georgousopoulou, E.N., Fitzgerald, A.P., Pitsavos, C., and Stefanadis, C. 2015. Validation of the HellenicSCORE (a calibration of the ESC SCORE Project) regarding 10–year risk of fatal cardiovascular disease in Greece. *Hellenic Journal of Cardiology* 56: 302–308.

Parati, G., and Ochoa, J.E. 2012. Automated–auscultatory (Hybrid) sphygmomanometers for clinic blood pressure measurement: A suitable substitute to mercury sphygmomanometer as reference standard? *Journal of Human Hypertension* 26: 211–213.

Parfitt, G., Evans, H., and Eston, R. 2012. Perceptually regulated training at RPE13 is pleasant and improves physical health. *Medicine & Science in Sports & Exercise* 44: 1613–1618.

Parker, S.B., Hurley, B.F., Hanlon, D.P., and Vaccaro, P. 1989. Failure of target heart rate to accurately monitor intensity during aerobic dance. *Medicine & Science in Sports & Exercise* 21: 230–234.

Parry, I., Carbullido, C., Kawada, J., Baglesy, A., Sen, S., Greenhalgh, D., and Palmieri, T. 2014. Keeping up with video game technology: Objective analysis of Xbox KinextTM and PlayStation 3 MoveTM for use in burn rehabilitation. *Burns* 40: 852–859.

Partridge, S.R., McGeechan, K., Hebden, L., Balestracci, K., Wong, A.T.Y., Denney–Wilson, E., Harris, M.F., Phongsavan, P., Bauman, A., and Allman–Farinelli, M. 2015. Effectiveness of a mHealth lifestyle program with telephone support (TXT2BFIT) to prevent unhealthy weight gain in young adults: Randomized clinical trial. *Journal of Medical Internet Research* 3: e66.

PAR–Q+ Collaboration. 2017. The new PARQ–X+ and ePARmed–X+: Official website.

Pata, R.W., Lord, K., and Lamb, J. 2014. The effect of Pilates based exercise on mobility, postural stability, and balance in order to decrease fall risk in older adults. *Journal of Body-work & Movement Therapies* 18: 361–367.

Pate, R.R., Pratt, M., Blair, S.N., Haskell, W.L., Macera, C.A., Bouchard, C., Buchner, D., Ettinger, W., Heath, G.W., and King, A.C. 1995. Physical activity and public health: A recommendation from the Centers for Disease Control and Prevention and the American College of Sports Medicine. *Journal of the American Medical Association* 273: 402–407.

Patel, R., Sulzberger, L., Li, G., Mair, J., Morley, H., Shing, M.N–W., O' Leary, C., Prakash, A., Robilliard, N., Rutherford, M., Sharpe, C., Shie, C., Sritharan, L., Turnbull, J., Whyte, I. Yu, H., Cleghorn, C., Leung, W., and Wilson, N. 2015. Smartphone apps for weight loss and smoking cessation: Quality ranking of 120 apps [Letter]. 2015. *New Zealand Medical Journal* 128(1421): 73–76.

Patrick, N., Emanski, E., and Knaub, M.A. 2014. Acute and chronic low back pain. *Medical Clinics in North America* 98: 777–789.

Patterson, P., Wiksten, D.L., Ray, L., Flanders, C., and Sanphy, D. 1996. The validity and reliability of the backsaver sit–and–reach test in middle school girls and boys. *Research Quarterly for Exercise and Sport* 67: 448–451.

Pavlou, K.N., Steffee, W.P., Lerman, R.H., and Burrows, B.A. 1985. Effects of dieting and exercise on lean body mass, oxygen uptake, and strength. *Medicine & Science in Sports & Exercise* 17: 466–471.

Payne, N., Gledhill, N., Kazmarzyk, P.T., Jamnik, V., and Keir, P.J. 2000. Canadian musculoskeletal fitness norms. *Canadian Journal of Applied Physiology* 25: 430–442.

Peeters, M.W. 2012. Subject positioning in the BodPod only marginally affects measurement of body volume and estimation of body fat in young adult men. *PLoS One* 7: E32722.

Peeters, M.W., and Claessens, A.L. 2011. Effect of different swim caps on the assessment of body volume and percentage body fat by air displacement plethysmography. *Journal of Sports Sciences* 29: 191–196.

Pekmezi, D., Barbera, B., and Marcus, B.H. 2010. Using the transtheoretical model to promote physical activity. *ACSM's Health & Fitness Journal* 14: 8–13.

Perk, J., DeBacker, G., Gohlke, H., Graham, I., Reiner, Z., Verschuren, W.M.M., Albus, C., Benlian, P., Boysen, G., Cifkova, R., Deaton, C., Ebrahim, S., Fisher, M., Germano, G., Hobbs, R., Hoes, A., Karadeniz, S., Messani, A., Prescott, E., Ryden, L., Scherer, M., Syvänne, M., Scholte, W.J.M., Reimer, O., Vrints, C., Wood, D., Zamorano, J.L., and Zannad, F. 2012.

European Guidelines on cardiovascular disease prevention in clinical practice (version 2012). *European Heart Journal* 33: 1635–1701.

Perrier, E.T., Pavol, M.J., and Hoffman, M.A. 2011. The acute effects of a warm–up including static or dynamic stretching on countermovement jump height, reaction time, and flexibility. *Journal of Strength and Conditioning Research* 25: 1925–1931.

Persinger, R., Foster, C., Gibson, M., Fater, D.C.W., and Porcari, J.P. 2004. Consistency of the talk test for exercise prescription. *Medicine & Science in Sports & Exercise* 36: 1632–1636.

Pescatello, L.S., Franklin, B.A., Fagard, R., Farquhar, W.B., Kelley, G.A, and Ray, C.A. 2004. American College of Sports Medicine position stand. Exercise and hypertension. *Medicine & Science in Sports & Exercise* 36: 533–553.

Peters, D., Fox, K., Armstrong, N., Sharpe, P., and Bell, M. 1992. Assessment of children's abdominal fat distribution by magnetic resonance imaging and anthropometry. *International Journal of Obesity* 16(Suppl. 2): S35 [abstract].

Peters, M.J.H., van Nes, S.I., Vanhoutte, E.K., Bakkers, M., van Doorn, P.A., Merkies, I.S.J., and Faber, C.G. 2011. Revised normative values for grip strength with the Jamar dynamometer. *Journal of the Peripheral Nervous System* 16: 47–50.

Peters, S.A.E., Huxley, R.R., and Woodward, M. 2014. Diabetes as risk factor for incident coronary heart disease in women compared with men: A systematic review and meta–analysis of 64 cohorts including 858,507 individuals and 28203 coronary events. *Diabetologia* 57: 1542–1551.

Peterson, M.D. 2010. Resistance exercise for sarcopenic outcomes and muscular fitness in aging adults. *Strength and Conditioning Journal* 32(3): 52–61.

Peterson, M., Chandlee, M., and Abraham, A. 2008. Cost effectiveness analysis of a statewide media campaign to promote adolescent physical activity. *Health Promotion Practice* 9: 126–133.

Peterson, M.D., and Gordon, P.M. 2011. Resistance exercise for the aging adult: Clinical implications and prescription guidelines. *American Journal of Medicine* 124: 194–198.

Peterson, M.D., Rhea, M.R., and Alvar, B.A. 2004. Maximizing strength development in athletes: A meta–analysis to determine the dose–response relationship. *Journal of Strength and Conditioning Research* 18: 377–382.

Peterson, M.D., Rhea, M.R., Sen, A., and Gordon, P.M. 2010.

Resistance exercise for muscular strength in older adults: A meta–analysis. *Ageing Research Reviews* 9: 226–237.

Peterson, M.D., Sen, A., and Gordon, P.M. 2011. Influence of resistance exercise on lean body mass in aging adults: A meta–analysis. *Medicine & Science in Sports & Exercise* 43: 249–258.

Petrella, J.K., Kim, J.S., Mayhew, D.L., Cross, J.M., and Bamman, M.M. 2008. Potent myofiber hypertrophy during resistance training in humans is associated with satellite cell–mediated myonuclear addition: A cluster analysis. *Jour-nal of Applied Physiology* 104: 1736–1742.

Petrella, R., Koval, J., Cunningham, D., and Paterson, D. 2001. A self–paced step test to predict aerobic fitness in older adults in the primary care clinic. *Journal of the American Geriatrics Society* 49: 632–638.

Pickering, T.G., Hall, J.E., Appel, L.J., Falkner, B.E., Graves, J., Hill, M.N., Jones, D.W., Kurtz, T., Sheldon, G., and Rocella, E.J. 2005. Recommendations for blood pressure measurement in humans and experimental animals: Part 1: Blood pressure measurement in humans: A statement for professionals from the subcommittee of Professional and Public Education of the American Heart Council on High Blood Pressure Research. *Hypertension* 45(1): 142–161.

Pierce, P., and Herman, S. 2004. Obtaining, maintaining, and advancing your fitness certification. *Journal of Physical Education, Recreation and Dance* 75(7): 50–53.

Pietrobelli, A., Formica, C., Wang, Z., and Heymsfield, S.B. 1996. Dualenergy X–ray absorptiometry body composition model: Review of physical concepts. *American Journal of Physiology* 271: E941–E951.

Pimentel, G.D., Moreto, F., Takahashi, M.M., Portero–Mclellan, K.D., and Burini, R.C. 2011. Sagittal abdominal diameter, but not waist circumference is strongly associated with glycemia, triacylglycerols and HDL–c levels in overweight adults. *Nutricion Hospitalaria* 25: 1125–1129.

Pisani, P., Renna, M.D., Conversano, F., Casciaro, E., Di Paola, M., Quarta, E., Muratore, M., and Casiaro, S. 2016. Major osteoporotic fragility fractures: Risk factor updates and societal impact. *World Journal of Orthopedics* 7: 171–181.

Pi–Sunyer, F.X. 1999. Comorbidities of overweight and obesity: Current evidence and research issues. *Medicine & Science in Sports & Exercise* 31: S602–S608.

Piucco, T., Diefenthaeler, F., Soares, R., Murias, J.M., and Millet, G.Y. 2017. Validation of a maximal incremental skating test performed on a slide board: Comparison with treadmill skating. *International Journal of Sports Physiology and Performance* [Epub ahead of print].

Plisky, P.J., Gorman, P.P., Butler, R.J., Kiesel, K.B., Underwood, F.B., and Elkins, B. 2009. The reliability of an instrumented device for measuring components of the star excursion balance test. *North American Journal of Sports Physical Therapy* 4: 92–99.

Plisky, P.J., Rauh, M.J., Kaminski, T.W., and Underwood, F.B. 2006. Star excursion balance test as a predictor of lower extremity injury in high school basketball players. *Journal of Orthopaedic and Sports Physical Therapy* 36: 911–919.

Podsiadlo, D., and Richardson, S. 1991. The timed "up & go": A test of basic functional mobility of frail elderly persons. *Journal of the American Geriatrics Society* 39: 142–148.

Pollock, M.L. 1973. The quantification of endurance training programs. In *Exercise and Sport Sciences Reviews,* ed. J.H. Wilmore, 155–188. New York: Academic Press.

Pollock, M.L., Bohannon, R.L., Cooper, K.H., Ayres, J.J., Ward, A., White, S.R., and Linnerud, A.C. 1976. A comparative analysis of four protocols for maximal treadmill stress testing. *American Heart Journal* 92: 39–46.

Pollock, M.L., Broida, J., and Kendrick, Z. 1972. Validity of the palpation technique of heart rate determination and its estimation of training heart rate. *Research Quarterly* 43: 77–81.

Pollock, M.L., Cureton, T.K., and Greninger, L. 1969. Effects of frequency of training on working capacity, cardiovascular function, and body composition of adult men. *Medicine and Science in Sports* 1: 70–74.

Pollock, M.L., Dimmick, J., Miller, H.S., Kendrick, Z., and Linnerud, A.C. 1975. Effects of mode of training on cardio–vascular function and body composition of middle–aged men. *Medicine and Science in Sports* 7: 139–145.

Pollock, M.L., Foster, C., Schmidt, D., Hellman, C., Linnerud, A.C., and Ward, A. 1982. Comparative analysis of physiologic responses to three different maximal graded exercise test protocols in healthy women. *American Heart Journal* 103: 363–373.

Pollock, M.L., Gaesser, G.A., Butcher, J.D., Despres, J.P., Dishman, R.K., Franklin, B.A., and Garber, C.E. 1998. The recommended quantity and quality of exercise for developing and maintaining cardiorespiratory and muscular fitness, and flexibility in healthy adults. *Medicine & Science in Sports & Exercise* 30: 975–991.

Pollock, M.L., Garzarella, L., and Graves, J. 1992. Effects of isolated lumbar extension resistance training on BMD of the elderly. *Medicine & Science in Sports & Exercise* 24: S66 [abstract].

Pollock, M.L., Gettman, L., Milesis, C., Bah, M., Durstine, L., and Johnson, R. 1977. Effects of frequency and duration of training on attrition and incidence of injury. *Medicine and Science in Sports* 9: 31–36.

Pollock, M.L., and Jackson, A.S. 1984. Research progress in validation of clinical methods of assessing body composition. *Medicine & Science in Sports & Exercise* 16: 606–613.

Pollock, M.L., Miller, H.S., Janeway, R., Linnerud, A.C., Robertson, B., and Valentino, R. 1971. Effects of walking on body composition and cardiovascular function of middle–aged men. *Journal of Applied Physiology* 30: 126–130.

Pollock, M.L., Miller, H.S., Linnerud, A.C., and Cooper, K.H. 1975. Frequency of training as a deter–minant for improvement in cardiovascular function and body composition of middle–aged men. *Archives of Physical Medicine and Rehabilitation* 56: 141–145.

Pollock, M.L., Wilmore, J.H., and Fox, S.M. III. 1978.

Health and fitness through physical activity. New York: Wiley.

Pondal, M., and del Ser, T. 2008. Normative data and determinants for the timed "up and go" test in a population–based sample of elderly individuals without gait disturbances. *Journal of Geriatric Physical Therapy* 31(2): 57–63.

Poole, D.C., and Jones, A.M. 2017. Measurement of the maximum oxygen uptake VO_2max: VO_2peak is no longer acceptable. Journal of Applied Physiology 122: 997–1002.

Pope, R.P., Herbert, R.D., Kirwan, J.D., and Graham, B.J. 2000. A randomized trial of preexercise stretching for prevention of lowerlimb injury. *Medicine and Science in Sports and Exercise* 32: 271–277.

Porcari, J., Foster, C., and Schneider, P. 2000. Exercise response to elliptical trainers. *Fitness Management* 16(9): 50–53.

Porszasz, J., Casaburi, R., Somfay, A., Woodhouse, L.J., and Whipp, B.J. 2003. A treadmill ramp protocol using simul–taneous changes in speed and grade. *Medicine & Science in Sports & Exercise* 35: 1596–1603.

Porter, G.H. 1988. Case study evaluation for exercise prescription. In *Resource manual for guidelines for exercise testing and prescription,* ed. S.N. Blair, P. Painter, R.R. Pate, L.K. Smith, and C.B. Taylor, 248–255. Philadelphia: Lea & Febiger.

Porter, M.M. 2006. Power training for older adults. *Applied Physiology, Nutrition and Metabolism* 31: 87–94.

President's Council on Physical Fitness and Sports. 1997. *The presidential physical fitness award program.* Washington, D.C.: Author.

Prevalence of leisure–time physical activity among overweight adults—United States, 1998. 2000. *Morbidity and Mortality Weekly Report* 49(15), April 21.

Price, K., Bird, S.R., Lythgo, N., Raj, I.S., Wong, J.Y.L., and Lynch, C. 2017. Validation of the Fitbit One, Garmin Vivofit and Jawbone UP activity tracker in estimation of energy expenditure during treadmill walking and running. *Journal of Medical Engineering & Technology* 41: 208–215.

Prior, B.M., Cureton, K.J., Modlesky, C.M., Evans, E.M., Sloniger, M.A., Saunders, M., and Lewis, R.D. 1997. In vivo validation of whole body composition estimates from dualenergy X-ray absorptiometry. *Journal of Applied Phys-iology* 83: 623–630.

Prochaska, J.O., and DiClemente, C.C. 1982. Trans–theoretical therapy: Toward a more integrative model of change. *Psychotherapy: Theory, Research, and Practice* 19: 276–288.

Proske, U., and Morgan, D.L. 2001. Muscle damage from eccentric exercise: Mechanism, mechanical signs, adaptation, and clinical applications. *Journal of Physiology* 537: 333–345.

Province, M.A., Hadley, E.C., Hornbrook, M.C., Lipsitz, L.A., Miller, J.P., Mulrow, C.P., Ory, M.G., Sattin, R.W., Tinetti, M.E., and Wolf, S.L. 1995. The effects of exercise on falls in elderly patients. A preplanned meta-analysis of the FICSIT trials. Frailty and injuries: Cooperative studies of intervention techniques. *Journal of the American Medical Association* 273: 1341–1347.

Psilander, N., Frank, P., Flockhart, M., and Sahlin, K. 2015. Adding strength to endurance training does not enhance aerobic capacity in cyclists. *Scandinavian Journal of Medicine and Science in Sports* 25: e353–e359.

Quatrochi, J.A., Hicks, V.L., Heyward, V.H., Colville, B.C., Cook, K.L., Jenkins, K.A., and Wilson, W. 1992. Relationship of optical density and skinfold measurements: Effects of age and level of body fatness. *Research Quarterly for Exercise and Sport* 63: 402–409.

Quinn, T.J., and Coons, B.A. 2011. Talk test and its relationship with the ventilatory and lactate thresholds. *Journal of Sports Sciences* 29: 1175–1182.

Radaelli, R., Fleck, S.J., Leite, T., Leite, R.D., Pinto, R.S., Fernandes, L., and Simao, R. 2015. Dose-response of 1, 3, and 5 sets of resistance exercise on strength, local muscular endurance, and hypertrophy. *Journal of Strength and Conditioning Research* 29: 1349–1358.

Raffaelli, C., Galvani, C., Lanza, M., and Zamparo, P. 2012. Different methods for monitoring intensity during water-based aerobic exercise. *European Journal of Applied Physiology* 112: 125–134.

Ralston, G.W., Kilgore, L., Wyatt, F.B., and Baker, J.S. 2017. The effect of weekly set volume on strength gain: A meta-analysis. *Sports Medicine* [in press].

Rankinen, T., Rice, T., Teran-Garcia, M., Rao, D.C., and Bouchard, C. 2010. FTO genotype is associated with exercise training-induced changes in body composition. *Obesity* 18: 322–326.

Rapsomaniki, E., Timmis, A., George, J., Pujades-Rodriguez, M., Shah, A.D., Denaxas, S., White, I.R., Caulfield, M.J. Deanfield, J.E., Smeeth, L., Williams, B., Hingorani, A., and Hemingway, H. 2014. Blood pressure and incidence of twelve cardiovascular diseases: Lifetime risks, healthy life-years lost, and age-specific associations in 1.25 million people. *Lancet* 383: 1899–1911.

Ratamess, N.A., Alvar, B.A., Evetoch, T.K., Housh, T.J., Kibler, W.B., Kraemer, W.J., and Triplett, N.T. 2009. ACSM position stand: Progression models in resistance training for healthy adults. *Medicine & Science in Sports & Exercise* 41: 687–708.

Rauch, F., Sievanen, H., Boonen, S., Cardinale, M., Dengens, H., Felsenberg, D., Roth, J., Schoenau, E., Verschueren, S., and Rittweger, J. 2010. Reporting whole-body vibration intervention studies: Recommendations of the International Society of Musculoskeletal and Neuronal Interactions. *Journal of Musculoskeletal and Neuronal Interactions* 10: 193–198.

Raue, U., Trappe, T.A., Estrem, S.T., Qian, H.R., Helvering, L.M., Smith, R.C., and Trappe, S. 2012.

Transcriptome signature of resistance training adaptations: Mixed muscle and fiber type specific profiles in young and old adults. *Journal of Applied Physiology* 112: 1625–1636.

Rawson, E.S., and Clarkson, P.M. 2003. Scientifically debatable: Is creatine worth its weight? *Gatorade Sport Science Exchange 91* 16(4): 1–13.

Rebuffe-Scrive, M. 1985. Adipose tissue metabolism and fat distribution. In *Human body composition and fat distribution,* ed. N.G. Norgan, 212–217. Wageningen, Netherlands: Euronut.

Recalde, P.T., Foster, C., Skemp-Arlt, K.M., Fater, D.C.W., Neese, C.A., Dodge, C., and Porcari, J.P. 2002. The talk test as a simple marker of ventilatory threshold. *South African Journal of Sports Medicine* 8: 5–8.

Reed, J.L., and Pipe, A.L. 2014. The talk test: A useful tool for prescribing and monitoring exercise intensity. *Current Opinion in Cardiology* 29: 475–480.

Reed, J.L., and Pipe, A.L. 2016. Practical approaches to prescribing physical activity and monitoring exercise intensity. *Canadian Journal of Cardiology.* 32: 514–522.

Reed-Jones, R.J., Dorgo, S., Hitchings, M.K., and Bader, J.O. 2012. Wii Fit plus balance test scores for the assessment of balance and mobility in older adults. *Gait & Posture* 36: 430–433.

Reese, N.B., and Bandy, W.D. 2003. Use of an inclinometer to measure flexibility of the iliotibial band using the Ober test and the modified Ober test: Differences in magnitude and reliability of measurements. *Journal of Orthopaedic and Sports Physical Therapy* 33: 326–330.

Regnier, S.M., and Sargis, R.M. 2014. Adipocytes under assault: Environmental disruption of adipose physiology. *Biochemica et Biophysica Acta* 1842: 520–533.

Reid, K.F., and Fielding, R.A. 2012. Skeletal muscle power: A critical determinant of physical functioning in older adults. *Exercise and Sport Sciences Reviews* 40: 4–12.

Reiman, M.P., and Manske, R.C. 2009. *Functional testing in human performance.* Champaign, IL: Human Kinetics.

Reiman, M.P., Krier, A.D., Nelson, J.A., Rogers, M.A., Stuke, Z.O., and Smith, B.S. 2010. Reliability of alternative trunk endurance testing procedures using clinician stabilization vs. traditional methods. *Journal of Strength and Conditioning Research* 24: 730–736.

Reinhardt, M., Piaggi, P., DeMers, B., Trinidad, C., and Krakoff, J. 2017. Cross calibration of two dualenergy X-ray densitometers and comparison of visceral adipose tissue measurements by iDXA and MRI. *Obesity* 25: 332–337.

Rhea, M.R., Alvar, B.A., Burkett, L.N., and Ball, S.D. 2003a. A meta-analysis to determine the dose response for strength development. *Medicine & Science in Sports & Exercise* 35: 456–464.

Rhea, M.R., Ball, S.D., Phillips, W.T., and Burkett,

L.N. 2002. A comparison of linear and daily undulating periodized programs with equated volume and intensity for strength. *Journal of Strength and Conditioning Research* 16: 250–255.

Rhea, M.R., Phillips, W.T., Burkett, L.N., Stone, W.J., Ball, S.D., Alvar, B.A., and Thomas, A.B. 2003b. A comparison of linear and daily undulating periodized programs with equated volume and intensity for local muscular endurance. *Journal of Strength and Conditioning Research* 17: 82–87.

Ribeiro, A.S., Campos–Filho, M.G.A., Avelar, A., dos Santos, L., Achour Júnior, A., Aguiar, A.F., Fleck, S.J., Serassuelo Júnior, H., and Cyrino, E.S. 2017. Effect of resistance training on flexibility in young adult men and women. *Isokinetics and Exercise Science* 25: 149–155.

Ribeiro, A.S., Schoenfeld, B.J., Fleck, S.J., Pina, F.L.C., Nascimento, M.A., and Cyrino, E.S. 2017. Effects of traditional and pyramidal resistance training systems on muscular strength, muscle mass, and hormonal responses in older women: A randomized crossover trial. *Journal of Strength and Conditioning Research* 31: 1888–1896.

Ribeiro, A.S., Schoenfeld, B.J., Pina, F.L.C., Souza, M.F., Nascimento, M.A., dos Santos, L., Antunes, M., and Cyrino, E.S. 2015. Resistance training in older women: Comparison of single vs. multiple sets on muscle strength and body composition. *Isokinetics and Exercise Science* 23: 53–60.

Ribeiro, A.S., Schoenfeld, B.J., Silva, D.R., Pina, F.L., Guariglia, D.A., Porto, M., Maestá, N., Burini, R.C., and Cyrino, E.S. 2015. Effect of two–versus three–way split resistance training routines on body composition and muscular strength in bodybuilders: A pilot study. *International Journal of Sport Nutrition and Exercise Metabolism* 25(6): 559–565.

Ribeiro, A.S., Schoenfeld, B.J., Souza, M.F., Tomeleri, C.M., Venturini, D., Barbosa, D.S., and Cyrino, E.S. 2016. Traditional and pyramidal resistance training systems improve muscle quality and metabolic biomarkers in older women: A randomized crossover study. *Experimental Gerontology* 79: 8–15.

Richards, J.B., Valdes, A.M., Gardner, J.P., Kato, B.S., Silva, A., Kimura, M., Lu, X., Brown, M.J., Aviv, A., and Spector, T.D. 2008. Homocysteine levels and leukocyte telomere length. *Atherosclerosis* 200: 271–277.

Riddle, D.L., and Stratford, P.W. 1999. Interpreting validity indexes for diagnostic tests: An illustration using the Berg balance test. *Physical Therapy* 79: 939–948.

Ridley, K., Ainsworth, B.E., and Olds, T.S. 2008. Development of a compendium of energy expenditures for youth. *International Journal of Behavioral Nutrition and Physical Activity* 5: 45–52.

Riemann, B.L., Guskiewicz, K.M., and Shields, E.W. 1999. Relationship between clinical and forceplate measures of postural stability. *Journal of Sport Rehabilitation* 8: 71–82.

Rikli, R., Petray, C., and Baumgartner, T. 1992. The reliability of distance run tests for children in grades K–4. *Research Quarterly for Exercise and Sport* 63: 270–276.

Rikli, R.E., and Jones, C.J. 1999. Development and validation of a functional fitness test for community–residing older adults. *Journal of Aging and Physical Activity* 7: 127–159.

Rikli, R.E, and Jones, C.J. 2013. *Senior fitness test manual.* Champaign, IL: Human Kinetics.

Riley, D.A., and Van Dyke, J.M. 2012. The effects of active and passive stretching on muscle length. *Physical Medicine and Rehabilitation Clinics of North America* 23: 51–57.

Ringrose, J., Millay, J., Babwick, S.A., Neil, M., Langkaas, L.A., and Padwal, R. 2015. Effect of overcuffing on the accuracy of oscillometric blood pressure measurements. *Journal of the American Society of Hypertension* 9: 563–568.

Ripka, W.L., Ulbricht, L., Menghin, L., and Gewehr, P.M. 2016. Portable A–mode ultrasound for body composition assessment in adolescents. *Journal of Ultrasound in Medicine* 35: 755–760.

Risérus, U., de Faire, U., Berglund, L., and Hellénius, M–L. 2010. Sagittal abdominal diameter as a screening tool in clinical research: Cutoffs for cardiometabolic risk. *Journal of Obesity* 2010: article 757939.

Riva, D., Bianchi, R., Rocca, F., and Mamo, C. 2016. Proprioceptive training and injury prevention in a professional men's basketball team: A six–year prospective study. *Journal of Strength and Conditioning Research* 30: 461–475.

Rixon, K.P., Rehor, P.R., and Bemben, M.G. 2006. Analysis of the assessment of caloric expenditure in four modes of aerobic dance. *Journal of Strength and Conditioning Research* 20: 593–596.

Rizzo, A., Lange, B., Suma, E.A., and Bolas, M. 2011. Virtual reality and interactive digital game technology: New tools to address obesity and diabetes. *Journal of Diabetes Science and Technology* 5: 256–264.

Roberts, H.C., Denison, J.J., Martin, J.J., Patel, H.P., Syddall, H., Cooper, C., and Sayer, A.A. 2011. A review of the measurement of grip strength in clinical and epidemiological studies: Towards a standardized approach. *Age and Ageing* 40: 423–429.

Roberts, J.M., and Wilson, K. 1999. Effect of stretching duration on active and passive range of motion in the lower extremity. *British Journal of Sports Medicine* 33: 259–263.

Robertson, R.J. 2004. *Perceived exertion for practitioners: Rating effort with the OMNI picture system.* Champaign, IL: Human Kinetics.

Robertson, R.J., Goss, F.L., Andreacci, J.L., Dube, J.J., Rutkowski, J.J., Frazee, K.M., Aaron, D.J., Metz, K.F., Kowallis, R.A., and Snee, B.M. 2005. Validation of the children's OMNI–resistance exercise scale of perceived exertion. *Medicine & Science in Sports & Exercise* 37: 819–826.

Robinson, R.H., and Gribble, P.A. 2008. Support for a reduction in the number of trials needed for the star excursion balance test. *Archives of Physical Medicine and Rehabilitation* 89: 364–370.

Roby, R.B. 1962. Effect of exercise on regional subcutaneous fat accumulations. *Research Quarterly* 33: 273–278.

Rochmis, P., and Blackburn, H. 1971. Exercise tests. A survey of procedures, safety and litigation experience in approximately 170,000 tests. *Journal of the American Medical Association* 217: 1061–1066.

Rockport Walking Institute. 1986. *Rockport fitness walking test.* Marlboro, MA: Author.

Rodd, D., Ho, L., and Enzler, D. 1999. Validity of Tanita TBF515 bioelectrical impedance scale for estimating body fat in young adults. *Medicine & Science in Sports & Exercise* 31(Suppl.): S201 [abstract].

Rodgers, W.M., and Loitz, C.C. 2009. The role of motivation in behavior change: How do we encourage our clients to be active? *ACSM's Health & Fitness Journal* 13(1): 7–12.

Rodriguez, D.A., Brown, A.L., and Troped, P.J. 2005. Portable global positioning units to complement accelerometry–based physical activity monitors. *Medicine & Science in Sports & Exercise* 37(Suppl.): S572–S581.

Rodriguez–Sanchez, N., and Galloway, D.R. 2015. Errors in dual energy X–ray absorptiometry estimation of body composition induced by hypohydration. *International Journal of sport Nutrition and Exercise Metabolism* 25: 60–68.

Roelants, M., Delecluse, C., Goris, M., and Verschueren, S. 2004. Effects of 24 weeks of whole body vibration training on body composition and muscle strength in untrained females. *International Journal of Sports Medicine* 25: 1–5.

Rogan, S., de Bruin, E.D., Radlinger, L., Joehr, C., Wyss, C., Stuck, N.J., Bruelhart, Y., de Bie, R.A., and Hilfiker, R. 2015. Effects of whole–body vibration on proxies of muscle strength in old adults: A systematic review and meta–analysis on the role of physical capacity level. *European Review of Aging and Physical Activity* 12: 12.

Roger, V.L., Go, A.S., Lloyd–Jones, D.M., Benjamin, E.J., Berry, J.D., Borden, W.B., Bravata, D.M., Dai, S., Ford, E.S., Fox, C.S., Fullerton, H.J., Gillespie, C., Jailpern, S.M., Hert, J.A., Howard, V.J., Kissela, B.M., Kittner, S.J., Lackland, D.T., Lichtman, J.H., Lisabeth, L.D., Makue, D.M., Marcus, G.M., Marielli, A., Matchar, D.B., Moy, C.S., Mozaffarian, D., Mussolino, M.E., Nichol, G., Paynter, N.P., Soliman, E.Z., Sorlie, P.D., Sotoodehnia, N.O., Turan, T.N., Virani, S.S., Wong, N.D., Woo, D., and Turner, M.B., on behalf of the American Heart Association Statistics Committee and Stroke Statistics Subcommittee. 2012. Heart disease and stroke statistics—2012 update: A report from the American Heart Association. *Circulation.*

Rojas, R., Aguilar–Salinas, C.A., Jimenez–Corona, A., Shamah–Levy, T., Rauda, J., Avila–Burgos, L., Villalpando, S., and Ponce, E.L. 2010. Metabolic syndrome in Mexican adults: Results from the National Health and Nutrition Survey 2006. *Salud Publica de Mexico* 52(Suppl. 1): S11–S18.

Rokholm, B., Baker, J.L., and Sorensen, T.I. 2010. The leveling off of the obesity epidemic since the year 1999: A review of evidence and perspectives. *Obesity Reviews* 11: 835–846.

Romo–Perez, V., Schwingel, A., and Chodzko–Zajko, W. 2011. International resistance training recommendations for older adults: Implications for the promotion of healthy aging in Spain. *Journal of Human Sport & Exercise* 6: 639–648.

Ronnestad, B.R., Holden, G., Samnoy, L.E., and Paulsen, G. 2012. Acute effect of whole–body vibration on power, one–repetition maximum, and muscle activation in power lifters. *Journal of Strength and Conditioning Research* 26: 531–539.

Rose, D.J. 2010. *Fall proof: A comprehensive balance and mobility training program, 2nd ed.* Champaign, IL: Human Kinetics.

Rosendale, R.P., and Bartok, C.J. 2012. Air displacement plethysmography for the measurement of body composition in children aged 6–48 months. *Pediatric Research* 71: 299–304.

Ross, J., and Pate, R. 1987. The national children and youth fitness study II: A summary of findings. *Journal of Physical Education, Recreation and Dance* 58: 51–56.

Ross, R., Blair, S.N., Arena, R., Church, T.S., Després, J–P., Franklin, B.A., Haskell, W.L., Kaminsky, L.A., Levine, B.D., Lavie, C.J., Myers, J., Niebauer, J., Sallis, R., Sawada, S.S., Sui, X., and Wisloff, U. 2016. Importance of assessing cardiorespiratory fitness in clinical practice: A case for fitness as a clinical vital sign. *Circulation* 134: e653–e399.

Ross, R., and Janssen, I. 2001. Physical activity, total and regional obesity: Dose–response considerations. *Medicine & Science in Sports & Exercise* 33(Suppl.): S521–S527.

Ross, W.D., and Marfell–Jones, M.J. 1991. Kinanthropometry. In *Physiological testing of the high-performance athlete,* ed. J.D. MacDougall, H.A. Wenger, and H.J. Green, 75–115, Champaign, IL: Human Kinetics.

Rossi, F.E., Fortaleza, A.C.S., Neves, L.M., Buonani, C., Picolo, M.R., Diniz, T.A. Kalva–Filha, C.A., Papoti, M., Lira, F.S., and Freitas, I.F. Jr. 2016. Combined training (aerobic plus strength) potentiates a reduction in body fat but demonstrates no difference on the lipid profile in postmenopausal women when compared with aerobic training with a similar training load. *Journal of Strength and Conditioning Research* 30: 226–234.

Row, B.S., and Cavanagh, P.R. 2007. Reaching upward is more challenging to dynamic balance than reaching forward. *Clinical Biomechanics* 22: 155–164.

Rowland, M.L. 1990. Self–reported weight and height. *American Journal of Clinical Nutrition* 52: 1125–1133.

Rowlands, A.V., Marginson, V.F., and Lee, J. 2003. Chronic flexibility gains: Effect of isometric contraction duration during proprioceptive neuromuscular facilitation stretching Roy, J.L.P., Smith, J.F., Bishop, P.A., Hallinan, C., Wang, M., and Hunter, G.R. 2004. Prediction of maximal VO$_2$ from a submaximal StairMaster test in young women. *Journal of Strength and Conditioning_Research* 18: 92–96.

Roza, A.M., and Shizgal, H.M. 1984. The Harris Benedict equation reevaluated: Resting energy requirements and the body cell mass. *American Journal of Clinical Nutrition* 40: 168–182.

Rubenstein, L.Z., and Josephson, K.R. 2002. The epidemiology of falls and syncope. *Clinics in Geriatric Medicine* 18: 141–158.

Rubini, E.C., Costa, A.L.L., and Gomes, P.S.C. 2007. The effects of stretching on strength performance. *Sports Medicine* 37: 213–224.

Rücker, V., Keil, U., Fitzgerald, A.P., Malzahn, U., Prugger, C., Ertl, G., Heuschmann, P.U., and Neuhauser, H. 2016. Predicting 10-year risk of fatal cardiovascular disease in Germany: An update based on the SCORE-Deutshland risk charts. *PLoS One* 11: e0162188.

Rush, E.C., Plank, L.D., Laulu, M.S., and Robinson, S.M. 1997. Prediction of percentage body fat from anthropometric measurements: Comparison of New Zealand European and Polynesian young women. *American Journal of Clinical Nutrition* 66: 2–7.

Ryan, D., and Heaner, M. 2014. Preface to the full report. *Obesity* 22(Suppl. 2): S1–S3.

Ryan, E.E., Rossi, M.D., and Lopez, R. 2010. The effects of the contract-relax-antagonist-contract form of proprioceptive neuromuscular facilitation stretching on postural stability. *Journal of Strength and Conditioning Research* 24: 1888–1894.

Sahrmann, S. 2002. *Diagnosis and treatment of movement impairment syndromes.* St. Louis: C.V. Mosby. Saint-Maurice, P.F., Laurson, K.R., Kaj, M., and Csanyi, T. 2015. Establishing normative reference values for standing broad jump among Hungarian youth. *Research Quarterly for Exercise and Sport* 86: S37–S44.

Sale, D. 1988. Neural adaptation to resistance training. *Medicine & Science in Sports & Exercise* 20: S135–S145.

Salem, J.G., Wang, M.Y., and Sigward, S. 2002. Measuring lower extremity strength in older adults: The stability of isokinetic versus 1RM measures. *Journal of Aging and Physical Activity* 10: 489–503.

Sallis, J.F., and Owen, N. 1999. *Physical activity and behavioral medicine.* Thousand Oaks, CA: Sage.

Sallis, J.F., Bull, F., Guthold, R., Heath, G.W., Inoue, S., Kelly, P., Oyeyemi, A.L., Perez, L.G., Richards, J., and Hallal, P.C. 2016. Progress in physical activity over the Olympic quadrennium. *Lancet.*

Same, R.V., Feldman, D.I., Shah, N., Martin, S.S., Al Rafai, M., Blaha, M.J., Graham, G., and Ahmed, H.M. 2016. Relationship between sedentary behavior and cardiovascular risk. *Current Cardiology Reports* 18.

Samukawa, M., Hattori, M., Sugama, N., and Takeda, N. 2011. The effects of dynamic stretching on plantar flexor muscle-tendon tissue properties. *Manual Therapy* 16: 618–622.

Sanal, E., Ardic, F., and Kirac, S. 2013. Effects of aerobic or combined aerobic resistance exercise on body composition in overweight and obese adults: Gender differences. A randomized intervention study. *European Journal of Physical and Rehabilitation Medicine* 49: 1–11.

Santos, T.M., Gomes, P.S., Oliveira, B.R.R., Ribeiro, L.G., and Thompson, W.R. 2012. A new strategy for the implementation of an aerobic training session. *Journal of Strength and Conditioning Research* 28: 87–93.

Sanz, C., Gautier, J.F., and Hanaire, H. 2010. Physical exercise for the prevention and treatment of type 2 diabetes. *Diabetes & Metabolism* 36: 346–351.

Saris, W.H.M., Blair, S.N., van Baak, M.A., Eaton, S.B., Davies, P.S.W., Di Pietro, L., Fogelholm, M., Rissanen, A., Schoeller, D., Swinburn, B., Tremblay, A., Westerterp, K.R., and Wyatt, H. 2003. How much physical activity is enough to prevent unhealthy weight gain? Outcome of the IASO 1st Stock Conference and consensus statement. *Obesity Reviews* 4: 101–114.

Sarki, A.M., Nduka, C.U., Stranges, S., Kandala, N–B., and Uthman, O.A. 2015. Prevalence of hypertension in low- and middle-income countries: A meta-analysis. *Medicine* 95: e1959.

Sarzynski, M.A., Schuna, J.M. Jr., Carnethon, M.R., Jacobs, D.R. Jr., Lewis, C.E., Quesenberry, C.P. Jr., Sidney, S., Schreiner, P.J., and Sternfeld, B. 2015. Association of fitness with incident dyslipidemias over 15 years in the Coronary Artery Risk Development in Young Adults study. *American Journal of Preventatitive Medicine* 49: 745–752.

Sasaki, J.E., Hickey, A., Mavilla, M., Tedesco, J., John, D., Keadle, S.K., and Freedson, P.S. 2015. Validation of the Fitbit wireless activity tracker for prediction of energy expenditure. *Journal of Physical Activity and Health* 12: 149–154.

Sattelmair, J., Pertman, J., Ding, E.L., Kohl, H.W. III, Haskell, W., and Lee, I–M. 2011. Dose response between physical activity and risk of coronary heart disease: A meta-analysis. *Circulation* 124: 789–793.

Sawano, M., Kohsaka, S., Okamura, T., Inohara, T., Sugiyama, D., Watanabe, M., Nakamura, Y., Higashiyama, A., Kadota, A., Okud, M., Murakami, Y., Ohkubo, T., Fuhiyoshi, A., Miura, K., Okayama, A., and Ueshima, H., for the National Integrated Project for Prospective Observation of Non-Communicable Disease and its Trends in the Aged (NIPPON DATA 80) research group. 2016. *Atherosclerosis* 252: 116–121.

Saydah, S., Bullard, K.M., Cheng, Y., Ali, M.K., Gregg, E.W., Geiss, L., and Imperatore, G. 2014. Trends in cardiovascular disease risk factors by obesity level in adults in the United States, NHANES 1999–2010. *Obesity* 22: 1888–1895.

Sayers, S.P., Harackiewicz, D.V., Harman, E.A., Frykman, P.N., and Rosenstein, M.T. 1999. Cross-validation of three jump power equations. *Medicine*

& Science in Sports & Exercise 31: 572–577.

Schade, M., Hellebrandt, F.A., Waterland, J.C., and Carns, M.L. 1962. Spot reducing in overweight college women: Its influence on fat distribution as determined by photography. Research Quarterly 33: 461–471.

Schenk, A.K., Witbrodt, B.C., Hoarty, C.A., Carlson, R.H. Jr., Goulding, E.H., Potter, J.F., and Bonasera, S.J. 2011. Cellular telephones measure activity and lifespace in community–dwelling adults: Proof of principle. Journal of American Geriatric Society 59: 345–352.

Scherr, J., Wolfarth, B., Christle, J.W., Pressler, A., Wagenpfeil, S., and Halle, M. 2013. Associations between Borg's rating of perceived exertion and physiological measures of exercise intensity. European Journal of Applied Physiology 113: 147-155.

Schleicher, M.M., Wedam, L., and Wu, G. 2012. Review of tai chi as an effective exercise on falls prevention in elderly. Research in Sports Medicine 20: 37–58.

Schmidt, C.P., Zwingenberger, S., Walther, A., Reuter, U., Kasten, P., Seifert, J., Gunther, K–P., and Stiehler, M. 2014. Prevalence of low back pain in adolescent athletes: An epidemiological investigation. International Journal of Sports Medicine 35(8): 684–689.

Schmidt, P.K., and Carter, J.E.L. 1990. Static and dynamic differences among five types of skinfold calipers. Human Biology 62: 369–388.

Schneider, P.J., Jacobs, D.R. Jr., Wong, N.D., and Kiefe, C.I. 2016. Twenty–five year secular trends in lipids and modifiable risk factors in a population–based biracial cohort: The Coronary Artery Risk Development in Young Adults (CARDIA) study, 1985–2011. Journal of the American Heart Association.

Schnohr, P., O'Keefe, J.H., Marott, J.L., Lange, P., and Jensen, G.B. 2015. Dose of jogging and long–term mortality: The Copenhagen City Heart Study. Journal of the American College of Cardiology 65: 411–419.

Schoenfeld, B.J. 2013. Postexercise hypertrophic adaptations: A reexamination of the hormone hypothesis and its applicability to resistance training program design. Journal of Strength and Conditioning Research 27: 1720–1730.

Schoenfeld, B.J., Ogborn, D.I., Vigotsky, A.D., Franchi, M.V., and Krieger, J.W. 2017. Hypertrophic effects of concentric vs. eccentric muscle actions: A systematic review and meta–analysis. Journal of Strength and Conditioning Research 31: 2599–2608.

Schot, P.K., Knutzen, K.M., Poole, S.M., and Mrotek, L.A. 2003. Sit–to–stand performance of older adults following strength training. Research Quarterly for Exercise and Sport 74: 1–8.

Schrieks, I.C., Barnes, M.J., and Hodges, L.D. 2011. Comparison study of treadmill versus arm ergometry. Clinical Physiology and Functional Imaging. 31: 326–331.

Schroeder, M.M., Foster, C., Porcari, J.P., and Mikat, R.P. 2017. Effects of speech passage length on accuracy of predicting metabolic thresholds using the talk test. Kinesiology 49: 9–14.

Schutz, Y., and Herren, R. 2000. Assessment of speed of human locomotion using a differential satellite global positioning system. Medicine & Science in Sports & Exercise 32: 612–616.

Schwane, J.A., Johnson, S.R., Vandenakker, C.B., and Armstrong, R.B. 1983. Delayed–onset muscular soreness and plasma CPK and LDH activities after downhill running. Medicine & Science in Sports & Exercise 15: 51–56.

Scott, S. 2008. ABLE bodies balance training. Champaign, IL: Human Kinetics.

Sedentary Behaviour Research Network. 2012. Standardized use of the terms "sedentary" and "sedentary behaviours." Applied Physiology, Nutrition, and Metabolism 37: 540–542.

Segal, K.R., Van Loan, M., Fitzgerald, P.I., Hodgdon, J.A., and Van Itallie, T.B. 1988. Lean body mass estimation by bioelectrical impedance analysis: A four–site cross–validation study. American Journal of Clinical Nutrition 47: 7–14.

Seidell, J.C., and Halberstadt, J. 2015. The global burden of obesity and the challenges of prevention. Annals of Nutrition & Metabolism 66(Suppl. 2): 7–12.

Seip, R., and Weltman, A. 1991. Validity of skinfold and girth based regression equations for the prediction of body composition in obese adults. American Journal of Human Biology 3: 91–95.

Sekendiz, B., Altun, O., Korkusuz, F., and Akin, S. 2007. Effects of Pilates exercise on trunk strength, endurance and flexibility in sedentary adult females. Journal of Bodywork and Movement Therapies 11: 318–326.

Selassie, M., and Sinha, A.C. 2011. The epidemiology and aetiology of obesity: A global challenge. Best Practice & Research Clinical Anaesthesiology 25: 1–9.

Sell, K.E., Verity, T.M., Worrell, T.W., Pease, B.J., and Wigglesworth, J. 1994. Two measurement techniques for assessing subtalar joint position: A reliability study. Journal of Orthopaedic and Sports Physical Therapy 19: 162–167.

Sell, K., Lillie, T., and Taylor, J. 2008. Energy expenditure during physically interactive video game playing in male college students with different playing experience. Journal of American College Health 56: 505–511.

Sendra–Lillo, J., Sabater–Hernandez, D., Sendra–Ortola, A., and Martinez–Martinez, F. 2011. Comparison of the white–coat effect in community pharmacy versus the physician's office: The Palmera study. Blood Pressure Monitoring 16: 62–66.

Seneli, R.M., Ebersole, K.T., O'Connor, K.M., and Snyder, A.C. 2013. Estimated VO$_2$max from the Rockport Walk Test on a nonmotorized curved treadmill. Journal of Strength and Conditioning

Research 27: 3495–3505.

Seynnes, O.R., de Boer, M., and Narici, M.V. 2007. Early skeletal muscle hypertrophy and architectural changes in response to high–intensity resistance training. *Journal of Applied Physiology* 102: 368–373.

Shahbabu, B., Dasgupta, A., Sarkar, K., and Sahoo, S.K. 2016. Which is more accurate in measuring the blood pressure? A digital or an aneroid sphygmomanometer. *Journal of Clinical and Diagnostic Research* 10: LC11–LC14.

Sharkey, B.J., and Gaskill, S.E. 2007. *Fitness and health*, 6th ed. Champaign, IL: Human Kinetics.

Sharman, M.J., Cresswell, A.G., and Riek, S. 2006. Proprioceptive neuromuscular facilitation stretching: Mechanisms and clinical applications. *Sports Medicine* 36: 929–939.

Sharman, J.E., and LaGerche, A. 2015. Exercise blood pressure: Clinical relevance and correct measurement. *Journal of Human Hypertension* 29: 351–358.

Sharman, J.E., La Gerche, A., and Coombes, J.S. 2015. Exercise and cardiovascular risk in patients with hypertension. *American Journal of Hypertension* 28: 147–158.

Shaw, B. 2016. *Beth Shaw's YogaFit*, 3rd ed. Champaign, IL: Human Kinetics.

Shaw, C.E., McCully, K.K., and Posner, J.D. 1995. Injuries during the one repetition maximum assessment in the elderly. *Journal of Cardiopulmonary Rehabilitation* 15: 283–287.

Shaw, K., Gennat, H., O'Rourke, P., and Del Mar, C. 2006. Exercise for overweight or obesity. *Cochrane Database of Systematic Reviews* 4: CD003817. CD003817.pub3.

Shaw, M.P., Robinson, J., and Peart, D.J. 2017. Comparison of a mobile application to estimate percentage body fat to other non–laboratory based measurements. *Biomedical Human Kinetics* 9: 94–98.

Sheard, P.W., and Paine, T.J. 2010. Optimal contraction intensity during proprioceptive neuromuscular facilitation for maximal increase of range of motion. *Journal of Strength and Conditioning Research* 24: 416–421.

Shephard, R.J. 1972. *Alive man: The physiology of physical activity*. Springfield, IL: Charles C Thomas.

Shirato, M., Tsuchiya, Y., Sato, T., Hamano, S., Gushiken, T., Kimura, N., and Ochi, E. 2016. Effects of combined β–hydroxy–β–methylbutyrate (HMB) and whey protein ingestion on symptoms of eccentric exercise–induced muscle damage. *Journal of the International Society of Sports Nutrition* 13: article 7.

Shitara, H., Yamamoto, A., Shimoyama, D., Ichinose, T., Sasaki, T., Hamano, N., Ueno, A., Endo, F., Oshima, A., Sakane, H., Tachibana, M., Tomomatsu, Y., Tajika, T., Kobayashi, T., Osawa, T., Iizuka, H., and Takagishi, K. 2017. Shoulder stretching intervention reduces the incidence of shoulder and elbow injuries in high school baseball players: A

time–to–event analysis. *Scientific Reports* 7: 45304.

Shoenhair, C.L., and Wells, C.L. 1995. Women, physical activity, and coronary heart disease: A review. *Medicine, Exercise, Nutrition and Health* 4: 200–206.

Shrier, I., and Gossal, K. 2000. Myths and truths of stretching: Individualized recommendations for healthy muscles. *The Physician and Sportsmedicine* 28: 57–63.

Shubert, T.E. 2011. Evidence–based exercise prescription for balance and falls prevention: A current review of the literature. *Journal of Geriatric Physical Therapy* 34: 100–108.

Shubert, T.E., Schrodt, L.A., Mercer, V.S., Busby–Whitehead, J., and Giuliani, C.A. 2006. Are scores on balance screening tests associated with mobility in older adults? *Journal of Geriatric Physical Therapy* 29(1): 33–39.

Shuger, S.L., Barry, V.W., Sui, X., McClain, A., Hand, G.A., Wilcox, S., Meriwether, R.A., Hardin, J.W., and Blair, S.N. 2011. Electronic feedback in a dietand physical activity–based lifestyle intervention for weight loss: A randomized controlled trial. *International Journal of Behavioral Nutrition and Physical Activity* 8: 41.

Shumway–Cook, A., Baldwin, M., Polissar, N.L., and Gruber, W. 1997. Predicting the probability for falls in community–dwelling older adults. *Physical Therapy* 77: 812–819.

Shumway–Cook, A., Brauer, S., and Wollacott, M.H. 2000. Predicting the probability of falls in community–dwelling older adults using the timed up and go test. *Physical Therapy* 80: 896–904.

Shumway–Cook, A., and Woollacott, M.H. 1995. *Motor control: Theory and practical applications*. Baltimore: Williams & Wilkins.

Siegel, R.L., Miller, K.D., and Jemal, A. 2016. Cancer statistics, 2016. *CA: Cancer Journal for Clinicians* 66: 7–30.

Simao, R., Spineti, J., Fretas de Salles, B., Matta, T., Ferandes, L., Fleck, S.J., Rhea, M.R., and Strom–Olsen, H.E. 2012. Comparison between nonlinear and linear periodized resistance training: Hypertrophic and strength effects. *Journal of Strength and Conditioning Research* 26: 1389–1395.

Simpson, W.F. 2015. Progress for ACSM Certifications. *ACSM's Health & Fitness Journal* 19(2): 30–31.

Siri, W.E. 1961. Body composition from fluid space and density. In *Techniques for measuring body composition*, ed. J. Brozek and A. Henschel, 223–224. Washington, D.C.: National Academy of Sciences.

Sivén, S.S.E., Niiranen, T.J., Kantola, I.M., and Jula, A.M. 2016. White–coat and masked hypertension as risk factors for progression to sustained hypertension: The Finn–Home study. *Journal of Hypertension* 34: 54–60.

Sjodin, A.M., Forslund, A.H., Westerterp, K.R., Andersson, A.B., Forslund, J.M., and Hambraeus, L.M. 1996. The influence of physical activity on BMR. *Medicine & Science in Sports & Exercise* 28: 85–91.

Sjostrom, M., Lexell, J., Eriksson, A., and Taylor, C.C. 1992. Evidence of fiber hyperplasia in human skeletal muscles from healthy young men? *European Journal of Applied Physiology* 62: 301–304.

Skalski, J., Allison, T.G., and Miller, T.D. 2012. The safety of cardiopulmonary exercise testing in a population with high–risk cardiovascular diseases. *Circulation* 126: 2465–2472.

Skatrud–Mickelson, M., Benson, J., Hannon, J.C., and Askew, W.E. 2011. A comparison of subjective and objective physical exertion. *Journal of Sports Sciences* 29: 1635–1644.

Skinner, J. 1993. *Exercise testing and exercise prescription for special cases.* Philadelphia: Lea & Febiger.

Slaughter, M.H., Lohman, T.G., Boileau, R.A., Horswill, C.A., Stillman, R.J., Van Loan, M.D., and Bemben, D.A. 1988.

Skinfold equations for estimation of body fatness in children and youth. *Human Biology* 60: 709–723.

Smith, A.E., Evans, H., Parfitt, G., Eston, R., and Ferrar, K. 2016.

Submaximal exercise–based equations to predict maximal oxygen uptake in older adults: A systematic review. *Archives of Physical Medicine and Rehabilitation* 97: 1003–1012.

Smith, L.L. 1991. Acute inflammation: The underlying mechanism in delayed onset muscle soreness? *Medicine & Science in Sports & Exercise* 23: 542–551.

Smith, U., Hammerstein, J., Bjorntorp, P., and Kral, J.G. 1979. Regional differences and effect of weight reduction on human fat cell metabolism. *European Journal of Clinical Investigation* 9: 327–332.

Smith, K.B., and Smith, M.S. 2016. Obesity statistics. *Primary Care: Clinics in Office Practice* 43: 121–135.

Smith–Ryan, A.E., Blue, M.N.M., Trexler, E.T., and Hirsch, K.R. 2016. Utility of ultrasound for body fat assessment: Validity and reliability compared to a multicompartment criterion. *Clinical Physiology and Functional Imaging* [Epub ahead of print].

Smith–Ryan, A.E., Fultz, S.N., Melvin, M.N., Wingfield, H.L., and Woessner, M.N. 2014. Reproducibility and validity of A–Mode ultrasound for body composition measurement and classification in overweight and obese men and women. *PLoS One* 9(3): e91750.

Smith–Ryan, A.E., Mock, M.G., Ryan, E.D., Gerstner, G.R., Trexler, E.R., and Hirsch, K.R. 2017. Validity and reliability of a 4–compartment body composition model using dual energy X–ray absorptiometry–derived body volume. *Clinical Nutrition* 36: 825–830.

Smutok, M.A., Skrinar, G.S., and Pandolf, K.B. 1980. Exercise intensity: Subjective regulation by perceived exertion. *Archives of Physical Medicine and Rehabilitation* 61: 569–574.

Smye, S.W., Sutcliffe, J., and Pitt, E. 1993. A comparison of four commercial systems used to measure whole–body electrical impedance. *Physiological Measurement* 14: 473–478.

Snarr, R.L., Hallmark, A.V., Nickerson, B.S., and Esco, M.R. 2016. Electromyographical comparison of pike variations performed with and without instability devices. *Journal of Strength and Conditioning Research* 30: 3436–3442.

Snijder, M.B., Kuyf, B.E., and Deurenberg, P. 1999. Effect of body build on the validity of predicted body fat from body mass index and bioelectrical impedance. *Annals of Nutrition and Metabolism* 43: 277–285.

Soileau, L., Bautista, D., Johnson, C., Gao, C., Zhang, K., Li, X., Heymsfield, S.B., Thomas, D., and Zheng, J. 2016. Automated anthropometric phenotyping with novel Kinect–based three-dimensional imaging method: Comparison with a reference laser imaging system. *European Journal of Clinical Nutrition* 70: 475–481.

Spalding, K.L., Arner, E., Westermark, P.O., Bernard, S., Buchholz, B.A., Bergmann, O., Blomqvist, L., Hoffstedt, J., Näslund, E., Britton, T., Concha, H., Hassan, M., Rydén, M., Frisén, J., and Arner, P. 2008. Dynamics of fat cell turnover in humans. *Nature* 453(7196): 783–787.

Spennewyn, K.C. 2008. Strength outcomes in fixed versus freeform resistance equipment. *Journal of Strength and Conditioning Research* 22(1): 75–81.

Sperandei, S., Vieira, M.C., and Reis, A. 2016. Adherence to physical activity in an unsupervised setting: Explanatory variables for high attrition rates among fitness center members. *Journal of Science and Medicine in Sport* 19: 916–920.

Sperlich, P.F., Holmberg, H–C., Reed, J.L., Zinner, C., Mester, J., and Sperlich, B. 2015. Individual versus standardized running protocols in the determination of VO$_2$max. *Journal of Sports Science and Medicine* 14: 386–393.

Spierer, D.K., Rosen, Z., Litman, L.L., and Fujii, K. 2015. Validation of photoplethysmography as a method to detect heart rate during rest and exercise. *Journal of Medical Engineering & Technology* 39: 264–271.

Sprey, J.W.C., Ferreira, T., de Lima, M.V., Duarte, A., Jorge, P.B., and Santili, C. 2016. An epidemiological profile of CrossFit Athletes in Brazil. *Orthopaedic Journal of Sports Medicine* 4: 29 August.

Springer, B.A., Marin, R., Cyhan, T., Roberts, H., and Gill, N.W. 2007. Normative values for the unipedal stance test with eyes open and closed. *Journal of Geriatric Physical Therapy* 30: 8–15.

Staiano, A.E., and Flynn, R. 2014. Therapeutic uses of active videogames: A systematic review. *Games for Health Journal* 6: 351–365.

Stark, M., Lukaszuk, J., Prawitz, A., and Salacinski, A. 2012. Protein timing and its effects on muscular hypertrophy and strength in individuals engaged in weight–training. *Journal of the International Society of Sports Nutrition* 9: article 54.

Stark, T., Walker, B., Phillips, J.K., Fejer, R., and Beck, R. 2011. Hand–held dynamometry correlation with the gold standard isokinetic dynamometry: A systematic review. *PM&R: The Journal of Injury, Function, and Rehabilitation* 3: 472–479.

Stathokostas, L., Little, R.M.D., Vandervoort, A.A., and Paterson, D.H. 2012. Flexibility training and functional ability in older adults: A systematic review. *Journal of Aging Research* 2012: article 306818.

Statistics Canada. 2017. Canadian Health Measures Survey: Activity monitor data.

Steele, J., Fisher, J., Skivington, M., Dunn, C., Arnold, J., Tew, G., Batterham, A.M., Nunan, D., O'Driscoll, J.M., Mann, S., Beedie, C., Jobson, S., Smith, D., Vigotsky, A., Phillips, S., Estabrooks, P., and Winett, R. 2017. A higher effort-based paradigm in physical activity and exercise for public health: Making a case for a greater emphasis on resistance training. *BMC Public Health* 17(1): 300.

Steffens, D., Maher, C.G., Pereira, L.S., Stevens, M.L., Oliveira, V.C., Chapple, M., Teixeira-Salmela, L.F., and Hancock, M.J. 2016. Prevention of low back pain: A systematic review and meta-analysis. *JAMA Internal Medicine* 176(2): 199–208.

Steinberg, S.I., Sammel, M.D., Harrel, B.T., Schembri, A., Policastro, C., Bogner, H.R., Negash, S., and Arnold, S.E. 2015. Exercise, sedentary pastimes, and cognitive performance in healthy older adults. *American Journal of Alzheimer's Disease & Other Dementias* 30: 290–298.

Steinberger, J., Daniels, S.R., Eckel, R.H., Hayman, L., Lustag, R.H., McCrindle, B., and Mietus-Snyder, M. 2009. Progress and challenges in metabolic syndrome in children and adolescents: A scientific statement from the American Heart Association Atherosclerosis, Hypertension and Obesity in the Young Committee of the Council on Cardiovascular Disease in the Young; Council on Cardiovascular Nursing; and Council on Nutrition, Physical Activity, and Metabolism. *Circulation* 119: 628–647.

Stergiou, G.S., Karpettas, N., Atkins, N., and O'Brien, E. 2011. Impact of applying the more stringent validation criteria of the revised European Society of Hypertension International Protocol 2010 on earlier validation studies. *Blood Pressure Monitoring* 16: 67–73.

Stergiou, G.S., Karpettas, N., Kollias, A., Destounis, A., and Tzamouranis, D. 2012a. A perfect replacement for the mercury sphygmomanometer: The case of the hybrid blood pressure monitor. *Journal of Human Hypertension* 26: 220–227.

Stergiou, G.S., Parati, G., Asmar, R., and O'Brien, E. 2012b. Requirements for professional office blood pressure monitors. *Journal of Hypertension* 30: 537–542.

Stiffler, M.R., Bell, D.R., Sanfilippo, J.L., Hetzel, S.J., Pickett, K.A., and Heiderscheit, B.C. 2017. Star excursion balance test anterior asymmetry is associated with injury status in division I collegiate athletes. *Journal of Orthopaedic and Sports Physical Therapy* 47: 339–346.

Stojanovic, M.D., and Ostojic, S.M. 2011. Stretching and injury prevention in football: Current perspectives.

Research in Sports Medicine 19: 73–91.

Stolarczyk, L.M., Heyward, V.H., Hicks, V.L., and Baumgartner, R.N. 1994. Predictive accuracy of bioelectrical impedance in estimating body composition of Native American women. *American Journal of Clinical Nutrition* 59: 964–970.

Störchle, P., Müller, W., Sengeis, M., Ahammer, H., Fürhapter-Rieger, A., Bachl, N., Lackner, S., Mörkl, S., and Holasek, S. 2017. Standardized ultrasound measurement of subcutaneous fat patterning: High reliability and accuracy in groups ranging from lean to obese. *Ultrasound in Medicine and Biology* 43: 427–438.

Stracciolini, A., Myer, G.D., and Faigenbaum, A.D. 2013. Exercise-deficit disorder in children: Are we ready to make this diagnosis? *The Physician and Sports Medicine* 41.

Studenski, S., Perera, S., Hile, E., Keller, V., Spadola-Bogard, J., and Garcia, J. 2010. Interactive video dance games for healthy older adults. *Journal of Nutrition, Health, and Aging* 14: 850–852.

Straight, C.R., Lindheimer, J.B., Brady, A.O., Dishman, R.K., and Evans, E.M. 2016. Effects of resistance training on lower-extremity muscle power in middle-aged and older adults: A systematic review and meta-analysis of randomized controlled trials. *Sports Medicine* 46: 353–364.

Strand, S.L., Hjelm, J., Shoepe, T.C., and Fajardo, M.A. 2014. Norms for an isometric muscle endurance test. *Journal of Human Kinetics* 40: 93–1026.

Stuber, K.J., Bruno, P., Sajko, S., and Hayden, J.A. 2014. Core stability exercises for low back pain in athletes: A systematic review of the literature. *Clinical Journal of Sports Medicine* 24: 448–456.

Sturm, R., and Hattori, A. 2012. Morbid obesity rates continue to rise rapidly in the United States. *International Journal of Obesity.*

Stutchfield, B.M., and Coleman, S. 2006. The relationships between hamstring flexibility, lumbar flexion, and low back pain in rowers. *European Journal of Sport Science* 6: 255–260.

Sung, R.Y.T., Lau, P., Yu, C.W., Lam, P.K.W., and Nelson, E.A.S. 2001. Measurement of body fat using leg to leg bioimpedance. *Archives of Disease in Childhood* 85: 263–267.

Svendsen, O.L., Hassager, C., Bergmann, I., and Christiansen, C. 1992. Measurement of abdominal and intra-abdominal fat in postmenopausal women by dual energy X-ray absorptiometry and anthropometry: Comparison with computerized tomography. *International Journal of Obesity* 17: 45–51.

Swain, D.P. 1999. VO_2 reserve: A new method for exercise prescription. *ACSM's Health & Fitness Journal* 3(5): 10–14.

Swain, D.P., and Leutholtz, B.C. 1997. Heart rate reserve is equivalent to % VO_2reserve, not to $\dot{V}O_2$max. *Medicine & Science in Sports & Exercise* 29: 410–414.

Swain, D.P., Leutholtz, B.C., King, M.E., Haas, L.A.,

and Branch, J.D. 1998. Relationship between % heart rate reserve and %VO₂reserve in treadmill exercise. *Medicine & Science in Sports & Exercise* 30: 318–321.

Swain, D.P., Parrott, J.A., Bennett, A.R., Branch, J.D., and Dowling, E.A. 2004. Validation of a new method for estimating VO₂max based on VO₂reserve. *Medicine & Science in Sports & Exercise* 36: 1421–1426.

Swift, D.L., Johannsen, N.M., Lavie, C.J., Earnest, C.P., and Church, T.S. 2014. The role of exercise and physical activity in weight loss and maintenance. *Progress in Cardiovascular Diseases* 56: 441–447.

Swinburn, B.A., Sacks, G., Hall, K.D., McPherson, L., Finegood, D.T., Moodie, M.L., and Gortmaker, S.L. 2011. The global obesity pandemic: Shaped by global drivers and local environments. *Lancet* 378: 804–814.

Taaffe, D.R., Duret, C., Wheeler, S., and Marcus, R. 1999. Once–weekly resistance exercise improves muscle strength and neuromuscular performance in older adults. *Journal of the American Geriatrics Society* 47: 1208–1214.

Takaishi, T., Ishihara, K., Shima, N., and Hayashi, T. 2014. Health promotion with stair exercise. *Journal of Physical Fitness and Sports Medicine* 3: 173–179.

Takeshima, N., Rogers, M.E., Watanabe, E., Brechue, W.F., Okada, A., Yamada, T., Islam, M.M., and Hayano, J. 2002. Water–based exercise improves health–related aspects of fitness in older women. *Medicine & Science in Sports & Exercise* 34: 544–551.

Talag, T.S. 1973. Residual muscular soreness as influenced by concentric, eccentric, and static contractions. *Research Quarterly* 44: 458–469.

Tanaka, H., Monahan, K.D., and Seals, D.R. 2001. Age–predicted maximal heart rate revisited. *Journal of the American College of Cardiology* 37: 153–156.

Tang, L.H., Zwisler, A–D., Taylor, T.S., Doherty, P., Zangger, G., Berg, S.K., and Langberg, H. 2016. Self–rating level of perceived exertion for guiding exercise intensity during a 12–week cardiac rehabilitation programme and the influence of heart rate reducing medication. *Journal of Science and Medicine in Sport.* 19: 611–615.

Tarleton, H.P., Smith, L.V., Zhang, Z–F., and Kuo, T. 2015. Utility of anthropometric measures in a multiethnic population: Their association with prevalent diabetes, hypertension and other chronic disease comorbidities. *Journal of Community Health* 39: 471–479.

Taylor, D.C., Dalton, J.D., Seaber, A.V., and Garrett, W.E. 1990. Viscoelastic properties of muscle-tendon units. The biomechanical effects of stretching. *American Journal of Sports Medicine* 18: 300–309.

Taylor, N.A.S., and Wilkinson, J.G. 1986. Exercise-induced skeletal muscle growth: Hypertrophy or hyperplasia? *Sports Medicine* 3: 190–200.

Taylor, W.D., George, J.D., Allsen, P.E., Vehrs, P.R., Hager, R.L., and Roberts, M.P. 2002. Estimation of VO₂max from a 1.5–mile endurance test. *Medicine*

& *Science in Sports & Exercise* 35(Suppl.): S257 [abstract].

Tchoukalova, Y.D., Votruba, S.B., Tchkonia, T., Giorgadze, N., Kirkland, J.L., and Jensen, M.D. 2010. Regional differences in cellular mechanisms of adipose tissue gain with overfeeding. *Proceedings of the National Academy of Sciences* 107: 18226–18231.

Tegenkamp, M.H., Clark, R.R., Schoeller, D.A., and Landry, G.L. 2011. Effects of covert subject actions on percent body fat by air–displacement plethysmography. *Journal of Strength and Conditioning Research* 25: 2010–2017.

Teichtahl, A.J., Urquhart, D.M., Wang, Y., Wluka, A.E., O'Sullivan, R., Jones, G., and Cicuttini, F.M. 2015. Physical inactivity is associated with narrower lumbar intervertebral discs, high fat content of paraspinal muscles and low back pain and disability. *Arthritis Research & Therapy* 17: 114–120.

Tesch, P.A. 1988. Skeletal muscle adaptations consequent to long–term heavy resistance exercise. *Medicine & Science in Sports & Exercise* 20: S132–S134.

Tesch, P.A. 1992. Short– and long–term histochemical and biochemical adaptations in muscle. In *Strength and power in sports: The encyclopaedia of sports medicine*, ed. P. Komi, 239–248. Oxford: Blackwell.

Teixeira, P.J., Carraça, E.V., Markland, D., Silva, M.N., and Ryan, R.M. 2012. Exercise, physical activity, and self–determination theory: A systematic review. *Journal of Behavioral Nutrition and Physical Activity* 9: 78.

Teixeira, P.J., Carraça, E.V., Marques, M.M., Rutter, H., Oppert, J–M., de Bourdeaudhuij, I., Lakerveld, J., and Brug, J. 2015. Successful behavior change in obesity interventions in adults: A systematic review of self–regulation mediators. *BMC Medicine* 13: 84.

Thacker, S.B., Gilchrist, J., Stroup, D.F., and Kimsey, C.D. 2004. The impact of stretching on sports injury risk: A systematic review of the literature. *Medicine & Science in Sports & Exercise* 36: 371–378.

Thaler, M.S. 2015. *The only EKG book you'll ever need,* 8th ed. Philadelphia: Wolters Kluers.

Tholl, U., Lüders, S., Bramlage, P., Dechend, R., Eckert, S., Mengden, T., Nürnberger, J., Sanner, B., and Anlauf, M. 2016. The German Hypertension League (Deutsche Hochdruckliga) Quality Seal Protocol for blood pressure–measuring devices: 15–year experience and results from 105 devices for home blood pressure control. *Blood Pressure Monitoring* 21: 197–205.

Thomas, J.F., Larson, K.L., Hollander, D.B., and Kraemer, R.R. 2014. Comparison of two–hand kettlebell exercise and graded treadmill walking: Effectiveness as a stimulus for cardio–respiratory fitness. *Journal of Strength and Conditioning Research* 28: 998–1006.

Thomas, T.R., and Etheridge, G.L. 1980. Hydrostatic weighing at residual volume and functional residual capacity. *Journal of Applied Physiology* 49: 157–159.

Thomas, T.R., Ziogas, G., Smith, T., Zhang, Q., and Londeree, B.R. 1995. Physiological and perceived exertion responses to six modes of submaximal exercise. *Research Quarterly for Exercise and Sport* 66: 239–246.

Thompson, C.J., and Bemben, M.G. 1999. Reliability and comparability of the accelerometer as a measure of muscular power. *Medicine and Science in Sports & Exercise* 31: 897–902.

Thompson, C.J., Cobb, K.M., and Blackwell, J. 2007. Functional training improves club head speed and functional fitness of older golfers. *Journal of Strength and Conditioning Research* 21(1): 131–137.

Thompson, J., Manore, M., and Thomas, J. 1996. Effects of diet and dietplus–exercise programs on resting metabolic rate: A meta–analysis. *International Journal of Sport Nutrition* 6: 41–61.

Thompson, M., and Medley, A. 2007. Forward and lateral sitting functional reach in younger, middle–aged, and older adults. *Journal of Geriatric Physical Therapy* 30(2): 43–51.

Thompson, P.D. 1993. The safety of exercise testing and participation. In *ACSM's resource manual for guidelines for exercise testing and prescription*, ed. S.N. Blair, P. Painter, R. Pate, L.K. Smith, and C.B. Taylor, 361–370. Philadelphia: Lea & Febiger.

Thompson, W.R. 2017. Worldwide survey of fitness trends for 2018. *ACSM's Health & Fitness Journal* 21(6): 10–19.

Thorstensson, A., Hulten, B., vonDobeln, W., and Karlsson, J. 1976. Effect of strength training on enzyme activities and fibre characteristics in human skeletal muscle. *Acta Physiologica Scandinavica* 96: 392–398.

Thurlow, S., Taylor–Covill, G., Sahota, P., Oldroyd, B., and Hind, K. 2017. Effects of procedure, upright equilibrium time, sex, and BMI on the precision of body fluid measurements using bioelectrical impedance analysis. *European Journal of Clinical Nutrition* [Epub ahead of print].

Tidstrand, J., and Horneij, E. 2009. Inter–rater reliability of three standardized functional tests in patients with low back pain. *BMC Musculoskeletal Disorders* 10: 58.

Tiedemann, A., Sherrington, C., Close, J.C.T., and Lord, S.R. 2011. Exercise and sports science Australia position statement on exercise and falls prevention in older people. *Journal of Science and Medicine in Sport* 14: 489–495.

Tientcheu, D., Ayers, C., Das, S.R., McGuire, K.K., de Lemos, J.A., Khera, A., Kaplan, N., Victor, R., and Vongpatanasin, W. 2015. Target organ complications and cardiovascular events associated with masked hypertension and white–coat hypertension. *Journal of the American College of Cardiology* 66: 2159–2169.

Timson, B.F., and Coffman, J.L. 1984. Body composition by hydrostatic weighing at total lung capacity and residual volume. *Medicine & Science in Sports & Exercise* 16: 411–414.

Tinetti, M.E. 1986. Performance–oriented assessment of mobility problems in elderly patients. *Journal of the American Geri-atric Society* 34: 119–126.

Tinetti, M.E., Speechley, M., and Ginter, S.F. 1988. Risk factors for falls among elderly persons living in the community. *New England Journal of Medicine* 319(26): 1701–1707.

Tinwala, F., Cronin, J., Haemmerle, E., and Ross, A. 2017. Eccentric strength training: A review of the available technology. *Strength and Conditioning Journal* 39: 32–47.

Tipton, C.M., Matthes, R.D., Maynard, J.A., and Carey, R.A. 1975. The influence of physical activity on ligaments and tendons. *Medicine and Science in Sports* 7: 165–175.

Tjønna, A.E., Leinan, I.M., Bartnes, A.T., Jenssen, B., Gibala, M.J., Winett, R.A., and Wisløff. 2013. Low– and high–volume of intensive endurance training significantly improves maxi–mal oxygen update after 10–weeks of training in healthy men. *PLoS One* 8: e65382.

Tognetti, A., Lorussi, F., Carbonaro, N., and de Rossi, D. 2015. Wearable goniometer and accelerometer sensory fusion for knee joint angle measurement in daily life. *Sensors* 15: 28435–28455.

Tognetti, A., Lorussi, F., Dalle Mura, G., Carbonaro, N., Pacelli, M., Paradiso, R., and de Rossi, D. 2014. New generation of wearable goniometers for motion capture systems. *Journal of NeuroEngineering and Rehabilitation* 11: 56.

Tolonen, H., Koponen, P., Naska, A., Männistö, S., Broda, G., Palossari, T., Kuulasmaa, K., and the EHES Pilot Project. 2015. Challenges in standardization of blood pressure measurement at the population level. *BMC Medical Research Methodology* 15: 33.

Tomiyama, A.J., Hunger, J.M., Nguyen–Cuu, J., and Wells, C. 2016. Misclassification of cardiometabolic health when using body mass index categories in NHANES 2005–2012. *International Journal of Obesity* 40: 883–886.

Toombs, R.J., Ducher, G., Shepherd, J.A., and de Souza, M.J. 2012. The impact of recent technological advancements on the trueness and precision of DXA to assess body composition. *Obesity* 20: 30–39.

Toomey, C.M., McCormack, W.G., and Jakeman, P. 2017. The effect of hydration status on the measurement of lean tissue mass by dual–energy X–ray absorptiometry. *European Jour-nal of Applied Physiology* 117: 567–574.

Toomey, C., McCreesh, K., Leahy, S., and Jakeman, P. 2011. Technical considerations for accurate measurement of subcutaneous adipose tissue thickness using B–mode ultrasound. *Ultrasound* 19: 91–96.

Torbeyns, T., Bailey, S., Bos, I., and Meeusen, R. 2014. Active workstations to fight sedentary behavior. *Sports Medicine* 44: 1261–1273.

Torgan, C.E., and Cousineau, T.M. 2012. Leveraging social media technologies to help clients achieve behavior change goals. *ACSM's Health & Fitness Journal* 16: 18–24.

Torres, R., Ribeiro, F., Duarte, J.A., and Cabri, J.M.H. 2012. Evidence of the physiotherapeutic interventions used currently after exercise–induced muscle damage: Systematic review and meta–analysis. *Physical Therapy in Sport* 13: 101–114.

Torvinen, S., Kannus, P., Sievanen, H., Jarvinen, T.A.H., Pasanen, M., Kontulainen, S., Jarvinen, T.L.N., Jarvinen, M., Oja, P., and Vuori, I. 2002. Effect of four–month vertical whole body vibration on performance and balance. *Medicine & Science in Sports & Exercise* 34: 1523–1528.

Town, G.P., Sol, N., and Sinning, W. 1980. The effect of rope skipping rate on energy expenditure of males and females. *Medicine & Science in Sports & Exercise* 12: 295–298.

Townsend, N., Rutter, H., and Foster, C. 2012. Evaluating the evidence that the prevalence of childhood obesity is plateauing. *Pediatric Obesity* 7: 343–346.

Townsend, N., Wildon, L., Bhatnagar, P., Wickra–masinghe, K., Rayner, M., and Nichols, M. 2016. Cardiovascular disease in Europe: Epide–miological update 2016. *European Heart Journal* 37: 3232–3245.

Tran, Z.V., and Weltman, A. 1988. Predicting body composition of men from girth measurements. *Human Biology* 60: 167–175.

Tran, Z.V., and Weltman, A. 1989. Generalized equation for predicting body density of women from girth measurements. *Medicine & Science in Sports & Exercise* 21: 101–104.

Trapp, E.G., Chisholm, D.J., Freund, J., and Boutcher, S.H. 2008. The effects of high–intensity intermittent exercise training on fat loss and fasting insulin levels of young women. *International Journal of Obesity* 32: 684–691.

Tremblay, M.S., Warburton, D.E.R., Janssen, I., Paterson, D.H., Latimer, A.E., Rhodes, R.E., Kho, M.E., Hicks, A., LeBlanc, A.G., Zehr, L., Murumets, K., and Duggan, M. 2011. New Canadian physical activity guidelines. *Applied Physiology, Nutrition, and Metabolism* 36: 36–46.

Troped, P.J., Oliveira, M.S., Matthews, C.E., Cromley, E.K., Melly, S.J., and Craig, B.A. 2008. Prediction of activity mode with global positioning system and accelerometer data. *Medicine & Science in Sports & Exercise* 10: 972–978.

Trost, S.G., Owen, N., Bauman, A.E., Sallis, J.F., and Brown, W. 2002. Correlates of adults' participation in physical activity: Review and update. *Medicine & Science in Sports & Exercise* 34: 1996–2001.

Tseng, K., Tseng, W., Lin, M., Chen, H., Nosaka, K., and Chen, T.C. 2016. Protective effect by maximal isometric contractions against maximal eccentric exercise–induced muscle damage of the knee extensors. *Research in Sports Medicine* 24: 243–256.

Tsukamoto, H., Takenaka, S., Suga, T., Tanaka, D., Takeuchi, T., Hamaoka, T., Isaka, T., and Hashimoto, T. 2017. Effect of exercise intensity and duration on postexercise executive function. *Medicine & Science in Sports & Exercise* 49: 774–784.

Tucker, L.A., Lechiminant, J.D., and Bailey, B.W. 2014. Test retest reliability of the BodPod: The effect of multiple assessments. *Perceptual and Motor Skills: Physical Development and Movement* 118: 563–570.

Tudor–Locke, C., Bassett, D.R., Shipe, M.F., and McClain, J.J. 2011. Pedometry methods for assessing free–living adults. *Journal of Physical Activity and Health* 8: 445–453.

Tudor–Locke, C., Pangrazi, R.P., Corbin, C.B., Rutherford, W.J., Vincent, S.D., Raustorp, A., Tomson, L.M., and Cuddihy, T.F. 2004. BMI–referenced standards for recommended pedometer–determined steps/day in children. *Preventive Medicine* 38: 857–864.

Turcato, E., Bosello, O., Francesco, V.D., Harris, T.B., Zoico, E., Bissoli, L., Fracassi, E., and Zamboni, M. 2000. Waist circumference and abdominal sagittal diameter as surrogates of body fat distribution in the elderly: Their relation with cardiovascular risk factors. *International Journal of Obesity* 24: 1005–1010.

Tyrrell, V.J., Richards, G., Hofman, P., Gillies, G.F., Robinson, E., and Cutfield, W.S. 2001. Foot–to–foot bioelectrical impedance analysis: A valuable tool for the measurement of body composition in children. *International Journal of Obesity* 25: 273–278.

Urwin, S.G., Kader, D.F., Caplan, N., St. Clair Gibson, A., and Stewart, S. 2013. Validation of an electrogoniometry system as a measure of knee kinematics during activities of daily living. *Journal of Musculoskeletal Research* 16: article 1350005.

U.S. Department of Health and Human Services. 1996. *Physical activity and health: A report of the Surgeon General—At a glance.* Atlanta: U.S. Department of Health and Human Services, Centers for Disease Control and Prevention, National Center for Chronic Disease Prevention and Health Promotion.

U.S. Department of Health and Human Services. 2007. *The Surgeon General's call to action to prevent overweight and obesity in children and adolescents.* Washington, DC: Author.

U.S. Department of Health and Human Services. 2008. Physical activity guidelines for Americans. At–a–glance: A fact sheet for professionals.

U.S. Department of Health and Human Services, Centers for Disease Control and Prevention. 2015. How much physical activity do adults need?

U.S. Department of Health and Human Services. 2010. *Dietary guidelines for Americans 2010.* Wash–ington, D.C.: Author.

U.S. Department of Health and Human Services. 2012. *Healthy People 2020.*

U.S. Environmental Protection Agency. 2017. Minata Convention on Mercury.

Utter, A.C., Nieman, D.C., Ward, A.N., and Butter–worth, D.E. 1999. Use of the leg–to–leg bioele–ctrical impedance method in assessing body–compo–sition change in obese women. *American Journal of*

Clinical Nutrition 69: 603–607.

Vaisman, N., Corey, M., Rossi, M.F., Goldberg, E., and Pencharz, P. 1988. Changes in body composition during refeeding of patients with anorexia nervosa. *Journal of Pediatrics* 113: 925–929.

Vaisman, N., Rossi, M.F., Goldberg, E., Dibden, L.J., Wykes, L.J., and Pencharz, P.B. 1988. Energy expenditures and body composition in patients with anorexia nervosa. *Journal of Pediatrics* 113: 919–924.

Van Adrichem, J.A.M., and van der Korst, J.K. 1973. Assessment of flexibility of the lumbar spine: A pilot study in children and adolescents. *Scandinavian Journal of Rheumatology* 2: 87–91.

van den Beld, W.A., van der Sanden, G.A.C., Sengers, R.C.A., Verbeek, A.L.M., and Gabreels, F.J.M. 2006. Validity and reproducibility of hand–held dynamometry in children aged 4–11 years. *Journal of Rehabilitation Medicine* 38: 57–64.

van der Kooy, K., Leenen, R., Seidell, J.C., Deurenberg, P., Droop, A., and Bakker, C.J.G. 1993. Waist–hip ratio is a poor predictor of changes in visceral fat. *American Journal of Clinical Nutrition* 57: 327–333.

van Genugten, L., Dusseldorp, E., Webb, T.L., and van Empelan, P. 2016. Which combinations of techniques and modes of delivery in Internet–based interventions effectively change health behavior? A meta–analysis. *Journal of Medical Internet Research.* 18: e155.

Vanhelder, W.P., Radomski, M.W., and Goode, R.C. 1984. Growth hormone responses during intermittent weight lifting exercise in men. *European Journal of Applied Physiology* 53: 31–34.

Van Loan, M.D., and Mayclin, P.L. 1987. Bioelectrical impedance analysis: Is it a reliable estimator of lean body mass and total body water? *Human Biology* 59: 299–309.

Van Mechelen, W., Holbil, H., and Kemper, H.C. 1986. Validation of two running tests as estimates of maximal aerobic power in children. *European Journal of Applied Physiology and Occupational Physiology* 55: 503–506.

Van Remoortel, H., Giavedoni, S., Raste, Y., Burtin, C., Louvaris, Z., Gimeno–Santos, E., Langer, D., Glendenning, A., Hop–kinson, N.S., Vogiatzis, I., Peterson, B.T., Wilson, F., Mann, B., Rabinovich, R., Puhan, M.A., and Troosters, T. 2012. Validity of activity monitors in health and chronic disease: A systematic review. *International Journal of Behavioral Nutrition and Physical Activity* 9: 84.

VanWormer, J.J., Martinez, A.M., Martinson, B.C., Crain, A.L., Benson, G.A., Cosentino, D.L., and Pronk, N.P. 2009. Self–weighing promotes weight loss for obese adults. *American Journal of Preventive Medicine* 36: 70–73.

Vehrs, P.R., Drummond, M., Fellingham, D.K., and Brigham, G.W. 2002. Accuracy of five heart rate monitors during exercise. *Medicine & Science in Sports & Exercise* 34(Suppl.): S272 [abstract].

Velthuis, M.J., Schuit, A.J., Peeters, P.H.M., and Monninkhof, E.M. 2009. Exercise program affects body composition but not weight in postmenopausal women. *Menopause: The Journal of the North American Menopause Society* 16: 777–784.

Vera–Garcia, F.J., Grenier, S.G., and McGill, S.M. 2000. Abdominal muscle responses during curlups on both stable and labile surfaces. *Physical Therapy* 80: 564–569.

Vescovi, J.D., Zimmerman, S.L., Miller, W.C., Hildebrandt, L., Hammer, R.L., and Fernhall, B. 2001. Evaluation of the Bod Pod for estimating percentage body fat in a heterogeneous group of adult humans. *European Journal of Applied Physiology* 85: 326–332.

Vetrovska, R., Vilikus, Z., Klaschka, J., Str á nsk á , Z., Svacina, Svobodova, and Matoulek, M. 2014. Does impedance measure a functional state of body fat? *Physiological Research* 63(Suppl. 2): S309–S320.

Vikmoen, O., Ronnestad, B.R., Ellefsen, S., and Raastad, T. 2017. Heavy strength training improves running and cycling performance following prolonged submaximal work in well–trained female athletes. *Physiological Reports* 5: article e13149.

Vincent, K.R., Braith, R.W., Feldman, R.A., Magyari, P.M., Cutler, R.B., Persin, S.A., Lennon, S.L., Gabr, A.H., and Lowenthal, D.T. 2002. Resistance exercise and physical performance in adults aged 60 to 83. *Journal of the American Geriatrics Society* 50: 1100–1107.

Vohralik, S.L., Bowen, A.R., Burns, J., Hiller, C.E., and Nightingale, E.J. 2015. Reliability and validity of a smartphone app to measure joint range. *American Journal of Physical Medicine and Rehabilitation* 94: 325–330.

von Stengel, S., Kemmler, W., Bebenek, M., Engelke, K., and Kalender, W.A. 2011. Effects of whole–body vibration training on different devices on bone mineral density. *Medicine & Science in Sports & Exercise* 43: 1071–1079.

von Stengel, S., Kemmler, W., Engelke, K., and Kalender, W.A. 2011. Effects of whole body vibration on bone mineral density and falls: Results of the randomized controlled ELVIS study with postmenopausal women. *Osteoporosis International* 22: 317–325.

von Stengel, S., Kemmler, W., Engelke, K., and Kalender, W.A. 2012. Effect of whole–body vibration on neuromuscular performance and body composition for females 65 years and older: A randomized–controlled trial. *Scandinavian Journal of Medicine & Science in Sports* 22: 119–127.

Wagner, D.R., 2013. Ultrasound as a tool to assess body fat. *Journal of Obesity* 2013: article 280713.

Wagner, D.R. 2014. Exercise physiologists in the United States: A 2012 national survey. *Journal of Exercise Physiology* [online].

Wagner, D.R. 2015. Predicted versus measured thoracic gas volumes of collegiate athletes made by

Bod Pod air displacement plethysmography system. *Applied Physiology, Nutrition, and Metabolism* 10: 1075–1077.

Wagner, D.R., Cain, D.L., and Clark, N.W. 2016. Validity and reliability of A–mode ultrasound for body composition assessment of NCAA Division I athletes. *PLoS One* 11(4): e0153146.

Wagner, D.R., and Heyward, V.H. 2001. Validity of two–component models of estimating body fat of Black men. *Journal of Applied Physiology* 90: 649–656.

Wagner, D., Heyward, V., and Gibson, A. 2000. Validation of air displacement plethysmography for assessing body composition. *Medicine & Science in Sports & Exercise* 32: 1339–1344.

Wagner, K.H., and Brath, H. 2012. A global view on the development on non communicable diseases. *Preventive Medicine* 54: s38–s41.

Wallick, M.E., Porcari, J.P., Wallick, S.B., Berg, K.M., Brice, G.A., and Arimond, G.R. 1995. Physiological responses to in–line skating compared to treadmill running. *Medicine & Science in Sports & Exercise* 27: 242–248.

Wallman, H.W. 2001. Comparison of elderly nonfallers and fallers on performance measures of functional reach, sensory organization, and limits of stability. *Journal of Gerontology* 56: M589–M583.

Wallman, K., Plant, L.A., Rakimov, B., and Maiorana, A.J. 2009. The effects of two modes of exercise on aerobic fitness and fat mass in an overweight population. *Research in Sports Medicine* 17: 156–170.

Walts, C.T., Hanson, E.D., Delmonico, M.J., Yao, L., Wang, M.W., and Hurley, B.F. 2008. Do sex or race differences influence strength training effects on muscle or fat? *Medicine & Science in Sports & Exercise* 40: 669–676.

Wan, Y., Henegghan, C., Stevens, R., McManus, R.J., Ward, A., Perera, R., Thompson, M., Tarassenko, L., and Mant, D. 2010. Determining which automatic digital blood pressure device performs adequately: A systematic review. *Journal of Human Hypertension* 24: 431–438.

Wang, J., Thornton, J.C., Russell, M., Burastero, S., Heymsfield, S., and Pierson, R.N. 1994. Asians have lower body mass index (BMI) but higher percent body fat than do whites: Comparison of anthro–pometric measurements. *American Journal of Clinical Nutrition* 60: 23–28.

Wang, J–G., Zhang, Y., Chen, H–E., Li, Y., Cheng, X–G., Xu, L., Guo, Z., Zhao, X–S., Sato, T., Cao, Q–Y., Chen, K–M., and Li, B. 2013. Comparison of two bioelectrical impedance analysis devices with dual energy X–ray absorptiometry and magnetic resonance imaging in the estimation of body composition. *Journal of Strength and Conditioning Research* 27: 236–243.

Wang, R., Wu, M.J., Ma, X.Q., Zhao, Y.F., Yan, X.Y., Gao, Q.B., and He, J. 2012. Body mass index and health–related quality of like in adults: A population based study in five cities of China. *European*

Journal of Public Health 22(4): 497–502.

Wang, X.Q., Zheng, J.J., Yu, Z.W., Bi, X., Lou, S.J., Liu, J., Cai, B., Hua, Y.H., Wu, M., Wei, M.L, Shen, H.M., Chen, Y., Pan, Y.J., Xu, G.H., and Chen, P.J. 2012. A meta–analysis of core stability exercise versus general exercise for chronic low back pain. *PLoS One* 7(1): e52082.

Warburton, D.E.R., and Breden, S.S.D. 2016. Reflections on physical activity and health: What should we recommend? *Canadian Journal of Cardiology* 32: 495–504.

Warburton, D.E.R., Sarkany, D., Johnson, M., Rhodes, R.E., Whitford, W., Esch, B.T.A., Scott, J.M., Wong, S.C., and Bredin, S.S.D. 2009. Metabolic requirements of interactive video game cycling. *Medicine & Science in Sports & Exer-cise* 41: 920–926.

Ward, R., and Anderson, G.S. 1998. Resilience of anthropometric data assembly strategies to imposed error. *Journal of Sports Sciences* 16: 755–759.

Ward, R., Rempel, R., and Anderson, G.S. 1999. Modeling dynamic skinfold compression. *American Journal of Human Biology* 11: 521–537.

Wathen, D. 1994. Load assignment. In *Essentials of strength testing*, ed. T.R. Baechle, 435–446. Champaign, IL: Human Kinetics.

Watson, L.P.E., Venables, M.C., and Murgatroyd, P.R. 2017. An investigation into the differences in bone density and body composition measurements between 2 GE Lunar densitometers and their comparison to a 4–component model. *Journal of Clinical Densitometry: Assessment & Management of Musculoskeletal Health* [Epub ahead of print].

Watson, S.L., Weeks, B.K., Weis, L.J., Horan, S.A., and Beck, B.R. 2015. Heavy resistance training is safe and improves bone, function, and stature in postmenopausal women with low to very low bone mass: Novel early findings from the LIFTMOR trial. *Osteoporosis International* 26: 2889–2894.

Weakley, J.J.S., Till, K., Read, D.B., Roe, G.A.B., Darrall–Jones, J., Phibbs, P.J., and Jones, B. 2017. The effects of traditional, superset, and triset resistance training structures on perceived intensity and physiological responses. *European Journal of Applied Physiology* 117: 1877–1889.

Weaver, T.B., Ma, C., and Laing, A.C. 2017. Use of the Nintendo Wii balance board for studying standing static balance control: Technical considerations, force–plate congruency, and the effect of battery life. *Journal of Applied Biomechanics* 33: 48–55.

Webb, C., Vehrs, P.R., George, J.D., and Hager, R. 2014. Estimating $\dot{V}O_2$max using a personalized step test. *Measurement in Physical Education and Exercise Science* 18: 184–197.

Webb, T.L., Joseph, J., Yardley, L., and Michie, S. 2010. Using the Internet to promote health behavior change: A systematic review and meta–analysis of the impact of theoretical basis, use of behavior change techniques, and mode of delivery on efficacy. *Journal of Medicine and Internet Research* 12:e4.

Wei, N., Pang, M.Y.C., Ng, S.S.M., and Ng, G.Y.F.

2016. Optimal frequency/time combination of whole–body vibration training for improving muscle size and strength of people with age–related muscle loss (sarcopenia): A randomized controlled trial. *Geriatrics and Gerontology International* [in press].

Weier, A.T., and Kidgell, D.J. 2012. Strength training with superimposed whole body vibration does not preferentially modulate cortical plasticity. *Scientific World Journal* 2012: 876328.

Weiglein, L., Herrick, J., Kirk, S., and Kirk, E.P. 2011. The 1–mile walk test is a valid predictor of VO2max and is a reliable alternative fitness test to the 1.5–mile run in U.S. Air Force males. *Military Medicine* 176: 669–673.

Weijs, P.J.M. 2008. Validity of predictive equations for resting energy expenditure in U.S. and Dutch overweight and obese class I and II adults aged 18–65y. *American Journal of Clinical Nutrition* 88: 959–970.

Weinheimer, E.M., Sands, L.P., and Campbellnure, W.W. 2010. A systematic review of the separate and combined effects of energy restriction and exercise on fat–free mass in middle–aged and older adults: Implications for sarcopenic obesity. *Nutrition Reviews* 68: 375–388.

Weisenthal, B.M., Beck, C.A., Maloney, M.D., DeHaven, K.E., and Giordano, B.D. 2014. Injury rate and patterns among CrossFit athletes. *Orthopaedic Journal of Sports Medicine* 2: article 2325967114531177.

Weiss, E.C., Galuska, D.A., Khan, L.K., and Serdula, M.K. 2006. Weight–control practices among U.S. adults, 2001–2002. *American Journal of Preventive Medicine* 31: 18–24.

Weiss, L.W., Cureton, K.J., and Thompson, F.N. 1983. Comparison of serum testosterone and andro–stenedione responses to weight lifting in men and women. *European Journal of Applied Physiology* 50: 413–419.

Weits, T., Van der Beek, E.J., Wedel, M., and Ter Haar Romeny, B.M. 1988. Computed tomography measurement of abdominal fat deposition in relation to anthropometry. *International Journal of Obesity* 12: 217–225.

Wellmon, R.H., Gulick, D.T., Paterson, M.L., and Gulick, C.N. 2016. Validity and reliability of 2 goniometric mobile apps: Device, application, and examiner factors. *Journal of Sport Rehabilitation* 25: 371–379.

Weltman, A., Levine, S., Seip, R.L., and Tran, Z.V. 1988. Accurate assessment of body composition in obese females. *American Journal of Clinical Nutrition* 48: 1179–1183.

Weltman, A., Seip, R.L., and Tran, Z.V. 1987. Practical assessment of body composition in adult obese males. *Human Biology* 59: 523–535.

Wen, C.P., Wai, J.P., Tsai, M.K., Yang, Y.C., Cheng, T.Y., Lee, M.C., Chan, H.T., Tsao, C.K., Tsai, S.P., and Wu, X. 2011. Minimum amount of physical activity for reduced mortality and extended life expectancy: A prospective cohort study. *Lancet* 378:

1244–1253.

Wessel, H.U., Strasburger, J.F., and Mitchell, B.M. 2001. New standards for Bruce treadmill protocol in children and ado–lescents. *Pediatric Exercise Science* 13: 392–401.

Wewege, M., van den Berg, R., Ward, R.E., and Keech, A. 2017. The effects of high–intensity interval training vs. moderate–intensity continuous training on body composition in overweight and obese adults: A systematic review and meta–analysis. *Obesity Reviews* 18: 635–646.

Whaley, M., Kaminsky, L., Dwyer, G., Getchell, L., and Norton, J. 1992. Predictors of over– and underachievement of age–predicted maximal heart rate. *Medicine & Science in Sports & Exercise* 24: 1173–1179.

Whelton, P.K., Carey, R.M., Aronow, W.S., Casey, D.E. Jr., Collins, K.J., Himmelfarb, C.D., DePalma, S.M., Gidding, S., Jamerson, K.A., MacLaughlin, E.J., Muntner, P., Ovbiagele, B., Smith, S.C. Jr., Stafford, R.S., Taler, S.J., Thomas, R.J., Williams Sr., K.A., Williamson, J.D., and Wright, J.T. Jr. 2017. 2017 ACC/AHA/AAPA/ABC/ACPM/AGS/APhA/ASH/ASPC/NMA/PCNA guideline for the prevention, detection, evaluation, and management of high blood pressure in adults. *Journal of the American College of Cardiology* [E–pub ahead of print].

Whitmer, T.D., Fry, A.C., Forsythe, C.M., Andre, M.J., Lane, M.T., Hudy, A., and Honnold, D.E. 2015. Accuracy of a vertical jump contact mat for determining jump height and flight time. *Journal of Strength and Conditioning Research* 29: 877–881.

Whitney, S.L., Poole, J.L., and Cass, S.P. 1998. A review of balance instruments for older adults. *American Journal of Occupational Therapy* 52: 666–671.

Wibner, T., Doering, K., Kropf–Sanshen, C., Rüdger, S., Blanta, I., Stoiber, K.M., Rottbauer, W., and Schumann, C. 2014. Pulse transit time and blood pressure during cardiopulmonary exercise tests. *Physiological Research* 63: 287–296.

Wild, D., Nayak, U.S.L., and Isaacs, B. 1981. Prognosis of falls in old people at home. *Journal of Epidemiology and Community Health* 35: 200–204.

Wild, S., Hanley, J., Lewis, S., McKnight, J., McCloughan, L., Padfield, P., Paterson, M., Pinnock, H., and McKinstry, B. 2013. The impact of supported telemetric monitoring in people with type 2 diabetes: Study protocol for a randomised controlled trial. *Trials* 14: 198.

Wilkin, L.D., Cheryl, A., and Haddock, B.L. 2012. Energy expenditure comparison between walking and running in average fitness individuals. *Journal of Strength and Conditioning Research* 26: 1039–1044.

Willardson, J.M. 2008. A periodized approach for core training. *ACSM's Health & Fitness Journal* 12(1): 7–13.

Willey, J.Z., Gardener, H., Caunca, M.R., Moon,

Y.P., Dong, C., Cheung, Y.K., Sacco, R.L., Elkind, M.S.V., and Wright, C.B. 2016. Leisure-time physical activity associates with cognitive decline: The Northern Manhattan Study. *Neurology.* 86: 1897–1903.

Williams, D.P., Going, S.B., Massett, M.P., Lohman, T.G., Bare, L.A., and Hewitt, M.J. 1993. Aqueous and mineral fractions of the fat-free body and their relation to body fat estimates in men and women aged 49–82 years. In *Human body composition: In vivo methods, models and assessment,* ed. K.J. Ellis and J.D. Eastman, 109–113. New York: Plenum Press.

Williams, M.A. 2001. Exercise testing in cardiac rehabilitation: Exercise prescription and beyond. *Cardiology Clinics* 19: 415–431.

Williams, P.T. 2001. Physical fitness and activity as separate heart disease risk factors: A meta-analysis. *Medicine & Science in Sports & Exercise* 33: 754–761.

Williams, R., Binkley, J., Bloch, R., Goldsmith, C.H., and Minuk, T. 1993. Reliability of the modified-modified Schober and double inclinometer methods for measuring lumbar flexion and extension. *Physical Therapy* 73: 26–37.

Williams, T.D., Tolusso, D.V., Fedewa, M.V., and Esco, M.R. 2017. Comparison of periodized and non-periodized resistance training on maximal strength: A meta-analysis. *Sports Medicine* 47: 2083–2100.

Willson, J.D., Dougherty, C.P., Ireland, M.L., and Davis, I.M. 2005. Core stability and its relationship to lower extremity function and injury. *Journal of the American Academy of Orthopaedic Surgery* 13: 316–325.

Willson, T., Nelson, S.D., Newbold, J., Nelson, R.E., and LaFleur, J. 2015. The clinical epidemiology of male osteoporosis: A review of the recent literature. *Clinical Epidemiology* 7: 65–75.

Wilmore, J.H. 1974. Alterations in strength, body composition, and anthropometric measurements consequent to a 10-week weight training program. *Medicine and Science in Sports* 6: 133–138.

Wilmore, J.H., and Behnke, A.R. 1969. An anthropometric estimation of body density and lean body weight in young men. *Journal of Applied Physiology* 27: 25–31.

Wilmore, J.H., and Behnke, A.R. 1970. An anthropometric estimation of body density and lean body weight in young women. *American Journal of Clinical Nutrition* 23: 267–274.

Wilmore, J.H., Davis, J.A., O'Brien, R.S., Vodak, P.A., Walder, G.R., and Amsterdam, E.A. 1980. Physiological alterations consequent to 20-week conditioning programs of bicycling, tennis and jogging. *Medicine & Science in Sports & Exercise* 12: 1–9.

Wilmore, J.H., Frisancho, R.A., Gordon, C.C., Himes, J.H., Martin, A.D., Martorell, R., and Seefeldt, R.D. 1988. Body breadth equipment and measurement techniques. In *Anthropometric standardization reference manual,* ed. T.G. Lohman, A.F. Roche, and R. Martorell, 27–38. Champaign, IL: Human Kinetics.

Wilmore, J.H., Parr, R.B., Girandola, R.N., Ward, P., Vodak, P.A., Barstow, T.J., Pipes, T.V., Romero, G.T., and Leslie, P. 1978. Physiological alterations consequent to circuit weight training. *Medicine and Science in Sports* 10: 79–84.

Wilmore, J.H., Royce, J., Girandola, R.N., Katch, F.I., and Katch, V.L. 1970. Body composition changes with a 10-week program of jogging. *Medicine and Science in_Sports* 2: 113–119.

Wilms, B., Schmid, S.M., Ernst, B., Thurnheer, M., Mueller, M.J., and Schultes, B. 2010. Poor prediction of resting energy expenditure in obese women by established equations. *Metabolism Clinical and Experimental* 59: 1181–1189.

Wilson, J.M., Lowery, R.P., Joy, J.M., Andersen, J.C., Wilson, S.M., Stout, J.R., Duncan, N., Fuller, J.C., Baier, S.M., Naimo, M.A., and Rathmacher, J. 2014. The effects of 12 weeks of beta-hydroxy-beta-methylbutyrate free acid supplementation on muscle mass, strength, and power in resistance-trained individuals: A randomized, double-blind, placebo-controlled study. *European Journal of Applied Physiology* 114(6): 1217–1227.

Wilson, J.M., Marin, P.J., Rhea, M.R., Wilson, S.M.C., Loenneke, J.P., and Anderson, J.C. 2012. Concurrent training: A meta-analysis examining interference of aerobic and resistance exercises. *Journal of Strength and Conditioning Research* 26: 2293–2307.

Wilson, P.K., Winga, E.R., Edgett, J.W., and Gushiken, T.J. 1978. *Policies and procedures of a cardiac rehabilitation program—immediate to long term care.* Philadelphia: Lea & Febiger.

Withers, R.T., LaForgia, J., Pillans, R.K., Shipp, N.J., Chatterton, B.E., Schultz, C.G., and Leaney, F. 1998. Comparisons of two-, three-, and four-compartment models of body composition analysis in men and women. *Journal of Applied Physiology* 85: 238–245.

Witten, C. 1973. Construction of a submaximal cardio-vascular step test for college females. *Research Quarterly* 44: 46–50.

Woei-Ni Hwang, P., and Braun, K.L. 2015. The effectiveness of dance interventions to improve older adults' health: A systematic literature review. *Alternative Therapies in Health and Medicine* 21: 64–70.

Women's Exercise Research Center. 1998. Based on figures published by Brown, D.A., and Miller, W.C. 1998. Normative data for strength and flexibility of women throughout life. *European Journal of Applied Physiology* 78: 77–82.

Wolpern, A.E., Burgos, D.J., Janot, J.M., and Dalleck, L.C. 2015. Is a threshold-based model a superior method to the relative percent concept for establishing individual exercise intensity? A randomized controlled trial. *BMC Sports Science, Medicine and*

Rehabilitation 7: 16.

World Health Organization. 1998. Obesity: Preventing and managing a global epidemic. *Report of a WHO Consultation on Obesity.* Geneva: Author.

World Health Organization. 2002a. Reducing risks, promoting healthy life. *World Health Report 2002.*

World Health Organization. 2002b. Smoking statistics.

World Health Organization. 2010. Global recommendations on physical activity for health.

World Health Organization. 2011. Global atlas on cardiovascular disease prevention and control.

World Health Organization. 2012a. Childhood obesity.

World Health Organization. 2012b. Global database on body mass index.

World Health Organization. 2013. Global action plan for the prevention and control of noncommunicable diseases 2013–2020.

World Health Organization. 2014. Global status report on NCDs 2014.

World Health Organization. 2016a. Cardiovascular diseases.

World Health Organization. 2016b. Global report on diabetes.

World Health Organization. 2016c. Obesity and overweight fact sheet.

World Health Organization. 2016d. *World health statistics 2016: Monitoring health for the SDGs.* Geneva, Switzerland: WHO Press.

World Health Organization. 2018a. Cancer Fact Sheet.

World Health Organization. 2018b. Obesity and Overweight Fact Sheet.

World Health Organization. 2018c. Physical Activity Fact Sheet.

World Medical Association. 2017. Non-communicable diseases.

Wright, N.C., Sang, K.G., Dawson-Hughes, B., Khosla, S., and Siris, E.S. 2017. The impact of the new National Bone Health Alliance (NBHA) diagnostic criteria on the prevalence of osteoporosis in the USA. *Osteoporosis International* 28: 1225–1232.

Wysocki, A., Butler, M., Shamilyan, T., and Kane, R.L. 2011. Whole-body vibration therapy for osteoporosis: State of the Science. *Annals of Internal Medicine* 155: 680–686.

Xian, H., Vasilopoulos, T., Liu, W., Hanger, R.L. Jacobson, K.C., Lyons, M.J., Panizzon, M., Reynolds, C.A., Vuoksimaa, E., Kremen, W.S., and Franz, C.E. 2017. Steeper change in body mass across four decades predicts poorer cardiometabolic outcomes at midlife. *Obesity* 25: 773–780.

Xu, J., Lombardi, G., Jiao, W., and Banfi, G. 2016. Effects of exercise on bone status in female subjects, from young girls to postmenopausal women: An overview of systematic reviews and meta-analyses. *Sports Medicine* 46: 1165–1182.

Xu, W., Chafi, H., Guo, B., Heymsfield, S.B., Murray, K.B., Zheng, J., and Jie, G. 2016. Quantitative comparison of 2 dualenergy X-ray absorptiometry systems in assessing body composition and bone mineral measurements. *Journal of Clinical Densitometry* 19:

298–304.

Yamanoto, K. 2002. Omron Institute of Life Science [personal communication].

Yamato, T.P., Maher, C.G., Saragiotto, B.T., Hancock, M.J., Ostelo, R.W., Cabral, C.M., Costa, L.C., and Costa, L.O. 2016. Pilates for low back pain: Complete republication of a Cochrane review. *Spine* 41(12): 1013–1021.

Yang, Q., Cogswell, M.E., Flanders, W.D., Hong, Y., Zhang, Z., Loustalot, F., Gillespie, C., Merritt, R., and Hu, F.B. 2012. Trends in cardiovascular health metrics and associations with all-cause and CVD mortality among U.S. adults. *Journal of the American Medical Association* 307: 1273–1283.

Yee, A.J., Fuerst, T., Salamone, L., Visser, M., Dockrell, M., Van Loan, M., and Kern, M. 2001. Calibration and validation of an air-displacement plethysmography method for estimating percentage body fat in an elderly population: A comparison among compartmental models. *American Journal of Clinical Nutrition* 74: 637–642.

Yee, S.Y., and Gallagher, D. 2008. Assessment methods in human body composition. *Current Opinion in Clinical Nutrition and Metabolic Care* 11: 566–572.

Yessis, M. 2003. Using free weights for stability training. *Fitness Management* 19(11): 26–28.

Yim-Chiplis, P.K., and Talbot, L.A. 2000. Defining and measuring balance in adults. *Biological Research for Nursing* 1(4): 321–331.

YMCA of the USA. 2000. *YMCA fitness testing and assessment manual,* 4th ed. Champaign, IL: Human Kinetics.

Yoke, M., and Kennedy, C. 2004. *Functional exercise progressions.* Monterey, CA: Healthy Learning.

Yoon, B.K., Kravitz, L., and Roberges, R. 2007. VO₂max, protocol duration, and the VO₂ plateau. *Medicine & Science in Sports & Exercise* 39: 1186–1192.

Yoon, Y.S., and Oh, S.W. 2014. Optimal waist circumference cutoff values for the diagnosis of abdominal obesity in Korean adults. *Endocrinology and Metabolism* 29: 418–426.

Youkhana, S., Dean, C.M., Wolff, M., Sherrington, C., and Tiedemann, A. 2016. Yoga-based exercise improves balance and mobility in people aged 60 and over: A systematic review and meta-analysis. *Age and Ageing* 45: 21–29.

Yu, J-H., and Lee, G-C. 2012. Effect of core stability training using Pilates on lower extremity muscle strength and postural stability in healthy subjects. *Isokinetics and Exercise Science* 20: 141–146.

Zakas, A., Balaska, P., Grammatikopoulou, M.G., Zakas, N., and Vergou, A. 2005. Acute effects of stretching duration on the range of motion of elderly women. *Journal of Bodywork and Movement Therapies* 9: 270–276.

Zamboni, M., Turcato, E., Armellini, F., Kahn, H.S., Zivelonghi, A., Santana, H., Bergamo-Andreis, I.A., and Bosello, O. 1998. Sagittal abdominal diameter as a practical predictor of visceral fat. *International Journal of Obesity and Related Metabolic Disorders*

22: 655–660.

Zampieri, S., Pietrangelo, L., Loefler, S., Fruhmann, H., Vogelauer, M., Burggraf, S., Pond, A., Grim-Stieger, M., Cvecka, J., Sedliak, M., Tirpáková, V., Mayr, W., Sarabon, N., Rossini, K., Barberi, L., DeRossi, M., Romanello, V., Boncompagni, S., Musarò, A., Sandri, M., and Protasi, F. 2015. Lifelong physical exercise delays age-associated skeletal muscle decline. *Journals of Gerontology: Biological Sciences and Medical Sciences* 70: 163–173.

Zancanaro, C., Milanese, C., Lovato, C., Sandri, M., and Giachetti, A. 2015. Reliability of three-dimensional photonic scanner anthropometry performed by skilled and naïve operators. *International Journal of Ergonomics* 5: 1–11.

Zanchi, N.E., Gerlinger-Romero, F., Guimaraes-Ferreira, L., de Siqueira Filho, M., Felitti, V., Lira, F.S., Seelaender, M., and Lancha, A.H. Jr. 2011. HMB supplementation: Clinical and athletic performance-related effects and mechanisms of action. *Amino Acids* 40: 1015–1025.

Zanetti, J.R., Gonçalves da Cruz, L., Lourenço, C.L.M., Ribeiro, G.C., Ferreira de Jusus Leite, M.A., Neves, F.F., Sivla-Vergara, M.L., and Mendes, E.L. 2016. Nonlinear resistance training enhances the lipid profile and reduces inflammation marker in people living with HIV: A randomized clinical trial. *Journal of Physical Activity and Health* 12: 765–770.

Zeni, A.I., Hoffman, M.D., and Clifford, P.S. 1996. Energy expenditure with indoor exercise machines. *Journal of the American Medical Association* 275: 1424–1427.

Zhu, S., Heshka, S., Wang, Z., Shen, W., Allison, D.B., Ross, R., and Heymsfield, S.B. 2004. Combination of BMI and waist circumference for identifying cardiovascular risk factors in whites. *Obesity Research* 12: 633–645.

Zhu, S., Heymsfield, S.B., Toyoshima, H., Wang, Z., Petrobelli, A., and Heshka, S. 2005. Race-ethnicity-specific waist circumference cutoffs for identifying cardiovascular disease risk factors. *American Journal of Clinical Nutrition* 81: 409–415.

Zhu, W. 2008. Promoting physical activity using technology. *President's Council on Physical Fitness and Sports Research Digest* 9(3): 1–8.

Zhuang, J., Huang, L., Wu, Y., and Zhang, Y. 2014. The effectiveness of a combined exercise intervention on physical fitness factors related to falls in community-dwelling older adults. *Clinical Interventions in Aging* 9: 131–140.

Zwald, M.L, Akinbami, L.J., Fakhouri, T.H.I., and Fryar, C.D. 2017. Prevalence of low high-density lipoprotein cholesterol among adults, by physical activity: United States, 2011–2014. NCHS Data Brief. No. 276.

作者简介

安·L. 吉布森（Ann L. Gibson），PhD，FACSM

吉布森是美国新墨西哥大学的副教授兼研究员，研究方向为身体成分评估和运动的生理反应。她参加了本书第7版的编写工作。她曾在国际上发表了很多肥胖研究的成果，并在 *Medicine & Science in Sports & Exercise*、*American Journal of Clinical Nutrition*、*International Journal of Sport Nutrition & Exercise Metabolism*、*Research Quarterly for Exercise and Sport*、*Journal of Bone and Joint Surgery* 等期刊上发表了原创的研究成果。她还是美国国家体能协会（NSCA）和美国临床运动生理学协会（CEPA）的成员。在空闲时间，吉布森喜欢户外徒步旅行、骑行、雪鞋健行、越野滑雪和园艺。

戴尔·R. 瓦格纳（Dale R. Wagner），PhD，EPC，ACSM-CEP，CSCS

瓦格纳是美国犹他州立大学的运动生理学教授，研究方向包括身体成分评估和高海拔运动生理学。作为一名研究人员，他参加研究工作已达20余年，并发表了60多篇研究成果，在行业内引起了强烈反响。他与维维安·H.海沃德合著了 *Applied Body Composition Assessment* 一书。他曾任美国运动医学会西南分会（SWACSM）和美国运动生理学会（ASEP）的会长，现为荒野医学协会（WMS）的研究理事会的成员，也是美国国家体能协会、国际山地医学学会（ISMM）和国际身体成分研究学会（ISBCR）成员。在空闲时间，瓦格纳喜欢登山、骑行（公路和山地）和出国旅行。

维维安·H. 海沃德（Vivian H. Heyward），PhD

海沃德是美国新墨西哥大学的名誉讲座教授，教授体适能评估和运动处方课程达26年。除了参与编写本书先前的版本外，她还撰写了 *Applied Body Composition Assessment* 的第1版和第2版，并在各种专业期刊上发表了多篇有关体适能评估和运动处方的文章。此外，她还获得了许多专业奖项，包括美国运动医学会西南分会的杰出专业成就奖及伊利诺伊大学和纽约州立大学科特兰分校的杰出校友奖。在空闲时间，海沃德喜欢徒步旅行、风景摄影、打高尔夫球和雪鞋健行。

译者简介

张冰，清华大学体育与健康科学研究中心主任，运动生理学博士，教授，博士研究生导师，美国印第安纳大学高级访问学者，教育部学位中心博士学位通讯评审和复查评审组专家，中国检验检疫学会卫生检验与检疫专业技术委员会副主任委员。曾担任2022年北京冬奥会中国国家花样滑冰队科技总监，现被国家体育总局奥运会备战办公室聘为2024年巴黎奥运会、2026年米兰冬奥会科技专家。在国内外核心期刊发表论文70余篇，出版专著、教材、译著30余部，主持重大专项课题6项，获得技术专利10项。主要研究方向：动作技能分析、功能性训练与运动负荷、疲劳恢复与伤病治疗、全生命周期智慧健康管理网络信息化工程等。

王晓斐，北京师范大学体育与运动学院讲师，清华大学运动人体科学博士，美国伊利诺伊大学香槟分校访问学者。乒乓球国家二级运动员、国家一级裁判员。编著《看图学女性家庭健身（视频版）》，翻译《女性家庭健身指南（全彩图解版）》，参与编写及翻译《百病之源——微循环障碍》《阿尔茨海默症离你有多远》等书。主要研究方向：运动与疾病防治、运动与健康促进。